新・シーボルト研究　Ｉ　自然科学・医学篇

新・シーボルト研究

I 自然科学・医学篇

八坂書房

目次

凡　例

一、本論集は近年に発表されたシーボルト研究の諸論文の中から注目を集めた論述を精選し、また本論集のために執筆された新稿をもあわせて一書としてまとめたものである。
一、全二巻を「自然科学・医学」篇と「人文・社会・芸術」篇にわけたが、厳密な区分はできない論述もあって、一応の便宜的なわけ方であることをお断りしておく。
一、諸論文はそれぞれに発表された書誌を異にし、従って異なった編集方法がとられているので、画一的な構成の統一はできなかったので、原則として発表時の構成に従って掲載した。
一、ジャンルをこえた多岐にわたる論文の性格、および執筆者の表現を優先して、表記の統一も最小限にとどめた。人名、地名、書名表記などに多少の相異が生じているがお許し頂きたい。
一、各論文の執筆者紹介および論文初出については、それぞれの巻末に掲載した。
一、本論集刊行にあたって、論文の再録をお許し頂いた各関係機関および発行社に厚く御礼申し上げます。

『新・シーボルト研究』刊行にあたって

わが国で著されたドイツ人医師シーボルトに関する著書・論文は、これまでに非常に多く、本書所収の「シーボルト研究関係文献目録」によれば、現在までにその数はおよそ一〇〇〇余点に及んでいる。こうした研究文献の中で、多くの研究者が参加し、行なった共同研究の成果としての論文集で最も注目されるものは、一九三八（昭和一三）年に刊行された『シーボルト研究』（岩波書店）であろう。この書は、一九三四年にベルリンの日本学会所蔵のシーボルト文献が東京の日独文化協会に貸出され、その資料展示会が開かれた後、その資料を用いた研究やこれに影響を受けたものとしてまとめられたものである。このシーボルト文献というのは、シーボルトの孫娘（長男アレクサンダーの娘）にあたるエルハルト男爵夫人エリカから日本学会に譲渡されたもので、書翰や日記・原稿および下書きなどから成っていた。この日本学会の資料を研究するため、三四年六月に東京大学附属図書館にシーボルト文献研究室（代表入沢達吉東京大学名誉教授）が設けられ、歴史・アイヌ語・医学・地図・動物・植物など各分野の専門家による調査・研究が行なわれた。中でも鳴滝塾の門人提出の蘭語論文が、シーボルト『日本』にどのように活用されているかを検証した緒方富雄・大鳥蘭三郎・大久保利謙・箭内健次氏等四人の「門人がシーボルトに提出した蘭語論文の研究」は、日本学会の資料を活用した研究として秀れたものといえる。

戦後もシーボルト研究は進展していったが、シーボルトの渡来一五〇年目にあたる一九七三（昭和四八）年には、渡来一五〇年記念シーボルト顕彰会が結成され、長崎大学医学部で日本医史学会（七四回）大会が開催された。この時の発表内容は『日本医史学雑誌』第二〇巻第一号（一九七四）に収められ、これまでの研究成果を踏まえ医師シーボルトの姿を明らかにした論文が多数見えている。七五（昭和五〇）年には、講談社からシーボルト『日本』の初版本と第三版本（トラウツ版）をも交えた復刻本（第四版）が出版され、その後それまでの研究成果をまとめた岩生成一氏監修の『シーボルト「日本」の研究と解説』（講談社　一九七七）が刊行された。多くの研究者により『日本』出版の経緯や、ここに収録された論文内容に関する詳細な研究成果が盛り込まれている。その後、法政大学がシーボルトに関する国内・外の資料調査を目的に、八〇（昭和五五）年に「フォン・シーボルト研究会」を発足させ、その研究成果が会誌『シーボルト研究』に一〇年間にわたって発表された。九一（平成三）年からは、長崎市のシーボルト記念館が研究誌『鳴滝紀要』を今日まで二三冊刊行し、研究成果を明らかにしている。

シーボルトの生誕二〇〇年の年には、宮崎道生・箭内健次両氏の編による『シーボルトと日本の開国・近代化』（続群書類従完成会　一九九七）が出版されたほか、翌九八（平成一〇）年には長男アレクサンダー・次男ハインリッヒに関する論文も含む『黄昏のトクガワ・ジャパン』（ヨーゼフ・クライナー編著　日本放送出版協会）が刊行された。後者はシーボルトの生誕二〇〇周年記念として催された「シーボルト父子のみた日本」展に関係して多くの研究者が参加して作られた共同研究会での成果が収載されている。

このように概観するとわが国のシーボルト研究は、ベルリンの日本学会からのシーボルト文献の将来、渡来一五〇年、シーボルト『日本』完全復刻出版、生誕二〇〇年など、それぞれ大きなイベントと関連した形で行なわれていることがわかる。今年二〇〇三（平成一五）年は、シーボルトの第一回来日から数えて一八〇年目にあたる。そこで本書は、これまでの雑誌等に発表された既刊論文を中心とし、それに新稿を含めて、シーボルト研究の最近の動向を人文・社会・自然各分野のすべてを含む形で「自然科学・医学」篇と「社会・文化・芸術」篇の二冊に収録しようとするものである。こうした論文集を一覧することにより、各分野にわたる近年のシーボルト研究の動向の大概をつかむことができると思われる。また、シーボルト自筆の原稿の多くがいまだに活字化・翻訳されることなく眠ったままとなっているものが多い。そこで、二〇〇一（平成一三）年に長崎のシーボルト記念館によってドイツにあるシーボルトの子孫のフォン・ブランデンシュタイン家所蔵の資料が目録化され、『フォン・ブランデンシュタイン家所蔵　シーボルト関係文書マイクロフィルム目録』〈長崎市教育委員会・シーボルト記念館〉として出版された。このシーボルト関係資料の翻刻・翻訳は、現在『鳴滝紀要』などを通じて徐々に明らかにされつつある。本書では、この目録を含めて国内・外の未紹介・未公開のシーボルト関係の資料の内、特に興味深いものがいくつか翻訳紹介され、それぞれの巻末に「資料」として収められている。これら資料を吟味することによって、新たな研究課題が生じる可能性もでてくるものと思われる。

いずれにしても、本書に掲載された論文や翻訳資料を検討することにより、これまでの研究動向をつかむと共に、新たな研究の方向を見いだすことができるのではないかと考える。戦前、岩波書店から出された『シーボルト研究』が、その後のシーボルト研究に大きな影響を与えたように、本書がこれからのシーボルト研究を志す若き研究者に刺激を与え、新しい世代によるシーボルト研究が益々盛んになり、新たな発展を迎えることになり得れば、編者一同にとってこれ以上の喜びはないのである。

二〇〇三（平成一五）年五月吉日

石山　禎一
沓沢　宣賢
宮坂　正英
向井　晃

シーボルトと日本医学

――『矢以勃児杜験方録』をめぐって――

沓沢宣賢

はじめに

文政六（一八二三）年シーボルト（Philipp Franz von Siebold）が来日した。彼は出島のオランダ商館付医師としてやってきたが、本来の使命は東インド政庁の総督カペレン男爵（van der Caplen）から託された日本貿易再興のための、日本の総合的研究であった。こうした目的を持って来日したシーボルトがその日本研究に際し、鳴滝塾の門人らに課題を与えオランダ語論文にして提出させ、それを研究書『日本』（Nippon Archiv zur Beschreibung von Japan, dessen Neben und Schutzländern）の中に取り入れていることは、これまでの詳細な研究によりよく知られているところである。[1]そして、日本側から研究報告を得る為の媒体として、存在したのが医学・医学教育であることもまた周知のことである。そうした、シーボルトの医学を今日伝えるものとしては『シーボルト治療日記』や『シーボルト直伝方治療』の他、[2]鳴滝塾の門人達の筆録した数多くのシーボルトの講義ノートとでもいうべきものがあり、その中でも『シーボルト験方録』はかなりの数の写本が残っている。これ迄、『シーボルト験方録』については昭和一〇（一九三五）年に行なわれた『シーボルト資料展覧会出品目録』の中で大鳥蘭三郎氏が解説を書かれている他、古賀十二郎氏[3]や中西啓氏もその著書の中でふれられ、[4]特に中西氏は「シーボルトの処方集をめぐって日本におけるシーボルト医学の真の姿を追跡してみることも、現代的な意義付を試みる上で重要な問題であろう」[5]と述べておられる。

そこで、本稿ではまずシーボルト来日以前のオランダ商館付医師を中心とする彼らの活動を、その日本研究とのかかわり合いという点からまずみていきたい。次に、昭和一〇年の展覧会には出品されていない『シーボルト験方録』の写本の一つである村上玄水写しの『矢以勃児杜験方録』を他の筆録本や写本と比較しながらその内容を紹介し、この写本の伝播状況などをみながら、シーボルト医学の特色とシーボルトが日本医学に与えた影響ということについて考えていきたいと思う。

シーボルト来日以前の蘭館医を中心とする日本研究

鎖国時代唯一海外に対して開かれた窓口としての出島で、日本とオランダとの文化的な接触は、オランダ商館付医師を通じて日本人が西洋医学を学ぼうとした時から始まった。これは、慶安二（一六四九）年来日したカスパル・スハンベルヘン（Caspar Schambergen）に通詞の猪股伝兵衛他五名が外科を学び、カスパル流オランダ外科の主流を占めたことがその最初である。そして、この影響は江戸中期迄も続きその伝書も広く流布していった。[6] こうした西洋医学を学ぼうとする動きはその後も続いたが、また蘭館付医師のテン・ライネ（Willem ten Rhijne）〈寛文三（一六七五）年来日〉のように針灸・茶・樟脳など日本に関する事柄を研究し、日本の医術と共にヨーロッパに紹介する者もあらわれるようになった。[7] しかし、本人自身がはっきり日本研究の意図をもち、日本人に医学を伝えると共に日本研究を行なったのはケンペル（Engelbert Kaempfer）が最初であると考えられる。元禄三（一六九〇）年に来日したケンペルは二年一ヶ月あまりの滞在期間中に、日本の自然・風土・動物・植物・鉱物の観察・調査を行なう一方、日本人の病人の治療の他日本人に医学を教えたり、更に二度にわたる江戸参府や日本人助手今村英生の協力を得て、日本研究の為の資料を蒐集し、日本の社会・宗教・政治・歴史などを研究して帰国後『廻国奇観』（Amoenitatum Exoticarum, politica-Physico-Medicarum）（一七一二）を発表し、その死後には『日本誌』（The History of Japan）（一七二七）が出版されているのである。[8]

また、ツンベルグ（Carl Peter Thunberg）も東洋、特に日本研究を目的に安永四（一七七五）年来日し、医学の分野では黴毒治療に水銀剤使用を教授した他、リンネの植物分類法等を伝え自然科学にも大きな影響を及ぼした。そして、江戸参府の際知り合いになった桂川甫周や中川淳庵らにオランダ文の修業證書を与えると共に、帰国後もこうした人達にヨーロッパから有益な書籍を送り、彼らからも日本産の植物や薬品などを送ってもらったりしているのである。そして帰国後『欧亜旅行記』（Resa uti Europa Arfica forrattad Aren.1770-9）（1788-93）をはじめ多くの本を著し、日本の紹介を行なっている。(9)

これ迄述べた人物はすべて、オランダ商館付医師であるが、この後ティチング（Isaac Titsingh）のように商館長で日本研究を行なう者も出てくる。彼の来日は安永八（一七七九）年でその二年六ヶ月あまりの日本滞在中、長崎奉行や通詞それに蘭学者をはじめ蘭癖大名の島津重豪や朽木昌綱らとも親交を結び、特に昌綱の古銭や地理研究を援助したことはよく知られている。また、こうした人物がティチングの日本研究に少なからず便宜を与えたことは、ツンベルグの場合と同様帰国後も手紙の往復を続けていることから伺われるのである。そして、彼の死後『日本風俗図誌』（Illustration of Japan）（一八二二）をはじめとする多くのものが出版された。(10)

このティチングのように、商館長自ら日本研究を行なうと共に、日本人のオランダ趣味・オランダ研究を刺激し進歩させているという例は少ないが、この頃になると商館長の態度にも変化がでてきているのがわかる。一方、日本側もこうした人々との接触を通じて、通詞や蘭学者だけでなく大名の中にオランダ語学習を志す者があらわれているということは注目すべき点であろう。即ち、我が国の蘭学も『解体新書』（安永三）の出版にみられるようにツンベルグやティチングの頃には発展をとげ、ケンペルの時代のように助手として協力した日本人にオランダ語教育から始めなければならないということはなかった。そうした点で日本研究の為の条件というものも蘭学の発達と共にかなりめぐまれた状況になっていたということができるのである。そして、これが文化・文政の頃になるとオランダ語の学力がそれ迄のものに比べその程度を高めてくるし、学問の分野でもより専門的に分化する傾向が著しくなってくるのである。また、この時期の大きな特徴として天文方の翻訳局（蕃書和解御用）に代表されるように、幕府による蘭学の公学化ということも行なわれているのである。[11]

シーボルトが来日したのは我が国の蘭学がこうした時期にあった文政六年である。シーボルトの場合もこれ迄の人達と同様、彼自身による日本研究の志があったのであるが、すでに述べたようにオランダ政府から託された日本貿易再興の為の日本に関する総合的研究を行なうために来日したのである。[12]それ迄のオランダ商館関係者の日本研究が個人的立場からのものであったのに対して、オランダ政府から与えられた使命ということで、その研究を支援する体制があったということも大きな特色である。こうして、シーボルトはその日本研究にあたり先学のケンペルやツンベルグの方法を大いに参考にしながら、オランダ政府の支援を得、更に日本国内の蘭学の発展とあいまって、それ迄のものとは比べものにならない程多くのしかも有能な日本人の協力を得て、日本に関する多くの資料を蒐集していったのである。そして、その際中心になって協力したのが鳴滝塾の門人達であり、そこに媒体として存在したのが医学・医学教育というものだったのである。そこで次に、シーボルトの医学・医学教育というものについて具体的な史料によりながらみていきたい。

シーボルトと医学

鳴滝塾を中心に行なわれたシーボルトの医学や医学教育に関する具体的な史料としては先にあげたものの他、シーボルトの治療方を記した門人達の臨床講義ノートというべき戸塚静海の『矢勃児督処方録』[13]（文政一〇）や加来佐一郎の『矢乙勃児杜方府』[14]（年代不明）、それに湊長安の『食勃児度經験方』（文政一〇）といったものがある。この中の湊長安の『食勃児度經験方』（以下「經験方」とする）は、文政一〇（一八二七）年二月に著されたもので、藤田百城の序には『食勃児度者和蘭医之名也。五六年前従二加比丹一。館二于長崎一。医名譟二於一時一。中原学者、負レ笈而従者接レ踵。江戸湊長安号二丹晴堂一。親炙有レ年。筆三其所二見聞一。遂成二其書一、既而伝二播京都一。其所レ説与二従前諸書一。不二甚異一、但其用レ薬立レ方之跡。足レ見二西洋今医之風一とある。[15]このことから、この本がシーボルトを通じて学んだ最新の西洋医学を伝えるものとして著されたことがわかるのである。長安にはこの他にも、シーボルトのオランダ語講義を訳した『至母爾篤筆授略説』やこの『略説』の重要部分を抜萃し、その処方を日本の代用品で示した『丹晴堂随筆』というものがある。[16]

このように門人達が多くの筆録本により、シーボルト医学というものを伝えているわけだが、ここに取りあげる村上玄水写しの『矢以勃児杜験方録』も原本は湊長安の筆録に係るとされるもので、[17]門人の筆録本の写本というものである。そこで、ここではこの玄水本『矢以勃児杜験方録』の内容を中心に他の筆録本や写本と比較しながら紹介すると共に、あわせてシーボルト医学の特色やその伝播状況ということについても考えていきたいと思う。

この写本は、現在大分県中津市歴史民俗資料館分館・村上医家資料館所蔵のもので、見開きは『矢以勃児杜験方録』（以下『験方録』とする）となっているが、表紙には『矢以勃児杜經驗集』とあり、湊長安の『經驗方』に近い題名になっている。この『經驗集』というのは『国書総目録』にはみえないが、『杏雨書屋目録』に『失勃児篤經驗方録』というものがあることから、おそらく『經驗処方録』、というのがフルタイトルで、それを省略して『験方録』といっているのではないかと考えられる。そして巻首には「文政十二年己丑秋八月於善地堂写之」とあり、シーボルトの日本滞在中に写本されたもので、現在目録等で確認することができる『験方録』という題名の写しの中ではかなり早い時期のものに属しているということができる。[18]写した善地堂というのは村上玄水（天明元～天保一四）という中津藩奥平家の藩医で、九州で最初に人体解剖を行ない『解剖図説』（文政二）と題する一冊にまとめた人物である。[19]

ところで、この写本ができた経緯だが玄水自身は長崎でシーボルトに直接学んだという史料はない。この点について、村上家代々の医師達についてまとめられた今永正樹氏は「玄水は何年か長崎に遊学し、シーボルト門下の高野長英らに学

図1 表紙は『矢以勃児杜經驗集』となっている
（中津市歴史民俗資料館分館・村上医家資料館所蔵）

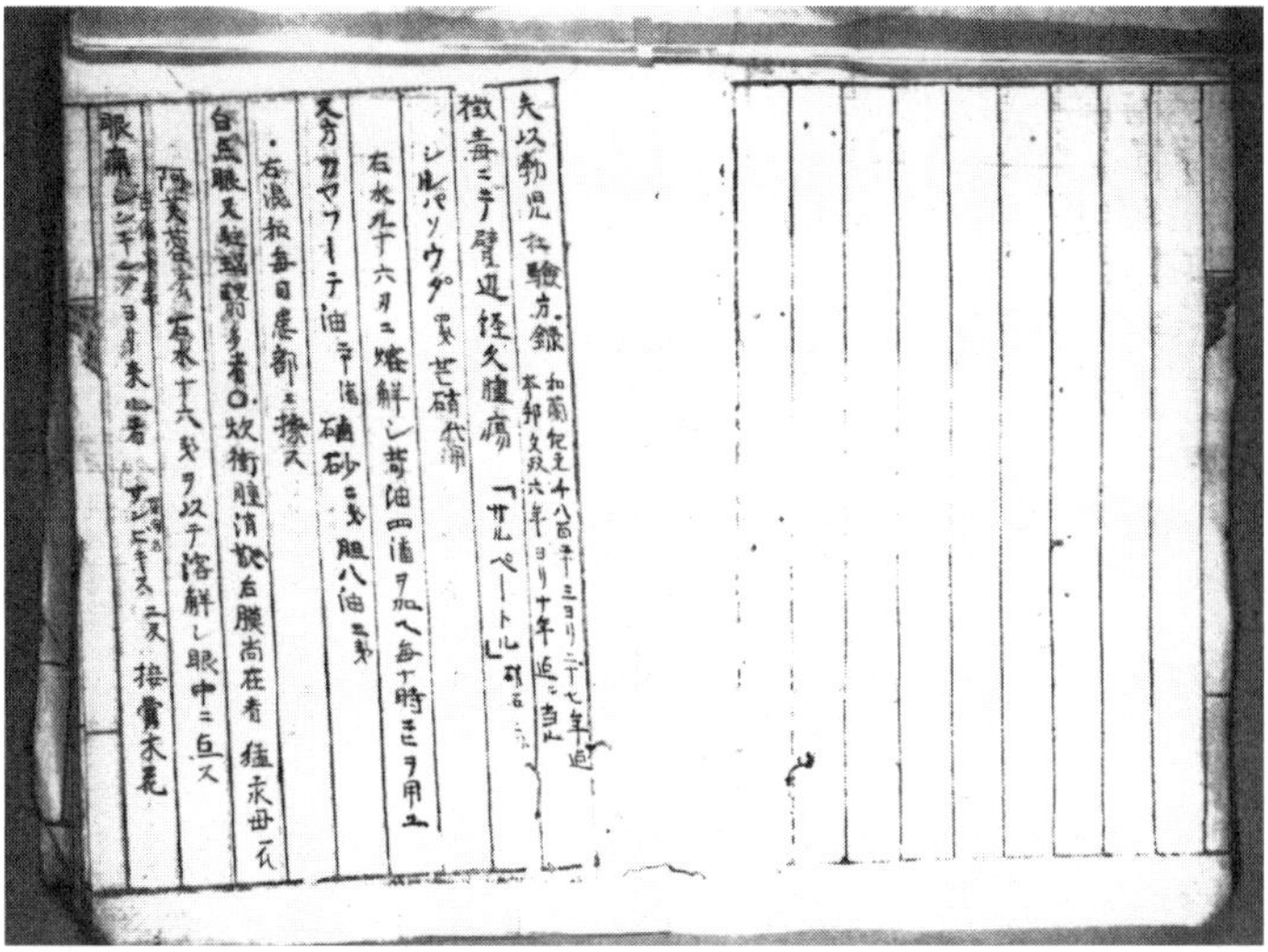

図2 巻頭には『矢以勃児杜驗方録』とある

んだらしい」[20]として長英からのルートを示唆している。更に、長英が文政一二年日田を経て中津に潜伏した際、玄水が長英から借りて写したのではないかとされ、その根拠として写した時期が同じであることをあげている。[21]この年代の他、写した場所も中津の玄水の自宅であると思われることから、この写本がそうした経緯をへてできた可能性は十分に考えられる。

この玄水本は三四帖全一冊で、内容は主に病名、症状、それに方剤名が全部で一九一列記され、病名、症状についてはそれぞれその治療に用いる薬剤名が、方剤の場合は、その中に含まれる薬剤名が示されている。そして、こうした方剤を除くと病名、症状は一五九であるが、この中には黴毒や疥癬などのように何回もでてくるものもあるので、実際の病気の種類としては一四〇程があげられていることになる。一方、薬剤名としてでてくるものは一三〇程である。[22]記述としてこうしたものが三〇帖ばかり続いた後、最後に「附諸説記聞」として一七程症状や薬剤の効用、そして「シーボルト云」ということで、シーボルト口授のことと思われる内容のものが三つ述べられ[23]、終りにシーボルトが主に使用した薬剤名が記されている。

こうした内容や、巻頭にある「和蘭紀元千八百二十三ヨリ二十七年迄本邦文政六年ヨリ十年迄ニ当ル」という書き方からみて、出島内で行なわれた医学教育から[24]、吉雄塾、楢林塾、そして鳴滝塾での臨床医学教育迄を含めた、日本滞在中の内の五年間にわたるシーボルトの医療活動・医学教育の一端を記したものであることがわかる。ところで、この中にある記述を先にあげた戸塚静海の『矢勃児督処方録』と比べてみると『験方録』にだけある記述というものも少なからずみられる。

次にあげるものもそうしたものの一つである。

経久黴毒頑固難治者

初日下剤ヲ用ユ其方芒硝八戔　蒐茉莉一分六厘強　右二味水十二℥《〔オンス〕》ヲ以テ煎シ毎一時一茶碗ヲ用ユ

二日早朝温湯ニ浴シ夜モ又温湯ニ浴シ而シテ前方ノ下剤ヲ用フ唯シ入浴後服スベシ入浴中ハ服スコト勿レ
三日ゲレイスメルキュールサルフ二戔ヲ取リ足ノ先ヨリ膝ニ至ル迠摩擦スベシ
四日前日ノ侭ニシテ何モ用ヒズシテ置クベシ
五日早晨前ノ膏二戔ヲ取リ膝ヨリ腰ニ至ル迠擦スベシ
六日間日
七日同
八日晨ニ前膏二戔ヲ以テ手ヨリ肩迠摩擦スベシ
九日間（日カ）
十日晨ニ前法ノ如ク膏ヲ腰ヨリ脛ニ擦スベシ
十一日　十二日　十三日　十四日　十五日　十六日　十七日毎日前法ノ如膏ヲ擦スベシ且其間下剤ヲ用ユ
十八日　十九日閑日
廿日此ヨリ日ニ三次前法ノ如ク膏ヲ擦スヘシ
廿一日閑日
廿二日擦日
廿三日閑日
廿四日擦日
廿五日閑日
廿六日擦膏　蓋シ如此膏ヲ塗ルノ間其膏ヲ用ヒサルノ間日ニハ三日メニハ前ノ下剤ヲ用ユベシ又用薬中ハ衣裳及居処ヲ移スコト勿レ

食禁　米麦飲及ヒ鶏羹汁ニ炙塩ヲ加エ用フ其他ノ物ヲ禁ス若シ渇ヲ発スル時ハ蜀葵甘草ノ水煎ヲ用ユ
廿七日　温湯ニ浴シ石鹸及ヒ火酒ヲ以テ洗ヒ而シテ新衣ニ換ヘ清涼ノ居室ニ移スヘシ
メルキュールサルフ二十四戔　芒硝四十八戔　カラノハ一二戔　蜀葵百八十二戔　甘草百九十二戔　石鹸十六戔
火酒半カラス《(フラスコか)》　鶏十二羽
右廿七日間用ユ《(ママ)》ル所諸薬分量ノ通計

この記述からは諸薬分量や養生心得の他、その治療薬として特にゲレイスメルキュールサルフ（灰白水銀膏）が用いられているのがわかる。また、黴毒に関する治療法を述べた箇所はこの他にも八つほどあり、この『験方録』にでてくる病気の中では最も多い記述になっている。この黴毒に関しては、高良斎がシーボルトに提出したオランダ語論文『日本疾病志』（Beschrijving van eenige op Japan voorkomende merkwaardige Ziekten. door Ko Riosai）にも「我が国でもこの疾病は全日本に日一日と段々広がって行く。それで百人中十人高々十五人がこの病気から免がれている位のものである」[25]と記されており、日本側の報告からも当時の日本人にこの病気がいかに多かったかが裏付けられる。

また、「諸説記聞」も戸塚本にはない部分であり、この中には「シーボルト平常所用飲料薬品二十余味此ヲ以テ始終運用ス多クハコノ外ヲ出ス甚簡便ノコトナリ」として、シーボルトが主に用いたとされる泥菖根・蔆莕・茅根・竜胆・甘草・大黄・薄荷・橙皮・野菊・接骨木・芒硝・茴香・桂皮・吉那・蜀葵・蒲公英・錦葵・豆冠・大麦・亜麻人（仁）・杜松木・山査子・茵陳・海人草・玫瑰・纈草・水揚梅・硝石等二八種の薬剤があげられている。このように、門人達のものを比べてみると概ね同じような内容ではあるが、そこにはそれぞれ特色もみられ興味深い。

一方、同じ『験方録』という表題のものでも、玄水本にはない部分を収めた『験方録』もあるのである。石山禎一氏が所蔵される嘉永三年阿邊元雄写しの『矢勃児杜験方録』（全二冊）がそれであり、この中にある「老人ニ咳嗽強ク動揺スレハ気急短促粘痰ヲ吐キ脛眼瞼トウニ微晴アリ脉強数者然レトモ有焮腫候者」や「腹水施下穿レノ孔ヲ術上后衰弱甚者」という部分は玄水本にはない。こうした箇所はごくわずかではあるが、またこの部分は戸塚本には収められている。以上のことから、筆者がみた戸塚本・玄水本・阿邊本の収録内容をまとめると次の六つに大別できる。

（1）三本全部に収められているもの
（2）『験方録』二本にはあるが、戸塚本にはないもの（「諸説記聞」等）
（3）同じ『験方録』でも阿邊本にはあって、玄水本にはないもの（しかし、これは戸塚本にはある）
（4）『験方録』二本にはなくて、戸塚本だけにあるもの（戸塚本の第三冊目の部分）
（5）阿邊本にあって、他の二本にはないもの（阿邊本の第二冊目の部分）
（6）玄水本にあって、他の二本にはないもの（これは、わずかで病気や症状の下に病人の名前を記した所が、二ヶ所あるだけである）[26]

そして、この（6）が玄水本の特徴ということになるのである。このように門人の筆録本と比べた場合のみならず、同じ題名の写本である『験方録』を比べた場合にも、概略は同じではあるが、一つの写本にはあって別の写本にはない部分が存在するということはどういうことであろうか。元来、これら全部の内容を収めたものがあり、写本する段階である箇所を省略したためにこのようなことになったのかどうか、その点はどうもはっきりしない。しかし、こうした欠落した部分はあるもののその他の大部分は同じであり、そうした欠落部分があるということより、その筆録本や写本の内容の大部分が同じ記述で幕末迄伝わっているということに大きな意味があるのではないかと思う。

ともかく、この『験方録』からはシーボルトが病気やその症状に対して主にどのような薬剤を用いたかがわかるのであり、すべて薬剤による処方を示している点が特徴である。また、ここで用いられている薬の中にはそれまでは日本に紹介されていない新薬もある。[27]そして、こうしたものが門人達により筆録され、更に写本という形で玄水のような医師にまで伝わっているという点は注目される所である。このことは結局、こうした処方がそれまで紹介されていない新薬或いは代用薬[28]を用いた新しいものであり、最新の西洋医学を伝えるものとして医師達にとっては役立つものであったからに他ならないからであると考えられるのである。また、その記述が薬剤の効用ではなく、いろいろな症状に対する薬剤処方を具体的かつ簡潔に述べているという点でも、重宝されたのではないかと思う。なお、『シーボルト験方録』はここに述べた玄水本をはじめ、京都大学図書館「富士川文庫」・京都府立図書館（現在は京都府立総合資料館が所蔵）・広島市立中央図書館「浅野文庫」「小田文庫」・杏雨書屋「乾々斎文庫」・順天堂大学図書館「山崎文庫」等に写本がみられ、この他個人所蔵のものも含めるとその数はけっして少くないと考えられる。[29] また、現在残っている『験方録』が全て写本であるということについては、シーボルト事件後は特にシーボルトの名前のあるものは問題であったため、長安の『經驗方』のようにすでに出版されたものを除いて、写本という形で医師達の間に流布していったのではないかと思われるのである。

この他、シーボルトがその薬の効用について述べたものとしては、長崎で彼自身が執筆し門人の高良斎に訳させた『薬品応手録』（文政九）があり、大坂で数百部つくられ江戸参府の折にも配られている。これは上段にラテン語・オランダ語があり、下段には和名の薬剤名が記され、日本にある薬を四三程あげた後外国産のものを三〇ばかりあげ、更に「内部ノ諸疾ヲ治スルニ最モ緊要ナル諸薬品」として大部分が外国産のものと思われる薬二七種にどのような効用があるかを示したものである。[30] これは、シーボルト自身述べているように日本国内にも産する効能ある薬草を知らせると共に、「ほとんど大部分知られていない外国の薬剤にまで医師の注意を向けさせ、外国のものを買わせる目的があったのである」[31]ということで、日蘭貿易によるこうした薬剤の輸入拡大の効果というものもねらっているのである。

シーボルトの至薬方やその用薬の梗概を伝えるものとしては、これまであげたもの以外にも岡研介の『所用薬剤記』や高　良斎の『蘭方内用薬能識』それに日高凉台の『和蘭用薬便覧』[32]等があり、シーボルトを通じてもたらされた最新の西洋医学・薬学を門人達がいかに熱心に学び、それを伝えようとしているかが伺われるのである。そして、シーボルトから学んだこうしたことを実際応用していることは、高野長英が文政一二（一八二九）年から翌天保元年にかけて九州から京都までの旅行中に接した疾病とその治療法とを臨床的に記述した『客中安證』[33]に、この『験方録』にあるのと同じような処方をしていることからもわかるのである。

こうしたシーボルトの医学史上の評価について、呉秀三氏は「患者の病症に接して之を診察し検察しながら之を講釈し又其処置につき考案を下し之を説明したるはシーボルト先生あって以来なり、シーボルト先生によりて内科的臨床実験又は其解説は先生が最も得意とせし外科・眼科・産科などと同様に我邦に起りたるものと云ふべし」[34]と述べられ、それまでのものが書籍を通じての西洋医学研究という傾向が強かったのに対して、日本に直接西洋臨床医学を伝えた最初の人物であるという点をあげておられる。また、『薬品応手録』を通じて新薬を紹介した功績についても指摘している。[35]大鳥蘭三郎氏もこうした点をあげておられるが[36]、しかし大鳥氏はこれ以上のことは十分に明らかにされないし、また昭和一〇（一九三五）年にドイツから将来されたシーボルト文献によってもこの点は確かめられないとして、具体的にシーボルトが日本医学に如何に貢献したかについては、これ迄のところでは不明であるとされている。[37]

筆者は医者ではないし、その方面の知識もないのでその点に関しては十分にはわからないが、ただこの『験方録』から次のことは言えるのではないかと思う。それは、この中で『薬品応手録』にあげた新薬やその代用薬である国内産の薬をより多く紹介すると共に、多くの病気や症状に対してそれらの薬をどれだけの量、どのようにして調合し、どういう具合に用いるのかという具体的な処置法を示し治療にあたり、更に門人達にこうしたことを伝えると共に、玄水本に代表されるように写本という形でより多くの医師達にもこうしたことを伝えたということである。更に、シーボルトはその『江戸参府紀行』の中で、日本では黴毒治療の水銀剤が誤って用いられ、病気を直すどころかむしろ悪くしていることを指摘していることから[38]、この『験方録』を通じて水銀剤の正しい使用法をも示していると考えられるのである。ただ、この具体例はわずかで『験方録』には先にあげたゲレイスメルキュールサルフ（灰白水銀膏）の他、次の一例が示されているのみである。

梅毒ヨリ来ル眼　カロメル[39]十五瓦《〔ゲレイン〕》、大黄二十瓦　紫茉莉《ヤラッペ》十五瓦　砂糖八戔

こうした、新薬や代用薬による具体的な治療法や水銀剤の正しい使用法などはおそらくシーボルトが独自に研究したというものではなく、彼が大学で学んだことをそのまま伝えているものと思われるが、この『験方録』からは以上述べたようなことが伺われるのであり、全て薬剤によるこうした処方を示している点が『験方録』からわかるシーボルト医学の特色であるということができるのである。そして、こうしたシーボルト医学を伝えるものとして『験方録』は天保、嘉永迄も写本され、安政六（一八五九）年の再来日の際にも入沢恭平によって、ほぼ同内容の処方を記した『矢伊杜爾督先生方籍』[40]が写されている。他に、帰国後の文久二（一八六二）年五月にも同内容の『斯勃児杜治験方』が写されている。[41]このことは、シーボルト医学が三〇年以上も我が国の医学界には存在したということであり、その影響がいかに大きかったかを物語るものといえよう。また、シーボルトは帰国後は日本研究の為に医業をはなれてしまっていたわけだが、同じく再来日の際に長崎において病人の診療にあたった他、[42]江戸においても処方箋をつくったりして[43]医療活動を行なっていることから、日本における医師シーボルト像というものがいかに大きなものであったかが伺われるのである。

むすび

本来、シーボルトの来日は日本研究のためのものであり、医学はどちらかというとそのための手段として用いられたという方が強い。しかし、シーボルトの臨床講義を記した門人達の筆録本をはじめ、その筆録本の写本である『験方録』が数多く存在するということは、こうしたものを通じてシーボルトの伝えた西洋医学が広く流布したということを示したものとみることができる。それではなぜ流布したかであるが、それは病気や症状に対する処方が具体的に示されているとい

う点にあり、医師達にとってはすぐにも使える便利なものであったからに他ならなかったからであると考えられる。また、この『験方録』から伺われるシーボルト医学の特色も、新薬や代用薬による治療法をはじめ水銀剤の正しい使用法を示すなど、すべて薬剤による処方が記されているという所にあるということができよう。ここからは、先に呉氏も指摘されたように外科医・眼科医・産科医としてのシーボルトの他、もう一つの内科医としてのシーボルトの姿が浮び上ってくるのである。[44] 一方、シーボルトから直接教えを受けた門人達はその後江戸や大坂、京都それに、それぞれの郷里で活躍しシーボルト直伝のオランダ医学の中心人物となった。[45]

こうしたことからみて、『験方録』に代表されるシーボルトのもたらした西洋医学、即ち新薬やその代用薬といった薬剤による具体的で正しい治療法というものは、門人達を通じ、更に門人達の筆録本や写本を通じて広まっていったということであり、大学卒業後まだ数年を経たにすぎない青年医師シーボルトではあったが、幕末迄もその写本が伝えられる程日本医学に対しその与えた影響は大きいと言わなければならない。ただ、今回は『験方録』の内容とその伝播状況を中心にシーボルト医学の特色や影響について述べたにとどまり、黴毒に対するシーボルトのいう正しい処方とそれ迄の薬剤処方とを具体的に検証することはできなかったし、同じ『験方録』でも内容に欠落部分があるのはなぜなのか、写本『験方録』には皆そうした部分があり、まったく同じものはないのかという点は問題として残った。今後は、これらの点を明らかにすると共に、こうした薬をシーボルトが紹介したことが、この後の日蘭貿易や国内の薬種栽培にどのような影響を与えたのかということについても考えていきたいと思う。

（追記）

本稿の作成にあたりいろいろと御教示下さった杉本勲先生、箭内健次先生、酒井シヅ先生、向井晃先生、森睦彦先生、それに御教示と共に所蔵の『矢勃児杜験方録』を貸与して下さった石山禎一先生には紙上をかりて厚くお礼を述べたい。

註

（1）緒方富雄・大鳥蘭三郎・大久保利謙・箭内健次「門人がシーボルトに提出したる蘭語論文の研究」六一—二七四頁。（日独文化協会編『シーボルト研究』所収、岩波書店、昭和一三年）

（2）この二書は、いずれも当時吉雄幸載の青嚢堂塾で学んでいた信陽月都の医師宮原良碩の記した直筆本である。なお、この治療日記は現在天理図書館所蔵であり、その内容等については中野操「シーボルトの治療日記」（上）・（下）（『日本医事新報』二一九三・二二九四号、昭和四一年）や、青木歳幸『在村蘭学の研究』（二四三—二八二頁。思文閣出版、平成一〇年）がある。この他、シーボルトの処方箋に関する研究として、宮崎正夫「シーボルトの処方箋—医師としてのシーボルト」（ヨーゼフ・クライナー編『黄昏のトクガワジャパン—シーボルト父子の見た日本—』ＮＨＫブックス、平成一〇年）、や宮永義則「シーボルトの処方箋」（長崎大学薬学部編『出島のくすり』九州大学出版会、平成一二年）がある。

（3）古賀十二郎『西洋医術伝来史』二六〇—二六二頁。（日新書院、昭和一九年）なお、古くは関場不二彦氏がその著書『西医学東漸史話余譚』（八七—一三九頁。吐鳳堂書店、昭和八年）の中で、『シーボルト験方録』の内容の主要部分を紹介されている。

（4）中西啓『長崎のオランダ医たち』一五四—一五八頁。（岩波書店、昭和五〇年）

（5）同右、一五八頁。この他にも、小川鼎三氏が「シーボルトの処方」の中で、また同じく山形敞一氏が「医師としてのシーボルト」（二論文とも『日本医史学雑誌』第二〇巻第一号所収　昭和四九年）の中でそれぞれ『シーボルト験方録』について述べておられる。他に、江戸後期の写本と考えられる験方録の全文を活字化し、解説を加えたものに中村昭「蘭方口伝（シーボルト験方録）」（『日本医史学雑誌』第三六巻第三号、平成二年）二七一—二九四頁。同「シーボルトの臨床医学『蘭方口伝（シーボルト験方録）』の検討」（『日本医史学雑誌』第四一巻第一号、平成七年）七五—一一一頁がある。

（6）酒井シヅ、小川鼎三「『解体新書』出版以前の西洋医学の受容」一三〇—一三一頁。（『日本学士院紀要』第三五巻第三号、昭和五三年）なお、ケンペル来日以前の蘭館医達の活動については岩生成一氏の「オランダ史料から見た江戸時代初期西洋医学の発達」に詳しい所である。（『日本学士院紀要』第二六巻第三号、昭和四三年）

（7）岩生成一「蘭医 Willem ten Rhijne と日本における黎明期の西洋医学」一九頁。（『日蘭学会会誌』第一巻第二号、昭和五一年）なお、大塚恭男氏も「欧州への東洋医学紹介者としての蘭医ウィレム・テン・リーネの業績について」（『蘭学資料研究会研究報告』第二〇一号、昭和四二年）を発表している。

（8）沼田次郎「ドイツ人医師ケンペルとその著書『日本誌』について一・二」（『東洋大学大学院紀要』、第一四集、三〇七―三二一頁。昭和五二年、第一五集、二三一頁。昭和五三年）。この助手がオランダ通詞の今村英生であることが、平成二年サントリー美術館で開催された「ドイツ人の見た元禄時代　ケンペル展」に大英図書館から出展された史料「請状之事」により明らかになった。このことについては、片桐一男『阿蘭陀通詞今村源右衛門英生―外つ国の言葉をわがものとして―』（九善ライブラリー、平成七年）に詳しい。

（9）岩生成一「日本文化史上に於けるツュンベリー」二二―二三頁。岩生成一訳註「ツュンベリー宛日本人蘭文書翰」一一八―一四四頁。大鳥蘭三郎「ツュンベリーと日本医学」二九―三一頁。（日本学術会議、日本植物学会編『ツュンベリー研究資料』所収、昭和二八年）

（10）田保橋潔「イザーク・ティツィングの日本研究」三五―四九頁。（『史学雑誌』第三九編一一号、昭和三年）。沼田次郎訳「ティチング　日本風俗図誌」解説の項四八二―四八九頁。（雄松堂書店、昭和四八年）

（11）沼田次郎『洋学伝来の歴史』一一七―一一九頁。（至文堂、昭和四七年）、同『洋学』一五三―一六〇頁。（吉川弘文館、平成元年）

（12）板沢武雄「シーボルトの第一回渡来の使命と彼の日本研究、特に日蘭貿易の検討について」二七七―二八一頁。（『シーボルト研究』所収）

（13）戸塚静海の『矢勃児督処方録』は現在、東京大学医学図書館に所収されているが、日蘭学会にマイクロフイルム、写真版が寄託されている。また、この戸塚本については戸塚武比古『矢勃児督処方録について』。（『蘭学資料研究会研究報告』三五三号、昭和五五年）、同「シーボルト処方録」（『日本医史学雑誌』第二九巻第三号、昭和五八年）に詳しい所である。

（14）加来佐一郎の『矢乙勃児杜方府』は京都大学図書館「富士川文庫」にあり、昭和一〇年のシーボルト資料展示会にも出品されている。

（15）呉秀三『シーボルト先生3　その生涯及び功業』一一頁。（平凡社、昭和四八年）。なお、字は異なるが写本の『失伊勃児杜験方』が『杏雨書屋蔵書目録』にみえている。

(16) 山形敞一「湊長安の医学（八）」（『日本医史学雑誌』一三三四号、五八頁。昭和一九年）。『至母爾篤筆授略説』は山形氏が所蔵しておられるし、『丹晴堂随筆』は東京大学総合図書館「鶚軒文庫」（写本二冊）と杏雨書屋（一巻『與難治症治法』と合冊）に所蔵されている。

(17) 大鳥蘭三郎『矢乙勃児杜験方録』の解説、三六頁。（『シーボルト資料展覧会出品目録』所収）

(18) 『杏雨書屋蔵書目録』にみえている『シーボルト験方録』の中で年代がはっきりしているものは天保四年、天保七年、安政四年の三点のみである。（武田科学振興財団編『杏雨書屋蔵書目録』三六四頁。臨川書店　昭和五七年）また、個人所蔵のもので年代の明らかなものは、山形敞一氏所蔵のものが安政三年（山形敞一「医師としてのシーボルト」『日本医史学雑誌』第二〇巻第一号、昭和四九年）石山禎一氏所蔵のものが嘉永三年、沓沢所蔵のものが文久二年で、いずれもシーボルト帰国後の写本である。

(19) 今永正樹『医亦従自然也—村上医家事歴志—』一一九—一三二頁。（村上記念病院・村上医家資料館、昭和五七年）

(20) 同右、一〇九頁。

(21) 川嶌真人・村上玄児・今永正樹「中津藩と村上玄水」（『日本医史学雑誌』第二九巻第二号、五二一—五三二頁。昭和五八年）

(22) 薬剤名は次の通りである。〈（　）内の㋔はオランダ語・㋶はラテン語名〉

亜鉛花（㋔　シャブルーム）・阿魏（㋶　アッサフチダ）・烏頭（㋶　アコニット）・阿片（㋶　オピウム）・阿芙蓉液（㋶　ラウダニユム）・亜麻仁（㋔　レインサイト）・アラビアゴム・火酒（焼酒）・蜀葵（㋶　アルターオルテル）・錦葵（㋔　マルハ）・安息香（㋔　ベンゾイン）・硫黄（㋶　ソルフルス）・落葉松耳（エブリコ）・海塩精（㋔　ゼーソウトシル）・鉛白（セルーサ）・鉛糖（㋔　ロードソイクル）・黄金水・胆八油（オフレ油）・海狸香・野菊花（カミツレ）・カヤプテ油・甘汞（㋶　カラメル）・緩（甘）硝石精・纈草・幾那（吉那）・牛胆（㋔　オッセガル）・甘草（㋶　リクイリチア）・金硫黄（㋔　ゴウトスワーフル）・桂皮・竜胆（㋶　ゲンチアナ）・砂糖・泊夫藍（㋔　サフラン）・葠落（サルサパリラ）・ジギタリス・麝香（㋔　ミユスキユス）・酒・朱（㋔　シナーブル）・酒石・酒石酸・猛汞（丹）（シュブリマート）・硝石精・硝石（㋶　ニットリウム・㋔　サルペートル）・竜脳（㋶　カンプル）・玫瑰（薔薇）・薔薇水・薔薇蜜（メルロサ）・泥菖根（㋶　カルミユス）・神功石（ラピスヘニユス）・水銀膏（㋔　クイキサルフ・㋶　〈ゲレイス〉メルキコールサルフ）・水蛭・楊（梅）皮（ウイルデボーム）・水楊梅（カレオペラター）・石灰水・石鹸・赤汞丹・接骨木（㋶　サンビキス）・蕎麦粉・大黄（㋔

ラバルベル）・大麦・茶煎汁・丁子・鉄・磠砂《ドウ》㋶サルアンモニアク）・橙皮・吐根・吐酒石・杜松子㋔ユニヘル）・豚脂（家猪脂）・乳香・薄荷㋶メンタ）・薄荷油（メンタオーリ）・蜂蜜・㋶ヒヨシヤモス・芳香硫黄・茅根（カラス）・芒硝㋔ウオンドルソウト・㋶シルパスソーダ）・蒲公英・ホフマン・マグネシア・満那・無花果・金密陀・明礬㋔アルイン）・没薬（ミルラ）・紫茉莉㋔ヤラパ）・蝲蛄石㋶オクリカンキリ）・鶏子黄・硫黄精（ズワーフルシュール）・蘆会チンキ・蘆会㋶㋔アロエ）・鹿角精・竜胆膏・巴旦杏油・大茴香（サッサフラス）・蘿蔔（汁）・酢・錫精・セーゲワス・海人草・ホイランドモス・スュートデレイヘンデ・ヒヨシヤーモスカプトレコム・カランプスチュルシンデ・エキスタラクトヒヨシヤモス・プードルジキタリス・タピリチュスニットリウム・㋶サーリップ・㋔アンゲリアオルトル・ベイデンデロウグソウト・石榴・山査子・酒石塩（シュール）・アルタープルーム・㋔アンチモニー・㋔ゴムアンモニアック・葡萄酒・答末林度・カラノハ・オオサキソウ・苦薏（煎汁）・ユイスオントモス・オキシタルコルサシリ・チンクチュル・テレメンテイナ油・桂示・斑猫・熟李・薏苡仁

この他、シーボルト使用の薬剤については日本学士院編『明治前日本薬物学史』第一巻（増訂復刻版）（一一二—一一三頁。二三六—二三八頁。井上書店、昭和五三年）や佐藤文比古「蘭館医シーボルトと其使用薬品」（『明薬会誌』三九、昭和三五年）にも詳しい所である。

(23)「和蘭ニテ解剖スルニ肉ハ焼酎ニ浸シ血管等ハ蠟ヲ流シ込ム之ニ因テ悪臭ナクシテ甚タ佳」という所は、中西啓氏によればシーボルト口授伝書にみえる「五位七症説」の中で、恩師デリンガーの開発した血管注入法を紹介した部分のようである。（中西啓『長崎のオランダ医たち』一五〇頁。）他の二つは次のようなものである。

「「フラーウィンキテ」者甚少ナリ本国ト日本トニ於テ唯二人見タリ、此ハ心臓中ニ許多ノ小管生シ血液ノ運行ヲシテ遅渋ナラシム故必死ノ症ナリトス

イスランドモス　和産未詳サレトモセーゲワスニ代用其功全ク同シ」

(24) 黒田源次「鳴滝塾」二四頁。（『シーボルト研究』所収）上陸後三ヶ月程にあたる一八二三年一一月一八日（文政六年一〇月一六日）付の叔父に宛てた書翰から伺われる。

(25)「日本疾病志」一三一頁。（『施福多先生文献聚影（解題）』所収、昭和一一年）

(26) 玄水本にあって、他の二本にはない記述は、次のようなものである。

「帯下　兵庫金谷伊右エ門妻主方

同脈急数胸膈刺痛膜（横臥　阿邊本）少シ難ク呼吸息迫大

渇燥四肢搐搦食気減少小水赤黄大便如帯

　高良斎ヲ療スル法」

(27) 新薬として紹介されているのは、ヂキタリス、ヒオスチアムス、カヤプート油といったものである。〈斎藤信訳『江戸参府紀行』一〇九頁。（平凡社、昭和四一年）〉

(28) 代用薬というのは『泰西薬名早引』（横井璨編、天保七年）の例からみて、先にあげた一三〇の薬名の和名で書かれたものがそれにあたると考えられる。

(29)『国書総目録』にみえる『シーボルト験方録』は次の通りである。

京都大学図書館「富士川文庫」（加来佐之筆録、井上有季校）（吉雄家金創秘書と合）一冊

京都府立図書館　一冊

広島市立中央図書館「浅野文庫」・「小田文庫」　二冊

杏雨書屋「乾々斎文庫」　二部

「礫川堂文庫」（戦災焼失）

なお、現在では杏雨書屋は五点の『験方録』の他に、名称は異なるがほぼ同内容と思われる『經験録』それに『經験方録』など四点を所蔵している。この他、順天堂大学図書館「山崎文庫」にも『験方録』はあるし（小川鼎三「シーボルトの処方」『日本医史学雑誌』第二〇巻第一号所収）、すでに述べたように山形敞一氏や石山禎一氏、それに宗田一氏（『ケンペル・シーボルト資料展示会目録』三―四頁、ケンペル・ジーボルト記念顕彰会、昭和四一年。現在は国際日本文化研究センターに「宗田文庫」として所蔵）、中村昭氏、それに沓沢所蔵の『斯勃児杜治験方』（阿知波五郎氏旧蔵）のように個人で所蔵されている方もいる。他に、個人所蔵のものとして高野長英門人の上野国横尾村の医師高橋景作の筆写したものや、華岡青洲門人の筆写したものの存在なども知られている。（『蘭学万華鏡―江戸時代信濃の科学技術―』所収二二頁。長野県立歴史館、平成一一年）。なお、『験方録』

については永松実「伊東昇迪筆『悉勃児都處治見聞録』とシーボルト著『江戸参府紀行』の治療に関する記事について」の巻末にある「シーボルト験方録等一覧」（『シーボルト記念館鳴滝紀要』第九号、一九九九年）の他、本書所収の拙文「〈資料紹介〉シーボルトの医学関係史・資料について」の（四）「シーボルト験方録など」を参照されたい。

(30) 三廼俊一「黒川良安の手紙、シーボルトの処方書及びその他」（『日本医事新報』第六八四号、昭和一〇年）高於菟三「薬品応手録に就いて」（『中外医事新報』第一二七一号、昭和一四年）なお、『薬品応手録』は現在版本のものが京都大学図書館「富士川文庫」をはじめ杏雨書屋や村野時哉氏、それにライデン国立民族学博物館、国立中央公文書館（ハーグ）に所蔵されている。

(31) 斎藤信訳『江戸参府紀行』一〇八—一〇九頁。

(32) 日本学士院編『明治前日本薬物学史』第一巻（増訂復刻版）一三六頁。

(33) 高橋磌一監修『高野長英全集』第一巻・医書、三五三—四二七頁。（第一書房、昭和五三年）

(34) 呉秀三「医学者としてのシーボルト」三五頁。（シーボルト先生渡来百年記念会編『シーボルト先生渡来百年記念論文集』所収、大正一三年）

(35) 呉秀三「医学者としてのシーボルト」三八—三九頁。

(36) 大鳥蘭三郎「シーボルトと日本に於ける西洋医学」五一四頁。（『シーボルト研究』所収）

(37) 大鳥蘭三郎「シーボルトと日本の医学」（『科学知識』第一五巻第四号、三八三頁。昭和一〇年）

(38) 斎藤信訳『江戸参府紀行』一五一頁。

(39) このカロメル（甘汞）が、水銀剤（塩化第一水銀）である。また、『薬品応手録』の中ではサルサパリルラ（菝葜）を淋疾・黴毒の要薬として紹介している。

(40) 入沢達吉「シーボルトと其文献資料」（『行動』第三巻第四号、一〇三頁。昭和一〇年）なお、この史料は現在東京大学医学図書館に所蔵されている。

(41) この『斯勃児杜治験方』は『験方録』と同内容のもので写本としては最後ぐらいに位置付けられる。旧蔵者は阿知波五郎氏で現在沓沢が所蔵している。

(42) 斎藤信訳『ジーボルト最後の日本旅行』八三—八四頁。(平凡社、昭和五六年)

(43) 林道倫「シーボルト先生の処方箋」(『中外医事新報』第一二二一号、二五—二六頁。昭和一〇年)これは、オランダ語処方箋で日付・場所は一八六一年一〇月二二日於江戸赤羽根となっている。また、ここ赤羽根接遇所において種痘所の医師や将軍の侍医、藩医たちの質問に応じて医学の教授を行なっていることが、第二次来日の際のシーボルトの日記から伺える。(長尾正憲『福沢屋諭吉の研究』五〇八—九頁。思文閣出版、昭和六三年)

(44) シーボルトが外科・眼科・婦人科などに精通していたとされることは、商館長スチュルレルから長崎奉行宛に出された書翰(板沢武雄『シーボルト』一四頁、吉川弘文館、昭和四七年)からも伺われるが、この『験方録』には内科関係の病気に対する処方が四二と多く、そこからは内科医としてのシーボルト像がでてくる。

(45) 梅原徹『近世私塾の研究』一三三頁。(思文閣、昭和五八年)

シーボルトと日本の自然史研究

山口隆男

はじめに

シーボルトは日本の動物学、植物学に大きな影響を与えている。彼が出島に着任したのは一八二三年であった。その頃の日本は自然史についての人々の関心が深く、いろいろな珍奇なものが集められていたし、美麗な図譜も描かれていた。そして、多くの動物、植物に名前が与えられていた。それぞれに名前を与えるということは、他の物と区別をするということである。区別をするためには、対象の動物あるいは植物の特色が把握されねばならないのである。しかし、日本の自然史研究は中国の本草学の影響下にあった。本草学は実用自然物学ともいうべきもので、鉱物、動物、植物を扱うが、有用性が重視されていた。役に立たないようなものは扱われなかった。それに対して、当時のヨーロッパに確立していた自然史研究では、万物が記載されねばならなかった。リンネは神が創造した全ての生物を知ろうとした。人間にとって有用かどうかは問わない。あらゆる種が記述され、体系化されねばならないのであった。したがって、本草学とヨーロッパの自然史学は本質的に異なっているのである。

日本の自然史研究者の中には、中国からの本草学では物足りなく思っていた人がいた。中国は世界の一部である。中国以外にもいろいろな産物がある。そうしたものにも興味を抱き、もっといろいろなことを知りたいと考える人が出てくるのは学問の発展からして必然的なことであった。

シーボルトは、自然史に大きな興味を抱いていた。とりわけ、植物に関心が深かった。日本にはまだヨーロッパの人々に知られていない、未知の興味深い動植物がいることは確実であり、それらを調べることは大きな喜びであった。シーボルトは日本にはすばらしい園芸植物があること、植生が豊富であることに驚嘆した。彼が一八二五年にドイツのフォン・エーゼンベック教授に出した手紙には、次のように記されている。「ヨーロッパ以外では日本と中国ほどに植物学が研究されてきた国はありません。それらの地域では千年も前から植物の立派な宝物が食物、着る物、家事、楽しみのために山や谷のあらゆる処から集められてきたのです。利用できる、役に立つ植物はこれらの地域（日本は中国から）を互いに行き来し、探求されて、もっとも遠く離れた境界や大陸の別の接した国々、あるいは日本列島から入手されて、気候の変化、入念な栽培によって多くの植物の属が美しさと完全さを求められ、無数の変種を生み出すに至りました。たとえば、スモモ類、キンポウゲ類、ミズキ類、アヤメ類、ラン類、いろいろな稲、麦、柑橘類の変種などで、これらは数百年の栽培がもたらした最も雄弁な証拠になっています。」

いろいろな植物、動物に満ちた魅力ある国に到来して、不自由な状態に置かれているとはいえ、シーボルトが、またとない機会を十分に活用しようと考えたのは当然であった。

シーボルトの将来構想

シーボルトにはさまざまな任務があったが、日本の動物、植物の標本を収集することもその一つであった。東インド総督のファン・デル・カペレンは自然史に関心があったし、一八二〇年にオランダのライデンに設立された国立自然史博物館では日本産の標本を欲しがっていた。シーボルトは、日本からライデンへ標本を発送することが義務づけられていたし、東インドへ役に立つ日本の各種の生きた植物を送ることも任務となっていた。しかし、シーボルトは、自分に与えられた任務を自分自身の事業にすり替えてしまったのである。命じられたから集めるのではなく、自分自身の仕事として自主的に集めることにしたのである。シーボルトは一八二四年に国立自然史博物館の館長のテンミンク[1]に対して、手紙を送っているが、次のように書かれた箇所がある。「私の計画は日本に関する広範な叙述をすることで、その仕事は既にはじめられ、いくつかの試作はすでに印刷に付されています。その中に短いけど日本の有益な植物、動物、鉱物に関する事柄が付加されています。私の好きな植物学は私一人だけで研究を続けます。動物学については、私の尊敬する偉大な専門家である貴方によってこの研究がすすめられることを非常な喜びと感じています。[2]」

この手紙を受け取ったテンミンクはさぞ驚いたことであろう。シーボルトは政府の指示に従ってライデンに標本を送るという任務から逸脱して、植物、動物、鉱物についての書物を刊行するという計画を示し、動物についてテンミンクに協力を依頼しているのであった。テンミンクはヨーロッパですでに高名な動物学者であり、シーボルトはまだ無名の若い医師に過ぎない。にもかかわらず、臆することなく、自分の構想を述べ、対等な立場でテンミンクに自分への協力を要請していたのであるから。

シーボルトからすると、それは当然のことであった。野心的な彼は日本に滞在できるという機会を活用して、自分の研究を発展させ、記録として残そうと考えたのである。ヨーロッパでは十九世紀は自然史の黄金時代で、美麗な図版をたくさん含む豪華な出版物によって、世界各地のさまざまな植物や動物が紹介されていた。シーボルトは着任前にそうしたものをいろいろと見ていたはずである。神秘の国日本に関してそうした書物を刊行することには大きな意義があることは明らかであった。

彼はそのための準備に取りかかった。何と言っても標本が集められねばならなかった。出島に押し込められ、不自由な状態に置かれており、標本の収集は容易ではないが、医師という立場が役に立った。どのようにして集めたか、彼の有名な『江戸参府旅行記』の冒頭にそのことに関した記述がある。「私の生徒たちは生きているのや乾さくした植物の収集物を、また動物や鉱物をこの国のあらゆる地方から熱心に集めてくれた。新しく到着した医師の名声にひかれて長崎に集まって来た数百の患者は、自分たちの眼にとまった珍しい博物標本をさし出して、医師の積極的な援助を確約しようとした。海棲動物を集めるのには、長崎の港はこれ以上望むことができないほど地の利を得ていた。とにかく魚類やカニ類など魚市場で見つけだすことのできるものは、私の観察の、さらに知識欲に燃えている弟子たちの研究の対象ともなった。また数人の猟師を鳥や獣を捕らえるために雇い入れておいたし、昆虫採集の目的でほかの人々を仕込んでおいた。出島では植物園を造ったが、私の多方面にわたる交友関係のおかげで、まもなく約千種にのぼる日本と支那の植物を数えるに至った。このようにして、私は日本列島の動・植物群を知ったのである。」（斎藤信・訳）

標本のほかに写生画も準備しなければならなかった。美麗な図版を含む本を刊行しようとすれば、写生画が不可欠であった。標本にすると、色彩が失われたり、形が崩れたりするからである。シーボルトにとって幸いなことに、出島出入りの絵師の川原慶賀は有能で、飲み込みが早く、注文に沿って美麗に描くことができた。シーボルトは彼に植物写生画をいろいろと描かせたのである。

江戸参府と標本の収集

彼にとって一八二六年の江戸参府旅行はまたとない自然物収集と情報収集の機会であった。その頃は江戸参府は四年に一回行われることになっていたから、その機会を最大限に活用する必要があった。彼は周到な準備をした。『江戸参府旅行記』には、どのように準備をしたのか、そのことも記されている。川原慶賀に加えて、標本の作製のために、かねて出島で雇っていた熊吉、源之助を一行に加えた。また、彼の門人の二宮敬作、高良斎ら数名を参加させた。こうした準備のお陰で、彼はいろいろな動物、植物の標本を道中で集めることができた。集めるためには、それなりの予備知識と計画が必要なのである。鳥について無知な人は、近くに何種もの鳥がいても気がつかないか、見逃がしてしまう。植物についても、ただ漫然と眺めていては、採集すべきものを見つけ出すことはできない。『江戸参府旅行記』を読むと、シーボルトが随分と物知りであることがわかる。彼は自然史が好きな学生であったから、故郷の南ドイツのヴュルブルクで学んでいる時にいろいろな動植物に親しんでいたはずである。ヨーロッパと日本は緯度が近いこともあって、似た動物、植物が分布しており、シーボルトにとっては親しみ易かったに違いない。しかし、種類は日本の方がはるかに多いのである。シーボルトは出島に当時としては基本的で重要な動物、植物に関した各種の書籍をヨーロッパから取り寄せていた。それを勉強していたに違いない。また、彼はケンペル、ツュンベリーの著書も持っていた。どちらも、日本研究に関するシーボルトの先駆者であり、彼らの著作は動植物の収集にも役に立ったはずである。

図1に示すのは、三月二十七日に鈴鹿の山中で得たオオサンショウウオである。『江戸参府旅行記』では記述はいたって簡単であるが、旅行中につけていた日誌では次のようになっている。「このイモリは長さ十三インチ六リーニエン、頭部は非常に扁平で幅は一インチ九リーニエン。尾は押しつぶされたようになっていて、四インチ六リーニエン。灰色がかった緑色で不規則な黒っぽい小さな斑点がある。前足には四本の足指があり、親指の下にはイボのようなものがある。後足には五本の指がある（この標本だと左の後足には四本の指しかない）。親指の下には前足のところと同じように、ひとつのイボのようなものがある。腹は黄色みがかった緑で、斑点はない。皮膚は両側とも体に沿って縁があり、そのひだで

図1 オオサンショウウオの標本。鈴鹿の山中で入手して、シーボルトは大喜びをした。あまり大きな標本ではない。その標本を生かして持ち帰り、アムステルダムで長く飼育されたと記されていることがある。それは誤りで、飼育されたのは別の標本である。

波形に見える。側面からだと、生息している状態ではイモリの体は角ばって見える。このイモリは、北アメリカで発見されたTriton giganteus Cuv.に近似している。」（斎藤信・訳）彼は綿密に大きさを計り、左の後足の指が一本欠けていることを見出し、また、北アメリカの種との類似を論じている。道中で、これだけのことをしていたシーボルトはまさに科学者である。また、江戸参府に際して数々の書籍を携行していたこともうかがえる。北アメリカの種との比較は書籍を参照しつつ行っていたに違いない。図1に示す標本はアルコールに漬けてあるが、状態は良好である。シーボルトの記述と大きさが一致し、かつ左後足の指が四本しかないので、鈴鹿山中で得た標本であることがわかる。シーボルトは別に生きたものを二個体入手してオランダに持ち帰ったが、一個体は途中で死亡し、一個体だけが生きてライデンに届いた。

図2に示すのは箱根で得たフサザクラの標本である。ツユンベリーは箱根の山中でいろいろな植物標本を得ていたので、シーボルトも箱根の植生に対して注意を怠らなかった。

江戸に着くと、シーボルトは島津重豪、桂川甫賢、宇田川榕庵、栗本瑞見らの自然史研究家たちと接触した。また、岩

図2　フサザクラの標本。シーボルトが箱根越えの際に得たものである。本種は沢地に普通の種であるが、シーボルトは箱根で初めて見たと述べている。花が葉に先だって咲くが、この標本には花も葉もある。江戸へ向かう時に花を、江戸からの帰途に葉を収集したのである。

崎常正にも会っている。彼らはヨーロッパの自然史についての情報を求めていた。シーボルトの方も日本の自然史について教わり、標本も入手しようと期待していたのである。日本の自然史研究者たちが必ずしも高度の情報を求めたわけではなかった。蘭癖大名として知られる島津重豪はシーボルトから鳥の剥製の方法を教わって満足しているし、将軍の奥医師の栗本瑞見は自分が所有している剥製が何かわからず、シーボルトからペンギンと教わって喜んでいる。桂川甫賢、宇田川榕庵、栗本瑞見らは動物や植物の写生画や標本をシーボルトに贈ってくれた。宇田川榕庵は『舎密開宗』とか『植学啓原』といった啓蒙的ではあるが水準の高い本を書くことになる人である。しかし、彼がシーボルトに贈った動物写生画は、近代的科学者というよりはまだ本草学者的なものであった。シーボルトは榕庵にはスプレンゲルの『植物学入門』を贈った。この著書はドイツ語で記されているので、榕庵はドイツ語を自習して内容の理解に努めたのである。その成果が『植学啓原』に盛り込まれている。桂川甫賢がシーボルトからどのような影響を受けたのか、はっきりしないが、シーボルトは彼から標本、植物写生図、『花彙』のオランダ語訳をもらった。甫賢はオランダ語にたくみなだけではなく、絵も上手であった。『花彙』は島田充房、小野蘭山共著の植物図譜で、合計二〇〇種の植物が扱われている。それらの中には、格別役に立たないものも含まれていた。本草学ではなく植物学的な性格を持った書物であった。甫賢は『花彙』に示されている個々の植物の解説を流暢にオランダ語へ訳していたのである。

北方地方の探検家として知られる最上徳内は、わざわざシーボルトを訪ねてきてくれて、アイヌ語の基礎を教えてくれた。彼は秘密を守るという約束のもとに樺太、北海道の詳細な地図をシーボルトに寄贈してくれたが、樹木材の標本も贈ってくれた。これは、長さ一三八ミリ、幅七三ミリ、厚さおよそ六・五ミリの規格に揃えられた合計四十五枚からなる標本で、表面にはその樹木の葉の彩色画が徳内自身によって描かれている。[3] 二十八枚は蝦夷の樹木であった。シーボルトは徳内の厚意に感謝するとともに、北方の植生についての関心を深めたのである。

尾張学派との接触

シーボルトは江戸への途上で尾張の自然史研究者たちと会っている。水谷豊文（通称助六）を盟主とする尾張の自然史研究者たちは江戸の研究者たちと独立して、高い水準に到達していた。シーボルトは豊文と以前から接触しており、尾張の自然史研究者たちは彼に会う機会を待ち受けていた。シーボルトは三月二十九日に宮に着くが、伊藤圭介、大河内存真らを伴った助六が訪ねてきた。そして標本や写生帖をもらっている。『江戸参府旅行記』には次のような記述がある。「彼が見る機会に恵まれたたくさんの珍しい植物や動物をかなり精密に写生していたし、その中には私がじつにそっくりだと感心した乾さく植物の図もあった。しかも私は特に二冊の肉筆の画帳に注目した。それは日本の植物コレクションであるが、すべて正確にリンネの名称で分類し、すべての植物に属名をあげていた。一〇二の同定のうちで私はたった四つの誤りを指摘することができただけであった。同定された属名の多くはケンプファーやツュンベリーも日本のこの国の植物の中にあげていないし、そのうちの二、三は私もまだ見たことがなかった。私は、彼がこのためにどんな文献を参考としたかを、好奇心をもってたずねたが、彼はただ研究のときにリンネのオランダ語版を用いたと言っていた。」（斎藤信・訳）

シーボルトは、助六が植物の同定を行い、正しく属名を記しているのに驚嘆した。助六が参照したのは、ハウッタインの書物であった。彼はオランダの医師で、リンネの分類体系に関心を抱き、リンネの著書を土台にしてオランダ語で膨大な解説書を書いた。全部で三十七冊、一二一、〇〇〇頁にも達している。植物に関したものは計十四冊で、九、〇〇〇頁もある。この書物を助六は読んでいたのである。どのようにして、助六がそれらの植物の属を知ることができたのか、不明な点がある。膨大なだけに、読破は容易ではない。世界中の植物が扱われ、綺麗な銅版画が含まれているが、図示されているのはごく一部の植物だけなのである。記述はごたごたしていて、むしろ難解である。オランダ語を十分に身につけていないと、とても属名を日本の植物に当てはめるようなことはできない。また、蘭書は高価であり、入手することも容易ではないはずである。

その写生画帳はシーボルトがもらって持ち帰り、現在はライデン大学図書館の東洋文献室に保存されている。四つよりも誤りは多い、しかし、正確度は相当に高い。ただ、助六が広範に各種の日本の植物をこのハウッタインの書物を手がかりにして、調べていたかどうかは問題である。彼がシーボルトに見せたのは、自分が属名を突き止めることができた種類だけと思われる。写生画帳はかなり雑に描かれている。助六の別の写生画帳に比較すると画質が劣っている。彼はシーボルトが江戸参府することを知り、自分の同定が正しいかどうか教えてもらおうと考えて、それまでに何とか同定していたものを大急ぎで描き、属名を書き加えてシーボルトに見せたのであろう。その他の日本植物について同様なことができたわけではなかったであろう。しかし、あまり多くはなかったとしても、正確に属名を当てはめることができたのは、驚嘆すべきことであった。

シーボルトは帰途にも尾張学派の人々と接触を深めた。そして、新たに標本類や写生図集をいろいろともらった。

伊藤圭介との出会い

シーボルトは圭介に注目した。そして、長崎への遊学を奨めた。圭介は一八〇三年の生まれであるから、当時二十三歳であった。彼はその誘いを受け入れて長崎に来るが、その年ではなく、翌年である。長崎遊学に先だって、彼は江戸に行き、宇田川榕庵のところに寄寓したり、日光へ行って採集をしたりしている。長崎に着いたのは九月四日であった。シーボルトは、それまでの門人たちの中に、自分の自然史研究の共同研究者になるに足る人を見つけることができなかった。彼は美馬順三に期待を寄せていたように思われる。順三はシーボルトの要請により、肥後の金峰山などで植物の標本の採集を行ったが、一八二五年に亡くなってしまい、シーボルトを落胆させた。『江戸参府旅行記』には高良斎が植物に明るいと記されているが、実際にはシーボルトを満足させる水準ではなかったと思われる。圭介は翌年、一八二八年三月には長崎を去っており、半年余の滞在であったが、シーボルトにとっても、圭介にとっても、それはきわめて充実した期間であった。

シーボルトは、ツュンベリーが一七八四年に刊行した『Flora Japonica』（『日本植物誌』）で紹介されている日本の植物が何なのか、それを具体的に知りたいと思った。その著作には顕花植物七三五種、シダ植物四四種、海藻などその他合計三三種が扱われていた。ツュンベリーは和名も収録しているので、それを手がかりにすることが可能であるが、一部には誤りもあった。そのために、植物について広範な知識を持っている協力者がどうしても必要だったのである。圭介は彼にとって希望にかなった人であった。一方、圭介はヨーロッパの植物学を学びたかったのである。助六はハウッタインの書物によって、リンネ流の植物分類学への理解を深めつつあった。その影響は彼の門人の圭介や存真らに当然に及び、彼らがもっと深くヨーロッパの分類体系を知りたいと思うようになったとしても、当然であろう。本草学の場合には、便宜的な分類はなされていても、そこには合理的な体系はなかった。数多くの植物を知るにつれ、それらを何とかして、きちんとした体系のもとに理解したいと、先見性のある助六は考え、そのために、ハウッタインの書物を調べていたと思われる。

ツュンベリーの『Flora Japonica』はラテン語で記されているが、平易で読みやすい。かつ、読者の立場を考えて、使用に便利なように構成されていた。シーボルトは、圭介に『Flora Japonica』を教材として、リンネ流の植物分類学を教えた。リンネは花を分類のための手がかりにした。花は生殖器官であり、それぞれの植物にとって特に大切なものである。雄蘂、雌蘂の数、花弁の状態によって、リンネは植物を二四綱に分類した。また、それぞれの種には二名法によって名前が与えられた。二名法はきわめて便利であることがわかり、次第にヨーロッパで広く用いられるようになったのである。

助六をはじめとする進歩的な自然史研究者は、日本産以外の動植物についても知らねばならないと考えていた。和名では海外には通用しない、また、海外の動植物を知るためには、それらの名前について知る必要があった。そのためにもどのようにして命名されるのか、植物はどのように体系化されているのかを知る必要があった。

『泰西本草名疏』の刊行

圭介は一八二八年に長崎を去り、故郷の尾張に戻ると、『泰西本草名疏《たいせいほんぞうめいそ》』の刊行の準備に着手した。長崎で学んだ新知識を紹介するためである。この著作は、リンネ流の植物分類学の紹介であるとともに、日本の植物のリストでもある。日本の多数の植物が学名を添えて示されている。当時の日本では花の役割はまだ十分には理解されていなかった。花が咲かないと結実しないことはもちろん知られていたが、受粉が必要なことは一般には知られていなかった。圭介は、花の役割を説明しなければならなかったが、そのためには、用語を創る必要があった。雄蘂、雌蘂、花粉などは圭介の考案であった。また、分類の体系を示すための用語も必要であった。綱、目、類、種といった分類単位のための用語も考案された。これらのうちの類はその後に属という語に置き換えられたが、綱、目は現在でも用いられている。

圭介は下書きを作ると、長崎に送ってシーボルトに校閲してもらっている。『泰西本草名疏』は圭介の著書であるが、厳密に言えば、シーボルトとの共著である。出版の準備が進行している時にシーボルト事件の摘発があった。そのために、圭介はシーボルトの名前を示すことができなかった。しかし、一八二九年十月に刊行することができた。

この書物の出版によって、日本にリンネ流の植物分類学が導入されたと言えよう。『泰西本草名疏』によってとりわけて大きな刺激を受けたのは、美濃大垣の飯沼慾斎であった。彼は圭介よりも二十歳も年長であったが、医師として成功し、富を蓄えた。そして五十歳で隠居して、好きな植物の研究に従事することになった。彼は日本産の植物をリンネの体系に基づいて分類した。慾斎はオランダ語を読むことができたので、ハウッタインの書物も理解できた。そして、大著『草木図説』を完成した。草部編と木部編から構成されており、草部編には一、二〇〇の図が含まれていた。木部編には五八五図があった。彼は二〇巻の書物として草部編を出版したが、木部編は未刊に終わった。しかし、『草木図説・草部編』は好評で、版を重ねた。明治になってからも刊行を重ねた。もちろん、当初の姿ではなく、解説が新規に加えられたが、一種の植物図鑑として珍重された。出版されなかった木部編も一九七七年に出版された。(4)

圭介は、シーボルトから親しく植物分類学を学んだ。彼こそがそうした仕事をするべきであった。しかし、若い圭介には、植物の研究にだけ専念するというわけにはいかなかった。彼の本業は医師であった。彼の替わりに慾斎がその仕事をしてくれた。もっとも、慾斎は新種の命名はしていない。植物の場合には、命名はラテン語による学名を与え、かつラテン語によって記載をしなければならない。慾斎が調べた標本の中にはかなりの数の新種が含まれていたはずであるが、ラテン語で書くことができない慾斎にはそれは不可能であった。

シーボルトの日本の生物相についての理解

シーボルトには様々な制約があった。出島から自由に出歩くことなど許されていなかった。彼が採集のために長崎の郊外に出ることができたのはわずかに三回だけで、それも日帰りであった。(5)江戸参府の機会を除くと、きわめて不自由な状態にあったと言えよう。にもかかわらず、彼は日本の動物、植物についての生物地理学的な考察を行い、概して妥当な見解を得ていた。当時の日本にはいろいろな誤った情報が流布していた。河童は多くの日本人には実在するものであった。高名な自然史研究者の中にも存在を信じている者がいた。たとえば栗本瑞見である。彼は多数の図譜を描き、自然史研究を促進した人であった。鳥類について詳しい知見を有していた筑前藩主の黒田斉清もそうであった。(6)しかし、シーボルトは河童を空想の産物と見抜いている。今日でもツチノコの存在がまことしやかに報道されるのであるから、当時の日本には動物や植物についての怪しげな情報が満ちていたに違いない。しかし、シーボルトはそうしたものに惑わされることはなかった。ただし、すべてに完璧であったわけではない。彼は日本には中国から多くの園芸植物が到来していることを見抜いたが、実際以上にそれを多く考えた。その結果、フジは日本在来種なのに、中国原産であると記述するような失敗もした。また、シュロはヤシの類であるから、日本原産ではなく、海外から移入されてきたものと単純に思い込んでいた。そのような思い違いがあったとしても、シーボルトは概して健全な見解をしていた。

彼は、日本の生物相がシベリアあたりの北方系、琉球、中国の南方系の双方と関連していることに注目した。日本の生物相の理解のためには、日本の辺境地域の生物をよく知らねばならないと考え、蝦夷や琉球産の生物の標本の入手に努めていた。それは当時としては先駆的な考え方である。彼は間宮林蔵に高価な織物を贈り、問題を引き起こしたが、林蔵宛の手紙には、蝦夷産の植物の標本をもらえないかと書かれていた。[7] 北方地方の地理的な情報ではなく、植物について知ろうとしたのである。

興味あるのは、彼は和名に強い関心を抱き、細かく記録していたことである。和名を知ることによって、その生物について情報を得るのが容易になると彼は考えた。現在の日本の動物、植物の分類学では、学名が第一であり、和名は軽視されているが、シーボルトはそうは思わなかった。学名は世界共通であり、学術的にはそちらの方が重要であることは説明の要はないであろう。しかし、学名を覚えるのは一般の日本人にはきわめて困難である。専門家以外にはまるで無味乾燥な存在である。植物なり動物に慣れ親しみ、情報を得るためには、和名もまた大切にされるべきであろう。シーボルトの見解は分類学の専門家には受け入れ難いかもしれないが、傾聴すべき点もあると思われる。

シーボルトの収集品

シーボルトは膨大な動物・植物の標本を集めた。バタヴィアを経由してライデンへと発送したが、最初の間は大部分を自分の手元に留め、ごく一部しか送らなかった。ライデンに届いたものがあまりにも貧弱であったので、テンミンクはシーボルトがもしかして生まれ故郷のドイツへ送ってしまうのではないかと疑うようになった。しかし、一八二八年にシーボルトは出島を離任することが決まり、その年に出港するコルネリス・ハウトマン号で全てを送付することになった。ところが、来襲した猛烈な台風のためにコルネリス・ハウトマン号は座礁してしまい、予定の通りの出港は不可能になった。そうこうしているうちにシーボルト事件の摘発が始まり、シーボルトは出島に幽閉され、厳しい取り調べが行われることになった。(8)

けれども、修理を終えて一八二九年の二月に出港したコルネリス・ハウトマン号には、シーボルトの自然史関連の収集品が予定の通りに積み込まれた。無事にバタヴィアに着いた収集品は二隻の船に積み替えられ、八月三十一日にライデンに到着した。それらは膨大なものであり、シーボルトに対して懐疑的になっていたテンミンクもすっかり満足した。出島に幽閉されていたシーボルトには標本の収集と作製は認められていた。彼は一八二九年の年末に出港する船で帰国することになったが、それにも相当に多くの標本類が積み込まれていたのである。その中には、オランダに移入するための、多数の生きた園芸植物類も含まれていた。

シーボルトが帰国してから政府に提出した書類や、標本送付の際に添付した書類、国立自然史博物館の標本受け入れ台帳によれば、次のような標本類が発送されている。

一八二五年：哺乳類二九点。アシカの骨格標本一点。チョウザメを含む魚の乾燥標本一〇点。鳥類五三種八〇点。甲殻類二五点。貝類五〇〇点。およそ四〇〇種の昆虫の標本。植物標本一箱。

一八二六年：哺乳類五種八点。鳥類三一種五〇点。貝類と棘皮動物の標本多数。三〇〇の生きた植物と種子類。

一八二七年：二二五の生きた植物と種子類。

一八二九年：哺乳類三五種一八七点。鳥類一八八種八二七点。両生類・爬虫類二八種一六五点。魚類二三〇種五四〇〇点。貝類四〇〇種以上一、六五〇点。頭足類四種一五点。甲殻類八〇種四三五点。環形動物一一種一一点。昆虫類六〇〇種二、四〇〇点。棘皮動物類三〇種一四〇点。石サンゴ、ヤギ類など三九種一一五点。日本、蝦夷、琉球産の植物の押し葉の標本類二、〇〇〇種一二、〇〇〇点。果実や種子の液浸標本。生きた植物五〇〇種。動物の化石九〇種三五〇点、植物化石二二種。

一八三〇年：八種一四個体の生きた動物（ニホンザル、タヌキ、日本犬など）。哺乳類二五点。鳥類四五種一〇六点。両生類・爬虫類六種九点。魚類一八〇種二一七点。貝類一〇種三六点。頭足類一二種五〇点。甲殻類六〇種二五〇点。魚から得た寄生動物一〇種一五点。昆虫類四五種一〇〇点。クモ類一二種三六点。石サンゴ、ヤギ類など三九種一一五点。押し葉の標本類一、二〇〇種四、〇〇〇点。果実や種子の液浸標本。生きた植物五〇〇種八〇〇点。材の標本一七二点。海藻の標本一包。和風に製本された二〇冊の標本帖。種子類一箱。

ビュルゲルの貢献

ビュルゲル(9)はシーボルトの陰に隠れて、日本ではほとんど知られていない。彼は一八二五年に出島に赴任してきた若い薬剤師であった。そして、シーボルトの助手として一八二七年に離任するまでシーボルトの科学的な活動をいろいろと手伝った。『江戸参府旅行記』のところどころに、ビュルゲルがどのようにシーボルトを手伝ったかが記述されている。彼は温泉の水の分析をしたり、天測を行って緯度・経度を調べ、水銀柱の高さの差からその地点の標高を測定したりした。ビュルゲルには鉱物の知識があり、シーボルトはそれに関した作業をビュルゲルに委ねていた。一八二七年にいったん離任したが、一八二八年にシーボルトの後任者に定められ、また出島に戻ってきた。そして、一八二八年十月一日から自然史調査官に発令された。[10] しかし、思いがけない船の座礁やシーボルト事件のために、シーボルトの帰国は一年以上引き延ばされることになった。けれども、出島における正式な自然史調査官は発令の通りにビュルゲルであり、シーボルトと独立に動植物の収集を行っていた。彼は出島を離れて東インドにおける学術調査に参加していたこともあるが、一八三四年の暮れまでは出島に留まり、多数の動植物の標本を発送した。ビュルゲルは勤勉で、発送の際には詳しい標本目録を添えていた。それを見ると、ずいぶんと多数を送付している。彼はまた動物の写生画を川原慶賀に多数描かせている。出島出入り絵師の慶賀は仕事が早く有能であり、シーボルトは高く評価して、民族学的な主題のもの、植物の写生画などを描かせた。動物を対象にしたものも描かせねばならないとシーボルトは考えていたが、慶賀はシーボルトの注文を仕上げるだけで精一杯であった。そうした絵の注文はビュルゲルに引き継がれた。ビュルゲルは慶賀に魚類、甲殻類、両生類、爬虫類、少数ではあるが哺乳類の絵を描かせている。

ビュルゲルが送付した標本の総数も随分と多かった。記録によると、鳥類や魚類に関しては、標本の総数はシーボルトをかなり上回っていた。ビュルゲルの植物学的な知識はシーボルトにとても及ばなかったはずである。しかし、彼は植物の収集にも随分と熱心であった。ビュルゲルが採集したと考えられる標本の中に江戸、京都、野母崎、武雄、宝満山などの地名が記入されたものがある。[11] 彼は江戸参府に加わった際に自ら道中で植物の標本を集めていたらしい。また長崎から日本人の協力者を派遣して九州内で採集をさせていたと思われる。ビュルゲルの送付した標本の中にはシーボルトが入手していないものも相当に含まれていた。彼のおかげでライデンの日本関係の動植物標本類は一層充実したものになった。

図3　シーボルト収集のサザエの標本。小さなものから大きなものまで集められている。蓋も一個保存されている。シーボルトは、貝の標本では、いろいろな大きさのものを細かく揃えるように努力していた。

図4　左はマボロシヒタチオビガイ。シーボルト標本によって新種として発表されたが、日本では標本が入手できないのでまぼろしであるということで、このような和名が与えられた。ここに示すライデンの標本の他に、ロンドンの自然史博物館（旧大英博物館）にも一点がある。右はカナダヅル。ビュルゲルの標本。北アメリカに分布しているツルなので、日本に飛来するはずはない、何かの間違いであろうと長年疑われていた。しかし、稀に日本に飛来することが確認され、誤りではないことが明らかになった。

シーボルト、ビュルゲル収集標本の特色

シーボルトには完全主義者、偏執狂的な傾向があり、そのことが彼の収集品を豊富にし、質を高めるのに貢献をしている。彼は入手が可能ならば、できるだけたくさん集めようとした。実用、非実用を問わず、あらゆるものが対象とされた。彼はクラゲまで標本にしてライデンに送っている。個体の違いにも注目した。雌雄で大きさや形態に違いがある動物の場合には、もちろん双方を集めねばならなかった。図3にサザエの標本を示しているが、小さなものから大きなものまで、段階的に集められていることが理解できるであろう。色に変異が見られる動物の場合には、当然にそれぞれの標本が揃えられている。

いろいろな制約下に置かれていたためであろう、奇妙な偏りも見られる。珍奇で、ごく稀にしか得られない種がある一方で、ありふれた種が欠けている場合もあった。図4—左に示すマボロシヒタチオビガイはめったに得られない珍品中の珍品であるが、シーボルトは二個も入手していた。

江戸参府は収集品を増やす絶好の機会であったから、彼は貪欲に集めている。琵琶湖の傍らを通過する際に彼はそこには固有の動物が生息しているのではないかと注目した。ゲンゴロウブナ、セタシジミ、イケチョウガイといった琵琶湖産動物の標本があるのは、そうした注意力によるものであった。また、いろいろな人から標本をもらった。国立自然史博物館には巨大なヒグマの皮があるが、これは名通詞として知られる馬場佐十郎由来のものであった。

シーボルト、ビュルゲルの収集品の中には現在は絶滅してしまったものが含まれている。もっとも著名なものはニホンオオカミであろう。明治年間に絶滅したニホンオオカミには、生存説を信奉する人もいて、いろいろと話題が尽きない。ニホンオオカミは『ファウナ・ヤポニカ・哺乳類編』において新種として学名が与えられた。剥製が一点と頭骨がある。

頭骨は頑丈で、明らかにオオカミであるが、剥製はオオカミにしては小さく華奢であるために、野犬ではないかと論議の種になっている。この標本のラベルには収集者はビュルゲルと示されている。しかし、実際にはシーボルトが収集したものと思われる。アホウドリの標本にもビュルゲルの名前があるが、『江戸参府旅行記』にはそれに関した記述があるので、やはりシーボルトが収集したものと思われる。国立自然史博物館の標本類では、そうした混同がほかにもいろいろとあり、反対にビュルゲル収集のものがシーボルトのものにされている場合も少なくないように思われる。

ニホンアシカは、近年まで日本海に生存しており、動物園で飼育されていたこともあったが、今では絶滅したと考えられている。ライデンにはシーボルト収集の骨格標本と並んでビュルゲルが送付した三点の剥製がある。図5にそれを示している。標本の下の写生図は川原慶賀が描いたものである。トキも今や絶滅に瀕している。テンミンクによって新種として一八三五年にトキは学界に紹介された。シーボルトのものとビュルゲルのものとが各一点ずつ保存されている（図6）。カナダヅルの標本はビュルゲル収集になるものであるが、日本への確実な飛来の記録がなかったので、彼の標本なのかどうか疑われていた。しかし、日本に実際に飛来していることが最近確認された。もちろん、珍しい標本である点では変わりはない（図4―右）。

植物標本の場合には、日本人から貰ったものが含まれているので興味深い。シーボルトは伊藤圭介と密接な関係にあったから、多数の標本を貰っている。ありふれた普通の日本の植物がほとんどであるが、中には日光産のものとか日本の中部地方のものが見受けられる。また、圭介の実兄の大河内存真、師の水谷助六の収集標本もかなり含まれている。助六標本の中には少数であるが、蝦夷産のものがある。助六自身は蝦夷へ行ったことはなかった。しかし、本草学者との接触によってそうしたものも得ていた。また、何か特別なルートがあったみたいで、シーボルトは蝦夷産の生きた植物も入手していた。彼は蝦夷からミツバアケビの生きた株を手に入れて、出島の植物園に植えていた。しかし、どういうルートでそれを入手したのかは不明である。

図5
ビュルゲルが収集したニホンアシカの剥製三点。下に示すのは川原慶賀の写生図であるが、実にリアルである。眼が別に描かれている。眼は剥製としては保存できず、義眼を入れねばならない。そのことを考えて眼を別に描かせたのである。

図6　トキの標本。左がビュルゲル、右がシーボルト収集のもの。ライデンには別に骨格標本が2点ある。また、ロンドンの自然史博物館はライデンから剥製1点を譲り受けている。シーボルト標本は汚れた感じを与えるが、そうではない。暖かい季節になるとトキには黒っぽい分泌物を出してみずから塗り付けるという習性がある。そのために、このようになるのである。ビュルゲル標本は寒い時期に得たのものなので、綺麗に見る。

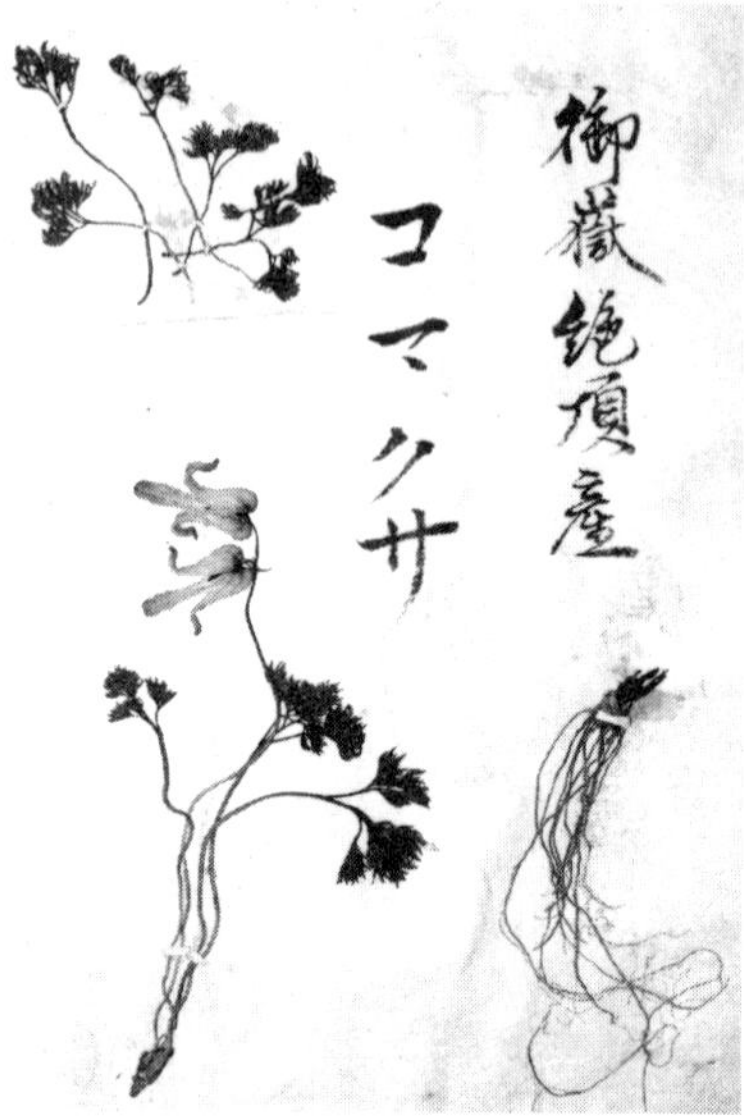

図7　コマクサの標本。御嶽絶頂産と示されている。木曽の御岳で得られたものであるが、誰が収集したのか、現在のところまだ不明である。

シーボルトが接触した本草学者が誰であったのか、常にはっきりしているわけではない。その例を図7に示している。コマクサは高山植物であり、容易に得ることはできない。当時の日本において、高山の植物も調べられ、標本が作られていたことはすこぶる興味深い。産地からして尾張の自然史研究者の一人と思われるが、ラベルには名前がなく、不明である。

シーボルトは誰から標本を貰ったのかほとんどの場合ラベルに書き入れをしていない。そのために、かなりのものが採集者不明なのである。圭介標本には例外的に圭介の名が記されているが、それも全部ではない。大河内存真や助六の標本にしても、彼らの名前が記されているのはごく一部に過ぎない。シーボルトが門人から得たと具体的に判るものは、現在のところ、平井海蔵による四冊の標本帖と、二宮敬作による貧弱なトサミズキの標本だけである。高良斎の場合には、シーボルトは江戸参府に同行させていた。『江戸参府旅行記』の中で日本の植物学に対して深く広範な知識を有しているとシーボルトは彼を評価している。にもかかわらず、高良斎による標本がまだ何一つ見つかっていないのは残念である。

『ファウナ・ヤポニカ（日本動物誌）』、『フローラ・ヤポニカ（日本植物誌）』の刊行

シーボルトは収集しただけではなかった。標本を活用して、それらについての分類学的な研究を行い、成果を発表する

ことに努力した。ビュルゲルは収集家としてはきわめて勤勉であり、彼の功績はもっと讃えられるべきであろう。しかし、シーボルトの方がはるかに偉大である。単なる収集家に留まらず、それ以上のことをしたからである。

ライデンに落ち着くと、シーボルトは国立自然史博物館にテンミンクを訪ねた。シーボルトに対して疑いの目を向けたこともあるテンミンクも協力的になっており、シーボルトの要請を受け入れた。シーボルトは自らは動物学の専門家ではないので、国立自然史博物館の専門家に日本産の動物の研究を依頼したのである。テンミンクへの手紙に示したことを実行に移したのであった。現在は世界的に知られる大博物館になっているが、当時の国立自然史博物館はいたって小規模であり、動物学の担当官は脊椎動物部門にシュレーゲル、無脊椎動物部門にデ・ハーンがいるに過ぎなかった。[12] 館長のテンミンクを含めて、合計三名の動物学者しかいなかった。しかし、三名ともにきわめて優れた学者であった。いずれも、多忙で、いろいろとなすべき仕事を抱えていたのに、遠い日本の動物の研究にも従事することになったのは、第一に標本の質が優れていたためであった。シーボルトのものに加えてビュルゲル収集のものが到来して、一層充実したものになっていた。また、シーボルトは関連する資料類も揃えていた。哺乳類に関してはかなり詳しい原稿を作製しており、鳥についてもリストを準備していた。それらはテンミンクやシュレーゲルの執筆を助けたはずである。さらに、シーボルトは謝礼を支払った。裕福なテンミンクまでそれをもらったかどうか不明であるが、シュレーゲルは本文の執筆に関連して三、七五〇ギルダーをもらったと自伝に記している。それは普通の家なら一軒買える金額であった。国立自然史博物館の給与はそれほど多いものではなかったからシュレーゲルには有り難かったに違いない。

『ファウナ・ヤポニカ』は脊椎動物を扱い、フランス語で記述された四巻と、甲殻類を扱い、ラテン語で記された一巻の合計五巻から構成されている。完成した姿ではなく、予約者を募って刊行された。図版を一〇葉と本文を含むものを一分冊とし、シュレーゲルなりデ・ハーンが書き終え、図版の印刷が終わると刊行し、配布した。日本の動物を扱った特殊な出版物であったから、需要が大きかったはずはなく、赤字出版であったと思われる。オランダ政府は財政的にゆとりが

図8　川原慶賀のムツゴロウの写生図。学術的であるためには、大きさ、色、鰭の形などが正確でなければならない。形を整え、鰭をのばした状態にして正確に描写するのは、決して容易ではない。しかし、慶賀は現在でも図鑑の原画にそのままに使用できるくらいに正確に描いていた。

なかったので、一〇部を購入して国内の研究機関に配布してくれた。もちろん、それでは刊行を支えるにはほど遠く、刊行者のシーボルトは、不足分を自らの努力で埋め合わせねばならなかった。

『ファウナ・ヤポニカ』によって、六三種の哺乳類、二〇一種の鳥類、一六種の爬虫類、一一種の両生類、三三〇種の魚類、一八二種の甲殻類が記述された。これらのうち、合計して三一三種が新種である。日本を代表する各種の動物が学界に紹介された意義は大きい。ホンドタヌキ、ニホンオオカミ、ウグイス、メジロ、ヤマガラ、ヒバリ、イシガメ、カジカガエル、マダイ、イシダイ、ブリ、アユ、などが記載されたのである。

『ファウナ・ヤポニカ』には美麗な図版が含まれている。「魚類編」を除く四巻では、主に標本に基づいて図版が作製された。しかし、「魚類編」ではビュルゲルが川原慶賀に描かせていた彩色写生図が用いられている。どのように工夫しても、標本にすると元の色彩は失われてしまう。慶賀の図があったから、立派な図版を含むものを刊行することができた。図8に慶賀の図の一例を示した。

『ファウナ・ヤポニカ』は完結までに長い年月を要した。一八三三年に最初の分冊が刊行されたが、それは甲殻類を扱ったものであった。一八五〇年に魚類編、鳥類編が完結したが、デ・ハーンの病気のために長く刊行が中断されていた甲殻類編もやはり完結した。それまでに実に十七年が費やされたのである。

『フローラ・ヤポニカ』は二巻から構成されており、『ファウナ・ヤポニカ』に比較するとかなり小規模である。それぞれの巻には一〇〇図版が含まれることになっていた。図版五葉と本文を一緒にしたものを一分冊とし、各巻は二〇分冊で構成されることになっていた。第一巻の最初の分冊は一八三五年に刊行され、一八四一年に完結した、第二巻の最初の分冊は一八四二年に刊行されたが、一八四四年に第四第五分冊が配布された段階で刊行が中断された。シーボルトの没後に国立植物標本館の館長であったミケールが一八七〇年に第六〜一〇分冊を刊行した。シーボルトが残していた図版や草稿を活用したのである。しかし、ミケールは病気のために一八七一年に亡くなり、結局、第二巻は半分しか刊行されなかった。

シーボルトは『フローラ・ヤポニカ』に関しては著者の一人であった。シーボルトはミュンヘンの植物学者のツッカリーニの協力を得ることに成功した。シーボルトも植物について広範な知識を蓄えていたが、慎重な彼は、植物分類学的な記述は専門家に任せるべきだと考えた。それはツッカリーニに委ねられた。図版の準備とか植物民族学的な記述はシーボルトが行った。『フローラ・ヤポニカ』では合計して一四〇種の日本産植物が扱われ、うちウツギ、ウメ、キブシ、モミ、アカマツ、アスナロなど五二種は学界に未知の新種であった。シーボルトは『フローラ・ヤポニカ』によって、日本の各種の園芸植物や庭園樹を紹介しようと考えた。気品のある美しい図版は、ヨーロッパの植物愛好家たちの東洋へのあこがれをかきたてたに違いない。川原慶賀に描かせた写生画は美麗な図版を作製するのに役に立った。なお、シーボルトは二種類の版を作製している。彩色された図版を含むものと図版が白黒のものとである。白黒の場合には、美しさは劣るが、価格は半額であり、研究上の文献としてはそれで十分であったので、研究機関ではもっぱらそちらの方を購入した。

シーボルトが刊行を突然中断したのは、彼の経済的困難によると思われる。彼は別に『NIPPON』も刊行していた。日本の地理、歴史、文化、宗教、経済的活動などを扱ったこの大著を刊行するためにも、相当な資金が必要であった。彼は刊行物出版の経費を日本から移入した珍しい園芸植物を販売して確保しようと考えたが、思うようにいかず、かえって多額の借財をかかえこむことになってしまった。彼は一八四〇年代の半ばには経済的に困難な状態に陥っていた。そのために、中断を余儀なくされたのである。そのうちに再開するつもりでいたのに、一八四八年にツッカリーニが急死してしまった。そうした不運もあって、『フローラ・ヤポニカ』はまるで未完成の状態に取り残されたのである。

シーボルトは出島滞在時に日本の植物の研究を熱心に行って、自分が収集したものの中にどのような新種が含まれているかを突き止めていた。[13]『フローラ・ヤポニカ』を休刊にした後、彼はツッカリーニと共著で、ミュンヘンで刊行されていた学術誌に三編の論文を掲載した。そして、それらの新種の一部を紹介した。ツッカリーニの急死という不幸がなければ、さらに多くの新種が記載されたことであろう。

シーボルトはテンミンクへの手紙の中では鉱物についても出版することを示唆していた。しかし、シーボルトの鉱物に関する知識は限られ、そのための仕事はビュルゲルに委ねられた。しかし、結局のところ完成には至らなかった。

シーボルトの日本の自然史における貢献

シーボルトは次のように日本の自然史研究に寄与している。まず、膨大な標本類を集めた。それはオランダ政府の指示によるものであり、彼の個人的な仕事ではなかった。必要な経費も政府から与えられていた。しかし、シーボルトは自分自身の仕事と考えて、熱心にそれを遂行し、膨大な数を集めた。標本の質も概して高かった。彼は積極的に日本の自然史研究者と接触して、いろいろな地方の物も集めたのである。ビュルゲルはシーボルトとは別の自然史担当官であるが、彼を指導、あるいは刺激したのはシーボルトであった。結果として、彼にも膨大な標本を収集させることができた。それらの標本はオランダ国立自然史博物館や国立植物標本館において、貴重な研究資料となり、今日においても役に立っている。

さらに、シーボルトは、『ファウナ・ヤポニカ』、『フローラ・ヤポニカ』を刊行することによって、日本産の動物、植物を学界に紹介した。シーボルトの先駆者のツュンベリーも多数の植物、動物の標本を収集した。新種として記載した植物の種の数はシーボルト、ツッカリーニを上回っている。また、ツュンベリーはそれほど数は多くはないが、日本産の魚類や昆虫も新種として発表した。シーボルトの場合には、豪華な図版を含む刊行物によって、日本産の動植物をより身近に紹介し、それらについての研究を一層充実させてくれたのである。『ファウナ・ヤポニカ』、『フローラ・ヤポニカ』も現在でも役に立つ基本的な動物学、植物学の文献となっている。

彼は伊藤圭介と親しく接触し、リンネ流の植物分類学の基本を彼に教えた。当時の日本には多くの自然史愛好家がおり、本草学から脱却して植物学へ移行する途上にあった。本草学では、役に立つ植物が対象となるのである。無用な植物まで調べることはしない。しかし、植物学では、実用性があるなしにかかわらず、全ての植物が研究の対象になる。小野蘭山や水谷助六は、非実用的な植物にも関心を寄せていた。次第に植物学へ移行しつつあった。しかし、そのためには、分類の体系が確立していなければならない。より進んだヨーロッパの体系が導入される必要があった。分類学を知っているシーボルトの来日は時代の要請と合致したものとなった。時期が熟していたのである。伊藤圭介という人材を得て、導入が促進されたのであった。

まとめ

シーボルトが多種多様な膨大な標本類を収集できたのは、もちろん、日本人の協力があってのことである。当時の日本では自然史に関する一般の関心は今日よりもずっと高かった。そのおかげでシーボルトは収集活動を広範に展開することができた。無関心な状態では、収集のための理解や協力を得るのは困難で、疑いの目で見られるに決まっている。いろいろな人がシーボルトに協力してくれたから、彼は膨大で多彩な標本類を収集できた。彼の標本類は日蘭文化交流の実際を示す文化的資料とも言えよう。また、シーボルトは動植物について豊富な知識を有していた。そのことが評価されて、尾張や江戸の自然史研究者たちもシーボルトにいろいろな協力を惜しまなかった。

シーボルトの『ファウナ・ヤポニカ』と『フローラ・ヤポニカ』は、印刷部数が限られており、高価でもあったが、やがて日本にももたらされ、動物学、植物学の発展のための基礎的な文献となった。現在においても、価値の高い著作なのである。シーボルトは、それらの刊行を意図して、出島にいる時に周到に準備をしていた。『フローラ・ヤポニカ』では刊行を中断するようなことをしているが、自分の構想の実現のために、粘り強く努力していたことは高く評価されるべきである。彼は刊行によって名声を得たが、その代償として出版のための金銭的な負担に苦しまされたのであった。

彼がそのような企画をし、実行に努力したのは、何と言っても、背景にヨーロッパの自然史研究の伝統があったからである。リンネは地上に生息する全ての動物、植物に名前を与え、その体系化をしようと努力した。知られざる国日本の自然物を明らかにすることは、ヨーロッパの自然史の伝統からして、好ましいことであった。それゆえにシーボルトは早い段階で企画し、準備をしていた。シーボルトの独創ではなく、ヨーロッパの伝統に従ったに過ぎない。

ただし、収集活動を極端とも言えるほどに徹底して行い、膨大なものを集めた。また、出版に必要と考えて、植物の写生画を描かせ、ビュルゲルにも動物写生画を注文させていた。周到な準備をしていた。また、標本や情報の収集において、考え方が健全であり、優れた洞察力を持ち合わせていた。日本の生物相の理解を深めるためには、辺境の地に分布するものも集めねばならないと考えたし、日本各地からの標本の入手に大きな努力を払った。そして、自分で経費を確保して、息の長い出版を行った。こうした点に彼の大きな特色がある。他の誰にもできないことをしたと言える。

明治維新後、日本在来の学問の多くは欧米の学問の導入に伴って滅びるか、弱体化した。たとえば、日本独自の数学の和算は洋算に拮抗することはできず、滅びるほかはなかった。植物学の場合には、伊藤圭介を通じてリンネの植物分類学が導入されており、徐々にそれが浸透していた。圭介は一八七〇年に明治政府に召し出され、すでに高齢であったが、一八八一年には東京大学の教授にも任命され、一八八八年には理学博士の学位も授与された。在来の植物学が滅びることなく、欧米の知識を取り込んで発展的に継続したのであった。シーボルトはそのための基礎を作ってくれたのである。動物学の場合には様子が異なっている。解剖の伝統を欠き、体系を持たず、名物学的な水準に留まっていた。水準の違いが大きすぎたのである。在来の動物学は欧米の動物学の導入に役に立ったが、それ自体が持続できる状態にはなかった。シーボルトにしても、新知見の提供はしたが、ヨーロッパの動物分類学の導入に努めた様子はない。

シーボルトはプラント・ハンターでもあった。有用な植物を海外で見つけ出して移入する人のことをそう呼ぶのであるが、彼は日本の植物を心から愛して、ヨーロッパに導入しようと努力した。長い船旅のために、生きた植物をオランダへ運ぶのは困難であり、多くのものが枯死した。しかし、アジサイ、ハマナス、カノコユリ、テッポウユリ、テッセンといったものをもたらすのに成功した。アジサイはオランダの至る所にあり、ヨーロッパ各地にも広がって、すっかり定着している。また、ハマナスもオランダのどこにでもある。彼はマキやヒバなどの各種の庭園樹も日本から導入した。彼のそうした活動は、オランダの植生を豊かにした。日本とオランダ、ヨーロッパの文化的な結びつけを深める行為であったと考えることもできよう。

欧米の自然史研究では、標本が重視され、その保存と研究のために自然史博物館が設立されている。しかし、残念なことに、そうした欧米の博物館のあり方は日本には導入されなかった。オランダ国立自然史博物館に匹敵できる大規模な研究自然史博物館は日本にはまだ設立されていない。オランダ国立自然史博物館は研究を主体としており、展示館がなかった。一九九七年になって、新館へ移転し、はじめて展示館が併設されたのである。

ライデンの国立自然史博物館、国立植物標本館には、多数のシーボルト、ビュルゲル収集標本が良好な状態で保存されている。その頃の動植物標本が果たして現在の日本にどれくらい保存されているであろうか。今なおシーボルト、ビュルゲル収集標本があるのは、欧米の自然史博物館の伝統と、標本保存に対する歴代館員の努力の賜物にほかならない。シーボルトが日本の自然史に関して及ぼした影響は今日にも伝わっている。けれども、残念なことに、標本を大切にして保存するという考えは日本には導入されず、根を下ろすには至らなかった。

ヨーロッパには、標本だけではなく、様々な文書類も整理して保存するという慣習があり、各地に文書館が設けられている。博物館でも必ず文書室や文書コーナーがあり、過去の記録が保存されている。シーボルトやビュルゲルの手紙、送り状などが残っているのはそのお陰である。そうした慣習も日本にはない。徹底して集める、記録する、大切に保存するという慣習に関しては、ヨーロッパと日本の間の距離はまだきわめて遠い。

（補足）

筆者は一九八五年以来、ライデンを毎年、一、二回訪問して、シーボルト、ビュルゲル収集の動物・植物の標本を調査している。成果は次に示す著書、または所属する熊本大学臨海実験所の所報「カラヌス（CALANUS）」に報告してある。調査は現在も進行中であり、成果の報告は今後も「カラヌス」を活用して、順次に行う予定である。

（a）山口隆男編『シーボルトと日本の博物学、甲殻類』日本甲殻類学会、一九九三年。七三二頁、カラー図版二四頁（甲殻類標本の紹介だけでなく、動物標本の収集、『ファウナ・ヤポニカ』の刊行に関した総合的解説、テンミンク、シュレーゲル、デ・ハーンの伝記も含まれている）。

（b）山口隆男「日本の鳥類研究におけるシーボルトの貢献」カラヌス第一一号、一九九四年、一五〇頁。

（c）山口隆男「川原慶賀と日本の自然史研究Ⅰ　シーボルト、ビュルゲルと「ファウナ・ヤポニカ魚類編」」カラヌス第一二号、一九九七年、二五〇頁（川原慶賀が描き、現在ライデンに保存されている自然史関係の写生画の総目録が含まれている）。

（d）山口隆男「シーボルトと日本の植物学」カラヌス特別号Ⅰ、一九九七年、四一〇頁（植物学的な活動に関する総説である）。

（e）山口隆男・加藤僖重「「フローラ・ヤポニカ」において紹介された植物の標本類、その一」カラヌス特別号Ⅱ、一九九八年、四四六頁（シーボルトの標本の一部はミュンヘンにもあるが、その内容紹介も含まれている）。

（f）山口隆男・加藤僖重「最上徳内がシーボルトに贈呈した樹木材の標本」カラヌス特別号Ⅱ、一九九八年、八四頁。
（g）「「ファウナ・ヤポニカ」甲殻類編で参照された図譜「蟹蝦類写真」について」カラヌス特別号Ⅲ、二〇〇一年、一三頁。

注

（1）Coenraad Jacob Temminck（1778-1858）アムステルダムの富裕な家に生まれ、大学教育は受けなかったが、高名な動物学者になった。勤勉で社交性があり、国立自然史博物館の基礎を固める上で非常な功績があった。
（2）L・B・ホルサイス・酒井恒『シーボルトと日本動物誌―日本動物史の黎明』学術書出版会、一九七〇年、から引用。
（3）山口・加藤論文（f）で標本の全体が紹介されている。また、シーボルトがどのように活用したかも述べられている。標本は当初は四五枚あったが、二枚紛失して、現在は四三枚になっている。
（4）北村四郎の解説付きで大阪の保育杜から一九七七年に刊行された。
（5）宮坂正英「研究ノート：シーボルトの日誌「漁村小瀬戸への調査の旅（草稿）について」『鳴滝紀要』創刊号、長崎市シーボルト記念館、一九九一年。ここでは、一八二六年の九月十五日、一八二七年二月二十九日、一八二七年十月の三回だけそれが認められたことが述べられている。
（6）斉清は一八二八年に出島にシーボルトを訪ねている。その時の問答を安部龍が記録して「下問雑載」と題した。斉清は怪しい点もあるが河童は実在すると思っており、絵を見せ、シーボルトの見解を訊ねた。シーボルトは正体は猿あるいは亀のようなものだと答えている。山口論文（b）にその箇所の原文を示している。「下問雑載」の現物は福岡県立図書館にある。なおこの河童の絵は描き直したものがその後シーボルトに贈られた。現在ライデンの国立民族学博物館に保存されている。
（7）林蔵宛の手紙の翻訳は、梶輝行「蘭船コルネリス・ハウトマン号とシーボルト事件」『鳴滝紀要』第六号、一九九六年、に収録されている。なお、この手紙は一九八八年の「シーボルトと日本」展において展示され、その案内書の中に写真が含まれている。
（8）コルネリス・ハウトマン号には多くの禁制品が積み込まれていた。座礁した同船から下ろされた船荷が調べられてそのことが発覚し、シーボルト事件の摘発が始まったと一般に信じられている。しかし、梶輝行氏は前注の論文において、当時の商館長のメイランの日誌を調べて、実際にはまだ積み込まれておらず、搭載されていたのは、船を安定させるための銅五〇〇ピコルだけであったという新事実を報告している。

（9）Heinrich Büger（1806?-1858）北ドイツのハーメルン出身。ユダヤ系である。出島を離任してから一時オランダに戻ったが、一八四三年頃にまたジャワに行き、いろいろな事業を手がけた。

（10）梶氏の論文にはビュルゲルについての記述も含まれている。一八二七年に出島を離任したが、一八二八年にシーボルトの後を引き継ぐために戻ってきたこと、十月一日から任に就いたことが述べられている。

（11）国立植物標本館にはピエロー（Jacques Pierot, 1812-1842）が一八四二年にジャワから送ってきた日本産の植物の標本が数百枚ある。これらは、実際にはビュルゲルが収集したものと推定されている。通常のビュルゲルの標本には産地は記入されていないが、ピェロー標本には、どこで得たのか、地名が記入されている。

（12）谷沢尚一「最上徳内からシーボルトに贈られた樹木標本の名詞について―「もしほ草」と「蝦夷ヶ嶋言語」との関連を中心に」『シーボルト研究』二、法政大学フォン・シーボルト研究会、一九八三年、にこのことが記されている。

（13）シュレーゲル（Hermann Schlegel, 1804-1884）はドイツ人である。彼は大学教育を受けていないが、精力的で有能であった。テンミンクの死後第二代目の館長になった。デ・ハーン（Wilhem de Haan, 1801-1855）はオランダ人でライデン大学に学んだ。一八四二年に病魔に冒され、一八四六年には退職しなければならなかった。

（14）山口・加藤論文（e）にはシーボルトがどういう植物を新種と考え、また新属をどのようにして見つけていたか、実例が紹介されている。

その他の主な参考文献

上野益三『日本動物学史』八坂書房、一九八七年。
木村陽二郎『生物学史論集』八坂書房、一九八七年。
杉本勲『伊藤圭介』吉川弘文館、一九六〇年。
斎藤信・訳『江戸参府紀行』東洋文庫、一九六七年。
斎藤信・訳『シーボルト参府旅行中の日記』思文閣出版、一九八三年。

シーボルトと彼の日本植物研究

〈付〉『フロラ・ヤポニカ』と協力者たち

大場秀章

はじめに

日本ではシーボルトという名前を聞いたことのない人はいないくらい、シーボルトは有名人になっている。江戸時代の日本に近代的な医学を伝えたこと、禁制の地図を持ち出し国外追放になったシーボルト事件のことなどがよく知られている。医者として開業経験もあるシーボルトは、確かに日本人に西洋の医術を伝授したが、彼はこのことだけに情熱を燃やして来日したのではない。国外追放に象徴されるように、彼はオランダ政府から日本の博物とその情報の収集、医学技術の伝授という特殊な任務のために日本に派遣されてきた人物なのである。

「小生は新たに抜擢された駐在官の侍医、かつ自然研究者として日本へまいります。小生の望んだものはうまくゆきました。小生を待つものは死か、それとも幸せな栄誉ある生活か。」

これは、いまのジャワ島から日本に向けて出発するシーボルトが故国の伯父宛に書いた手紙の一節だが、風だけが頼りであった当時の航海、海賊の出没、厳格な鎖国など、シーボルトの日本への旅行には多くの危険がともなっていた。この手紙は、そうした危険をあえて冒してまでも、シーボルトはこの旅行に期待する何かを抱いていたことを示している。シーボルトが日本に期待したものは何だったのだろうか。

シーボルト来日の頃の日本

シーボルト（図1）は二度来日している。二度目の来日は幕末になってのことで、その再来日についても興味深いものがあるが、ここでは最初の来日に焦点を当ててみる。シーボルトが初来日し、滞在したのは江戸時代の文政六年（一八二三）から文政一二年（一八二九）のあしかけ七年間である。この時代は化政年間と呼ばれ、江戸時代の文化的な爛熟期のひとつで、伊能忠敬、上田秋成、十返舎一九、小林一茶、歌川豊国などの文化人が活躍した。政治的にも一種の小康状態にあったこの時代は、健康・医学に対する関心も高かった。

享保五年（一七二〇）に八代将軍、吉宗は、キリスト教以外のオランダ書の輸入を解禁した。これを契機にオランダを経由して多くの学術書が渡来し、紹介され、さらに少数ではあるが『解体新書』（一七七四年刊）のように日本語に翻訳されたものもあった。西洋式の医療を行う医師が急増し、蘭方医と呼ばれた。ある意味では、もはや進歩のしようもない漢方医に対して、これまで未知数であった西洋式の医学への関心が吉宗の学術書輸入解禁後に急速に高まりをみせていたのである。

こうした西洋の学術書が渡来する中で、医学以外の学問に対しても興味を示す人々がいた。当時は中国の影響を受けた天文学、本草学などの学術研究が盛んに行われていて、一部の人たちは西洋の学術にも興味を示した。日本全体に蘭学を享受しようとする気運、それに素地・環境が整っていたとみることができる。このように吉宗以降に突然学術への関心が起きたわけではない。蘭学が急速に広まったのはそれなりの文化的環境の形成があったからである。植物学についていうと、この当時の研究は本草学に付随するものであったが、その中心的役割を果たしていたのが、中国の明時代に李時珍が著した『本草綱目』である。『本草綱目』を解説し、かつ類似する日本の植物との異同を論じた名著『本草綱目啓蒙』の著者であ小野蘭山は、文化六年（一八〇九）に八一歳で亡くなった。蘭山は日本での本草学を完成させた人物であり、蘭山の弟子や彼の影響を受けた本草家はこの化政年間に多数活躍していた。日本で最初の植物図鑑といってよい岩崎灌園の『本草図譜』が完成したのもこの時代である。灌園も蘭山の学閥に連なる本草学者のひとりであった。蘭学者、宇田川榕菴は、シーボルトが来日する直前の文政五年（一八二

図1　青年時代のシーボルトの肖像。Krijttekening van J. Schmeller画。ワイマールの Goethe und Schiller Museum 所蔵。

二）に『菩多尼訶経』を著した。これは経本ではない。お経のかたちを借りて植物学（菩多尼訶＝botanica）を概説した、日本で最初の植物学の教科書である。榕菴のこの著作が示すように、当時の知識人の間には医学のような実学に止まらず、純粋科学に対する興味も高まっていたのである。

シーボルト来日の頃のオランダ

シーボルトが来日した一八二三（文政六）年前後のヨーロッパはたいへんな激動期であった。オランダは、フランス革命とそれに続くナポレオンの台頭の時代、フランスさらにはイギリスに占領され、一時はオランダ国旗が掲揚されていたのは長崎の出島だけになったといわれている。

日本との貿易を中国とともに独占していたオランダは、独立を回復した一八一四年にオランダ領東インドの統治権をイギリスから売買の形式で譲り受けた。国家財政の立て直しを図るため、貿易の純益がもっとも大きかった日本との関係を一層深めることに力をいれることを画策したのである。その一環として、日本の歴史、国土、社会制度、物産などについての総合的な自然科学的調査を行う方針が検討された。これは、対日貿易の振興に向けての一種の文化的対策であったが、同時にオランダに対する日本側の受けを良くするための、日本への貢献もその視野に入れてのものだった。そこで、オランダは日本でとくに歓迎される医学と博物学の振興に力を入れる政策を打ち出した。これは、すでに指摘されているようにその当時の日本医学は漢方主流で、ヨーロッパの新しい医学の知識や技術の移入が遅れていることと、またこうした最新の医学知識・技術の教授が渇望されていたこと、への的確な対応である。

この医学と博物学の振興の担い手として、出島のオランダ商館に派遣される医師に白羽の矢が立てられた。それまでのオランダ商館医はせいぜい一〇人ほどの同国人の健康管理をしていればよい閑職だった。それが国家の施策にもとづく特別な指令のもとに行動する特殊な職へと転じたのである。この目的を遂行する医官として来日した人物こそが、シーボルトである。なぜ、オランダ人でもないシーボルトがこの特別な職の適任者として選ばれたのか。まず彼の生い立ちを追ってみたい。

シーボルトの青少年時代

シーボルト（Philipp Franz Balthasar von Siebold）が生まれたのは、ドイツの地方都市ヴュルツブルクである（図2）。ライン川の一支流マイン川の浅瀬に発達したこの町は、古くからフランケン地方の文化の中心地として、また南北と東西に走る中世以来の重要な通商路の交差する地点でもあるため商業も発展していた。とくにヴュルツブルクから南へ向かう道筋はイタリアとの通商路として栄え、いまでも中世の面影を残す町が連なり、日本ではロマンチック街道と呼ばれている。また、神聖ローマ帝国の一部であったヴュルツブルクには司教座が置かれ、司教を領主とするカトリック文化の中心地でもあった。シーボルトはここで一七九六（寛政八）年に生まれ、カトリック教徒として、地元の大聖堂で洗礼を受けた。

シーボルト家は中部ドイツ出身の名門で、多くに学才が認められ、とくに医者や医学教授を多く輩出している。彼の家系も祖父の代から貴族に列せられていた名門で、父クリストフはヴュルツブルクの大学教授で、ユーリウス病院の第一医師であった。しかし、シーボルトは二歳のとき、父を失った。母、アポローニアは九歳になった彼を伴い、市の南西の郊外に移り、一三歳でヴュルツブルクの高等学校に入学するまでシーボルトはこの

図2　シーボルトが生まれたドイツ中南部の町、ヴュルツブルク。市の西方にあるマリーエンベルク城からの遠望。

地で過した。卒業と同時に大学に進み医学を学んだ。ヴュルツブルクでは、父の友人でもあり博物学に造詣の深かった、解剖学と生理学のイグナーツ・デリンガー教授の家に下宿した。そして一八二〇年に優秀な成績で卒業すると、母が住み、彼自信も幼児を過ごしたハイディグスフェルトで医者として開業した。

オランダ領東インド陸軍勤務

シーボルトは、自分が名門の貴族の出だという誇りと自尊心が強かったといわれている。それが彼をして一生を町の開業医として終わることを許さなかったのだろう。このシーボルトの性格をよく知っていた伯父は、一族の旧友で当時オランダ陸海軍軍医総監兼国王ウィレム一世侍医でもあるフランツ・ヨゼフ・ハルバウル（Franz Joseph Harbaur）にシーボルトの就職について斡旋を依頼した。オランダ領東インド陸軍勤務の外科軍医少佐という職をハルバウルはシーボルトに斡旋し、ここにシーボルトとオランダとの関係が芽生えることになった。

ヴュルツブルクを治めていたバイエルン国王は、彼の名誉ある家系に免じて、シーボルトの他国勤務に対して国籍変更なしに学術旅行目的の旅券を交付した。赴任前にヨーロッパの学会との緊密な関係をもつことを望んでいたシーボルトは、一八二二年七月にヴュルツブルク出発後、諸都市を訪ね、いくつものアカデミーや学会の会員資格を手に入れた。なかでもシーボルトがとくに望んだのは、当時もっとも名高かったハレの帝室カール・レオポルト自然科学者アカデミーへの入会であり、植物学者ネース・フォン・エーゼンベック（Christian Gottfried Nees von Esenbeck）の援助によりこれを許可されている。エーゼンベックとシーボルトの親密な関係はその後も続く。シーボルトは日本からもエーゼンベックに手紙を送っている。また、シーボルト自身による唯一の植物分類学の論文である日本のアジサイ属についての論文（一八二九年）を発表したのはこの学会誌であった。

特別の任務を帯びて日本に派遣される医師

一八二三年九月にオランダのロッテルダムを出航したフリゲート艦「ヨンゲ・アドリアナ号」（Jonge Adriana）はおよそ五ヶ月でジャワ島のバタヴィアに到着し、ここでシーボルトは砲兵連隊の軍医に配属された。しかし、彼はすぐに総督のファン・デル・カペレン男爵（Goderd Alexander Gerard Philip van der Capellen）の目に止まる。カペレンはシーボルトをバタヴィア芸術科学協会員に任命し、前に述べた特別の任務を担って日本に派遣する医師に抜擢した。ところで、シーボルトについてのこれまでの研究では、彼が自らの意思で日本に来るために東インド勤務を選択したことを証拠付ける資料は見つかっていない。現在の知見では、カペレンの知遇を得たことが、後に日本学の始祖となり、日本の植物学と日本植物の園芸化とヨーロッパへの紹介に大なる業績を残したシーボルト誕生の契機となったとみるべきであろう。

カペレンはシーボルトに日本でのあらゆる種類の学術調査の権限を与え、総督府がこれに要する経費を負担すること、収集した資料の所有権はオランダ政府にあることについての契約をシーボルトとの間に結んだ。「この国における自然科学的調査の使命を帯びた外科少佐　ドクトル　フォン・シーボルト」（De chirurgijn Majoor, belast met het Naturkundig onderzoek in dit Rijk. Dr. von Siebold）という、シーボルトが日本で用いた肩書きは、この契約にもとづく半ば公式のものであり、総督府にはこれに類する肩書きで記された報告類が多数残っている。

シーボルトはどうすれば鎖国下にある日本から最大限の資料と情報を入手できるかを周到に考え、それを実行に移した、と考えられる。西洋医学の知識と技術は最大の武器になったのはいうまでもない。これは東インド会社も望んだことである。日本では西洋医学（蘭方）への関心が高まっていたのである。彼はそれまでに習得した最新の医学知識と技術を伝授することで日本人との交流を深め、彼らから資料や情報を得ることを考えた。これは、行動がきびしく制約された日本で、必要かつ質の高い資料・情報をうるのにもっとも効果的な方法であっただろう。こうした蘭学の伝授が暗黙下に認められることになったのは、シーボルト自身というより、このシーボルトの使命を認識していた商館長ステュルレル（Johann Wilhem de Sturler）と彼の前任者であるブロムホフ（Jan Cock Blomhoff）やヅーフ（Hendrik Doeff）の努力に負うところが大きい。とくに、シーボルトがオランダ人に居留が義務付けられていた出島の外にある鳴滝に私塾を設けることができたのは特例中の特例であった。こうしてシーボルトは彼に与えられた目的を果たすべく懸命に務めた。こうした成果の一部は彼の著した『日本』に結集しているといってよい。また、独身だったシーボルトは遊女の其扇（楠本滝）を妻として待遇し、女児稲を授かった。

植物についての情報収集

シーボルトが『フロラ・ヤポニカ』中にフランス語で書いた解説は、植物の自生地、分布、生育地の状況、栽培状況、学名の由来、日本名、その由来、利用法、薬理、処方など多岐にわたっている。シーボルトがいかに多種多量の情報を収集していたかを如実に示している。[1] シーボルトが長崎やその近郊で実際に観察し見聞したこと、また江戸参府随行中に道中の至る所で自生あるいは栽培されていた植物に彼の目が注がれていたことが判る。当然といえば当然だが、シーボルトは日本の植物を研究するに先立ち、特にケンペルとツュンベルクの著作は完璧に自分のものとしている。覚え書ではケンペルとツュンベルクの記述と自己の観察からえた情報が一致しない場合、彼らの記述に言及されることが多い。齟齬のないときには彼らの書いたことにまったく触れていないので、一読するとケンペル、ツュンベルクの誤りをただあげつらっているような印象を受ける。

シーボルトは本草学者の水谷豊文、弟子の伊藤圭介や大河内存真、さらに宇田川榕菴、桂川甫賢などを「日本の植物学者」と記している。日本人学者との接触を通じてシーボルトがえた情報は、彼の日本植物についての理解を深める上で重要だった。中でも宇田川榕菴と桂川甫賢の情報は重要と見なされた。サンクト・ペテルブルクにあるシーボルト植物画コレクションの多くに、宇田川榕菴のイニシャルであるW・Jが残されるが、これは榕菴が認めたことを意味する一種のサインだろう。

シーボルトの「鳴滝塾」に集い来た塾生たちは情報収集に多大の貢献した。標本を集めるだけでなく、シーボルトが投げた課題についての報告をシーボルトに提出している。シーボルトは居ながらにして、日本の各地の植物に関わる情報を集めることができた。覚え書に四国や九州南部からの情報が多いことに驚かされるが、これらの地方からの入門者が多かったためか。

日本の植物をヨーロッパに移入し、彼地の庭園を豊かなものとし、また林業の活性を図ろうとしたシーボルトは、緯度がオランダやドイツにより近い、本州東北部や北海道の植物にも強い関心を寄せていた。シーボルト事件に発展した蝦夷の地図の収集をその延長線上にあると解することはできないが、ともかく蝦夷地などシーボルトの日本北方に寄せる関心は生半可なものではなかった。(2) この蝦夷地、北方の植物の情報の大半は最上徳内から得たものである。『フロラ・ヤポニカ』ではウラジロモミのところで最上徳内の名前をあげ、情報と資料提供に謝している。最上徳内によったと思われる記述は、カラマツやモミなど随所に見られる。

図3　テイカカズラの標本（東京大学総合研究博物館蔵）。この標本はシーボルトの二度目の来日時に採集された。未整理のまま放置され、没後に未亡人によりロシアに売却された。ロシアのコマロフ植物研究所との交換による。

このように『フロラ・ヤポニカ』のシーボルト自身による覚え書こそはシーボルトが日々折々のあらゆる機会に書き留めた日本植物についての総決算である。もっとも『フロラ・ヤポニカ』として出版された植物の種数は一五〇に満たない。チャノキなど『日本』に詳細に記載された植物もあるが、未発表のまま残されたメモやノートは相当の量にのぼるであろう。遠からずこうした資料がすべて日の目を見る機会の訪れることを願わずにはいられない。繰り返すが、シーボルトはすべてを見、そしてそのすべてをメモした。その労力なしには『フロラ・ヤポニカ』の覚え書は生まれなかっただろう。

日本の植物への関心

シーボルトは日本の植物について来日以降ずっと大きな関心を抱き続けていた。総督府にも研究に必要な人材の派遣を要求している。カメラの未発達な時代である。植物の生きた姿を記録する画家も必要だった。この目的のためにドゥ・ヴィルヌーヴ（Carl Hubert de Villeneuve）が来日するが、シーボルトは独自に長崎絵師の川原慶賀を見出し、慶賀はシーボルトが要求するレベルに達する植物の素描画を千点近く描き彼の要求に応えている。余談だが、シーボルトは慶賀に描かせた日本植物の写生画を最後まで手許に残した。どうしてだろう。これは日本の植物への終生変ることなく続いた深い関心によるのだろうか（図3）。

帰国後、シーボルトは『日本』とともに、後述するように日本の植物についての研究を集大成した『フロラ・ヤポニカ』（Flora Japonica、『日本植物誌』ともいう）の出版にたいへんな努力を払っている。だが、シーボルト自身は帰国後に植物学者として身を固めようと考えたとは思えない。分類学的な研究はほとんど全面的にミュンヘン大学教授のツッカリーニ（Joseph Gerhard Zuccarini）に依頼した。シーボルトはヨーロッパ中の宮廷を廻り出版に要する資金調達にも奔走している。シーボルトにこれほどの情熱を傾けさせた日本の植物の魅力とは何だったのか。もちろん植物を調査することも特別な任務のひとつではあったが、シーボルトが植物へ向けた情熱は任務とか義務でする仕事の域をはるかに超えたものであった、と私には思える。シーボルトを虜にした日本植物の魅力とは、それが園芸植物として役立つという日本植物の資源性であり、さらには日本植物をもってヨーロッパの園芸植物や庭園の大改変ができるという事業的野心である。

終生変わらぬ日本の植物への関心

シーボルトは帰国後、彼の日本での収集品のほとんどが保管されることになったオランダのライデンに住居を構えた（図4・5・6）。これは第一に日本での調査の成果を出版するためであった。植物標本についても大部分が、ライデンの王立植物標本館（現在の国立植物学博物館ライデン大学分館）に収蔵されたが、一部の重複標本は後にボゴール植物園、ブリュッセル国立植物標本館、ケンブリッジ大学、パリの自然史博物館などに送られた。また、ツッカリーニが『フロラ・ヤポ

図4　ライデンは大西洋に近い低地が続き、縦横に運河が通じている。

図5　ライデン市内ラッペンブルク運河に沿って並ぶ建物。この一角にシーボルトハウスがある。

図6　ライデン市内ラッペンブルク運河沿いにあるシーボルトの旧居。いまシーボルトハウスとしてシーボルトの記念館となっている。

ニカ』の研究を行ったミュンヘンにもシーボルトの標本が一部保管されている。

来日中に植物学と園芸が進んだ日本の状況を目の当たりにしたシーボルトは、日本の植物を導入してヨーロッパの園芸を豊かなものにする衝動に駈られていた。これは園芸的価値のある野生植物が少なかったヨーロッパでは、そもそも観賞に足る露地植えできる植物の数が限られていたためである。シーボルトは日本の植物を園芸へ導入するためにこれをヨーロッパの環境に馴らす作業を開始する。その作業の場となったのが、ライデン近くのライダードルフ（現在のライデン市デ・コーイ地区）に設けた気候馴化植物園である。また、日本それに中国の植物を導入するために「オランダ王立園芸振興協会」を設立した。

一八四四年にやっとシーボルトが日本から持ち帰った植物を掲載した販売用の『有用植物リスト』ができ、球根や苗、種子が販売に供せられた。このリストには多くの日本産植物が載せられたが、それらの植物は単に魅力的であっただけでなく、その一部はヨーロッパにも多少とも類縁のある植物があったので、ヨーロッパの人々は大いに驚いた。刺激の大きさでの筆頭はカノコユリで、その球根は同じ重さの銀と取引きされたといわれている。テッポウユリやスカシユリもこのときシーボルトによって初めてヨーロッパに紹介された。また、このときに導入されたギボウシ類などの多数の日本植物が、後にヨーロッパでは欠かせない庭園植物になったのである。

『フロラ・ヤポニカ』出版までの道のり

シーボルトの三部作とされる『日本』、『ファウナ・ヤポニカ』、『フロラ・ヤポニカ』の中で、シーボルトがもっとも情熱を傾け出版にこぎつけたのは、『フロラ・ヤポニカ』である（図7）。当時は色刷りの図版をともなう大型の図譜の出版の全盛期であり、多数の博物図譜が刊行されていた。

シーボルトはこれまでに行われてきた日本の植物の研究史を正しく理解していた。つまり、彼自身が日本の植物を最初に研究した学者としての名声をうることはできないことである。しかも、いずれもオランダ商館医として来日したケンペルとツュンベルクは、それぞれのフロラ・ヤポニカを出版していた[3]。だからシーボルトは二番煎じではない、斬新な彼のフロラ・ヤポニカの刊行を目論んだにちがいない。これを達成するため、シーボルトは、前書にはない詳細な研究に加え、図版をもって日本の植物のリアルな姿を伝えることとした。そのために必要なことは、ひとつには国際的にも評価される専門家の助力をえることであり、その当時の最高水準の植物学的にも質の高い色刷り図版を制作することだと理解した。

帰国したシーボルトは彼の来日中に起きた植物学の驚くべき進歩を知り、自分一人では画期的なフロラをまとめるのが不可能なことを悟る[4]。また、シーボルトが同郷のツッカリーニに共同研究を託した意図の中には、自分の希望に沿って研究してくれることを期待する考えがあったと、私は思う。シーボルトの三部作はいずれもが自費による出版だった。ふつうの印刷さえ高価な当時、シーボルトが考えたような多数の色刷りの豪華な図版を伴う大形本の出版にはばく大な経費が必要となる。その資金集めにシーボルトが考えたのが、見本をもってヨーロッパの宮廷や貴族、商人の間を廻り、彼の『フロラ・ヤポニカ』の予約を募ることだった。実際シーボルトはサンクト・ペテルブルグ、ベルリン、ウィーンなどを訪問した。

しかし、シーボルトは彼の『フロラ・ヤポニカ』を完成させることなく一八六六年にミュンヘンで亡くなった。七〇歳であった。彼の手元に残された慶賀らが描いたおびただしい数の日本植物の素描画がシーボルトの壮大なフロラの構想を想い起させてくれる。

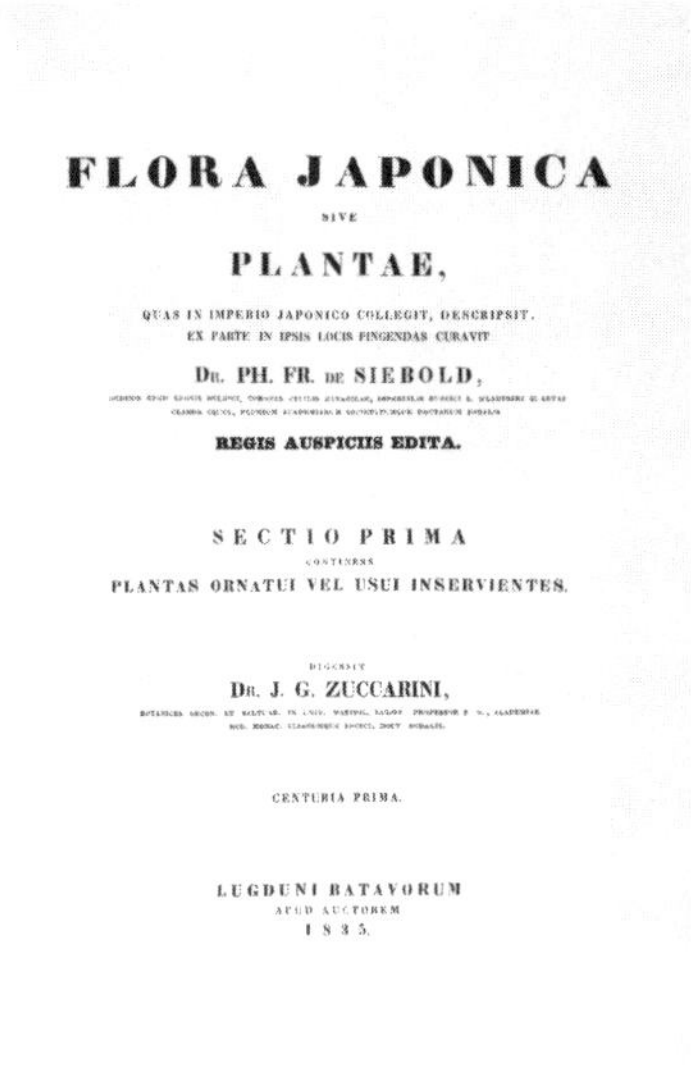
FLORA JAPONICA
SIVE
PLANTAE,
QUAS IN IMPERIO JAPONICO COLLEGIT, DESCRIPSIT,
EX PARTE IN IPSIS LOCIS PINGENDAS CURAVIT
DR. PH. FR. DE SIEBOLD,
REGIS AUSPICIIS EDITA.
SECTIO PRIMA
CONTINENS
PLANTAS ORNATUI VEL USUI INSERVIENTES.
DIGESSIT
DR. J. G. ZUCCARINI,
CENTURIA PRIMA.
LUGDUNI BATAVORUM
APUD AUCTOREM
1835.

図7 Seibold・Zuccarri著『Flora Japonica』の表紙

あとがき

日本へ行くに当たってシーボルト自身が期待したものは何だったのだろう。このことについては、私は、ひとつはヨーロッパには未知の国に等しい日本を探検することだったと思っている。だが、シーボルトは終生変ることなく日本の植物への関心を抱き続けた。予想以上に日本の植物は素晴らしいものであり、シーボルトを虜にした。これを研究すること、園芸植物としての資源性を宣伝すること、そしてそれをもってヨーロッパの園芸植物と庭園を大改変するという野心が、彼の帰国後の心の支えではなかったか。

〈付録〉
『フロラ・ヤポニカ』と協力者たち

『フロラ・ヤポニカ』

シーボルトの『フロラ・ヤポニカ』は二巻に分けて出版された。表題は次の通りである。

［一巻］Flora Japonica sive Plantae, quas in imperio japonico collegit, descripsit, ex parte in ipsis locis pingendas curavit Dr. Ph. Fr. de Siebold,（一部省略）Sectio prima continens plantas ornatui vel usui inservientes. Digessit Dr. J. G. Zuccarini,（一部省略）Centuria prima. Lugduni Batavorum apud auctorem 1835.

「日本植物誌または日本帝国で採集し、記載し、一部は現地にて描かせた植物　Ph. Fr. ド・シーボルト博士（一部省略）・第一部　観賞植物あるいは有用植物からなる・J. G. ツッカリーニ博士（一部省略）記述最初の一〇〇図版・ライデン、著者による出版　一八三五年・」

［巻二］Flora Japonica sive Plantae, quas in imperio japonico collegit, descripsit, ex parte in ipsis locis pingendas curavit Dr. Ph. Fr. de Siebold. Regis auspiciis edita. Sectio prima continens plantas ornatui vel usui inservientes. Digessit Dr. J. G. Zuccarini. Volumen secundum, ab auctoribus inchoatum relictum ad finem perduxit F. A. Guil. Miquel. Lugduni Batavorum, in horto Sieboldiano Acclimatationis dicto. 1870.

「日本植物誌（以下同じ）・Ph. Fr. ド・シーボルト博士　王の後援のもとに編纂。第一部観賞植物あるいは有用植物からなる J. G. ツッカリーニ博士記述・第二巻、遺稿を補充し、校訂して続刊、F. A. G. ミクエル・ライデン、シーボルト気候馴化植物園・一八七〇年・」

日本ではシーボルトの『フロラ・ヤポニカ』と通称されている著書は、正しくはシーボルトとツッカリーニの『フロラ・ヤポニカ』と呼ぶべきである。表題にはこの著書が観賞植物あるいは有用植物だけからなる、日本植物誌の一部であると明記されている。continensは動詞contineoに由来する現在分詞で、含むとか結合するという意味であるが、他の植物に混って観賞あるいは有用植物を含むという意味ではない。観賞・有用（になると思われた）植物だけを第一部に集めたという意味が強い。第一部というからには当然第二部あるいはさらに第三部なども構想されたにちがいない。サンクト・ペテルブルクに保管される植物画コレクションの中には、チャノキ、イタドリなど刊行を待つばかりの版下のかたちの原図がかなりある。このことからも続刊が予定されていたことが判る。

巻一と巻二の表題を見比べるといろいろな相違箇所がある。表題に記された一八三五と一八七〇年のうち、前者は第一巻の最初の分冊の刊行年、後者は最終分冊の刊行年である。すなわち、三五年の歳月がこの二つの表題の間を経過している。しかもシーボルトはその間の一八六六年に他界している。巻一は著者による出版と書いてある。巻二はおそらくミクエルの手になると思われるが、シーボルトの死後ライデンにあったシーボルト気候馴化植物園がオランダ国王の援助を得て出版したものである。巻一の〝著者による出版〟の著者とは誰か。apud auctorem の auctorem は単数で記されているので、シーボルト以外には考えられない。

巻二の Volumen secundum 以下の部分はシーボルトとツッカリーニの遺稿を整理してミクエルがあたかもすべてを出版したようにもとれるが、そうではない。ミクエルがその出版に手を貸したのは巻二の本文四五頁から八九頁にわたる第六から第一〇分冊と第一三七図版を除く、第一二八図版から第一五〇図版である。このことについては後で再び述べることにする。

○『フロラ・ヤポニカ』の今日的意義

『フロラ・ヤポニカ』に掲載された図版は合計一五〇である。本文は巻一が一九三頁、巻二は八九頁で合計で二八二頁に及ぶ。本文は、ツッカリーニおよび一部はミクエルによる分類学的所見及びシーボルトによると思われる原産国日本での生育場所、利用などについての記述からなる。前者はラテン語、後者はフランス語で書かれている。ラテン語による記述は当時の学問常識だが、一般に関心がもたれそうな部分をフランス語で記しているのは広い範囲の読者層を得るという、後述の経済的事情も関係しているようだ。

本書の今日的意義を三つ側面、すなわち、植物学、民俗植物学・植物文化史、そして植物画（ボタニカルアート）、から検討してみよう。

○『フロラ・ヤポニカ』の植物学的意義

著者の意図は植物学者や園芸家の関心を引く観賞植物あるいは有用植物を『フロラ・ヤポニカ』で紹介することであった。当時、日本の植物は未知数であり、しかも精密な美図を付けての紹介であったから、目的は十二分に達成されたといえる。必ずしも潤沢とはいえない経費の中でシーボルトは出版経費を切り詰めたとは思えない。むしろシーボルトがあらゆる犠牲を払って、この『フロラ・ヤポニカ』の完成に貢献したことは大いに評価されるべきである。

シーボルトらの研究によって日本植物の研究水準は、一気に当時の欧米の水準に引上げられた。現代に直結する出発点がこの『フロラ・ヤポニカ』であるといってよい。『フロラ・ヤポニカ』で数多くの新種が発表されたばかりでなく、Stachyurus（キブシ属）、Corylopsis（トサミズキ属）、Schizophragma（イワガラミ属）など、新しい属の設立も提唱している。余談だが、Paulownia（キリ属〔図8〕）はシーボルトが『フロラ・ヤポニカ』を献呈したパウロウナ公妃に因む〔図9〕。公妃とはロシアの女帝エカテリーナ二世の孫娘で、オランダ国王ウィレム二世の皇后となったアンナ・パウロウナ大公女で、知性的との評価が高かった。シーボルトは日本の高貴な家柄の紋章に用いられていることを十分に理解したうえで、パウロウニア・インペリアリス（Paulownia imperialis）として公妃にキリの学名を献呈した。

本書の植物学的記述をみると驚くほど分析的で、それを基礎に記載が行われていることが判る。その記述には今日から見ても誤りが少ない。新属の記載では、その類縁関係が考察されているが、多くの場合今日から見ても正しいと判断される結論が下されている。先のキブシ属、さらにはコウヤマキ属（Sciadopitys）、バイカアマチャ属（Platycrater）、クサアジサイ属（Cardiandra）などは、当時の植物学としては画期的な分析をもとに新属として提唱されている。『フロラ・ヤポニカ』で正式に種として発表された植物は多数にのぼる。新たに記載された新植物でも、後に異名とされたものはたいへん少ない。ただ、今日とは異なる命名規約によっているので、現行の国際植物命名規約によってのみシーボルトらの学名を判断してはならない。

ウツギの学名Deutzia crenata Siebold & Zucc.のように、学名の命名者によくみられるSiebold & Zucc.（なお古い文献

図8　キリ。川原慶賀画。シーボルト・ツッカリーニの『フロラ・ヤポニカ』の原画となった。

図9　アンナ・パウロウナ大公女

には Sieb. & Zucc. と記されることが多い）は、学名表記に用いるシーボルトとツッカリーニの省略形である。ただし、Siebold & Zucc. とある学名、すなわちシーボルトとツッカリーニが命名した学名は、全部この『フロラ・ヤポニカ』で正式に発表されたものではない。バイエルンの自然科学学会紀要に一八四五年と一八四六年にツッカリーニと共著で発表した、『Florae japonicae familiae naturales』（日本植物誌分類大綱）や、それに先立つ一八四三年に、同じ紀要に発表した、『Plantarum, quas in Japonia collegit Dr. Ph. Fr. de Siebold genera nova』（シーボルト博士日本採集新属植物）にも共著で数多くの新植物を発表しているからだ。

『フロラ・ヤポニカ』でツッカリーニを共著者とする部分は、第二巻第五分冊で終わっている。この刊行年は一八四四年だから、上記の一八四五年と一八四六年の論文はシーボルトとツッカリーニの共同研究としては最後の著作ともなっている。ツッカリーニは一八四八年に他界してしまう。『フロラ・ヤポニカ』の第五分冊刊行後にこれらの著作が『フロラ・ヤポニカ』とは別個にまとめられ、バイエルンの学会紀要に発表されることになったいきさつは興味深い。『フロラ・ヤポニカ』を巡り、シーボルトとライデン王立植物標本館との間に何らかの確執があったことが想像される。これに関連してティッセが述べているミクエルの日本植物研究の経緯は、日本植物の研究を巡るオランダ、ロシア、アメリカ等の間にあった競争関係を具体的に示すものとして興味深い[5]。

川原慶賀などが実物から描いた下絵が『フロラ・ヤポニカ』の作図では参考にされている。また、それらに用いられた標本も多くの場合保管されているが、最近山口隆男と加藤僖重によりいくつかのケースについて具体的に検討されている[6]。

ところで学名というものには必ずタイプが伴う。シーボルトらが命名した植物と、ツュンベルクなどにより既に命名された植物、あるいは日本以外の地域から記載された関連植物との異同を考察するには、タイプとされる標本の正体が何かが問題となる。それによって分類学上の結論が異なることがありうるからである。シーボルトの時代はまだタイプ法が確立していなかった。シーボルトとツッカリーニは当時の慣習によりタイプを指定することなく新種の記載を行った。このような場合には後の研究者がタイプを選定しなければならない。これは、日本の植物相を集大成する過程で避けて通れない、将来に残された課題である。この意味では、『フロラ・ヤポニカ』は単なる過去のすぐれた文献ではなく、現代の植物分類学の研究にも重要な関わりを有している。

○『フロラ・ヤポニカ』植物文化史的意義

すでに述べたようにシーボルトは、日本植物の海外への紹介と西洋の植物学の日本への紹介に貢献した。また、シーボルトは西洋の植物学を日本人に伝える一方で、水谷豊文（助六）、宇田川榕菴ら日本の学者からえた資料・情報を『フロラ・ヤポニカ』執筆に利用している。このことは、本文を読めば明らかである。

美図を伴ったシーボルトの日本産植物のヨーロッパへの紹介は、各国に大きな影響を及ぼした。シーボルト自身も日本植物の販売カタログを配布して、流布に務めた。もっともこれは、『フロラ・ヤポニカ』出版の必要経費の一部とすることや、その販路を開くことのためにも、より大きな意義があったと考えられる。

『フロラ・ヤポニカ』の本文は、ラテン語による純粋に植物学的な記述とフランス語による利用や日本での生育地の覚え書からなるが、後者はすべてシーボルトの手によるものと思われる。ここにはシーボルトの並々ならぬ蘊蓄が投影されている。文政年間という限られた時代ではあれ、当時の一般の人々の個々の植物についての知識や利用法などは、どれをとってもかけがえのない民俗植物学、植物文化史上の貴重な記録である。

シーボルトの記録した和名には今日とは異なるものがある。それが方言名としてのみ知られていることもあるが、『フロラ・ヤポニカ』以外にはまったく記録がない場合もある。アジサイはシーボルトと関係深い植物だが、アジサイという和名も、今日のアジサイとは異なる植物を指していたらしい。つまり、シーボルトが装飾花からなる今日のアジサイに残した和名は、「オタクサ」だけで、ガクアジサイが当時アジサイと呼ばれていたらしい。これは本当だろうか。「名は実の賓」ではあるが、それだけでは済まされない問題を含んでいる。

○『フロラ・ヤポニカ』の植物画としての意義

『フロラ・ヤポニカ』は植物画史上にも残る著作である。それは本書が世界で最初の日本植物の本格的な植物画集であることによる（図10・11）。本書以前にもケンペルやツュンベルクによる図譜が出版されているが、学問的には価値があっても大方の評価を得るには至らなかった。『フロラ・ヤポニカ』の図版は第八五図版から九三図版、九九図版から一五〇図版、その他一部を除き、画家と製版者の名が明記されている。画家として最も多数を描いたのはSebastian Minsingerである。その他、Victor Kaltdorff、H. Popp、Jos. Unger、F. Veith、de Villeneuve の名がある。製版は Wilhelm Siegrist によるものが多い。Unger は自身の画作の製版もしている。

ここに名を挙げた画家や製版者についての情報は少ない。Minsinger はレーデボール（Carl Friedrich von Ledebour、

図10　ヒノキ。『フロラ・ヤポニカ』に用いた図版の製版用原図。K.F.M.Veith によるものか。

図11　ヒノキ。『フロラ・ヤポニカ』より。

一七八五—一八五一年）の四巻からなる『アルタイ植物誌』（Flora Altaica、一八二九—一八三三年）、マルチウス（Karl Friedrich Philipp von Martius、一七九四—一八六八年）の一五巻一三〇分冊二〇七三三頁、三八一一図版からなる大作『ブラジル植物誌』（Flora Brasiliensis、一八四〇—一九〇六年）の図版の制作にも携っており、ドイツばかりでなく、ヨーロッパにおける当代一流の植物画家のひとりであった。また、Minsinger はツッカリーニの出版した『落葉状態におけるドイツ産木本植物の特徴』（Charakteristik der deutschen Holzgewächse im Blattlosen Zustande、二巻本、一八二九年、一八三一年）に合計一八の図版を描いている。これは『フロラ・ヤポニカ』出版開始に先立つ六年前で、ツッカリーニからは贔屓にされた画家といえよう。

『フロラ・ヤポニカ』の図版は出版当時から高い賞賛を博した。『フロラ・ヤポニカ』の最初の一〇図版が出版された一八三五年代は、フランスではルドゥテが晩年の傑作『名花選』をその二年前の一八三三年を出版していたし、イギリスではカーチスの始めたボタニカル・マガジンがW・J・フッカーの手で新シリーズとなり、著名な画家で製版師のウォルター・フィッチの時代である。まさに『フロラ・ヤポニカ』は植物画の全盛時代に出版され、しかもトップクラスの著作と認められていた。

その植物画は何よりも植物学的正確さにおいて優れていたことはもちろんだが、シーボルトが生きた状態で描かせた素描画にもとづく写実性が評価された。こうしたリアリティーは標本の写生だけでは得られないものである。素描画の中では川原慶賀（登与助）など、日本人絵師に依頼して描かせたものがとくに役立った。日本人絵師にとって日本の植物は日頃から馴れ親しんでいるだけに、核心に迫る素描画を描くことができた。だが、『フロラ・ヤポニカ』の植物画の一部に、部分部分のリアリティーに比べて、全形図の構図や自然さが劣ることがある。これは素描画から原画を作製する段階で加わった、原画を描いた画家たちの芸術性あるいは画工職人としての恣意によるものと思われる。

慶賀ら日本人絵師の画は、葉は重なり合い、花もそのかたちを植物学的に見るには不向きな位置から描かれているなど、技法の訓練を受けたヨーロッパの製版画家には稚拙に思われたのであろう。写生画としては優れるが、当時の植物画の基準や型に合致していなかったため、そのままでは植物画として用いることはできなかったのであろう（図12・13）。手彩色による有色化は、当時のイギリスとドイツ各地で広く行われた手法である。『フロラ・ヤポニカ』の植物画には、ルドゥテのスティップル法やバンクスの描かせた銅版彫刻による原色図と異なり、彩色のために黒い線による縁どりがなされている。つまり輪郭線のある植物画になっている。

『フロラ・ヤポニカ』の最初の一〇図が刊行された一八三五年は、日本の天保六年にあたる。シーボルトとも面識のある岩崎灌園は、天保元年（一八三〇）に『本草図譜』の最初の四冊（巻五～八）を刊行した。灌園自身は絵心にすぐれていた。狩野派などの洗練された日本画とは異なるが、彼は個々の植物の特質をよくつかみ、またウエインマンの図譜などから見よう見まねで得た西洋の植物画のもつ構図法なども取り入れ、独特の画風を確立したのである。絵心では、『本草図

図12　スギ。川原慶賀画。『フロラ・ヤポニカ』のスギの原画である。。

図13　スギ。『フロラ・ヤポニカ』より。

譜』も『フロラ・ヤポニカ』と比べてさほど遜色ないが、植物の細部にわたる観察に欠け、葉の枝へのつき方、配列、花序など、肉眼で見える部分の描き方にさえあいまいな点が多々あり、植物画としては明らかに劣っている。

一八三五年から二一年経た安政三年（一八五六）に飯沼慾斎の『草木図説』の刊行が始まる。これは灌園の『本草図譜』と並び、高い評価を受けている著作であるが、川原慶賀らがシーボルトを介して習熟したと考えられる技術がまったくといってよいほど受け継がれていない。その印刷が木版彫刻によったという印刷上のハンディがあるとしても、これは時代遅れの出版物であり、評価できない。『フロラ・ヤポニカ』に関わった慶賀らのえた技術が江戸時代の植物画にインパクトを与える機会がなかったのは残念なことである。

共同研究者たち

○ツッカリーニ

ツッカリーニ（Joseph Gerhard Zuccarini）は一七九七年生れで、一八一九年にシーボルトの故郷ヴュルツブルクから一〇〇キロほど東のエルランゲンの大学で医学博士号を得た。一八二三年にはミュンヘンの高等学院の植物学教授、翌年から二年間は同じ南ドイツのランドシャフトの大学の植物学教授となり、一八二六年にミュンヘンの大学の植物学教授、そして奇しくも『フロラ・ヤポニカ』の第一分冊が出版された一八三五年から農業と森林植物学の正教授となった。シーボルトと共同研究を開始するまでのツッカリーニは、新大陸のカタバミ属やサボテン科植物、アガベ（Agave）やフォルクロイア（Fourcroya）属植物、それにバイエルン地方の植物相の研究で成果を上げていた。また、林学関係の教科書も出版している。

シーボルト（図14）は一八三四年夏から出版資金調達を目的としたヨーロッパ各地の宮廷への勧誘旅行に出向くが、ツツカリーニとはこの旅行のときに出会った、といわれている。ツッカリーニは一八三五年四月一〇日発行の『植物学彙報』（Allgemeine botanische Zeitung）にシーボルトとの共同計画について書いている。

ツッカリーニはバイエルンの自然科学アカデミーの研究紀要に『ミュンヘン植物園及び植物標本館収蔵の稀産ならびに新植物』（Plantarum novarum vel minus cognitarum quae in horto botanico herbarioque regio monacensi servantur）という題の論文を一八三二年から五回に分けて発表している。これはツッカリーニの植物学への貢献としては『フロラ・ヤポニカ』に匹敵するものである。興味深いことに、第一報から第三報（それぞれ一八三二年、一八三六年、一八三八年に出版）が一〇〇頁近いかそれを越える大作なのに『フロラ・ヤポニカ』に着手後の第四報（一八四三年前後）と第五報（一八四六年前後）はともに三五頁ほどのもので、内容も雑多な報告を寄せ集めたという印象をうける。

『フロラ・ヤポニカ』にツッカリーニが書いた植物学的解説はたいへんすぐれたものである。克明であり、関連文献への言及も完璧である。前述したように、惜しむらくは彼らの記載に用いられた標本及び学名の基準となるタイプが明記されなかったことである。これはシーボルトの標本のほとんどを保管するライデンから離れて研究を行っていたツッカリーニの研究状況を反映したものだろう。ツッカリーニは様々な事情からシーボルトの標本を完全に利用できなかったのではあるまいか。

図14　ライデン大学附属植物園内の日本庭園にあるシーボルトの胸像。

一八四六年に英語圏以外の国での著名な研究を紹介する目的でロンドンのレイ・ソサエティから出版された『植物学論考』（Reports and Papers on Botany）にはツッカリーニの「針葉樹の形態学」という五〇頁あまりの論文がジョージ・ビュスク（George Buski）の翻訳で載っている。これを読むと彼が針葉樹について並ではない深い造詣の持ち主であることが判るが、興味深いのは、この論文に添えられた図版に『フロラ・ヤポニカ』第一三七図版のモミ類の葉痕と葉枕の図の一部が用いられていることである。そもそもこの一三七図は『フロラ・ヤポニカ』にはそぐわない内容の図である。ツッカリーニは当時、日本の針葉樹だけでなく、世界の針葉樹について広範な研究を行っていた。『フロラ・ヤポニカ』の後半にまとめられた日本産針葉樹の図版と記載はとくに精彩に富んでいる。それは、共著者ツッカリーニの専門性に裏打ちされているためである。

ツッカリーニは一八四八（嘉永元）年に『フロラ・ヤポニカ』巻一の完成を半ばにして他界した。わずかに五〇歳を越えたばかりであり、当時としても早い死であった。

○ミクエル

ツッカリーニの死後、シーボルトの『フロラ・ヤポニカ』を手伝ったのがミクエルである。ミクエルが係った部分の出版は一八七〇年（明治三）だから、これはシーボルトの死後でもある。

ミクエル（Friedrich Anton Wilhelm Miquel）は、一八一一年一〇月二四日、現在はドイツに属するノイエンハウス（Neuenhaus、オランダ名はNienhuis）の著名な医者の家に生まれた。ミクエルは、現在はオランダに属するフローニンゲン大学で医学を学んだ。卒業後二年ほどアムステルダムの病院の医師を務め、一八三五年にロッテルダムで医学を教えた。その後、一八四六年にアムステルダムの医師養成大学の植物学教授となり、一八五九年から一八七一年までユトレヒト大学の植物学教授を務めるかたわら、ライデン王立植物標本館にも関係し、後年には館長を務めた。ミクエルは植物学上のマレーシア地域を中心とする熱帯アジアの植物について優れた研究を行ったが、一八六二年にライデンの館長に迎えられると、日本植物のコレクションを集中して研究した。ミクエルが、シーボルトの『フロラ・ヤポニカ』の未完部分をかなりの空白を置いて出版した意図は、日本植物研究のイニシアチブを確保しておきたいとするライデンの立場を反映するものである。

ついでに記すと、ビュルガー（Heinrich Bürger）はシーボルトの離日後も日本に残って植物調査を続行した。ビュルガーの採集品も、これを収蔵するライデン大学分館ではシーボルトコレクションに含められていて、標本の質・点数ともにシーボルト自身のコレクションに匹敵する重要な意味をもつものである。シーボルトの共同研究者ツッカリーニはビュルガーコレクション中の標本を利用することはなかった（できなかったかも知れない）。

多量のビュルガーコレクションの分類学的研究が、日本植物研究でのイニシアチブ確保の上で重要だと考えたのはミクエルである。ミクエルはこの研究を単に、ビュルガーコレクションの分類学的研究とするのではなく、これを主体として、彼のフロラ・ヤポニカを発表するのである。それはシーボルトとツッカリーニによる植物画を伴うような『フロラ・ヤポニカ』ではなく、純粋に学術目的のものであった。ミクエルの時代はもはや豪華なコーヒーテーブルブックの出版の時代ではなかった。ロシアとアメリカに加え、フランスのフランシェとサヴァチェと、ミクエルは純粋に学術的な立場で日本植物研究のイニシアチブを競っていたのである。その中で、ミクエルは『日本植物誌試論』（Prolusio Florae Japonicae）（一八六五―一八六七）という、フォリオ版で三九二頁というぼう大な著作を刊行したのである[7]（図15・16）。その中で多数

PROLUSIO
FLORAE IAPONICAE.
F. A. GUIL. MIQUEL.
1866–1867

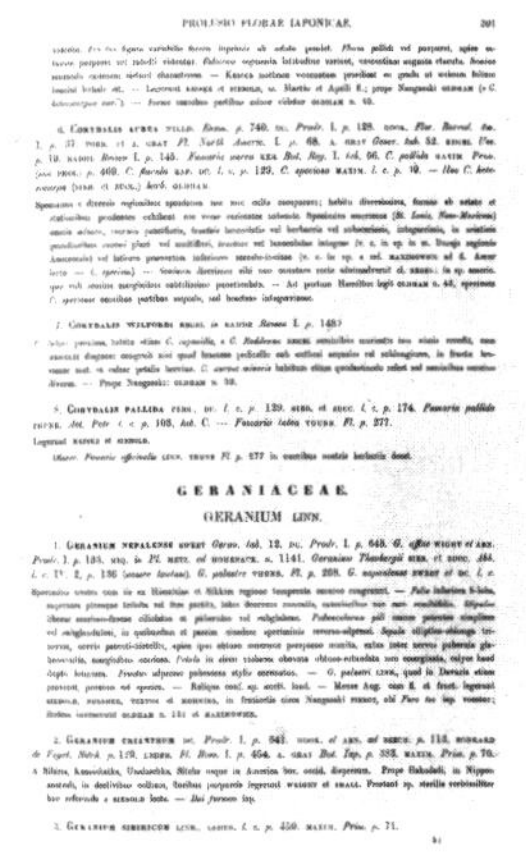
PROLUSIO FLORAE IAPONICAE. 391
GERANIACEAE.
GERANIUM LINN.

図15・16
ミクエル著『日本植物誌試論（Prolusio Florae Japonicae）』の表紙と本文。

の新植物がシーボルト自身や彼が収集した日本人の標本、そしてビュルガーやさらに後のテクストール（Cajetan van Textor）らの標本にもとづいてミクエルによって記載された。

注

（1）シーボルトとツッカリーニの『フロラ・ヤポニカ』のうち、フランス語で書かれた覚え書はシーボルト自身の書いたものと考えることができる。この部分の日本語訳が、以下の書として出版されている。
P.F.B.フォン・シーボルト著／大場秀章監修／瀬倉正克訳（一九九六年）『シーボルト　日本の植物』八坂書房

（2）例をあげるなら、一八五八年にHet plantenrijk（植物の世界）という本に載った、Aardrijksen volkenkundige toelichtingen tot de ontdekkingen van Maerten Gerritsz. Vries, met het fluitschip Castricum A. 1643, in 't oosten etn 't noorden van Japan, naar de eilanden Jezo, Krafto en de Kurilen; benevens eene verhandeling over de Aino-tal en de voortbrengselen der Aino-landen という記事がよい証拠であろう。これは一六四五年にカステリクム号に乗船したド・フリースが、日本の東方海岸を通って、蝦夷、樺太、千島に航海した折に見出された地理学上、民俗学上の知見、及びアイヌ語とアイヌ人居住地の産物について述べたもので、三五七種の植物についての記録が載せられている。

（3）すなわち、Kaempfer, Engelbert（1712）：Amoenitatum exoticarum politico-physico-medicarum. Fasciculi V. Plantarum Japonicarum（出版地はケンペルが帰国後に居を定めたレムゴーであるが、ライプチッヒで印刷された）、Thunberg, Carl Peter（1784）: Flora Japonica（出版地はライプチッヒ）である。

（4）シーボルトが一八二八年に帝室カール・レオポルト自然科学者アカデミーの会誌に発表した、Einige Worte über den Zustand der Botanik auf Japan in einer Schreiben an den Praesidenten der Akademie; nebst einer Monographie der Gattung Hydrangea und einigen Proben japanischer Litteratur über die Kräterkunde という中にある Synopsis Hydrangeae generis specierum japonicarum は、日本のアジサイ属についての分類概論である。それはシーボルトが単独で書いた唯一の植物学の学術論文である。それが発表された一八二八年には、例えばジュネーブのド・カンドル（Augustin Pyramus de Candolle）による論文のように、

今日でも引用される内容をもつものが書かれている。それに較べ、シーボルトのこの論文はツュンベルクの時代を想わせる内容とスタイルをもっている。このシーボルトの論文は滞日中に書かれたとされており、帰国したシーボルトは来日中のヨーロッパでの植物学の進歩に驚嘆したことであろう。と同時に植物学者としての将来を危ぶんだことは容易に考えられることである。ライデンで関係をもったブルーメ（Carl Ludwig Blume）の論文も内容の点でシーボルトのそれをはるかに凌ぐものであったことを付記しておく。

（5）ヘラルド・ティッセ、清水晶子訳（二〇〇〇）ライデンの日本植物標本コレクション（大場秀章編『シーボルト日本植物コレクション』東京大学総合研究博物館、一五―一八頁）。なお、原題はG. Thijsse, The Herbarium Japonieum Generale in Leiden. なお、日本植物の研究を巡るオランダ、ロシア、アメリカ等の確執については、右記の『シーボルト日本植物コレクション』に掲載された、大場秀章「ハーバリウム及び黎明期の日本植物研究の歴史」（四一―五五頁）及び、大場秀章（一九九六）「黎明期の日本植物研究」（大場秀章編『日本植物研究の歴史―小石川植物園三〇〇年の歩み』東京大学出版会、六七―八三頁）を参照されたい。

（6）Yamaguchi, Takao and Kato, Nobushige（一九九八）The material of the species dealt in von Siebold's Flora Japonica I. Calanus, Special Number II, 一―四四六

（7）ミクエルの日本の植物に関する論文は、シーボルトとツッカリーニの『フロラ・ヤポニカ』の最終配本である二巻六―一〇分冊（一八七〇年）のほかは、このProlusio florae japonicaeが大きなものである。この論文はほとんどの部分が、ミクエル自身が編集したAnnales Musei Botanici Lugduno-Batavi（ライデン植物学標本館紀要）の一～三巻（一八六三―一八六七年）に断続的に連載されたもので、一八六七年に頁を改めて合本され、同時に新たに加わった三七四―三九二頁と、i-viiの頁をもつ前つけの部分が出版された。通常、この本の出版年は「紀要」での出版年をもって引用されるので、一八六三年から一八六七年となる。

シーボルトアルバム-Ⅰ

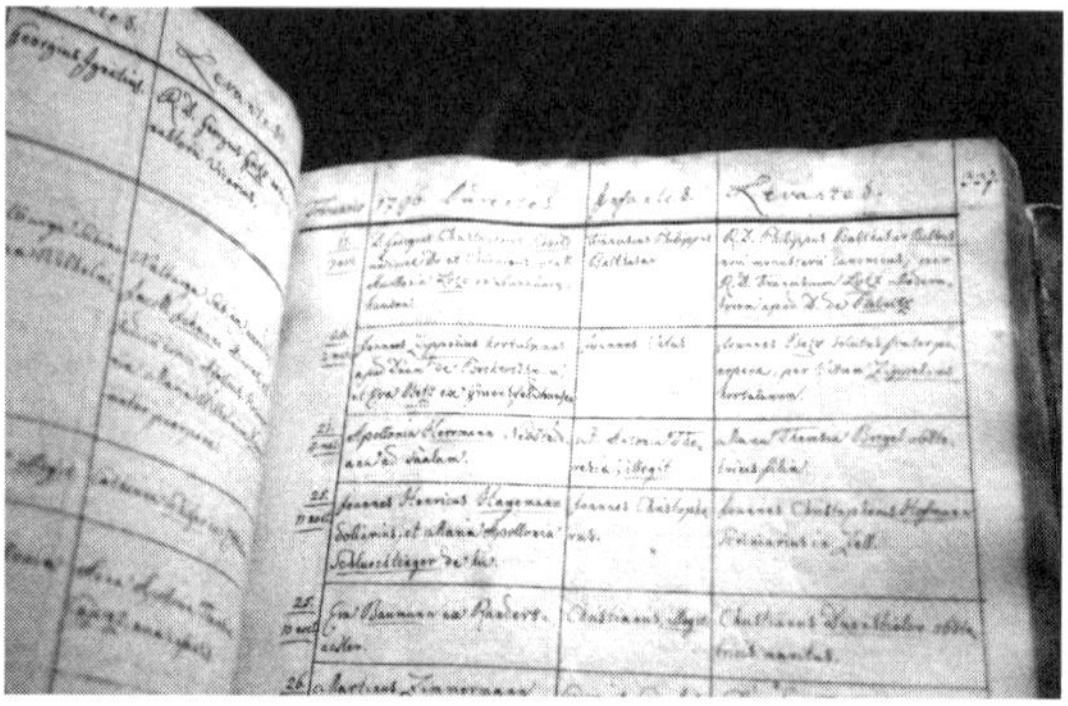

〈シーボルトの生誕を示す「洗礼録」(ラテン語)〉
シーボルトの生誕を示す記録の内、唯一現存する資料。第8巻(1792-1811年) 337頁、最上段に記載されている。(ヴュルツブルグ司教区文書館所蔵)

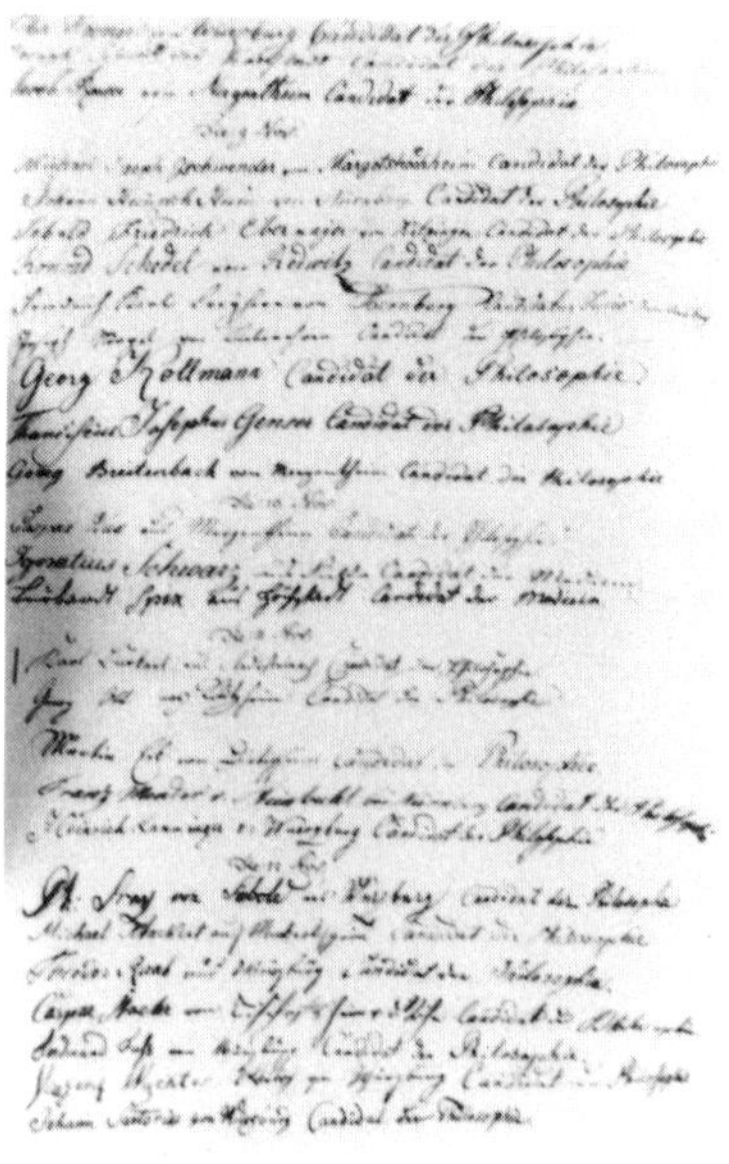

〈シーボルトのヴュルツブルグ大学入学時の学籍簿〉
第2巻の332頁に「1815年11月12日哲学科志願」の記載(下から7行目)がある。(ヴュルツブルグ大学図書館写本部所蔵)

シーボルト収集の日本産鉱物・岩石および薬物類標本ならびに考古資料

大沢眞澄

はじめに

シーボルト収集の日本の文物・自然に関する膨大なコレクション、所謂シーボルト・コレクションのうち、鉱物・岩石、薬物類ならびに考古資料について紹介したい。シーボルト第一回来日時のもので、調査を開始したのは一九八二年である。なお本稿は「日蘭学会通信」、三六号、一—二（一九八七）の内容を大幅に増補したものである。

一　鉱物・岩石標本

フィリップ・フランツ・フォン・シーボルトによる当時の日本の文物・自然のヨーロッパ世界への紹介、即ち彼の大著『日本』、『日本植物誌』、『日本動物誌』に示される内容は質・量ともに驚嘆すべきものであり、現在でもその評価は高い。しかしながら彼の収集品、日本研究の直接的資料でありながら、今なお未公開、未調査・未刊のものがあることもまた周知の事実である。これに関し例えば動物・植物標本ならびに関連資料についての山口隆男氏・加藤僖重氏の最近の広範な徹底した調査は瞠目すべき成果を示している。

博物学資料では、動物・植物に次いで鉱物が想起されるが、シーボルトには「日本鉱物誌」は存在していない。一九八二年二月～六月、オランダ、ライデンにおいてシーボルトの「日本鉱物誌」の資料ともいえる日本産鉱物・岩石その他の標本類を調査する機会を得た。その後塚原東吾氏の協力を得て、現地での追加調査も含めて断片的ながら今迄にその研究成果を報告してきた[1]。

シーボルトが第一回来日時に、助手ビュルゲルを中心にして日本各地で鉱物・岩石の収集を行ったことは『江戸参府紀行』[2]の各所に見られ、一八二七年一二月二〇日出島発信のシーボルトからのネース・フォン・エーゼンベク教授宛の書簡には日本産植物・動物の収集についての報告のあとに、助手のビュルゲル博士担当の鉱物コレクションも全く完璧であると記しており、またその他の書簡にも鉱物に関することは散見される。さらに船荷の内容などからも鉱物、化石があったことが知られる。

『日本』[3]第十二編中には「日本で収集した鉱物類の簡単な体系的記述」、その原注として「日本産鉱物の概観」（稿本）なる記述がある。この内容は一九三五年四月に東京科学博物館で公開されたベルリン日本学会所蔵の稿本「Geologie・Meteorol.」（1827）中にあり、後閑文之助・土井正民両氏により翻刻され、「シーボルト日本鉱物誌」と名づけられてタイプ印書され、カーボンコピーで二部作成されたのである（一一七頁）。その概要は土井氏『広島大学地学研究報告』二一三号（一九七八）に紹介されており、鉱物のほか、温泉水分析、鉱物学の現状、日本の銅生産なども含まれている。ビュルゲル筆によるその稿本のコピーは東洋文庫にあり（当時の方法で白黒逆のもの）、オリジナルは現在、ドイツのルール大学所蔵となっている。

「シーボルト日本鉱物誌」に関しての、木下による紹介[4]では前記後閑・土井の翻刻による鉱物名五三種があげられているが、シーボルト来日二回目の三宅艮斎の標本との混同がみられるようである。古賀[5]は木下批判も含めて、またビュルゲルの実際の鉱物鑑定についての岩崎灌園「シーボルトの草木鑑定書、附ヒルヘル石薬解答」や関連書籍類も入れてきちんとした紹介を行っている。さらに後閑[6]も簡潔な紹介を行っているにすぎない。いずれも「シーボルト鉱物誌」の存在は認めながら、その基礎となった鉱物標本そのものの存在について言及がなされていなかったのである。この後閑・土井による「シーボルト日本鉱物誌」草稿・翻刻は、そのままの形態で最近刊行された[7]。

シーボルト収集の鉱物類・薬物関係の標本がライデンにあることは大阪大学理学部の芝哲夫先生（現在、名誉教授）から御教示を得ていたが、実際の標本についての調査を行ったのは海外からは最初であった。

鉱物関係の標本（岩石も多い）は当時、ライデン国立地質学鉱物学博物館に所蔵されていたが、この館はのち一九八四年国立自然史博物館（一八二〇年設立）に吸収統合され（もともとは一八七八年に分離した）、現在では一九九八年に新しく開館したライデン国立自然史博物館―ナチュラリスとなっている。膨大な収蔵点数といわれるが、シーボルト・コレクションは従来通り公開されていないようである（日本狼などの特例は除く）。

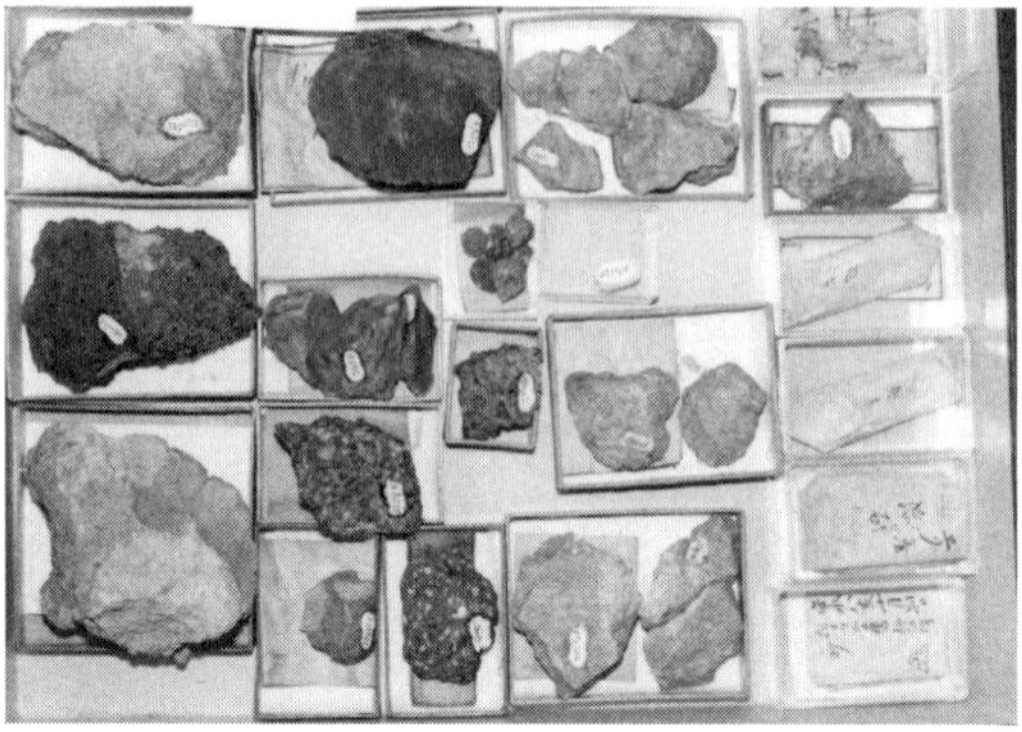
図1　鉱物・岩石標本の例

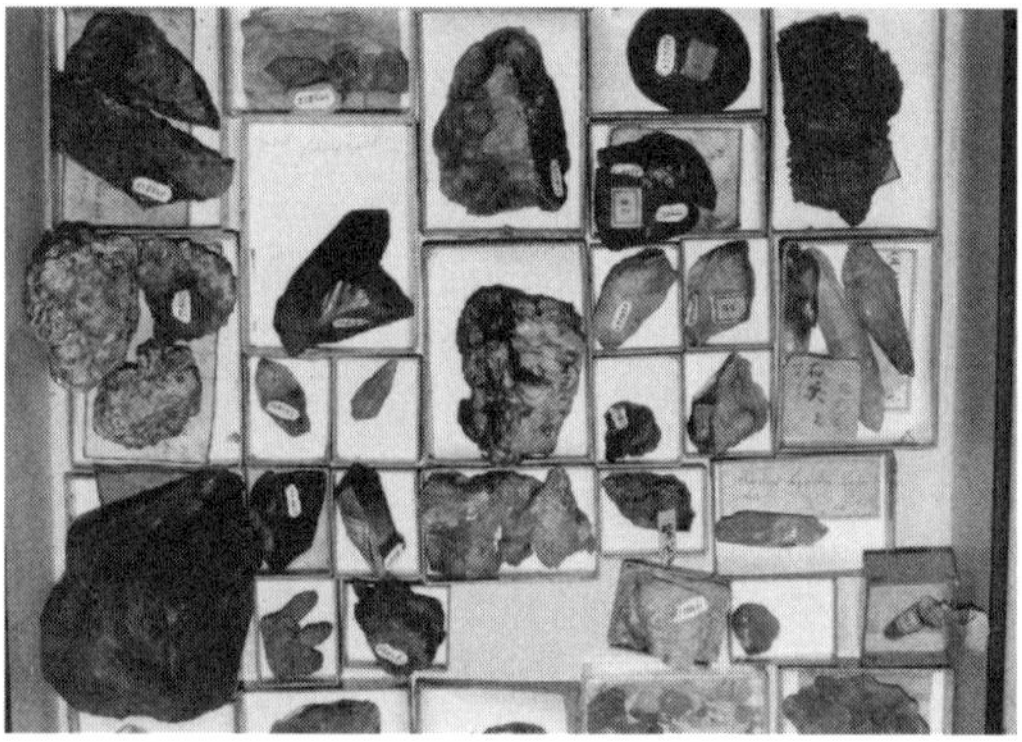
図2　石英など

図3　黒曜石など

調査当時、国立地質学鉱物学博物館の G. van der Wegen 氏（変成岩の専門家、日本語は読めない）が収蔵資料調査の一環としてシーボルト・コレクションの整理・同定を行っておられた。現在標本にみられる整理番号（白色塗料の上に記載）はその時のものである。標本類の一部を図1に示すが、現在はこのように紙製小標本箱（外側緑色、以前からのものらしい）に収納されている。小標本箱の数は約七〇〇あり、標本の種類としては岩石が多い。鉱物・岩石の種別は約一〇〇種に及ぶ。同一番号で数片の資料もあり、標本の実数はかなり多くなる。（図に示す鉱物・岩石標本はすべて旧ライデン国立地質学鉱物学博物館蔵）。

標本の例をまとめて図1～3に示す。標本にはその採集時の記載から何種類にも及ぶラベル類が付されており、最終的には当時の鉱物・岩石の名称が記されている。図1では粗面岩、安山岩、礫岩、熔岩、硫黄、浮石、火山灰が示されており、産地の判明している場合もある。図2では石英が多く見られ、図3では多数の黒曜石が認められる。これらより本コレクションの有様が理解されるであろう。本稿では個々の鉱物・岩石標本の地学的・記載的検討よりも、本コレクションの成立や位置づけなど文化史的視点よりの考察を主としたい。

調査時、標本にもとから貼布された和紙に墨書で記載のあるもの、標本と同一内容のラベル類が同じ小標本箱に共存するもの、そうでないもの、つまり標本とラベルが不一致の場合のもの、また標本にラベル類の添加されていないもの、さらに各種類の迷子のラベル類が多数あったこと（図4）などから、その整理にはかなり難渋したことであった。

個別の標本の例として No.329056 を図5に示す。貼布和紙片には墨書で松葉石マツバセキと俗称が用いられており、landshap ヒゴ、Steen とオランダ語で記されているのは採集後、あるいは長崎でシーボルトの門下生か通詞が記したものであろう。右下の黒枠小ラベルは Provinc., v. Siebold, Japonia と印刷されており、標本用にシーボルトが特注したものと思われるが、鉱物・岩石以外の用途にはほとんど見かけないものである。Matsuha seki d.i. Tannen nadel-Baum, Figo とドイツ語である。右上の黒枠大ラベルには Chloritschiefer, quarziger, gelblichgrüner とやはりドイツ語で記載され、緑泥石片岩、石英質、黄緑色となる。現在の同定では Actinolite schist である。このラベルの記載はきれいな書体で統一されており、ライデンで岩石・鉱物の専門家が鑑定したものと考えられる（Dr. P. G. van Hoorn か）。なお黒枠小ラベルは日本で書かれたものであろうか。この黒枠の大小二種類のラベルが最も多く用いられている。

多種類のラベルを図6に示す。黒曜石（図3参照）を示すもので、左最上部と右側上より二枚は洋紙で同一内容であり、Obsidian, W, Lave vitreuse obsidienne, H とビュルゲルの筆跡である。W、Hは鉱物・岩石の記載・命名におけるドイツ・フライベルク鉱山学校の Abraham Gottlob Werner（一七四九—一八一七）流か、フランス・ソルボンヌ大学の R. J. Haüy（一七四三—一八二二）による方式かを示すもので、両者が併用されている。シーボルト、ビュルゲルは日本の地質学

図4 迷子のラベル

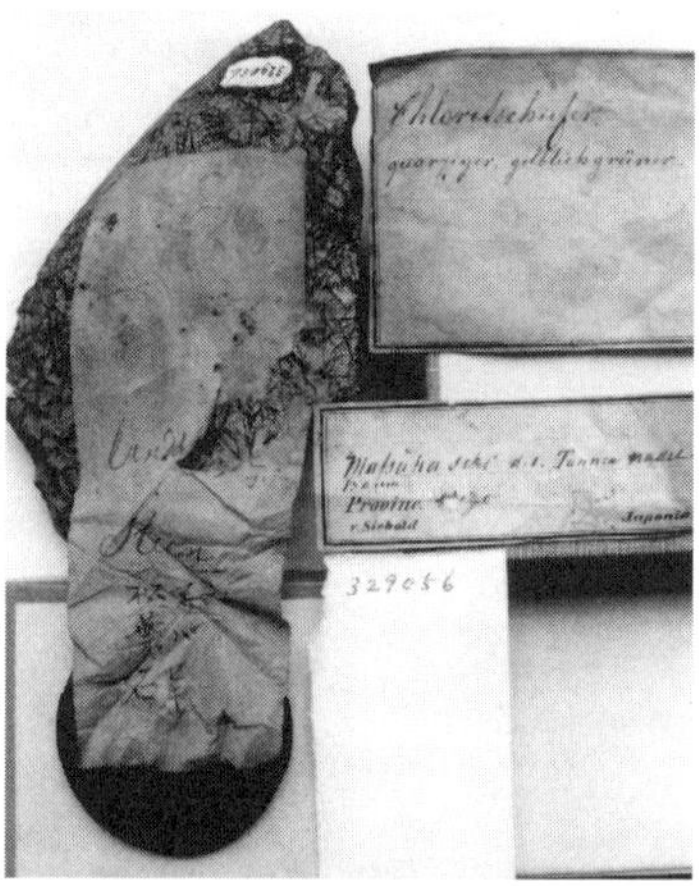

図5 松葉石

図6 いろいろなラベル

に対してウエルナー派の立場をとっているので、Wが先に示されているのである。

シーボルトが長崎で用いたと思われる書物については竹内の精細な研究[8]があるが、その中にA. G. Werner『Letztes Mineralsystem』Aus dessen Nachlaß hrsg. von J. K. Freisleben, mit Erläuterungen von Breithaupt und Custos Köhler, Freyberg, Craz, 1818, 3v. とChrist. August Siegfried Hoffmann（一七六〇—一八一三）、『Handbuch der Mineralogie』, fortgesetzt von August Breithaupt, Freyberg, Craz u. Gerlach, 1811-18, 4v. in 5が含まれている。ホフマン『鉱物学ハンドブック』II巻一九一頁（図7）には黒曜石はObsidianと記され（本コレクションではWとされる）、Lave…、Hが併記されているのが判明する。

図6で下半分に示されているのは前述の黒枠ラベルである。左側上より二番目の小ラベル（赤枠）も散見されるが、フランス語で記されている。

図8にはやはりW、Hの例として浮石の場合を示す。Bimsstein, W, Lave vitreuse pumicée, H である。カルイシ、

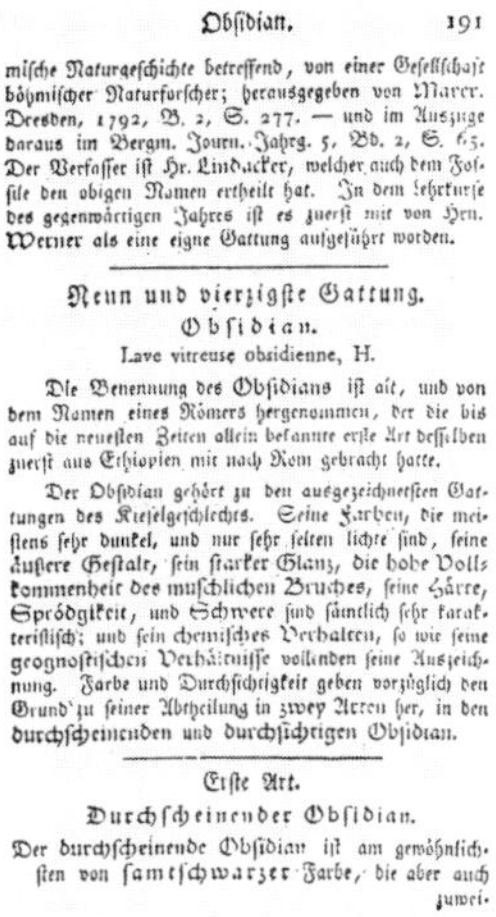
Obsidian. 191

mische Naturgeschichte betreffend, von einer Gesellschaft böhmischer Naturforscher; herausgegeben von Mayer. Dresden, 1792, B. 2, S. 277. — und im Auszuge daraus im Bergm. Journ. Jahrg. 5, Bd. 2, S. 65. Der Verfasser ist Hr. Lindacker, welcher auch dem Fossile den obigen Namen ertheilt hat. In dem Lehrkurse des gegenwärtigen Jahres ist es zuerst mit von Hrn. Werner als eine eigne Gattung aufgeführt worden.

Neun und vierzigste Gattung.

Obsidian.

Lave vitreuse obsidienne, H.

Die Benennung des Obsidians ist alt, und von dem Namen eines Römers hergenommen, der die bis auf die neuesten Zeiten allein bekannte erste Art desselben zuerst aus Ethiopien mit nach Rom gebracht hatte.

Der Obsidian gehört zu den ausgezeichnetsten Gattungen des Kieselgeschlechts. Seine Farben, die meistens sehr dunkel, und nur sehr selten lichte sind, seine äußere Gestalt, sein starker Glanz, die hohe Vollkommenheit des muschlichen Bruches, seine Härte, Sprödigkeit, und Schwere sind sämtlich sehr karakteristisch; und sein chemisches Verhalten, so wie seine geognostischen Verhältnisse vollenden seine Auszeichnung. Farbe und Durchsichtigkeit geben vorzüglich den Grund zu seiner Abtheilung in zwey Arten her, in den durchscheinenden und durchsichtigen Obsidian.

Erste Art.

Durchscheinender Obsidian.

Der durchscheinende Obsidian ist am gewöhnlichsten von samtschwarzer Farbe, die aber auch zuwei-

図7 黒曜石
（ホフマン：1812、ライデン大学蔵）

図8 浮石

Karuisi も見える。ホフマンの書物も示す（Ⅱ巻二一三頁、図9）。この標本は日向国霧島山からのものである。右側の小ラベルは赤枠で霧島山の浮石と簡明になっているが、ラベル左側上部赤枠下の微小文字は Cabinet Temminck とあり、テンミンクは当時のライデン国立自然科学博物館長でありシーボルトの動物関係での研究協力者である。このことは本標本類がシーボルト来日一回目の時のものであることの根拠となる。本標本は現在も浮石（二片）と同定されている。

火山関係の標本として島原普賢山、前山崩れ口の例を示す（図10）[9]。前者は普賢岳、近年大規模な火砕流の噴出をした火山である。No.329166 は風化した岩片で貼布和紙片に墨書でシマハラフゲンサン、ペン字（赤褐色）で Wunzen とあり、No.1 と記されている。右側標本には No.2 とあり近接した収集品であることがうかがわれる。黒枠ラベル（点線のあるもの、ないものあり）にはドイツ語で粗面岩、灰色の石基、偏光性・磁性有、島原雲仙火山群の普賢山と記されている。No.329176（三片、捕獲岩片を含む資料）は寛政四年四月一日（一七九二年五月二一日）大崩壊を起こし、島原大変肥後迷惑の大惨事の前山よりの標本である。黒枠ラベルには雲仙の一地点、前山火山（崩れ口クレーター）とあり、粗面岩で薄い灰色、長石が多く角閃石、雲母の結晶があると記載されている（現在、Mica-hornblended trachyte with inclusion）。

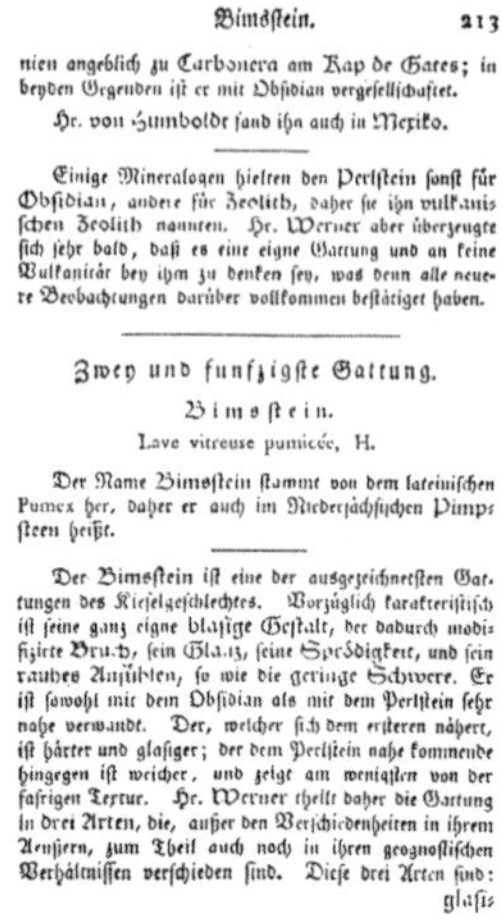

Bimsstein. 213

nien angeblich zu Carbonera am Kap de Gates; in beyden Gegenden ist er mit Obsidian vergesellschaftet.

Hr. von Humboldt fand ihn auch in Mexiko.

Einige Mineralogen hielten den Perlstein sonst für Obsidian, andere für Zeolith, daher sie ihn vulkanischen Zeolith nannten. Hr. Werner aber überzeugte sich sehr bald, daß es eine eigne Gattung und an keine Vulkanität bey ihm zu denken sey, was denn alle neuere Beobachtungen darüber vollkommen bestätiget haben.

Zwey und funfzigste Gattung.

Bimsstein.

Lave vitreuse pumicée, H.

Der Name Bimsstein stammt von dem lateinischen Pumex her, daher er auch im Niedersächsischen Pimpssteen heißt.

Der Bimsstein ist eine der ausgezeichnetsten Gattungen des Kieselgeschlechtes. Vorzüglich karakteristisch ist seine ganz eigne blasige Gestalt, der dadurch modifizirte Bruch, sein Glanz, seine Sprödigkeit, und sein rauhes Anfühlen, so wie die geringe Schwere. Er ist sowohl mit dem Obsidian als mit dem Perlstein sehr nahe verwandt. Der, welcher sich dem ersteren nähert, ist härter und glasiger; der dem Perlstein nahe kommende hingegen ist weicher, und zeigt am wenigsten von der fasrigen Textur. Hr. Werner theilt daher die Gattung in drei Arten, die, außer den Verschiedenheiten in ihrem Aeußern, zum Theil auch noch in ihren geognostischen Verhältnissen verschieden sind. Diese drei Arten sind: glasi-

図9 浮石（ホフマン）

図10 粗面岩（島原普賢山・前山崩れ口）

粗面岩はアウイの命名で、古い頃にはかなり広い意味で用いられ、酸性岩の半分は粗面岩とされた。

同様な火山の噴出物として火山灰の例を図11に示す。本標本（No.329215）は和紙に包装された火山灰であり給源・採集場所は不明であるが、安永八年一〇月朔日（一七七九年一一月八日）の記載より桜島の噴火によるものであることが分かる。包装紙裏側のペン字（褐色、滲んでいる―当時のアイロンガルインクによる劣化によるものか）記載から四九年前の事件とすれば一八二八年に本標本を入手したのかも知れない。場所も長崎であろうか。この桜島噴火の火山灰は『武江年表』によれば江戸にも降ったといわれるが、降下火山灰資料がそのままの形態で保存されているのは珍しい例である。

江戸時代の鉱物コレクションでは愛石家による形象石類の収集も盛んに行われていた。その例を図12、13に示す。図12、ベッコウ石（No.328701）は一見べっ甲に似ているからの名称であり、産出地は沖縄である。右側貼布紙片にはペン字でQuarz（石英）と記してある（現在、ケイ質シルト岩）。中央部のラベルは汚い洋紙に細い墨書で、和紙片の記事の清書

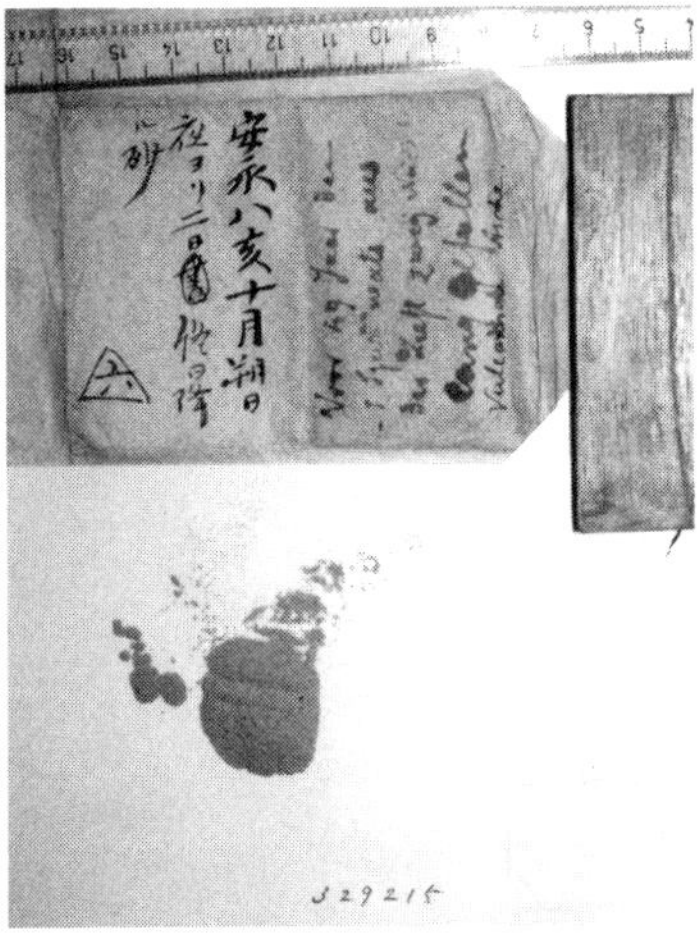

図11 火山灰（桜島）

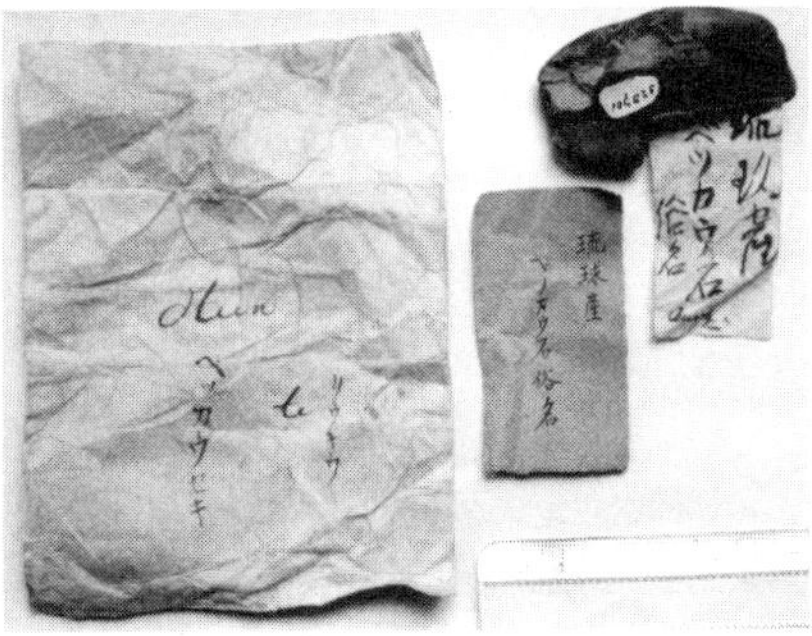

図12 ベッコウ石（琉球）

図13 亀甲石（肥後）

図15 木化石（東蝦夷）

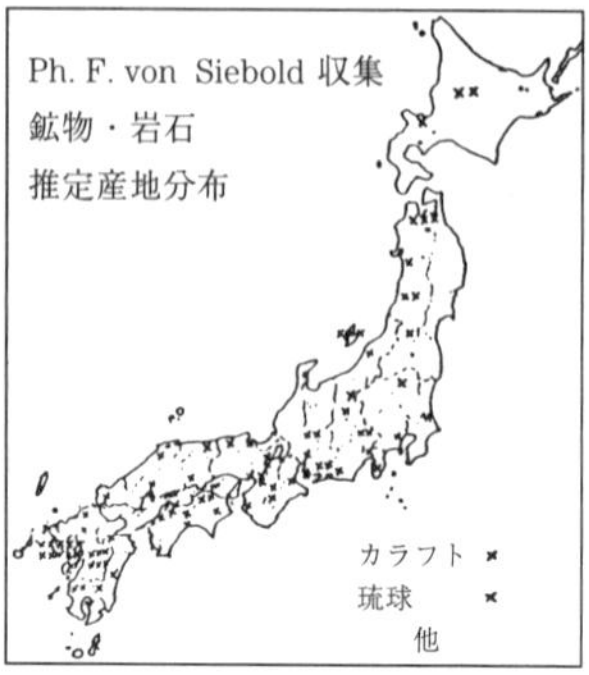

図14

図16 貝化石（月のおさがり 他）

図18 旧象歯（屋代島）

図17 旧象歯（ジャコツ、屋代島）

に当るものである。このラベルは最初長崎での日本人によるものと考えたが、筆跡から中国人郭成章によるものであり、ライデンでの記入ということになった。図13（No.328946、七片）キカウセキは亀甲に似ているための名称であり、肥後フラミガワ（?）の堅い泥灰岩である（現在、独特な表面の斑岩）。

本コレクションには上記の形象石類のほかに、カラフトの黒曜石、蝦夷石狩神社の石、八丈島赤石脂、フジ山上石、雲仙粗面岩、天草陶石、別子銅山鉱石、化石類など多岐にわたり日本全国各地からの標本が収集されている。商品としての硫黄、棹銅なども含まれている。標本数として多いのは石英（小標本箱数として七二、以下同様）、ケイ化木（木化石、七二）、黄銅鉱（三二）、玉ずい（三〇）、石灰岩（二八）、片岩類（二七）などである。全体的には大約鉱物三〇種、鉱石二〇種、堆積岩三〇種、火成岩二〇種、変成岩一〇種、それに化石類も含むことになろう。

シーボルトが長崎の地を出たのは文政九年（一八二六）、商館長江戸参府に随行した一回のみである。全国的規模での資料収集が行われたのは、シーボルト、ビュルゲルの精力的な活動もさることながら、日本全国に及ぶ門人たち日本人の協力があったからであろう。長崎の通詞も含めてシーボルトのネットワーク形成には驚嘆すべきものがある。参考のために標本収集地のあらましを図14の地図に示す。

次に化石類標本についてみると、木化石（ケイ化木的）とよばれる標本もかなり多い。図15には北海道東部の木化石を示す。採集時貼布のものからW、H記載のラベルも見られる。また貝化石の場合を図16に示す。中央上部の標本は古来月のおさがりとよばれている化石で、第三紀中新世前期、岐阜県瑞浪市月吉の瑞浪層群の巻貝の一種ビカリアで、巻貝の内部がケイ酸分と置換したものである。名古屋大学糸魚川淳二名誉教授による写真からの判定では Vicarya yokoyamai であり、ほかにカガミガイ、フスマガイ、オキシジミなども認められる。これらの化石貝類の産出地は名古屋に近く、同地の本草学者でシーボルト門下である伊藤圭介や、水谷豊文、大河内存真らの採集にかかるものではなかろうか。

他の化石の例として旧象歯を図17、18に示す。江戸参府への途次、シーボルトは瀬戸内海の屋代島（山口県）で三月四日、ビュルゲル博士と一緒に上陸し「…海岸でマンモスの歯の化石一片を見つけた。リュウゲ Rjuge という。」(シーボルト・斎藤信訳『参府旅行中の日記』、p.34 、思文閣出版、一九八三)、のちに「三月四日……化石となった象の臼歯の、よく原型をとどめたものを発見した。…この臼歯はわれわれが後日、日本で発見した他の歯の一部といっしょにライデンの博物館にある。」』(シーボルト・斎藤信訳『江戸参府紀行』、p.117,118 、東洋文庫、平凡社、一九六七)と記している。この資料[10]はヤシロシマ、jasiro sima 、ジャコツとして存在し、古生物学的記載は国立地質学鉱物学博物館長であったK・マーチンによりなされている(K. Martin, Fossile Säugethierreste von Java und Japan, Sammlunge des Geologischen Reichsmuseums in Leiden, Serie 1, Band 4, 25-69(1887))。東北大学の矢部久克先生が欧州留学中の一九〇九年三月にマーチン教授を訪問されている。しかしそこにはシーボルト収集の化石、美濃産第三紀のフスマガイ、ザルガイの類などがあることを記されている。なおシーボルト収集の日本の化石については、糸魚川先生がテングノツメと書かれているカルカロドン(サメ)の歯の化石を紹介しておられる(なお、他の化石標本類も所蔵されている)。

以上のようにシーボルト・コレクションの鉱物・岩石類は非常に膨大なものであり、多くの門人たちの協力を得て、実際にはビュルゲルが中心となって活動したと考えられている。しかし、シーボルト自身は幕末に二回目の来日を果たし、その時にヨーロッパの鉱物・岩石類を持参したともいわれ、また伊藤圭介や三宅艮斎との日本産鉱物種の鑑定、ひいてはその行方などいろいろの問題が生じている。それでは本コレクションがシーボルト一回目の際のものであるという証明にはどんな事実があるであろうか。

図19(No.328615, 328616, 328617)はいずれもPorceljinaardeとあり、No.328616にはKaolin, von der Insel Amaksa in Granit—(鉛筆書き)とラベルにあり、即ち天草陶石である。またいずれも国立民族学博物館よりの移管と書かれている。標本表面の1 N.3193の1はライデン国立民族学博物館におけるシーボルト・コレクションの整理番号である。周知のようにシーボルト収集の日本の文物資料が同博物館の基礎となっている訳である。このようにこの三標本は国立民族学博物

館においては同一資料として扱われており、またシーボルト第一回来日時のものであることを端的に示す証でもある。この陶石類の他にも国立民族学博物館より移管された標本がかなり存在する。なお、テンミンクのラベルについては先に記した。これらのことは国立地質学鉱物学博物館に至るまでの本コレクションの歴史もきわめて複雑であったことをも示している。

図20（No.329228、二片）で和紙袋には一面にSteen、他面に江戸大槻玄沢の名が見える。進物押葉の袋を流用したと思われる。黒枠ラベルには方鉛鉱と黄銅鉱、伊予産ときれいな字体であり、異なる字体でJedo, Ohotsuki Gentak'…とある。大槻玄沢（一七五七―一八二七、文政一〇年）はシーボルト江戸参府の翌年に没しているのである。

さらに図21にはきわめて意味のある文言が読みとれる。No.328880（図左上、一二小片）は黒枠ラベルに粘土（現在、白土）で細粒白色、白土、筑前産とあり、別の書体で（滑石）、弁髪のリボンの白色剤として利用する（元結い）と記さ

図19 天草陶石

図20 黄銅鉱　大槻玄沢

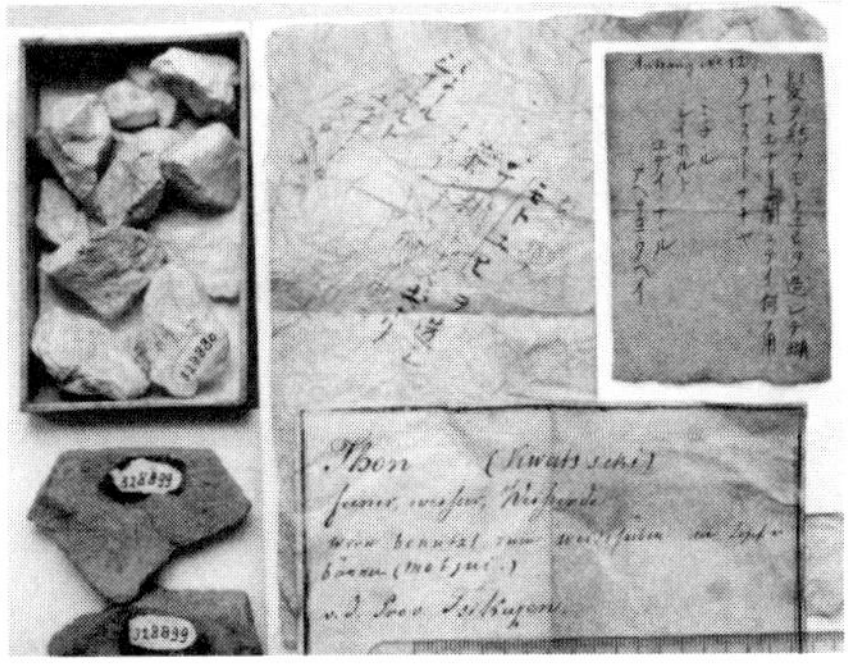

図21 粘土（白土）　安部竜平

図22 黒曜石　ビュルゲルの名、出現

図23 棹銅
（中央）

れている。和紙に書かれているのが最初で〃髪ヲ結フモトユヒヲ造シテ糊トナス土ナリ蘭ニテハ何ソ用ヲナスコトナキヤ　ミ子ール　シイホルト　ユディーナール　アヘリョウヘイ〃と墨書である。次に清書したのが右側の細字で郭成章によるものである。原文のハがイとなっているなど、郭成章はやはり中国人であり、来日したこともないので、文章の機微など分らないこともあったのかも知れない。ここで問題なのはアヘリョウヘイであるが安部竜平（一七八四―一八五〇）は筑前黒田藩の蘭学者で、文政一一年（一八二八）藩主黒田斉清・長溥父子が長崎でシーボルトと会った時に、その問答を記した『下問雑載』の著者である。この場合の白土が筑前産であるのも興味深い。このラベルなどはシーボルト一回目来日の時という決定的な証明と考えてよいものであろう。

　シーボルト鉱物・岩石コレクションの実際の推進・まとめ役はビュルゲルと考えられている。しかし彼の名前が存在したのは全資料中、一ヶ所だけであった。図22（No.329117）は黒曜石で貼布和紙片（緑色に変色）に因州馬蹄石とある。隠岐道後では今でも黒曜石をこの名称で呼んでいる由。黒枠ラベルには例のきれいな書体で aus Inaba! nach „Bürger" aus Jezo とあり、この黒曜石標本をビュルゲルは蝦夷としたが、因幡であるとの変更である。因州が蝦夷でないと理解できた人物なのであろう（ラベル中央の Totori 、 Oki island などは調査時 G. van den Wegen 氏が不注意にも書き込んでしまったものである）。この一枚のラベルからビュルゲルの存在は確実であると考えられるのである。

次に天産品そのままではない加工品の例をあげる。図23に示すのは棹銅（No.329263）である。江戸時代オランダ連合東インド会社との交易品として著名なものである。シーボルトらも江戸参府の帰途、大坂の住友長堀銅吹所を見学して、製造過程の製品見本や『鼓銅図録』などを受領している。棹銅の製造に関してはこの書物がよく引用されるのは周知である。別子銅山由来の本標本は断面が丸味を帯びた台形であるが、長さ一〇・七cm、高さ一・七cm、底辺二・五cmの赤色の表面状態のよい品である。一端が折れた様相を呈している。棹銅の残存例は余り多くなく、また出土品などは表面が変質してきれいな赤色を呈さないものが多いようである。本標本の場合、保存状態は良好であったと考えられる。棹銅表面の赤色は伝世品の研究から、特別な技法で銅の表面に作られた亜酸化銅（Cu_2O）の薄い皮膜の色であることが分ってきた。[11] ビュルゲルはのちに日本の銅生産に関する論文を書いている。幕末、長崎で医学を教授したポンペの日本産鉱物コレクションも調査当時収蔵庫に保管されていたが、棹銅片二本を含む一四点を残して廃棄されてしまったようである。

以上、シーボルト鉱物・岩石コレクションの一端を紹介したにすぎないが、これらについて明らかになったこととしては以下の事柄があげられよう。シーボルト第一回来日時の収集品であること、日本においてビュルゲルにより整理され、分類・命名の基本は Werner と Haüy の方式によっていること、「日本鉱物誌」草稿の内容とよい一致を示すこと、鉱物学・岩石学的な記載はライデンにおいて専門家によりなされたこと、日本語や日本語とオランダ語併用記載ラベルなどの存在から収集に当って蘭学者・通詞をはじめとして多くの人々の協力があったこと、オランダで日本語を清書したのは郭成章と考えられること、多数の種類のラベルからその分類・整理の過程が追跡できること（少くとも四回）、標本の収集が日本全国に及んだこと、化石類の標本も含まれていることなどであろう。そしてここで考慮すべきはビュルゲルの業績であろう。ビュルゲル（Heinrich Bürger 、一八〇六―一八五八、ドイツ人）はシーボルトの助手からその後任として、

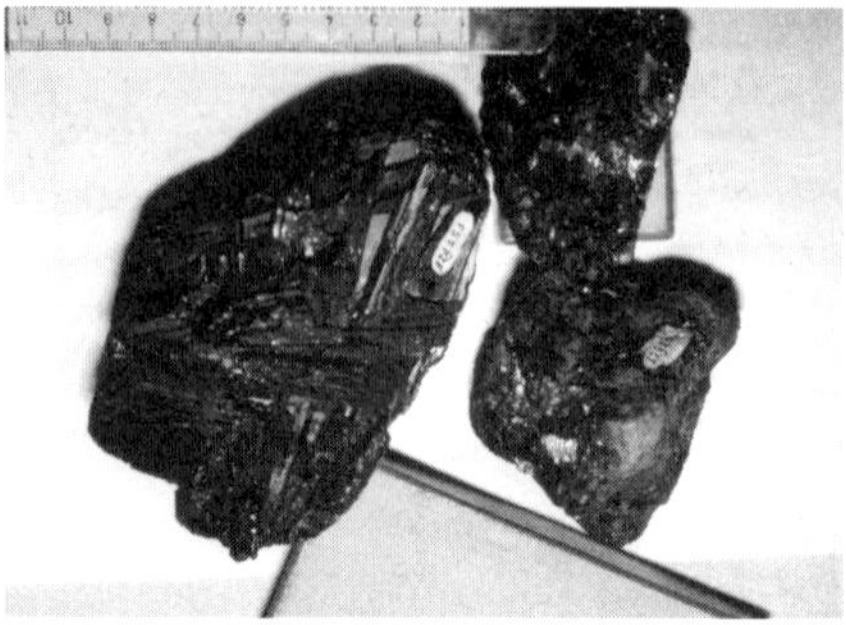

図24　輝安鉱

日本の動・植物標本をオランダへ送りつづけた。また鉱物・岩石、薬物の調査、温泉水の分析など、とくに化学的・地学的面における彼の業績は改めて再評価すべきであろうと考えられるのである。

ところで『日本動物誌』、『日本植物誌』と並んで『日本鉱物誌』は何故刊行されなかったのであろうか。日本特異の種が数多くみられる動物や植物に比べて、鉱物種で現在日本独特といわれているのは愛媛県市ノ川鉱山産の輝安鉱(アンチモンの鉱石)のきわめて長い大結晶と、山梨県乙女鉱山を主とする石英の日本式双晶である。本コレクション中の輝安鉱の一つの標本（No.329253）を図24に示す。小さい結晶で産地不明である。市ノ川鉱山で大きい結晶が産出したのは明治一四、一五年頃のようで、その時の立派な標本はかなりの数海外へ流出したといわれている。つまりシーボルト在日の頃は輝安鉱の大結晶標本はなかったのである。オランダ、ハーレム市のタイラー博物館には市ノ川鉱山の輝安鉱の大きな標本があるが、これは一八八四年日本の総理大臣（伊藤博文のこと）がベルリンを訪問したさいに献上、それが同年博物館に入ったと記録されている。

もう一つの課題である石英の日本式双晶は、一八九五年に山梨県乙女鉱山産のこの種の標本がヨーロッパへ送られ、一九〇五年に日本式双晶と命名されたといわれる。長崎に近い五島列島の奈留島も現在その産地として知られているが（小さい結晶）、図2に見られるように多くの石英標本がある中で日本式双晶は認められないようである。このような状況から、ヨーロッパにおける鉱物・岩石コレクションの実情と比較して、日本産コレクションの特異性、優位性が存在しないので、『日本鉱物誌』の刊行を断念したのではないかと推論される次第である。

最後に江戸時代の日本における鉱物・岩石コレクション[12]について考える。当時は本草学的な金石・石薬、弄石家、好古趣味などに限定され、基幹産業である鉱業の実用的・応用的面の開発に比べ、コレクションから鉱物・岩石に関する基礎科学への発展はみられなかった。実物標本が残っている場合、検討課題とされるのは収集規模、標本個々の大きさ・形態、当時の名称、産地、分布状態、鉱山との関係、成因論、化石の考え方、保存状態、国際比較の可否などであろう。実見した標本類は森野藤助、木村蒹葭堂、市岡智寛、松浦静山ら、三宅艮斎、ポンペ、それにシーボルトの収集品である。この結果より江戸時代の鉱物・岩石コレクションを展望してみると、調査範囲がせまく、また各コレクションは本草学的、弄石的、実用的、自然史的などそれぞれの特色が認められ、決定的なことはいえないにしても、質・量・規模ともに突出し、自然科学的命名も含まれ、ヨーロッパ資料とも直接的に対比できる点などから、シーボルト・コレクションは注目すべき存在といえるのではなかろうか。なお、この方面におけるシーボルトの後継者としては、幕末の蕃所調所物産方から明治初期の博物館活動に至る活躍を示した尾張藩伊藤圭介が位置づけられるのではなかろうか。[13]

シーボルト・コレクションの鉱物標本など四一点が二〇〇〇年、ミュージアムパーク茨城県自然博物館での「シーボルトの愛した日本の自然―紫陽花・山椒魚、煙水晶―」展で日本ではじめて公開された。

末筆ながら御協力いただいた塚原東吾氏、ライデン旧国立地質学鉱物学博物館 G. van der Wegen 氏、C.E.S. Arps 博士に感謝いたします。

二　薬物類標本

シーボルトが収集した日本の薬物関係の標本は、和漢薬が主で食品類も含まれるが、ライデン国立民族学博物館収蔵庫

図25 和漢薬（植物質）（ライデン国立民族学博物館）

に一括して保管されている。この標本はオランダ銀行刊の小冊子に七種のみ単に紹介されたことがあるが、一九八二年の実地調査以前には系統的な調査はなされていなかった。本標本類の調査結果は既に発表(14・15)されているので、ここでは概要の説明に止める。

標本の個数は一五二個で、植物質のものが主で四三種類（五倍子、羌活、芫花、大戟、艾など）。図25に使君子、辛異、甘遂を示す。ガラス製の筒型大ビンで上部を紙で封じてある。1 No.899 などは国立民族学博物館の整理番号で1はシーボルト収集品を意味する（前述）。小ラベルはシーボルト収集品に関する部門別分類番号で、セルリエの「新収蔵品の解説」（一八七九）はこれによっている。同博物館にはシーボルト収集品の新旧番号の対比を記載した「Serie-1」（1837）もあり調査・整理に有力な手がかりが得られた。日本語のラベルや容器は当時のままと推定される。容器はガラス製のものが大部分で、陶製ビンが四本ある。

動物質三一種類（反鼻、蛇退皮、亀板、鯨糞など）、薬品・鉱物質一三種類（第一号薬丸、第二号薬散、タンパン、芒硝、雄黄など）のほかに市販品の茶二三銘柄（今出川、上喜撰、麦鷹など）、食品類五種類（寒天、海苔、酒、醤油など）、毛髪一種があり、不明品もある。

標本添付のラベルや名称と目録との関連や、ビン内に残存する紙片の記載などから、シーボルト第一回来日時のものと推定された。例えば 1 No.845, Ⅳ B 56 bis 好茶 kocha のビン中に Beste Thee van Usi te Miako 1824 という紙片がある。薬物類や茶の一部は日本でも時々公開展示されている。

なお、シーボルト第二回来日時の薬物標本（植物質）若干がミュンヘンの国立民族学博物館にある。

三　考古資料(16)

シーボルト収集の日本の考古資料はライデン国立民族学博物館に保管されており、一九八二年当時は「日本の考古学」として勾玉、石器、埴輪など一括展示されていた（現在、日本の考古資料の展示は一切ない）。シーボルトは著書『NIPPON』(3)の中で〝考古学—古代日本列島住民の宝物である勾玉〟（『日本』、第四巻）の項で勾玉を中心に図版四枚（勾玉・金環、管玉ほか、臼玉ほか、曲玉壷）を用いて解説し（『日本』、図録第二巻）、また〝日本列島の原住民の石の武具についての考察〟で図版三枚（古代の武器：石の矢じり、石器および青銅器、石斧）を示し、詳細な説明を与えている（『日本』、図録第二巻）。

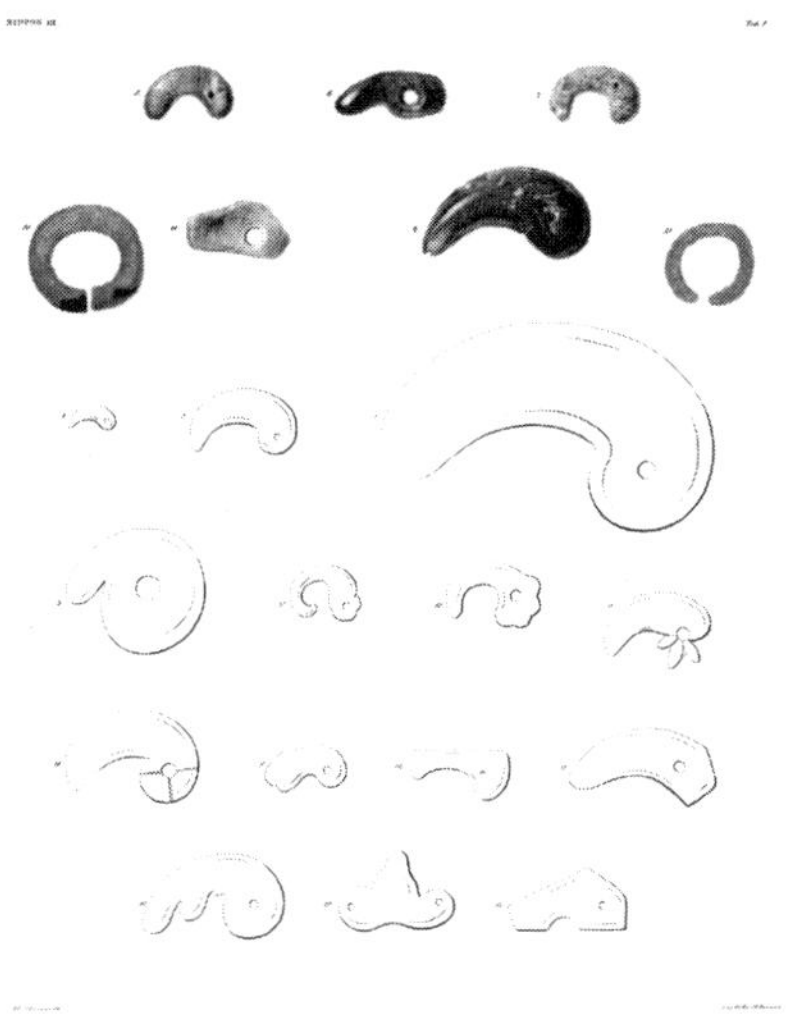
図26 勾玉（シーボルト『日本』）

勾玉に関しては、木内石亭の「曲玉問答」を主な資料とした、伊藤圭介の「勾玉記」（蘭文）が重要な寄与をなしていることは詳細に検討されている(17・18)。しかし『日本』の勾玉の図（Ⅲ第一図（b）、2、11）（図26）において上部の線画でなく写実的に画かれている資料については全く言及されていない。国立民族学博物館展示室の壁にかけられた多種類の勾玉展示の有様を図27に示す（調査当時）。この図の上部を拡大したのが図28であるが、丸印で示される二個の勾玉は『日本』の図（図26）に示されるものと一致する。資料の裏面にシーボルトの整理番号である1も確認される。大きい黒色のものは1-4521、穴は開いていない。小さいヒスイ製の勾玉は1-4523、長さ二・八㎝である。

石器関係では展示品の石鏃、石匙など『日本』の図版との比較から対応するもの若干が認められる。さらに石斧一片（図29下部のもの、1-4532、長さ一〇・七㎝、最大幅四・四㎝）が『日本』の図（Ⅱ第13図（c）8）と一致することも確認された。

このように一八二〇年代収集の日本古代の資料がシーボルト・コレクションとしてオランダに現存することはきわめて興味深いことといえよう。なお、これら石器類に関連して『雲根志』あるいは日本鉱物学、日本の鉱物学者、日本の著書

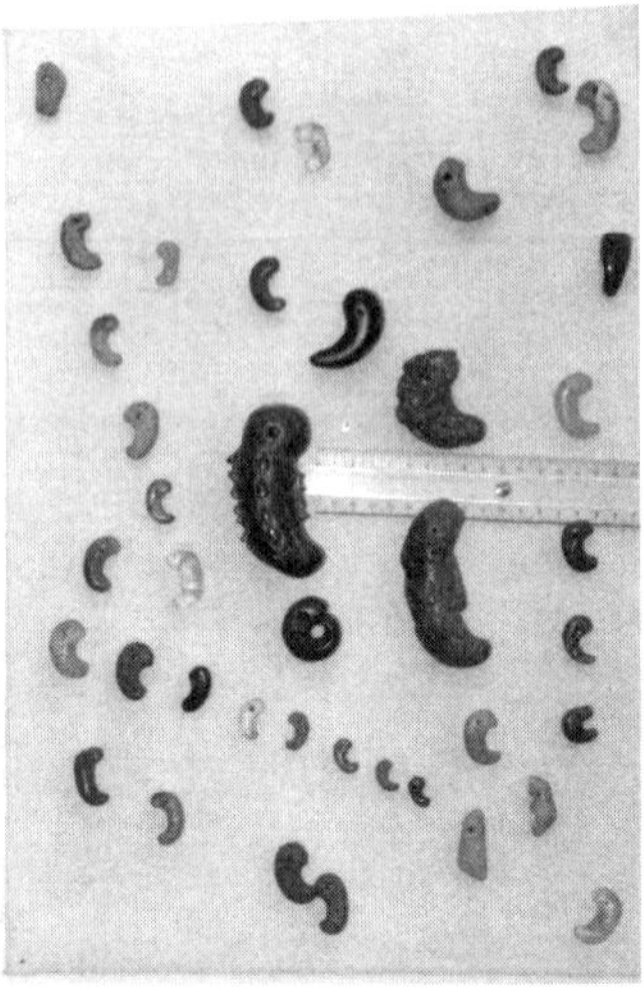

図27 勾玉の展示（ライデン国立民族学博物館）

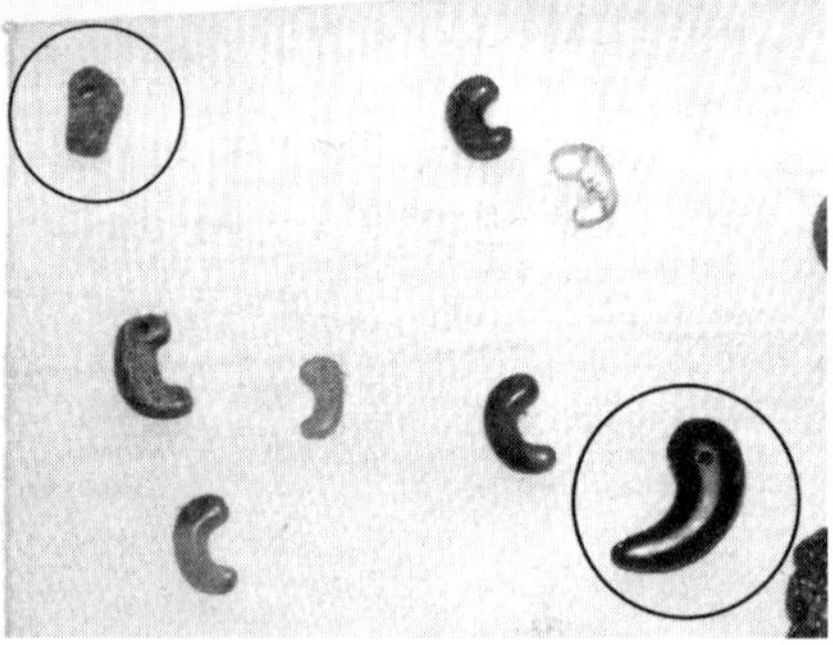

図28 シーボルトの勾玉（二個）

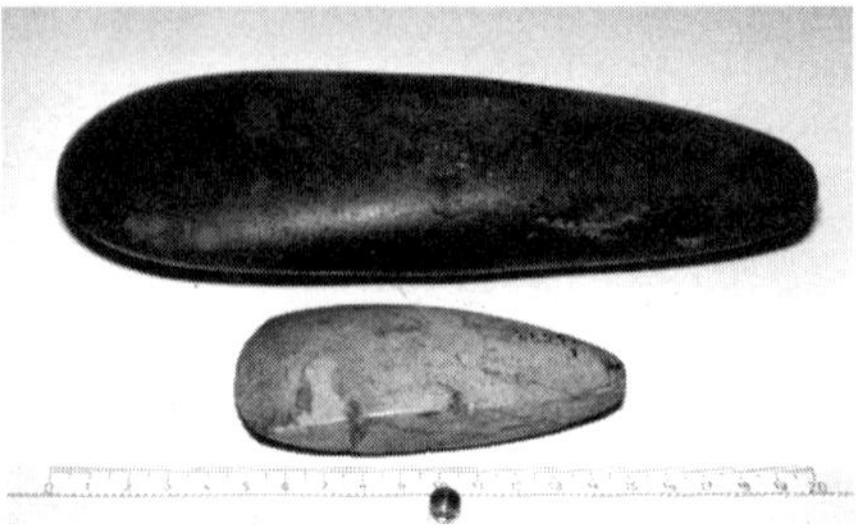

図29 シーボルトの石斧（下方）
（ライデン国立民族学博物館）

などという表現が『日本』では頻出するが、木内石亭という名は現れない。しかし前述の「シーボルト日本鉱物誌」中の Zustand der Mineralogie の章で Wun-kon-si d:i Beschreibung aller japanischer Fossilien von Syoohan 3 Thin《ママ》 15 Bucher と記されている（p.110）。石亭、諱は重曉、通称幾六、長じて小繁と改めているが、こはんをしょうはんと読んだようである。なお、江戸期の鉱物コレクションの中には石器類が含まれている場合がある（木村蒹葭堂、松浦静山など）。

ライデン国立民族学博物館での調査にさいし、多大の便宜を与えられた当時の W. van Gulik 館長、日本部門の A. H. Krieger 氏、K. Vos 氏に深謝いたします。

文献

（1）大沢眞澄、日本科学史学会年会　一九八三、法政大学フォン・シーボルト研究会　一九八三。大沢眞澄・塚原東吾、化学史学会年会　一九八五、日本科学史学会年会　一九八七。

T. Tsukahara, A Study on the Beginning of Chemistry and Chemical Education in Japan: With special reference to the contribution of Ph. F. von Siebold and H. Burger in the first half of the nineteenth century, 1987.（東京学芸大学修士論文）。

塚原東吾、「西ドイツ・ルール大学（ボツフム）に現存するシーボルト関係文書中の日本の地質学的調査・研究について」、日蘭学会会誌、一五巻一号、五七－七七、一九九〇。

Tsukahara, T., The Dutch Commitment in its search for Asian Mineral Resources and the Introduction of Geological Sciences as a Consequence, 『The Transfer of Science and Technology between Europe and Asia, 1780-1880』(Ed. Yamada, K.), 197-228, 1994.

（2）シーボルト・斎藤信訳、『江戸参府紀行』、東洋文庫、平凡社、一九六七。

（3）シーボルト『日本』、全九巻、監修岩生成一、図録監修斎藤信、翻訳石山禎一他、雄松堂書店、一九七七。

（4）木下亀城、「黎明期の日本鉱物に関する図書」、学鐙、四七巻五月号、一一－一四、一九四三。

（5）古賀十二郎、『長崎洋学史』続編、一八一―一八八、長崎文献社、一九六八。

（6）後閑文之助、「日本の古代より近世に至る地質学と関連学の発達史」、地学雑誌、八八巻（一二）、一―二五、一九七九。

（7）日本鉱業史料集刊行委員会編、『日本鉱業史料集第一三期、近世篇上』、白亜書房、一九九〇。

（8）竹内精一、「一八二三年シーボルトが欧州とバタフィアから舶載させ、二五年長崎で受取った書籍とその後の運命」、日蘭学会会誌、八巻一号、一―二〇、一九八三。

（9）大沢眞澄、「雲仙火山とシーボルトをめぐって」、日蘭学会通信、六九号、一―二、一九九五。

（10）亀井節夫、『日本に象がいたころ』、一五頁、岩波新書、一九六七、「象と日本人―徳島での事例をもとに―」、徳島科学史雑誌、一五号、一七―二九、一九九六。

（11）村上隆、「住友家に伝世する棹銅の赤色表面について―非破壊的手法による分析を中心に」、『住友銅吹所跡発掘調査報告』、四七三―四七七、大阪市文化財協会、一九九八。

（12）大沢眞澄・塚原東吾・土井康弘、「江戸時代の日本鉱物誌資料について」、日本科学史学会第四四回年会研究発表講演要旨集、八三、一九九七。

（13）土井康弘、「幕末尾張藩洋学者　伊藤圭介の研究」、昭和女子大学博士論文、二〇〇二。

（14）T. Tsukahara, M. Osawa, On the Siebold Collection of crude drugs and related materials from Japan, Bull. Tokyo Gakugei Univ., Sect. IV, Vol.41, 41-97, 1989.

（15）塚原東吾、「日本最初の近代的薬剤師ビュルガー」、『出島のくすり』、長崎大学薬学部編、一三―二四、九州大学出版会、二〇〇〇。

（16）大沢眞澄、「シーボルトとガウランド―日本考古学の紹介者―」、日本文化財科学会第一六回大会発表要旨、五二、一九九九。

（17）大久保利謙、「門人がシーボルトに提供したる蘭語論文の研究―十　伊藤圭介稿勾玉記」、『シーボルト研究』、一九五、日独文化協会編、一九三八（一九七九）。

（18）斎藤忠、「勾玉に関する記述」、『シーボルト「日本」の研究と解説』、一六八、講談社、一九七七。

宇田川榕菴がシーボルトに贈ったアキタブキの拓本

小幡和男

はじめに

茨城県自然博物館は、シーボルト（Philipp Franz von Siebold,1796-1866）の日本自然史研究への貢献を広く紹介するため、二〇〇〇年三月一八日から六月一八日の期間、第一八回企画展「シーボルトの愛した日本の自然—紫陽花・山椒魚・煙水晶—」（以下「企画展」という）を開催した。

企画展で展示された主な資料は、オランダのライデン市にある国立自然史博物館（Nationaal Natuurhistorisch Museum "Naturalis"）、国立植物標本館ライデン分館（Nationaal Herbarium Nederland Universiteit Leiden branch）、国立民族学博物館（Rijksmuseum voor Volkenkunde、以下「ライデン民博」という）より借用したものである。これらは、シーボルトが日本で収集した動物の剥製や植物のさく葉標本など、ライデンの各館に収蔵されている膨大なコレクションの中から選ばれた二七〇点に及ぶ自然史関係資料であった。

この中に掛け軸になったアキタブキの拓本（以下「アキタブキ拓本」という）があった。この資料はライデン民博から借用したものである。事前にライデンで行われた調査では、シーボルトによる日本での収集品という情報だけで、この拓本がどのような経緯で彼の手に渡ったのかは不明であった。しかし、企画展開催中、アキタブキ拓本の贈り主が博物学者宇田川榕菴（一七九八—一八四六）であったこと、そしてこの拓本がシーボルトの著書『日本』や『日本植物誌（フロラ・ヤポニカ）』の中にある記述に関係していることなど、新たな知見が得られたので報告する。

「アキタブキ拓本」発見の経緯

ライデンにおける企画展のための資料調査は一九九九年三月一一日から三月一九日の九日間行われた。メンバーは小幡和男、高橋　淳、久松正樹（以上当館資料課）の三名と、熊本大学理学部山口隆男教授、長崎純心大学人文学部宮坂正英助教授の五名であった。

その期間中の三月一六日、ライデン民博本館内で同館所蔵の文献調査が行われた。アキタブキ拓本は、調査対象資料として予定していたものではなかったが、高橋（淳）が閲覧室の収蔵品データベースシステムによりシーボルトコレクションを検索中に偶然に発見した。著者らの要望により、調査に立ち会っていたライデン民博のケン・フォス氏（Drs. Ken Vos）が、軸装されたアキタブキ拓本を収蔵庫から閲覧室に運び、ひもを解いて壁に掛けてくれた（図1、2）。シーボルトコレクションに詳しい山口、宮坂両氏にとっても、この拓本は初めて見るものであった。

この日の調査では、掛け軸縦横の測定と写真撮影を行った。ライデン民博に借用依頼を予定していた文献資料は、住友家が銅精錬所の見学図録として出版した『鼓銅図録（資料番号一－四三一二）』、水谷助六著の『本草写真（資料番号一－四六三五）』の二点であった。しかし、山口氏の「（この拓本の）出処はよく分からないが、大変興味深い。ぜひ企画展で展示するといい。」という助言もあり、著者らは「アキタブキ拓本（資料番号一－四三一六）」を加えて三点の借用依頼書をライデン民博へ提出した。この結果、『本草写真』の借用は許可されなかったが、『鼓銅図録』と「アキタブキ拓本」は借用が許可されて企画展で展示できる運びとなった。

ところで、ライデン民博に収蔵されている資料には一－四三一六とか三六〇－四七三八という資料番号が付され整理保管されている。ハイフンの前の一や三六〇はコレクターごとに付けられた番号で、一はシーボルトを表す。これはライデン民博設立（一八三七年）が、シーボルトの日本コレクションの購入を契機に始まったことを暗に示しているものと思われ、興味深い。

企画展開催中に贈り主が明らかになった

著者らは、二〇〇〇年三月一八日の企画展開催と同時に発行した企画展の展示解説書（ミュージアムパーク茨城県自然博物

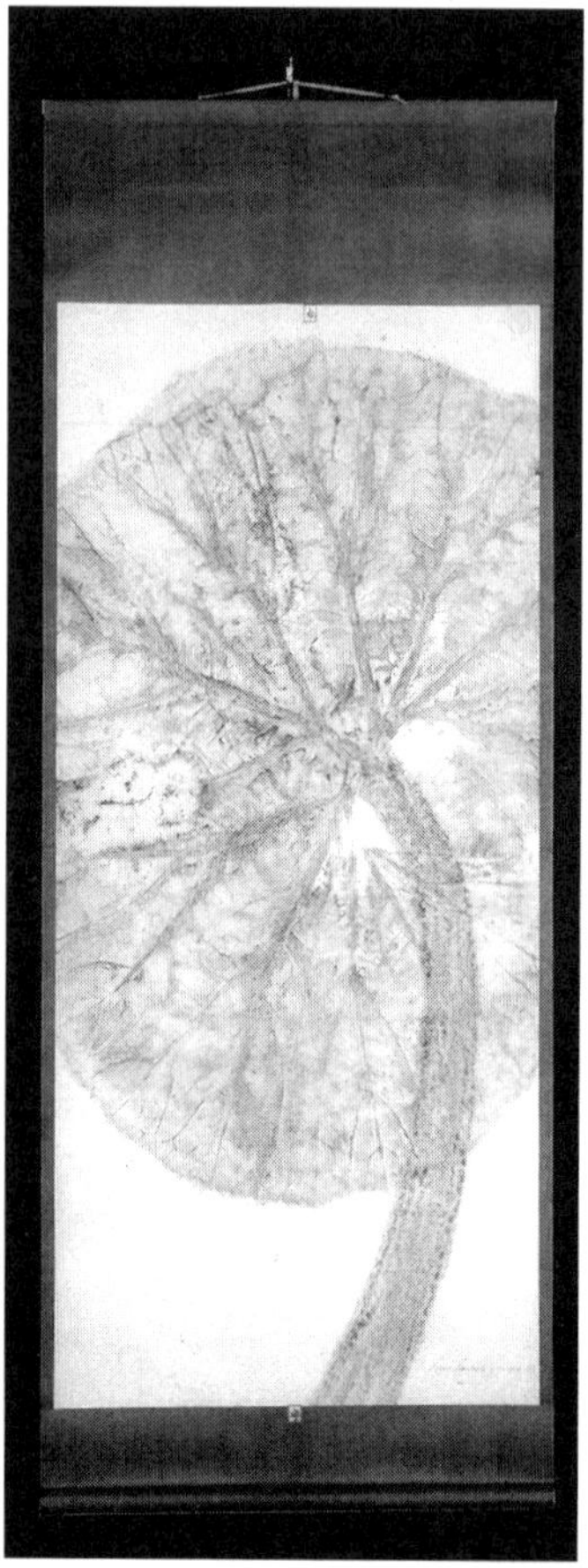

図1　掛け軸になったアキタブキの拓本.

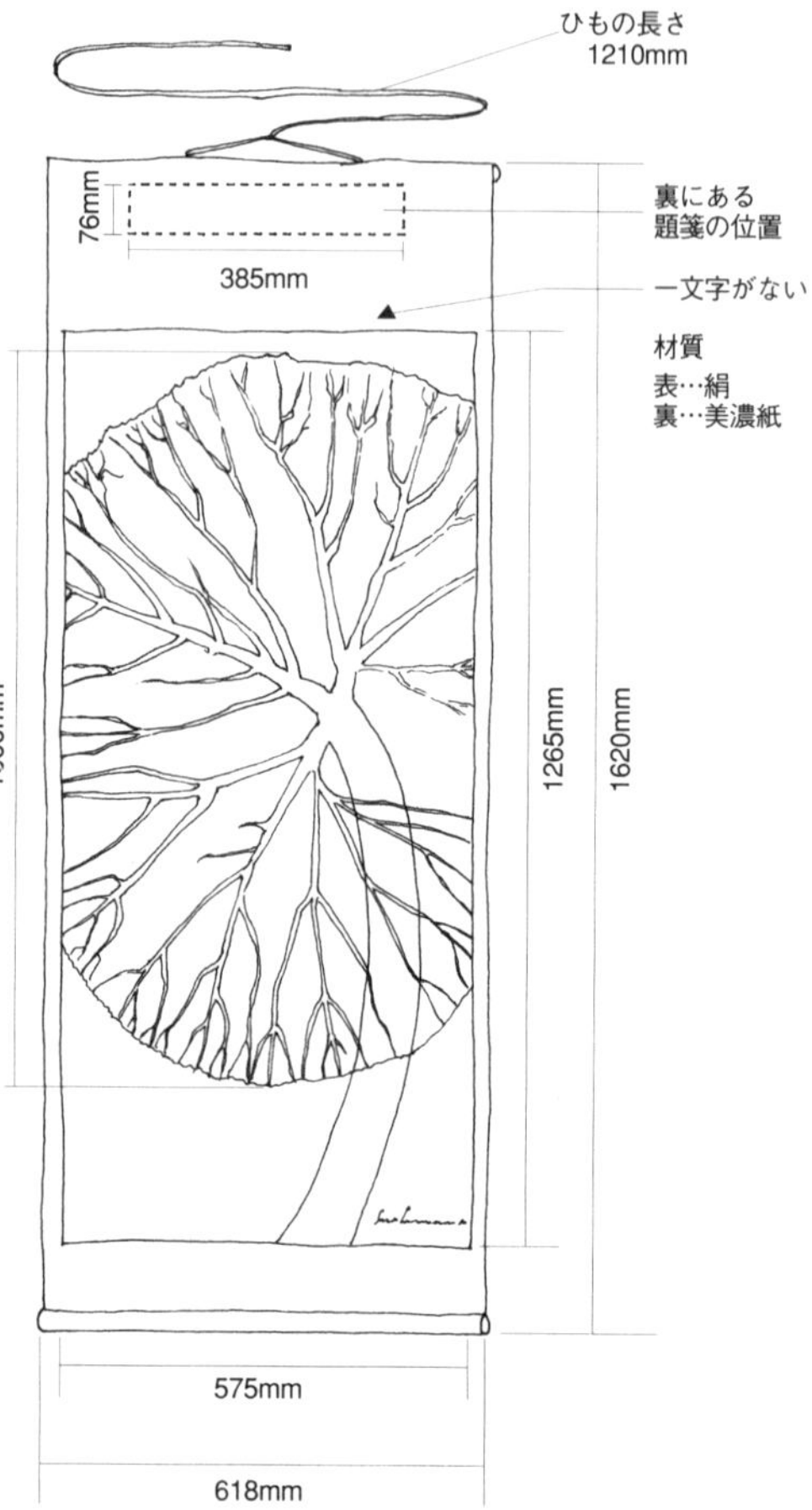

図2 拓本の各部分の寸法.

館、二〇〇〇）に、アキタブキ拓本の写真を掲載した。この写真を見た岡山大学文学部高橋輝和教授と東海大学文明研究所石山禎一講師から「アキタブキ拓本は宇田川榕菴がシーボルトへ贈ったものではないか」という指摘をほぼ同時に受けた。それは、企画展開催中の四月二六日であった。

宇田川榕菴はシーボルトが来日した当時を代表する江戸の博物学者で、日本最初の近代的な植物学の解説書『植学啓原（しょくがくけいげん）』（一八三四年）や日本最初の化学書『舎密開宗（せいみかいそう）』（一八三七－四七年）の著者として知られている（木村、一九八二）。

シーボルトは来日中、日本の多くの博物学者たちと交流を持ち、植物や動物の標本のみならず、いろいろな情報を入手し、自身の日本自然史研究を大きく発展させた。特に一八二六年に実施された江戸参府では、長崎江戸間を往復する道中や、三七日間滞在した江戸において多くの収穫を得た。榕菴もシーボルトと江戸で深くかかわった学者の一人であり、多くの植物標本や植物画をシーボルトに贈っている（山口、一九九七）。

シーボルトの著書『日本』にある江戸参府紀行二月一六日のところに、

「宿の主人の清楚な庭園の中にフキ（Tussilago）が植えてあって、冬によく耐えている葉は大きく艶がよくて、この種類を一つの美しい観賞植物にしている。私はこのうちの一本を植物園用として出島に送ったが、晩秋に花をつけた。われわれの植物群の中でフキは Tussilago gigantea として光彩を放っている。のちに友人のひとり、江戸の宇田川榕庵（菴）が大フキの葉を一枚わけてくれたが、それは直径一メートルあった。出羽国、秋田付近ではフキはもっと大きくなるということで、日本の画家北斎は彼の画集の中で、農夫がフキの大きな葉の下で雨宿りしている有様を描いている。」

という記述があり（中井・斎藤、一九七八）、高橋（輝）、石山の両氏はこれを根拠に、この拓本が榕菴から贈られたものであると推察した。また拓本の葉の大きさを測定したところ、直径一メートルの記述とぴったり一致した。

図3　『北斎漫画』第7編「出羽・秋田の蕗」.

しかしこの文面だけでは、榕菴から生の葉をもらったのか、拓本をもらったのかという疑問が残ったが、その後の高橋（輝）氏の調査で、シーボルトの別の記述が発見された。それは、（財）東洋文庫がマイクロフィルムで所蔵している「シーボルト文献」のファイル（Ⅲ－1d）の中にある、シーボルトの著書『日本植物誌』のオオツワブキに関するドイツ語の草稿であった。その冒頭に、

「日本の本草学者達の信ずべき報告によればこの植物は北緯約四〇度の日本の出羽地方には野生で分布している。そこでは異常な大きさに達して、六－一五フィートの高さに成長するそうだ。〇〇ある葉径を私に尾張の経験豊かな植物学者、伊藤圭介が報告してくれ、最大径が〇〇の葉拓（Blattabdruck）を何度も述べた江戸の医師にして博物学者、宇田川榕菴が分けてくれた。」

という記述が発見された（高橋、二〇〇〇）。〇〇の部分は空白で後から寸法を書き込む予定だったと思われる。この事実は高橋（輝）氏からの手紙により、著者に六月三日に知らされた。榕菴が拓本を贈ったことがより確実となった。

さらに続いて、ここにも『北斎漫画』第七編「出羽・秋田の蕗」の絵（図3）の記述が登場する。

「それ故に、江戸の宮廷絵師、北斎が並はずれた自然の光景を写し取った彼の絵本の〇巻中で示しているこの植物の大人の背丈二つ分を越える高さの茂みと、その葉（複数形）でもって雨をしのいでいる農民らを描いた非常に機知に富む挿し絵は真実を多く含んでいると思われる。」

榕菴の自筆サインを発見

著者らはことの重大さを認識し、このアキタブキ拓本のできるだけ詳細な記録を残そうと考え、六月六日に、掛け軸の精密な測定及び裏面の点検をしたところ、題箋に

Tot gedachtenis aan den zeergeleerden heer von Siebold
door uEd. vriend Woedagawa Jooan

和訳：フォン・シーボルト博士殿への記念品として
貴方の友人、宇田川榕菴による

図4 宇田川榕菴自筆の献辞と落款のある題箋．

とオランダ語で書かれた榕菴自筆の献辞と落款を発見した（図4）。zeergeleerden という語は、すり切れていて読みとるのが困難であったが、六月一八日国立植物標本館ライデン分館のタイセ氏（Mr. Gerard Thijsse）によって判読された。和訳は、高橋（輝）氏によるものである。著者らにはオランダ語の単語はすぐには分からなかったが、すぐに判断でき、「榕庵」の落款もすぐに読めたので、この発見にはいささか興奮した。「von Siebold」と「Woedagawa Jooan」がシーボルトと宇田川榕菴を意味することは同時になぜもっと早く掛け軸の裏面を点検しなかったのかと自責した。オランダでの調査のときも、当館で展示されるときも、アキタブキ拓本には当館職員は直接触っておらず、題箋の存在には気付かなかった。

そして、企画展最終日の六月一八日、茨城県立歴史館の桐原治美首席研究員による掛け軸の調査が行われた。桐原氏によると、「この掛け軸は中国様式の軸装で、当時文人

に好まれていたシンプルな装丁である。拓本の保存の手段として、榕菴がつくらせたものと考えて矛盾はない。」という結論であった。これで榕菴が贈った大フキの葉がこの拓本であったことが確実となった。

拓本の写し方とインクの正体

この拓本は、葉身と葉柄がどちらもくっきりと写し出されている。葉柄を動かしながら葉の裏側を先に写し、その後で葉柄を写したに違いない。所々にインクがたれたような跡があるが、盛り上がってはいない。この拓本の色であるが、墨のような黒色ではなく、くすんだ茶色をしている。インクや墨の類を使っているとは考えにくく、フキの葉を和紙に直接押しつけ、植物体の汁を和紙に移したのではないかと考えた。そこで実際のフキの葉を用意し、その上に和紙をのせ、バレンで擦ってみた。結果はこの拓本とよく似たものをつくることができた。

シーボルトの混乱

ここまでのところでシーボルトがアキタブキとオオツワブキを同一視し、混乱していたことは明らかである。『日本植物誌』の三六　オオツワブキでシーボルトは次のように述べている（大場、一九九六）。

「我々は日本で野生状態のこの植物を見たことがなく、したがってそういったものに関しては日本の最も著名な植物学者たちから聞いた話に頼らざるをえない。彼らによると、これは本州の北緯四〇度あたりに位置する出羽国に自生する植物で、その根生葉は二・〇～四・九メートルという異常な高さに達する。尾張の学識深い植物学者である伊藤圭介は、一枚の葉がその最も幅の広いところで一・六メートルに達する例があることを我々に教えてくれた。またこれまでも何度か名前を出した博物学者の宇田川榕菴からも、同じような例を聞くことができた（この部分は「宇田川榕菴は我々に同じようなものを分けてくれた」と訳す方が正しい（高橋、二〇〇二））。要するに、江戸の絵師北斎が自然の中の異様なものを描いた画帳の表紙を飾っている絵は、誇張ではなかったように思われる。この表紙の絵には、オオツワブキの茂みが描かれているが、葉はどれも高さ二・九メートルほどの根生葉で、その下で農夫が数人、雨宿りをしている絵柄である。……」

すでに示した、『日本』、『日本植物誌』の草稿にある内容が、そのまま『日本植物誌』の文章に受け継がれている。

オオツワブキの記述として、まるっきりアキタブキの話が登場してくる。ここで事実関係を整理してみる。

一、シーボルトは一八三二年刊行の『日本』（江戸参府紀行の含まれる第五分冊の出版年は不明である。第七〜八分冊は一八三九年に出版されたことが分かっている（講談社学術局・臨川書店出版部、一九七七）。）の中で、オオツワブキをTussilago giganteaとよんでいる。Tussilagoはフキタンポポ属でフキタンポポはヨーロッパではふつうに見られる植物である。

一八三五年刊行の『日本植物誌』（三六　オオツワブキのある分冊は一八三九年出版）では、オオツワブキはLigularia gigantea Sieb. et Zucc. と名付けられ、属が移されている。Ligularia属はメタカラコウ属ともよばれ、ユーラシア大陸に一〇数種ある。

現在、ツワブキ類はFarfugium属として、Ligularia属とはふつう別にされる。

二、この拓本の右下にシーボルトの筆跡で、

Folium Ligulariae giganteae Sieb.

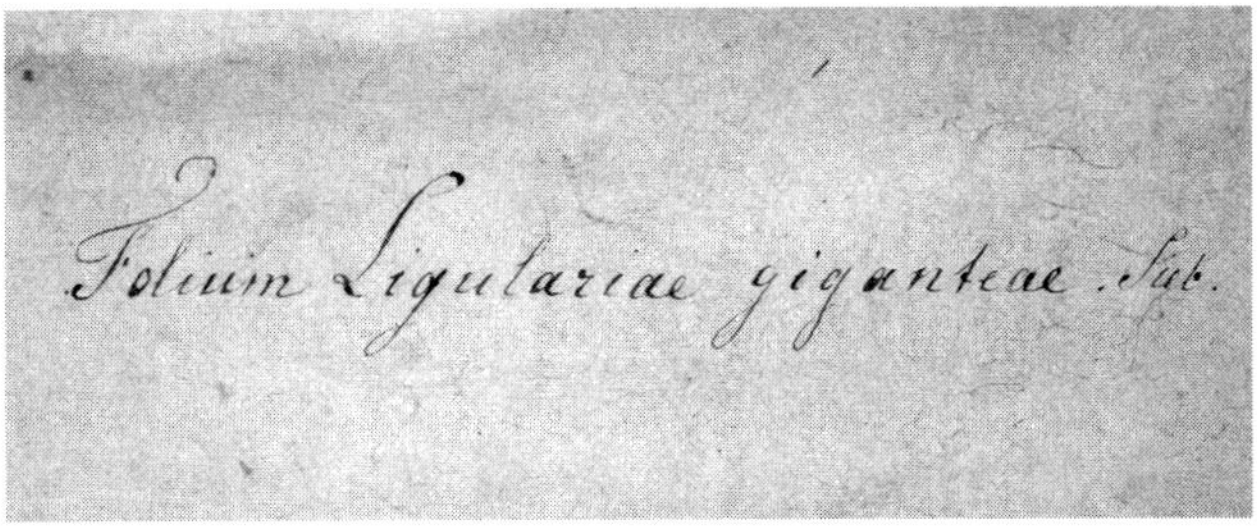

図5　「リグラリア・ギガンテアの葉」を意味するシーボルトのサイン．

リグラリア・ギガンテアの葉

という ラテン語の記述がある（図5）。この筆跡はシーボルトの丁寧な自筆のものと考えられ、一から考えてヨーロッパに帰国してから、『日本植物誌』の刊行前後に書いたものと思われる。

三、『日本』、『日本植物誌』の草稿、『日本植物誌』に共通して、オオツワブキの解説のところに、アキタブキの詳しい記述が登場している。

四、シーボルトは、ツワブキ、オオツワブキ両種を『日本植物誌』に掲載するとともに、観賞用植物として、ヨーロッパへの導入に成功している。一八五六年に出版された日本産の園芸植物目録（ライデンにおけるフォン・シーボルト商会の施設で栽培された日本の植物及び種子。説明付き価格表、20pp。ライデン及びボンで出版）の中で両種が紹介されている。また、シーボルト二回目の来日後の一八六三年に出版された目録（ライデンにおけるフォン・シーボルトの気候馴化園で栽培された日本と中国の植物及び種子。説明付き価格表、56pp。アムステルダムで出版）にも両種は登場する（石山・金箱、二〇〇〇）。かなり気に入っていたようである。

五、シーボルトはフキの標本を数点作成し、それらは国立植物標本館ライデン分館に収蔵されている。その中にTussilago petasites Th（Thunb.の意味）と書いたコヨリのついた標本がある。コヨリは日本でつけたと思われる。シーボルトは後にフキの学名をNardosmia japonica Sieb. et Zucc. と変更している。

以上のことから、シーボルトは、ツワブキ類、フキ類の分類について、苦労していた様子がうかがわれる。

六、シーボルトのアキタブキの標本は国立植物標本館ライデン分館には今のところ見あたらない。

以上の事実から考えて、次のように推測した。

一、シーボルトはアキタブキの話は聞いていたが、実物は一度も見たことはなく、オオツワブキの北方系の変異（より大きく変化したもの）と考えていた。

二、このアキタブキ拓本はシーボルトが手にすることができた唯一のアキタブキの資料であった。九州の海岸に自生するといわれるオオツワブキと、東北の日本海側を中心に自生するアキタブキは、葉の形は似ているが、葉の厚さ・光沢、花の形・花期は全く異なるものである。シーボルトがアキタブキの実物の葉を一目でも見ていれば、彼の植物に関する専門的知識と、宇田川榕菴や伊藤圭介ら日本の一流の学者の協力を得ていたことから考えて、両種の混乱は起こらなかっただろう。

おわりに

このアキタブキの拓本の保存状態は極めて良好であった。シーボルトがこの拓本をたいへん気に入り、大切にしていた様子がうかがわれる。今回、このアキタブキ拓本が再発見されたことにより、『日本』や『日本植物誌』におけるオオツワブキの記述のもとになった資料が判明したこと、また、オオツワブキとアキタブキの記述について、混乱の原因が明らかにされたことは幸運であった。

謝辞

この執筆に当たって、岡山大学文学部高橋輝和教授、東海大学文明研究所石山禎一講師、茨城県立歴史館桐原治美首席研究員、獨協大学外国語学部加藤僖重教授、熊本大学理学部山口隆男教授、長崎純心大学人文学部宮坂正英助教授の諸氏に、ご指導並びに貴重な資料の提供をいただいた。また茨城県自然博物館ボランティアの細貝利夫氏には拓本製作法の実験に関する資料を提供していただいた。ここに厚くお礼申し上げます。

引用文献

石山禎一・金箱裕美子　二〇〇〇　シーボルト再渡来時の『日本植物観とライデン気候馴化園』「鳴滝紀要」一〇　二五－九七

木村陽二郎　一九八一　『シーボルトと日本の植物』235pp., 恒和出版

講談社学術局・臨川書店出版部　一九七七　『シーボルト『日本』の研究と解説』319pp., 講談社

ミュージアムパーク茨城県自然博物館　二〇〇〇　第一八回企画展シーボルトの愛した日本の自然―紫陽花・山椒魚・煙水晶―　35pp., ミュージアムパーク茨城県自然博物館

大場秀章（監修）・瀬倉正克（訳）　一九九六　『シーボルト日本の植物』296pp., 八坂書房

高橋輝和　二〇〇〇　宇田川榕菴がシーボルトに贈ったアキタブキの拓本　「津山洋学資料館友の会だより」三七　五

高橋輝和　二〇〇一　シーボルト『日本植物誌』仏語解説の独語原稿　三六　オオツワブキ　「岡山大学文学部紀要」三五　八七－九六

中井晶夫・斎藤　信（訳）　一九七八　シーボルト『日本』第二巻　400pp., 雄松堂書店

山口隆男　一九九七　シーボルトと日本の植物学　「CALANUS」特別号I・410pp., 熊本大学理学部附属合津臨海実験所

『華彙』に貼付された書き付け

――シーボルトと大河内存真

飯島一彦

一　本稿の目的

ライデン市所在のオランダ国立植物標本館ライデン大学支部（National Herbarium Nederland Universiteit Leiden branch、一九九九年旧称 Rijksherbarium はユトレヒト大学・ワゲニンゲン大学にまたがる組織の一部となった）には、伊藤圭介の実兄である大河内存真からシーボルトに贈られた『華彙』八冊が蔵されている。

『華彙』は初編草部四巻四冊（島田充房著、宝暦九〈一七五九〉年刊、後編の序に拠ればその内第三・四冊は小野蘭山著）・後編木部四巻四冊（小野蘭山著、明和二〈一七六五〉年刊）併せて八巻八冊の本草書である。日本産の草木についてその花の図と『本草綱目』に従った名称と説明が記されている。宝暦一三年版や天保一四年版などもあり、版を重ねて広範に読まれたらしい。その図の正確さなど内容のすばらしさから、日本の本草学者のみならず、シーボルトをはじめとする西欧の植物学者も珍重した書であったことがすでに明らかにされている。日本の植物学史上の黎明期を飾る重要な書物であった。

ところで、オランダ国立植物標本館所蔵『華彙』の「草之一」及び「木之一」の巻の表紙見返しには、名古屋在住の医師・本草学者であった大河内存真の書き付け等及びシーボルトのメモが貼付してあり、また各冊にはやはり存真筆の紙片が挟み込んである。

これらの書き付けについては、すでに大森實によって、一九八〇年の現地調査にもとづいて日本で初めて以下のような報告がなされている。

まず大河内存真がシーボルトに贈呈した「花彙」八冊がある。存真は圭介の実兄であるが、かれがこの「花彙」に毛筆によって朱書きの訂正を加えた上、八冊それぞれに毛筆を用いてインクで「シーボル様江進上分《ママ》」と記した符《ママ》箋がつけられている。そして第一冊「草之部一《ママ》」・第五冊「木之部一《ママ》」の表紙と序あるいは後編序のあいだに、シーボルト自筆のペン書きの紙片と存真の毛筆インク書きによるメモなどが挿入されている。存真のメモには、ヨーロッパの本草書や腊葉を贈ってほしい旨が記されている。「花彙」は、その草部一・二が島田充房によって著されて宝暦九年に刊行されており、草之部三《ママ》・四および木之部一《ママ》～四は小野蘭山によって著され宝暦一三年に刊行・完成させられている。この後明和二・天保一四の両年にも出版されている。存真の献上本は、体裁・構成・刊記によって明和二年版でる《ママ》ことが判明する。国立腊葉館（オランダ国立植物標本館ライデン大学支部を指す―飯島注）では、一八三九年七月一四日付のシーボルトの書簡を根拠として、本書はシーボルト自身から国立腊葉館に贈呈された、としている。また草部・木部とも全冊にわたって学名を記入した紙片を多数見ることができる。これらの事はすべて学界には知られていなかったことである。存真からシーボルトに贈呈された事情・日時・場所については目下不明である。（「シーボルト研究の現状と新資料について」「シーボルト研究」創刊号、一九八二年七月、傍点は飯島）

また山口隆男は、一九九六年の加藤僖重との共同調査の結果をまとめた中で、上記の大森の文章を引いた上で以下のように述べている。

『花彙』はそれほど大きなものではない。縦二六三ミリ、横一八〇ミリの冊子である。大森が述べているように、存真が書いた献辞があり、本草書や標本を所望している〔Plate 42〕。彼はまた朱筆で、訂正を各所に加えている。〔Plate 43の右上に示した図に、尾張・医官大河内存真正誤とある。〕（「シーボルトと日本の植物学」「CALANUS カラヌス」特別号一、一九九七年三月）

ここに示された〔Plate 42〕〔Plate 43〕において山口は『華彙』の草部（初篇）の四冊の表紙一括と本文四頁、及び「存真が書いた献辞」を加えて、計六葉の写真を提示している（ただし「存真が書いた献辞」については後述するシーボルトのメモが覆っていて全文を見ることは出来ない）。この「存真が書いた献辞」について、〔Plate 42〕の説明の中では

「シーボルトは大河内存真からここに示すものを贈られた。存真は献辞を添え、その中でヨーロッパの本草書や標本を所望している。」として、大森の「存真のメモ」という理解から一歩進んで「献辞」と解している。

筆者は二〇〇〇年三月二一～三〇日及び二〇〇二年三月二五～二八日にライデン市に滞在し、オランダ国立植物標本館所蔵の『華彙』を調査する機会を得た後、すでに二度その結果を報告したが[1]、本稿ではそれらを踏まえた上で、新たな知見を加えてあらためて『華彙』に貼付された大河内存真の書き付けなどを紹介し、その内容と意義を考えてみる。

なお、この『華彙』には全八冊にわたって、大河内存真による丁寧な本文への朱の書き込み訂正がしてあり、それらはいわば本草学史または黎明期の日本植物学史に関わる問題であるはずだが、その点について述べることは筆者の能力を越えており、本稿ではほとんど触れ得ないことを最初にお断りしておく。

二　オランダ国立植物標本館ライデン大学支部所蔵の『華彙』について

オランダ国立植物標本館ライデン大学支部には実は二種類の『華彙』が蔵されている。一組は写本であり、もう一組は版本である。H.KERLEN の目録『CATALOGUE OF PRE-MEIJI JAPANESE BOOKS AND MAPS IN PUBLIC COLLECTIONS IN THE NETHERLANDS（オランダ国内所蔵明治以前日本関係コレクション目録）』（AMSTERDAM 1996）によればHerbarium 965という蔵書番号で一括されて記録されているが、内容については同一のものではなく、写本一組（写真1）は山本亡羊が『華彙』に訂正を加えた上で天保一四（一八四三）年に出版した『華彙新校正』の書写本である可能性が高い。

もう一組の版本八冊が、大河内存真がシーボルトに贈った明和二年刊本である。これは大森の指摘にあったように「一八三九年七月一四日付のシーボルトの書簡」の中に示されているもので、シーボルト自身から寄贈されたことが明らかなものである。

この本は約二六三㎜×一七九㎜の大きさ。御納戸茶に空刷りの模様を持つなかなか凝った作りの表紙にくるまれている（写真2）。左肩に複郭を持つ刷り題簽を貼り、篆書で書名「華彙」が示されている。その下には各冊の巻名・巻数が楷書で記されている。初編四冊が草部でそれぞれ「草之一」から「草之四」まで、後編木部が「木之一」から「木之四」まで題されている。なお「HERB.LUGD.BATAV.」とあるのはオランダ国立植物標本館の所蔵印である。

各冊には青墨で記されたとおぼしき細長い紙片（和紙）が表紙見返しに上部を折り込んで表紙に添付、もしくは表紙見返しに挟み込んである。文面は一行で「シーボルト様江進上之分」とあり、紙片はすべて同文である（写真3）。むろんこれは各冊がシーボルトへ献上（「進上」は進物を目上の者に差し上げる時の表現である）されたものであることを示している。ただし、これらが青墨（大森はこれを青インクと解したがおそらく青墨である）で記されている（以下で取り上げる書き付けのうち、大河内存真の記したものはすべてが同色の青墨である）ことについては、その意義を特に見出しがたい。前述のごとく『華彙』本文中に記された書き込みは朱書でなされているのでそれと区別し、また本文（むろん墨刷）の文章と紛れないように、つまり目立つようにしたものか。青墨自体は墨絵など絵画に用いられることも多く、文人には身近

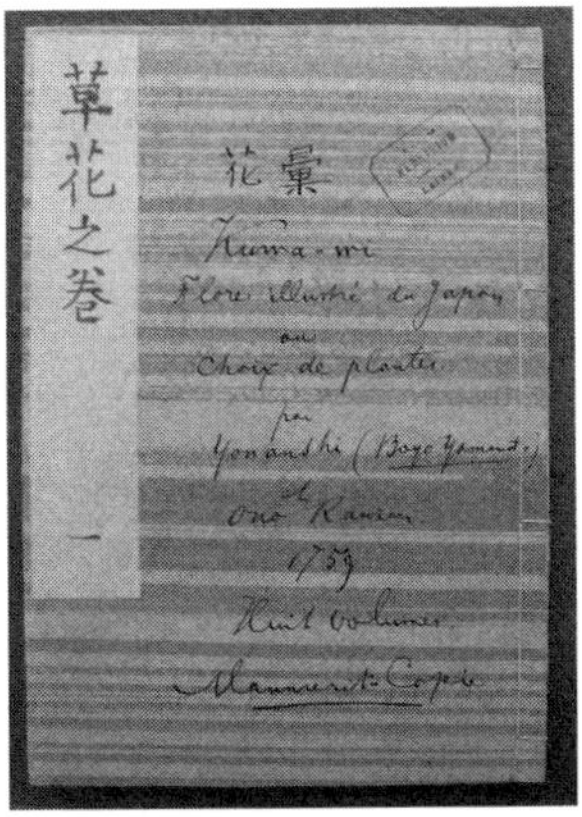

写真1　『華彙』写本「草花之巻一」表紙

写真2　『華彙』明和二年版本「木之一」巻表紙

写真３　「木之二」巻表紙と紙片
「シーボル様江進上之分」

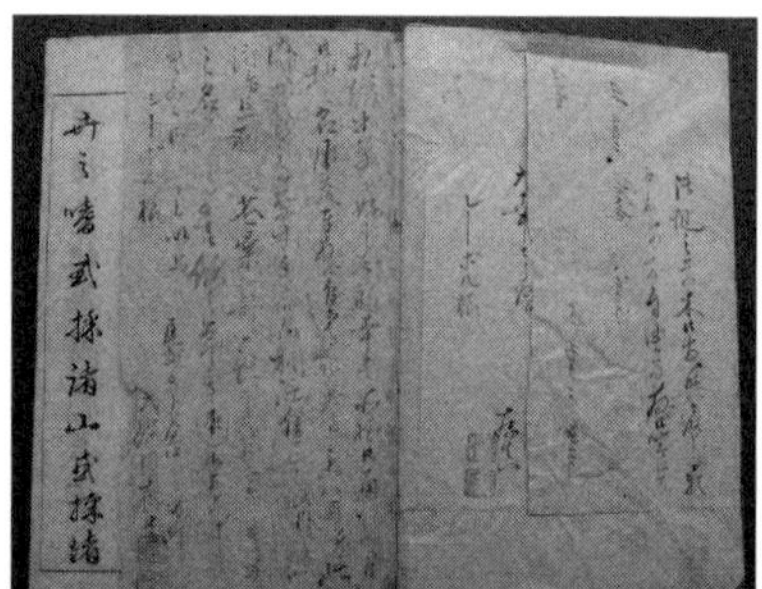

写真４　「草之一」巻表紙見返しの書き付け
（Ⅰa, Ⅰb, Ⅰc）

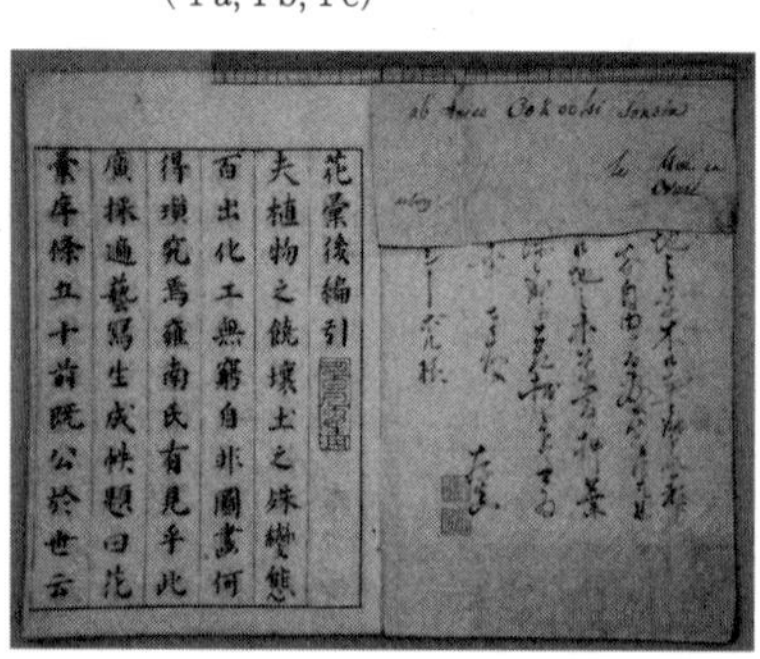

写真５　「木之一」巻表紙見返しの書き付け
（Ⅱa, Ⅱb）

な筆記具の一つである。墨で記された写本・版本への書き込みを、朱・青墨で区別（目的あるいは記入者を）して入れることも多い。あるいは本草学者としての大河内存真にとっては、植物などの写生に用いる顔料としても手慣れたものであったろう。

さて次にこれら八冊の内「草之一」と「木之一」の巻には、表紙を開くと、表紙見返し乃至第一丁に特にいくつかの書き付けが貼り付けられている（写真４・５）。上記の紙片とこれらの書き付けのうちの和文が記されているものはすべて同色の青墨であり、内容および筆跡から大河内存真その人自身がみずから書き記したものであることがわかる。存真の書跡は名古屋市立鶴舞図書館、東山植物園などに多数残されているが、どれも共通して独特の癖のある能筆である。

「草之一」巻の表紙見返しには三種類の書き付けが貼付されている（写真４）。

まず表紙見返しの中央に上下を糊付けされたほぼ真四角の紙片が目にはいる。汚れもなく貼付の状態からみておそらくはがされたことはない。つまりシーボルトに献上されたときから貼付してあって、そのままの状態が保たれているということである。これを書き付けＩａとする。

これにかぶさるようにして縦長に細長い紙片が上部だけを糊付けしてある。これを書き付けＩｂとする。

次に第一丁表（序文の第一頁）のノド（糸綴じの綴じ代）の部分に右側のみを糊付けされた比較的大きめの縦長の紙片がある。手擦れが目立ち、薄汚れている。これを書き付けＩｃとする。

「木之二」の巻の表紙見返しには二種類の書き付けが貼付されている。（写真５）

まず、書き付けＩａとほぼ同内容・同型・同質の紙片が丁寧に貼付されている。これを書き付けⅡａとする。

その上には今度は横長に上部を糊付けした紙片がある。これを書き付けⅡｂとする。

その他の『華彙』に対する大河内存真の書き入れは本文中への朱書訂正であるので、前述のごとくここでは触れない。

従って、以下は如上の五種類の書き付けの検討に移る。

三　『華彙』に貼付された書き付けの内容と意義

◇書き付けＩａおよびⅡａについて

書き付けＩａ（写真６）は約一五五㎜×一五五㎜のほぼ真四角に切られた上質の和紙（おそらく楮混じりの斐紙）に記されており、紙質・墨色・大きさとも「木之二」表紙見返しの書き付けⅡａ（写真７）と同一である。また、その筆跡も同一であり、大河内存真自筆の書き付けであることは間違いない。両者とも同様に表紙見返し中央に丁寧に貼付されてはいるが、書き付けＩａについては糊は上下に多く、左右脇は浮いており、書き付けⅡａは四方に糊が付けられている。両者ともおそらく、シーボルトが手に取ったその時から貼り付けてあったもので、紙表面はほとんど汚れていない。

その記載の内容を各々原文の字詰めのまま翻字して以下に示して比較し、訓読および現代語訳についても内容を検討する。

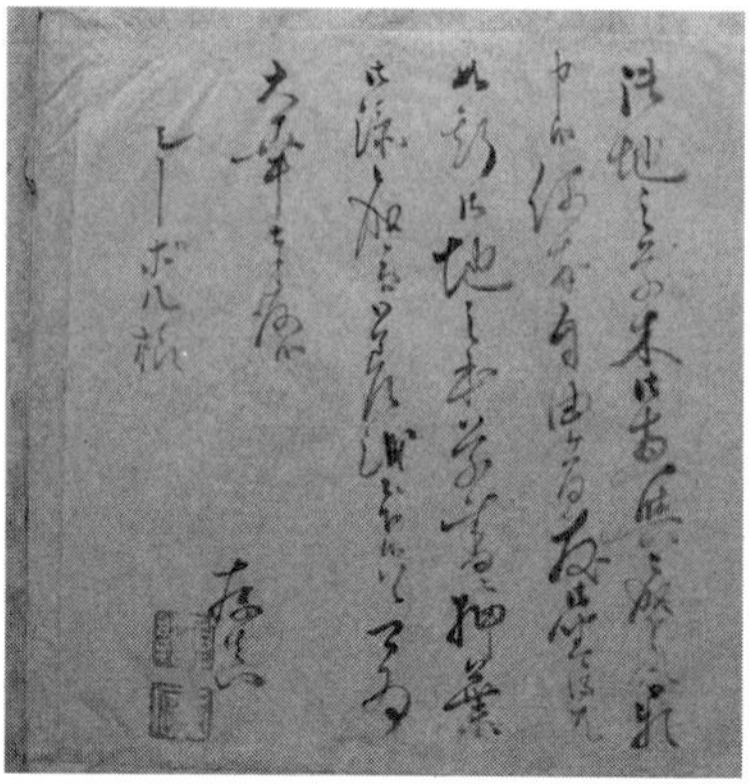
写真6　書き付け（Ⅰa）

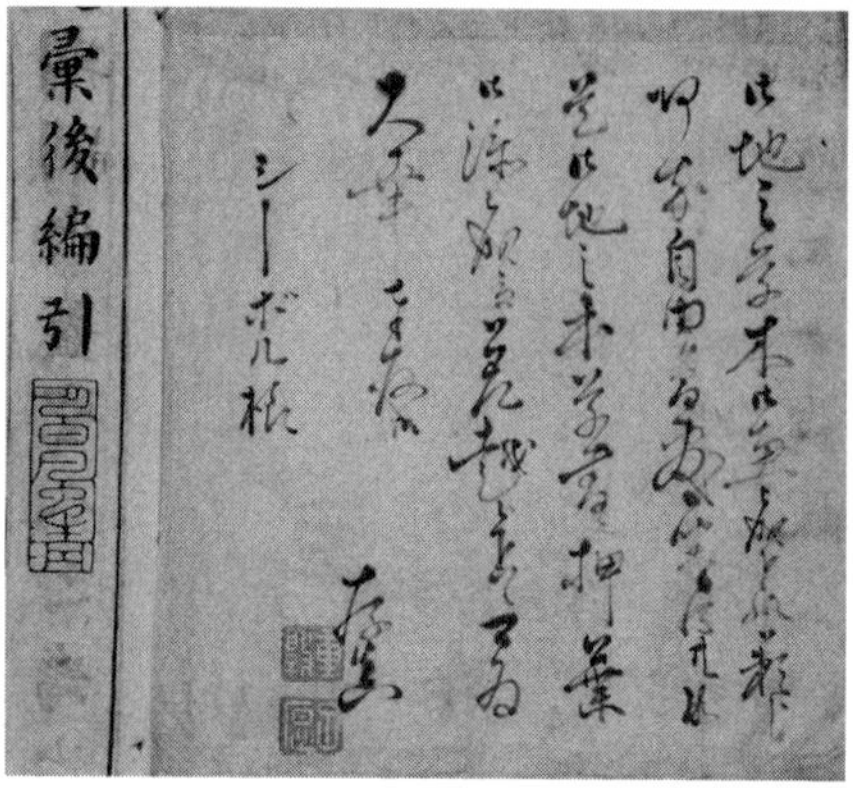
写真7　書き付け（Ⅱa）

〈書き付けⅠa原文〉

御地之草木御恵與被成下候様御頼
申候何卒自由候間敷御坐候得共
如斯御地之本草書ニ押葉
御添被成候而ハ差越被下候ハ、可為
大幸奉存候

存真
印 印

シーボル様

〈書き付けⅡa原文〉

御地之草木御恵被成下候様御頼申候
何卒自由候間敷御坐候得共如
是御地之本草書ニ押葉
御添被成候而ハ差越被下候者可為
大幸奉存候

存真
印 印

シーボル様

書き付けⅠaの一行目半ばの「與」字が書き付けⅡaにはないこと、書き付けⅠa三行目の「斯」の字が書き付けⅡaでは「是」に替えられていること、書き付けⅠa四行目の「ハヽ」が書き付けⅡaでは「者」となっていること以外は、その体裁・用字・筆勢ともほぼ変わりがない。逆に変わりがないことの意味を考える必要があると思われるが、その点については後に触れる。

文章は癖のある候文で、江戸時代後期の公式の手紙文体の一変形とでも言う他はなく、「メモ」あるいは「献辞」と言うよりは書簡である。しかし書簡と言うには、内容はともかく体裁は整っていない。なにより、包紙もなく日付も記さず、献呈する書物の表紙見開きにしかも二通貼付するという形式は通例の書簡には値しないだろう。山口が「献辞」としたのも無理はない。しかしその内容は明らかに書簡である。以下に訓読文と現代語訳を示す。

〈書き付けⅠa訓読〉

御地の草木、御恵與下しなられ候《そうろう》様《よう》、御頼み
申し候。何卒《なにとぞ》、自由候まじくござ候えども、
斯くの如く御地の本草書に押し葉
御添えなられ候ひては差し越し下され候はば、
大幸となすべく存じ奉り候
存真
重敦　子厚
シーボル様

〈書き付けⅡａ訓読〉

御地の草木、御恵み下しなられ候《そうろう》様《よう》、御頼み申し候。
何卒《なにとぞ》、自由候まじくござ候えども、
是《かく》の如く御地の本草書に押し葉
御添えなられ候ひては差し越し下され候はば、
大幸となすべく存じ奉り候

存真

重敦　子厚

シーボルト様

「御恵與」と「御恵」とは意味上の違いはないと言って良い。ただし、「與」を付け加えることで、この書き付けを読むだろう相手、すなわちシーボルトに対して、よりへりくだった態度を示すことにはなるだろう。ご厚意に縋っていただく、という感じが強くなるかもしれない。

「是」と「斯」の交替にもさほどの意味はない。文章中のつながりで言っても日本漢文上では「如是」でも「如斯」でも「かくのごとき」と訓んで、意味上の違いをほとんどもたらさない。

なお署名の「存真」は大河内家の名乗りで、印面の「重敦」が本名であり、「子厚」がその号（字《あざな》）である。彼は他に多数の号を称したが、その一つである。

さて、これらを現代語訳すれば以下の如くになろうか。書き付けⅠａ・Ⅱａとも内容は結局同一と言って良いので、併せて示す。（　）内は理解しやすいように筆者の補った部分である。

〈書き付けⅠa・Ⅱa現代語訳〉

あなた様のお国の草木をどうかお与え下さいますように、お頼み申し上げます。どうぞ何とかして、自由に振る舞うことはできませんでしょうけれども、このように（私がいたしましたごとく）あなた様のお国の本草の書物に押し葉をお添えになられまして、もし（当方に）遠くからお送り下されますならば、必ず大いなる幸せと感激すると思い申し上げるのでございます。

存真
重敦　子厚

シーボル様

「シーボル」が Ph. F. Siebold その人であることは疑う余地はない。すなわちこれらの書き付けの内容は、大河内存真がシーボルトに「御地」、つまりオランダの草木の押葉（標本）と本草書（植物学書）を、「かくの如く」（自分のするように本草書に押葉を添えて）贈ってくれれば大変幸せであると「御頼み申し上げる」ということになり、大変丁寧な物言いではあるけれど、有り体に言ってしまえば、大河内存真からシーボルトへの「本草書と押葉」の交換依頼状である。つまり、ここからは大河内存真がこの『華彙』八冊と同時に植物標本をシーボルトに献呈したことと、シーボルトからも西洋の本草書と植物標本をもらいたい旨丁重にお願いしていることが分かるのである。

現在でも紀要・論文集などの寄贈・交換依頼を行うが、それと全く同様の内容と考えて良い。いや、寄贈の言い訳すらしていない点では、目的がはっきりしていると言って良いだろう。内容を読む限り植物標本と書物を贈呈するのは前提で、それは何のためかと言えば、オランダの植物標本と本草書が欲しいのでそれをお願いするのです、というただそれだけである。その点では大森の言う「メモ」でも山口の言う「献辞」でもない。あくまで対等に、しかし大変丁寧に、辞を低くして交換を依頼しているという体である。いわば、ここに示されているのは大河内存真の強烈な知識欲なのである。

ただし、通常そのような内容であれば書簡の体裁でなされるのが丁寧な形式であろう。しかしこれらの書き付けには冒頭末尾の措辞もなく、日付も入っていない。まして青墨で記され、署名の下に落款が押してあり、宛名の敬称も単に「様」となっているだけという点などからは、むしろ画幅に添える「讃」や「辞」に近いと言える。

大河内存真はこのような書き付けをなぜ二葉も『華彙』の表紙見返しに、それもわざわざ「草之一」「木之一」各巻に貼付したのだろうか。大変丁寧な表現をしてはいるし、一見献呈の辞に見えなくもない。しかし、内容上は研究者同志対等の「交換依頼状」である。わざわざこのような書き付けの形式にして、このような場所に貼付したということは、通常の書簡では伝えることができない何らかの事情があったと考えざるを得ないだろう。まさかシーボルトに献上する書物に「讃」や「辞」を付して気取ったというわけではあるまいし、むろん内容もそのようなものではない。

これを解く鍵は本文中の「自由候間敷御坐候得共」という表現である。これは主にシーボルトの行動自体に制約が加えられ「自由」がないことをおもんぱかった表現ではあるけれど、しかしシーボルトに自由がなければ、それと関わろうとする大河内存真にもある制約が生じるのも当然のことである。おそらく書簡で手渡そうとすれば、「植物標本と本草書の交換依頼」という内容が、誰か（おそらく幕府役人）の目に触れる可能性が高く、互いにとって良くない状況が生まれる可能性があると判断されたのではないだろうか。その判断をしたのが存真自身であったか、あるいは彼が兄事し、シーボルトと書簡のやりとりもしていたという水谷豊文であったかは分からない。

しかし、書き付けⅠａ・Ⅱａに記されている内容を裏付けるが如く、現実にシーボルトがヨーロッパに持ち帰った植物標本の中に存真自身が作ったものが含まれているのを確認できるそうなので（本書収載加藤論文参照）、やはり本人の意志と意図に基づいてこれらの書き付けは記されたのであろう。

つまり、表向き書簡の形はとらないが、しかしシーボルトに献上する書物の前編および後編の各首冊の表紙見返しに一見「献呈の辞」の如くに見える交換依頼状を貼付したというのは、前編でも後編でも良いから、とにかくシーボルトは第一冊目の表紙をめくるだろうことを期待してのことである。それはおそらく同梱されていたであろう「押葉」を、シーボルトは『華彙』を開いて確認するに違いないと確信していたからに違いない。すなわち、存真はシーボルトが初篇（草花の部）か後篇（木花の部）か、どちらかに先に興味を抱いて披き見てもすぐ目につくように、この書き付けを各々そこに貼付したのである。それが同様の書き付け二葉を貼付した理由であろう。むろん、この書き付けはシーボルト自身の目に直接触れることを期待してのもので、逆に言えばその他の人物の目に入ることを極力避けたいという意志が働いていると思って良い。

しかしそれでもシーボルト以外の人物の目に触れる可能性はある。そのときは、これはみずからが朱で訂正した書物に附した序・讃・あるいは題跋であるというような言い訳ができるようにという周到な準備があっての行動かもしれない。そんな想像を間接的に証明するのが、前述した細長い紙片である。同色の青墨で記された「シーボル様江進上之分」という紙片は、当然シーボルト自身に向けて記されたものではなく、シーボルトへの「進上」物とは別の品が同時に存在していたことを暗示する。つまり、『華彙』とそれに添付された植物標本とは別に、誰かへの「進上」物（おそらくは随行の幕府役人、あるいは存真が口利きをしてもらうはずだった、シーボルトの弟子の内の誰かへの贈物）が、存真の手から一括してシーボルト以外の誰かの手にまず最初に渡されていることは明らかで、その人物がシーボルトへの「進上」物を預かる、もしくは仕分ける、または検査することが当然予見されていたということである。従って、シーボルトの手に届く以前に、本来彼へ宛てた書簡を第三者に見られることを憚り、万一見られた場合にも書簡ではないと言い訳できるように、そんな配慮がここに働いていたのではないかと推量されるのである。

シーボルトが達筆の日本式漢文（書簡体の候文）を解しうると存真自身が考えていたかどうかは定かではない。しかしシーボルトが見る前に日本人がそれを読むことを充分に予測していたことは明らかである。

さてこのような配慮を施された上で、『華彙』と「押葉」がシーボルトのもとへ届けられたのは一体いつのことであろうか。いずれ大河内存真在世中（一七九六〜一八八三）のいつかであろうことは間違いがない。しかし、たとえば名古屋から誰かの手に託されて長崎のシーボルトのもとへ届けられたと想像しても、それでは大森が「存真からシーボルトに贈呈された事情・日時・場所については目下不明である。」としたのと同様に不明とせざるを得ないだろう。が、実はそれはシーボルトがオランダ商館長スチュルレルの江戸参府に随行した文政九年（一八二六）のことである可能性が非常に高いことが、次の書き付けⅠｂとⅡｂから理解できるのである。

◇書き付けⅠｂおよびⅡｂと、『華彙』が手渡された時期について

書き付けⅠｂは、約六〇㎜×二二〇㎜の横長の洋紙に、黒インク・ペン書きの文面が記された紙片で、『華彙』「草之一」の表紙見返し上部に、書き付けⅠａを覆うようにして上端のみを貼付してある（写真４・８）。

書き付けⅡｂも約七〇㎜×一七〇㎜の同質の洋紙に同筆の黒インク・ペン書きの文面で、『華彙』「木之一」の表紙見返し上部に、やはり書き付けⅠｂと同様に書き付けⅡａの上に半ばかぶさるように右端だけ添付してある（写真５・９）。

これら二葉の書き付けは筆跡と内容からシーボルト自身によるものだと考えられ、オランダ語及びラテン語で記されているが、ただし一部に問題がある。

書き付けⅠｂの内容は以下の通りである。

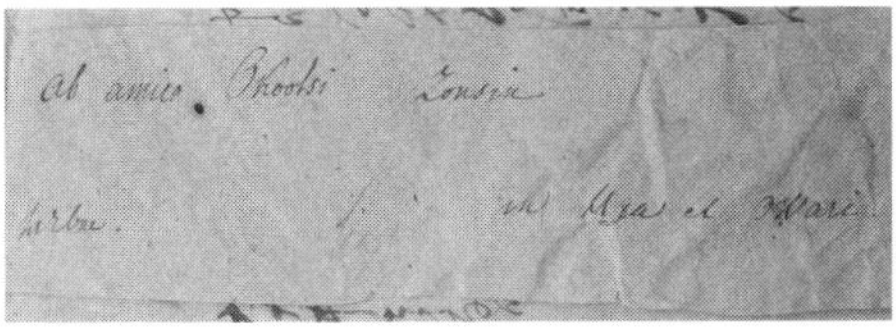

写真８　シーボルトのメモ、書き付け（Ⅰb）

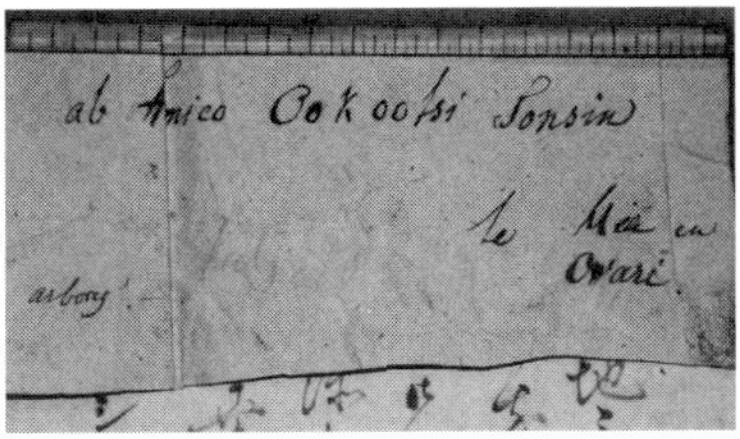

写真９　シーボルトのメモ、書き付け（Ⅱb）

Ab amico Okootsi Zonsin

herbue　　in Mia et Owari

“Ab amico”“herbue”はそれぞれラテン語で「友人より（贈られたもの）」「草」を意味している。この点については問題がない。「草之二」から始まる『華彙』初篇を“herbue”（草の部）と示しているのである。

問題は“in Mia et Owari”と読める部分である。“Mia”は後に述べる理由から、東海道の重要な宿場町であり、熱田神宮の門前町でもある熱田の宮宿を指すだろう。むろん“Owari”は尾張、名古屋を城下とする、尾張徳川家が治める一国の名である。

“in”は場所や地域を示す、まさにオランダ語の前置詞である。ところが‘t’の横線を省略した“el”、もしくは“el”と読めるこの語は、いずれにしろオランダ語にはない。‘t’の横線を省略することはシーボルトの他の筆跡の中に多く認められ、ここでは“et”と見ればフランス語の接続詞となる。理解に苦しむところだが、ここをオランダ語とフランス語が交雑して記されていると素直に受け止めると、「宮と尾張にて」と訳せてしまう点には注意しておきたい。それは次の書き付けⅡbの内容と関わる。

書き付けⅡbの内容は以下の通りである。

ab Amico Ookootsi Sonshin

arboris te Mia en Owari

“arboris”はラテン語で「樹木」を意味する。すなわち『華彙』後篇を“arboris”（木の部）と示しているのである。

大河内存真の名が“Sonshin”となっているが、おそらく「存」の読みに人によって清濁の違いがあったことを示しているのだろう。

さて問題は残りの部分である。“te”は“in”と同様に場所や地域を示すオランダ語の前置詞である。“en”はやはりオランダ語で、英語で言えば“and”、フランス語では“et”にあたる接続詞なのである。従ってここは素直にオランダ語として読めば“te Mia en Owari”は「宮と尾張にて」と訳せる。

すなわち、書き付けⅠbとⅡbは併せて両者ともに、これらが貼付された『華彙』初篇・後篇前八冊が、シーボルトにとっての「友人」大河内存真より贈られたもので、それが「宮」あるいは「尾張」においてである事を示して貼付されている、と捉えることが可能である。しかし、一宿場名の「宮」と一国名の「尾張」を並列するのはどうも落ち着きが悪い。シーボルトに日本の地理と政治への理解がまったくなかったとするならばしょうがないともしようが、彼は当然宮宿は尾張国の一地方名であることを理解していただろう。しからば、「尾張の宮で」贈られた書物に貼付されていた書き付けに「宮と尾張にて」と記されているのは何故だろうか。これについては、後の書き付けⅠcが答えを与えてくれよう。

とにかくシーボルトが名古屋在住の奥医師であった大河内存真から『華彙』八冊及び植物標本を「宮」あるいは「尾張」で受け取った機会は、たった二回しかなかったはずである。言うまでもなく、オランダ商館長スチュルレルの江戸参府に随行した文政九年（一八二六）のことで、シーボルトの『江戸参府紀行』によればその年の三月二九日と五月二七日の両日のみ、すなわち彼の第一回目の来日の際の、たった一回のみの江戸への途次と帰路においての出会いであった。

そのとき、両度とも水谷豊文・大河内存真・伊藤圭介などがともなって、彼の宮の宿舎へと赴いたことが同書に記されている。

三月の機会には、水谷が以前よりシーボルトと手紙のやりとりをしていたこと、彼等が沢山の動・植・鉱物の標本や図を贈呈したこと、それらを見、水谷らの質問にシーボルトが応じるために、水谷以下は宮から次の宿駅池鯉鮒まで同道し、夜更けまで過ごしたことなどが詳細に記されている。

五月の江戸からの帰り道にはやはり水谷らが宮で出迎えて植物標本と植物図を持ち来たったことが記されるが、記述は短い。

この機会が後に伊藤圭介が長崎に遊学しシーボルトに師事するきっかけとなったことは著名である。シーボルト自身が

水谷助六・伊藤圭介および大河内存真はこの時から私が日本を去るまで、実に熱心に中部日本のたいへん珍しい植物を捜し、乾腊し、写生する仕事にたずさわった[2]

と記す如く、彼らとの親交はこれ以後深まるのである。

『華彙』と植物標本がシーボルトに手渡されたのは三月の初対面の時であっただろう。書き付けⅠａ・Ⅱａに見る気負いと他見を憚る慎重さはこの時の方が相応しい。

おそらく大河内存真は、共に小野蘭山の弟子として兄事し、またやはり名古屋嘗百社を共に主催していた水谷豊文から、シーボルトの一行が尾張熱田の宮宿に宿泊するという情報を仕入れ、それを今か今かと待ち望み、たった一泊の宮通過の機会を狙って、名古屋城下から駆けつけたに違いないのである。そのような、鎖国時代の日本の限られた窓を開こうとする強い思いが、存真にⅠａ・Ⅱａのごとき二葉の書き付けを書かしめ、『華彙』初篇・後篇の表紙見返しに貼付させたのだろう。

しかし、オランダ商館長一行は尾張名古屋城下は通過しない。そもそも、一行が江戸への途上で比較的長い日数の滞在を許されていたのは小倉・下関・大坂・京・江戸に定められていた特定の「阿蘭陀宿」のみであって、その他の宿場には旅程上の通過地として一泊程度止宿するにとどまったという。

その短い機会にどうしてもシーボルトの知己を得るために、大河内存真は必死に名古屋城下から宮へ向かったはずである。その手には幾多のめずらしい植物標本と、小野蘭山の弟子に相応しく、師説を記す『華彙』とを携えていた。

シーボルトに手渡された『華彙』には沢山の朱書が丁寧に施されている。それらについて詳しくは触れ得ないが、内容には二種類があり、『華彙』本体の誤りの訂正と、かつそこに記された師説を吟味し、水谷豊文及び大河内存真の意見を述べているものである。それらは短時日になし得る仕事ではなく、長い期間の研究が反映されているはずだが、当時の代表的な本草書である『華彙』に自説を附して手渡した真意は、本草学者としての誇りと知識欲に満ち満ちたものであったに違いない。それが書き付けⅠa・Ⅱaのような内容となって表れたのであろう。しかしまた、それを堂々と手渡せるような自由な状況でもなかった。

シーボルトがオランダ商館長スチュルレルの江戸参府に随行した文政九年（一八二六）の一行は、本来五九人と規定されていた総勢が、実際はおそらくシーボルトの意向で日本人協力者を多数加えて一〇七人に上っていたことが片桐一男の研究によって明らかにされている。[3] 彼はその結果、

商館長の江戸参府一行のなかには、シーボルトにとって、協力者・門人・好意的な人が、多数たくみに組み入れられていたことが判明する。これらの人びとが、この旅行中、シーボルトの調査・研究をおおいに助け、大きな成果をもたらしたものと理解できる。（『江戸のオランダ人　カピタンの江戸参府』五一頁）

と評価した。その中には日本人医師の高良斎・二宮敬作の他、植物標本作製のための従僕などもいたことは周知のことである。大河内存真は、シーボルト自身が書き付けⅠa・Ⅱaのような日本漢文を解せなくとも、それらの随行者が理解し

てくれるであろうことは期待していたであろう。次の書き付けＩｃは、そのような存真の事情を如実に示していると言える。

◇書き付けＩｃについて

書き付けＩｃは約二六二㎜×一二八㎜の縦長の紙片である（写真4・10）。『華彙』「草之一」巻の第一丁、序文の始まりの頁の右端、すなわち書誌用語で言う「ノド」に近い部分、より正確に言うと糸の綴じ目と匡郭の間の幅一㎝ほどの縦長の部分に糊を付け紙片の右端のみを貼付してある。紙質は書き付けＩａよりは劣り（楮紙）、書き付けＩａと同様の青墨で記されてはいるが、相当の手擦れを被っており、全面的に薄汚れ、左端下は一部破損しており、文面の一部は判読不可能の状態である。一時かなり疎略に扱われた様子がうかがえ、それらの点からは、これは当初からここに貼付されていたものではなく、おそらくシーボルトが整理する際（貼付の仕方、糊の堅さなどから考えると帰蘭以降か）に貼付したものであろう。現在綴じ糸の一部が断ち切れて綴じが緩んでいるためにこれらの様相が明確に見て取れる。

筆記者は大河内存真その人であることは間違いがない。

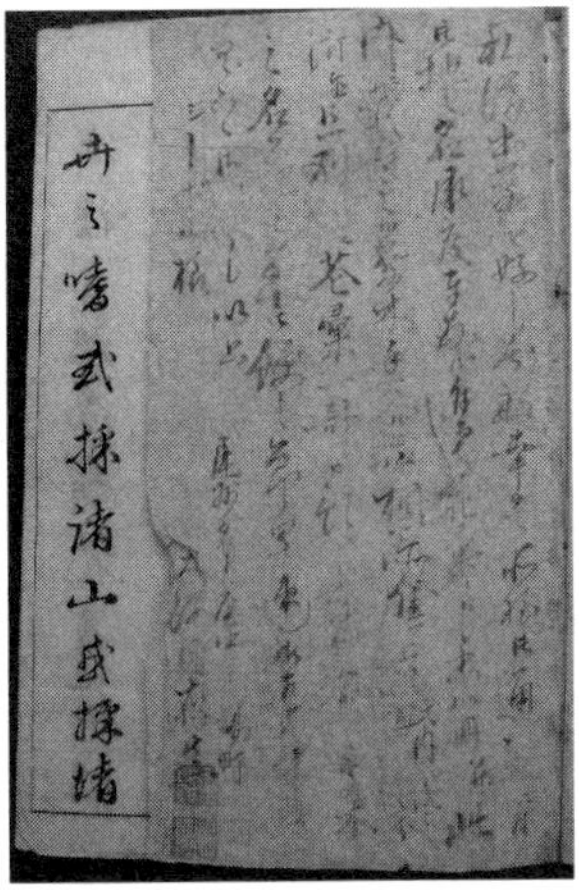

写真10　書き付け（Ｉｃ）

注目したいのはこの書き付けの紙質が、前述した「シーボル様江進上之分」と大河内存真の手で記された小紙片と同質だということである。つまり、書き付けＩａとは違って、書き付けＩｃは本来ここに貼付されるべきものではなかったことが明白である。従って、それがここに貼付されている理由、書き付けの内容について考えなければならない。

以下にまず翻字を示す。翻字中○で示したのは判読不能の文字である。（　）内に？をつけて示した文字は疑義の残るもの、また［　］内の文字は二行に割書をしてある部分である。

〈原文〉

私儀本草を好申候今般幸其所様御通（泊？）ニ付
御地之名承度奉存候付而者花彙と申候書八冊幷此
内ニ載間之御草木手ニ入ル品相添進上申候［比内ニ説之誤〇〇之分
訂直申候］〇列ニ花彙一部〇〇〇〇〇〇〇草木
之名ヲ記シ〇〇御便之節早速御返却
玉候ハヽ御（禮？）申候以上　尾張名古屋中市場町
　大河内存真　印印
　シーボル様

以上判読できない箇所があるが、そのままとしながら訓読と現代語訳を試みれば以下の如くである。（　）内は読み易いように飯島が補った部分である。

〈訓読〉

私儀、本草を好み申し候。今般、幸いにも其所様の御通（泊）に付き
御地の名を承りたく存じ奉り候。ついては花彙と申し候書八冊、ならびに此の
内に載せる間の御草木、手に入る品を相添えて進上申し上げ候。［比の内に説の誤り〇〇の分訂直し申し候］〇列に
花彙一部〇〇〇〇〇〇〇草木

の名を記し〇〇御便りの節、早速ご返却
たまひ候はば御（礼）申し候、以上　尾張名古屋中市場町
シーボルト様　　大河内存真　重敦　子厚

〈現代語訳〉

私こと、本草学を好んでおります。このたびは幸いにもあなた様がご通過になられお泊まりになるにつき、あなた様の故地での（植物の）名前を承りたく存じ申し上げております。ついては花彙と申します書物（全部で）八冊、ならびにこの本の中に掲載されている植物（の中で）、手に入る植物（の標本）を一緒に添えてお贈り申し上げます。［その本の中で説の誤りが〇〇の分を訂正申し上げました。］〇列に花彙一部〇〇〇〇〇〇〇草木の名をご記入下さり、〇〇お便りを下さる際に、早速ご返却下さいますようならば（ありがたく）、御礼を申し上げます。以上　尾張名古屋中市場町
シーボルト様　　大河内存真　重敦　子厚

一部判読できないので細かい部分まで読み解くことはできないが、この書き付けが全体として意味するところは、「日本の植物の洋名を知りたいので、一部誤りを訂正した花彙という書物に、できうる限り収集した同書掲載の植物の標本を添えて差し上げますから、その本文に洋名を書き添えて送り返してほしい」という内容であると考えて良かろう。
これを書き付けⅠa及びⅡaの内容と比べると、表現の姿勢が異なることに気づく。すなわち、書き付けⅠa及びⅡ

ａにおいては研究者として対等の立場から記す「「本草書と押葉」の交換依頼状」という内容であったが、書き付けＩｃにおいては、『華彙』という書物とそこに掲載された植物の実物標本を添えてお贈り申し上げます。ついては、日本の植物の洋名を知りたいから教えてほしい」と、辞儀を低くして教えを乞うている。これはおそらく、シーボルトに面会を願い、進物を届けるのに、それ以前からシーボルトとの手紙による交流を持っていたとされる水谷豊文の紹介によっているからであろう。「御便之節」とあるのも、単に便宜がある時という消極的な意味合いではなく、水谷とシーボルトとの信書のやりとりを念頭に置いていると考えられる。

本文割り注に「訂直」（「訂正」と同意）とあるのも、おそらくそれが下敷きになっているだろう。つまり、小野蘭山に師事した水谷豊文ではあったが、師説の誤りについてもよく知っていて、具体的にはともかく、蘭山の説には誤りもあることについてはすでにシーボルトには知らせてあったのではないか。もちろん水谷との日頃の親交からそれを聞いていた大河内存真が、水谷らとの日頃の研究成果を反映させて直接朱書訂正した『華彙』と、そこに掲載された植物についての標本を添付して手渡すというのは、具体的には小野蘭山の説に対する学問的批判を、証拠を添えて提出するということであって（むろん『華彙』執筆以降の蘭山の研究の進化も水谷を経由して反映されているであろうが）、具体的には「木之二」巻末尾に添えられた朱書「右正誤スル所大抵小野蘭山先生ノ説ニ据ノミ」の意味がここではっきりする。いわば、本草学における名古屋学派が、最新の研究成果をシーボルトに問うたと言って良いのである。

その一例はたとえば「草之二」巻第二三丁ウに記された次のような朱書（写真11）に示されている。

蘭山翁ノ説イタチサ、ケヲ茳芒決明ニ充ツ水谷云コノ説非ナリイタチサ、キハ一名エンドウサウコノ物漢名未詳茳芒決明ハ即チ救荒本艸ノ望江南《ハブサウ》ナリコノ図ハイタチサ、ケニシテ説ハ決明也

ところで、書き付けＩｃの紙質が、「シーボル様江進上之分」と記された紙片と同様であること、そしてその内容にはっきりと「花彙と申候書八冊幷此内ニ載間之御草木手ニ入ル品相添進上申候」と記されていることは、この文面がおそら

く、本来『華彙』及び植物標本を一括した梱包全体に添えられたものであることを想像させる。

たとえ大河内存真の署名があり、直接シーボルトへの宛名があり、宮宿には水谷豊文・実弟伊藤圭介と同道したにせよ、書き付けＩｃが添えられた彼らのシーボルト宛梱包は、直接的には水谷豊文の手から阿蘭陀商館長一行に随行する役人、あるいは水谷の旧知のシーボルト門人に手渡されたであろうと考えざるを得まい。大河内存真の手になる「シーボル様江進上之分」という書付が同時に存在していることは、シーボルト宛以外の梱包が別に存在していたことを暗示する。むろんシーボルトへの仲介役の知人あるいは役人への付け届けである。この場合、おそらくは前者であろう。シーボルト一行に彼の高名な弟子達が随行していたことについては既に触れた。

その際書き付けＩｃの文面がこのようにならざるを得なかったのは、存真は水谷の紹介によってシーボルトに教えを請うという体面を作らざるを得なかったからではないかと想像される。

書き付けＩａ及びⅡａと比すると、紙質のみではなく、書き付けＩｃの書き様・筆勢・文面などは、充分に準備されて丁寧になされたものとは思われない。推測するに、書き付けＩａ及びⅡａはシーボルトの通過を待って彼に手渡す予定の『華彙』や植物標本を準備する過程で、その意図を表現するために丁寧に整えられたものだが、書き付けＩｃは、シーボルトの通過のおそらく前日か前々日程度に知らせが来て、誰とのように出会い、どう依頼するかという面会の手順が整ってから、卒忽に記されたものではなかろうか。

書き付けＩａ及びⅡａと書き付けＩｃとの内容・体裁の差異は如上の如くに考えれば、決して矛盾をはらむ問題ではない。現在でも研究者は研究上の態度と世俗的な人間関係の中での態度とは使い分けるのが通例である。

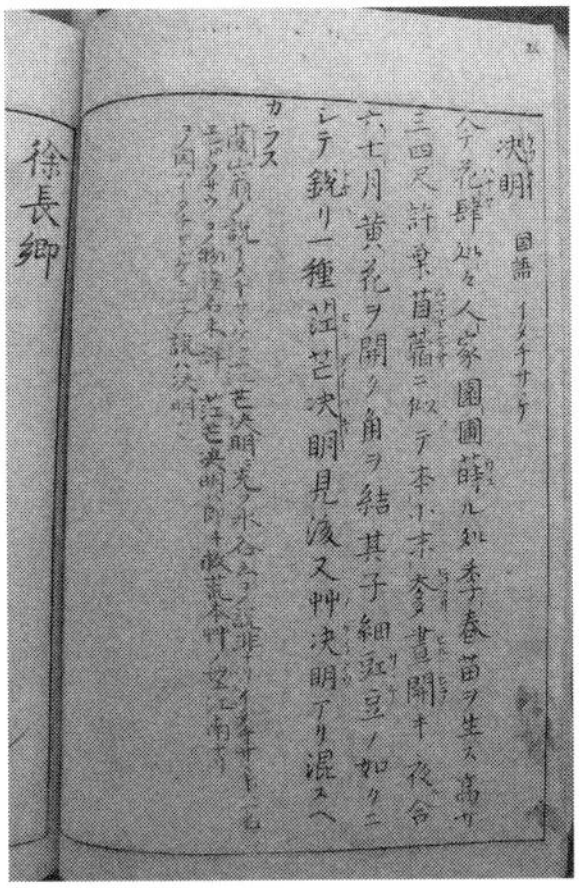

写真11　「草之二」巻中の朱書、左三行がそれ

このような書き付けをシーボルトがわざわざ『華彙』の首冊である「草之一」の巻の序文の頁に貼付したのは、大河内存真との出会いが彼にとって印象的なものであったからに違いない。彼の『江戸参府紀行』に、行き帰りの宮宿を訪れた「日本の友人」と記された人々の中に、存真は数えられていたはずである。そして書き付けⅠb及びⅡbにはラテン語で“Amico”と記されていた。

シーボルトにとって印象的だった出会いは、その際手渡された梱包全体つまり「花彙と中候書八冊弁此内ニ載間之御草木手ニ入ル品」に附されていたとおぼしき書き付けⅠcを、『華彙』の首冊第一丁に貼らせたのであるならば、後にシーボルトによって『華彙』に貼付されたとおぼしき書き付けⅠb及びⅡbも、Ⅰcと同様に本来『華彙』と植物標本全体に付けられていたメモではなかったかと考えても不自然ではあるまい。それがシーボルトによったものかどうか、草部の標本と『華彙』初篇、木部の標本と『華彙』後篇が各々分けられてシーボルトの目前にあり、それぞれ彼の手によってメモが添えられたと考えても蓋然性は低くないのではないか。さらに言えば、文政九年（一八二六）五月の再会時にももたらされた植物標本が、そこに付け加えられていたかもしれない。

そう考えれば書き付けⅠb及びⅡbに「宮と尾張にて」と記された意味がおのずと明らかになるのではないだろうか。つまり大河内存真がシーボルトに贈った「花彙と中候書八冊弁此内ニ載間之御草木手ニ入ル品」について言えば、確かに『華彙』はシーボルトが宮宿にて手に入れた書物であるが、同時にそれに付随する植物標本は大河内存真が身近に手に入れられるもの、すなわち尾張国内で採集したものであることをシーボルトは理解し、標本採集地としての地方名を表示したものではないかとも考えられよう。

四　結語

以上、オランダ国立植物標本館ライデン大学支部所蔵のシーボルト旧蔵『華彙』に貼付されている書き付けなどについてその内容と意義について考えてみた。

これらの書付の内、大河内存真の手になる三葉には、シーボルトとの知己を得んがための熱意と研究者としての矜持が表現されていると言えよう。さらにシーボルト自身の書き付けと併せて考えることによって、、この『華彙』八冊は文政九年（一八二六）三月に熱田宮宿において大河内存真から植物標本と共にシーボルトへ贈られたものである事が明らかとなった。それらはシーボルトの手によってはるばるライデン市にまで運ばれ、現在その地に蔵されている。

注

（1）「マテシス・ウニウェルサリス」第三巻第一号（獨協大学外国語学部言語文化学科紀要、二〇〇一年一二月）「オランダ国立植物標本館所蔵『華彙』に添付された大河内存真のシーボルト宛書簡について」および「同」第四巻第一号（同、二〇〇二年一一月）「オランダ国立植物標本館所蔵『華彙』に添付されたその他の大河内存真筆シーボルト宛書簡について」、なお本稿はそれらの報告における若干の誤りを正し、新たに考察をまとめたものである。従って上述の二篇の記述と本稿のそれとが違う場合は本稿を優先するが、書誌的に詳細な紹介などは紙数の都合で本稿には掲載し得なかった部分も多いので、参照していただきたい。

（2）『江戸参府紀行』（斎藤信訳、東洋文庫、平凡社、一九六七年）

（3）『阿蘭陀宿海老屋の研究　Ⅰ研究篇・Ⅱ資料篇』（思文閣出版、一九九八年）
『京のオランダ人―阿蘭陀宿海老屋の実態―』（吉川弘文館、一九九八年）
『江戸のオランダ人　カピタンの江戸参府』（中央公論新社、二〇〇〇年）等

シーボルトアルバム-Ⅱ

〈伯父ロッツより遺言によってシーボルトに贈られた地球儀〉
シーボルトが故郷ヴュルツブルグから世界へ目を向ける最初の機会は、伯父ロッツより贈られた地球儀によるところが大きいといわれている。（ブランデンシュタイン・ツェッペリン家所蔵）

シーボルトが日本で集めた種子・果実について

和田浩志

はじめに・保管の状況

シーボルトが日本からオランダに持ち帰った膨大な植物標本の多くがオランダ・ライデン市にある国立植物標本館に収められ、特に腊葉標本、液浸標本、樹木の材標本に関しては山口隆男氏、加藤僖重氏らの現地での精力的な調査によりその全貌が明らかになってきた。種子・果実標本も同標本館に多数収められていることはわかっていたが、その詳細はこれまであまり知られていなかった。シーボルトが日本で集めた種子・果実の全てを把握することはなかなか困難であるが、少なくともこの標本館に収められている標本からその概略を知ることができる。

筆者は、一九九八年に、当標本館のコレクションマネージャーである G. Thijsse 氏、S. Kofman 女史から、当標本館所蔵のシーボルト由来の種子・果実標本について同定を依頼され、現地で調査を重ねてきた。まだ途中段階ではあるが、これまでにわかったことを以下に述べる。

まずその保管状況であるが、（写真1）にその一例を示す。それらは腊葉標本と同様の大きな箱の中に厚手の折り標本包みの形で保管されている。その包みの中にそれぞれ種子や果実などが飛び散らないように収められている。時にはその中に、原植物名や品種名、漢名、学名（暫定的に書かれたものもある）のほか、性状や栽培方法などが墨で記された紙袋や文字の部分を切り取った包み紙の紙片が収められている。折り標本包みの表面には、科名、種名、採集者名、採集年月日、採集場所、鑑定者名、種子・果実標本としての通し番号などがタイプ打ちされたラベルが貼られ、裏面には標本館の統一標本番号が貼られている。

当標本館にあるシーボルト関連の種子・果実標本については、既にミクェル（Friedrich Anton Guil Miquel）がまとめた標本目録（一八八一年発行）に四四二検体（地衣類一検体を除く）がリストされ、対応する標本が整理保管されている。そのリストを検討したところ、変種まで確定したものは二六二検体、科や属まではわかっているものの種や変種まで確定

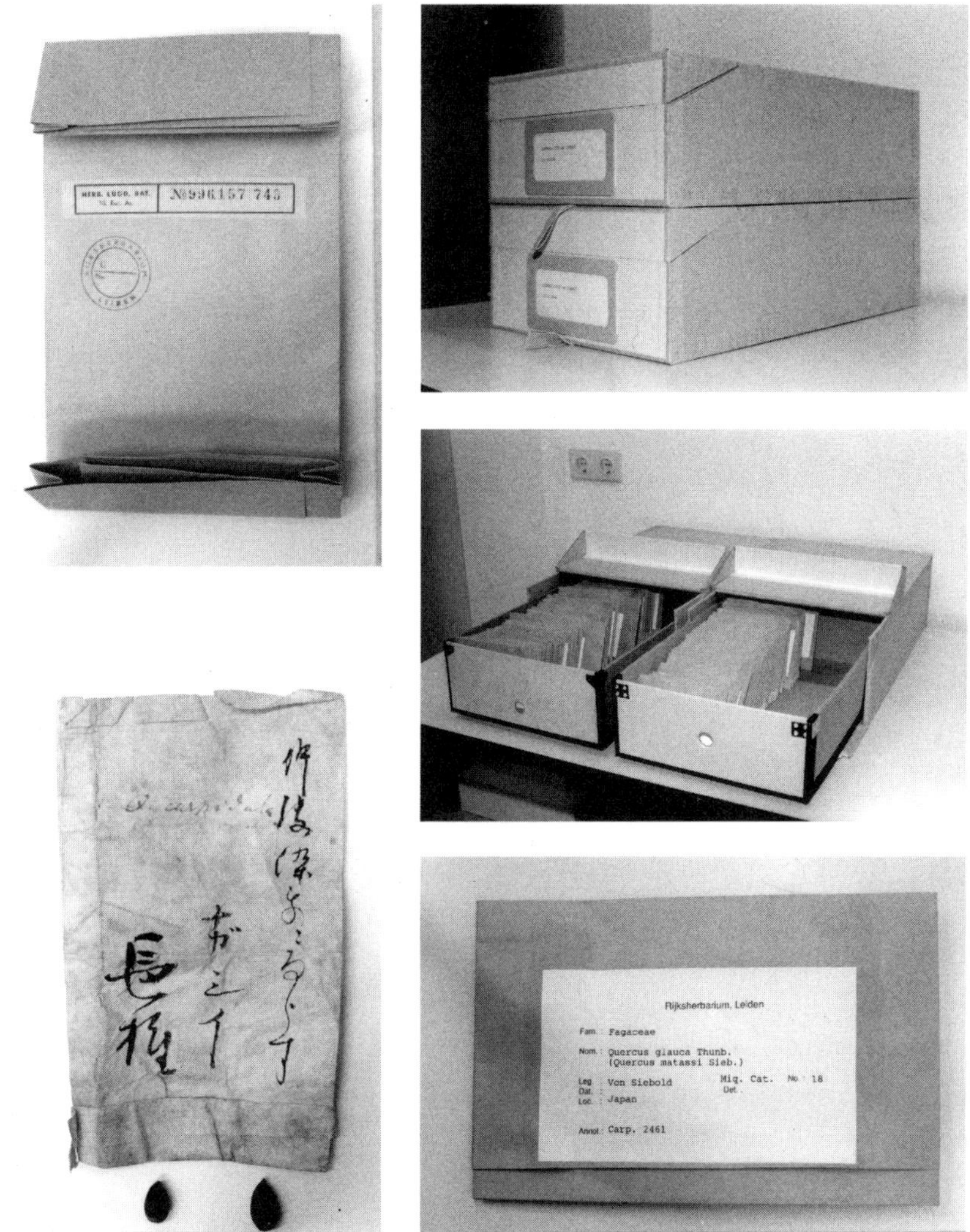

写真1　オランダ国立植物標本館所蔵のシーボルト関連種子・果実標本の一例

できていないものは一七七検体、全く不明なものは三検体であった。筆者はこれまでに保管順に一六一検体（一検体はオウレンの根茎）までを実際に確認した。なお、同一種が重複してリストされている場合もあるので、これらの数字は種類数を表すことにはならない。

またこれ以外に、種子・果実類の未整理標本が標本目録に掲載された標本と同じ形式で別の標本箱に収められており、二三九検体を実際に確認した。そのうち当標本館で種や変種まで確定してあったものは五一検体であった。なお、市場で購入したと思われる種子・果実生薬のほか、根や根茎、樹皮、樹脂、花蕾、胞子のう群をつけたシダの上部、虫こぶなどの標本が合計二三検体含まれていた。前述の整理済み標本と同様に同一種が重複している場合もあるので、種類数はこれよりも少ない。また、これらには整理済み標本と同一の種もあることから、将来統合される可能性もある。

これらの標本を検討する中で、少なくとも以下のことが確認できた。

・採集者としては、シーボルト以外に、ビュルゲル（Bürger）も多少あり、まれにピエロー（Pierrot）、モーニッケ（Mohnike）もあった。また採集者名が記されていないものもあった。シーボルトの門下生やその関係者などから譲り受けたものもあるだろう。

・以下のものを除いて、ほとんどのものに採集年月日が記されていなかった。

一八二七年一〇月（ムクノキ）、戌年（ベニバナ、ホオズキ、ホルトソウ）、亥年（ナンテン、ヤブマメ）、子年（ハナショウブ、ギボウシ類、ナガササゲ、タマボウキ）

・採集場所についても、ほとんど記されていなかった。稀に紙片に「肥後」、「白山」と表記されたものがあった。シーボルトの行動記録から、長崎近郊（小瀬戸、一本木、岩屋山、三ツ山など）、江戸参府途上（長崎～江戸）、出島植物園、西山御薬園、鳴滝植物園などで採集されたと考えられるが、門下生などを通じて入手したものもあるだろう。なお、当時は植物が全国から集められて植物園に植えられており、植物種から採集場所を特定することは難しい。

・種子や果実だけを丁寧に集めたというよりは、枝葉を含めて果実付近を引きちぎったものが多く見られた。
・種子・果実という性質上、虫や黴などに冒されて既に原形をとどめていないものがあった。また、名称を記した紙片は残っているが種子・果実そのものが消失してしまったものもあった。
・いつ混乱したかは不明であるが、紙片の記述と実物が一致していない場合があった。
・当時の分類学の基準で同定されたままのもの、完全な同定ミスをしたものもあった。

以上のことをふまえた上で、同定を完了してあるものも含めて、すべての種子・果実標本を現在の分類基準に合わせて再検討することにした。

同定の実際

種子・果実標本を同定をするのに最も参考になったのが、最近発行され始めた種子写真図鑑である。一般に植物を同定するには通常の植物図鑑で十分であるが、種子・果実に関しては、記述が簡単な上に図があまりなかったので大いに助かった。しかしそれでもいくつかの問題点があった。もともと種子・果実自体が植物の生殖に関係するものであることから、形質に特徴が現れにくく、種を特定するのが困難な場合がある。今回のように標本が古くて、果皮や種皮がカビで変色したりはがれたりしていた場合は尚更である。また、種子の写真図鑑にはすべての種子・果実が掲載されていないため、近縁種との違いを知ることができず、そのために特定できないものもあった。

このようなことから、同定が困難なものについては、できるだけ実際に種が明らかな種子・果実を近縁のものを含めて採集し、直接比較するようにした。

また、前述したように、種子・果実ばかりでなく、がくや枝葉などを伴ったものもあり、かえってそれらから容易に同定できたものもあった。たとえば、クジラグサ、ミミナグサ、イヌガシ、イボタノキなど。

これとは別に、標本に添付されている紙片や袋に筆で記された植物名を参考に同定を試みたものもあった。もちろん、同定が正しいか、正しいとしてもその植物名や分類基準が現在と同じであるかを十分に確認する必要がある。また、植物名に漢名を用いている場合には、『大和本草』、『花彙』、『本草綱目啓蒙』、『手板発蒙』、『草木性譜・有毒草木図説』、『物品識名・附拾遺』など当時の本草書の復刻版を参考にして、近縁種の認識度を加味した上で総合的に判断した。

また、東京都立大学付属牧野標本館にシーボルトの手控え用の腊葉標本があり、これと種子・果実標本を対応させることで種を確定できたものがあった。たとえば、「くハがたそふ」という紙片が添付されたアキギリのがく筒、「セイラン」という紙片が添付されたムシャリンドウの果実、「センダイタクシャ」と書かれた紙片に包まれたサジオモダカの種子など。

誤解されやすい植物名が記された標本で、今回実物によって確認できたものとして、まず（写真2）のミクリがある。このものに添付された紙片には「ウキヤガラ」と書かれているが、ウキヤガラはカヤツリグサ科の多年草で、果実の大きさはせいぜい4ミリ程度のはずである。しかし、この標本では約八ミリもあり、明らかに別科であるミクリ科のミクリの果実であることがわかった。なお、『本草綱目啓蒙』にはミクリの異名としてウキヤガラの名前が記載されており、その理由が納得できた。また、（写真3）のセリ科のケキツネノボタンあるいはオトコゼリの果実がある。このものに添付された紙片には「オニゼリ」と書かれていたが、セリ科植物ではないことが果実の形状からわかった。

異名で表記されているために特定できなかったが実物で確認できたものとして、まず（写真4）の「カンサウダマシ」がある。この果実の形状からマメ科のフジカンゾウあるいはトキワヤブハギのどちらかであると考えられたが、『物品識名』に「フジカンサウ」の別名に「カンゾウダマシ」が掲載されていることから、フジカンゾウの果実であると判断できた。また、（写真5）（右）の「けくハたハし」では、その名前や種子の形状から種を特定することが難しかったが、（写真5）（左）のような明らかに果実の形状からチョウセンアサガオと特定できる標本が別にあり、偶然その上に付着していた種子と比較することで決定できた。ちなみに、『本草綱目啓蒙』には「テウセンアサガオ」の別名に「外科ダヲシ」が

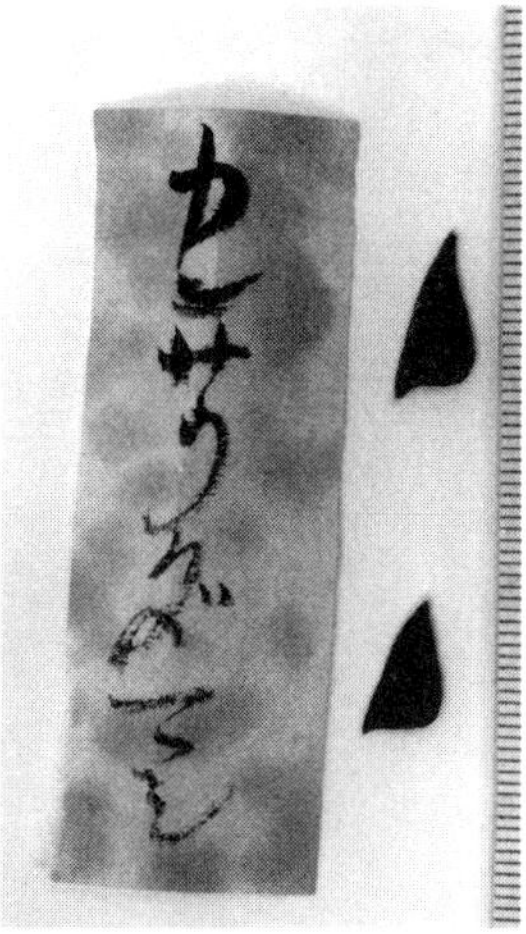

写真4　フジカンゾウの果実標本

写真3　ミクリの果実標本

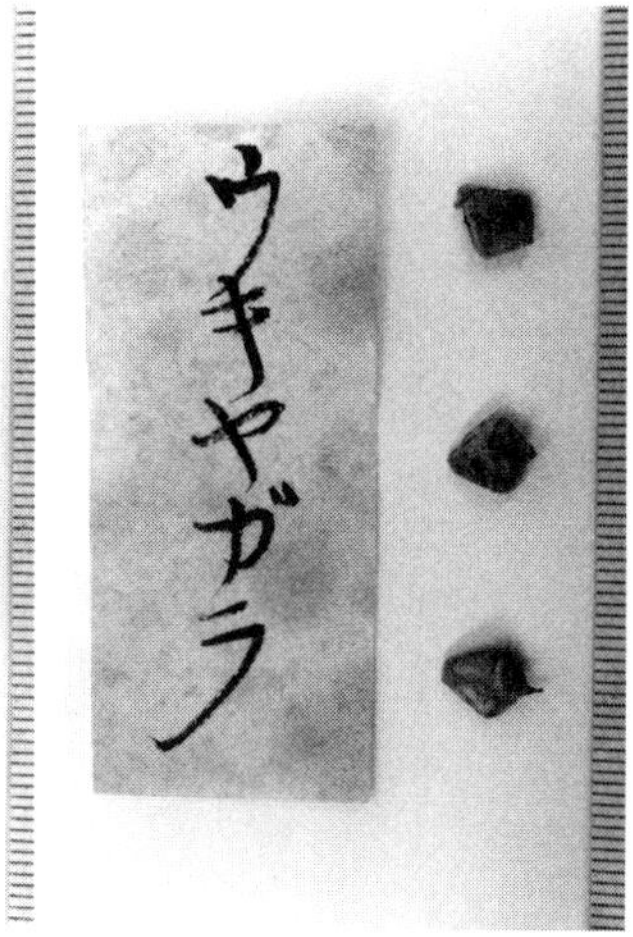

写真2　ケキツネノボタンまたはオトコゼリの果実標本

写真5　チョウセンアサガオの種子・果実標本

あり、たぶん聞き違えて「けくハたハし」と表記したものと思われる。

同定できた科と種

以上のような方法で、国立植物標本館に収められているシーボルト関連の種子・果実標本を現在も再検討しているが、以下に、これまで明らかにすることができたものについて科ごとに列挙する。

［ヒカゲノカズラ科］　トウゲシバ（胞子のう群をつけた上部部分）
［ソテツ科］　ソテツ
［マツ科］　カラマツ、クロマツ、ゴヨウマツ、チョウセンマツ（チョウセンゴヨウ）、ツガ、ハリモミ
［スギ科］　スギ
［コウヤマキ科］　コウヤマキ
［ヒノキ科］　コノテガシワ、サワラ、ヒノキ
［マキ科］　ナギ
［イヌガヤ科］　イヌガヤ
［イチイ科］　カヤ
［カバノキ科］　クマシデ、サワシバ、ツノハシバミ、ヤシャブシ
［ブナ科］　アラカシ、イチイガシ、クヌギ、クリ、コジイ（ツブラジイ）、コナラ、スダジイ、マテバシイ
［ニレ科］　ムクノキ
［クワ科］　オオイタビ、カカツガユ

［イラクサ科］　カラムシ、ラセイタソウ
［タデ科］　オオベニタデ
［ナデシコ科］　ミミナグサ
［アカザ科］　ホウキギ
［ヒユ科］　センニチコウ
［モクレン科］　オガタマノキ、ホオノキ
［シキミ科］　シキミ
［ロウバイ科］　ロウバイ
［クスノキ科］　アブラチャン、イヌガシ、カゴノキ、クロモジ、シロダモ、タブノキ
［キンポウゲ科］　ケキツネノボタンまたはオトコゼリ
［メギ科］　ナンテン
［センリョウ科］　センリョウ
［ボタン科］　ボタン
［ツバキ科］　モッコク
［オトギリソウ科］　オトギリソウ、ビヨウヤナギ
［ケシ科］　ヒナゲシ
［アブラナ科］　クジラグサ
［マンサク科］　イスノキ、トサミズキ
［バラ科］　ウワミズザクラ、シロヤマブキ、ダイコンソウ、ハマナス、ヤマブキ

［マメ科］　アズキ、イヌハギ、エビスグサ、カワラケツメイ、クサネム、スズメノエンドウ、ダイズ、タヌキマメ、ナツフジ、ハッショウマメ、ハブソウ、フジ、フジカンゾウ、フジマメ、マキエハギ、ヤハズソウ、ヤブマメ、ライマメ（アオイマメ）
［トウダイグサ科］　シラキ、ホルトソウ
［センダン科］　センダン
［ウルシ科］　ウルシ、ナンキンハゼ、ハゼノキ
［トチノキ科］　トチノキ
［ツリフネソウ科］　ホウセンカ
［モチノキ科］　アオハダ、ネズミモチ
［ニシキギ科］　ツリバナ、ニシキギまたはコマユミ、マサキ、マユミ
［クロウメモドキ科］　イソノキ
［アオイ科］　トロロアオイ、フヨウ、ワタ
［アオギリ科］　アオギリ
［イイギリ科］　クスドイゲ
［ウリ科］　カラスウリ
［アカバナ科］　ミズタマソウ
［セリ科］　イノンド、ウマノミツバ、コリアンダー、ムラサキミツバ
［ツツジ科］　アセビ（蕾の部分）、ホツツジ
［カキノキ科］　カキ

［モクセイ科］　イボタノキ、レンギョウ
［ヒルガオ科］　アサガオ
［ムラサキ科］　オオルリソウ
［シソ科］　アキギリ、キセワタ、ムシャリンドウ、メボウキ
［ナス科］　チョウセンアサガオ、ホオズキ
［ゴマノハグサ科］　キリ
［オオバコ科］　エゾオオバコ
［スイカズラ科］　ウグイスカグラまたはヤマウグイスカグラ
［キク科］　オナモミ、ガンクビソウ、キンセンカ、ゴボウ、ベニバナ
［オモダカ科］　サジオモダカ
［ユリ科］　ウバユリ、キスゲまたはヒメカンゾウ、ギボウシ類、サルトリイバラ、バイケイソウ
［アヤメ科］　カキツバタ、ハナショウブ、ヒオウギ
［ツユクサ科］　ツユクサ、ヤブミョウガ
［イネ科］　イネ
［サトイモ科］　マムシグサ（広義の）
［ミクリ科］　ミクリ
［ガマ科］　ヒメガマ
［カンナ科］　ダンドク

なお右記のほかに、種子・果実生薬として市場などで購入ないし入手したと思われるものとして、縮砂、白豆蔻、益智、

草豆蔻、訶子、大風子、罌粟殻、山査子があった。

終わりに

これらの種子・果実標本は、標本そのものとしてはもちろん、墨筆された紙片も、シーボルトの直筆ノートや書簡を始めシーボルトに関する文献データを裏付ける上で重要な意味を持っている。紙片の書き手などについては今後の研究が待たれる。このような標本がどんなに粗末なものであれ当時のままでオランダ国立植物標本館にきちんと保存されていることは、大変ありがたいことであり、オランダ王国に感謝するとともに、これに応えるべくこれらの標本の同定に大いに協力せねばと思う。

参考資料

・「ライデン国立植物標本館に所蔵されているシーボルト種子コレクションについて（一）」、「獨協大学諸学研究」**2**（2）、177-190（一九九九）
・「シーボルトが日本で集めた種子・果実について」、「マテシス・ウニウェルサリス」**1**（1）、273-293（一九九九）
・「シーボルトが日本で集めた種子・果実について（二）」、「マテシス・ウニウェルサリス」**2**（1）、41-50（二〇〇〇）
・「シーボルトが日本で集めた種子・果実について（三）」、「マテシス・ウニウェルサリス」**2**（2）、127-135（二〇〇一）
・「シーボルトが日本で集めた種子・果実について（四）」、「マテシス・ウニウェルサリス」**3**（1）、219-232（二〇〇一）
・「シーボルトが日本で集めた種子・果実について（五）」、「マテシス・ウニウェルサリス」**3**（2）、213-224（二〇〇二）
・「シーボルトが日本で集めた種子・果実について（六）」、「マテシス・ウニウェルサリス」**4**（1）、229-240（二〇〇二）
・「シーボルトが日本で集めた種子・果実について（七）」、「マテシス・ウニウェルサリス」**4**（2）、99-108（二〇〇三）

シーボルトが収集した昆虫標本

久松正樹

一　はじめに

オランダのライデンは、首都アムステルダムから約五〇キロの地にある静かな学問の町である。幾重にも運河を巡らした街は、古い建物が大切に保管され、人々はその中で普段着の生活を営んでいる。シーボルトらが収集したさまざまな資料は、日本から離れて一万キロ、学園都市ライデンにある国立自然史博物館や国立民族学博物館、国立植物標本館等に大切に保管されている。

国立自然史博物館は、一八二〇年に設立されたオランダではもっとも古い博物館のひとつである。一時期公開されていた時期もあるというが、博物館といっても展示室を持たず、一部の専門家を除いてその収蔵資料を見ることはできなかった。一般公開は新館が建設され常設展示室がオープンされた一九九八年、二〇〇年近い年月を要し実現したことになる。国立自然史博物館の資料点数は一千万点といわれ、特にシーボルトらによって日本で収集された標本は、博物館創設期において貴重な研究材料となり、この標本をもとに数多くの種が記載されている。ニホンオオカミ（図1）、ニホンアシカ、ニホンザル、トキ、ヤマドリ、オオサンショウウオ、アユなど、日本の動物相を知る上でも極めて重要なタイプ標本が、国立自然史博物館に収蔵されている。

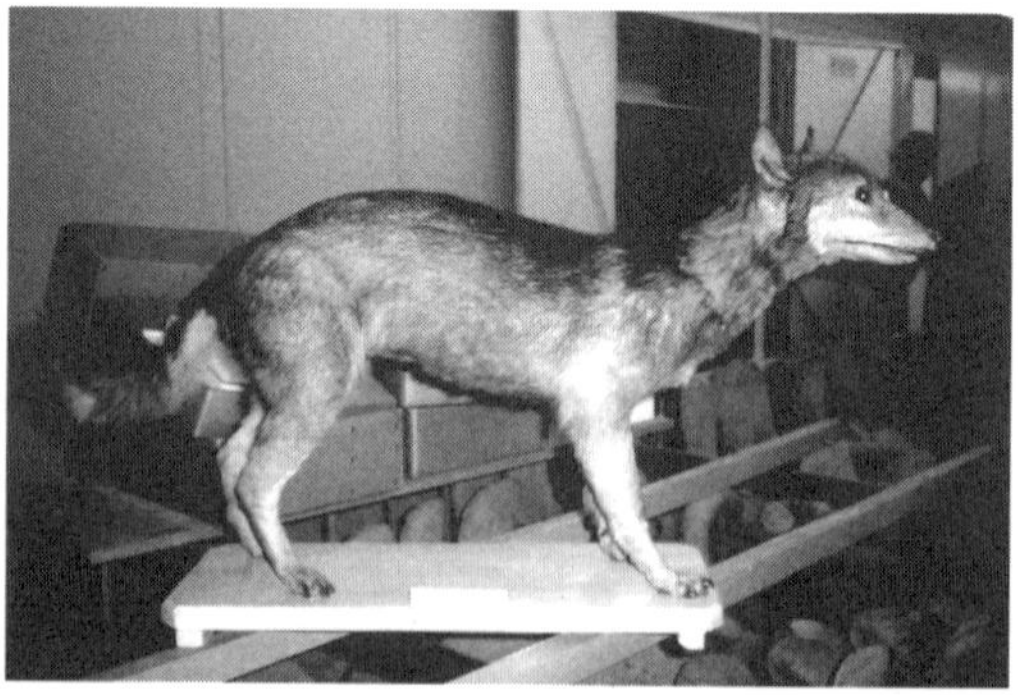

図1　ニホンオオカミのタイプ標本（国立自然史博物館所蔵）ニホンオオカミは絶滅してしまった.

国立自然史博物館に収蔵されている一七〇年前の昆虫標本について、そしてシーボルトが見た日本がその後如何に変わってきたかを中心に、昆虫の世界からシーボルトの功績を振り返ってみたい。

二　シーボルトの功績

シーボルトは、オランダ商館医として来日し、長崎の鳴滝塾を拠点に多くの日本人医師を指導した。そして、海外持ち出し禁止の品を持ち帰ろうとしたシーボルト事件によって国外追放されたことは、歴史の教科書等で知るところである。しかし、日本に着任したシーボルトが精力的に動植物の標本を収集したことや、日本の生物分類の基礎となるファウナ・ヤポニカ（日本動物誌）やフロラ・ヤポニカ（日本植物誌）を刊行した人であることは、意外に知られていない事だろう。

こと〝虫〟について見てみると、シーボルト縁の昆虫標本が多数存在することを、ムシ屋（昆虫マニア、昆虫研究者などを総じてこう呼ぶ）ですら知る人は多くないようだ。シーボルトは、〝De histriae naturalis in Japonia statu, nec non de augmento emolumentisque in decursu perscrutationum exspectandis dissertatio, cui accedunt Spicilegia Faunae Japonicae〟（日本国博物誌―直ちに役立つ論文ではないが、しかしやがてこれを基礎にして日本の動物の観察集録を増すような研究のなされることを期待する論文）という論文で、数種類の昆虫を紹介したのみだからである（山口（編）、一九九三）。シーボルトがたくさんの標本をオランダに送ったことで、日本にはほとんど無い江戸後期の昆虫標本が残されているのだが…。

一九世紀前半、ヨーロッパは博物学の時代であった。交通機関の発達に伴って、世界中の様々な動植物がヨーロッパにもたらされるようになり、豪華な図譜が数多く刊行された。一方、シーボルトが来日した頃の日本も、自然史関係の本や美しい図譜が数多く作成され（芳賀、一九八四）、本草学は、野生の植物・動物などへの博物学的な研究に発展した時代であった。

西洋博物学の隆盛に後押しされ、もちろん一義的には通商拡大のために、地理、資源、日本人の慣習など、さまざまな情報収集の必要性にも迫られていたのだろうが、日本にやって来たシーボルトは、博物学的素地が固まってきた日本で、効率よくたくさんの標本を収集できた。シーボルトが三回目（一八二九年）に標本を発送した際は、その内訳が詳しい。送り状には、動物標本一七四六種六四八八点を送付したと記されており、その中で昆虫類は六〇〇種二四〇〇点を送ったという（山口、一九九二。山口（編）、一九九三）（表1）。シーボルトは帰国後、オランダの管轄官庁に当てて自分の収集した標本の概略を報告している。一八三一年のその報告によると昆虫類は、一八二五年に十二小箱約四〇〇点、先に示した一八二九年に六〇〇種二四〇〇点、一八三〇年に四五種、乾燥標本一〇〇点とある（山口（編）、一九九三）。これらの標本に加え、シーボルトと後任のビュルゲルの送付した標本や民族学的資料によって、オランダはヨーロッパにおける日本研究発祥の地となった。

シーボルト事件で日本を永久追放され帰国したシーボルトは、収集した資料や標本を用いて自ら論文を書いた。しかし、全てを自分だけで研究することは不可能で、動物に関するものは国立自然史博物館の三人の動物学者に委ねられた。その成果として出版されたのがファウナ・ヤポニカで、哺乳類、鳥類、爬虫類・両生類、魚類、甲殻類の五編に記述された種の多くは新種であった。

表1. シーボルトが3回目の標本送付の際に送り状に記した動物標本の内訳

分類	種数	点数
哺乳類	35種	187点
鳥類	188種	827点
爬虫類(両生類を含む)	28種	166点
魚類	255種	540点
軟体動物	460種	1,665点
甲殻類	80種	435点
環形動物	11種	12点
昆虫類	600種	2,400点
棘皮動物	30種	140点
石サンゴ類	24種	65点
ヤギ類	15種	50点

本文には総計数1,746種6,488点と記したが、内訳の点数を集計すると1,726種6,487点となってしまう。シーボルトが計算ミスをしたのだろう。山口（編）(1993)を参照。

三　新種の記載

シーボルトのファウナ・ヤポニカは、哺乳類、鳥類、爬虫類・両生類、魚類、甲殻類の分野ごとに、美しい石版印刷による図版を伴って出版された。残念ながら昆虫に関するファウナ・ヤポニカは、ついに発刊されなかった。

シーボルトやビュルゲルの送った昆虫標本により、私たちにもなじみが深い虫が記載され、名前が付けられた。名前といっても、我々が一般的に使っている名前ではなくラテン語で記された学名である。当時、国立自然史博物館の無脊椎動物を担当していたデ・ハーンは、著書「直翅類の理解への寄与」の中でキリギリス、クツワムシ、トゲナナフシ等を記載した。ベルギーのトンボ学者セリーは、シーボルトを称え学名にシーボルトの名前を用いて記載した。コオニヤンマの学名は *Sieboldius albardae* である。学名のはじめの単語（属名）に siebold という文字が含まれていることがわかる。同様にオニヤンマ Anotogaster sieboldii の二番目の単語（種小名）にも、siebold が使われている（図2）。大英自然史博物館のマクラクランもシーボルト標本を用いてカゲロウ目二種、アミメカゲロウ目三種、シリアゲムシ目二種の新種を記載している（上田、一九九〇）。シーボルト自身が記録した種では、ナガサキアゲハの *Papilio memnon thunbergi* と、ルリタテハの *Kaniska canace no-japonicum* は、今でも有効な学名である。前者はツンベリーに種小名が捧げられ、後者は後翅裏面の白い斑紋が「ノ」の字に似ていることよりつけられた（図3）。

話はそれるが、ルリタテハに名前を付けた一八二四年に、シーボルトは既にカタカナを理解していたことになる。カタカナを知らなければ、ルリタテハ後翅裏面の斑紋は、「ノ」の字に見えないからである。シーボルトが来日したのは一八二三年、一年足らずで日本の文字を認識していたようだ。シーボルトはトイレの中に日本語の「イロハニホヘト…」を貼って勉強していたというから、それもうなずける（上田、一九九〇）。

四　江戸時代の昆虫標本・昆虫図譜

現在、国立自然史博物館には、シーボルトとビュルゲルの標本があわせて四三九種一〇四七個体（Ueda *et al.*, 2000）の昆虫類が保管されている。日本に現存する昆虫標本の中で最も古いものは、江戸末期の武蔵孫右衛門（石寿）（一七六六—一八六〇）が作ったとされる昆虫標本約七〇種余りと、合葉文山（一七九七—一八五七）が集めたチョウやガの紙包標本約二五〇点である（小西、一九九七）。いずれの製作年代も天保（一八三〇—一八四四）の頃といわれている。シーボルト事件の結果、シーボルトが日本を発つのが一八二九年であるから、オランダには日本にあるどれよりも古い日本産の昆虫標

図 2　オニヤンマのタイプ標本（国立自然史博物館所蔵）タイプ標本には、赤いラベルが付けられている。

図 3　表から見たルリタテハと、学名の由来になった後翅裏面の「ノ」の形をした白紋。

本があることになる。このことからもシーボルトらの標本の価値をうかがい知ることができる。

シーボルトのお抱え絵師として活躍した川原慶賀が描いた昆虫の絵に、「動植物図譜」がある（上田、一九九四。山口、一九九七）。江戸時代にはたくさんの博物図譜がつくられた。虫を主題にした図譜を特に〝蟲譜〟というが、蟲譜のなかでも栗本丹洲の『千蟲譜』は有名である（小西、一九八二）。これらと比べてみて、慶賀の「動植物図譜」に出てくる昆虫は、描写法がより博物画に近くなった点で目を引く。西欧の図譜を見ていたシーボルトの影響があったに違いない。私は国立自然史博物館でその図譜を見たが、慶賀の絵才に加え、当時の図譜を色あせることなく保管している博物館の存在に、感動を隠せなかった。「動植物図譜」は、国立自然史博物館と国立民族学博物館に、一部ずつ保管されている。

なお、当時を知る資料としては、シーボルトに先駆けて一八一七―一八二三年に来日していた商館長ブロムホフが収集した昆虫模型も目を引く（図４）。この昆虫模型は国立民族学博物館が七〇点ほど所有している。

図４　コオロギとキリギリスのなかまと思われるブロムホフが集めた昆虫の模型（国立民族学博物館所蔵）

五　昆虫標本の特徴

シーボルトの日本での収集活動の苦労は図り知れないが、標本の収集にいろいろな工夫が見られる。まず、標本は丁寧に集められ作成された。カニなどは内臓をきれいに除去されているし、貝は小さいものから大きいものまでいろいろなサイズがそろえられている。次に、多くの標本に和名のラベルが付けられた。そして、珍しい種ばかりでなく普通の種も丹念に集められた。日本の動物相を理解するには、普通種を知ることの大切さを知っていたのだろう（山口、一九九二）。

昆虫標本全体を概観すると、いろいろなグループの昆虫が万遍なく集められている。チョウや甲虫といったよく見かけるグループばかりではなく、ゴキブリやハエ、カゲロウ、ハサミムシ、トビケラのなかままで採集し持ち帰っているのには驚かされる。ゴキブリやハエのなかまは、先に述べたブロムホフの昆虫模型にも含まれている。

また、個体変異があった場合、それらを意欲的に採集している。ダイミョウセセリの関西型と関東型がいずれも採集されているのは、そのよい例であろう（上田、一九九〇）（図5）。

図5　ダイミョウセセリの関東型（上）と関西型（下）（国立自然史博物館所蔵）。東日本に産するダイミョウセセリは、後翅に白紋がない。

図6　虫籠（国立民族学博物館所蔵）。昆虫模型を入れたのかもしれない。

六　江戸時代の人は昆虫をどのように見ていたか

昆虫の資料を詳しく見ると、江戸時代の人が昆虫をどのように見ていたか推測される。

図7　ミイデラゴミムシの絵図（国立自然史博物館所蔵）と模型（国立民族学博物館所蔵）。

○鳴く虫が多く集められた

江戸時代にはすでに虫の声を愛でる風習があったせいか、昆虫標本、模型、図譜にもコオロギ類やキリギリス類が数多く見られる。特に、ブロムホフ収集の昆虫模型の中で直翅類はほぼ三分の一を占め、その中でもエンマコオロギ、スズムシ、マツムシと思われる模型が残されているのは興味深い。国立民族学博物館には虫籠も残っている（図6）。この虫籠の中に先に述べたブロムホフが収集した昆虫模型を入れている様子を、思い浮かべることができる。

○人々の目は小さな昆虫まで注がれていた

地上徘徊性のオサムシやシデムシなどの昆虫、小さなコガネムシやゲンゴロウのなかままで採集されており、当時、すでに小さな昆虫類まで人々の目が向いていたことが分かる。国立自然史博物館で一番初めに見せてもらった昆虫標本が、マメゲンゴロウと思われる小さな甲虫であったので、当時こんな小さな昆虫類まで集められたのかと驚かされた。

○昆虫の生態に関心があった

昆虫の図譜には、資料のスケッチにとどまらず、昆虫の生態についての記述も残されており、昆虫を生き物として観察している様子がうかがえる。

ミイデラゴミムシ別名〝ヘッピリムシ〟は、腹部からガスを噴射することで知られているが、その様子が描かれた図譜と共

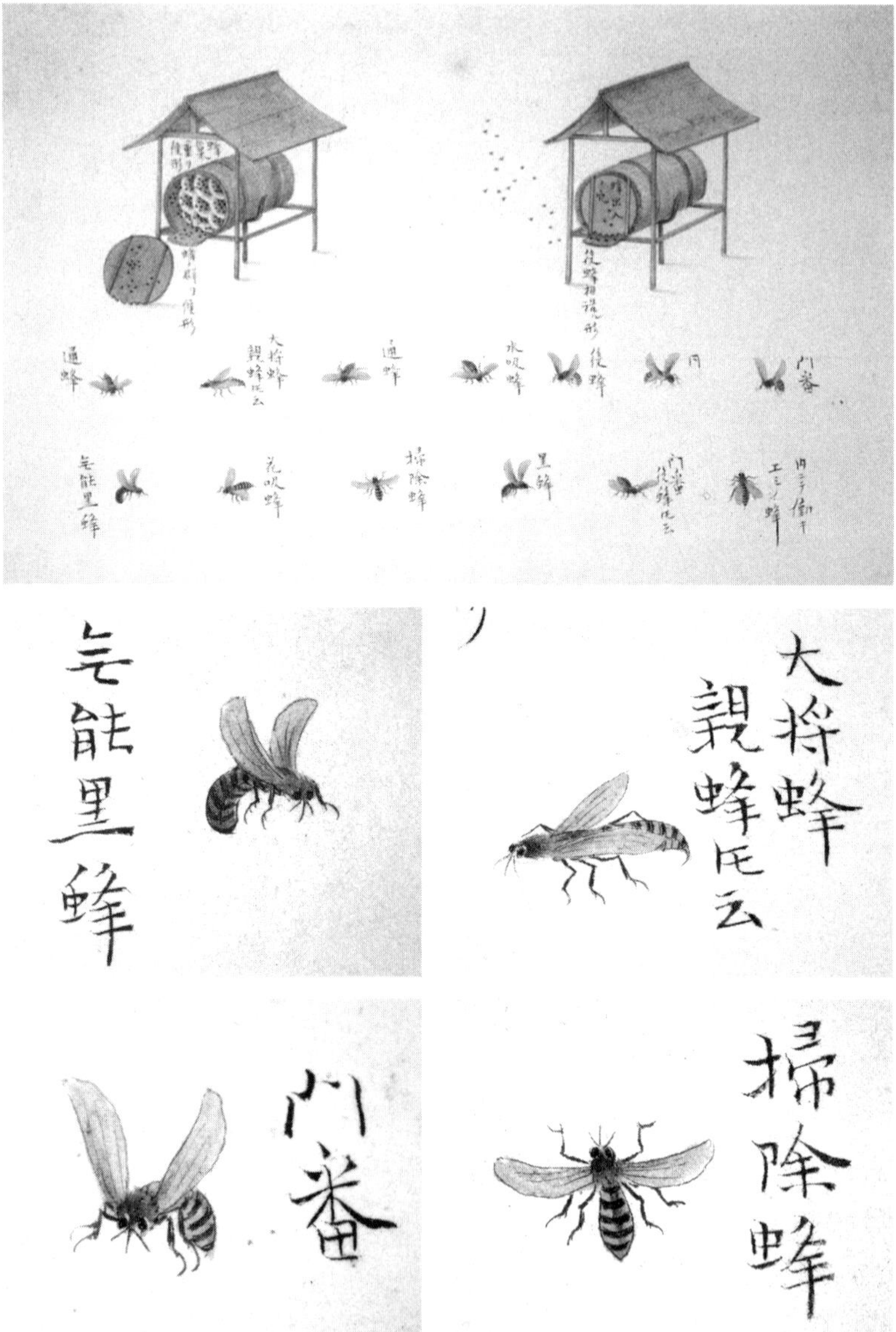

図8　「蜂図」(国立民族学博物館所蔵)。ニホンミツバチの分業について描かれている。全体図、大将蜂、掃除蜂、無能黒蜂、門番。

に、標本や模型も残されている（図7）。チョウ類の図譜の中には、幼虫、蛹、成虫と描かれているものも多く、またブロムホフの昆虫模型にもスズメガの幼虫の模型がある。ニホンミツバチの標本は、国立自然史博物館に一個体しか残されていないが、国立民族学博物館に残されている「蜂図」を見ると、ニホンミツバチの分業を事細かく観察していること分かる（図8）。蜂図には、大将蜂（親蜂トモ云）の他、通蜂、水吸蜂、後蜂、花吸蜂、掃除蜂、門番（後蜂トモ云）、内ニテ働キエシノ蜂、黒蜂、無能黒蜂の一〇の分業を観察している。オスバチを〝無能黒蜂〟と的確な表現をしているので驚かされてしまう。

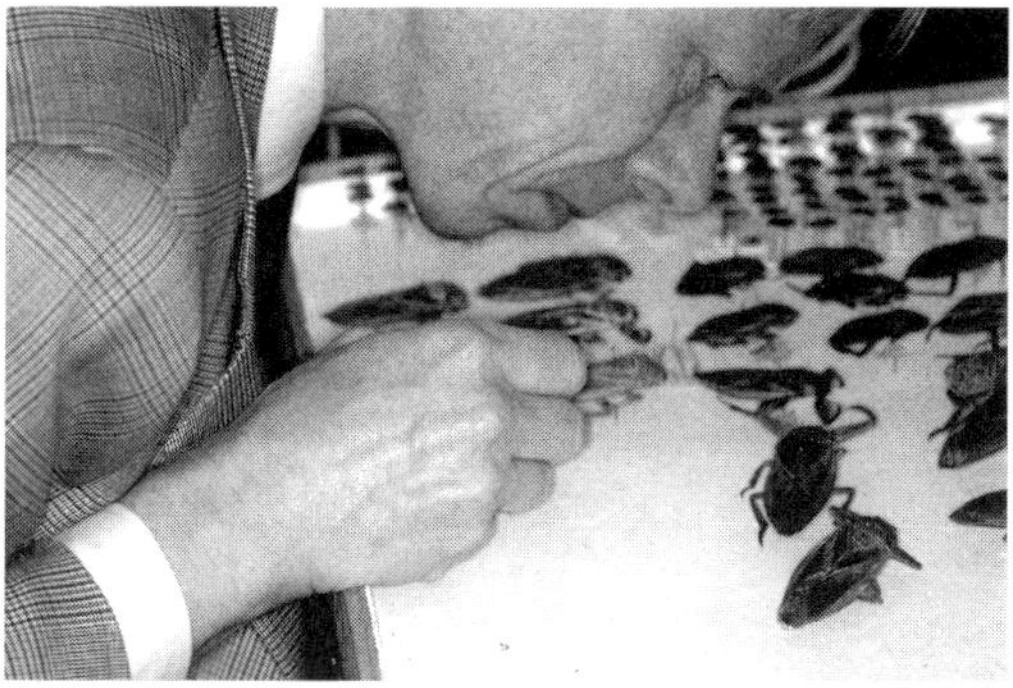

図9　標本箱に並んだタガメ(国立自然史博物館所蔵)。環境省「絶滅危惧Ⅱ類」の該当種。

七　減った虫、増えた虫

国立自然史博物館に保管されている昆虫標本の中には、現在では稀になった種も少なくない。当時を知る資料としてばかりではなく、今となってはなかなか入手できない貴重な標本となってしまったものもある。国立自然史博物館には、環境省「絶滅危惧Ⅰ類」種のオオウラギンヒョウモン五個体、「絶滅危惧Ⅱ類」種のタガメ一〇個体などが残されており目を引く（図9）。また、最近見かけることが少なくなったコオイムシなどの水生昆虫類も保管されている。

分布域が広がっていると言われる昆虫も採集されており、現在の生息域と比較するのも興味深い。クマゼミは南方系の種で関東には生息していなかった。最近、私の住んでいる茨城でも鳴き声の記録や生体が採集されている

図10　ナガサキアゲハ（国立自然史博物館所蔵）の雌。この標本のラベルでは、シーボルトが日本で採集したと記されているが、Jave産のナガサキアゲハ Papilio memnon memnon であると思われる（Ueda *et al.*, 2000）。

（久松、一九九九）。国立自然史博物館に残る十四個体と遺伝子の比較検討などが行えれば面白いだろう。

八　ナガサキアゲハの江戸参府

シーボルトが名付け親のナガサキアゲハは、ビロードのような黒地に大きな白紋を持つ（雌）大型のチョウである（図10）。九州北部では四月下旬頃から見られる。

このナガサキアゲハは、一九二〇年代終わりまでは九州、四国に産するチョウと言われていたが、一九三〇年代はじめに山口県南部の平野部の一部に定着、一九五〇年代のはじめには広島市付近で普通に見られるようになった。定着圏はさらに拡大し一九八〇年までには兵庫県で普通種となり土着種として認められるようになり（白水　一九八五）、鈴鹿の山脈を越えて静岡ではじめて目撃されたのが一九九七年（谷川、二〇〇二）、二〇〇〇年に埼玉県北本市（江村、二〇〇二）、二〇〇一年に茨城県つくば市（飯島、二〇〇二）で相次いで確認された。長澤（一九八四）は、JPS昆虫切手部会報で「シーボルトの蝶が『江戸参府』なるか見守りたい」とコメントした。はたして二〇年経たぬ間に、ナガサキアゲハは江戸を越え、常陸の国までやってきた。

江戸参府の際シーボルトは、往きに五五日を要した。シーボルトがナガサキアゲハに学名を付けたのが一八二四年、それから数えると、ナガサキアゲハが江戸東京までやってくるまでには、一七六年の年月を要したことになる。国立自然史博物館には一個体が残されている。

九　ウマノオバチの記録

二〇〇〇年は日蘭交流四〇〇周年を記念し、各地でそれを記念する企画が催された。かくいう私が勤務するミュージアムパーク茨城県自然博物館でも、「シーボルトが愛した日本の自然」と題して企画展が催された（ミュージアムパーク茨城県自然博物館、二〇〇〇）。国立自然史博物館から借用した標本のひとつに、ウマノオバチも含まれていた。

ウマノオバチは、虫譜には決まって描かれるハチ類の一種である。産卵管が極めて長く、体の六倍を超え、まさしく〝馬尾蜂〟である。ちなみに、スズメバチなどの産卵管は毒針に変化したが、ウマノオバチの産卵管はそのままであるから刺すことはない。日本語のラベルを付してシーボルトもオランダに持ち帰っており（図11）、かつては決して個体数が少ない種ではなかったと思われる。しかし近年の記録をみると、私が住む茨城県の近隣では、一九八五年に埼玉県寄居町で一♀の目撃記録があるのみである（南部、一九九八）。全国的にも、個体数が多い種ではなく、和歌山県では絶滅危惧Ⅰ類に（和歌山県環境生活部環境生活総務課、二〇〇一）、兵庫県ではCランクに（兵庫県保健環境部環境局環境管理課、一九九五）、三重県ではレッドデータブック作成にあたる候補種に挙げられている（三重県立博物館・三重自然誌の会、二〇〇二）。

茨城県千代田町西野寺でウマノオバチが採集されたのは、企画展が終わって二年後の二〇〇二年二月二日であった（図12）。クリ（園芸種）の材の孔中に越冬していたのである。押野・久松（二〇〇二）は、これについてシーボルトの標本写真とあわせて報告した。こんな地方の採集記録にも、シーボルトとの関係を見いだすことが可能である。

図13　和漢薬「豆斑猫」(上) と桑螵蛸(ソウヒョウソウ・下)(国立民族学博物館所蔵)。

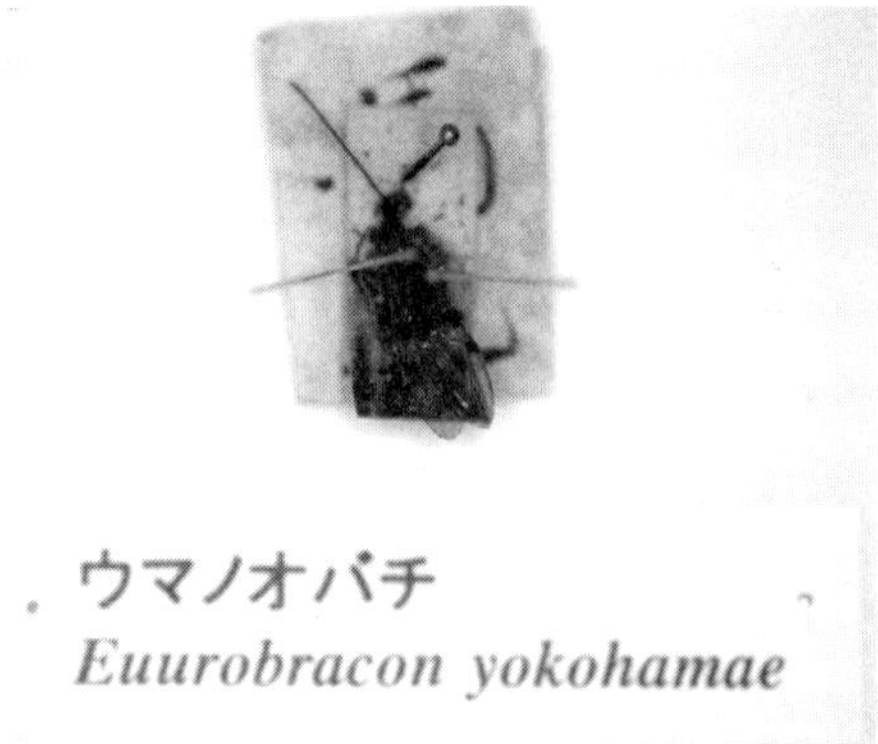

図11　ミュージアムパーク茨城県自然博物館が借用したウマノオバチ (国立自然史博物館所蔵) の背面と側面。ラベルに “馬尾” の文字が見える。産卵管がなくなっている。国立自然史博物館には産卵管が残った標本もある (Ueda *et al.*, 2001)

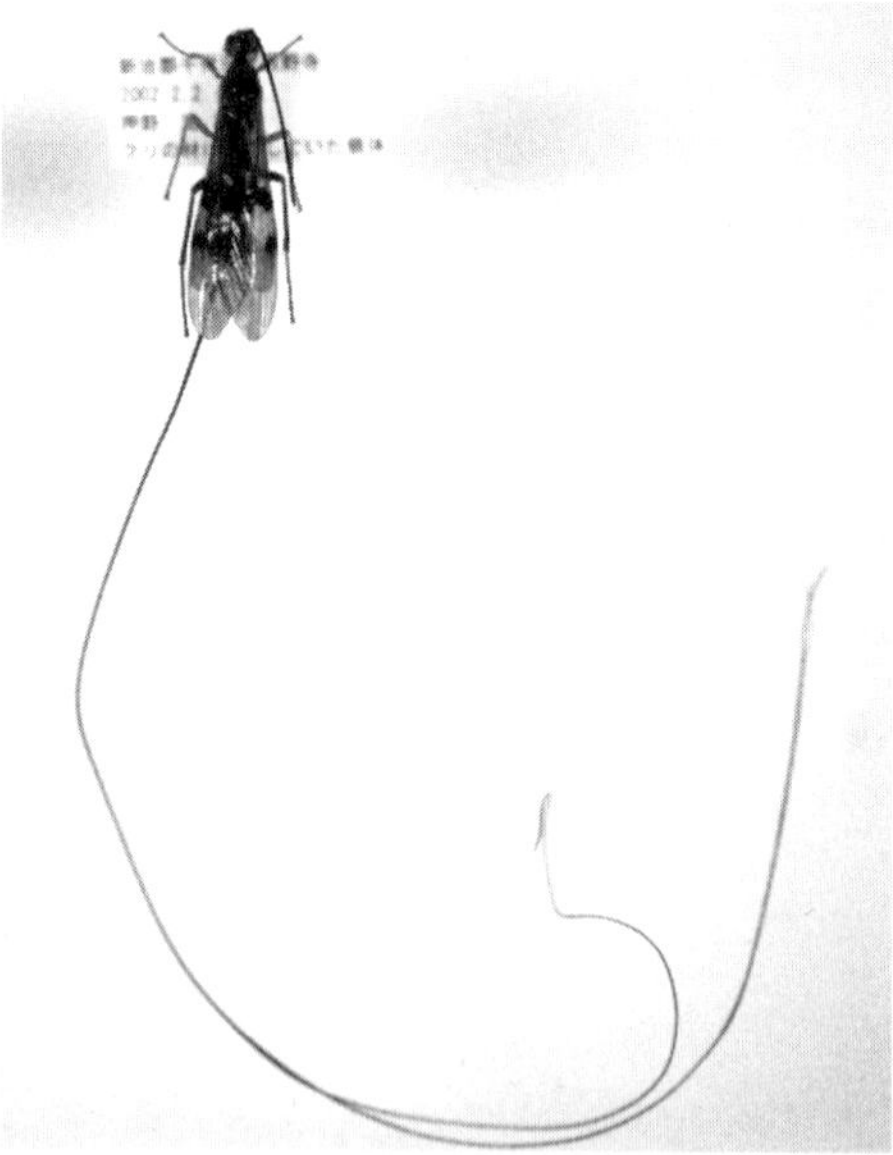

図12　2002年に茨城で採集されたウマノオバチの乾燥標本。長い産卵管が目立つ。

一〇　薬にもなるマメハンミョウ

一九九九年にライデンを訪れた折りに、意外なところに昆虫を見つけることができた。国立民族学博物館には、シーボルトがオランダに運んだ和漢薬が収蔵されている。その中に、マメハンミョウとオオカマキリの卵のうがあった（図13）。マメハンミョウ（豆斑猫）は、体長一五ミリ内外で、体は黒色の円筒形、頭部は赤く、背面両側と中央に黄灰色の細い縦スジがある。体内にカンタリジンを含むことから、古くから医薬品として使われてきた。皮膚刺激剤として、発泡、発毛、引赤などの目的で外用するという。オオカマキリの卵は桑螵蛸（ソウヒョウソウ）といい、精力減退の際に焼いたものを飲用したという。

鳴滝塾を開いて診療と医学の教授にあたったシーボルトであるから、西欧ではアオハンミョウを用いてカンタリス（ツチハンミョウ科の昆虫を乾燥してつくった薬品）をつくっていたことを知っていたのだろう。

シーボルトの活動を振り返りながら標本を見ると、小さな昆虫からも、当時の様子をうかがいしることができる。多くの人々に影響を与え、多くの資料を残し、それが後世まで引き継がれている。それがシーボルトの存在なのである。国立自然史博物館にある乾燥標本の中からは、三個体のマメハンミョウが見つかっている（Sawada, 2000）。オオカマキリの標本はなく、ハラビロカマキリとチョウセンカマキリの標本がある（Ueda and Yoshiyasu, 2001）。

一一　異国の地にある昆虫標本を見て

シーボルトらの昆虫標本は、日本を離れオランダのライデンの地に大切に保管されている。そして、これからもずっと

図14　ライデンの朝市。3月にはチューリップを売る店が見られた。(右・上)

図15　国立自然史博物館。手前が展示室および研究棟、奥の高い建物はすべて収蔵庫である。

図16　国立自然史博物館の鳥類収蔵庫。さまざまな剥製が整然と並んでいる。

保管される。ミュージアムパーク茨城県自然博物館の企画展開催に当たり、はじめにオランダを訪れたのが一九九九年の三月であった。春まだ早く、オランダをイメージするチューリップは朝市でしか見られなかったが（図14）、厚手のコートを必要とする寒さではなかった。Naturalis（国立自然史博物館。今はNaturalisのほうが馴染みの名前になっているようだ、図15）に通うこと一週間、コレクションマネージャーと各分野のキュレーター（学芸員）の案内で、シーボルトの収集した標本類を調査することができた（図16）。収集された標本は、当時の人々のためだけの物ではなく、そしてオランダの人々のためだけの物でもなく、幾世代にわたって自然を知るために保存、研究されてきた。私達も二〇〇年先を見越した標本の収集・保管をしていきたい。そして、将来の人々のためにも、この自然を守り残していきたいと感じる。

本文を終わるに当たり、ご助言を頂いた上田恭一郎氏、押野満氏に感謝の意を申しあげる。また、オランダ調査にあたって同行した小幡和男、高橋淳の両氏には、さまざまな援助を頂いた。なお本文は、久松（二〇〇〇）を加筆、修正したものである。

引用文献

江村薫　二〇〇二「関東地方におけるチョウ目の分布拡大」昆虫と自然、三七（一）：一六－二〇

芳賀徹　一九八四「江戸の博物学と博物図譜」アニマ、一四三：二八－三九

久松正樹　一九九九「茨城県におけるクマゼミ（*Cryptotympana facialis*）の記録」茨城県自然博物館研究報告、（二）：三七－三八

久松正樹　二〇〇〇「博物館探訪―オランダ国立自然史博物館"Naturalis"―シーボルトが収集した江戸後期の昆虫標本」おとしぶみ、（二〇）：五一－五七

兵庫県保健環境部環境局環境管理課　一九九五　『兵庫の貴重な自然―兵庫県版レッドデータブック』二八六頁、兵庫県環境科学技術センター

飯島義克　二〇〇一　「筑波山でナガサキアゲハ四齢幼虫を確認」蝶研フィールド：一六（六）：二八

小西正泰　一九八二　江戸科学古典叢書41『千蟲譜』五三四頁＋解説二五頁、恒和出版

小西正泰　一九九七　「江戸末期と明治前半の昆虫標本―東京大学の所蔵品を中心に」学問のアルケオロジー、五〇一―六一一頁、東京大学出版会

三重県立博物館・三重自然誌の会　二〇〇一　「レッドデータブック準備書―レッドデータブック三重二〇〇五・調査対象種および重要生態系候補地一次リスト」七一頁、三重県立博物館・三重自然誌の会

ミュージアムパーク茨城県自然博物館　二〇〇〇　「シーボルトの愛した日本の自然―紫陽花・山椒魚・紫水晶」三五頁、ミュージアムパーク茨城県自然博物館

長澤純夫　一九八四　「シーボルトの蝶『江戸参府』なるか―ナガサキアゲハの北上を監視」ＪＰＳ昆虫切手部会報：（六七）：四―七

南部敏明　一九九八　「埼玉県の膜翅目（ハチ・アリ類）」埼玉県昆虫誌Ⅲ　九―九二頁　埼玉昆虫談話会

野村圭佑　二〇〇二　『江戸の自然誌『武江産物志』を読む』三八五頁、どうぶつ社

押野浩・久松正樹　二〇〇二　「茨城県ではじめて記録されたウマノオバチ *Euurobracon yokohamae* Dalla Torre, 1898 (Hymenoptera, Braconidae)」茨県自然博物館研究報告、（五）：一一一―一一三

Sawada, Y. 2000. A list of Japanese insect collection by P. F. von Siebold and H. Burger preserved in Nationaal Natuurhistorisch Museum, Leiden, the Netherlands. part 2. Coleoptera. *Bull. Kitakyushu Mus. Nat. Hist.*, (19) : 77-104.

白水隆　一九八五　蝶類の分布から見た日本およびその近隣地区の生物地理学的問題の二～三について　白水隆先生退官記念事業会（編）『白水隆著作集』Ⅰ　一―二三頁　白水隆先生退官記念事業会

谷川久男　二〇〇二　「静岡県におけるチョウの分布拡大」昆虫と自然　三七（一）：一二―一五

上田恭一郎　一九九〇「シーボルトの標本と日本の昆虫学」一-三　インセクタリウム、二七：二二一-二二八、五八-六三、八四-九三

上田恭一郎　一九九四「川原慶賀」下中　弘（編）『彩色江戸博物学集成』二九三-三〇八頁　平凡社

Ueda, K and Y. Yoshiyasu, 2001. A list of Japanese insect collection by P. F. von Siebold and H. Bürger preserved in Nationaal Natuurhistorisch Museum, Leiden, the Netherlands. Part 3. Other orders. *Bull. Kitakyushu Mus. nat. Hist.*, 20: 81-143.

Ueda, K., Y. Sawada, Y. Yoshiyasu and T. Hirowatari, 2000. A list of Japanese insect collection by P. F. von Siebold and H. Bürger preserved in Nationaal Natuurhistorisch Museum, Leiden, the Netherlands. Introduction. *Bull. Kitakyushu Mus. nat. Hist.*, (19) : 43-47.

Ueda, K., Y. Yoshiyasu and T. Hirowatari, 2000. A list of Japanese insect collection by P. F. von Siebold and H. Büger preserved in National Natuurhistorisch Museum, Leiden, the Netherlands. Part 1. Lepidoptera. *Bull. Kitakyushu Mus. nat. Hist.*, (19) : 47-75.

山口隆男　一九九二「シーボルト収集の動物標本類を調査して」学術月報、四五：三三一-三三七

山口隆男　一九九六「シーボルトと日本の動物学」鳴滝紀要、（六）：一〇四-一二六

山口隆男　一九九七「川原慶賀と日本の自然史研究—1　シーボルト、ビュルゲルと「ファウナ・ヤポニカ魚類編」」*Calanus*, (12) : 207-250.

山口隆男（編）　一九九三『シーボルトと日本の博物学—甲殻類』七三二頁、日本甲殻類学会

和歌山県環境生活部環境生活総務課（編）　二〇〇一『保全上重要なわかやまの自然—和歌山県レッドデータブック』四二八頁、和歌山県環境生活部環境生活総務課

シーボルトアルバム-Ⅲ

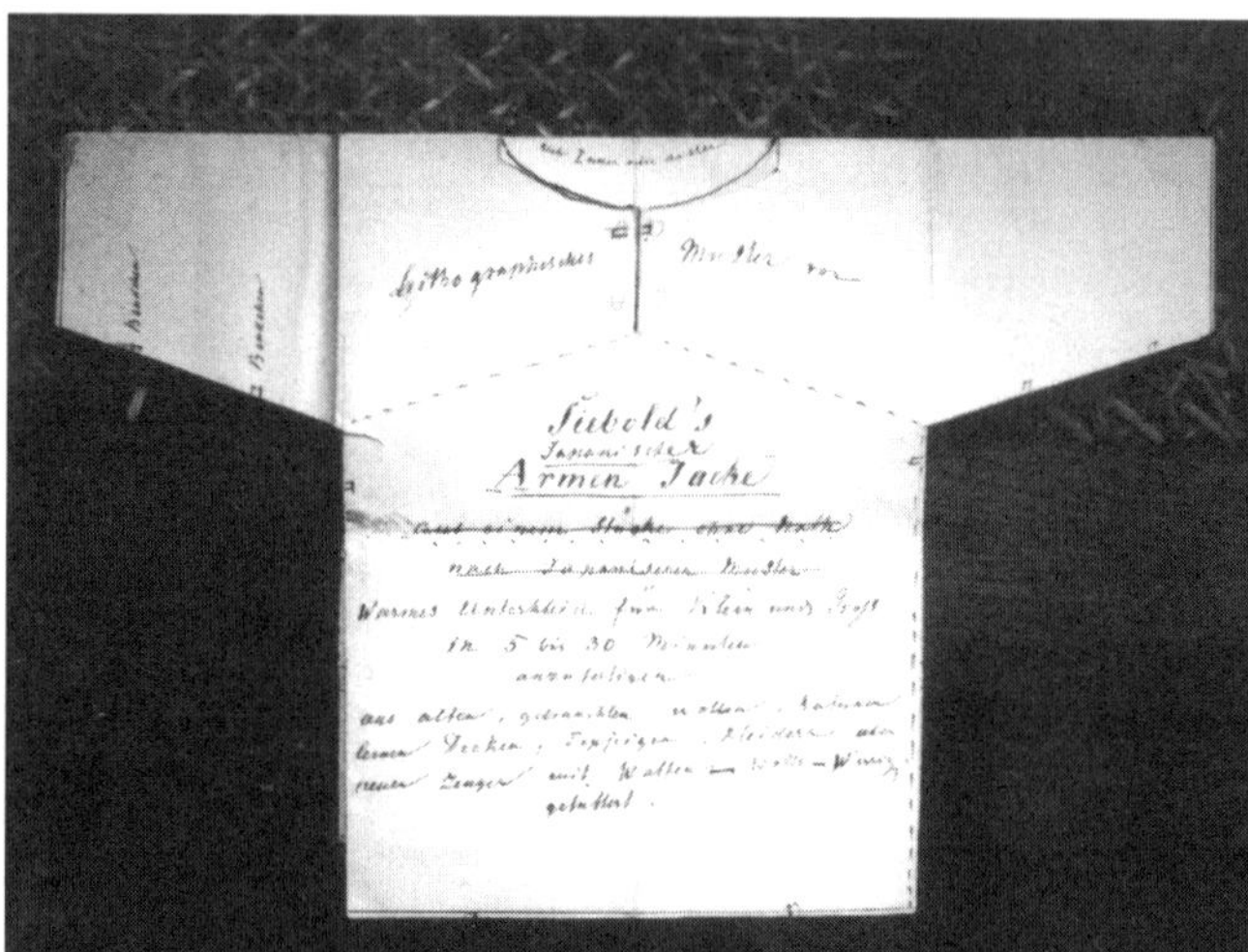

シーボルト作〈日本の貧しい人の上着の型紙　5分から30分で出来る子どもと大人のための防寒着〉31.5 × 24.8 センチ。第1回日本滞在時（1823-29年）のものであろうか。彼が着物の型紙まで作っていたのには興味を惹く。（ブランデンシュタイン・ツェッペリン家所蔵）

一八五〇年代米国の新聞にみられる日本記事

――ペリー日本遠征隊とシーボルト

小林淳一

一　はじめに――描かれた大仏

あきらかに大仏とわかる絵ではあるが、さてこれは本当に日本であろうか、と一瞬おもった。「日本のミヤコ近くの寺」という説明書きが付されているにもかかわらずである（図1）。その頭上、天蓋のうえには鳳凰らしきものが相対《あい》している。しかし、これは私たちに馴染みのある伝説上の「霊鳥」とはほど遠い。まるで、太古の昔の空飛ぶ恐竜のようにみえる。また、大仏の足元にはお立ち台らしきものの上で、シルエットなのか黒く描かれた人びとが踊る。向かって左側には焚き火と、そこからモウモウと立ちのぼる煙。どうやらこれは「護摩焚き」をあらわしているようだ。

おびただしい数の人型《ひとがた》が、右側の桟敷のようなところに立ち並んでいる。よく見ると、煙に隠れた左側にもびっしりとある。さらにおびただしいのは、人型よりもそれぞれに付けられたバナナの房のような「手」だ。「千手観音」を意味しているのだろう。そして、なによりも荘厳であるべき大仏はしっかりと開眼していて、「施無畏《せむい》」ならぬ、こちらに手をふりながら愛想よく挨拶をかわしているかのようだ。その前にひれ伏すあまたの人びと。はじめてこの絵をみた現代人ならば、ハリソン・フォード主演の冒険映画「インディ・ジョーンズ」の一場面を連想してしまうのではないだろうか。

米国ピーボディー・エセックス博物館が所蔵するこの絵は、一八五六年五月三日付、ボストンで発行された『バロウ絵入り新聞』に掲載となった日本に関する記事の挿絵である。(1) 同館は全米最古の博物館といわれ、とりわけ日本とのかかわりにおいては、一八七七（明治一〇）年に米国から来日したお雇い外国人エドワード・シルベスター・モースが収集した日本の民族資料のコレクションを所蔵することで名高い。それは一般に「モース・コレクション」とも称され、幕末から明治時代の初めにかけての日本人の生活の諸相を示す資料群においては、ヨーロッパに所在するシーボルト・コレクションとともに、在外日本コレクションとしての双璧をなす。

筆者はこのたびピーボディー・エセックス博物館にて「モース・コレクション」のほか、『バロウ絵入り新聞』や『グリースン絵入り新聞』をはじめ、一八五〇年代に米国で発行された各種の新聞をも調査研究する機会をえた。

本稿ではこれらの絵入り新聞の一部と概要を紹介することによって、当時のアメリカ人たちは、鎖国下の「知られざる日本」をどのように理解しようとしたのか、いわば十九世紀なかばのアメリカにおける日本という「異文化理解」の方法とそのプロセスの一端を考察することとする。

図1　「TEMPLE OF A THOUSAND IMAGES」『バロウ絵入り新聞』
1856年5月3日　ピーボディー・エセックス博物館所蔵

二　アメリカとむすぶ長崎出島オランダ商館

この大仏の記事の冒頭には次のような一文がある。「挿絵はヒル（Hill）氏が描いたが、原画はオランダ人画家の手になるもので、ペリー提督が率いる日本遠征の際のメンバーによってもたらされた」。つまり、ヒルなる人物が来日して大仏やその回りの光景を直接スケッチしたのではなくて、すでにオランダ人の画家が描いていた絵を写した。その原画はペリーの日本遠征隊員によって提供されたということである。ヒルという画家が原画を忠実にトレースしたのか、あるいはそれをヒントに想像をまじえたのか、いずれにしても新聞の掲載のために彼が銅版画として描きおこしたものであることが分かる。

アメリカ東インド艦隊司令長官ペリーが、捕鯨船および日本近海の船舶への便宜供与と、難破民の保護、薪炭・食料・水の供給などを要求して浦賀に来航したのは一八五三（嘉永六）年のことであった。翌年、再来日した彼は、条約締結をさらに強硬に迫り、幕府はその威力に屈服して、ついに日米和親条約を結んだ。そして、ここに二〇〇年以上にわたる日本の鎖国政策は、事実上くずれさることとなった。このときの遠征隊メンバーの誰かが、原画をアメリカ国内にもちこんだということになる。

ペリーの日本遠征の記録は、その後『ペリー艦隊日本遠征記』として一八五六年に米国議会より公刊されている。[2] ペリーおよび乗組員たちの覚書や日記をペリー自身の監修のもとに、神学・法学博士フランシス・ホークスが編纂した。しかし、アメリカ側にとって、それ以前の日本に関する情報といえば、鎖国下にあって交易を許されていたオランダ東インド会社を経由して、おもに長崎出島に滞在していた商館員らの見聞記によるものであった。実際、ペリーは日本遠征にあたって、あらかじめそれらの情報を可能な限り入手していた。ケンペル、トゥンベリー、ティツィング、ドゥーフ、フィッシャー、メイラン、そしてシーボルトなど、オランダ商館関係者の日本における記録について、『日本遠征記』には次のような記述がある。

彼らはみな出島の商館関係者であり、当然のことながら警戒され、監視されていた。長崎の町を離れて見聞する唯一の機会は、定期的に行われる幕府への見参の際にかろうじて与えられるだけであった。先にあげたケンペルは、その範囲内で一ヨーロッパ人が知り得る情報をすべて記録していたため、後任者たちが新たに付け加えるべきことはほとんどなかった。[3]

ペリーにとっては、出島オランダ商館員たちのなかでも、商館付医官であったケンペルの書き記した情報が有用であったとしている。とくに一六九一（元禄四）年、および一六九二年の二度にわたる長崎から江戸への参府の際の見聞を評価していた。ケンペルは、『廻国奇観』『日本誌』という二冊の著書を残しているが、このうち江戸参府の紀行をふくむ『日本誌』が発行されたのは、彼の死後、一七二七年のことであった。ペリーが来日するおよそ一三〇年も前のことである。ケンペルのこの十七世紀末日本の状況を記した書物を、十九世紀なかば、つまり一世紀半を経たのちにも、アメリカの日本遠征隊が重宝していたことがうかがえる。

しかし、さらに注目すべきは、一八二三（文政六）年から七年間にわたり、ケンペルと同じく長崎出島にオランダ商館付医官として滞在したシーボルトである。彼はその間、出島での制約のあった生活にもかかわらず日本に関する総合的な研究をおこなった。それは、医学をはじめ、ヨーロッパの最先端の近代科学を日本に移入する一方、文献や美術工芸品から生活用具にいたるまで、膨大、かつさまざまな日本の文物を収集し持ち帰ったことにもあらわれている。

三　ペリー日本遠征隊とシーボルト

その成果は、帰国後、『日本』という大著にまとめられた。『日本遠征記』にはペリーがシーボルトについて、とくに注目していたことを示す次の記述がみられる。

ただ、ひとりの例外はシーボルトである。彼は目新しい事実や資料を集め、その観察と調査の結果を『ニッポン―日本記録集成（Nippon, Archiv sur Beschreibung von Japan）』という著書にまとめ、世に出した。したがって、今日の文明諸国が日本についての知識をまったく欠いているというのは誤りであるが、それでも知られていることよりも知られていないことの方がはるかに多いというのが実情だろう。(4)

シーボルトは鎖国体制の日本に対し「平和的開国論者」として知られるが、武力を背後に開国交渉を行おうとしたペリーとは奇しくも同時代人であった。そして、ペリーはシーボルトの収集した日本地図や、その著書『日本』『日本植物誌』『日本動物誌』などを日本遠征の準備にあたり事前に購入し活用していた。

反対に、アメリカの日本への政治的動向を察知したシーボルトが、遠征隊への参画を熱望したにもかかわらず、ペリーによって拒否されたということは、これまでも何人かの研究者によって指摘されてきたところである。しかし、具体的にシーボルトが遠征隊の誰と、どのような接触をもったのか不明のままで、たとえば「ミシシッピー艦上の友人」と示唆するにとどまっていた。[5]

さらに、『日本遠征記』においても、遠征隊員のなかにシーボルトとの直接の交信者がいたという記述がみられ、シーボルトからその人物あてへの手紙の抜粋を紹介しつつも、同じように「ミシシッピー号上のわが通信者」と表現するのみで、氏名や役職などの詳細は明らかにされていない。[6]

さて、このようななか、シーボルトの末裔にあたるドイツのブランデンシュタイン・ツェッペリン家が所蔵する文書から、ペリーの日本遠征隊において二人の隊員がシーボルトと交信をもっていたことが最近になって分かってきた。[7] その二人とは、遠征に同行した画家のウィルヘルム・ハイネと、同じくニューヨーク・トリビューン誌特派員のベイヤード・テーラーである。彼らのやりとりは、「日本の学術的な調査」と「日本との外交交渉の情報」に大別できるという。

まず前者は、ペリーの率いる遠征隊には学識経験者の同行が許されておらず、遠征を記録する役割のハイネやテーラーにあっては、いかにして日本での観察調査を有効になしえるか、シーボルトの教示を求めることにあった。両者の要望は、アメリカ艦隊が来日した際に必要な日本人、および日本に滞在しているオランダ人の情報提供者をえることでもあった。

これに対し、シーボルトは元商館員のビクや、また一八二六（文政九）年、商館長シュトューラーとともに果たした江戸参府に、書記として同行したバタビア在住のビュルガーを紹介した。

後者については、シーボルトはペリーの武力を背景にした開国交渉はおそらく成功しないとみていた。むしろペリーが武力を行使しないようにハイネをとおして働きかけていた。もともとシーボルトの開国構想は、日本を世界の貿易網に組み込み、西洋の科学技術を導入することによって近代化が行われることで成し遂げられる、というものであった。具対的な方策として、当時、行きづまりを見せていたロシアの東シベリア開発に必要な食糧、生活必需品の供給を日本に求めること、またそこからの産物の有望な市場として日本を捉えること。つまり、ロシアと日本との貿易関係を結ばせることにこそあった。みずからの開国案がアメリカ側で受け入れられないことをハイネからの書簡で知ったシーボルトだが、本来、ペリーの対日交渉の手法とは相容れない内容であった。以上、ブランデンシュタイン・ツェッペリン家文書による新たな事実を要約したが、アメリカの日本開国をめぐる未詳の部分にさらに光があてられたといえよう。

このように、ペリーは日本遠征の目的を達成するため、オランダ商館員たちの記録はつぶさに調べあげ、任務遂行にあたって周到な準備をかさねてきた。いわばヨーロッパ経由で可能な限り日本に関する知識はキャッチしていたのである。とくにシーボルトとの関わりにおいては、それまでの彼の「研究成果」を「研究」しつくし、かつハイネやテーラーを介して日本情報の取得を直接はかっていた。

〈中略〉この特異な民族（日本人）が張り巡らしていた防壁をついに打ち砕き、われわれが望んでいるように、日本を世界の貿易国の一員として招き入れるための第一歩となる友好通商条約締結をこの時代においてまっ先に実現させる役割は、最も若い国であるわが合衆国に残されていたのだった。日本の壁を打ち砕き、その門戸を世界へ開くという役割が、合衆国にとってかならずしも不適任だとは思えないということをここに付言してもよいのではないだろうか。(8)

ここに「最も若い国」たるアメリカこそが、かつてヨーロッパ諸国が果たしえなかった日本開国をおこなうに適任だとの自負と決意があらわれている。

四　絵入り新聞にみえる日本記事

国家プロジェクトとして遂行されたペリーの日本遠征ではあるが、一方でアメリカの大衆はこの事態をどのように受けとめていたのであろうか。また、その時代の彼らの「日本観」とは、いかなるものであったのだろうか。一八五〇年代にボストンで発行された絵入り新聞から、その内容を見てみよう。ここに紹介するのは、『グリースン絵入り新聞』と『バロウ絵入り新聞』である。

『グリースン絵入り新聞』は、一八五一年五月三日の創刊になる（図2）。発行人はF.グリースン（図3）、編集人はM・M・バロウ（図4）、という人物で、社屋はボストンのトゥリーモント通りにあった（図5）。一八五一年五月三日から五四年末までは、グリースンが発行人をつとめていたが、五五年になるとそれまで編集人であったバロウがその座にとってかわる。名称も『バロウ絵入り新聞』となり、五八年末まで続刊されることとなった。

毎週土曜日に発行され、一部一〇セント。年間をとおすと三ドルの割引料金であった。一八五三年二月十二日付の同紙には、発行の趣旨をはじめ、この新聞のセールスポイントが社告のかたちで次のように記されている。

本紙の目的は、日々のめずらしい出来事を、毎週、もっとも上品にして有益な紙面をもって提供することにある。そのコラムはアメリカにおける最良の執筆陣によって独自の記事、挿絵、詩歌としてご覧いただける。国内および国外のニュースの枠はウィットとユーモアで味付けする。[9]

紙面の体裁は、文章と銅版画をつかった挿絵から成り、毎号一六ページの構成であった。クリスマスとか感謝祭などの年中行事や、季節の節目には歳時記的な読み物も用意され、また地域の情報として結婚や物故のお知らせコーナーもあっ

図5　「グリースン社・社屋」『グリースン絵入り新聞』1851年10月11日　ピーボディー・エセックス博物館所蔵

GLEASON'S PICTORIAL
DRAWING-ROOM COMPANION.

図2　『グリースン絵入り新聞』創刊号　1851年5月3日　ピーボディー・エセックス博物館所蔵

図3・4　「発行人F.グリースン」（右）と「編集人M.M.バロウ」（左）『グリースン絵入り新聞』1852年1月3日　ピーボディー・エセックス博物館所蔵

た。国外情報は豊富で、のちに示すように日本に関する記事はペリーの日本遠征を前後に頻繁に登場するようになる。ニューヨーク・フィラデルフィア・ボルチモア・シンシナティ・デトロイト、そしてセントルイスの各地に代理店があり、ボストン以外のそれらの都市でも購読することができた。なお、毎号の発行部数は約二万部であった。

　ここで、『グリースン絵入り新聞』と『バロウ絵入り新聞』に掲載された日本に関する記事の全体を概観してみたい。表1は一八五一年五月から五八年末までの七年八ヵ月間、つまり両紙の創刊から廃刊までの時期における日本記事の全リストで、記事の内容についてはその見出しを掲出してある。

図6　『グリースン絵入り新聞』1852年5月15日
ピーボディー・エセックス博物館所蔵

　記事の全体から把握できる潮流は、大きく二つに分けられよう。第一は、アメリカの、国家としての日本への「政治的野心」である。ヨーロッパ各国から遅れをとって日本との関係を築こうとした新生国家アメリカの目的は、大統領フィルモアの国書を携えていったペリーの日本遠征をとおして具現化されてゆく。日本記事の初出は一八五二年五月十五日付の一面トップをかざった「JAPANESE SQUADRON」と題するもので、挿絵はミシシッピー号を旗艦とし大海原を遊弋《ゆうよく》するペリー艦隊七隻の「勇姿」であった（図6）。浦賀沖に黒船として威容を見せる一年二ヵ月ほど前には、この「エクスペディション」（探検）はすでにアメリカの読者に紹介されていたのである。日本との外交関係については、この記事をかぎりに、ペリーの米本土出発から日本の開港にいたるまでを刻々と、時事的もしくは解説的に掲載している。

表1　『グリースン絵入り新聞』『バロウ絵入り新聞』の日本関係記事

『グリースン絵入り新聞』

年 月 日		見出し
1852年	5月15日	日本遠征艦隊の景、サスケハナ号、サラトガ号、セントメアリー号、サプライ号、プリマス号（ペリー）、ミシシッピ号、プリンストン号
	5月15日	日本遠征の旗艦ミシシッピ号
	7月 3日	日本の習慣と風俗
1853年	2月12日	合衆国日本遠征の景 ペリー司令官の指揮のもとに西へ向かう
	2月12日	日本遠征
	4月 9日	日本の習慣と儀式
	4月 9日	日本と日本人
	4月23日	日本皇帝の謁見
	10月15日	日本の風景
	12月 3日	日本・堺
1854年	1月14日	万国旗
	1月21日	万国風俗
	1月24日	日本の風景
	2月25日	日本の風景
	7月 1日	日本漫遊
	7月 8日	日本と日本人　その1
	7月15日	日本と日本人　その2
	7月22日	日本の山の楽しみ
	7月22日	日本の首都・江戸
	7月22日	日本と日本人　その3
	7月29日	日本と日本人　その4
	8月 5日	ペリー司令官
	8月 5日	日本と日本人　その5
	8月12日	日本と日本人　その6
	8月19日	日本と日本人　その7
	8月26日	日本と日本人　その8
	9月 2日	日本と日本人　その9
	9月 9日	日本と日本人　その10
	9月 9日	日本開港
	9月16日	日本の風景
	12月 2日	日本での布教

『バロウ絵入り新聞』

年 月 日		見出し
1855年	4月28日	日本の風景
	12月 1日	日本の沿岸捕鯨
1856年	4月12日	日本スケッチ
	4月30日	日本スケッチ
	5月 3日	さまざまなイメージの寺院
	5月10日	日本の風景
	5月17日	日本の不思議
1857年	4月25日	高位の日本人
	5月30日	蒸気ヨット「エンペラー」
	5月30日	日本のレスラー
	6月13日	アフリカ人とアジア人
1858年	5月20日	日本の帝都・江戸の景

そして第二は、鎖国下の「知られざる日本」「奇妙な日本」への好奇心である。

日本という帝国は、昔からあらゆる面で有識者の並々ならぬ関心の的となってきた。加えて、二〇〇年来の鎖国政策がこの珍しい国の社会制度を神秘のベールでおおい隠そうとした結果、日本への関心はかえってますます高まった。そのため、キリスト教国の日本に対する好奇心はいまだ衰えることを知らず、さまざまな分野の熱心な研究家たちの中には、当然、この自ら孤立を選んだ国についての知識を少しでも増したいと切に願う人々がいる。[10]

ここに引用したのは、ふたたび『日本遠征記』の冒頭部分である。米国議会から刊行されたペリーの公式報告書にもこのような日本への好奇のまなざしが表明されていた。

その風潮は両紙の記事にもことごとくあらわれ、「日本の習慣と服装」「日本の習慣と儀式」といった生活様式にかかわるものから、「日本の風景」「日本の首都・江戸」「日本沿岸の捕鯨」など、地誌や産業にいたるまでを網羅している

五　ニュースソースはどこからか

一八五〇年代の日本とアメリカにおける異文化理解の観点からこれらの記事を読みとろうとするとき、もっとも関心が示されることは、記事や挿絵の「ニュースソース」とその成立過程である。たとえば、一八五四年九月十六日付の『グリーソン絵入り新聞』では、やはり見開き二ページ分の全部をついやし、「JAPANESE SCENES」と題する見出しを掲げ、四カットの挿絵とともに日本の地理や風俗を紹介している（図7・8）。挿絵の考察に入る前に、まず記事の冒頭部分を原文から引用してみよう。

It is well known that the empire proper of Japan comprises three large islands-Kiusu, Sitkorf, and Niphon.

これを原文のとおりに翻訳すると次のような内容になる。

日本帝国（Japan）の本土が、三つの大きな島から成ることはよく知られている。すなわち、九州、四国、日本（Niphon）である。（傍点は筆者）

現代の私たちから見れば、「本州」というべきところを、ここでは「Niphon」としている。つまり、この記事を書いた人物は、日本国を「Japan」、本州を「Niphon」と解釈していたことになる。前述のシーボルトはその著書『日本』で、「日本国の名称」について次のように言及している。

日本はその住民たちにニッポン Nippon あるいはニフォン Niffon と呼ばれている。ニチ Nitsi あるいはニツ Nitsu は太陽を意味し、ホン Hon あるいはフォン Fon は源を意味している。この二つが合成されると発音の変化法則によってニッポン・ニホンという名称が生じる。それはすなわち日の出を意味する。＜中略＞ニッポンという名称は、ま

図7・8　『グリースン絵入り新聞』
1854年9月16日
ピーボディー・エセックス博物館所蔵

た日本列島最大の島のことでもある。そしてヤマトとはこの本州のなかで、天皇《ミカド》（世襲の皇帝）の古代宮廷都市があった地方のことである。日本の領土の全体は日本人によって大日本つまり偉大なる日本と呼ばれている。(11)

このようにシーボルトは、ニッポンという名称には「日本列島最大の島」である「本州」、ならびに「日本国」の両方の意味があると説明している。また日本人は、日本の領土全体を「大日本」と呼ぶとも述べている。彼の著書『日本』に図版として収録された「日本とその隣国および保護国——日本の原地図による」（図9）という地図をみると、九州・四国・本州は、それぞれ「KIUSIU」「SIKOK」「NIPPON」と記されている。ただし、全体の名称は「JAPAN」とある（ちなみに、「日本海」は「Japansche Zee」だ）。

この地図のもともとの原図は、一八二三（文政六）年、江戸の天文方・高橋作左衛門が日本の地図をはじめ、中国・朝鮮、それにロシアや古いポルトガルの地図を参照にして制作し、さらに亜欧堂田善が銅版にしたものである。(12)一八二六（文政九）年、シーボルトは将軍謁見のため参府の際、江戸に滞在中、原図そのものを高橋から直接うけとった。そして、帰国後、それを下敷きに図9を作成し、著書『日本』の図版とした。「日本の地理とその発見史」のなかでは、掲載にいたるまでの経緯を次のように解説している。

本図は、もとは日本語の地図の忠実な略図である。しかし、日本・蝦夷・樺太・琉球諸島に関しての名称の訳にあたっては、いくつかの日本の別の地図と比較しながら作業をすすめた。(13)

注目すべきは「名称の訳」のところである。ほかの地図と比較しながら、シーボルトが訳したとある。つまり、図9にみられる「KIUSIU」「SIKOK」「NIPPON」などの名称は、彼自身の訳出であったことがわかる。

さらに、著書『日本』には、「日本国——日本の最も主要な島嶼。その八つの地方と六十八の国。隣国ならびに保護国」（図10）という一覧表も収録されており、やはりシーボルト自身が「日本の地理とその発見史」のなかで次のように解説している。

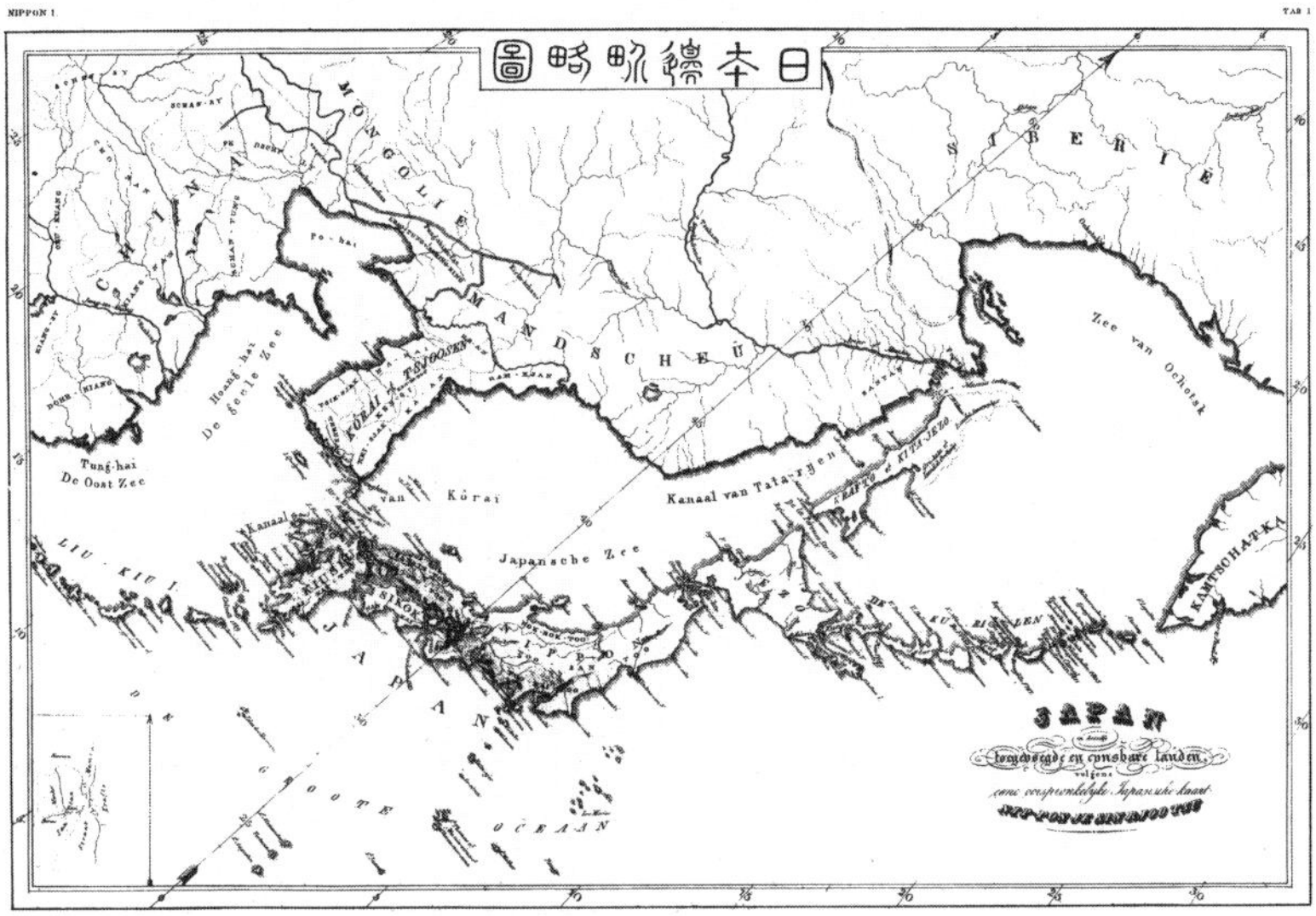

図9 「日本とその隣国および保護国――日本の原地図による」
シーボルト著『日本』、雄松堂書店刊

図10 「日本国――日本の最も主要な島嶼。その八つの地方と六十八の国。隣国ならびに保護国」
シーボルト著『日本』、雄松堂書店刊

ここ数世紀の間、いろいろと名称が誤り伝えられ、日本とその付近の地理学はいちじるしくゆがめられてきたし、再版を重ねるたびに、またそれに当たる文字を新たに翻訳するたびに、新たな歪曲が生じてきた。こういう誤った名称をすっきり除去し、日本字に沿い、言語の基礎的法則によって真の名を確定することは、私にとって緊急の仕事であるように思われる。これは一覧表によるのが一番便利であろう。[14]

図10をみると「日本の最も主要な島嶼」のうち、一覧表の最上段には「日本」「九州」「四国」とあり、ここでの「日本」は本州を意味していることがわかる。また、日本国全体は標記にあるとおり「大日本」である。「日本の呼称」をめぐっては、これまでみてきたように一八五四年九月十六日付『グリースン絵入り新聞』の記事と、著書『日本』におけるシーボルトの解説とは同一であったことが分かる。

ところで、はじめて日本が西洋に紹介されたのは、いつごろにさかのぼるのだろうか。周知のように、一二五四年、ベニスに生まれ、七一年から九五年までアジア諸国を旅したマルコ・ポーロが、その見聞を口述のうえ、まとめられた書物『東方見聞録』（一四八五年刊行）には「黄金の島・ジパング」が登場する。一六〇六年のイタリア語版のそれでは、日本の呼称を「Zipangu」としている。また、一七四四年の英語版は「Zipangu, i. e. Japan」。つまり、「ジパング、言いかえればジャパン」と、ことわりながらもすでに「Japan」という呼称を使っていたのである。[15]

マルコ・ポーロの『東方見聞録』に刺激を受け、そこに記された「黄金の国」への到達を夢見て船出をしたコロンブスは、一四九二年、「新大陸を発見」した。そして、その地の末裔たちにあたる『グリースン絵入り新聞』の執筆者にとって、「Niphon」とは本州を意味していた。そこに、十九世紀中ごろにおけるアメリカ人の日本観の一端が見えてくるのだが、むしろシーボルトの研究成果『日本』をニュースソースとし、それにならったからであろうと推測される。

ここまで、長々とシーボルトを引き合いに出してきたのは、この記事、つまり前掲の『グリースン絵入り新聞』の「JAPANESE SCENES」（図7・8）にみえる挿絵四カットは、日本の地理や風俗を文章にあわせてビジュアルに紹介したものだが、実はそのすべてが彼の著書『日本』からの引き写しである、ということが判明したからである。

六　アメリカにおけるシーボルトと川原慶賀

図11はそれらのうちの一カットで、見開き両ページのうち右側（図8）の上部にレイアウトされている。男性二人と女性一人、計三人の人物がならび、キャプションには「COUNTRY PEOPLE OF JAPAN」とある。『グリースン絵入り新聞』に掲載されたこの挿絵が、シーボルト著『日本』の図版の「農民」（図12）と一致する。つまり、この挿絵のニュースソースは、シーボルトの著作物からの引き写しであったのである。

さきにも述べたように、シーボルトは一八二三年（文政六）から七年間にわたり長崎出島のオランダ商館に医官として滞在のうえ、鎖国下の日本を総合的に研究した。帰国後にまとめた大著『日本』は、現代でもヨーロッパの日本学（ジャパノロジー）における不朽の名著とされる。その際、シーボルトは日本および日本人を紹介するにあたり視覚的な効果をはかるべく、長崎の町絵師・川原慶賀に多くの絵を描かせた。

通称を登与助《とよすけ》ともいった川原慶賀は出島出入りの絵師として知られ、一八二六年（文政九）のオランダ使節の江戸参府には長崎から江戸への旅をともにした。シーボルトは、道中、たとえば関門海峡や下関など、軍事的あるいは産業的要衝の見取り図や景観などを慶賀にスケッチさせ、みずからの眼のごとく縦横無尽につかっていたことが、次に示す彼の紀行文からうかがえる。

彼（慶賀）は長崎出身の非常にすぐれた芸術家で、とくに植物の写生に特異な腕をもち、人物画や風景画にもすでにヨーロッパの手法をとり入れはじめていた。彼が描いたたくさんの絵は私の著作の中で彼の功績が真実であることを物語

COUNTRY PEOPLE OF JAPAN.

図11 「COUNTRY PEOPLE OF JAPAN」『グリースン絵入り新聞』
1854年9月16日 ピーボディー・エセックス博物館所蔵

NIPPON II. TAB VIII.bis

図12 「農民」シーボルト著『日本』、雄松堂書店刊

図13・14・15 右から「踏鋤をもつ農夫」「天秤をもつ農夫」「大原女」
川原慶賀筆『人物画帳』ミュンヘン国立民族学博物館所蔵

っている。[16]

図11および図12の三人の人物は、その慶賀が描いたものだ。

慶賀の絵で、近年、とくに注目されるものは、ミュンヘン国立民族学博物館が所蔵する『人物画帳』である。そこには、さまざまな日本人が一〇九人にわたり一人ずつ克明に描かれ、いわば「江戸時代の日本のゆたかな民衆世界」といった観を呈している。紙本着彩により、一冊の画帳としてとじられたこれらの絵は、美術作品のみならず、民俗学的な見地からしても近世の日本における貴重な資料と位置づけられる。シーボルトは、この一〇九人から一八人を選び石版画におこしたうえ著書『日本』に掲載した。そして、そのうちの三人が「農民」の挿絵としてつかわれたことになる。[17]

つまり、『グリースン絵入り新聞』に掲載された人物（図11）は、シーボルト著『日本』の挿絵「農民」（図12）からの引用であり、もとをたどれば慶賀筆『人物画帳』に収められた一〇九人のうちの三人に行きつく。このプロセスを時系列に整理すると次のようになる。

①川原慶賀は、シーボルトの滞日中（一八二三～一八三〇）、彼のために日本人一〇九人の水彩画（『人物画帳』）を描いた。

②シーボルトは、帰国後、著書『日本』を刊行するにあたり、『人物画帳』から一八人の人物を選び、石版画にして同書の挿絵につかった。

③シーボルトは、その一八人のうち三人を「農民」の挿絵としてつかった。

④『グリースン絵入り新聞』の編集者は、シーボルト著『日本』から「農民」の挿絵を銅版画にして、同紙の記事につかった。

『グリースン絵入り新聞』の挿絵の三人は、慶賀筆『人物画帳』には図13・14・15として収められている。一枚ずつの余白に記されている説明書きによると、図13は蓑笠姿《みのかさすがた》で踏鋤《ふみすき》をもち、頬杖をついて立つ「農夫」。図14も「農夫」で、天秤の両端に徳利・風呂敷包み・花ござ・反物などの荷がのぞく。さらに、図15には「薪売りの農婦」とあるが、木綿絣に手甲、脚絆のいでたちで、京都近郊の大原から薪炭などを頭上にのせ売りにくる「大原女《おはらめ》」をあらわす[18]。

ペリーが浦賀に来航したのは一八五三年、日米和親条約は翌年に締結された。『グリースン絵入り新聞』がこの記事を掲載したのは、まさにその年、一八五四年の九月十六日のことである。アメリカが日本の長い間の鎖国体制を打ち破り、開国を果たしたという情報が国際的なニュースとなって世界をかけめぐるなか、日本人の生活の諸相はシーボルト著『日本』の挿絵から――いいかえれば、慶賀がシーボルトのために描いた人物画によって、ビジュアルにアメリカの大衆へと提供されたのであった。

さて、図11以外の三カットについても、やはり『グリースン絵入り新聞』はシーボルト著『日本』からそのまま引き写している。見開き両ページの右側（図8）の下部にレイアウトされた図16の挿絵をみてみよう。「RIVER SETAGAWA AND BRIDGE SETABAS, JAPAN」というキャプションがあり、「瀬田川と瀬田橋」の風景が描かれる。これはシーボルト著『日本』に掲載された図17からの引用だ。シーボルト一行は江戸参府の際の往路、一八二六年三月二十五日に京都から大津をへて瀬田川をわたっているので、この原画も随行した慶賀の筆によるものと考えられる。

また、見開き両ページの左側（図7）の下部にレイアウトされた図18の挿絵には手漕ぎ船や帆船など三艘の「和船」が見られる。シーボルト著『日本』の挿絵は図19のとおりで、和船の一部分である舵《かじ》をふくめ六点ある。『グリースン絵入り新聞』は、ここからおもなもの三点を選んで記事に掲載した。両方とも「商船」（シーボルトによると「Akinai fune」）を大きくあつかっているが、錨《いかり》のところに注目したい。おもしろいことに『日本』では向かって左方向に描かれているが、『グリースン絵入り新聞』ではその逆の右方向、絵の構図からいえば内側におさめられている。おそらくは、紙面上の制約とレイアウトのためであろう。この挿絵の出典はいまのところ確認できていないものの、ライデン国立民族学博物館が収蔵するシーボルト・コレクションには精巧な和船の縮小模型が多数あるので、オランダ人の石版画家がそれらを模

図16 「RIVER SETAGAWA AND SETABAS JAPAN」『グリースン絵入り新聞』1854年9月16日 ピーボディー・エセックス博物館所蔵

図17（上）「東海道　瀬田川と瀬田橋の景」シーボルト著『日本』、雄松堂書店刊

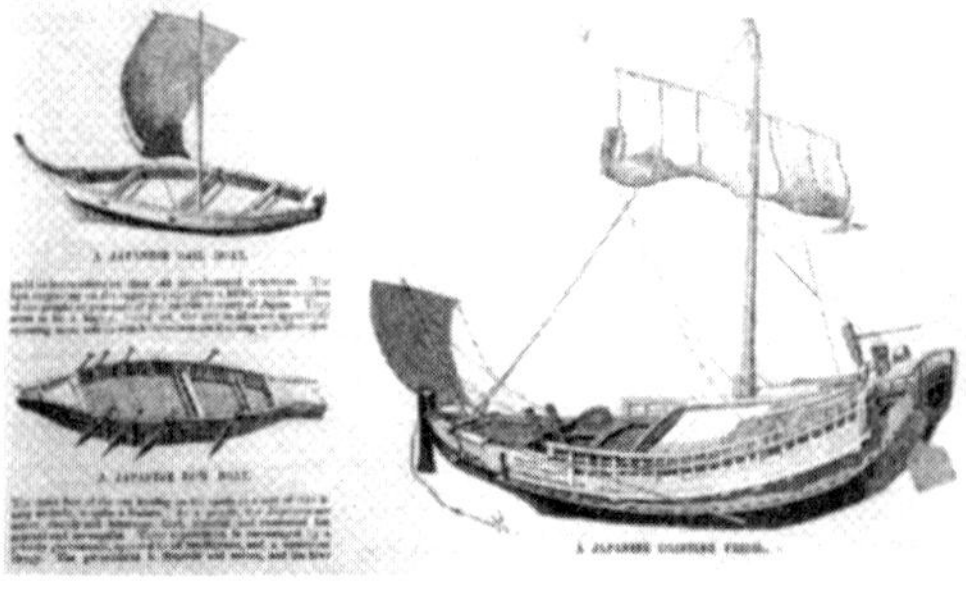

図18（右）「A JAPANESE COASTING VESSEL」『グリースン絵入り新聞』1854年9月16日 ピーボディー・エセックス博物館所蔵

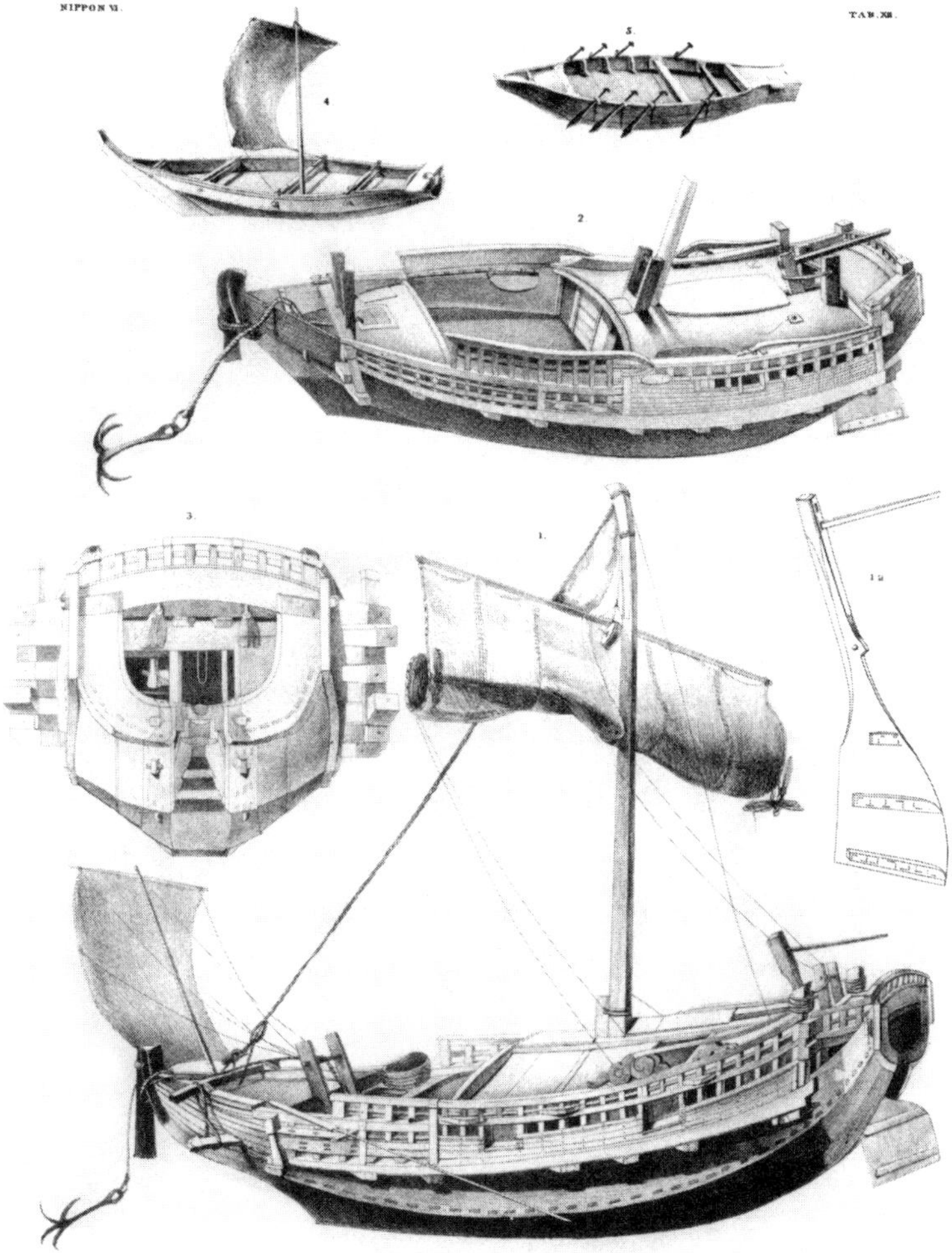

図19「和船」シーボルト著『日本』、雄松堂書店刊

写して『日本』に掲載したとも考えられる。

同じページ（図7）の上部には、さらに、「WONOGA TAKE, JAPAN」とキャプションが付された図20の山岳風景の挿絵がある。かたや、図21はそれに該当する『日本』の挿絵だ。『グリースン絵入り新聞』の記事の本文中に、「この山はMia 湾から北西の方角、一二三リーグ（約六九マイル）のところに位置する」と記されているが、現時点で挿絵の出典は特定できていない[19]。ただし、『日本』の図版には他にさまざまな山岳風景や名所が挿絵として収められており、その多くは『名山図譜』などの古典籍によることが指摘されてきた[20]。ゆえに、この挿絵の典拠も日本の書籍や画集などに求められるかもしれない。

七　むすび

いうまでもなくこれらの記事は絵入り新聞という当時のアメリカのメディアに掲載されたものである。購読層というものは、もちろん存在していたのであろうが、対象は不特定多数の読者である。新聞を編集し発行する側、つまり情報を提供する側は、一般に読者の興味から逸脱したような記事は掲載しない。当然のことだが、いかに読まれるかといった記事の編集に全力を傾注する。したがって、両紙の日本関係記事の内容を分析することによって、一八五〇年代におけるアメリカ大衆の「日本観」の一端がよみとれると考えられる。

さらに、日本という未知なる異文化をテーマとした記事であるならば、提供された情報そのものによって、アメリカの読者に対しある種の日本イメージが形成されてゆく。知られざる日本についての新たな知見が得られる一方、記事いかんによっては荒唐無稽な日本像も登場する。それは、現代のアメリカ人たちがもつ日本への、いわゆるステレオタイプ化さ

図20 「WONOGATAKE JAPAN」
『グリースン絵入り新聞』
1854年9月16日
ピーボディー・エセックス博物館所蔵

図21 「小野岳」シーボルト著『日本』、雄松堂書店刊

れたイメージの源流とさえ思われるところもあるのである。

十五世紀以来、ヨーロッパでは大航海時代が到来し、多くの人びとが「未知なる地」を求め地球の「果て」へと船出した。「未知なる地」とは、「未開なる地＝非・文明の地」をも意味し、彼らの探検は地図上の「空白地帯」を埋め、キリスト教を布教し、植民地経営というシステムにくみこむことによって、つまりはその時代のヨーロッパ的秩序をうちたてようとすることを意味した。鎖国体制のもと、「神秘のベール」につつまれた「日出づる国」を開国へと促したアメリカによる日本への「遠征」も、こうしたコンセプトに連なるものであった。

これまで見てきたように、司令官の任にあったペリーは日本の情報をえるため、長崎出島のオランダ商館員たちの記録を入念に調べあげていた。とりわけシーボルトの日本に関する総合的研究がこのうえない宝庫とされ、この「長崎発↓ヨーロッパ経由↓米国着」ルートに負うところは多々あったと認められるのである。それは同時に絵入り新聞というメディアを通じて、さらに姿を変えてアメリカの大衆へと伝えられていった。

このようにして掲載された日本に関する記事や挿絵のニュースソースを探り、成立過程を究めるということは、日米関係の黎明期における異文化イメージの形成について、その社会史的な意義が十分にあると考えられる。二十一世紀を迎えるにあたり、両者が新たな関係を構築して行こうとするならば、それはなおさらのことのように思えるのである。

ところで、冒頭に紹介した大仏の挿絵について、あの絵の原画はいまだ不明である。まさか、日本遠征隊の専属画家ハイネが持ち帰ったとは思えないのだが。しかし、『グリースン絵入り新聞』や『バロウ絵入り新聞』の日本関係記事のなかには、オランダ商館長ティツィングの『日本風俗誌』や、また本稿で紹介したもの以外にもシーボルトの『日本』から引用のうえリライトし、挿絵などはそのまま写しとって掲載したものが、ほかに多数あることが確認できた。なかには、シーボルトの妻の其扇《そのぎ》や、オランダ通詞の石橋助左衛門も登場する。それらの記事についての考察は、稿を改め次の機会としたい。

［註］

（1）*Ballou's Pictorial*, Vol.10, No.18, May 3, 1856.

（2）*Narrative of the Expedition of an American Squadron to China Seas and Japan, in the year of 1852, 53 and 1854.* 1856. Senate Printer.

（3）『ペリー艦隊日本遠征記 Vol.Ⅰ』栄光教育文化研究所、一九九七年、四頁。

（4）『ペリー艦隊日本遠征記 Vol.Ⅰ』栄光教育文化研究所、一九九七年、四頁。

（5）呉秀三『シーボルト先生　その生涯及び功業　第二巻』平凡社、一九九四年、四九頁。

（6）『ペリー艦隊日本遠征記 Vol.Ⅰ』栄光教育文化研究所、一九九七年、七一頁。

（7）宮坂正英「シーボルトとペリーのアメリカ日本遠征艦隊」（箭内健次・宮崎道生編『シーボルトと日本の開国近代化』）続群書類従完成会、一九九七年、二一五頁。宮坂正英氏は、ブランデンシュタイン・ツェッペリン家文書を長年にわたり調査研究され、ハイネやテーラーを介したペリー艦隊とシーボルトとの接触を明らかにした。シーボルトとロシアの関係における同氏の見解も注目される。

（8）『ペリー艦隊日本遠征記 Vol.Ⅰ』栄光教育文化研究所、一九九七年、四頁。

（9）*Gleason's Pictorial*, Vol.4, No.7, Feb 12, 1853.

（10）『ペリー艦隊日本遠征記 Vol.Ⅰ』栄光教育文化研究所、一九九七年、三頁。

（11）シーボルト（中井晶夫訳）『日本　第一巻』、雄松堂書店、一九七七年、四六―四七頁。

（12）シーボルト（中井晶夫・八代圀衛訳）『日本　図録第一巻』雄松堂書店、一九七八年、五頁。

（13）シーボルト（中井晶夫・八代圀衛訳）『日本　図録第一巻』雄松堂書店、一九七八年、五頁。

（14）シーボルト（中井晶夫・八代圀衛訳）『日本　図録第一巻』雄松堂書店、一九七八年、七頁。

（15）東京都江戸東京博物館・財団法人東洋文庫編「世界のなかの江戸・日本」東京都江戸東京博物館・財団法人東洋文庫、一九九四年、八頁。

（16）シーボルト（斎藤信訳）『江戸参府紀行』平凡社、一九八九年、一二一頁。

（17）小林淳一「川原慶賀筆『人物画帳』―シーボルトの〈まなざし〉とともに」（ヨーゼフ・クライナー編『黄昏のトクガワ・ジャ

パン』）日本放送出版協会、一九九八年、二三七―二六〇頁。

（18）一九九六年に林原美術館（岡山）、江戸東京博物館（東京）、国立民族学博物館（大阪）にてシーボルト生誕二〇〇年を記念した「シーボルト父子のみた日本」展が順次開催された。筆者をふくめ展覧会を担当した五人の研究者が、その準備の一環で、前年にライデン、ミュンヘン、ウィーンの各博物館・美術館にてシーボルト・コレクションの資料調査を実施した。その際、ミュンヘン国立民族学博物館にて川原慶賀筆『人物画帳』の所在を確認した。一〇九枚の絵には最初から最後までをとおして手書きの番号が、また本紙や台紙にはそれぞれにオランダ語、ローマ字表記による日本語、ドイツ語の説明書きが記されている。

（19）シーボルト（中井晶夫・八代圀衛訳）『日本　図録第一巻』雄松堂書店、一九七八年。この図版の翻訳には「小野岳」とある。

（20）斎藤信「シーボルト『日本』の図録について」（シーボルト『日本　図録第一巻』）雄松堂書店、一九七八年。

［付記］
ピーボディー・エセックス博物館における筆者の調査研究については、国際交流基金から「フェローシップ派遣事業（一九九七年度）」の助成を受けることができた。記して謝意を表する。

シーボルト「日本研究」の情報源

―収集図書類、門人提出論文を主に―

向井 晃

一、収集図書類

フィリップ・フランツ・フォン・シーボルトは二回来日して、多くの日本関係資料を収集した。動植物の標本類、工芸品・民芸品など生活用具、貨幣、仏像など拝礼具、アイヌ・琉球などの日本近隣地域の民族学的事物と共に、図書・地図・絵画類を収集し、門人に論文提出を求めた。本稿は図書・地図・絵画類、門人提出論文について述べる。

第一回来日時（一八二三―一八三〇）の収集については次の目録がある。（以下和訳で記述）

フィリップ・フランツ・フォン・シーボルト著　ヨハン・ホフマン解説（石版刷一六枚付）『フィリップ・フランツ・フォン・シーボルト収集並ニハーグ王立博物館所蔵　日本書籍及び手稿目録』和蘭ライデン、一八四五年、一二五部印刷

とタイトル頁に記されている。

内容はシーボルトの長い緒言、目次は一一部門、即ち百科辞典類、歴史書・地理書、自然科学書〈内容は博物学〉、文法書・辞書、神学書・道徳書、詩、民衆風俗・制度に関する書、経済書〈農業・商工〉、貨幣書、医書・薬物書、木版図などに分類される。本文は三五頁で以上はラテン語で記され、書名はローマ字、刊年は西暦で、書誌事項がある。次に和書の書名が同じ順序で記され、石版刷り一六枚で著者名と冊数の簡略な記述である。刊年の和暦はない。

収録はシーボルトが第一回来日中に収集の文献を主とし、これにハーグ王立博物館所蔵のブロムホフ収集図書と、フィッセル収集図書を合せて分類し、ホフマンが書誌事項などを解説し、郭成章の筆による日本文の目録を石版刷として付載した。ラテン文と日本文両方にフィッセルには＋印、ブロムホフには＊印を付けてある。（本書巻末の「資料紹介・シーボルト収集の和書」参照）

点数は別表（表1）によるが、合計は六〇五点、シーボルトが五〇三点、フィッセルは六九点、ブロムホフは三三点が収録されている。

シーボルトは緒言で収書、目録についてふれ、「……出来るだけの努力を払って日本に滞在して居た七年の間に、五二五冊の書籍を集めてこれをオランダ国に寄贈した。これと言うのも、同国に特に日本だけの収集所が出来ればと思ったからである。又自分はこれらを其の著作の内容に応じて整理したのであるが、これで東洋学愛好家或は地理学、人類学研究者達に其の書籍の価値及意義をより良く知らしめ得たと信ずる。（中略）このカタログ中に自分の書物のみならず自分の収集に存在せぬ他人の収集を加えたのは、如何に多くの学問上の至宝が数年の間にしかも遠隔の地からオランダに集め得られたかを一目に示すと同時に、日本文化研究に役立つ材料の数とそれらの価値とを分明にせんと欲したからである。（中略）大部分の表題は作者自身が日本文字を以て書き下した通りを採用した。（中略）中国の表題なるべきを屢々日本の習慣に従い日本語にせねばならなかった事がある。」

シーボルトの収書をみるのに大項目でまとめると、最多は二、歴史・地理が一六三点（歴史一四、地理・地誌九四、地図四一、エゾ・琉球一四）、以下順次述べると、三、自然科学（博物学）が一〇〇点、一一、木版画が七一点、四、語学が三八点、八、経済（農業、商工）が三三点、五、思想・宗教が二三点、七、風俗・制度が二三点、六、文学（詩）が二二点、一〇、医学、薬物が一四点、九、貨幣が九点、一、百科事典が七点となり、合計五〇三点である。

収集図書の利用については、すでに石版刷（日本文）の復刻を収録した『シーボルト「日本」の研究と解説』（四一～四二頁）の解説で、主著『日本』での絵の引用として『北斎漫画』や『名所図絵』など、地図の引用で『改正日本輿地路程全図』（長久保赤水）その他からの引用を始め、引用文献が指摘されている。『日本』の原注には、『和漢三才図会』、『三国通覧図説』（林子平）、『和漢年契』（『和年契』ともあり、中国史年表を削除して訳したもの）、『日本書紀』、『日本王代一覧』、『仏像図彙』（図像を多数引用）その他多くの引用文献がある。

絵画や図入り本（『和漢三才図会』その他）の収集が多い。

前記の解説では『日本動物誌』や『日本植物誌』での引用書も紹介されているが、近年『日本植物誌』のシーボルトによる、仏文解説の翻訳の『日本の植物』（大場秀章監修・解説、瀬倉正克訳、八坂書房、一九九六年刊）をみると次の文献名がシーボルトの解説中に出てくる。いづれも第一回来日時の収集である。

三一、ハコネウツギで『物品識名』（水谷助六）、一〇七、モミで、『花彙』（小野蘭山、桂川甫賢が蘭訳して提出）、一二四、スギでは『北斎漫画』、『草木奇品家雅見』などの図にふれている。なお『日本の植物』二三六頁に、シーボルトの解説文の日付（署名付で）が一八六五年七月とあり、これは没年（一八六六）の前年で、彼のノートが残され後の解説に引用されている。

以下シーボルト収集日本図書目録について、二度の来日時収書目録を含めて概観する。

（一）Catalogus Librorum et manuscriptorum Japonicorum a Ph. Fr. de Siebold collectorum, annexa enumeratione illorum, qui in Museo Regio Hagano Servantur.

Auctore Ph. Fr. de Siebold
Libros descripsit J. Hoffman.
accedunt tabulae lithographicae XVI.
Lugduni-Batavorum*, apud auctorem.
1845.impressa CXXV exempla.

＊オランダ国ライデンの古称

緒言四、目次二、本文（ラテン語）三五頁、石版刷（日本文）一六頁、大きさ二六・五×二七・五cm

本書は稀書で筆者は東洋文庫所蔵本を閲覧した。昭和一二年に日本学会（ベルリン）と日独文化協会により編集、郁文堂書店より複製本が発売された。

シーボルトの緒言、目次の訳と解説がついている。

なおこの複製の再複製本が『シーボルト収集図書目録』として昭和六三年に科学書院より発行された。

この目録の後半の石版刷（日本文）の部分が次の書に収録され、短い解説をつける。

『シーボルト「日本」の研究と解説』監修　岩生成一、緒方富雄、大久保利謙、斎藤信、箭内健次、講談社発行、一九七七年。

なお本書には大英図書館所蔵のシーボルト収集の日本図書の「蔵書目録」も併せて収録され、解説（藤田喜六執筆）がついている。

(二) Abtheilung I A Wissenschäftliche Gegenstande Bücher u. Holzschrift Bilder. S. 1096-S. 1296

本目録はシーボルトの自筆（欧文）で、再来日（一八五九〜六二）時の収書、区分が「百科事典」で「和漢三才図会」（漢字に振カナ付き）が始にあり、通し番号がつけられている。三九丁で大きさは、三三×二一㎝である。本目録から発展して、シーボルト最晩年の著書、『日本博物館に関係する概要と覚書』（B5版、四六頁、一八六四〜一八六六頃）が刊行された。本目録の詳細は石山禎一編著の『シーボルトの日本研究』（吉川弘文館、平成九年刊、一三一―一八九頁）に述べられている。なお本目録の分類別点数（表2）を参考としてつける。

(三) 蔵書目録

六三丁、二四・四×一六・五㎝

この目録は、ノルデンシェルド（スェーデンの鉱物学者・北極探検家、古地図の研究、日本図書の収集家）が一八七九年横浜に寄港した際、シーボルトの次男ハインリッヒより贈られた旨が、下記の収書目録の解説にある。

Catalogue of the Nordenskjöld Collection of Japanese books in the Royal Library, by J. S. Edgren, Stockholm, 1980.

収録図書類は長男アレクサンダーが一八六八年に大英博物館に売却したが、当初その内容が特定していなかった。近年前記目録の発見により、一〇〇年余りたって内容が明らかになってきた。分類項目、書名、冊数がある。（表3）

筆者は近年この「蔵書目録」の前身と考えられる目録二点を確認したので紹介する。

（イ）蔵書目録

折本、二六・五×二九・三㎝、三三枚

本目録は一九九六年一〇月に堺市博物館で開催の「シーボルト・日本を旅する」展に、ライデン大学図書館から出品のものである。展示図録の写真（九六頁の心学、日本名所図会之類、末尾など）と閲覧時に開示されていた「名所図会」関係の一部などから、この目録の前半であると考えられ、堺市博物館の井渓明氏の御教示を得て、分類項目とその順序、図書並び順も殆んど同一である事が判明した。

Catalogue of pre-Meiji Japanese Books and Maps in public collections in the Netherlands.（オランダ国内所蔵明治以前日本関係コレクション目録）、H. Kerlen編、Amsterdam, 1996.（八一〇頁）

（ロ）蔵書目録第二

六四枚、二九×二三㎝（複製本の大きさ）

Catalogus B. von verschiedenen Gegenständen einer Sammlung. と表紙に帖紙がある。東洋文庫の所蔵になるシーボルト資料の複製（日独文化協会よりの寄贈）である。

前記（イ）の目録の末尾の番号は「九百二」、（三）の蔵書目録で照合すると次の項目は「法帖之類」となっている。
（ロ）の目録は「蔵書目録第二」と題名があって、分類項目は「法帖并書法之類」とあり、始の書名「草露貫珠、水戸中村立節義竹揖、元禄九年版、二三冊」の上の番号は「九百二」となっていて、つながっている。この後は大体あうが、（イ）の目録のように殆んどとはいかないが相当数は符合している。項目では（ロ）が「絵本野史并名所旧跡草木鳥獣人物之画類」で、（三）は「絵本類」とあり、内容は相当数はあっている。（三）の「お阿ん物語・おきく物語」が、（ロ）目録で「おあんものがたり・おきくものがたり」と一冊に合綴され、これ以降は分類並に図書名もあわなくなってくる。（ロ）の番号は「九百九十五」、「千」以上で若干照合できるものもある。

（ロ）では項目は「劇場之類」、「神仏掛物之類」（番号は新規の「一」より始まり、ローマ字で読みを記したものも所々にみられる）、項目は「仙人之類」、「日本聖人之類」（「百四」が空白で、その後は女性の図その他が続く）。次に項目「仏像之類」（番号は新規になり）、「百十五、太鼓、音楽のタイコ」で終る。以上から（三）の目録は（イ）と（ロ）の目録をもとにして筆写されたもので、（三）に収録の図書では著者名、刊年などは省略されている。

シーボルト収集日本図書目録については、従来第一回来日時の収集図書が、主著『日本』、『日本植物誌』、『日本動物誌』の編集に参考とされて著名であるが、再来日時収集の図書目録の存在はこれまで必ずしも十分周知されていなかったが、近年新しい資料の（イ）と（ロ）が判明してきて、調査をすすめることができた。

またシーボルト再来日時における収集図書の現存については、英国のケンブリッジ大学図書館の日本図書目録が刊行されており、また一部はフランス国立図書館蔵になっていることも報告[1]されている。

大英図書館所蔵和漢書総目録（川瀬一馬・岡崎久司編、講談社（丸善取扱）一九九六年）は前出（三）の蔵書目録の図書を含み、一八六八年以来、大英博物館所蔵となり、現在は大英図書館所蔵である。

この目録に含まれている、シーボルトコレクションについては、The Von Siebold Collection in the British Library と題して、Yu-Ying Brownの執筆でMISCELLANEA,（Nr. 12. ドイツ―日本研究所、1996.）に収録されている。本稿はThe British Library Journal, Vol.1, no.2（1975）, Vol.2, no.1（1976）掲載を改訂したものである。その一二六―一二七頁に、大英図書館の分類による点数表があるが、総数は一、〇八八点になっている。（表3では一、〇八二点）

ドイツではEva Kraft編のドイツ国内所在日本図書目録の内、ミュンヘン地区の巻に、ミュンヘンの国立民族学博物館の所蔵として、シーボルト再来日時の収集が含まれている。

シーボルト再来日時に収集した図書は主としてドイツとイギリスに二組の図書群があったことになる。

二、門人提出論文

シーボルトは日本の各種の情報を収集するのに、文献資料としては図書類とともに、門人達に課題を与えて、オランダ語で論文の提出を求めた。この事情についてシーボルト『日本』の「江戸参府紀行」二月二六日の条に、次のように述べられている。

門人のうち最も有能な人たちとの再会は、すべて約束のとおりであった。彼らはオランダ人の先生のもとを去るに当って、めいめい故郷で学位論文を書き、それを参府旅行の途上にある先生に手渡すという条件のもとに、堂々たるドクトルの免許をとっていた。テーマは彼らに指示され、まだほとんど知られていない自然科学上の問題を対象としていて、いつも日本やその隣国ならびに属国に関する地理学、民族学あるいは博物学の分野にわたっていた。今日受け取った論文のうちには次のような標題のものがある。

として、河野コサキの「長門および周防国の地理的・統計的記述」他五点の論文があげられている。

シーボルトの鳴滝塾での高弟であった高良斎の家には、この蘭語論文「日本疾病志」や「天狗爪石略記」の草稿本（シーボルトの添削がある）、論文提出や免許状についてのシーボルトとの書簡があった。これらについては、呉秀三『シーボルト先生―其生涯及功業―』大正一五年刊（第二版）に乙篇（史料集）第二、高家文書、シーボルト先生が門人に与え し覚書として収録されている。これらは、高於菟三・高壮吉『高良斎』昭和一四年刊（復刻、「伝記叢書」大空社、一九九四年刊）に掲載されているが、本稿では福島義一『高良斎とその時代　付・日本散瞳薬伝来史』により、シーボルトが高良斎に与えた課題名を紹介する。

〇日本の実用植物の栽培法　〇純日本の医学について　〇日本各地の主要な産物の記載　〇毒性植物の目録（その人体に及ぼす影響、催眠剤、麻酔剤、興奮剤など）。

〇次の問題に回答されたし

一、日本人は男児と女児と何れが多数出生致候哉。其割合は幾何に候哉。（欧羅巴にては男児二十人に対し、女児二十一人の割合なるが、日本にては女児稍多かるべしと考られ候）

二、日本にては一年間に百人中何人死亡致候哉（欧羅巴にては三十三人に付一人死亡致候。日本にては尚お少なきかと被レ考候）

三、日本人千人中に内科医・外科医・無免許医師は幾人可レ有レ之哉。

四、薬剤としては植物性のもの・動物性のもの・鉱物性のもの、貴君の研究の由に候へば、何れが日本人に有効と被レ存候哉。三種の内にて最も効能のある薬品（多数でなく）二三種を挙げ示され度候。此等が明らかになり候はゞ、日本の内科・外科に関する小論文を書上られ度候。左候へば小生はそれを永く忘れ不レ申、又貴君は高名と相成べく候。

〇日本人の病気について回答

一、日本の方法に従ひて病気の分類。

二、その鑑別に要する一般の証候、例へば脈・小便等。

三、一般の治療法、それに根拠ありや。
四、それにつきての薬剤。
五、日本に於ける治療法の例を人のよく知る疾病につきて説明可レ致（例えば赤痢の経過、投薬）。
○日本人体質の問答
日本の住民は幾多の種族に区分すべく候哉。私の考にては。
（い）中国人の如きもの、（ろ）モーレン（モロッコ人）の如きもの（口大きく毛巻く）、（は）蝦夷人の如きもの（丈低く頭大きく髪多し）、（に）純日本人（頭顱甚低く鼻弓形をなし、頭髪褐色にして長し）など四種ありと存候。
それに特別の名は無レ之候哉。
○次の課題について回答
一、日本に於ける主要なる薬品の目録。
二、日本に於ける総ての病気の目録。
三、日本に於ける各州の主要なる産物の目録、例へばよき馬、よき織物及びその産地、例へば肥前の上等の陶器、薩摩の樟脳・煙草など。

（以上『高良斎』より転載）

高良斎はシーボルトより、免許状を二点授与されており、その一点を紹介する。

許状

一阿波一医高良斎子西遊シテヨリ茲ニ七年和蘭学ニ潜心精力スルコト称誉スルニ堪タリ就中内科外科本草学ニ精シ且ツ実事ニ接シ予ノ説ニ従ヒ重病ヲ療スルコト許多并ニ外科眼科等ノ手術モ自ラ施シ良効アルコト少カラス実ニ有徳碩学ノ士ニシテ日本人ニハ勿論和蘭ノ徒ニ対シ内外両科本草兼達ノ先生ト弘ニ唱フトモ羞スルコトナシ依テ証書シテソノ実ヲ

告グ

紀元千八百二十九年十月三日

ドル　ホン　シィーボルト　印

於出島館　記

（原文オランダ語、高良斎訳）

一九三四年のシーボルト文献の将来は調査研究を行うこと、展覧会を開催して広く学界、一般に紹介するを目的としていた。そしてこの展示には将来したドイツ側の文献とともに、国内各地の機関・個人所蔵文献も同時に陳列された。普及のために、『シーボルト資料展覧会出品目録』、記念絵葉書、『日独文化講演集』、そして門人執筆の蘭語論文八編、書翰、一三通、高於菟三氏所蔵の高良斎蘭語論文一編を複製した『施福多先生文献聚影』、さらに論文集『シーボルト研究』が刊行され、「門人がシーボルトに提供したる蘭語論文の研究」が収録された。蘭語論文についてはシーボルト提出の報告に四六編（一八二三年より一八二八年）とあるが、前記の将来文献中には四三編（これは約半数が双方で一致した）、近年の調査で若干新しいものも見つかっている。論文題目については別稿〈資料編〉にあげておいた。

注

（1）「パリ国立図書館における一八～一九世紀収集和古書目録稿―ティチング・シーボルト・ストゥルレル・コレクションを中心として―」小杉恵子、『日蘭学会会誌』一七―一（通巻三三）、一九九二年。

参考文献

○『シーボルト研究』、日独文化協会編、岩波書店、昭和一三年、緒方富雄・大鳥蘭三郎・大久保利謙・箭内健次「門人がシーボルトに提供したる蘭語論文の研究」

○『防長医学史』（上巻）、田中助一著、防長医学史刊行後援会、昭和二六年、七、シーボルトと防長
○『シーボルト』（人物叢書　新装版）、板沢武雄著、吉川弘文館、昭和六三年（昭和三五年第一版）、日本研究の成果の項
○『施福多先生文献聚影、解題』、シーボルト文献研究室翻刻兼編輯、取扱所　荒井書店　昭和一一年
○『高良斎とその時代―附・日本散瞳薬伝来史』、福島義一著、思文閣出版、一九九六年、7、シーボルトに師事――シーボルトが要請した研究論文と授与した証状――
○『シーボルト資料展覧会出品目録』昭和十年四月廿日―廿九日、主催　日独文化協会、日本医史学会、東京科学博物館、第一部、日本研究、B、門人の論文
○『シーボルト父子のみた日本、生誕二〇〇年記念』、編集　ドイツ―日本研究所、東京都江戸博物館、国立民族学博物館、発行　ドイツ―日本研究所、一九九六年
○『シーボルト生誕二〇〇周年記念特別展、シーボルト家の二百年展　展示録』、シーボルト記念館、平成八年
○『シーボルト先生―其生涯及功業―』、呉秀三、吐鳳堂書店、大正一五年
○「高良斎先生自筆蘭語文書の紹介殊に蘭文「日本疾病志」について」（緒方富雄）、中外医事新報、一一七九、昭和七年
○「高良斎先生「蘭文天狗爪石略記」について」（高壮吉）、中外医事新報、一一八七、昭和七年
○「高良斎の蘭文書翰に就いて――故高於菟三氏の霊前に捧ぐ――」（大鳥蘭三郎）、中外医事新報、一二七五、昭和一五年
○『高良斎』、高於菟三・高壮吉著刊、昭和一四年（復刻、伝記叢書一三八、大空社、一九九四年）、巻末にシーボルト書翰を付ける。

(表1) 日本図書及手稿目録

(S:シーボルト、F:フィッセル、B:ブロムホフ収集) 1845年
シーボルト収集並にハーグ王立博物館所蔵

	計	S	F	B
1．百科事典類	12	7	4	1
2．歴史、地理A．歴史a．神話	3	3	0	0
b．歴史	12	6	6	0
c．年表	6	5	1	0
B．歴史地理	20	20	0	0
C．地図a．一般地図	6	6	0	0
b．地方地図	32	32	0	0
D．地誌a．都（京都）地誌	13	12	0	1
b．江戸地誌	20	16	1	3
c．大坂地誌	11	8	1	2
d．長崎地誌其他	5	5	0	0
E．都市及び地方案内記	21	21	0	0
F．旅行記	13	12	0	1
G．属領の地理及歴史	17	14	3	0
H．欧人著述の和訳地図	3	3	0	0
3．自然科学　A．博物学一般a．日本再刻漢籍	13	13	0	0
b．和書	17	17	0	0
B．博物学特殊a．植物書	15	15	0	0
動物書	9	9	0	0
b．植物写生図手稿	18	18	0	0
c．動物写生図手稿	18	18	0	0
d．雑論文	10	10	0	0
4．文法及辞書A．辞書a．漢語辞書、漢和辞書	7	6	1	0
b．和漢辞書	4	3	1	0
c．異字同義辞書	2	1	1	0
d．日本古語辞書	2	2	0	0
e・f．和蘭・蘭和辞書	4	4	0	0
B．語彙a．アイヌ語	2	2	0	0
b．高麗語（朝鮮語）	3	3	0	0
c．梵語	2	2	0	0
d．満洲語	2	2	0	0
C．文法書	15	13	1	1
5．神学及道徳A．仏教	9	8	0	1
B．儒教（原文目次は神道とある）	4	3	1	0
C．道徳教訓、寓話及雑書	32	12	18	2
6．詩　A．劇詩	10	3	7	0
B．叙情詩（和歌）	18	15	2	1
C．俳諧	6	4	2	0
D．漢詩	4	0	4	0
7．民衆風俗並制度A．風俗習慣	11	8	3	0
B．制度法令	6	6	0	0
C．政治	4	3	1	0
D．軍事	4	4	0	0
E．建築	2	2	0	0
8．経済A．農業	11	11	0	0
B．商工	24	22	2	0
9．貨幣	14	9	3	2
10．医学・薬物	14	14	0	0
11．木版画A．絵画指南書	6	5	0	1
B．有名な絵画の木版複製a．中国	7	6	0	1
b．日本	50	39	2	9
C．絵画書a．歴史画書	11	5	3	3
b．風景及び建築図	4	0	0	4
c．服飾図	17	16	1	0
現蔵：ライデン大学、同植物標本館、民族学博物館	605	503	69	33

(表2) 第1部　A.学術的物品　書物及び木版画 (シーボルト自筆)

百科事典	4	b 儒教拝礼	7
神話、歴史	9	c 仏教拝礼	11
地理、地誌	5	風俗習慣	6
全体と区分地図	21	国家と戦略	6
都市と港の地図	7	手工業と商業	3
案内図及び風景	5	貨幣学、算術	8
山岳誌	3	紋章学、考古学	8
日本近隣保護地域の記述	4	画集、木版画	4
自然史 (博物学) 植物	16	色刷り木版	36
動物	1	着色版画	1
昔と今の日本語、漢字辞書	10	銅版画	4
外国語	2	風景版画	1
詩	4	複製地図	2
礼拝　a 神拝礼	1	雑	11

〔ミュンヘン民族学博物館所蔵、1864年頃作成〕　(計 200)

(表3) 蔵書目録 (目録：スウェーデン王立図書館所蔵)

日本歴代之事跡并官職之部	86	大工左官書類	11
仏書并経典	110	茶之湯之部	6
神道之部	10	飲食料理	4
和歌之部	30	生花之部	6
日本行事	10	碁経之部	3
和漢合類詞書	20	算術之書	6
日本古今風俗并和漢故事	19	築山之書	4
字引并手紙稽古本	23	雛形	3
本草書之部	44	音曲之部	21
農之部	8	和蘭書字其釈書類	12
山海物産之部	13	朝鮮琉球国之部	15
貨幣之部	24	牛馬之書	9
博物類(百科事典)	7	医書之部	15
ト筮人相方位之部	9	蝦夷之書類	15
字書之部	7	地図	9
心学道話并諸教書	15	法帖之類	14
古器之図会	16	絵本類	66
兵書	7	千以上之分	29
日本武器并城郭	11	箱入写本	24
経書	18	番外之部	91
武鑑	9	西洋仕立之帙入	57
日本輿地の部	89	失ひし分	17
日本名所図絵之類	60	〔点数　合計〕	1082

〔図書類：現在は大英図書館所蔵〕

シーボルトアルバム-Ⅳ

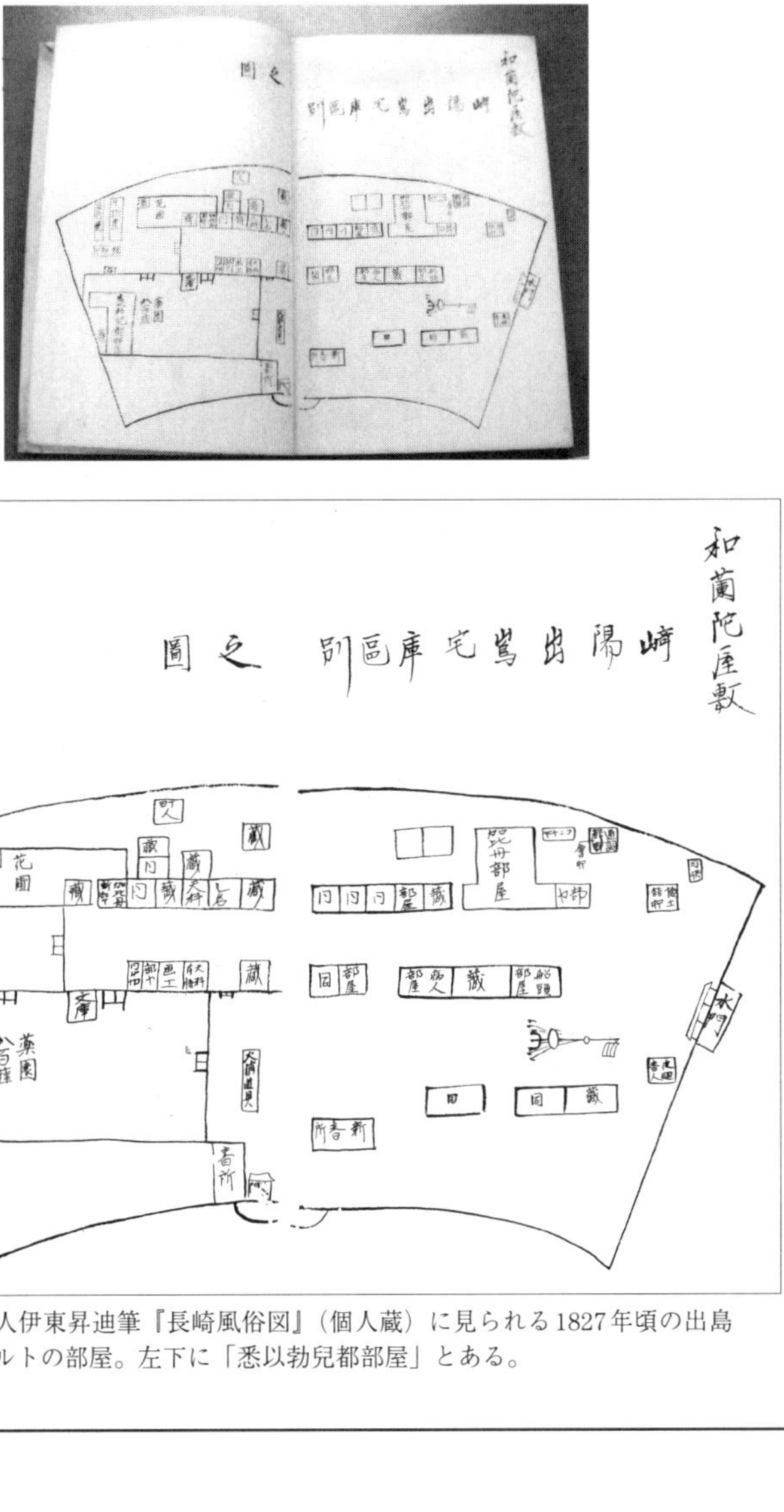

シーボルト門人伊東昇迪筆『長崎風俗図』（個人蔵）に見られる1827年頃の出島にあるシーボルトの部屋。左下に「悉以勃兒都部屋」とある。

シーボルトアルバム-V

〈シーボルト再渡来時の旅券〉
(ブランデンシュタイン・ツェッペリン家所蔵)

〈資料紹介〉

ドイツとオランダに散在する

シーボルトの自筆書簡

——特に日本動植物関係について

石山禎一 訳編

ヨーロッパ諸国の図書館、博物館それに研究所などの諸機関に散在するシーボルト（Ph.Fr.von Siebold 1796-1866）関係の資料を調査していると、時には彼の自筆書簡を見つけることがある。

本稿では、先年（一九八三年および一九九七年）、私がオランダのライデン大学図書館やドイツのバイエルン州立図書館で調査したシーボルトの書簡一八通をコピーして入手したので、これらを判読し紹介することにした。前者の図書館には、シーボルト著『ファウナ・ヤポニカ』（『日本動物誌』）の爬虫類・魚類編の大部分を執筆担当した動物学者シュレーゲル（Hermann Schlegel 1804-1884）[1]宛の手紙（ドイツ語）一三通があり、また後者の図書館には『フローラ・ヤポニカ』（『日本植物誌』）の図版を担当したミンシンゲル（Sebastian Minsinger 1800-1869）[2]宛のほか、宛先不明の書簡（ドイツ語）五通が所蔵されている。いずれも出版に関する一端を垣間見る有益な資料であり、またシーボルトの人間性を知る興味ある記述も散見される。これら訳文は正確に訳出することは難しく、意味のとり違えもあると思われるので、大意にとどめることにした。

一、動物学者ヘルマン・シュレーゲルに宛てた書簡（ライデン大学図書館所蔵）

（1）尊敬する友へ！

昨年の一一月一五日のお手紙を拝読してから心配のあまりでたまりません。お加減の悪さのことやテンミンク夫人の死去は大変なショックです。慰めや気晴らしにより、あなたの力はもうすぐ回復し、テンミンク[3]氏の心を支えるたのもしい方なので、この災いがもたらした悲しみに耐えられるようになればと思います。

私がテンミンク氏に送った手紙の内容は、あなたもおそらく気に入ったと思いますが、このことで出来る限り良心を尽くして対応しようとした次第です。ベルリンにいても、植物標本の仕事ができないわけではありません。現在、北アメリカ[4]で獲られた鳥類の剥製や蛇類の見事なコレクションを標本取引人から調達しました。ペテルブルグ市で売却した作品[5]のことですが、僅かながら注目されました。私がライデン市に到着するまで売却できなかったものはすべてそこに留まるようにしました。これらについてもうすぐお話したいと思います。蛇類[6]は版画をムルダー博士[7]に依頼したのは非常によい選択だと思いますが、編集者をこれ以上待たせないように、資金の流れを活かすためにも、解説文[8]も早く仕上げなければなりません。現在、テンミンク氏と共にパリへ行っていただくように手を回しております。パリは気に入られると思いますし、幾多の学術的なものが得られると存じます。出発するまでに、必ず『ファウナ』（動物誌）の脊椎動物編[9]が一部ほど出来上がるように、仕事の計画を調整していただきたいと思います。実はこのようなことは、お互いの金銭的な都合にしても大変有意義なものであると考えております。私たちの商売やロシアとプロイセンでの訪問では、研究資料が手に入るのは確実だと思います。この地（ドレスデン）の宮廷では、バイエルン皇太子の受け入れも非常に好意的なものでした。[10]

二月九日金曜日にウイーンへ出発し、そこからミュンヘン経由で帰るつもりです。今回の旅は予想以上に長引きましたが、あれだけ進んでいるこの企画をどうしても成功させたいのです。ヴィルヘルム氏[11]とアレクサンダー・フォン・フンボルト氏[12]は、私のことを非常に暖かく迎えてくださり、プロイセン国王の前で私の作品のために、いろいろ力を尽くしてくださいました。同じように、フーフェランド氏[13]、リッター・ベルグヘド氏[14]、フォン・ブッフ氏[15]、リヒテンシュタイン氏[16]、エーレンブルグ氏[17]、コンテ氏[18]などにお世話になりました。偶然にクラプロート氏[19]もベルリンにいましたし、しかもなんとドゥ・コック陸軍中将閣下[20]にもお会いできました。私はベルリン地理協会の集会で、閣下を私の学術研究旅行の理解者として、ペテルブルグ市の勝者として、また〔…〕の登山家として来場の方々に紹介することになりました。晩餐会が終わり、閣下およびクラプロート氏と私が当協会の名誉会員に指名[21]されたことが発表され、乾杯の辞が述べられました。

ライプチヒ市で私はヨルク博士に会いましたが、実は扇動的な支援で監禁中なので、皆さんによろしくお伝えするように励まされました。

では、ごきげんよう。テンミンク氏、デ・ハーン氏[22]、レインワルト氏[23]、メブロウ氏[24]、またスザンナ氏[25]や皆さんに心からよろしくお伝えください。

敬具

フォン・シーボルト（署名）

追記：すでにご存知だと思いますが、あなたはムルダー氏と共にモスクワ自然科学者協会の会員となりました。入会証明書を収集品の荷物に入れましたのでご確認ください。

一八三五年一月四日　ドレスデンにて

ヘルマン・シュレーゲル博士へ

（注）文中の（ ）は訳者による。また、〔…〕は自筆原文が判読できない箇所。シーボルトは一八三四年から三五年にかけて「日本研究」著作の予約と購買、研究資金の援助を要請するため、ヨーロッパ各地（サンクト・ペテルブルグ、モスクワ、ベルリン、ドレスデン、プラハ、ウィーン、ミュンヘン、ワイマール）へと旅に出た。ここで紹介の自筆書簡は、彼がドレスデン滞在時にシュレーゲル宛てに書かれたもので、これまで知られていない彼の旅行中の一端を知る極めて注目すべき資料といえる。

（2）シュレーゲル博士宛て（封筒）

親愛なる友へ

この手紙に一〇〇フロリンおよび『ファウナ・ヤポニカ』（『日本動物誌』）のためにいただいた納品に対する支払いを同封します。今週か来週のうちに、われわれの執筆作業について一度お話するように時間を割いていただければと思います。

とりあえず、ご連絡まで　敬具

フォン・シーボルト（署名）

三月一八日

（注）発信年は不明。

（3）ライデン在住　シュレーゲル博士宛て（封筒）

親愛なる友へ

私が仕事を頼んだせいで、ホフマン氏[26]が昨日の会合に出席しなかったことをお詫び申し上げます。お詫びの気持ちと共に、新年を迎える際のめでたい気持ちを込めて、ご挨拶をお送りします。　敬具

フォン・シーボルト（署名）

水曜日

（注）発信年は不明。書簡の内容から一二月に書かれたものであろう。

（4）シュレーゲル氏宛て（封筒なし）

親愛なる友へ！

昨日、あなたの都合がつかず、『ファウナ』（動物誌）の原文の印刷機の手配について話し合えなかったことが、逆に幸いしたようです。多分、『ファウナ』（動物誌）の言葉の中で最初に述べることが出来るでしょうし、次回の冒頭は必ずそれから取り掛かることが出来ます。しかし、それについては、私は前以てラ・ラウ氏[27]に話をしておかなければなりません。江戸へ向かう旅の途中で書いた私の日記（三月二七日）[28]に、サンショウウオについてのメモを見つ

けましたが、これもひょっとして役に立つかも知れません。坂ノ下で、とても奇妙な有尾類を手に入れました。サンシヨウウオ San sjo uwo 、すなわち山で生息している魚です。それは鈴鹿山という近くの山中の川の源流に生息し、時々そこを離れては湿った岩の割れ目に潜んでいます。オクデ Okude 山にはもっとよく現れます。この有尾類（Triton Laureat）は体長一三・六インチで、その他確認出来るのは以下の点です……背は灰色っぽい地に緑がかった色で、不規則な小さく黒っぽい斑紋があり、腹は黄緑色で斑紋はありません。前足の指は四本で、親指の下にはイボのようなものがあります。後足の指は五本ですが、左足の指は四本しか発育していません。親指の第二指節骨にある一インチ九リーニエンの線が成長中の指でしょうか？　それ以外には親指の外側に、イボ状の突起と同じようなものが前足にあり、〝横から這いつくばるように観察すれば〟襞のある縁があり、その部分が角ばった外観を呈しています。因みにこの実物は、一八二九年の収集品に入っています。

草々

フォン・シーボルト（署名）

金曜日

（注）発信年は不明。

（5）シュレーゲル博士宛て

親愛なる友へ

この手紙に、日本の蜥蜴類および蛙類に関するコメントを同封いたします。もし特定のコメントについてさらに詳しい説明が必要になった場合、いつでもお気軽にご連絡ください。今度時間ができましたら、ビュルゲル氏[29]の絵画も修正し、この手紙に同封した解説で取り上げているものと比較してみたいと思います。日本の爬虫類に関する私の知識が間違っていなければ、材料を別として新しい絵は、今回はあまりないはずです。

（注）発信年は不明。シーボルトの署名がないことから、おそらくこれに続く書簡があったのであろう。今のところ、訳者の調査した限りでは、このライデン大学付属図書館には見当たらない。

（6）シュレーゲル氏宛て（封筒）

親愛なるシュレーゲル氏へ

ご返事と共に日本文字のラ ra に関する訂正をお送りします。編集者の見事な作業に非常に感激しましたが、一点気になって仕方がありません。つまり、あるページでは nos voyageurs（われわれの旅行者）と書いてあるのに、八四ページでは nos naturalistes（われわれの自然科学者）となっています。一格の mon Essai（私の試論）を使うのであれば、nos（われわれ）は一体どこを指しているのでしょうか。私は les naturalistes（自然科学者）の方がいいような気がします。そういう風にしておかないと、ビュルゲル氏と〔……〕を区別しないあの自然科学協会にいつか訴えられるかも知れません。ご存知のように、私は政府の命令による自分の日本研究旅行に自信を持っています。

敬具

フォン・シーボルト（署名）

（注）発信年は不明。〔…〕は自筆原文が判読できない箇所。

（7）シュレーゲル氏宛て（封筒）

わが『ファウナ』（動物誌）のいくつかの訂正すべき箇所について直接お話したいのですが、フォン・シリング男爵[30]のご訪問により、今のところ、あいにくお伺いすることができません。そこで、なぜ私は別々のページ数より通しのページ数の方を打って欲しいかについて、出来るだけ短く説明します。

（一）爬虫類のそれぞれの目に表紙を付けずに済みます。コストのことだけでなく、「蛇類」・「蜥蜴類」など各節のページ数の少なさも気になっております。数少ない蜥蜴類に関しては、それを他の節に含めるつもりです。一～二ページ程度のこの部分のために、わざわざ別のページ数を打つ訳にはいかないでしょう。

（二）爬虫類の節に通しのページ数を打てば、独立した作品が出来上がり、そうしないと『ファウナ』（動物誌）があまりにもばらばらになってしまいます。

（三）われわれがキュヴィエ（Cuvier）の体系に通じていること、なぜ蜥蜴類が蛙類と同じ節で紹介しているかとのこと、そして本来なら蜥蜴類を特別の節にまとめた方が自然であること〔……〕を学者の皆さんに理解してもらいたいものです。これらのことについて、序説の中で一言述べればいいと思います。

ところで、同様の理由から『ニッポン』（『日本』[31]）の中でも似たような分類を使っています。

敬具

フォン・シーボルト（署名）

金曜日

（注）上記（2）から（7）までの書簡には、発信年は記されていない。そこで、以下の『ファウナ・ヤポニカ』（『日本動物誌』）出版年代から推測すると、爬虫類編の第一分冊〔亀類〕は一八三四年刊、第二分冊〔蛇類〕は、一八三七年刊、第三分冊〔蜥蜴類、両生類〕は一八三八年刊行となって

いる。このため、これら書簡は一八三六年から一八三七年前半に書かれたものではなかろうか。〔…〕は自筆原文が判読できない箇所。

（8）シュレーゲル氏宛て（封筒）

親愛なる友へ

天候があまり良くないようなので、あなたの愛するコルネリアは町に来ないかも知れません。ところで、ペルカ（鱸の類）はちゃんと釣っておいてあるし、野兎も切って煮たり焼いたりしています。是非お寄りください。

敬具

フォン・シーボルト（署名）

金曜日

（注）発信年は不明。（ ）は訳者による。

（9）シュレーゲル氏へ

慶事の思い出として、プレゼントを贈るのは昔からの習慣でございます。姪のユスティーネと共に、私はあなたの愛らしい許婚とあなたにちょっとした結婚祝いをお贈りしたいと存じます。明日、私が証人を務めさせていただく、あなた方の人生の最も貴重な時間を、この時計の針が毎日ためらわず繰り返し、この時計の鐘が多くの幸せな時間を知らせてくれるよう、お祈りを込めて祝福を申し上げます。

敬具

フォン・シーボルト（署名）

一八三七年一月二二日　ライデンにて

（注）書簡（8）コルネリアおよび（9）愛らしい許婚は、メヴロウ・コルネリア牧師の娘コルネリア（Mevrouw Cornelia Buddingh ?-1864）を指している。彼女は一八三七年六月二二日に動物学者シュレーゲルと結婚した。二人の間には五人の子どもをもうけたが、そのうち一女は夭折し、三男の中のグスタフ・シュレーゲル（Gustav Shleger 1840-1903）は、のちに東洋学者として名声を馳せた人である。（8）の発信年は不明。書簡の内容から推測すると、これは二人の婚約以前の一八三六年頃のものと思われる。（9）はすでに婚約した時の書簡であろう。彼女は一八六四年に死去したため、シュレーゲルはその後一八六九年にユトレヒト大学教授リット・デ・ユーダ（Th.G.van Lidth de Jeude）の養女プファイァー（Albertina C.P.Pfeiffer）と再婚している。

（10）ライデン在住　シュレーゲル博士宛て（封筒）

親愛なる友へ

私の恩師であるヴュルツブルグのテキストール医学

博士[32]とシュゼバッハ博士[33]のために、博物館[34]を見学する機会をつくっていただけると非常にありがたいのですが、何卒、よろしくお願いいたします。

敬具

フォン・シーボルト（署名）

一八四〇年九月二五日　ライデンにて

（11）ライデン在住　シュレーゲル博士宛て（封筒）

親愛なる友へ

この手紙に一〇〇フロリンを同封します。『ファウナ』（動物誌）のためにいただいた最後の納品に対する支払いですが、私は延期できない個人的な用事でどうしてもヴュルツブルグに行かなければなりませんので、帰りましたら早速お送りいたします。

なお、例の原稿はホフマン氏の方から送られます。

敬具

フォン・シーボルト（署名）

一八四四年七月一〇日

（注）魚類編第一分冊－第四分冊（一八四三年二月一一日－一八四四年三月一九日刊）の執筆料のことであろうか。

（12）ハーレム在住　シュレーゲル氏宛て（封筒）

親愛なる友へ

ご存知のように、私は三年も給料をもらったことがなく、貧乏ではありませんが、資産家でもない私にとっては、この時期にこそ例の支払いをするのは大変苦しいことです。もしよろしければ、アレンツ氏[35]と同じように、毎回の納品から六ヵ月後にお支払いします。こうすれば、支払いの整理が簡単になり、そちらからの請求も簡潔に処理できます。間違えなければ、最後の納品は一〇月と一一月の訂正だけです。

よろしくお願いいたします。

敬具

フォン・シーボルト（署名）

一八四七年一月二三日

（注）この頃シーボルトはかなり経済的に苦しかった状況が記されている。この書簡が書かれた翌年の一八四八年オランダ国王の、シーボルトの日本研究に対する理解と後援で、陸軍大佐に昇格（のち蘭領インド陸軍参謀部付）し、休暇給は固定給となる。さらに外国行きの無期限休暇が与えられた。なお、この書簡の日付から魚類編第九分冊（一八四六年五月一日刊）－一三分冊（一八四六年一〇月二二日刊）であろうか。出版は、はじめ一八三三年アムステルダムのJ・ミュル

レル社、一八四二年頃にはデュッセルドルフの新しいA・アレンツ社によって発行されることになった。

（13）シュレーゲル博士宛て（封書）

親愛なる友へ

デュッセルドルフのアレンツ氏から送っていただいた包みを同封します。この編集によって、わが『ファウナ』（動物誌）の掲載が決まり、若いアレンツ氏に初刊の資料を送ることになりました。

つきましては、お互いにとって重要なこのことについてお話したく、是非、お時間をいただければと思います。使いの者を通じて、ご都合のよろしい日時を教えてください。

敬具

フォン・シーボルト（署名）

一八四八年九月五日

（注）この書簡の日付から、おそらく甲殻類編の第六分冊―七分冊（一八四九年刊）を指しているのであろう。また、アレンツに初刊の資料を送ったとあるのは、アムステルダムのミュルレル社の第一分冊（一八三三年刊）ではなかろうか。

二、『フローラ・ヤポニカ』（『日本植物誌』）に関する書簡　（バイエルン州立図書館所蔵）

（1）石版師セバスチャン・ミンシンゲルに宛て

ボッパルト・ザンクト＝マルティーンにて[36]

一八四八年二月二四日

親愛なるミンシンゲル氏へ

つい今しがた、ツッカリーニ教授[37]が亡くなったことを公報で知りました。この上なく悲しいこの出来事は、彼の具合が悪いことを何処からも知らされていなかったのと、ツッカリーニ氏に宛てた私の最後の手紙に返事がないままになってしまったため、私には余計に大きなショックです。この際、金銭的な事柄はさておくとして、至急必要なのは大部分がオランダ政府の国有財産である乾燥した植物や図画の原本、木材と実などの資料を適切かつ良好な状態で保管することです。すぐに教授夫人を訪ねて、教授が亡くなったことと、夫人にご愁傷に対する私からのお悔やみを伝え、後で詳しい話し合いをして、必要な指示が行なえるよう、日本の植物に関する全資料には手をつけずに、現在の状態のままにしておくよう丁重にお願いしてくださいませんか。そして、私の委任を受けた人物以外には、上述の資料を整理させたり、片づけをさせないように、特にあなたご自身でお願いしてくださいませんか。当面は、取り敢えずルーケン氏[38]に短期間、上記の資料に関するものについての必要な代理権を与えます。折り返し返信をくださり、問題になることを掻い摘んでご連絡ください。『フローラ』（植物誌）は勝手な価格のまま取り決められます。毬果植物について書かれたものは印刷されたでしょうか。―ところで私はあなたに、あなたが十分に注意している事柄に対して、もう一度考慮されますようお願い申し上げます。そうしてくださるなら、私は全く光栄に存じます。　敬具

オランダ領インド参謀部大佐
フォン・シーボルト（署名）

（注）ツッカリーニとの共著『フローラ・ヤポニカ』（『日本植物誌』）は、一八三五年に第一分冊が刊行され、一八四一年に二〇分冊を出して第一巻を完成した。翌年には、第二巻の続刊を開始して、第一分冊から第三分冊を出版し、以後一八四四年に第四分冊から第五分冊まで発刊した。ところが、同年二月ツッカリーニが突然死去したので、第六分冊以後の編集は、シーボルト自身が担当しなければならなくなった。この書簡は、ツッカリーニの突然の訃報を公報で知り、驚きと悲しみの中で直ちにミュンヘンの石版師ミンシンゲルに宛て書かれたものである。そこには、今は亡きツッカリーニの管理下にある日本植物の全資料の取り扱いについて慎重に対応すること、またツッカリーニ夫人には心から哀悼の意を表わしている旨伝えて欲しいと依頼している。

以下、（2）から（5）については宛先人不明であるが、ツッカリーニ死後の『フローラ・ヤポニカ』（『日本植物誌』）についての関連書簡である。

（2）あて先名不明の書簡

ボッパルト・ザンクト＝マルティーンにて、
一八四九年四月一九日

教授へ

二月二三日および三月一四日にお送りした手紙への返事を本日までお待ちしておりましたが、資料やツッカリーニ自身のことも私にとって重要な問題で、新しい展開もないまま、オランダへ旅立つことになった次第です。例の植物がこちらに届けば、直ちにライデン市へ転送するように頼んであります。しかし、植物がまだ発送されていない場合には、フォン・マルティウス氏[39]の提案に賛成していただければ、至急にこちらのザンクト＝マルティーンへ郵送していただくようお願い申し上げます。いずれにいたしても、オランダから適切な処置を講じられるように、五月一〇日までに何らかのご返事をいただければと存じます。敬具

オランダ領インド参謀部大佐
フォン・シーボルト（署名）

（3）あて先名不明の書簡
一八五一年四月一九日に付き返事済み
一八五一年三月一日　ライデン市にて

拝啓

植物標本にある、あの日本の植物に関する手紙を一八四九年に受け取りましたが、返事をお送りしなくて申し訳ございませんでした。実は、時間があまりなく、『フローラ・ヤポニカ』（『日本植物誌』）の執筆を続けることが出来ませんでした。また、ツッカリーニ氏にお渡しした植物の返却に関する私の意見に、国立植物標本館長のブルーメ氏[40]も取りあえず賛成してくださることになったようです。そこで、例の日本の植物の返却については、『フローラ』（植物誌）の執筆に必要になった場合、または政府当局から国立植物標本館より借用した植物標本を返却する要請があった場合には、植物の引き渡しをお願いすることがあるかも知れませんので、どうかご了承いただけますよう、お願い申し上げます。

先日、お送りした手紙の内容があなたに関連しているような誤解を招いたことをお詫びいたします。その手紙の中で述べた厳しい処置というのは、仲介人でおられるあなたではなく、もちろんツッカリーニ氏とその遺族に対するものでございます。ツッカリーニ氏に貸したり、あげたりした日本の植物はすべて『フローラ・ヤポニカ』（『日本植物誌』）の編集をしてもらうつもりで渡したものでございます。保管場所はどこであろうと、用途には変わりはございません。私が発見したものなので、私の手に戻るべきではないでしょうか。このことについては、あなたの局留郵便物にしていただければと存じます。本日は亡くなられたツッカリーニの遺産からいただくはずの全額一、一七〇フロリン一九クローネのうち、第二回の賦払いに関してご相談したく、この手紙を差し出した次第でございます。第一回の賦払いは、二〇〇フロリンをセバスチャン・ミンシンゲル氏宛てに支払うよう、一八四九年三月一五日に請求いたしました。〔追記：短い手紙文で、友人のセバスチャン・ミンシンゲル氏にお願いしておきました。〕これはおそらく問題なく受領されていると存じます。そして、同じく一八五〇年の二回目の支払い二〇〇フロリンについては、本日の日付でフォン・ヒルシュ宮廷会計士[41]に支払い請求書を渡しましたので、その方にお支払いいただきますよう、お願いいたします。このことを少し整理しやすくするために、今後の年賦をその銀行家に委託して請求してもらいたいと思っております。つきましては、あなたに取りましてご都合のよろしい支払い月をお知らせください。誠に恐縮でございますが、お早めにご連絡いただきますようお願い申し上げます。

敬具

手紙などは必ず私の現住所ボッパルト＝ライン・ザンクト＝マルティーンまでお願いいたします。

オランダ領インド参謀部大佐

フォン・シーボルト（署名）

（4）あて先名不明の書簡

ボッパルト・ザンクト＝マルティーンにて、

一八五一年九月一日

尊敬する教授殿へ

ツッカリーニ氏の遺産の私の取り分である全額一一二〇フロリン一九クローネから一八五〇年九月、一八五一年四月および同年九月の三～五回目の一回に付き一〇〇フロリンの支払いについて、今年四月一九日付のご連絡の通り、ヴュルツブルグのJ・J・フォン・ヒルシュ宮廷会計士（お望みの体裁に倣った）支払い請求書を渡したことを報告いたします。つきましては、同銀行家に対し、この三回の支払いをなさいますよう、お願い申し上げます。

敬具

オランダ領インド参謀部大佐

フォン・シーボルト（署名）

（5）あて先名不明の書簡

ボッパルト・ザンクト＝マルティーンにて、

一八五二年五月一八日

閣下へ

閣下のお名前で、本日の日付で支払い金額一〇〇フロリンの支払請求書をヴュルツブルグのフォン・ヒルシュ宮廷会計士に渡したことをお知らせいたします。この支払いは、支払期日三月一日付の六回目のもので、ツッカリーニ氏遺産の私の取り分から支払っていただくよう、お願い申し上げます。さらに、この支払いが済んで残高五二〇フロリン一九クローネの私の取り分を受託するよう、またそのことであなたに連絡するようにお願いしております。

誠に恐縮でございますが、フォン・ヒルシュ氏およびミュンヘンの支配人にご連絡していただき、後見人として是非ともこの委託に同意の旨を伝えていただくよう、お願い申し上げます。

敬具

オランダ領インド参謀部大佐

フォン・シーボルト（署名）

註

（1）シュレーゲル（Hermann Schlegel 1804-1884）一八二五年ライデン国立博物館臨時標本管理官。一八二七年同館脊椎動物担当の管理官。一八三九年以来ライデン国立博物館管理官。一八五八年以来同館館長。

（2）ミンシンゲル（Sebastian Minsinger 1800-1869）ミュンヘンの植物描写石版師。シーボルト著『フローラ・ヤポニカ』（『日本植物誌』）の図版を担当。

（3）テンミンク（Coenraad Jacob Temminck 1778-1858）動物学者。初代のライデン国立博物館長。鳥類、哺乳類などの研究は有名。シーボルトの『ファウナ・ヤポニカ』（『日本動物誌』）の哺乳類、鳥類、魚類の分野などの執筆に関与し、一八三三年から一八五〇年にかけて全五巻を出版した。また、この著作の序論に相当する「オセアニア諸国の日本帝国の動物相」を一八三五年に執筆している。なお、テンミンクは三度結婚している。最初の結婚は、一八〇四年ディオニシア・カタリーナ・カウ（Dionysia Catharina Cau）であった。しかし一八二八年に夫人は死去している。二年後の一八三〇年にカタリーナ・ネップヴー（Catharina Nepveu）と再婚したが、この夫人も一八三四年に死去した。二回の結婚は共に子どもに恵まれなかった。翌年、アフネータ・スミセールト（Agneta Smissaert）と三度目の結婚をし、今度は四人の男の子に恵まれたが誰も生物学に興味を示さなかった。ここで紹介のシーボルト書簡に見られるテンミンク夫人の死去は、再婚したカタリーナ・ネップヴー夫人のことを指している。

（4）北アメリカ（たとえば、ニューアムステルダム＝今日のニューヨーク）。

（5）シーボルト著『ニッポン』（『日本』）第一分冊（一八三二年刊）および『ファウナ・ヤポニカ』甲殻類編第一分冊（一八三三年刊）、爬虫類編第一分冊〔亀類〕（一八三四年刊）であろうか。

（6）これについては、爬虫類編〔蛇類〕の第二分冊（本文八一―九六頁、図版一―一〇）として、一八三六年一〇月三日に出版された。

（7）ムルダー（Aeschinus Saagmans Mulder 1804-1841）画家。動物学者。ライデン大学を卒業して博士号を取得。シーボルト著『ファウナ・ヤポニカ』の爬虫類（両生類を含む）と甲殻類編の図版を担当。正確で美しい図を描き、学術的価値を高めるのに大いに貢献した。しかし、惜しいことにこの著作の完成を待たずに死去した。

（8）この記述は『ファウナ・ヤポニカ』爬虫類編（第三分冊）、シーボルトの序説「日本の爬虫類に関する歴史的自然の概要」I-XXI（仏文）と題して、一八三八年五月に収載された。

（9）爬虫類編第一分冊（一八三四年刊）および甲殻類編第一分冊（一八三三年刊）、同第二分冊（一八三五年刊）を指しているのであろうか。

（10）ドレスデンでシーボルトを出迎え、宮廷でバイエルン皇太子を紹介したのは、ザクセンの侍医、レオポルディーナ総裁、ライデン大学教授のカール・グスタフ・カールス（Carl Gustav Carus 1789-1869）である。彼はシーボルトの叔父のエリアス・フォン・シーボルト（Elias von Siebold 1775-1828）の親友でもあった。

（11）ヴィルヘルムは、ヴィルヘルム・フォン・フンボルト（Karl Wilhelm von Humboldt 1767-1835）のことであろう。彼はアレクサンダー・フォン・フンボルトの兄でドイツの言語学者・外交官として活躍した人物である。

（12）フォン・フンボルト（Alexander von Humboldt 1769-1859）ドイツの博物学者。地理学者。気候学、海洋学などを創始。大著『コスモス』（一八四五年刊）を通じて、ヨーロッパにおける学問水準の向上に寄与した。

（13）フーフェランド（Wilhelm Christoph Hufeland 1762-1836）イエナ大学医学部教授。のち、ベルリン大学教授、侍医。

（14）リッター・ベルグヘド（Carl Ritter Berghed 1779-1859）ベルリン大学地理学教授。

（15）フォン・ブッフ（Leopold von Buch 1774-1853）自然科学者。

（16）リヒテンシュタイン（Martin Heinrich Karl Lichtenstein 1780-1857）ベルリン大学動物学教授。ベルリン自然史博物館館長。

（17）エーレンブルグ（Christian Gottfried Ehrenberg 1795-1876）ベルリン大学地理学教授。探検旅行家。

（18）コンテ（Kontte 生没年および事歴など不詳）。

（19）クラプロート（Julius Klaproth 1783-1835）ドイツの東洋学者。ベルリン大学東洋語学名誉教授の称号を受ける。パリ大学東洋語教授。日本に関する研究に林子平『三国通覧図説』の翻訳がある。

（20）ドゥ・コック（Merus de Kock 1779-1845）オランダ領東インド総督。のち国務大臣。

（21）『シーボルト父子伝』（ハンス・ケルナー著　竹内精一訳）によれば、「地理学者カール・リッターに協会の委任により一八三四年クリスマス第一日にベルリンの地理学協会は、シーボルトを名誉会員に加えたと報告した」とある。なお、シーボルトは一八三四年にはベルリン所在地理学協会名誉会員のほか、ハーレム所在オランダ科学協会会員、モスクワ所在帝立自然科学者学会会員となり、聖ウラジミール勲章四等（ロシア）を授賞している。

（22）デ・ハーン（Willem de Haan 1801-1855）哲学博士。動物学者。ライデン国立博物館無脊椎動物標本管理官。オランダ王室科学アカデミー正会員。シーボルトの『ファウナ・ヤポニカ』の無脊椎動物の分野の執筆に関与した。

（23）レインワルト（Caspar Georg Reinwardt 1773-1854）ジャワのバイテンゾルフ植物園長。アムステルダム大学教授。のちライデン大学教授。

（24）メブロウはおそらくメブロウ・コルネリア（Mevrouw Cornelia生没年不詳）のことであろう。弥吉光長訳『シーボルトの手紙』―日本関係出版について―（「上野図書館紀要」第一号　第二号　昭和三〇年）の書簡（独文）によれば、Mevrouw Cornelia の名が見える。しかし、この人物は不明となっている。また、鈴木明訳『シーボルトの書簡』（「参考書誌研究」第一一号　一九七五年六月）にも弥吉訳を参考に同書簡を紹介しているが、人物不明のためか何も触れられていない。なお、原本は現在国立国会図書館に所蔵されているが、両訳とも書簡の宛先は不明とある。内容から推察すると、おそらくヘルマン・シュレーゲルに宛てて書かれた書簡であろう。

（25）スザンナ（J.A.Susanna生没年不詳）ライデン国立博物館管理官。

（26）ホフマン（Joseph Hoffmann 1805-1878）ドイツ生まれのオランダ人。日本学者。中国学者。一八三〇年七月、アントワープでシーボルトに出会い、助手としてシーボルト著『ニッポン』の作成に寄与。一八五五年ライデン大学日本学講座の初代教授。

（27）ラ・ラウ（La Lau　生没年不詳）ライデンの印刷業者。

（28）『シーボルト参府旅行中の日記』（斎藤信訳　六八～六九頁　思文閣出版　一九八三年）に詳しい記述がある。

（29）ビュルゲル（Heinrich Büger 1806-1858）哲学博士。薬剤師。化学者。博物学者。一八二五年、長崎のシーボルトの要請で助手として来日。また、鳴滝塾で理化学、鉱物学を教え、その傍ら日本の自然科学的研究に関与し、鉱泉分析、動植物の収集、目録の作成に従事。一八三〇年シーボルトの日本退去後、出島商館の医師となり、シーボルトの日本研究に協力した。一八三九年帰国。のちオランダに帰化しバタヴィアに住んだ。なお、ホルサイス・酒井恒共著『シーボルトと日本動物誌』（二四〇頁）によれば、ビュルゲルの寄与について「動物学のほうでは一属がビュルゲルのために名づけられた蛙の類をあらわし、Buergeria Tschudi 1838.少なくとも七種類の動物の種名に彼の名がつけられている。それは三種類の魚類、一種の両生類、一種の爬虫類、一種の甲殻類である」と記述している。

（30）フォン・シリング（Cannstatt Ferdinand Frhr. von Schilling 1845-1904）男爵。バーデンの宮廷狩猟長官。

（31）シーボルト著『ニッポン』。日本及びその隣国と保護国：南千島諸島を含む蝦夷、樺太、朝鮮及び琉球諸島の記録集、日本と欧州の書籍と自己の観察による編集、オランダ国王陛下の庇護を受け発行、ライデン、著者：アムステルダム、J・ミュルレル：C・C・ファン・デル・フーク一八三二年〔―一八五八年〕多数の挿絵、地海図と表を有する七部よりなる、二・印刷ライデン：J・G・ラ・ラウ。

（32）テキストール（Cajetan v.Textor 1782-1860）ヴュルツブルグ大学外科学教授。

（33）シュゼバッハ（Schsebbach　生没年不詳）

（34）ライデン国立博物館。当時、シュレーゲルは同館の管理官であったので、シーボルトはヴュルツブルグ大学の恩師二人の博物館見学を彼に依頼したのであろう。

（35）アレンツ（A.Arnz 生没年不詳）はドイツの印刷業者。

（36）シーボルトは健康上の理由で、夏の数ヵ月の間だけオランダのライデンに滞在していたが、一八四七年にライン河畔のボッパルトの南端にあるフランツィスコ派の旧ザンクト＝マルティーン修道院を二万ターラーで購入し、家族と一緒に移り住み、プロイセンの国籍を取得した。

（37）ツッカリーニ（Joseph Gerhard Zuccarini 1797-1848）ミュンヘン大学森林植物学教授。ミュンヘン植物園第二管理部長。著書に『ミュンヘン周辺の植物』（一八三九年刊）、シーボルトとの共著『フローラ・ヤポニカ』（一八三五—一八四四年刊）などがある。

（38）ルーケン（Luken　生没年および事歴など不詳）

（39）フォン・マルティウス（Karl Friedrich von Martius 1794-1868）ミュンヘン大学植物学教授。バイエルン科学アカデミー会員。同数学物理部門秘書。

（40）ブルーメ（Karl Ludwig Blume 1796-1862）一八二二—一八二六年ジャワのバイテンゾルフ植物園長。ライデン国立標本館初代館長。ライデン大学教授。著書にJ・B・フィッセルとの共著『ジャワ植物誌』のほか、『植物学博物館』など論文も数多い。

（41）フォン・ヒルシュ（J.J.von Hirsch 生没年不詳）　ヴュルツブルグの宮廷会計士。

参考文献

（1）『シーボルトと日本動物誌』—日本動物史の黎明—LB.HOLTHUIS　酒井恒共著　財団法人学術書出版会　昭和四五年。

（2）『シーボルト父子伝』ハンス・ケルナー著　竹内精一訳　創造社　昭和四九年。

（3）『江崎悌三著作集』第一巻　思索社　昭和五九年。

（4）『シーボルトと日本の博物学』甲殻類　山口隆男編　日本甲殻類学会　平成五年。

（5）『シーボルトと日本の開国・近代化』箭内健次、宮崎道生編　続群書類従完成会　平成九年。

（6）『シーボルト』—日本の植物に賭けた生涯—石山禎一著　里文出版　平成一二年。

（7）『上野図書館紀要』第二冊（弥吉光長訳「シーボルトの手紙—日本関係出版書について—」）国立国会図書館支部上野図書館　昭和三〇年六月。

（8）『参考書誌研究』第一一号（鈴木明「シーボルトの書簡」）国立国会図書館参考書誌部（一九七五・六）。

〈資料紹介〉（シーボルト自筆草稿）

長崎近郊千々山への調査旅行（一八二七年一〇月日誌）

――フォン・ブランデンシュタイン家所蔵シーボルト関係文書より――

石山禎一訳

シーボルトが第一回の日本滞在時（一八二三―二九年）に長崎近郊を調査した彼の自筆草稿（日誌）三点は、ブランデンシュタイン家所蔵文書（長崎市シーボルト記念館でマイクロ化）の中に収められている。このことは、すでに宮坂正英氏の詳細な論考によって明らかにされている。[1] 氏の論文にも指摘されているように、いずれもシーボルトの大著『日本』には収載されていない。その草稿とは、（一）「漁村小瀬戸への調査の旅、一八二六年九月一五日」（二）「岩屋山への調査旅行、一八二七年三月二九日」（三）「長崎近郊の千々山への調査旅行、一八二七年一〇月」である。板沢武雄著『シーボルト』によれば、ハーグ国立中央文書館中の一つにシーボルトから提出された「一八二三年より一八二八年に至る日本で下名等によりて研究された概要」のリストに、三点とも雑誌に掲載されていると記し、[2] また日独文化協会編『シーボルト研究』掲載の黒田源次著「鳴滝塾」には、（一）と（二）の存在が明らかにされている。[3] 先年（一九九六年）、刊行された呉秀三博士著『シーボルト先生其生涯及功業』の独訳 "Shûzô Kure,Philipp Franz von Siebold Leben und Werk.Deutsche,wesentlich vermehr und ergänzte Ausgabe,bearbeitet von Friedrich M.Trauz.Herausgegeben von Hartmut Walravens.Monographien aus dem Deutschen Institut für Japanstudien der Philipp Franz von Siebold Stiftung.Band 17/2"には、（一）と（二）が収められており、これらは近年になって訳出された。[4] しかし（三）については、未だ訳出されていないので、本稿でこれを紹介することにした。

本資料には、いくつかの注目すべき記述が散見される。すなわち、（一）シーボルト自らバロメーターを作製し、門人たちにもこれを作らせ、雲仙岳その他の箇所で使用していたこと。（二）シーボルトが来日したころ、まだ長崎港に役立つ詳細な海図の青写真がなかったこと。このため、彼は一八二五年から二七年にかけてビュルゲル、ピストリウス、それに長崎来航のオランダ船船長などの協力を得て、長崎湾および近郊の見取図遂行のための綿密な調査をしたこと。（三）特にシーボルトは日本政府の側〔長崎奉行？〕から容認され、特別な自由と援助が与えられていたこと。（四）日本の四季折々の植物や長崎近郊の植物群を観察記録していること。（五）本資料は大著『日本』の素材として、一部掲載された箇所があることなどが挙げられる。そこで訳出にあたり左記の諸点に留意した。
（一）シーボルトの草稿（日誌）は、古典的なドイツ文で、しかも本稿の資料の場合、第一次草稿のためか、構文も整わず、乱雑に書かれていて訳出もむずかしい。このため、意味の取り違えもあると思われるので、大意にとどめることにした。
（二）資料中の訳者の補足・補注は短いものは、本文中に入れたものもあり、その場合〔　〕で示すようにした。
（三）資料中、地名の一部に原文のアルファベットを併記したものもある。

〔本文〕

私は多くの試みの末、とうとう自分で山の高度測定用としてのバロメーター（気圧計）を作った。より正確に言えば、セロメーター（寒暖計）の導管は日本のものからは出来なかったが、それ以外のものはすべて日本にある材料で製作した。確かに私はロンドンのレヴィック社製のバロメーターやスウェーデン製の使い慣れたレバー付きのバロメーターを持っていた。それにもかかわらず私はバロメーターなしで、ここ数年来、長崎の湾やその周辺地域における見取図と非常に注目すべき山々や丘陵で満たした一冊の上等な明細目録を作成した。前者のバロメーターは、問題の山〔稲佐山〕を登っている際に壊れ、また後者のものは不完全なものであった。

ところで、バロメーターを製作するという精密な作業は、学問にとっても有益なものになると思われる。バロメーターを作る際、私は竜巻による空気の変化を割り出すような装置も試みた。そして実際に計測も出来た。それを作るにあたっては次のようにした。つまり、木製の小箱でできた側面には、象牙製のネジで密封できるような開口部分を小さく取り付け、その部分からガラス管の中にある余計な水銀が流れ出るようにした。またその際には、ガラス管の中の水銀が明確に流れた状態であっても、トリチェリー管の最下部分は水平面を保つことが出来るようにした。そうすると空気もまた障害なしに入ってきた。

小箱で作った側面の開口部分に関しては、三三インチの長さのガラス管から三一インチのガラス管までは、非常に正確なスケール〔目盛〕によって区切られている。そして、副尺を用いると十分の一インチを読み取ることが出来たのである。

よく乾かされ暖められたガラス管は、上述の開口部分を通り、さらに沸騰した熱い水銀で満たされる。そして、それで一杯になったガラス管は、三〇分ほどコンロで熱せられたお湯の中に入れられる。ガラス管の中に入っている水銀それ自身を熱するためには、粗悪な日本製のガラス管は使えない。水銀が明るく見えるということは、トリチェリーの真空状態が完全に純粋になったことを示している。

小旅行の際には、なお少しの水銀を注ぎ象牙製のネジを閉じる。測定場所によっては、バロメーターは慎重に逆さまにしてもメーターは垂直状態を保つので、バロメーターを垂直に掛けて象牙製のネジを開ける。すると余計な水銀は流れ、その水銀の位置が明らかとなる。小箱の中の水銀の水平面からその位置を、可能な限り間違いのないように正確に見積もるのである。観測の後で流れ出た水銀は便箋で作った濾斗で再び元に戻した。

初めのころ、私はこの地〔長崎〕で、このような方法でバロメーターの観測を繰り返した。そして、この器具の信頼性を確信した。その後私は観測をし続けた。竹の内部に固定されているバロメーターの側面のセロメーターは列氏によって分けられ、ここ日本でも氷点と沸騰点は固定されている。

われわれ、つまりビュルゲル博士[5]と私は、これまで素晴らしい秋の日を利用して、この地、長崎近郊で一番高い場所に登った。そして海面を基準にして、その高さを決定し、この地方の自然界の地図を完成するために、必要なメモをすべて集めた。同様にわれわれは、すでに長崎のたくさんの非常に高い山々を調査していたが、今日、われわれは岬で山麓の丘陵地である野母 Nomo の尾根に横たわっている種々の丘陵地・千々山 Tsitsjama を目指して向かった。その千々山とは—すなわちたくさんの山の意—とよばれている。

私は、われわれに同行した一人の若い役人であるピストリウス氏[6]に感謝している。というのは、彼の数理的知識によって、長崎港の水理学上の見取図の大部分を共同して成し遂げることが出来たからだ。ある一つの仕事は、二重の意味で重要なものである。その一つは、今までこの港に役立つ詳細な海図の青写真は知られていなかったこと[7]、またもう一つは、長崎周辺地域における自然の姿から、その海図は使われることがなかったことである。というのは、日本の西南地域において、すなわち島の大きな部分である九州地方と、その同じ九州に属するたくさんの小さな島々においては、一様な自然状態なるがゆえに、その必要がなかったからだ。また、なおさら好都合なことには、自然科学者の友人もこの地の島々の、まだ考慮されていない分野には同意見の解説を与えていることであった。

日本政府の側〔長崎奉行?〕から私が容認されていることとは、数年間〔一八二三—二七年〕一緒にしたこの港の見取図の遂行と、それに特別な自由と援助が与えられたということである。(8)

私はまた、その見取図を進めていく上で有用な人物を探した。その人物とは、一八二五年にこの地〔長崎〕に滞在していた、的確な航海者として知られた海軍大尉ベゼメル氏(9)と地図の編纂者であるフェルシウス氏(10)であった。彼は一八二七年に、場所と位置について正確な調査を提出してくれた人物である。そこでピストリウス氏と私は、特に海軍大尉ベゼメル氏と共に、この見取図の最重要課題を繰返し念入りに取り上げ調べた。(11)

早朝われわれは、ちょうど長崎の向かい側にある村で、野母崎の東側の漁村茂木村Moki〔現在の茂木町〕に向かって急いだ。その村では船がわれわれを待ち受けていた。その村から最も快適に航行し、そして最も高い尾根を登ることが出来るという、千々浦村Tsitsi-wura〔現在の千々町か〕へと向かったのである。すばらしい秋日和なら帆走も容易になり、茂木村の代表的な谷間〔現在の瀬川付近〕にも早く行けた。出島では、そのような見事な美しさはほとんどなかったが、そこは谷間でありながらも十分に魅力を備えた秋の衣裳を見せていた。そして、われわれの見かけ上の自由をも非常に楽しませてくれた。

日本の島々ではヨーロッパと同様に、植物の自然界は四季を一巡し、その景色は移り行く季節の忠実なる特色を保っている。それどころか、夏から秋、秋から冬への変化の違いを持っていて、その中でも冬から春にかけての変化は、他の変化に比べて際立った特色を示している。自然の吹雪や乾いた北風は、うとうとと眠り込んでいた草木を急に目覚めさせ、景色を春の初期の装いで覆う。好まれているユキヤナギ（Spirea Thunbergii Sieb）やヤマブキ、タニウツギ、ジンチョウゲ、ツバキ、モモなどは、その土地の人々の多種多様に分散している住居の庭や生け垣などを飾っている。たくさんのゲッケイジュやヒイラギの類、カシワ、常緑のヒサカキなどは新たに葉をつけ、森は硬い葉、軟らかい葉が二色の濃淡の緑を織りなす葉となり輝き、花盛りのツツジ、ウツギ、アジサイ、スイカズラ、タケは暗い色の針葉樹の眺めをジュウティ花序の垂れ下がった尾状花で明るくしていた。樹木や灌木は枝葉を広げ、たくさんの手で葉を摘み取られた新鮮な茶の木や薬用植物は植え込みの至るところにつくられていた。

若々しい青葉の中、隣接している肥沃な段丘は、丘陵の斜面に階段状の畑をつくりあげている。また、丈のあるキャベツの花床は、度重なる火山の破壊によってできた、不思議と堂々としたすばらしい大鋳型の形をした丘陵を飾っていた。丘陵の上の地帯は堂々とした景観があり、平野と美しい牧場を持っていた。草の生い茂った山の青々している頂上を貫いて、その平野と牧場にはカヤツリグサ、ヌカボ、シネラリア、スミレ、オキナグサなどが繁茂していた。それはヨーロッパの徒歩旅行者〔シーボルト〕にとって、春の前触れに出会ったようなものであった。茂みの中に生えている、葉を濃く繁らせた樹木は影を落とし、今や段々にすばらしく育った植物たちを影で覆うようになった。そしてその樹木の頂上は、その深緑色によって蒸し暑い夏の到来を示していた。

時に華氏九六度の温度の下で、植物たちはその暑さに苦しみ、純良種の植物は有害植物の枝に巻き付けられ、その芽と格闘するのである。例えばヒユ科の一種、タデ科、ヤマノイモ科、ウリ科、マメ科植物、ツバキ、ツクバネソウの多くの種、シコクビエ、オヒジバ、スズメノチャヒキなどは、斜面や山の背後の周辺では早くに萎れた状態になってしまうが、尾根では領域を勝ち取り、見事なほどに一面を覆うのである。

コムギとオオムギは元気で、多くのアマナは咲き誇っている。ヨモギの中では、田圃に湛えられた水がかなり熱くなり、その熱によって若い柱軸が暖められる。イネの花穂は、日本人にとって最も優れた食料となるコメである。それは彼らにとってなくてはならない生活の根底をなすものであり、ヨネ Jo-ne〔米?〕と名づけられている。

今や、苛々しながら辛抱強く雨季〔梅雨〕の数週間が経つのを待たねばならない。気を配るのは未だ熟していないモロコシ、キビ、アワである。大体一ヵ月半の間、人は気づきそうもない変化にも気づいている。つまり、植物界や咲き誇っている宿根草〔ユリ、キクなど〕や樹木を遮る多数の群れ、すなわちツルマサキ、ノウゼンカツラ、あるいは目録の中にもある耕地の大群のスイレンや庭園にある見事なユリ、あるいは草で銀色の毛を持ったチガヤやクサヨシにも気を配っているし、その土地の密な粘土状の芝生地にも気を配っている。

コメが熟する頃、モモの葉は枯れ始め、カキの葉は落ち、すき間のできた枝はすっかり黄色になった果実を誇らしげに見せる。カエデの種類やハゼノキの羽毛のついた葉は赤くなり、創造された植物は夕暮れを効果的に示している。

何といっても驚くことは、ここの秋の終わり頃に次のような何種類かの草木があるということである。それはイネ科のサトウキビ属、エリアンツス属、メリケンカルカヤ属、そしてヨーロッパでは春に生育するメガルカヤ属の草木である。それらはほとんど、すべての日本の島々から蝦夷地までの山々の頂上を覆うのである。蝦夷地の未開人であるアイヌ人は冬を持ちこたえるために、カリヤスで編んだ柔らかな衣裳にくるまるのである。ここに密集しているこれらの草木は、広がり集合となって生育している。そしてわれわれに、地理学上の普及にとって必要な独特な山〔現在の千々山町に位置する猿岳のことか。標高三六四メートル〕の自由な空間を提供してくれる。緯度が三一度から……〔原文ではこの間の記述は空白〕……までの峰々や、一、〇〇〇フィートから三、〇〇〇フィート以上の隆起した峰々は、灌木をなくし、山の背面はむきだしの状態になっている。

春に、スミレやオキナグサが咲き乱れているところでは、黄色の花びらの多いキクやリンドウの繁殖した種類が見られる。その中で、きれいなツワブキ、オニタビラコ、タムラソウ、そしてオトコヨモギは功績多大な自然研究者によって示されたものもあり、またリンドウ科のセンブリ、オミナエシ科のオミナエシやオトコエシが同じ一つの科に属することも、彼[12]によるものである。

多数の種類や退化した変種などは、まさに秋の北西の風によって緑色は変色させられるが、私はこの服でしっかりと冬に耐えなければならない。

驚くべきことは、ここではまさに冬にオレンジが熟するのである。私は、時々、ダイダイ（ここではダイダイ Dai-Daiといわれている）の一種のきれいな果実を目にする。それは雪で覆われた葉の下にちらりと見たのである。私が注意したいのは、アレクサンダー・フォン・フンボルト氏[13]がアメリカで野生のものではないオレンジを発見したが、そのものと同じオレンジを私は日本に来た最初の年〔一八二三年〕に目にしている。そのオレンジは元来、朝鮮から日本に移入されたものであった。

冬の始まるころの大きな特徴は、樹木や灌木から葉が落ちることであるが、また一方では、蘚苔類植物の地衣類や蘚類が成長する時期でもある。また数頭の子を生んだことのない若い雌牛には、自由な遊び場を提供する時期でもある。他の数百頭の牛たちは、自然科学者の深く観察する目からすると、すでに成長していたと思われる。

たった四週間にも満たない短い期間、高くそびえ立っている樹木は眠り、そしてそのうち年とともに、しばしば雪片の下であっても、その樹木の別種が咲き始めるのである。それは、つまりウメ、フクジュソウ、ロウバイ、オウバイである。このオウバイは、われわれが言うところのコラルチェリーの別種である。ハシドイ、ヒイラギ、そして好まれているサクラ、アンズ、モモは落下して赤くなる。もちろん、若々しい花々は日本の花卉愛好家によって、庭や傾斜地に植えられ、飾られている。また日本風の塔やインド風の仏塔は、咲き乱れるツバキ、テンニンカ、ヤマブキ、ユキヤナギなどの花束によって、繰り返し移りゆく行程を示している。

日本の風土の特徴は、南ドイツの、特に山岳地域の特徴に似ているようだ。ただ、たくさん分布しているものは、多種類のタケであり、僅かではあるが、あちこちにシュロの木が分散して立っている。それらは、われわれにヨーロッパの他の地を思わせてくれるものである。日本の地では、冬にたくさん分布しているゲッケイジュやオレンジ、常緑のカシワ、庭で作られているツバキやヒイラギなどが、われわれの国〔ドイツ〕での秋の装いに似た装いを示している。スギ、モミの木、そして滅多にないがコノテカシワやマツの種類は、ニシキギ、カシワ、センダン、ウマノスズクサ、そして敷地内のたくさんのモモ、ウルシ、ヤマモモなどの樹木にその黒い陰を投じている。

ところでわれわれは、特別な動機になぞらえての友好の地である漁村茂木村に到着した。その村からヒコ Hiko〔肥後〕の入江の広々とした眺めを見ることができる。茂木村で、われわれは小さな港の方角を決めるために、数人の監視人〔浦見番〕たちにふるまった。そして若きビュルゲル博士とピストリウス氏と私は、通詞で私の友人でもあるイチコロウ Itsikoro〔稲部市五郎〕[14]、それに数人の使用人を伴い、小さな漁船で航行した。われわれ一行は極めて長く野母崎の沿岸を帆走した。ヒコの入江は北緯三二度から三三度一〇分、そして経度は一度近くまで広がっている。その入江は日本の島々の中でも最も大きな入江〔橘湾〕である。その入江の細かく分割された沿岸、とりわけ南東地域の若干の島々を含んでのその沿岸は、その形から激しかった火山の爆発を暗に示している。また入江の中央部分は、繋がっている岬・島原からは遠く離れている。また迫ってくるような頂上部分は高く揚げられた火山・雲仙岳[15]である。それは初め、多くの爆発により、そしていくつかの堤防によって固められた山である。海抜四千三百フィートにそびえ立っているこの悪名高い火山の、ここ東側での爆発はたいてい大潮の時間に起こっている。そして地震や噴火に続いて、いつも異常なほどの高潮によって洪水が起こる。また人々は地震の際に暴風雨に似た地下の鈍いどよめきを聞いた、ともいっている。硫黄を含んだ亜硝酸の蒸気は、普通の地震の時には認められない。航行中に地震を感じるというのは、もちろんこの日本でも疑いのない事実である。

日本の天気の予言者は、地震の起こる一日の時刻によって、大気の変化を確実に予言するという。例えば正午か真夜中の一二時の地震は伝染病を、正午か夜中の二時と六時のは暴風雨を、朝と晩の四時ないし八時のは旱魃を予告するという。素朴な田舎人は、地震の原因をとてつもない勢いで海岸に突き当たる巨大な怪物〔鯨？〕のせいだと固く信じきっている。*

＊この地における火山の特異な現象が、大気圏で何らかの作用を及ぼすことは疑う余地がない。ストロンボリという火山島がリパリ諸島〔シシリー諸島の北方〕の住民には、天候の予告者として役立っていることはよく知られている。それはかなりおかしなことではあるが、われわれには民話の中で示されているような火山の爆発に似ている説明に思えるのである。[16]

雲仙岳の高度測定や、その地層、熱い源泉から吹き上げられた産出物、また九州における近くの他の火山について、大変興味深い報告をしてくれた私の実直な門人たちに感謝しなければならない。彼らは江戸への旅〔一八二六年〕に伴った者たちだが、バロメーターを用いての高度測定器の方法を、独特なやり方で編み出し、そして私が持っていた種々の器具を、その地にあった固有のものと同じように使って、外国人の私には断念せざるを得ない調査を展開してくれた。

私の頼れる門人で医師でもある二宮敬作[17]は、数人の同僚を伴って、九州にある幾つかの火山に登ることを企てた。[18]すなわち、雲仙岳やその地方にある阿蘇山、それにキンKin〔琴。現在の上対馬町の南部に位置する最高峰の鳴滝山か〕[19]への登頂である。それはもちろん、高度測定器を始動し、鉱物や他の珍しい物を収集し、また熱い源泉の地勢を調査するためのものであった。また、この知識欲旺盛な者たちの調査は、他の学問の領域へと広がっていき、そのお陰で私もそれらのことを手に入れたのである。バロメーターを用いての高度測定に従事していた調査旅行者たちは、その調査内容がわれわれ特有の体験、すなわち、いわゆる旅のバロメーターであるところの照明がなくなり、山で迷ってしまった時にも役に立つことを知ったのである。また一方では、その仕事が大変厄介なものであるため、その場から過去の研究者を遠ざけてくれたことを知ったのである。

日本に滞在した最初の年〔一八二三年〕で、その間もない頃、私は長崎近郊の稲佐山に登ったが、その多方面にわたる一日の仕事が終ろうとしたまさにその時、私のバロメーターは不器用なマレー人〔セレベス島のマレー系人種ブギースのオルソン少年か〕によって壊されてしまった。しかし〝窮すれば通ず〟で、私はすぐ、一緒に仕事を進めていた日本の職人のお陰で、一つの器具を所有することになった。その器具は簡単な調整によるものであるが、一年を要してかなり役立つものであることが実証された。その一切のことは、その日本人によるものであるが、それは簡単なトリチェリー管の理論を基礎においていたものである。*

*区別され、切り取られた三三インチの長さのガラス管は、木製の小箱の中を通されて、そしてその小箱の表面には開口部が取り付けられた。それは、水平の時にガラス管の零点を表示するようにしたものである。また、レバーなしのバロメーターが壊れた際にも、その開口部からは小箱の中に一緒に入っている他の水銀が自由に流れ出られるようにした。また、この調整をしている時には、ガラス管内の水銀の高さは極めて低い状態を維持した。小箱の中の水平面は変化しないので、そのお陰で気圧によってもたらされた変化の正しい表示が保たれた。特に、小箱の中に垂直に取り付けられた、コルク〔栓〕によって閉めることの出来る開口部は、上からの外気による作用が助長されるのであった。その水平に取り付けられた象牙製の開口部は、ネジを下げた時に漏斗として使用されるから、色褪せすることがあった。この開口部があるお陰で、熱せられた水銀により暖められた管を一杯にすることが出来た。もし日本製の粗悪なガラス管だったら、それができないのである。

キリ（Paulownia）でできた柔らかな木と共に、栄養十分に育ったタケ（Bambus）は加工され、棚や入れ物〔箱など〕として役立っている。所定の場所での観測の際、バロメーターは垂直に掛けられ、そしてコルクとネジは開けられる。すると、過剰分の水銀は流れ出て、管の中に満たされている水銀は正確な数値を示した。観測の後にはまた、水銀は満たされた状態にされる。通常私はそれらの企てを精密にインチのレベルで繰り返し行った。それは単純なトリチェリー管の理論によるものである。すなわち所定の場所において、熱せられた水銀によって暖められた管が示してくれるという理論によるものである。

私は、それらのバロメーターやトリチェリー管のいくらかを門人たちに作らせた。そして、それらのバロメーターやセロメーターの観測計は、一八二七年一〇月に雲仙岳のいろいろな箇所や島原海岸で使われた。小浜海岸[20]　緯度三三度〇〇分　温度六六度華氏。

註

（1）宮坂正英著「シーボルトの日誌・漁村小瀬戸への調査の旅（草稿）について」（『鳴滝紀要』一九九一年　創刊号

一四三―一六二頁　シーボルト記念館刊）
（2）板沢武雄著『シーボルト』（新装版）昭和六三年　八〇頁　吉川弘文館刊）
（3）黒田源次「鳴滝塾」（日独文化協会編『シーボルト研究』昭和一七年　五四頁　岩波書店刊）
（4）文中の（一）については、前掲書（1）の宮坂正英、ウド・ヴァイラス訳「漁村KOSEDO（小瀬戸）への調査旅行」一六三―二〇一頁。また（一）および（二）の訳は、石山禎一著『シーボルト』日本の植物に賭けた生涯（第二章長崎近郊の旅での発見）六二―九八頁　平成一二年　里文出版刊。
（5）ビュルゲル（Heinrich Bürger 1806-1858）ユダヤ系ドイツ人の薬剤師・博物学者。一八二五（文政八）年長崎のシーボルトの要請で助手として来日。鳴滝塾で理化学・鉱物学を教え、その傍ら日本の自然科学的研究に関与し、鉱泉分析・動植物の収集、目録の作成に従事した。一八三九（天保一〇）年帰国。のちオランダに帰化して、バタヴィアに住んだ。ビュルガーともいう。
（6）ピストリウス（P.W.Verkerk Pistorius 1802－没年不詳）出島商館の職員（筆者）。一八二三（文政六）年初来日し、二五（文政八）年に一旦バタヴィアに戻ったが、翌年再来日し、再びバタヴィアに戻り、二七（文政一〇）年三度目の来日を数え、三二（天保三）年まで滞在した。シーボルトの大著『日本』によれば、ピストリウスは数理的（計測）地理学、水路学等におけるよき助手であり、また協力者でもあったと記している。フォン・ブランデンシュタイン家所蔵文書には、ピストリウスの業績として「フェルケルク・ピストリウスによって収集されたシーボルトに提出された文書、地図の目録（蘭文一枚）」および「クロノメーターHatton & Harris No.635.クロノメーターによる観測値。一八二五年一〇月一〇日より一八二七年三月一七日。長崎（蘭文五枚）」が見られ、また前掲書（2）の板沢武雄著には「長崎港の輸入についての序説」が記されている。
（7）シーボルトの記述によれば「われわれは日本人の作成した長崎の町と港の数枚の見取図以外には出島滞在中は何も知らなかった。クルーゼンシュテルンの世界周航地図集も持っていなかった。またオランダ人の手書きあるいは印刷された日本航路の昔の海図も当時知らなかった。われわれ同様に、毎年バタビィアから長崎に航行していた船長たちも知らなかったのである。たびたび写されて判読できなくなっている「クルーゼンシュテルンの太平洋地図による日本海図」と旧東インド会社の貴重な記録である一七世紀後半ヨハネス・ファン・キューレンによって編集された「航海士エスキルト・ユール作成による台湾・日本間水路図」のほかには、オランダ商船が使用している水路案内図はこの地図の作成時〔一八二八年シーボルトの測量による長崎湾とその近郊の地図〕にはまだなかったのである。…長崎港図〔シーボルト作〕は独自の観測に基づくもので、…作成は非常に念入りに行われた。…港内および近郊をひんぱんに訪れ、山という山は残らず登って測量したこの地図は、おそらくほかのものよりも優れているだろう（『日本』I第六図比較参照）」と記している。（シーボルト『日本』図版第一巻　四九頁　昭和五三年　雄松堂書店刊）。

（8）シーボルト『日本』には、この草稿（日誌）と全く異なるいわゆる〝本音とたて前〟の記述が見られる。すなわち「われわれは長年出島に滞在している間、あらゆる機会を利用して長崎湾、町およびその周辺の地図作成のための観測を行った。しかし周知のように、土地の測量はもとより状況を詳細に描写することさえ禁止されていたので、この地図を作成するためにあたって数多くの障害に直面した。幸いこの地図を完成できたのは、ひそかに機会を作ってくれた日本の友人たちと停泊している船から援助してくれた数人のオランダ人船長たちのおかげだといわなければならない。」（前掲書（7）の四九頁）と記している。彼らは自ら「日記」では、その時の状況をありのまま書き、著述ではシーボルト事件による日本人関係者に迷惑を及ぼすことを配慮して、右記のように述べたのではなかろうか。

（9）ベゼメル（A.Bezemer生没年不詳）ベゼーマーともいう。海軍大尉。一八二五（文政八）年長崎に来航したバスコ・ダ・ガマ号の船長。シーボルトの記述によれば、「近世において大いに貢献した人は、フォールマン船長と一八二五年に日本を訪れたベゼーマー大尉である。」（『日本』第一巻　三六二頁　雄松堂書店　昭和五二年刊）とある。また、フォン・ブランデンシュタイン家所蔵文書に「A. Bezemer船長率いるVasco da Gama号のバタヴィア発日本航海、一八二五年七月二日から一八二五年八月六日航海日誌抜粋（蘭文一七枚）」（大著『日本』掲載の原文Kapitein A. Bezemer, Journaal der reise van Batavia naar Japan met het Schip Vasco da Gama in't Jaar 1825. M. S）がある。

（10）フェルシウス（Versius生没年）なる人物は不詳。一八二七年当時、海図に詳しい人物としては、出島商館職員マヌエル（Manuel生没不詳）がいる。前掲書（2）の板沢武雄著（八〇から八一頁）によれば、マヌエルに関する業績として「長崎の港および附近の図」、「一八二五年ピストリウス、マヌエル両氏により測量された長崎港の図」、「下関（de straat van der Capellen）の図」などが記されている。本稿のシーボルト自筆草稿（日誌）に見えるフェルシウスは、あるいはマヌエルと同一人物であろうか。

（11）その成果は、フォン・ブランデンシュタイン家所蔵文書のシーボルト他の自筆草稿「長崎湾の正確な水深調査」（蘭文一〇枚）、シーボルト自筆リスト「長崎湾の海図に関する測定価値」（独文一枚）、前掲書（2）の板沢武雄著（八〇頁）に記述のベゼメル大尉の「長崎港の深さについて」（一八二五年）、シーボルトの「長崎附近の地図のための観測」、ピストリウスの「長崎港の図の説明」（大著『日本』掲載の原文Verkerk Pistorius Aanmerkekigen en

opheldeeringen by het Plan der haven van Nagasaki.M.Sと同じ）などが考えられる。
（12）シーボルトの記述にある「彼」とは、カール・ペーター・ツュンベリー（Carl Peter Thunberg 1743-1828）を指すのであろう。ツンベルク、トゥーンベリーともいう。彼はスウェーデンの医学者・植物学者で、シーボルト以前における日本研究の第一人者。オランダ東インド会社に入り、一七七五（安永四）年長崎出島のオランダ商館医として来日。江戸参府に随行。著書に『日本植物誌』（一七九四―一八〇五年刊）、『ヨーロッパ・アフリカ・アジア旅行記』（一七八八―一七九三年刊）などがある。
（13）アレクサンダー・フォン・フンボルト（Alexander von Humboldt 1769-1859）ドイツの博物学者。地理学者。気候学、海洋学などを創始。大著『コスモス』（一八四五年刊）を通じて、ヨーロッパにおける学問水準の向上に寄与した。
（14）稲部市五郎（一七八六―一八四〇）名は種昌。オランダ通詞。シーボルトの長崎近郊の調査への旅には、たびたび案内役をつとめ、信頼されていた。シーボルトと高橋作左衛門景保との贈答の仲立ちをした廉をもって長崎で取調べをうけ、上州七日市の前田家に永年御預となり、幽囚一〇年の後死去した。
（15）大著『日本』によれば、この時に観察したと思われる記述がある。すなわち「野母崎は二つの峰がある山からなっていて、少し遠ざかると島のように見える。岬に近づくとその突端にある岩がはっきり見える。…この岬は天草島の北西海岸との間に広い湾の入口を形成している。この湾内には高さ一、二五三メートルの雲仙岳のある島原半島が突き出ているので島原湾とよばれている。雲仙岳は野母崎の北東六七度にある。南西の方向に延長一五海里あるこの細長い半島はたくさんの丘陵と山からなり、千々山（すなわちたくさんの山の意）とよばれている。半島のほぼ中央にそびえている最高峰瓦山〔現在の八郎岳か。五九〇メートル〕は、われわれがバロメーターで測定したところ五九四メートルである。ほかの尾根も大体そうだが、丈の低い藪に覆われているので遠くからははげ山のように見える」（『日本』図録第一巻　五〇頁　雄松堂書店　昭和五三年）とある。文中の〔　〕は筆者による。
（16）大著『日本』の記述とほとんど同じ（『日本』第二巻　二一三頁　雄松堂書店　昭和五三年）。
（17）二宮敬作（一八〇四―六二）号は如山。宇和島出身の医師。一八一九（文政二）年長崎に遊学。一八二三年シーボルト来日を期にこれを師事し、師の信頼も厚く植物採集の折には同行することが多かった。江戸参府に随行して富士山を測定。また島原雲仙岳の高度測定をするなどして、シーボルトの研究を助けた。シーボルト事件に連座し、長崎から所払いを命ぜられ郷里に帰り、外科を開業、さらに藩医に挙げられた。シーボルトの娘イネの面倒をよくみて、オランダ語、外科、産科学を教えた。

(18) 大著『日本』によれば、次のような関連記述がある。すなわち「九州の温泉についての一連の興味ある報告とともに、勇敢な門人〔二宮〕敬作の尽力のお陰で、私はこの火山の高度測定の結果を入手できた。彼はこの度の旅行に同行し、高度を測定するためにバロメーターの取り扱い方を学んだ。旅行の終了後に彼は同僚数名を伴って、われわれ外国人が立ち入ることのできない多くの重要な地点で、妨害されずに調査するために出かけて行ったが、この調査は私にとって必要であり、望ましいものであった」(『日本』第二巻　二九八頁)。

(19) この山は標高三四一・一メートルあり、地質は対州層群の泥岩・砂岩と海底噴出物と考えられる火山砕屑物よりなる。(『角川日本地名大辞典　長崎県　角川書店　七三〇頁　昭和六二年』)。

(20) シーボルトの記述によれば、「雲仙岳の麓、島原の東岸〔実際は西岸〕の波打ち際には、その効能で有名な温泉があり、近くにある漁村の小浜という名でよばれている」とある。(『日本』第二巻　二一五頁)。

〈資料紹介〉

シーボルトの医学関係史・資料について

沓沢宣賢編

（一）絵画

a　『瀉血手術図』（川原慶賀筆・紙本、長崎県立美術博物館所蔵、国指定重要美術品）
川原慶賀がフランス医学書の絵を参考に描いたものとされている。色彩も鮮やかであり、患者の顔つきがとても写実的なのは、舶載の銅版画からとられたからだといわれている。色彩も鮮やかであり、患者の顔つきがとても写実的なのは、舶載の銅版画からとられたからだといわれている。（日蘭交流四〇〇周年記念展覧会『日本の近代科学に果したオランダの貢献　出島の科学』（日蘭交流四〇〇周年記念展覧会　出島の科学実行委員会二〇〇〇）に紹介）

b　『女性患者図』（清水東谷筆・和紙、水彩　フォン・ブランデンシュタイン家所蔵）
「ベルベリ」（脚気）という表記がみられ、象皮病に罹った女性を描いていると思われる。落款に「東谷」とあるので、清水東谷であろう。この絵は、シーボルト再渡来時描かれたものである。（シーボルト生誕二〇〇周年記念特別展「シーボルト家の二百年展（シーボルト記念館　一九九六）」に紹介）

（二）医療器具など

a　シーボルト外科道具　一式　二〇点　木箱入り（長崎県立美術博物館所蔵）
この道具は、シーボルト再来日時の安政六年に持参したもので、娘のイネに与えたものである。

b　シーボルト外科道具　一式　一五点　皮製ケース入り（東京国立博物館所蔵）
このセットはシーボルトが弟子に与えたもので、文政七年長崎においてオランダ通詞の吉雄権之助から越後の蘭学者五十嵐其徳に譲渡されたものといわれている。

c　木画薬籠（ガラス製薬瓶入）　一具　木画箱（長崎県立美術博物館所蔵、国指定重要文化財）
これもシーボルトが再渡来時に使用し、娘イネに与えた薬箱である。薬瓶には薬がまだ残っている。（a・b・cは京都国立博物館・名古屋市博物館・東京国立博物館編『シーボルトと日本』（朝日新聞社　一九八八）に紹介）

d　シーボルト愛用の薬箱　一具（楠本周篤氏旧蔵、財団法人日本医学文化保存会「医学文化館」所蔵）

e　眼球模型　一具（シーボルト記念館所蔵、国指

定重要文化財）

眼球内部の構造を示した模型。本品は初めシーボルトから門人の高良斎に贈くられたが、更に良斎より同門柴田花守に譲与されたものという。（『シーボルト資料展覧会出品目録』に紹介）

f　その他

一　『シーボルト資料展覧会出品目録』によれば「三五〇　おいねの書翰」として「シーボルトより受取りたる医療器械、薬品を記したる目録。三瀬周三筆」（楠本周篤氏旧蔵）とされるものや、「六〇　眼科器械　シーボルトが門人伊東昇迪（米沢藩侍医）に与えたるものなり。」（伊東祐彦氏旧蔵）それに「六一　浣腸器」（楠本周篤氏旧蔵）などがあったとされるが、これらの所在は最近まで明らかではなかった。しかし、シーボルト記念館で行なわれた第五回特別展「シーボルトの門人展」（一九九三）に伊東昇迪がシーボルトから貰ったとされる「一〇　携帯薬瓶セット」一式「一一　薬瓶」二個などが出品展示され、その後の調査でこの「携帯薬瓶セット」がシーボルトが伊東昇迪に与えた眼科器械とされるものであることが明らかとなった。（米田該典「シーボルト記念館所蔵の点眼筐の調査報告—伊東昇迪がシーボルトから贈られた点眼筐—」『シーボルト記念館　鳴滝紀要』第一二号〈二〇〇二〉）

二　「薬品および医療器具に関する記述」（蘭語）一枚（フォン・ブランデンシュタイン家所蔵、シーボルト記念館の『マイクロフィルム目録』収録）

（三）シーボルト自筆の処方箋など

a　「シーボルト処方箋」　六枚（シーボルト記念館所蔵、国指定重要文化財）

六枚の内、一枚は後藤家宛のもの。他に宗祐の娘オタネ宛、大村侯夫人宛のものがある。

b　「シーボルト処方箋」　一四枚（三瀬彦之進氏旧蔵、大洲市立博物館所蔵）

シーボルト再渡来時に、彼の孫娘高子の夫三瀬諸淵が譲り受けたと考えられる。

シーボルト記念館と大洲市立博物館所蔵の「シーボルト処方箋」については、宮崎正夫氏が「シーボルトの処方箋—医師としてのシーボルト」の中で紹介している。（ヨーゼフ・クライナー編『黄昏のトクガワ・ジャパン　シーボルト父子の見た日本』ＮＨＫブック

ス〈一九九八〉）

c　「シーボルト処方箋」　一枚（楠本周篤氏旧蔵、財団法人日本医学文化保存会「医学文化館」所蔵）
二宮先生と書かれた墨書が見られる。

d　「シーボルト蘭語処方箋」　一枚（赤澤乾一氏旧蔵）
「一八六一年一〇月二二日　江戸赤羽根」の記載がある。林道倫述「シーボルト先生の処方箋」（「中外医事新報」第一二二二号〈一九三五〉に紹介）

e　「P・シーボルト処方箋」一枚（日本大学医学部図書館所蔵）

f　その他

一　「シーボルト診療日誌」（羅語）　五枚（フォン・ブランデンシュタイン家所蔵、シーボルト記念館の『マイクロフィルム目録』に収録）

二　「梅毒に関する記述」（独語）一枚（フォン・ブランデンシュタイン家所蔵、シーボルト記念館の『マイクロフィルム目録』に収録）

（四）シーボルト験方録など（臨床医学の史料）

a　外科的治療の史料

一　『メイストンシイボルト直傳方治療方寫取』寫本一冊（天理図書館所蔵）

二　『シーボルト治療日記』寫本一冊（天理図書館所蔵）

この二つの史料は、共に文政一〇年長崎の吉雄幸載の青嚢《のう》塾でのシーボルトの外科治療の様子を信濃出身の医師宮原良碩が記録したものである。（『シーボルト資料展覧会出品目録』に紹介）

b　内科的治療の史料

一　『失伊勃児經驗方』二巻　獨國　失伊勃児杜口授　門人筆記　寫本　一帙　二冊

二　『失伊勃児杜經驗録』一巻　坿諸説記聞　一巻　獨國　失伊勃児杜原本　安政四（一八五七）下河邊宗伯寫本〔石川玄林下河邊宗伯蘭醫學寫本之二〕

三　『失勃児杜經驗録』一巻　獨國　失勃児杜經驗江戸門人録　寫本一帙　一冊

四　『失勃児杜験方録』一巻　獨國　失勃児杜口授門人筆記　天保四（一八三三）寫本一帙　一冊

五　『失勃児杜験方録』一巻　獨國　失勃児杜原本〔石川玄林、下河邊宗伯蘭醫學寫本之一〕一帙

六　『失勃児篤經験方録』一巻　獨國　失勃児篤口授　門人筆記　天保七（一八三六）寫本一帙　一冊

七　『失勃児徳爾験方録』一巻　獨國　失勃児杜口授　門人筆記　寫本一帙　一冊

八　『種痘書』一巻　獨國　悉乙勃兒咄著〔坩日高涼臺著作集〕

九　『斯伊勃児口訣』一巻　獨國斯乙勃盧篤口授門人筆記〔與西洋斯乙勃爾徳局方合冊〕

一〇　『斯乙勃盧篤先生験方録』一巻　膏剤　一巻　獨國　斯乙勃盧篤口授　門人筆記〔與西洋斯乙勃爾徳局方合冊〕

一一　『シイボルト験方録』一巻　獨國　シイボルト經験　江戸門人録　戸高適甫寫本一帙　一冊

一二　『薬品應手録』一巻　江戸　高淡（良斎）著　文政九（一八二六）　阿波　高氏刊本　一帙　一冊

『薬品應手録』は京都大学図書館富士川文庫、村野文庫　村野時哉氏、ライデン国立民族学博物館、国立中央公文書館（ハーグ）に各々所蔵されている。（以上、一～一二の一二冊は財団法人武田科学振興財団「杏雨書屋」所蔵）

一三　『失伊保児篤經方集』寫本一冊（郷健重郎氏旧蔵、京都府立総合資料館所蔵）

一四　『斯勃盧篤験方録・吉雄家金創秘書（吉雄耕中訳）』合冊

一五　『失勃爾經験書』寫本一冊　裏表紙に「天保四春三月石州那加郡周布邑醫矢部良爲余寫之荻原渓之草蘆焉」とある。（『シーボルト資料展覧会出品目録』に紹介）

一六　『斯勃盧篤験方録』賀来佐一郎筆録　井上有季校　寫本一冊

一七　『斯伊勃篤方書』附經験方　寫本一冊

一八　『矢乙孛児杜』外題『矢乙児杜方府』寫本二巻　一冊附方亭藤井先生方府加来佐之編　賀来佐之（佐一郎）による漢文の記載がある。

一九　『矢乙勃児杜験方録』寫本一冊　巻末に「丹晴堂先生方府」が附いていることから湊長安（號丹晴堂）の筆録に係わるものと推定されている。（以上、一四～一九の六冊は京都大学図書館「富士川文庫」所蔵）

二〇　『失勃児督處方録』寫本三冊（久保春海氏旧蔵東京大学医学図書館所蔵、日蘭学会にマイクロフィルム・写真版が寄託されている）巻之一、巻之二の巻頭に「丁亥」年（文政一〇年）、巻之三には「失勃爾督先生薬方録」（遠江　戸塚静海輯）の記載がある。

二一　『失勃児杜傳験方録』写本一冊（柳田隆養氏旧蔵）
京大本の『失乙勃杜方府』と同じもの。
二二　『失伊杜爾先生方籍』写本一冊（入澤達吉氏旧蔵、東京大学医学図書館所蔵）
二三　『失勃児杜験方録』写本一冊（高野長運氏旧蔵、高野長英記念館所蔵）
二四　『失勃児杜經験書』写本一冊（古賀十二郎氏旧蔵）（以上、二〇～二四の四冊は『シーボルト資料展覧会出品目録』に掲載）
二五　『失勃児杜験方録』写本一冊（東京大学医学図書館所蔵）
二六　『失勃児杜験方録』写本二冊　于時嘉永三寅戌霖雨月中旬　阿邊元雄寫之（石山禎一氏所蔵）
二七　『失勃児杜験方録』写本一冊　于時天保四癸巳　番場元英寫之〔番場蔵書〕（木曾藪原　宮川久海氏　宮川資料館所蔵）
二八　『斯勃児杜治験方』文久二戌五月吉日　写本一冊　杉原氏文庫印あり（沓沢宣賢所蔵）
二九　『蘭方口傳』写本　二冊　（中村昭氏所蔵）
この写本は、第一にシーボルトの門人たちの治験録や薬の分類などの聞き書きを集めたもので、第二は『失勃児杜方録』で写本の大部分を占めている。第三の部分は、「附諸説記聞」と題され、蘭方医学に関する聞き書きの記録。（中村　昭「蘭方口伝（シーボルト験方録」（『日本医史学雑誌』第三六巻第三号〈一九九〇〉に紹介）
三〇　『シーボルト先生口授録』写本一冊（一七丁）（津山歴史民俗館所蔵、芳村杏斎蔵書）
『洋学研究誌一摘』創刊号〈一九九二〉に記載がある。
三一　『シーボルト験方録』写本一冊（四二丁）
三二　『支母爾篤祭病法』写本一冊（九丁）（以上、三一～三二の二冊は順天堂大学図書館「山崎文庫」所蔵）
三三　『失勃児杜験方録』写本一冊　江戸末期中村某寫之
三四　『失勃児杜験方録』―自文政六年至文政一〇年江戸末書寫寫本一冊
三五　『失勃児杜験方録』―自文政六年至文政一〇年江戸末書寫寫本一冊（四二丁）（以上、三三～三五の三冊は、東京の財団法人研医会図書館「関場文庫」所蔵）
三六　『矢以勃杜經験集』写本一冊　村上玄水筆録

（大分県中津市歴史民族資料館分館・村上医家資料館所蔵）

三七　『食勃児度經験方』湊長安筆録（文政一〇年）（呉秀三著『シーボルト先生　その生涯及び功業三』一一頁、東洋文庫　平凡社　に紹介）

三八　『至母爾篤筆授略説』湊長安筆録（山形敞一氏所蔵）

三九　『失以勃児杜験方録』岡研介の「用薬摘要」と合本写本一冊　安政三年（山形敞一氏所蔵）（山形敞一「医師としてのシーボルト」（「日本医史学雑誌」第二〇巻第一号〈一九七四〉に紹介）

四〇　『失勃児篤験方録』寫本一冊　上野国医師高橋景作筆録（伊藤次郎・祐俊氏所蔵）（長野県立歴史館「蘭学万華鏡―江戸時代信濃の科学技術―」〈一九九九〉に紹介）

四一　『矢勃児験方録』寫本二冊（広島市立中央図書館「浅野文庫」・「小田文庫」所蔵）

四二　『シーボルト經験方』付和蘭薬品性効寫本一冊（五三丁）（宗田一氏旧蔵）

四三　『失勃児杜験方録』寫本一冊（四六丁）（宗田一氏旧蔵）

巻頭書名の下に「和蘭元千二《（八）か》百十三年ヨリ十七年迄本邦文政六年ヨリ十年迄ニ当ル」の記載がある。

四四　『失勃児先生方函』寫本一冊（三六丁）（宗田一氏旧蔵）（以上、四二～四四の三冊は、国際日本文化研究センター「宗田文庫」所蔵）

四五　『悉勃児都處治聞見録』寫本一冊（五〇丁）（シーボルト記念館所蔵）

伊東昇迪がシーボルトの江戸参府や長崎での処置を見聞して記したものである。（永松実「伊東昇迪筆『悉勃児都處治聞見録』とシーボルト著『江戸参府紀行』の治療に関する記事について」『シーボルト記念館　鳴滝紀要』第九号〈一九九九〉に紹介）

本稿作成にあたり、以下の目録を参考とした。

・『シーボルト資料展覧会出品目録』（一九三五）
・『京都帝国大学和漢図書分類目録』第四冊医学（京都帝国大学附属図書館　一九四二）
・『国書総目録』第四巻、第七巻（岩波書店　一九六六、一九七〇）
・『研医会図書館蔵書目録』第Ⅲ輯―和・漢・洋古医学文献及医史学関係資料―上巻（財団法人研医会図書館　一九六六）

・『山崎文庫目録』（順天堂大学図書館　一九六九）
・『医学古文目録』（財団法人日本医学文化保存会　一九七六）
・『杏雨書屋蔵書目録』（財団法人武田科学振興財団　一九八二）
・「東京大学医学図書館所蔵呉秀三文庫目録」（『呉　秀三先生没後五〇年記念誌』一九八三所収）
・『日本大学医学部図書館古医学資料目録』（日本大学医学部図書館　一九八四）
・「ライデン国立民族学博物館（ライデン市）所蔵日本書仮目録（草）」（「早稲田大学図書館紀要」第二六号一九八六年所収）
・『シーボルト記念館資料目録』（1）（シーボルト記念館　一九八九）
・『東京大学医学図書館所蔵和古医学書調査用仮目録』（二宮陸雄編刊　一九九三）
・『フォン・ブランデンシュタイン家所蔵シーボルト関係文書マイクロフィルム目録』（シーボルト記念館　二〇〇二）
・『宗田文庫目録書籍篇』（国際日本文化研究センター　二〇〇一）

〈資料紹介〉

シーボルト収集の和書

（付）シーボルト門人蘭語論文目録

向井晃編

日本図書及手稿目録

本目録はフイリップ・フランツ・フォン・シーボルトが第一回来日時の収集文献五〇三点を主とし、これにハーグ王立博物館所蔵のヤン・コック・ブロムホフ収集文献三三点とオヴェルメール・フィッセル収集文献六九点を合わせて分類し、記録された『フィリップ・フランツ・フォン・シーボルト収集並ニハーグ王立博物館所蔵　日本書籍及手稿目録』（一八四五年刊）の後半部の和書目録（郭成章の執筆を石版刷）を主とし、省略されている西暦および刊年（和暦）や、目録中に分類区分などを前半部（ラテン語）及び他の参考文献により記述し、補訂は（　）内に記入した。ブロムホフ収集に（＊）印、フィッセル収集に（＋）印をつけた。

頭部に付した番号は『目録』にあるものをそのまま用いた。重複する番号にbがつけられているのも目録原本通りである。（本書では〔　〕を付して区別した）

第一部　百科事典類

1 和漢三才図会　摂陽城医法橋寺島良安尚順編　全百五巻、一七一四（正徳四）

2 頭書増補訓蒙図彙　廿一巻　一六六一（寛文元）

3 頭書増補訓蒙図彙大成　廿一巻　一六六六（寛文六）

4 唐土訓蒙図彙　平住専庵先生著　十四巻　一七一九（享保四）

5 新増広益萬会節用百家選、玉海節用字林蔵、新刻文林節用筆海大全　全三冊　一七八九（寛政元）

+6 文化補刻萬海節用字福蔵　全一冊　一八一七（文化十四）

+7 新撰増益都会節用百家通（高安芦屋昶）全一冊　一八一九（文政二）

＊8 増字百倍萬宝節用富貴競　全一冊　一八一一（文化八）

+9 増字倭漢節用無双嚢　華文軒主人述　全一冊　一

七九九（寛政十一）
10 博物荃　蘭斎山崎右衛門　全一冊　一七六八（明和五）
+11 彙刻書目　全十冊　一七九九（寛政十一）
12 増補和漢書画一覧　全一冊　一七八六（天明六）

第二部　歴史書　地理書

A　歴史

a　神話

13 神代紀葦牙　栗田土満大人著　全三冊　一八一一（文化八）
14 神代正語　伊勢人本居宣長　全三冊　一七八九（寛政元）
15 古史系図　平篤胤　一冊　一八一五（文化十二）

b　歴史

16 日本王代一覧　法眼春斎林恕　全十冊　一七九五（寛政七）
+17 日本書紀（舎人親王等編）全卅巻　一七九八（寛政十）
18 和漢年契　摂陽芦屋山人著　全一冊　一七九七（寛政九）
+19 掌中和漢年契　全一冊　一八〇一（享和元）
20 和年代皇紀絵章　三冊
+21 太平記　全四十巻　一六三一（寛永八）
+22 甲陽軍鑑　全二十巻　一六五九（万治二）
+23 平家物語　全十二巻　一七〇一（元禄十四）
+24 島原記　全三冊　一六三七～一六三九（寛永十四～十六）
25 本朝国郡建置沿革図説　一斎佐藤　全一冊　一八二三（文政六）
26 大日本太平記名将武勇競（一八一八～一八二九、文政年間）
27 大日本知仁名将勇士鑑（一八一八～一八二九、文政年間）

c　年表

28 甲子循環図　観嶽主人著　一八二〇（文政三）
29 年代記　一八二四（文政七）
+30 紀年指掌（一八二六、文政九）
31 和漢年歴箋　全一冊　一八二三（文政六）
32 （昼夜便要）萬宝二面鑑（一七九九、寛政十一）
33 萬歴両面鑑　一八二五（文政八）

B　歴史地理

34　大和名所図会　佩蘭清、竹原春朝斎画　全七冊　一七九一（寛政三）
35　河内名所図会　秋里籬嶌、丹羽桃渓画　全六冊　一八〇一（享和元）
36　和泉名所図会　同、竹原春朝斎画　全四冊　一七九六（寛政八）
37　摂陽群談　摂西陳人岡田氏陸助　全十七冊　一七一七（享保二）
38　摂津名所図会　秋里籬島　全十六冊　一七九八（寛政十）
39　東海道名所図会　同　全六冊　一七九七（寛政九）
40　武蔵野話　鶴磯　全四冊（一八一五、文化十二）
41　近江名所図会　秋里籬嶌　全四冊　一八一四（文化十一）
42　木曽路名所図会　全六冊（一八一四、文化十一）
43　紀伊国名所図会（高市志友）全五冊（一八一一、文化八）
44　播磨名所巡覧図会（村上石田）全五冊　一八〇三（享和三）
45　長崎行役日記　常州水戸長玄珠記　全一冊　一八〇五（文化二）
46　筑紫紀行　菱屋平七　全十冊（一八〇六、文化三）
47　諸国奇談　西遊記　橘南谿子　全五冊（一七九八、寛政十）
48　同　東遊記　全五冊　一七九五（寛政七）
49　同　南遊記（最一兼六）全五冊　一八〇〇（寛政十二）
50　防長二州之記
51　山陵志　蒲生秀実　全一冊　一八二二（文政五）
52　古山陵之図（高野長英画）
53　諸国経緯郡城数附

C　地図

a　一般地図

54　大日本細見指掌全図　一八〇八（文化五）
55　改正日本図　一八一一（文化八）
56　改正日本輿地路程全図　常州水戸長玄珠子玉父（一八一一、文化八）
57　新板日本国大絵図　一七四四（延享元）
58　日本辺界略図
59　九州之図（一八一三、文化十）

b　地方地図

60 山城国絵図
61 大和国絵図
62 大和国細見絵図　中村敢耳斎（一七七六、安永五）
63 河内国細見小図　丹羽桃渓（一八〇二、享和二）
64 河内国絵図
65 和泉国大絵図
66 和泉国絵図
67 摂津国名所大絵図
68 志摩国絵図
69 尾張国絵図　二冊
70 参河国絵図
71 阿波国絵図
72 武江畧図　岩崎常正　一八二四（文政七）
73 近江国大絵図　河内散人山下重政　一七二四（文政七）
74 近江国絵図　二冊
75 美濃絵図
76 能登国絵図
77 越後国絵図
78 佐渡国絵図
79 丹波国（大）絵図（矢野貞利）一七九九（寛政十一）
80 丹後国（大）絵図（斎藤甚左衛門）一八一七（文化十四）
81 丹後国絵図
82 但馬国絵図　一七八二（天明二）
83 伯耆国絵図
84 石見国絵図
85 隠岐国絵図
86 因幡国絵図
87 播磨国絵図
88 播磨国大絵図　一七四九（寛延二）
89 備前国絵図
90 備中国絵図
91 淡路国絵図

D　地誌

a　都地誌

92 都名所図会　秋里籬嶌　竹原春朝斎画　全十一冊　一七八六（天明六）
93 都林泉名勝図会　同　諸名家画　全五冊（一七九九、寛政十一）
94 京之水　秋里舜福　全二冊　一七九一（寛政三）
95 天明再板　京都めぐり　貝原篤信　全二冊　一八一五（文化十二）

96 都寺社全図　全四冊　一七三〇（享保十五）

97 増補絵入　都名所車　全一冊

98 新撰増補　京大絵図　全一冊

99 文化改正　京都指掌図　全一冊　一八一二（文化九）

100 文化改正　新増細見京絵図　全一冊　一八一三（文化十）

101 花洛一覧図　発行風折政香　画工黄崋山　全一冊　一八〇九（文化六）

102 新改内裏図　全一冊　一八一七（文化十四）

*103 新補京之図　全一冊

104 新板比叡山延暦寺（図）

b　江戸地誌

105 分間江戸大絵図　全一冊　一七三二（享保十七）

106 分間御江戸絵　全一冊　一八〇四（文化元）

107 分間懐宝御江戸絵図　一八二五（文政八）

*108 再版新改御江戸絵図　一七九七（寛政九）

*109 文化改正御江戸絵図

*110 再版新改御江戸絵図

+111 文政改正御江戸大絵図

112 北条氏康時代武州江戸絵図

113 下谷浅草辺之図　一七六七（明和四）

114 谷中本郷丸山小石川辺之図　一七七〇（明和七）

115 駿河台小川町之図

116 東都永田町之絵図（瀬名貞雄狐阡軒）一七五九（宝暦九）

117 東都番町之絵図（同）（一七五五、宝暦五）

118 浜町神田日本橋北之図（同）一七七〇（明和七）

119 芝愛（宕）下辺之図（同）一七六六（明和三）

120 築地八町堀日本橋南之図（米山鼎峨）（一七七四、安永三）

121 新板御江戸名所独案内記

122 いろは分独案内　江戸町つくし　一八二六（文政九）

123 江戸御見附略図（一八二五、文政八）

124 江戸御城内御住屋之図

c　大坂地誌

125 自上古到今世　難波大坂十二図

+*126 増修大坂指掌図　附川画図　全一冊（二部）一七九四（寛政六）

127 新板増補大坂之図　一七八七（天明七）

*128 増修改正摂州大坂地図　全（大岡尚賢）（一八〇六、文化三）

129 文政新改摂州大坂全図　一八二五（文政八）

130 大坂町鑑　全（小川愛道）（一七五五、宝暦五）

131 大坂城之図　軍攻之図・安部之合戦之図
132 改正一目千軒（斜天呑獅）（一八〇一、享和元）
133 寛政改正みをつくし（浪華散人）（一七九八、寛政十）
134 繁花市中　大凡積胸算用（一八一八～一八二九、文政年間）

d　長崎地誌其他

135 肥州長崎図（一七七八、安永七）
136 播磨姫路之図
137 下野国日光山之図
138 日光御山総絵図
139 鎌倉勝概図　秦檍丸図　一七九八（寛政十）

E　都市及び地方案内記

140 日本名所之絵　江戸重斎紹真筆
141 東海道名所一覧　北斎　一八一八（文政元）
142 道中記東海道　全二巻
143 和州吉野山名勝図　一七一三（正徳三）
144 安芸国厳嶋勝景図（貝原益軒篤信）（一八一二、文化九）
145 丹後国天橋立之図（同）（一七二六、享保十一）
146 陸奥国塩竈松島図（佐久間容軒）（一七二八、享保十三）
147 江戸隅田川両岸一覧図　鶴岡芦水　全二冊　一七八一（天明元）
148 澱川両岸　勝景図会　暁鐘成画図　一八二四（文政七）
149 名山図譜　淡海谷文晁絵図　全三冊　一八〇四（文化元）
150 山水奇観　旭江著（四冊）一八〇〇（寛政十二）
151 富士山図　小林長周　全一冊　一八二二（文政五）
152 富士之景
153 釆草閑筆　二宮熊木
154 紀伊山水奇観
155 淡海八景図　平安応受写
156 播州明石舞子浜之図
157 高野山細見絵図　橘保春　一八一三（文化十）
158 紀州高野山金剛峯寺細見図　浪華橋国雄図　一七八四（天明四）
159 四天王寺伽藍図　浪華春朝斎竹原信繁図（一七九〇、寛政二）
160 太宰府天満宮御境内之絵図　一八一九（文政二）

F　旅行記

161 東海道分間絵図　一七五二（宝暦二）
162 東海木曽　両道中懐宝図鑑　一八〇七（文化四）
163 大日本道中行程細見記　一八〇四（文化元）
164 大日本道中行程指南車　一八二〇（文政三）
*165 大日本海陸通覧　一八〇四（文化元）
166 道中独案内　一八二二（文政五）
167 西国巡礼細見大全　一八二五（文政八）
168 四国偏礼之図　一七六三（宝暦十三）
169 四国偏礼之図
170 日光駅路里数之表（一八二三、文政六）
171 東海道駅路里数之表
172 増補　日本汐路之記　高田政度　全一冊　一七九六（寛政八）
173 大坂川口ヨリ長崎迄舟路（二百十七里）

G　属領の地理及び歴史

174 三国通覧図説　仙台林子平図并記　全一冊　一七八五（天明五）
175 蝦夷談筆記　藤仍縄　全一冊　一七一〇（宝永七）
+176 蝦夷拾遺
177 蝦夷図　最上徳内
178 松前蝦夷之図
179 蝦夷海浜之景
180 唐太島　最上徳内　全一冊
181 薩哈連島之図　最上徳内
182 黒竜江中之洲并天度　間宮氏
+183 唐太島之図
184 琉球談　森島中良　全一冊　一七九〇（寛政二）
185 朝鮮物語（木村理右衛門）全五冊　一七五〇（寛延三）
186 三才一貫図　浙紹新昌撫安世輯
187 萬国大全図　一六六三（寛文三）
188 歴代事跡図　一六五九（万治二）
189 大清萬年一統地理全図
+190 古今沿革地図　水戸長赤水　一七八八（天明八）

H　欧人著述の和訳地図

191 和蘭新訳地球全図　水戸赤水長閲　一七六九（明和六）
192 東察加之図　最上徳内
193 北海　同

第三部　自然科学書

A　博物学一般

a　日本再刻漢籍

194　大観証類本草　唐慎微　江戸医官　全卅一巻（一七七五、安永四）
195　校正本草綱目　明李時珍　全廿五冊
196　本草匯　呉門郊西郭佩蘭章宜纂輯　全十八冊
197　毛詩草木鳥獣虫魚疏　唐呉郡陸璣著　全一冊（一六九八、元禄十一）
198　毛詩陸氏艸木疏図解　淵在寛述　全五冊（一七七八、安永七）
199　毛詩品物図攷　浪華岡元鳳　全三冊　一七八六（天明六）
200　毛詩名物図説　呉中徐鼎実夫輯　全二冊　一八〇八（文化五）
201　救荒本草　明王西楼輯・姚可成補　全九冊（一七一六、享保元）
202　食物本草　元東垣李杲編輯・明呉郡銭允治校訂　全二冊　一六五一（慶安四）
203　通志昆虫艸木略　宋鄭夾漈著　日本蘭山先生校　全二冊　一七八五（天明五）
204　花鏡　西湖陳扶揺彙輯　全六冊　一六八八（元禄元）
205　本草彙言　明銭塘倪朱謨選集　松岡恕庵先生抄録　全六冊
206　南方草木状（嵇含・范成大）全二冊（一七二六、享保十一）

b　和書

207　本草綱目啓蒙　蘭山小野先生口授　孫小野職孝士徳録　全五冊（一八〇五、文化二）
208　本草啓蒙名疏　小野蘭山鑑定　孫職編輯　全八冊　一八〇九（文化九）
209　本草原始　合雷公炮　全五冊　一六九八（元禄十一）
210　本草和解　大江頤軒　全二冊　一七一二（正徳二）
211　大和本草新校正　貝原篤信　全十冊　一七〇八（宝永五）
212　広倭本草　真海竜　全十二冊　一七五九（宝暦九）
213　赭鞭余録　豊田養慶　全一冊　一七六一（宝暦十一）
214　物類品隲　鳩溪平賀先生著　全六冊　一七六三（宝

暦十三）
215 花彙　雍南田充房　全八冊　一七五九（宝暦九）
216 草木性譜　張府舎人清原巨撰　全三冊　一八二三〜一八二七（文政六〜十）
217 有毒本草図説　同　全三冊　一八二七（文政十）
218 本草和名　深江輔仁　全二冊（一七九六、寛政八）
219 物品識名　尾張水谷豊文　全四冊　一八〇九（文化六）
220 本草薬名備考和訓鈔　丹波頼理　全七冊　一八〇七（文化四）
221 草花式　法橋春川筆（大岡春川）全三冊　一八二〇（文政三）
222 雲根志同前・後編　江州山田浦木内小繁先生著　共廿五冊（一七七三・安永二、一七八〇・安永九）
223 泰西本草名疏　尾張伊藤舜民戴尭編　全三冊（一八二九、文政十二）

B　博物学特殊

a　植物書・動物書

224 百菊譜　児素仙　全二冊　一七三五（享保二十）
225 花壇養菊集　志水閑事　全二冊　一七一五（正徳五）
226 牽牛品　峰岸竜父著　全二冊　一八一九（文政二）
227 長生花林抄　東都深井伊藤伊兵衛　全五冊　一七三三（享保十八）
228 朝顔譜　秋水茶寮先生撰　濃淡斎先生画　全一冊　一八一八（文政元）
229 花壇朝顔通　壺天堂主人　森春渓画　全二冊　一八一五（文化十二）
230 梅品　怡顔斎松岡玄達先生撰　全二冊　一七六〇（宝暦十）
231 怡顔斎蘭品　松岡玄達成章撰　全二冊　一七七二（安永元）
232 怡顔斎桜品　同　全一冊　一七五八（宝暦八）
233 草木奇品家雅見（種樹屋）金太著　全三冊　一八二七（文政十）
234 橘品類考　桂庵木村　全二冊　一七九七（寛政九）
235 橘品　弄花亭　全一冊　一七九七（寛政九）
236 広益増補　地錦抄　伊藤伊兵衛　全廿八冊　一七一〇、一七一九（宝永七、享保四）
237 花壇大全（一冊）一七八九（寛政元）
238 茶席挿花集　芳亭野人　岩崎常正写　全一冊　一八二四（文政七）
239 古今鷹之事（堀内寿椿軒）（全一冊）一六八七（貞

享四）
240 六物新志　大槻茂質　全二冊　一七九五（寛政七）
241 蘭畹摘芳　同　全三冊　一八一九（文政二）
242 一角纂考　同　全一冊　一七八六（天明六）
243 鯨志　南紀如水軒　全一冊　一七九四（寛政六）
244 怡顔斎介（品）松岡玄達先生成章撰　全五冊　一七五八（宝暦八）
245 虫（鑑）高玄竜　全一冊　一八〇九（文化六）
246 夏草冬虫図　抽木常盤　一冊　一八〇一（享和元）
247 仙台きんこの記　大槻茂質　一冊（一八一〇、文化七）

b　植物写生図手稿

248 本草写真　水谷助六　二冊
249 同　宇田川榕庵　一冊
250 同　桂川甫賢　一冊
251 人参写真　同　一冊
252 日本草木　同　二冊
253 梅桜類花写真　一冊
254 蝦夷本草之図　桂川甫賢　一冊
255 琉球本草之図　同　二冊
256 琉球草木写真素稿　一冊
257 日光山草木写真　伊藤舜民ケイスケ　二冊
258 本草写真　水谷助六　一冊
259 本草抜翠　同　五冊
260 同　大窪太兵衛　五冊
261 同　宇田川榕庵　一冊
262 生壇全書（生植全書）同　一冊
263 山桜説　筑前侯所著　一冊
264 草花之図　春溪写　一冊
265 腊葉搨　薛茘庵　二冊

c　動物写生図手稿

266 獣禽虫写真　全三冊
267 蟹蝦類写真　桂川栗本瑞元　二冊
268 虫蟹之図　浪華鉄山画　一冊
269 蝶二十写真　一冊
270 虫類写真（大河内存真）一冊
271 蛛類説図　尾藩大窪舒三郎昌章写　一冊
272 魚類写真　桂川栗本瑞元　三冊
273 海魚考図絵　鞭近斎　二冊
274 海魚写真　宇田川榕庵　一冊
275 写真随集　同　一冊
276 獣魚縮写　一冊
277 禽獣魚写真　一冊
278 写真長鯨図　一冊

279 唐夫人所謂リキンカムとツナカイ二獣之図
280 蛇骨写真
281 打越溝中出異獣角骨図
282 石ニ化魚之図
283 天狗爪石雑考　木内重暁（一冊）

d 雑論文

284 本艸一家言　松岡恕庵　全四冊
285 本草和名集　全二冊
286 菌譜　酒井立生　一冊　一八一四（文化十一）
287 修養堂本草会目録　伊藤舜民ケイスケ　一冊　一八二七（文政十）
288 生々堂本草会目録　大河内存真　全一冊
289 （本）草会目録　同　一冊
290 海鰌　一冊
291 鳥品類小記
292 日本諸禽真写　附名　全一大本
293 鴝十八品真写　水谷助六　全一冊（一八二八、文政十一）

第四部　文法書及び辞書

（註）A、B、Cの配列順は原本のまま記載（※印）したので順序が入れ違っている

A　辞書

a 漢語辞書、漢和辞書

294 字彙　海膺祚　全九冊
295 康熙字典　全卅冊
296 増続大広益（会）玉篇（大全）洛滋隠士毛利　全十二冊（一七三五、享保二十）
297 新増字林玉篇（大全）鎌田禎　全一冊　一八二〇（文政三）
298 四声字林集韻　鎌田禎刪補　全一冊　一八一五（文化十二）
299 刪定増補　小字彙　全一冊
300 急用間合　真字玉篇大成　平仄校正　訓訳改訂　全一冊　一八一九（文政二）

b 和漢辞書

301 和漢音釈　書言字考節用集　駒谷散人槇郁輯　全十冊　一八〇二（享和二）
302 仮名印節用集　田仲宣　全一冊　一八〇三（享和

三）
303 大全早引節用集　全一冊　一八一七（文化十四）
+304 早引節用集　據梧散人　真字付　全一冊　一八二三（文政六）

c 異字同義辞書

305 増補詩文重宝記　信更生　全一冊　一七三三（享保十八）
+306 訳文筌（蹄）（荻生徂徠述）全三冊　一七一五（正徳五）

d 日本古語辞書

307 古言梯（楫）取魚彦　全一冊　一七六五（明和二）
308 雅言仮字格　市岡孟彦補訂　全一冊　一八一四（文化十一）

C 文法書（※）

309 大和詞　全一冊　一七五九（宝暦九）
310 やまと詞　全一冊　一七二七（享保十二）
311 新撰大和詞　東華切稽　全二冊　一七二九（享保十四）
312 雑字類編　汜愛堂　全二冊　一七六四（明和元）
313 学語論（学語編）（竺常、大典顕常）全二冊　一七七二（明和九）
314 イロハ天理鈔　全二冊（一六七八、延宝六）
315 以呂波字考録　全二冊　一七三六（元文元）
316 以呂波之五類
*317 空海之いろは
318 麻光韻鏡　京師子蓮浄寺沙門文雄僧谿述　全二冊　一七四四（延享元）
319 千字文
320 訓点千字文　山子点　全一冊（一七七五、安永四）
+321 画引十体千字文綱目　西甌孫丕顕編輯　全一冊　一七五六（宝暦六）
322 汪由敦楷書千字文　全二冊
323 米南宮杜律墨帖　全一冊

「A」e・f 和蘭辞書、蘭和辞書（※）

324 訳鍵（藤林元紀編）全二冊　一八一〇（文化七）
325 江戸ハルマ（稲村三伯）全廿冊（一七九六、寛政八）
326 和蘭辞書
327 蛮語箋（桂川甫粲中良）全一冊　一七九八（寛政十）

B 語彙（※）

a アイヌ語

328 蝦夷方言（別名、藻汐草）白虹斎（上原熊次郎）全一冊 一八〇四（文化元）
329 蝦夷ヶ嶋言語（最上徳内）全一冊

b 高麗語（朝鮮語）

330 千字文大本
331 類合 全一冊
332 朝鮮辞書

c 梵語

333 悉曇摩多体文 西海蓮華沙門源昭 一（一七八八、天明八）
334 梵言集 一

d 満州語

335 新刻清書全集 重鐫銭塘同学弟王汪鶴孫撰 全三冊 一六九九（元禄十二）
336 清語集 全一冊

第五部 神学書及び道徳書

A 仏教

337 改正両部神道口決鈔 江源慶安 全六冊 一七九五（寛政七）
338 絵馬雛形 全一冊 一七五〇（寛延三）
339 扁額軌範 合川珉和先生、北川春成先生 合撰 全一冊 一八一九（文政二）
*340 通神画譜 合川亭珉和画 全一冊 一八一九（文政二）
341 細見男山放生会図録 速水春暁斎 （一）（一八二一、文政四）
342 二十四輩順拝図会 河州専教寺隠釈了貞 竹原春泉斎画 全五冊 一八〇三（享和三）
343 増補諸宗仏像図彙 浪華土佐将曹紀秀信画 全五冊（一七九六、寛政八）

B 儒教

〔335b〕大般若理趣分 大唐三蔵法師玄（奘）奉詔訳 大般若波羅蜜多経巻第五百七十八 一冊
〔336b〕増補呪咀調法記 菊丘臥山人 一冊（一七八一、安永十）
+〔337b〕四書（朱熹注）一八一二（文化九）
〔338b〕孝経 漢魯人孔安国伝 日本信陽太宰純音 一冊 一七八九（寛政元）
〔339b〕論語 道春点 一冊 一八二二（文政五）
〔340b〕論語彜訓巻之首 最上徳内著 一冊 一八二三

（文政五）

C　道徳教訓、寓話及び雑書

〔341b〕 菜根譚　明ノ洪自誠　全二冊　一八二五（文政八）

+〔342b〕 絵本孝婦伝　合川珉和画図　全一冊　一八〇六（文化三）

〔343b〕 文化新版麗玉百人一首吾妻錦　一八一一（文化八）

+344 類葉百人一首教文庫　全一冊　一八一七（文化十四）

345 女用至宝都名所盡　池田東籬斎　全一冊　一八二四（文政七）

346 定家撰錦葉鈔（藤原定家）全一冊（一八一三、文化十）

+347 雑話教訓鑑（七国桜主人）全五冊（一七七五、安永四）

+348 近世貞婦伝　全五冊（一七九九、寛政十一）

+349 世談雑説　全五冊　一七五四（宝暦四）

+350 つれつれ草（吉田兼好）全二冊　一七三七（元文二）

+351 絵本金花談（速水春暁斎恒章）全十二冊　一八〇六（文化三）

+352 絵本鏡山列女功　川関惟充　全五冊　一八〇三（享和三）

+353 巨勢金岡名技伝（優々館主人）全二冊　一八〇八（文化五）

+354 文化新板伊勢物語　全二冊　一八〇四～一八一七（文化年間）

+355 本朝蟇物語（墨鶴山人）一冊　一七七四（安永三）

+356 遠乃白浪（十返舎一九）全三冊　一八二二（文政五）

*357 七福七難図会　浪華生々瑞馬著　赤石岡田東鬲画　全五冊　一八〇八（文化五）

+358 和漢古今角偉談　菊丘臥山人江匡弼文坡　全五冊（一七八四、天明四）

+359 艶廓通覧　浪華洞蘿山人著　全五冊　一八〇〇（寛政十二）

+360 松陰快談　豊山長野先生著　全二冊　一八二一（文政四）

+361 東牖子（田宮橘庵仲宣東牖子）一冊（一八〇三、享和三）

+362 間情偶寄　湖上李漁著　二冊（一八〇一、享和元）

+363 笑府　墨憨斎主人編　一冊（一七六八、明和五）

364 浮世新形六枚屏風　柳亭種彦作　豊国画　全二冊（一八二一、文政四）

365 音羽丹七　女郎花喩粟島　同　歌川豊国画　全二冊（一八二三、文政六）

366 正本製七編　同　全一冊（一八二四、文政七）

367 正本製八編　同　全一冊（一八二五、文政八）

368 笹色迺猪口暦手　同　全二冊　一八二六（文政九）

*369 おそめ久松　花競浮名の読取（欣堂間人）全三冊　一八二二（文政五）

370 山海経　晋記室参軍郭璞伝　全十八冊

371 キフ子本地　三巻

372 長恨歌（白居易）全三冊

第六部　詩

A　劇詩

373 妹背山（婦女庭訓）玉水源次郎（出版者で、作者は近松半二）五冊（一七七一、明和八）

374 壇浦兜軍（記）琴責段　一（一八一八、文政元）

+375 一谷嫩軍記　豊竹越前少掾　全一冊（一七六七、明和四）

+376 姉若草妹初音―本町糸屋娘（佐川藤太）全一冊（一八一三、文化十）

+377 近江源氏先陣舘　竹本義太夫・竹田新松　直伝〔作者は近松半七〕全一冊　一七六九（明和六）

+378 仮名手本忠臣蔵　竹本松後掾　竹田因幡掾　直伝　全一冊　一七四八（寛延元）

+379 双蝶蝶曲輪（日）記　竹本義太夫直伝　全一冊　一七四九（寛延二）

+380 菅原伝授手習鑑　同　全一冊　一七四六（延享三）

+381 京都歌舞妓新狂言外題年鑑（天人堂）（一）一八二六（文政九）

382 都国芝居繁栄数望（二）（一八二五、文政八）

B　叙情詩　和歌

383 古今集遠鏡　本居宣長　全六冊　一八一六（文化十三）

384 百人一首峯のかけはし　衣川大人著　全二冊　一八〇六（文化三）

+385 歌道名目鈔　右中弁資任　全三冊　一七一三（正徳三）

+386 正徹物語（清厳正徹）全二冊　一七九〇（寛政二）

387 万葉集　橘諸兄公集　全三十冊　一六八四～一六八六（貞享元～三）

388 和歌怜野集　清原雄風大夫編輯　四季六冊　恋雑六冊　一八〇六（文化三）

*389 歌林雑木抄（有賀長伯無曲軒）八冊　一六九六（元

禄九）
390 續撰吟和歌集類　一冊　一八〇〇（寛政十二）
391 千紅万紫　蜀山先生集　一冊　一八一七（文化十四）
392 百人一首小倉文庫　一小冊
393 百人一首　全一
394 宝玉百人一首　全一冊
395 絵本百人一首　全二冊
396 絵本和歌合（富士谷御杖）全一冊　一八一九（文政二）
397 同　一冊
398 貝ツクシ　浦のにしき　伴花庵　全一冊　一八二五（文政八）
399 三十六歌集　同
400 山家集類題　西行上人歌集　全一冊（一八一四、文化十一）

C　俳諧

401 俳諧七部集　全二冊　一七七四（安永三）
402 八重山（吹）（浜藻）全二冊（一八一〇、文化七）
403 狂歌手毎之花　文屋茂（喬）全二冊　一八一〇（文化七）
404 狂歌画自満（石川雅望）（魚屋北溪画）全三冊（一八二四、文政七）
+405 狂歌関東百題集　鈍々亭撰　全二冊　一八〇五（文化二）
+406 狂歌扶桑集　六樹園・菊薬亭　両撰　全二冊（一八三〇～一八四三、天保年間）

D　漢詩

+407 宋詩清絶　江戸柏昶如亭撰　全一冊（一八一三、文化十）
+408 （増訂）宋詩礎　江戸大窪行　全二冊　一八〇三（享和三）
+409 詩礎諺解　附　聯句　村瀬海輔輯解　全一冊（一八〇五、文化二）
+410 袖珍略韻大成（郭山）全四冊

第七部　民衆風俗並に制度に関する書

A　風俗習慣

+411 制度通　伊藤長胤輯　全六冊（一七九七、寛政九）
412 骨董集　醒斎輯　全五冊　一八一五（文化十二）

413 新板後篇　嫁入談合桂　平安華鳳山人著　全二冊（一八〇〇、寛政十二）

414 三礼口訣　貝原篤信　全二冊（一六九九、元禄十二）

415 当風　和国百女　菱川師宣　全一冊（一六九五、元禄八）

＋416 小笠原諸礼大全　法橋王山著　三冊（一八〇九、文化六）

＋417 京大坂茶屋諸分調方記　全一冊

418 装束図式　全二冊　一六九二（元禄五）

419 かさねのいろめ（源忠次）（一）（一八二五、文政八）

420 雅遊漫録　大枝流芳著　全五冊　一七五五（宝暦五）

421 群書類従　検校保己一集　巻第四百七一　上中下三冊　一六八三（天和三）

B　制度法令

422 文政武鑑　全四冊　一八二五（文政八）

423 御元服　御宮参　御用掛御役人附　全一冊（一八二八、文政十一）

424 万代宝鑑　全一冊　一八二六（文政九）

425 月令博物筌　鳥飼洞斎　全十四冊（一八〇四～一八〇八、文化元～五）

426 文政十一年略暦候　一八二八（文政十一）

427 文政十一戊子年略暦十七二候

C　政治

＋428 万世江戸町鑑　全二冊　一八二六（文政九）

429 町火消番組

430 火事御出役　定火消御役　御大名火消　御場所附イロハ番組

431 江戸本所深川　いろは組纏つくし両面摺（一八二四、文政七）

E　建築

432 （大工雛形）宮雛形・武家雛形・棚雛（形）数寄屋雛形・小坪規矩（小坪規矩追加）全（六）冊一七一七（享保二）

433 度量衡説続　最上徳内　全三冊（一八〇四、文化元）

D　軍事

434 図解武用弁略　大樹戸木下義俊編輯　全八冊（一七四八、延享五）

435 甲冑著用弁　井上老先生著　全二冊（一八〇八、文化五）

436 古軍器之図解

437 角觝詳説　活金剛伝　松寿楼主人撰　全二冊　一八二二（文政五）

第八部　経済書

A　農業

438 佩文耕織図　江戸桜井雪鮮　全二冊　一八二二（文政五）

439 成形図説　臣藤原国柱　全卅冊　一八〇四（文化元）

440 農業全書　筑州後学宮崎安貞　全八冊（一八一五、文化十二）

441 農家益　大蔵永常著　全三冊（一八〇二、享和二）

442 農（稼）業事　児島如水翁著　全五冊（一八一八、文政元）

443 山海名産図会（木村孔恭）全五冊　一七九九（寛政十一）

444 日本山海名物図会（平瀬徹斎）全五冊（一七五四、宝暦四）

445 武江産物志　岩崎常正　全一冊　一八二四（文政七）

446 飲膳摘要（小野蘭山）小野蕙畝　全一冊　一八一四（文化十一）

447 童蒙教訓　絵本米恩録　中川有恒　速水春暁島縮画　全五冊（一八二四、文政七）

448 日州養蜂図　一

B　商工

449 職人盡発句合　閑田子蒿蹊　全二冊　一七九七（寛政九）

450 江戸職人歌合（石原正明）藤原泰図　全二冊　一八〇八（文化五）

+451 妙術博物筌　貝原先生　全七冊

452 装剣奇賞　浪華稲葉通龍新右衛門著　全七冊　一七八一（天明元）

453 鼓銅図録　浪華住友氏奴隷増田綱謹撰（丹羽桃溪画）全一冊（一八〇〇、寛政十二）

454 鮫皮精鑑録　浅尾遠視　全一冊（一七六〇、宝暦十）

455 滑稽漫画（暁鐘成画）全一冊　一八二三（文政六）

456 押絵早稽古（堀井軒）全一冊　一八二五（文政八）
457 雅曲花（結）玉のあそび（雄川丘甫）全一冊　一八一七（文化十四）
458 生花秘伝　野山錦（木村周篤）全二冊　一七三〇（享保十五）
459 瓶花図彙（山中忠左衛門）全二冊　一六九八（元禄十一）
460 瓶花図全　一
461 挿花千筋之麓　入江玉蟾　全三冊　一七六八（明和五）
462 挿花衣之香　真松斎米一馬　全四冊　一八〇一（享和元）
＋463 立華正道集（尋旧子）全四冊　一六八四（天和四）
464 日本染色法　一
465 染物之法　早稲作法　茶製法　全一冊
466 酒作之事　一
467 紙作之法　一
468 塗之法　一
469 拾玉智恵海（藤井政武）（三冊）（一八二五、文政八）
470 日本持丸長者集（和田正）（一）
471 張公捕魚（一）
472 造塩法図（一）

第九部　貨幣書

473 珍貨孔方鑑　中谷顧山　全一冊　一七二九（享保十四）
＋474 寛政孔方鑑　流石庵羽積　全一冊（一七九四、寛政六）
475 改正孔方図鑑　小沢東市　全一冊　一七八五（天明五）
＋476 珍銭奇品図録　大村成富　全一冊（一八一七、文化十四）
477（珍貨）孔方図鑑　小沢東市　全一冊（一七九〇、寛政二）
478 古今泉貨鑑（朽木昌綱）全十二冊　一八〇四（享和四）
479 和漢泉彙　芳川甚右（衛）門　全一冊　一七九三（寛政五）
480 金銀図録　近藤守重　全七冊（一八二三、文政六）
481 対泉譜　文楼田元成　全一冊　一八一四（文化十一）
＋＊482 古銭価付　全（二部）
＊483 銭範（河村羽積）（一）（一）（一七九三、寛政五）

484 懐宝珍銭鑑（一八一六、文化十三）

485 西洋銭譜　小沢東市（著者は朽木昌綱）全一冊（一七九〇、寛政二）

第十部　医書　薬書

486 鍼灸抜粋大成　岡本一抱子　全七冊　一六九九（元禄十二）

487 鍼灸広狭神倶集　雲棲子著　石坂宗哲校　全一冊　一八一九（文政二）

488 鍼灸説約　石坂宗哲先生著　全一冊　一八一二（文化九）

489 広参説（小野蘭山）（小野）職孝（刊）全一冊（一八一〇、文化七）

490 薬名称呼　木原宗真　全一冊　一八二三（文政六）

491 人面瘡図説　桂川甫賢（一）（一八一九、文政二）

492 解臓図賦　池田義之冬蔵　全一冊（一八二二、文政五）

493 和蘭全躯内外分（合）図（及験号）本木（良）意翻訳　周防鈴木宗玄　撰次　二冊（一七七二、明和九）

494 栄衛中経図（石坂宗哲）竿斎先生著　全二板　一八二五（文政八）

495 薬品応手録（シーボルト述）高良斎（記）一（冊）一八二六（文政九）

496 鍼灸図解　二枚

497 知要一言（石坂宗哲）一（一八二六、文政九）

498 九鍼之説　石坂宗哲　一

499 婦人患病書（一）

第十一部　木版図

A　絵画指南書

500 漢画指南　東都建淩岱孟喬著述　二冊　一八〇二（享和二）

*501 漢画指南二編　寒葉斎　三冊（一八一一、文化八）

502 漢画独稽古　君山宮瓊　全二冊　一八〇七（文化四）

503 画筌　筑前魯軒林守篤　全六冊　一七二一（享保六）

504 花鳥画式　朝比奈夕顔　全一冊（一八一四、文化十一）

505 絵本直指宝　橘守国　全九冊（一七四五、延享二）

B　有名な絵画の木版複製

a　中国

506　宋紫石画譜　全十三冊（一七六二、宝暦十二）
507　宋紫石画譜（副孟義編）全三冊（一七六五、明和二）
508　画史会要　春卜一翁集　全六冊　一七五一（寛延四）
509　聚珍画帖（狩野探幽画）薫杉軒纂写　全三冊（一八〇三、享和三）
510　押画手鑑　大岡道信　全三冊　一七三六（元文元）
511　新刻金氏画譜　尾張九峰寄田延選摸　全一冊　一八一三（文化十）
*512　元明華鳥（平城明徳）全一冊　一七六四（明和元）

b　日本

513　名家画譜（丹羽）桃溪　全二冊（一八一四、文化十一）
514　画本必用　中路雲岬　全二冊　一七五一（寛延四）
515　高田敬甫画譜〔敬輔画譜〕全四冊（一八〇四、文化元）
516　諸職画鑑　蕙斎北尾政美　全一冊（一七九五、寛政六年十二月）
517　蕙斎麁画（北尾政美）全一冊（一八一五、文化十二）
518　草花略画式（北尾政美）全一冊（一八一三、文化十）
519　人物略画式（北尾政美）全一冊　一七九九（寛政十一）
520　竹譜詳録　息斎李　全二冊（一七五六、宝暦六）
521　建氏画苑（建部）寒葉斎　全三冊（一七七五、安永四）
522　建氏画苑海錯図　同　全一冊（一七七五、安永四）
523　絵本詠物選　法眼橘保国　全五冊　一七七九（安永八）
524　絵本野山草　同　全五冊　一七五五（宝暦五）
525　帝都雅景一覧（前編竜川清勲・後編頼山陽編）河邑文鳳（画）全四冊（一八〇九、文化六・一八一六、文化十三）
526　文鳳山水画譜（河村文鳳）全一冊　一八二四（文政七）
527　素絢画譜草花之部　山口素絢画　三冊　一八〇六（文化三）
528　絵本稽古帳　井村勝吉　全三冊　一七一八（享保三）
529　写生獣図画（橘守国）全二冊　一七一八（享和三）
530　画図百花鳥（狩野探幽原図）山下石仲（写）全四冊

一七二八（享保十三）
531 画本虫撰（宿屋飯盛撰）喜多川歌麻呂（画）全二冊（一七九九、寛政十一）
532 絵本手引草　全一冊　一七三五（享保二十）
533 絵本筆二色　北尾重政　全三冊
534 写生画帖　初心柱立　全一冊　一八一八（文政元）
535 桜花画帖（谷文晁）全一冊（一八一二、文化九）
536 画本無名　全一冊
537 京城画苑　文徴堂輯　全一冊　一八一四（文化十一）
＊538 鶯邨画譜（抱一上人鶯邨）全一冊　一八一七（文化十四）
＊539 光琳百図（尾形光琳）全二冊（一八一五、文化十二）
＊540 南（丘）文鳳　街道双画　全一冊　一八一一（文化八）
541 絵本手鑑　法橋春卜　一冊（一七二〇、享保五）
542 絵本心農種　全三冊
543 花鳥写真図会（北尾重政）三冊（一八〇五、文化二）
＊544 花鳥画譜　全一冊
＊545 花鳥画帖　全一冊　一八一九（文政二）
＊546 鳥獣畧画式　蕙斎　全一冊　一七九七（寛政九）
547 北斎漫画（初編〜十編）（葛飾北斎）全十冊　一八一二（文化九）〜（一八一九、文政二）
548 写真学筆　墨僊叢画（月光亭墨僊画）全一冊　一八一五（文化十二）
549 三体画譜（葛飾北斎）全一冊（一八一六、文化十三）
550 北斎写真画譜　全一冊（一八一九、文政二）
551 一筆画譜（葛飾北斎）全一冊　一八二三（文政六）
552 絵本両筆（葛飾北斎）立好斎　全一冊（一八一九、文政二）
553 英雄図会（南里亭其楽輯）玄竜斎戴斗（画）（一八二五、文政八）
＋554 北斎画式　北斎　全一冊（一八一九、文政二）
＊555 秀画一覧　同　全一冊（一八一三、文化十）
＊556 絵本浄瑠璃絶句　同　全一冊（一八一五、文化十二）
557 北雲漫画（初）編（葛飾北雲）全一冊（一八二四、文政七）
＊558 鳥山石燕画譜　全一冊（一七七四、安永三）
＋559 画本写宝袋　橘有税　全十冊（一七二〇、享保五）
560 画図百器　徒然袋　鳥山石燕豊房　全三冊　一八〇五（文化二）
561 今昔画図　続百鬼　同　全三冊（一八〇五、文化二）

562 風流絵合　手引の園（岡本啓蔵）全三冊（一八二六、文政九）

C　絵画書

a　歴史画書

563 絵本源平武者揃（堀田連山）全二冊（一八〇一、寛政十三）
564 絵本頼朝一生記（紀吉信）全二冊　一七九九（寛政十一）
565 絵本袖中雛源氏　全一冊（一八二〇、文政三）
＊566 絵本源将名誉草　曲亭馬琴　二冊　一八〇四（享和四）
＊567 絵本武勇桜　長谷川光信　全二冊　一七五六（宝暦六）
＋568 絵本多武峯　北尾紅翠軒重政　全三冊　一七九三（寛政五）
＊569 絵本武者鞋（北尾重政）全二冊（一七八七、天明七）
＋570 絵本鶯宿梅　橘守国　全七冊　一七四〇（元文五）
＋571 絵本フチハカマ　縫山撰　柳川重山画　全二冊（一八二三、文政六）
572 武者鑑　全三冊
573 絵本婚礼道シルベ　堀田連山　南里亭其楽　全二冊　一八一三（文化十）

b　風景及び建築図

＊574 絵本隅田川両岸一覧（葛飾北斎画）壷十楼成安　全三冊（一八〇一、享和元）
＊575 絵本江都桜（北尾政美）全二冊　一八〇三（享和三）
＊576 画本東都遊（浅草庵作）北斎　全三冊　一八〇二（享和二）
＊577 東都勝景一覧　同　全二冊（一八〇〇、寛政十二）

c　服飾図

578 将軍二十五容貌
579 倭国百女　菱川師宣　全一冊
＋580 花容女職人鑑　西来居未仏（蓬莱山人〔烏亭焉馬〕歌川国貞画）全二冊
581 茶湯之図　全一冊
582 猿楽之図　全一冊
583 江戸風美人姿（一）
584 東錦絵（一）
585 東錦絵美人容貌（一）
586 今様美人鏡（一）
587 当世美人画帖（一）
588 吉原美人見立五十三駅（一）
589 吉原傾城江戸美人画（一）

590 江戸八景 三冊
591 美人絵五十三駅
592 東錦絵集
593 江戸風景 二冊
594 東海道五十三駅

本目録作成に当たっては、次のものを参照した。

オランダ国内所蔵明治以前日本関係コレクション目録（英語）、H.KERLEN編、 アムステルダム、一九九六年刊。

国書総目録（岩波書店）、その他。

(付) シーボルト門人蘭語論文目録

1 伊藤圭介「勾玉記」 木内石亭『曲玉問答』をもとにする。
2 石井宗謙「日本産昆虫図説」 大河内存真『日本産昆虫図説』の蘭訳。図は省略。
3 石井宗謙「鯨の記」
4 石井宗謙「新法令記」
5 石井宗謙「日本産蜘蛛図説」 大河内存真の同書を蘭訳。図は省略。
6 岡 研介「大和事始」 貝原益軒編の同書の抄訳。
7 岡 研介「キシウ産鯨について」
8 桂川甫賢「花彙」 小野蘭山の同書の蘭訳。
9 クマヤ「藍染に関して」「早稲植付方」（クマヤは熊谷五右衛門、筆跡は高野長英）
10 高 良斎「日本疾病志」（清書本、別に良斎手沢本がシーボルト加筆草稿本として高家に伝来していた。）
11 高 良斎「生理問答」 日本人男女の平均年齢、女子の月経初潮年齢などの問答。
12 高 良斎「日本産の松の種類の略述、中国産橄欖について」
13　高　良斎「日本本草書目録」　解説と概評をつける。
14　高　良斎「日本産野生人参図説」
15　高　良斎「天狗爪石略記」
16　高　良斎「テマリバナ」
17　鈴木周一「日本貨幣考」　近藤守重『金銀図録』を参考として記述。
18　高野長英「日本における茶樹の栽培と茶の製法」
19　高野長英「花や枝を巧みに瓶に挿す法」
20　高野長英「日本婦人の礼儀作法・婦人の化粧・結婚風習について」
21　高野長英「南島志」　新井白石『南島志』をもとに記述。
22　高野長英「飲膳摘要」　小野蘭山の同書を蘭訳。
23　高野長英「江戸の神社仏閣案内記」
24　高野長英「京都の神社仏閣略記」　著者不明『都名所車』をもとに記述。
25　高野長英「日本及び中国の医薬に関する略記」
26　高野長英「都より江戸への旅行案内記」
27　高野長英「日本古代史断片」
28　高野長英「鮫の記」
29　高野長英「狼と山犬の記述」
30　戸塚亮斎（静海）（美馬順三、石井宗謙）「灸法略説」石坂宗哲『鍼灸知要一言』を蘭訳。
31　美馬順三「日本産科問答」　シーボルトの質問に対して加賀流の産説に基づいて答えたもの。
32　美馬順三「日本古代史」　『日本書紀』の神代巻及び神武天皇紀をもとに記述。『日本』の歴史の部分に利用されている。
33　美馬順三「海塩の製法について」
34　戸塚静海「製塩法」
35　美馬順三「米について」
36　美馬順三「日本の神祇崇拝の由来」
37　吉雄権之助「日本の時の唱へ方について」
38　吉雄権之助「琉球島記断片」
39　吉雄忠次郎、吉雄権之助「神事概要」
40　〈筆写不明〉「蝦夷風俗図の解説」
41　同「家具及び其他の道具に関する記載」
42　同「日本への中国人の旅行についての問に対する答」
43　同「狸について」
　以上、「門人がシーボルトに提供したる蘭語論文の研究」緒方富雄・大鳥蘭三郎・大久保利謙・箭内健次（『シーボルト研究』日独文化協会編、岩波書店、昭和一三年）二六四―二七四頁より作成。

44 高　良斎「日本における染料の調合」

45 ショーゲン（石井宗謙か？）「植物名について」

以上は『シーボルト家二百年展展示録』シーボルト記念館編・発行の図版22及び23より作成。

46 河野コサキ「長門および周防国の地理的・統計的記述」（コサキは注で厚伯とされる）

47 杉山宗立「塩の製造について」

48 （井本）文恭「最もよく用いられる染料と布地の色彩について」

49 高（野）長英「鯨ならびに捕鯨について」

50 （横田宗碩）「日本における注目すべき疾病の記述」

51 「一般に使用されている薬品表」

以上はシーボルト『日本』（雄松堂刊の第二巻三三三―三三四頁）の「江戸参府紀行」下関滞在中の日記より作成。提出者名は三五四―三五五頁の注で補記。

なおシーボルト提出の「一八二三年より一八二八年に至る日本で下名等によりて研究された概要」（ハーグ国立中央文書館所蔵）の第Ⅲ項に「日本人の友人の協力による日本及びその隣接諸国の記述に役立つ資料」と題した目録がある。（板沢武雄『シーボルト』〈人物叢書・吉川弘文館・昭和六十三年〉九二―九六頁に記載されている。）

1 日本及び中国の医薬に関する略記

2 日本の事物起源

3 琉球諸島の記述

4 日用品の生産に関する記述

5 京都における神社仏閣案内記

6 江戸における神社仏閣案内記

7 薬草に関する書　Kwaji（花彙）の翻訳

8 鯨に関する論文

9 酒　Sake に関する記述

10 迷信について

11 京都についての情報

12 須磨の歴史についての記述

13 日本蜘蛛の図説

14 普通家庭の嗜好品の表

15 中国産橄欖についての記述

16　日本の製塩法
17　醤油醸造法
18　紙の製法
19　灸法について
20　古代から現代に至るまで使用されている器具
21　日本及び中国貨幣に関する二―三の意見
22　欠く
23　小野蘭山 Onolanzan による日本薔薇の名称表
24　鯨についての記述
25　日本産軟骨魚類の説明
26　日本人の血族関係についての概観
27　日本の時の唱え方について
28　疱瘡の原因について
29　灸治の方法
30　樅のあらゆる種類について
31　漆器の作り方
32　人参属
33　二―三の本草の本の目録
34　最上徳内によるアイヌ語辞典の訂正
35　二―三の家庭むき作物について
36　二―三の朝鮮語
37　二―三の軟骨魚類についての記述
38　蜜蜂、蚕、ほか二―三の昆虫について
39　勾玉すなわち日本古代人の飾法の記述
40　蓼属
41　最上徳内の数学的論述
42　雪の結晶形
43　日本の渡鳥について
44　日本歌謡について
45　日本爬虫類の名称
46　日本の最もよき職人についての概略

以上が提出蘭語論文名で、次に

47　「一八二三―二八年日本文書翰集」

とあって、この資料は終る。

本目録作成に当って、次の方々に御教示を戴き、謝意を申し上げます。
石山禎一、沓沢宣賢、宮坂正英、徳永宏の諸氏。

シーボルト生涯・業績
および関係年表

石山禎一編

（一）青少年時代（ヨーロッパ）

一七八七（天明七）**年**

◇天明の打ちこわし。五月、寛政改革始まる。

一七八九（寛政元）**年**

◇七月、フランス革命起こる（～九九年）。

一七九五（寛政七）**年**

*この年、バタヴィア共和国設立。

一七九六（寛政八）**年**

○二月一七日（一・九）フィリップ・バルタザール・フォン・シーボルトは、ヴュルツブルグ大学医学部産科婦人科教授ヨハン・ゲオルグ・クリストフ・シーボルトとその妻アポロニアとの次男として、ヴュルツブルグに生まれる。翌日、聖キリアン大聖堂（Dom St.Kilian）で洗礼を受ける。

◇二月、最初の蘭日辞書『ハルマ和解』（江戸ハルマ）稲村三伯ら訳刊行。

一七九八（寛政一〇）**年**　二歳

○一月一七日（一二・一）父クリストフが三一歳で急逝（死因は慢性肺疾患、結核という説もある）。

◇七月、近藤重蔵がエトロフ島に大日本恵土呂府の標柱を建立。

一七九九（寛政一一）**年**　三歳

◇一二月、オランダ東インド会社解散。貿易はバタヴィア政庁直営となる。

一八〇四（文化元）**年**　八歳

◇五月、ナポレオン皇帝即位（～一五年）。

◇九月、ロシア使節レザノフ長崎へ来航。

一八〇五（文化二）**年**　九歳

○父の死去により、母方の伯父フランツ・ヨーゼフ・ロッツの住むハイディングスフェルトに移り、伯父のもとで養育される。

一八〇六（文化三）**年**　一〇歳

*この年、バタヴィア共和国廃止。

一八〇八（文化五）**年**　一二歳

◇七月、間宮林蔵らカラフト探検（～〇九年）。

○伯父ロッツはハイディングスフェルトの司祭に任命される。この年から伯父の個人授業（数理・地理）を受け、ヴュルツブルグの聖ペーター教会(St.Peter) 内のラテン語学校に通う。

一八一〇（文化七）年　一四歳

○一一月三日（一〇・七）ヴュルツブルグの旧大学構内にある古典ギムナジウム（高等学校）に入学する。

一八一四（文化一一）年　一八歳

一八一五（文化一二）年　一九歳

○一一月二二日（一〇・一二）ヴュルツブルグ大学哲学科に入学し、翌年以降は医学部に入籍する。在学中に 医学のほか自然諸科学・地理学・民族学を修め、探検旅行にも関心をもつ。

一八一六（文化一三）年　二〇歳

○コルプス・メナーニア学生団（一八一四年創立）に入団する。

○シーボルト家がバイエルンの貴族階級に登録される。

一八一七（文化一四）年　二一歳

○ヴュルツブルグ大学教授イグナーツ・デリンガー宅に下宿し、解剖学・植物学・物理学の分野で研究を進める。この時期に学問的に重要な様々なコンタクトを広げる。

一八一八（文政元）年　二二歳

○デリンガー教授の指導を受け、牛の陰嚢の乾燥標本を作製する。

一八二〇（文政三）年　二四歳

○九月五日（七・二八）医師資格試験に「優秀」の成績で合格。ヴュルツブルグ大学を卒業。

○一〇月九日（九・三）ヴュルツブルグ大学医学部講堂で学位授与の公開討論

◇八月、イギリス軍艦フェートン号長崎に侵入。

◇七月、オランダ王国（一八〇六～一〇）、フランスに併合。長崎出島孤立。

◇九月、ウイーン会議（～一五年）。

＊この年、ネーデルランド王国成立。・杉田玄白『蘭学事始』成る。

◇八月、オランダ再びジャヴァを領有。

◇一一月、ブロムホフ出島商館長に着任。

◇五月、イギリス商船ブラザース号浦賀に来航。

＊この年、ジャヴァ、オランダに返還。

◇八月、山片蟠桃『夢の代』刊行。

会後、内科学・外科学・産科学博士の学位を受ける。
○ハイディングスフェルトで開業医となる。
○ヘレーネ（のちシーボルトの妻）がノイマルクのレードルフで生まれる。
一八二一（文政四）年　二五歳
○九月一九日（八・二三）ハイディングスフェルト町役場から地域医療の功績証明書（賞状）を受ける。
一八二二（文政五）年　二六歳
○バイエルン国王マキシミリアン一世ヨーゼフ・フォン・バイエルンから国籍保持のままオランダ勤務の許可を得る。
○六月七日（四・一八）ヴュルツブルグ出発。ダルムシュタットの親戚を訪ね、フランクフルト・ハーナウ・ボンを回る。
○六月一一日（四・二二）オランダ領東インド陸軍外科軍医少佐に任命され、年俸三、六〇〇ギルダーを給される旨発令される。
○七月一九日（六・二）ハーグに着く。
○八月一日（六・一五）ユトレヒト近郊ハデルヴィク第一師団に出頭。
○九月二三日（八・九）ロッテルダムで三〇〇トンのフリーゲート船ドゥ・ヨンゲ・アドリアーナ号に乗船。同日、ジャヴァに向かう。
○フランクフルト・アム・マインのゼンケンベルク自然研究学会の通信会員、帝立レオポルト・カロリン自然研究者アカデミー会員、ハーナウのヴェタラウ全博物学会正会員。

◇七月、伊能忠敬の「大日本沿海輿地全図」が孫の忠晦らの手で完成し、「大日本沿海実測録」を添えて幕府に献上される。
◇一月、宇田川榕菴『菩多尼訶経』成る。
◇四月、イギリス捕鯨船サラセン号浦賀に寄港。
◇八月、宇田川玄真『遠西医方名物考』刊行始まる。
◇一二月、佐藤信淵『経済要略』刊行。
◇一二月、ツュンベリー『日本動物誌』刊行。
＊この年、ティツィング『日本風俗図誌』（英文）刊行。・大蔵永常『農具便利論』刊行。

（二）第一回来日時の活動

一八二三（文政六）年　二七歳

○二月一三日（一・三）ドゥ・ヨンゲ・アドリアーナ号がバタヴィアに到着。

○オランダ領東インド総督カペレンの命によりバタヴィア近郊ヴェルテフレーデンの砲兵連隊第五隊付軍医に配属。東インド自然科学調査官兼任。

○三月中旬リュウマチ性熱病に冒され一ヵ月間隊付勤務できず。このため、バイテンゾルフにあるカペレンの別荘に赴き治療。三週間滞在し総督に日本研究の希望を述べる。

○四月一八日（三・八）日本在勤を命じられ、長崎出島の商館医員に任ぜられる〈年俸五、〇〇〇ギルダー〉。

○五月二〇日（四・一〇）バイテンゾルフからバタヴィアにもどる。

○六月二七日（五・一九）夜、出島商館長として着任のドゥ・ステュルレル大佐と共にドゥ・ドリー・ヘズュステル（三人姉妹）号に乗船する。

○六月二八日（五・二〇）バタヴィアを出航する。僚船オンデルネーミング号と共に日本に向かう。

○七月一三日（六・六）草稿『調査報告一、シナ海における船長A・ジャコメッティー率いるドゥ・ヘズュステル号船上にて。オランダからの航海素描』（独文）執筆。

○八月五日（六・二九）両船とも正午に北緯三一度二〇分・東経一二八度二四分に達するが、激しい台風に遭遇する。

○八月六日（七・一）なお嵐が荒れ狂う。

○八月七日（七・二）男女群島を見る。西南西から西へ二分の一の方角一六海里と観測する。

○八月八日（七・三）船は野母崎の東南東に位置している。船上から日本の沿岸風景を楽しむ。

◇三月、ツュンベリー『日本動物誌』後編一冊刊行。

◇四月、佐藤信淵『宇内混同秘策』成る。

◇九月、釈春登『万葉集名物考』成る。

◇一〇月、幕府、さらに五年間の倹約令を令示。

◇一一月、幕府、民間での暦作成を禁止。

◇一一月、幕府、オランダ翻訳物の出版統制を強化。

◇一一月、ステュルレル出島商館長に着任。

◇一二月、アメリカがモンロー主義を宣言する。

＊この年、幕府、二朱銀改鋳を令示。

○八月九日（七・四）伊王島北端を廻る。数人の日本の役人と通詞が来船する。
○八月一〇日（七・五）数人の通詞と御番所衆が来船。流暢なオランダ語を話す通詞に驚く。オランダ人でないことが露見しそうになるが、辛うじて免れる。長崎口港に入る。
○八月一一日（七・六）港内に曳航する。
○八月一二日（七・七）出島水門から上陸。外科部屋に居住。
○八月二四日（七・一九）種痘を行なうが、失敗に終わる。
○九月 其扇（そのぎ・楠本たき一七歳）を入れる。
○一〇月九日（九・六）論文『日本博物誌』（ラテン文）を脱稿する。ヨーロッパ人の業績と現状について述べ、哺乳類五種・鳥類二種・爬虫類一種・魚類一種・甲殻類一四種・昆虫二種の計二五種を記載する。翌年、バタヴィアで刊行した。
○一一月一五日（一〇・一三）この日付で母アポロニアと伯父ロッツ宛の書簡で、其扇と結ばれたことを報告。
○一二月二一日（一一・二〇）付、江戸の蘭学者宇田川榕菴より書簡を受け取る。
○長崎近郊の稲佐山へ登り調査。
○商館長ブロムホフの世話で美馬順三・湊長安・平井海蔵・高良斎・二宮敬作・石井宗謙・伊東玄朴ら門人となる。絵師川原慶賀に動植物・風景・人物像を描かせる。
○バタヴィア芸術科学協会会員。

一八二四（文政七）年　二八歳

△二月岡研介門人となる。
○三月長崎奉行の許可を得て、通詞の楢林塾・吉雄塾を借りて診療と医学教育

◇一月、岩崎常正『武江産物志』一巻、同付図「武江略図」一枚をつくる。
◇五月、水戸藩がイギリス捕鯨船と交易の漁民三

が行われる。

○六月頃日本人の名義を借りて長崎郊外の鳴滝に民家と土地を購入し、学塾と植物園（薬草園）を設ける。塾では週一回、診療と医学、自然科学などを教え、日本研究の拠点とし以後四年間存続する。

△八月高野長英門人となる。

○九月門人高良斎を動植物の収集のため下関・大坂・京に派遣。

○門人美馬順三は肥後地方の金峰山で数多くの新種植物を採集。

○宇田川榕菴より歌麿の『画本虫撰』を贈られる。

○一〇月前年脱稿の『日本博物誌』（ラテン文）をバタヴィアで出版。

△一一月戸塚静海門人となる。

○一一月オランダ領東インド総督カペレンに日本での活動状況を報告、画家・事務職員・医師をひとりずつ派遣するよう要請する。

○草稿『日本人の起源に関する論文』（蘭文）を執筆する。

○美馬順三・シーボルト対談『日本産科問答』（蘭文）を執筆する。

一八二五（文政八）年　二九歳

○二月二八日（一・八）付、宇田川榕菴、シーボルトの書簡を受け取る。

○四月一九日（三・二）オランダ領東インド政庁より特別予算を受け出島に植物園を建設。以後、一八三〇年日本を退去するまで一、四〇〇種以上の植物が栽培される。

○四月宇田川榕菴、シーボルトへ二〇種の押し葉を送付する。

○日本研究の助手としてビュルゲルとフィレネーフェが出島に着任。

○日本茶の種子をジャヴァに無事送り、同島の茶栽培が始まる。

△七月二六日（六・一二）美馬順三没する（享年三〇歳）。

○一〇月出島で天文観測する。草稿／図表『一八二五年出島から天文観測』（蘭

〇〇人を逮捕。

◇八月、イギリス捕鯨船員宝島に上陸。

◇八月、関東・奥羽大雨洪水。

◇九月、平田篤胤『古道大意』刊行。

◇一二月、岩崎常正『日光山草木之図』巻一～八成る。

＊この年、第一次ビルマ戦争起こる（～一八二六年）。

◇二月、異国船（無二念）打払令。オランダ船には日本通商の幡を交付。

◇五月、イギリス船が陸奥九戸沖に来航。

◇七月、ジャヴァで対オランダ反乱起こる（ジャヴァ戦争）。

◇七月、四代鶴屋南北「東海道四谷怪談」初演。

◇一二月、幕府、オランダ船に日本通商の標旗掲揚を命ずる。

＊この年、大槻玄沢『瘍医新書』刊行始まる。・吉雄忠次郎訳『諳厄利亜人性情志』成る。・

文）出島にて執筆。
○一二月五日（一〇・二六）付、門人湊長安に託して江戸の蘭学者たちへ書簡を送る。
○前年、オランダ領東インド総督に要請のロンドン製ノニウス附六分儀、ロンドンのハットン・ハリック社製クロノメーター六三五号、精巧な水銀の付いた水準器など受け取る。またヨーロッパおよびバタヴィアに注文した書籍四三冊（実は四二冊）も出島に来着。
○長崎湾および近郊の見取図作成のための調査を始める（～一七年まで）
○『日本産科問答』を「バタヴィア芸術科学協会会報」に掲載。
○シーボルト口述・高良斎訳『薬品応手録』を大坂にて私費で出版。
△日高凉台門人となる。

一八二六（文政九）年　三〇歳

○二月一四日（一・八）草稿『江戸参府旅行におけるシーボルトに与えられた命令』（蘭文）を出島にて執筆。
○二月一五日（一・九）商館長ステュルレルに従い長崎を出発し、江戸に向かう。ビュルゲル・高良斎・二宮敬作・石井宗謙・湊長安・川原慶賀も同行する。出島—諫早。威福寺での別れの宴・日本の気候・長崎郊外の植物群・九州の温泉・一向宗の寺院。
○二月一六日（一・一〇）諫早—大村—彼杵。緯度の測定・大村の真珠・大フキ・天然痘の隔離。
○二月一七日（一・一一）彼杵—嬉野—塚崎（武雄）。二ノ瀬のクスノキ・嬉野と塚崎の温泉視察・温泉水の分析など。
○二月一八日（一・一二）塚崎—小田—佐賀。神崎小田の馬頭観音と梵字・佐賀についての記述。

ツュンベリー『日本植物誌』はじめて舶来する。
◇六月、宇田川榕菴『植物精撰』一～一四冊成る。
◇六月、大蔵永常『除蝗録』一巻刊行。
◇七月、大槻玄沢増補訳『重訂解体新書』刊行。
◇八月、メイラン出島商館長に着任。商館長ステュルレル帰国。
◇一〇月、近藤守重、近江国大溝藩に禁固。
◇一一月、宇田川榕菴、洋書翻訳局の補助を命ぜられる。
◇一二月、岩垣松苗編纂の漢文編年体『国史略』刊行。
＊この年、マラッカ、シンガポールなどイギリス領となる。・イギリス、経済恐慌・佐藤中陵『中陵漫録』初編～中編成る。・黒羽藩前藩主

○二月一九日（一・一三）神崎―山家。筑後川流域の農業・二度の収穫・ハゼノキと蠟燭・肥前の陶器・轟木で太陽高度測定・カワウソの発見・山家の鉱物コレクション・筑前藩主別荘での宿泊。

○二月二〇日（一・一四）山家―木屋瀬。四季の植物群・キジ・ヤマドリ・クレチン病患者・内陸部高地の住民の顔立ち。

○二月二一日（一・一五）木屋瀬―小倉。石炭についての観察・ガン・カモ・ツルなど渡り鳥の捕獲・小倉藩侯の使者来訪。

○二月二二日（一・一六）小倉―下関。小倉の市場・海峡の深度などコンパスや深度測定の錘により観測・海峡渡航・与次兵衛瀬の記念碑・二人の市長。

○二月二三日（一・一七）下関滞在。数人の門人来訪・カニの眼・ヘイケガニを入手・ホウキタケの記述。

○二月二四日（一・一八）下関滞在。クロノメーターで経度観測・太陽高度測定・早鞆岬と阿弥陀寺（現在の赤間神宮）・安徳天皇廟・伊藤杢之允の招待など。

○二月二五日（一・一九）下関滞在。クロノメーターで経度観測・太陽高度測定・日本人の知識・萩の富豪熊谷五右衛門義比・植物採集と海峡のコンパス測量・鉱物のコレクション調査。

○二月二六日（一・二〇）下関滞在。クロノメーターで経度観測・門人知人の来訪・門人が論文を提出・病人の診療と手術。

○二月二七日（一・二一）下関滞在。近郊の散策・コンパスを使って測量・六連島・捕鯨についての記述。

○二月二八日（一・二二）下関滞在。参府用の船の設備検査・府中侯医官の訪問・『薬品応手録』進呈。

○三月一日（一・二三）下関。門人知人と別れの挨拶と贈物受納と贈呈・中津

大関増業『機織彙編』を著す。・小山田与清『三樹考』一冊を刊行。

侯に対するブロムホッフの詩・太陽高度測定・正午過ぎ乗船・下関の市街と神社仏閣の記述。
○三月二日（一・二四）下関出帆・正午ごろ太陽高度測定。
○三月三日（一・二五）船中・船は停泊したまま、風がしだいに強くなる。
○三月四日（一・二六）船上からクロノメーターで観測・コンパスを使って測量・経度と方位の測定のために屋代島の東南牛首崎に上陸・象の臼歯の化石発見・植物観察・三原の沖に停泊。
○三月五日（一・二七）船中・三島灘に入る・田島および弓削島間でクロノメーターによる経緯度の観測・太陽高度測定・阿伏兎観音琴平山を望む・内海の景観・日比に停泊。
○三月六日（一・二八）船中・早朝上陸・コンパスで測量・地質調査と植物観察・日比の塩田と製塩法。
○三月七日（一・二九）日比―室津。日比の湾でクロノメーターによる経度観測・室の宿舎および建築様式・家具など。
○三月八日（一・三〇）室滞在。クロノメーターで経緯度観測・太陽高度測定・診断・室の港とその付近・娼家・室明神・室の産業。
○三月九日（二・一）室―姫路。日本の農民・肥料・シラサギ・ヒバリ・姫路の市街・播磨の国・植物の整理。
○三月一〇日（二・二）姫路―加古川。降雪の中を出発・曾根の松・石の宝殿・高砂の力士の招待。
○三月一一日（二・三）加古川―兵庫。加古川地方の農業・明石でのコンパスを使っての測量・兵庫の藩侯の侍医数人の患者を連れて来訪。
○三月一二日（二・四）兵庫―西宮。楠木正成の墓・生田明神の社・フジノキ・住吉での太陽高度測定・夜、門人（大坂城代の侍医）来訪。

○三月一三日（二・五）西宮―大坂。尼崎の町・松平遠江守の城下・神崎川を渡船・大坂郊外の様子。
○三月一四日（二・六）大坂滞在。多数の医師来訪・高良斎が翻訳した局方の本を受け取る・一匹のカメを入手。
○三月一五日（二・七）大坂滞在。クロノメーターで経度観測・二、三の手術を行なう。
○三月一六日（二・八）大坂滞在。鹿の奇形・飛脚便についての記述。
○三月一七日（二・九）大坂―伏見。淀川の灌漑・枚方の娼婦。
○三月一八日（二・一〇）伏見―京都。東福寺と方広寺の傍らを通り、宿舎につき太陽高度測定・小森肥後介（玄良）・新宮涼庭・美馬順三の兄らが訪問・湊長安が大坂からもどる。
○三月一九日（二・一一）京都滞在。クロノメーターで経緯度観測・小森肥後介・小倉中納言来訪。
○三月二〇日（二・一二）京都滞在。気象観測用の器具の手入れ・数人の医師が患者を連れて来訪。
○三月二一日（二・一三）京都滞在。クロノメーターで経度観測・来客・高良斎の持ち銭の盗難など。
○三月二二日（二・一四）京都滞在。クロノメーターで経緯度観測・六時間ごとに気象観測・来客多数・地理学および地誌学の本を購入し蔵書の整理・二条城についての記述。
○三月二三日（二・一五）京都滞在。クロノメーターで経度観測・京都の天文台・京都について・来客とくに患者多し・珍しい植物オウレン。
○三月二四日（二・一六）京都滞在。クロノメーターで経緯度観測・明日の出発準備。

○三月二五日（二・一七）京都―草津。京都の町並と住民・琵琶湖付近の風景（原文では、この日の日付けを欠く）。
○三月二六日（二・一八）草津―土山。梅木の売薬・薬屋の主人（大角弥右衛門）からヨモギを原料にして作られるモグサを手に入れ、植物採集を依頼・三宝荒神・トキ二羽を含む剥製の鳥を買う。
○三月二七日（二・一九）土山―四日市。二、三日先行の湊長安より植物、化石、鈴鹿山で入手された生きたオオサンショウウオを受け取る。
○三月二八日（二・二〇）四日市―ヤズ（弥富か）。正午クロノメーターで経緯度観測・里程を示す塚・二度の収穫・桑名の鋳物。
○三月二九日（二・二一）弥富―宮―池鯉鮒。二度の収穫の意味・ビュルゲルと共に参府一行より数マイル先行・太陽高度測定・水谷助六・大河内存真・伊藤圭介が宮より同行・水谷助六からハシリドコロの図を含む植物写生図をもらい、属名が正確に記されていることに驚く・駕籠の中で調査研究・黒曜石を手に入れる。
○三月三〇日（二・二二）池鯉鮒―矢矧橋―吉田。矢矧川とその橋の記述・ハクチョウとキツネの剥製を買う・タヌキ・アナグマ・カワウソなどの毛皮を見る・尾洲侯の参府の行列・娼家。
○三月三一日（二・二三）吉田―浜松。雲母の採集・シラウオ・ヒトデのほか、いくつかのカニ類を採集。
○四月一日（二・二四）浜松―掛川。秋葉山大権現・商館長ヘミーの墓。
○四月二日（二・二五）掛川―大井川―藤枝。佐夜の中山・クロノメーターで経度観測・太陽高度測定・大井川の渡河・川人足。
○四月三日（二・二六）藤枝―府中。サメ、ガンギエイなどの軟骨魚類の皮加工・タヌキの一変種とモグラを入手・安倍川の渡河・府中の木細工と編細工・

沖津（興津）に中国ジャンク船漂着の噂。
○四月四日（二・二七）府中―沖津。ウズラ・アホウドリ・タカアシガニを入手・沖津川増水渡河不能・上席検吏が来訪し化学実験を見せる。
○四月五日（二・二八）沖津―蒲原。和紙製造の観察・急造の橋。
○四月六日（二・二九）蒲原―沼津。岩淵村でクロノメーターによる経度観測・富士山の絶景を楽しむ・富士川を舟で渡る・富士山の高度を六分儀で測量・原の庄屋植松与右衛門の庭園を観賞（カンアオイ・センノウ・ユリ・ボタン・ヒメシャクナゲなど）。
○四月七日（三・一）沼津―箱根―小田原。山中でフサザクラなどの植物を採集・助手のビュルゲルは地質学調査に没頭・箱根山の高度測定・太陽高度測定・関所・植物観察・中津侯の側近神谷源内が出迎え。
○四月八日（三・二）小田原―藤沢。八幡社の祭・越後獅子・旅館満員のため娼家に宿泊する。
○四月九日（三・三）藤沢―川崎。江戸宿舎の主人長崎屋源右衛門と数人の医師出迎え。
○四月一〇日（三・四）川崎―江戸。数羽の黒ツル観察・礼装着用して出発・大森で薩摩・中津両侯出迎え・品川で桂川甫賢出迎え・江戸の商店・長崎奉行の代理の上席番所衆二人が宿舎に来訪。
○四月一一日（三・五）江戸滞在。上席番所衆が二人の番所衆と勘定方を伴い来訪・面会を許されず名刺を差出したもの桂川甫賢・神谷源内・大槻玄沢ら・夜に中津侯来訪。
○四月一二日（三・六）江戸滞在。終日贈物の荷解き・薩摩侯からの贈物・夜に中津侯来訪。
○四月一三日（三・七）江戸滞在。友人医師多数来訪・桂川甫賢や宇田川榕菴

から乾腊植物をもらう・幕府の侍医の階位と分類の記述。
○四月一四日（三・八）江戸滞在。クロノメーターで経度観測・午後多数の日本人来訪・将軍とその世子ならびに幕府高官へ贈物を発送する。
○四月一五日（三・九）江戸滞在。正午クロノメーターで経度観測・夜に中津・薩摩両侯正式に来訪・贈物の授受・薩摩侯に鳥の剥製の作り方を教える・身分の高い夫人の診察・番所衆来訪。
○四月一六日（三・一〇）江戸滞在。午前クロノメーターで経度観測・最上徳内が来訪し、エゾ・カラフトの地図を借用・同地方やアイヌの記述・銅の輸出査定・夜に将軍の侍医たち数名を食事に招く。
○四月一七日（三・一一）江戸滞在。夜に桂川甫賢・大槻玄沢来訪ひとときを過す。
○四月一八日（三・一二）江戸滞在。高橋作左衛門来訪。
○四月一九日（三・一三）江戸滞在。桂川甫賢来訪し、シーボルトの長期滞在の見通しを伝える・夜間に中津侯来訪。
○四月二〇日（三・一四）江戸滞在。幕府医官に豚を使って眼の解剖と手術の講義・地震。
○四月二一日（三・一五）江戸滞在。この日まで毎朝最上徳内とエゾ語の研究・将軍拝謁延期・針医石坂宗哲その他の医師、知人来訪。
○四月二二日（三・一六）江戸滞在。上席番所衆から多数の珍しい植物贈られる・上席番所衆や下級番所衆にガラスや陶器などの贈物をする。
○四月二三日（三・一七）江戸滞在。幕府の医師に種痘を説明し、日本に導入する計画を述べる。
○四月二四日（三・一八）江戸滞在。夜に幕府天文方や友人知人来訪しきり。
○四月二五日（三・一九）江戸滞在。クロノメーターで経度観測・将軍の侍医とくに眼科医にベラドンナで瞳孔を開く実験をみせる・栗本瑞見来訪し植物絵巻や魚類・甲殻類の画集を見せてもらう。
○四月二六日（三・二〇）江戸滞在。新生児の兎唇手術・三人の子どもに種痘を行なう。
○四月二七日（三・二一）江戸滞在。二人の子どもに種痘・夜に中津侯来訪。
○四月二八日（三・二二）江戸滞在。ラッコ皮の売り込み人が来て、小判七〇枚要求される。
○四月二九日（三・二三）江戸滞在。天文方の人々再び来訪。
○四月三〇日（三・二四）江戸滞在。幕府の侍医らシーボルトの江戸長期滞在が許されるよう、請願を提出する決議をしたい旨、番所衆に公表・医師たち終日滞留。
○五月一日（三・二五）江戸滞在。江戸城へ登城・謁見の予行・将軍に謁見・西の丸へ・老中や若年寄を訪礼・婦人たちの見物の的となる・日本の慣例により菓子を持ち帰る・激しい頭痛と胃の調子を悪くして、夜九時宿に帰りつく。
○五月二日（三・二六）江戸滞在。町奉行・寺社奉行を訪問・将軍のために翻訳する植物学書を受け取る。激しい頭痛に翌日の大半を床で過す。
○五月三日（三・二七）江戸滞在。将軍の侍医・諸侯の家臣ら来訪・庶民階級の日本人との交際。
○五月四日（三・二八）江戸滞在。将軍と世子に拝謁し暇乞い・将軍からの命令書を受ける・江戸の市街構造・江戸城・市中・市制・貧富の差など。
○五月五日（三・二九）江戸滞在。薩摩老侯来訪・使節の公式行列についての記述。
○五月六日（三・三〇）江戸滞在。将軍の侍医や諸侯の侍医来訪・江戸長期滞在の希望ある由通知。

○五月七日（四・一）江戸滞在。夜に中津侯来訪し鷹狩の道具をもらう・高橋作左衛門来訪しエゾ・カラフトの地図を見せてもらう・天文方の多くの人々公式来訪。
○五月八日（四・二）江戸滞在。幕府の侍医多数来訪・漢方医たちシーボルトの江戸長期滞在に反対している由を聞く。
○五月九日（四・三）江戸滞在。知人友人来訪。（『江戸参府紀行』には一〇日から一四日までの記事欠く）
○五月一二日（四・六）宇田川榕菴へ記念として、J・パステルの着色図入り海洋動植物解説書『自然博物学の楽しみ―詳しく写実的に描かれた四〇〇以上の植物と虫類を含む』（全二部一巻）を贈る。また後日、クルト・シュプレンゲルの『植物学入門』（全三巻）を記念品として贈る。
○五月一五日（四・九）江戸滞在。侍医たちと別れの宴・高橋作左衛門景保来訪して日本地図を示し、後日これを贈ることを約束する。
○五月一六日（四・一〇）江戸滞在。将軍侍医から書面を受け取り、江戸滞在期間延期の望みなくなる。岩崎灌園この日までの間に何回か来訪し、草類四四品、木類三四品および石類などの鑑定を乞う。
○五月一七日（四・一一）江戸滞在。明日江戸出発と決まる。
○五月一八日（四・一二）江戸―川崎。長崎奉行からの上席検吏・正九時出発・品川で薩摩老侯が接待・藁製品の店・江戸から見た富士・渡し舟で六郷川を渡り川崎につく。
○五月一九日（四・一三）川崎―藤沢。鶴見や生麦付近でナシの独特の柵作りを見る。
○五月二〇日（四・一四）藤沢―小田原。大磯で伊勢藩主の行列に会う・植物の収穫わずか。

○五月二一日（四・一五）小田原—三島。途中同行して来た最上徳内と山崎の三枚橋の畔で別れる・植物観察・往路で見つけたフサザクラの葉付枝を採集・売薬のサンショウウオ・箱根山中での観測。
○五月二二日（四・一六）三島—蒲原。裕福な農民の住居と街道を通り再び原の植松氏の庭園を見る。
○五月二三日（四・一七）蒲原—府中。牛車の記述・全国的に有名な編細工や木工品を買い集める。
○五月二四日（四・一八）府中—日坂。安倍川を渡り、藤枝で昼食・付近の産地の薬用植物・アジサイ・クロモジ・ウツギなど採集・深夜まで植物整理と乾燥標本で時を過す。
○五月二五日（四・一九）日坂—浜松。高良斎兄弟来訪・掛川付近の織布・見付村近くでモウセンゴケ見つける。
○五月二六日（四・二〇）浜松—赤坂。植物採集・マムシ捕える・夜中まで植物整理と乾燥標本に没頭。
○五月二七日（四・二一）赤坂—宮。朝早く激しい雨・大浜付近でスイレンを観察・宮で水谷助六・大河内存真・伊藤圭介と会う・夜中まで植物調査と鑑定。
○五月二八日（四・二二）宮—桑名—四日市。宮の渡し舟と周辺の景観・オオムギやナタネ畑。
○五月二九日（四・二三）四日市—庄野—亀山—関。種々のスイレンの観察。
○五月三〇日（四・二四）関—石部。山の娘・山岳地帯の植物群・夏目村の噴水。
○五月三一日（四・二五）石部—大津。梅木村で出島宛発送の植物目録受け取る・川辺の善性寺の庭でスイレン・ウド・カエデを見る・屋根瓦の製法を見学・夜に友人知人医師たち来訪。

○六月一日（四・二六）大津—京都。礼装して出発・牛車について・京の郊外で友人出迎え。
○六月二日（四・二七）京都滞在。門人慶太郎が京都周辺の珍しい植物を出島に送ったことを聞く・友人門人・小森肥後介・新宮涼庭ら来訪・京都と宮廷の組織について記述。
○六月三日（四・二八）京都滞在。商家の娘と小森肥後介の娘来訪し、シーボルトに京団扇を贈る・京都の支配・宮廷に関する記述など。
○六月四日（四・二九）京都滞在。小鳥の見本を持った売込み人が来て、ヤマウズラなど小判五〇枚要求される・小森肥後介から宮廷の衣装の話を聞く。
○六月五日（四・三〇）京都滞在。夜に小森肥後介とその家族と過す。
○六月六日（五・一）京都滞在。所司代・町奉行を訪問・京都の商店・牛車についての記述。
○六月七日（五・二）京都—伏見—大坂。智恩院・祇園社・清水寺・高台寺・大徳寺・醍醐寺・方広寺・三十三間堂などを見る・小森肥後介と伏見で会い、淀川を下る。
○六月八日（五・三）大坂滞在。大坂についての詳しい記述。（ただし、この日の日付を欠く）
○六月九日（五・四）大坂滞在。研究用品の購入と注文。
○六月一〇日（五・五）大坂滞在。市内の神社や寺院に行く・心斎橋・天下茶屋・住吉明神の神楽・天王寺を見物・植木屋・動物商の記述。
○六月一一日（五・六）大坂滞在。町奉行訪問・製銅所を訪れ製銅法を見学し、銅鉱石、棹銅・鼓銅図録などもらう。
○六月一二日（五・七）大坂滞在。午前クロノメーターで経度観測・芝居見物・日本の劇場・妹背山の芝居の概略。

○六月一三日（五・八）大坂滞在。知友の来訪者多数・明日出発。
○六月一四日（五・九）大坂─西宮。正午船で尼崎に向かう・肥料船について。
○六月一五日（五・一〇）西宮─兵庫。F八八─九〇度の暑さ・肥料の臭気・珍しい形のツバメの巣を観察。
○六月一六日（五・一一）～六月一八日（五・一三）兵庫滞在。向かい風のため数日出港延期・港付近の町。
○六月一九日（五・一四）兵庫─船中。午前クロノメーターで経度観測・午後乗船・夕方兵庫を出港。
○六月二〇日（五・一五）船中。朝、室の沖・クロノメーターで経度観測・太陽高度測定・夜半に錨をおろす。
○六月二一日（五・一六）船中。朝には室の沖合─日比半島と讃岐の間の水道に船を進める─正午に与島に行き、ハギ・サルトリイバラなどを採集・塩飽島の造船所。
○六月二二日（五・一七）船中。夕方に備後の海岸に向かって進み陸地付近に停泊。
○六月二三日（五・一八）船中。引き船で鞆に入港・正午上陸・町並の様子・医王寺・付近の山の植物群観察・コフキコガネ（昆虫）採集・夜半港外へ。
○六月二四日（五・一九）船中。猟舟に引かれて島伝いに進み、夕方御手洗沖に夜半停泊。
○六月二五日（五・二〇）船中。クロノメーターで経度観測・御手洗から数人の患者が来て診察を求む・患者の一人少女の病状の記述・夜半暴風。
○六月二六日（五・二一）船中。風雨強く、午後出帆・夕方、上関瀬戸を経て夜上関に入港・バロメーター二七秒・寒暖計六九度・湿度五五度。
○六月二七日（五・二二）上関。午前クロノメーターで経度観測・ビュルゲルと上陸し上関見物・阿伏兎観音をまつる寺（超専寺）・近傍の山の植物群観察・瀬戸の出口の庭園・帰船後、海峡の深度測定・室津へ・夜出港。
○六月二八日（五・二三）船中。クロノメーターで緯度観測・祝島と姫島のコンパス測量・午後二時過ぎ下関入港・送り届けておいた動植物の状態を確認。
○六月二九日（五・二四）下関滞在。海峡の記録入手・友人を訪問。
○六月三〇日（五・二五）下関―小倉。水路に関する報告・水深測量。
○七月一日（五・二六）小倉―飯塚。田植えの様子・午後木屋瀬。
○七月二日（五・二七）飯塚―田代。夜明けとともに出発・小倉以来不快な気分・F九〇度余りの猛暑・珍しいチンチョウゲ・婦人の奇妙な眼瞼・高良斎が山地の植物採集。
○七月三日（五・二八）田代―牛津。前夜の蚊・肥前地方の田植・肥前侯藩士の警衛を受く・F九二度・灌漑用水路でヒツジグサ・オニバスなど見る。
○七月四日（五・二九）牛津―嬉野。水田の作業・灌漑の仕事・三坂峠付近の植物群・痘瘡で死んだ子供の葬式・夕方、茶栽培で名高い嬉野に着く。
○七月五日（六・一）嬉野―大村。有名なクスノキの老樹をスケッチさせる。F九〇度（C約三二度）・出島の友人がみな元気との便りを受ける。
○七月六日（六・二）大村―矢上。出迎えの人数しだいに増す・矢上で上席検吏の検査を受け荷物に封印。
○七月七日（六・三）矢上―出島。正午同郷人に迎えられ出島に着く。
△七月岡泰安門人となる。
○参府旅行から帰った後、数週間、胃の病気（胃カタル）に苦しむ。
○九月一五日(八・一四)早朝フィレネーフェやビュルゲルらと共に、長崎湾に面した漁村小瀬戸に調査旅行する。草稿『長崎近郊の漁村小瀬戸へ調査旅行』（独文）執筆。

○一二月一日（一一・三）鳴滝塾に出向き製薬する。
○一二月二日（一一・四）ヨーロッパよりバタヴィア経由で、一八二五年長崎に届いた書籍の控えを作る。その内、動植物に関する書籍が二五部あり、当時の博物学の代表的著作が含まれる。
○出島植物園内にケンペルとツュンベリー顕彰の記念碑を建立。
○美馬順三との対談『日本産科問答』（独文）を叔父アダム・エリアス創立の「産科学会雑誌」に掲載する。
○『日本語概略』（ラテン文）を「バタヴィア芸術科学協会雑誌」に掲載（同書は一八五三年ライデンで再版）。
○序文を加えた再版『日本博物誌』（ラテン文）をヴュルツブルグで刊行。

一八二七（文政一〇）年　三一歳

○一月一八日（一二・二一）長崎近郊の一本木に調査に出かけ、ビュルゲルらと共に薬草を採集する。
○三月七日（二・一〇）舌疸の手術を出島で行なう。
○三月二九日（三・三）長崎郊外の岩屋山へ調査旅行。ビュルゲル、ドゥ・フィレネーへらが同行。岩屋山周辺の植生・地理および地質学的観察・民俗学的観察などする。草稿『岩屋山への調査旅行』（独文）を執筆。草稿『三月三日の節句について』（独文）ビュルゲル執筆にシーボルトが加筆。
△四月二五日（三・三〇）大槻玄沢没する（享年七〇歳）。
○四月一〇日（三・一五）シーボルトの誕生を祝い、門人たちが鳴滝塾で宴会を催す。
○四月一二日（三・一七）出島にてクロノメーターにより経度観測。手稿／小冊子「クロノメーター Hatton & Harris No.65 、による観測値、一八二五年一〇月一〇日より三月一七日」執筆稿了。

◇一月、岡山鳥編、長谷川雪旦画『江戸遊覧花暦』三冊刊行。
◇三月、佐藤信淵『経済要録』成る。
◇五月、山本世孺（亡羊）、物産会を読書室に開く。
◇五月、荒木田嗣興『万葉品類鈔』成る。
◇五月、頼山陽『日本外史』を完成し、松平定信に贈呈（一二年後刊行）
＊この年、フランス、アルジェリア侵略開始・イギリス、ムガール帝国に従属を要求・イギリス北極探検船ブロッサム号、那覇に寄港・前薩摩藩主島津重豪、高輪の藩邸蓬山園内に聚珍宝庫（博物館）を設置・ブロッサム号、小笠原島を探検して占領を宣言。

○五月三一日（五・六）其扇との間に女子（楠本イネ）生まれる。
○六月七日（五・三一）吉雄幸載宅に出向き、患者三人を診療する。
○六月一九日（五・二五）吉雄宅で陰嚢治療をする。
○六月二三日（五・二九）吉雄宅へ病人見舞いに出向く。
○六月二五日（六・二）西山御薬園へ薬草木の調査。草稿『幕府が長崎に栽培していた植物園に関する報告書』（独文と学名ラテン表記）を執筆。西山御薬園で調査した薬草木一〇八種が記載されている。
○六月二九日（六・六）出島で門人たちに製薬法を教える。
○七月二七日（閏六・四）高良斎・鈴木周一・戸塚静海・伊東昇迪・岡研介・石井宗謙・松木雲徳・高野長英・中尾玉振・二宮敬作ら出島に出向く。
○八月四日（六・一二）大徳寺に唐桐（梧桐）あるのを知り、伊東昇迪・二宮敬作に同寺よりもらうよう依頼する。
○九月一〇日（七・二〇）東インド政庁がシーボルトをバタヴィアに帰国させることを決定。
○九月二四日（九・四）伊藤圭介、前年シーボルトから長崎遊学を勧められ、尾張を出立（八・一三）して長崎に到着。大通詞見習吉雄権之助の塾に入り、そこに寄寓してシーボルトのもとに通い勉学するとともに、シーボルトの日本研究を助ける。
○シーボルト自らバロメーターを作製。
○一〇月長崎郊外の千々山へ調査旅行する。周辺の植生・地理的観察などする。
○門人の二宮敬作ら同僚を伴って雲仙岳や阿蘇山などに登り、鉱物や珍しいものを収集、熱い源泉の地勢を調査する。
○草稿『報告一八二七年一〇月調査旅行。長崎千々山への調査』（独文）執筆する。

○一一月ネース・フォン・エーゼンベック宛の報告書に食用植物二五〇種を記述した論文を付け、バタヴィアへ送付する。
○一一月『全日本経済植物概要』（ラテン語）を著述。
○一二月一五日（一〇・二七）右記と同じ報告をパリのアジア協会に送る。
○ロンドン王立協会正会員。

一八二八（文政一一）年　三二歳

○一月一五日（一一・二九）伊東昇迪が長崎を去るにあたり、眼科器具一式を贈る。
○シーボルト任期終了で帰国予定。
○『日本よりの報告』（ネース・フォン・エーゼンベック宛の書簡。日付、一八二七年一二月二〇日出島にて）をレーゲンスブルクの「植物誌もしくは植物新聞」に掲載。
○三月伊藤圭介、長崎での半年滞在を終えて帰郷の途につく。帰郷に際してシーボルトはツュンベリー著『日本植物誌』および『日本紀行』に掲載のツュンベリーの肖像を贈る。
〈シーボルト事件発生―発覚から処分までの経過―〉
○三月三〇日（二・一五）シーボルトより高橋作左衛門景保宛書簡と間宮林蔵宛小包を長崎から発送。
○五月一一日（三・二八）江戸の高橋景保宅に書簡が届く。高橋は同封の間宮宛の小包を届ける。間宮林蔵は決まりにより小包を幕府に届け、高橋の身辺を中心に幕府の探索が始まる。
○八月六日（六・二六）オランダ船コルネリウス・ハウトマン号が長崎に入港。入港手続き〈出帆は一〇月一日（八・二三）と予定〉。
○九月一七日（八・九）夜半一二時頃より翌朝五時ごろまで長崎地方は猛烈な

◇三月、宇田川榛斎訳述、宇田川榕菴校補『新訂増補和蘭薬鏡』巻一～八成る。
◇六月、東海道および西国・北国大風雨、諸川溢水する。
◇八月、ツュンベリー、スウェーデンのウプサラに没する（享年八五歳）。
◇一一月、越後国大地震。
＊この年、オランダがニューギニアに植民・露土戦争起こる・幕府、諸国に戸口簿の提出を命じる・ロシアの航海家リュトケ、小笠原を測量調査。

暴風雨が来襲。出島植物園に植えられていた一、〇〇〇種以上の植物は風と高波で損傷。
○九月一八日（八・一〇）出島壊滅。出航予定の同船が台風で稲佐村の割石付近に座礁。船に積み込まれていたのはバラストとして最初に船底へと運び入れた銅五〇〇ピコルのみ。積み込む予定の荷物は、まだ出島の倉庫に保管。これより以前、すでに江戸より御書物奉行兼天文方筆頭高橋景保とシーボルトの間に不審の筋ありとの知らせが長崎奉行に達する。
○九月二六日（八・一八）オランダ船の滞留延長を申請。
○九月三〇日（八・二二）シーボルト引継ぎ準備。
○一〇月一日（八・二三）ビュルゲルの公務開始。
○一〇月二日（八・二四）二度目の暴風雨が来襲。
○一〇月一四日（九・六）長崎奉行本多佐渡守正収の着任。
○一〇月二八日（九・二〇）シーボルトの間宮林蔵宛書簡返却。シーボルト書簡への警告。
○一〇月三一日（九・二三）奉行職の事務引継ぎを終えて、大草能登守高好の帰府。
○一一月九日（一〇・三）奉行のオランダ船浮上作業着手。
○一一月一三日（一〇・七）出島の荷物盗難事件調査。検使によるドールン倉庫（口蔵）の調査。
○一一月一六日（一〇・一〇）高橋景保の捕縛・家宅捜査。
○一一月一七日（一〇・一一）高橋景保尋問。町奉行筒井伊賀守はシーボルトに渡った日本地図を取戻そうと景保をして大通詞末永甚左衛門、小通詞助吉雄忠次郎宛書面を送らせる。
○一一月一九日（一〇・一三）浅草の天文台下の高橋景保宅を捜査。ロシア提督・探検旅行家クルーゼンステルンの『世界周航記』四冊、同和解一六冊、銅版和蘭地図一二枚一冊を押収。

○一一月二三日（一〇・一六）高橋景保尋問。

○一一月二四日（一〇・一八）高橋景保家宅捜査。

○一一月二七日（一〇・二一）シーボルトの門人へ警告。高良斎ら出島の出入り禁止。

○一二月　七日（一一・一）高橋景保の逮捕情報が長崎に伝わる。夜、八つ刻、長崎奉行本多佐渡守政収が小通詞助吉雄忠次郎を、秘かに奉行所に招き、シーボルトが所持しているはずの日本地図および国禁の品々を内々に取り上げるよう命じ、もしシーボルトがそれに応じなければ奉行の職権でそれらを没収するであろうと申し渡す。

○一二月八日（一一・二）夜明けとともに、吉雄忠次郎は出島商館のシーボルトの部屋に行き、一件が幕府に露見したことを告げ、直ちに高橋景保から贈られた日本地図を奉行所へ差し出すよう勧めるがシーボルトは容易に応ぜず保留。

○一二月九日（一一・三）朝、蝦夷の地図の原図を吉雄忠次郎に渡す。

○一二月一六日（一一・一〇）検使が出島に出張し捜査。商館長およびシーボルトを尋問。家宅捜索も行なわれる。通詞の吉雄忠次郎らが町年寄預かりとなる。

○一二月一七日（一一・一一）出島を捜査。耐火倉庫を封印。

○一二月一八日（一一・一二）検使らシーボルトの家宅捜査。

○一二月二一日（一一・一五）オランダ船浮上作業完了。

○一二月二四日（一一・一八）オランダ船へ銅五〇〇ピコル積み込み開始。積荷作業も行なう。

○一二月三〇日（一一・二四）シーボルト尋問。吉雄忠次郎・末永甚左衛門・

名村八太郎・岩瀬弥左衛門・岩瀬弥七郎ら尋問。

一八二九（文政一二）**年**　三三歳

○一月二三日（一二・一八）幕府の命令で、シーボルト幽閉される。

○一月二八日（一二・二三）シーボルト出国禁止の通告を受ける。シーボルト尋問。

○一月二九日（一二・二四）シーボルト尋問。

○一月三〇日（一二・二五）オランダ船二月一三日出帆の通告を受信。稽古通詞荒木豊吉・内通詞小頭見習菊谷藤太・同田中作之進が町預けとなる。

○一月三一日（一二・二六）門人二宮敬作・高良斎・渡辺幸造の三人も町預けとなる。画家の川原慶賀（登与助）は入牢を申し付けらる。

○二月二日（一二・二八）茂伝之進・西儀十郎・石橋助十郎・中山作三郎の四人の通詞が奉行所の命令により、シーボルトを尋問するために出島商館を訪れる。

○二月六日（一・三）オランダ船最後の銅積み込み完了。シーボルトへ二三ヵ条の尋問。

○手稿・草稿『本多佐渡守発シーボルト宛二三項目の質問状』（蘭文）。シーボルトの口述が洋紙六枚に記載され、最後に彼の署名がある。

○二月八日（一・五）シーボルトの所持品を押収。

○二月九日（一・六）シーボルト、日本への帰化願を提出するが、却下される。

○二月一三日（一・一〇）シーボルトの妻其扇、奉行所にて尋問。このあと二回尋問。

○二月一四日（一・一一）シーボルトの所持品を押収。

○二月一七日（一・一四）シーボルトの所持品を押収。

○二月一九日（一・一六）シーボルト尋問。

◇一月、柳亭種彦作、歌川国貞画『偐紫田舎源氏』初編刊行。

◇二月、篠山藩内の農民六〇〇人が、他藩への出米に反対して騒動を起こす。

◇三月、江戸大火、下町一帯全焼。

◇六月、幕府、南鐐一朱銀を新鋳する。

◇七月、幕府、二分半金を増改鋳する。

◇一〇月、伊藤圭介訳述『泰西本草名疏』上下巻付録全三冊刊行。

＊この年、坪井信道、江戸に日習堂を開く。・設楽貞丈『蒲桃図説』一冊刊行。・大蔵永常『油菜録』一冊刊行。・長州藩が産物会所を設立し、専売制を始める。

○二月二一日（一・一八）シーボルトの資材倉庫を捜査。
○二月二三日（一・一九）オランダ船、全荷物積み込み完了。甲板で「御条目」を朗読。
○二月二四日（一・二二）オランダ船コルネリウス・ハウトマン号バタヴィアへ向けて出帆。
○三月四日（一・二九）シーボルト家宅捜査。葵紋付帷子・九州辺の地図など押収。
○三月八日（二・四）商館長メイランがシーボルトを説諭。シーボルト上申。
○三月二〇日（二・一六）高橋作左衛門景保獄死（享年四四歳）。
○三月二三日（二・一八）御目付本目帯刀ら牢屋敷にて、景保の死骸検分（翌日死骸を塩漬け）。
○三月中頃シーボルトの答弁書提出される。
○土生玄碩・稲部市五郎ら、江戸と長崎で合計五五名の多数が事件に連座し、獄に繋がれる。
○七月二四日（六・二四）シーボルトが江戸参府旅行中に入手した品々の件についての答弁書を提出。
○八月二八日（七・二九）シーボルトが葵紋服を入手した件についての答弁書を提出。
○一〇月二二日（九・二五）シーボルトに対して「日本御構」（国外追放、および再入国禁止）の判決が下る。このあと退去にそなえ、其扇（二二歳）・イネ（二歳）母子の面倒を門人二宮敬作らに依頼するなど奔走する。
○一二月三〇日（一二・五）判決によりジャヴァ号で出島を出港する。
○一二月三一日（一二・六）風待ちで小瀬戸に停泊中、妻其扇・娘イネ・二宮敬作・高良斎・石井宗謙・ブエモン（青貝屋武右衛門？）らと会う。

○論文『日本人種論』(仏文)を「アジア協会雑誌」に掲載。
○論文『日本の植物学に関する状態、アジサイ属の論文と本草学に関する日本の文献の若干の試論付。日付、一八二五年一二月一八日出島にて』。ボンの帝立レオポルトカール・アカデミーの「自然の不思議に関する物理医学新紀要」に掲載。

一八三〇(天保元)年　三四歳

○一月一日(一二・七)シーボルトが小舟で小瀬戸に上陸し、妻子・門人らに別れを告げる。
○一月二日(一二・八)フィレネーフェがジャワ号にいるシーボルトに別れの挨拶にくる。
○一月三日(一二・九)日本を離れバタヴィアに向かう。
○日本で収集の文学的・民族学的コレクション五、〇〇〇点以上のほか、哺乳動物標本二〇〇・鳥類九〇〇・魚類七五〇・爬虫類一七〇・無脊椎動物標本五、〇〇〇以上・植物二、〇〇〇種・植物標本一二、〇〇〇を持ち帰る。
○一月一〇日(一二・一六)土生玄碩が改易。その子玄昌はその罪により切米召放の申し渡し。
○一月二八日(一・四)バタヴィアに到着。総督コークに〈シーボルト事件〉の顚末を報告する。
○三月一五日(二・二一)、バタヴィアからオランダに向かう。
○『全日本経済植物概要』を「バタヴィア芸術科学協会会報」に掲載。
○四月二八日(三・二六)江戸で高橋作左衛門らに判決くだる。作左衛門は死罪(すでに獄死)その子どもらは遠島。
○五月一七日(旧閏三・二五)長崎で関係者に判決下る。二宮敬作は江戸御構・長崎払い、高良斎は居所払い、川原慶賀は叱責される。

◇三～八月、伊勢神宮参詣が流行(お蔭参り)
◇四月、島津重豪(南山老人)『鳥名便覧』一冊刊行。
◇七月、ベルギー独立戦争。パリに七月革命起こる。
◇九月、岩崎常正(灌園)『本草図譜』四冊刊行。
◇一一月、シッテルス出島商館長に着任。
＊この年、メイラン『日本』刊行。・水戸藩主徳川斉昭、藩政改革に着手。・肥前藩主鍋島直正、藩政改革に着手。・アメリカ人ナザニエル・サボリーら小笠原に移住。

○五月二七日（四・六）馬場為八郎・稲部市五郎・吉雄忠次郎ら長崎から江戸へ護送。その後、地方の諸藩へ預かりとなる。

(三) ヨーロッパでの日本研究と活動

○七月七日（五・一七）、オランダのフリッシンゲン港に帰港。草稿『ジャヴァ号船上にて一八三〇年七月七日の記録』（蘭文）を執筆。
○七月一〇日（五・二〇）、ハーグに滞在。
○七月一七日（五・二七）アントワープで同郷人のヨーゼフ・ホフマンと会う。ホフマンは以後日本研究の協力者となる。
○日本から持ち帰ったコレクションのうち、原稿と民族学関係の資料はアントワープに、博物学関係のコレクションの一部はブリュッセルとヘントに保管されていた。
○九月一七日（八・一）オランダ文部省はベルギーにあるこれらの資料を持ち帰るようシーボルトに委任。
○一〇月中旬ブリュッセルにある資料をライデンに搬入する（ヘントの資料は一八四一年に返却さる）。
○美馬順三との対談『日本産科問答』（仏文）を「アジア協会雑誌」に掲載。

◇一一月、幕府、諸国の石高を勘査する。
＊この年、ベルギー独立。・滝沢馬琴『新編金瓶梅』初編刊行。

一八三一（天保二）**年**　三五歳

○三月八日（一・二四）草稿『大日本地図解説』（蘭文）をライデンにて執筆。
○四月一一日（二・二九）オランダ国王ウィレム一世はオランダライオン勲章騎士十字章を下賜する。
○四月三〇日（三・一八）オランダ領東インド陸軍の管理部将校（軍医少佐）

に昇進、植民省の日本問題担当顧問に任命される。同日、国王ウィレム一世はシーボルトの民族学的コレクションの購入を約束し、前金として一二、〇〇〇ギルダーが支払われる。

△六月三〇日（五・二二）吉雄権之助没する（享年四六歳）。

○『アイヌ族の風俗と習慣』（仏文）をパリの「新アジア雑誌」に掲載。

○オランダのライオン文官功労勲章爵士ハッセルト十字章（金属十字章）を受ける。

○ライデンの文学協会会員。

一八三二（天保三）年　三六歳

○ライデンのラーペンブルフ一九番地に家を借用。「日本博物館」を開設し、コレクションの一般公開をする。

○一一月三〇日（一一・九）バイエルン国王ルートヴィッヒ一世を訪問。文官功労勲章十字章を受ける。

○『日本』（Nippon）第一分冊を出版。以後一八五八／五九年まで二〇分冊を発行。

○『日本人の起源に関する論文』（蘭文）を「バタヴィア科学芸術協会雑誌」に掲載。

○パリのアジア協会会員となる。

一八三三（天保四）年　三七歳

○春、ドイツに旅行。

△四月一八日（二・二九）吉雄忠次郎米沢で没する（享年四六歳）。

△五月九日（五・九）水谷助六没する（享年五四歳）。

○一一月二六日（一〇・一五）『日本』第一分冊をライデンのオランダ文学協会に贈る。

◇七月、イギリス船、琉球に漂着。

◇一一月、高野長英訳『医原枢要』成る。

＊この年、天保大飢饉（～三七年）。・渡辺崋山、高野長英ら尚歯会を結成。・アメリカ大統領ジャクソン、遣日使節ロバートを任命。

◇六月、宇田川榕菴『植学啓原』成る。

＊この年、伊東玄朴、江戸に象先堂を開く。・フィッセル『日本国誌』刊行。・メイラン『日本貿易史』刊行。・ドゥーフ『日本回想記』刊行。・蘭和辞典『ドゥーフ・ハルマ（長崎ハルマ）』完成。

○『日本動物誌』(Fauna Japonica) 第一分冊を出版、以後一八五〇年まで発行。
○『日本植物誌』(Flora Japonica) 第一分冊を出版、以後一八七〇年まで発行。
○『日本叢書』(Bibliotheca Japonica) 出版、以後一八四一年まで全六冊発行（中国人郭成章とホフマンの協力による）。
○『日本の鍼療法に関する若干の考察。鍼医師石坂宗哲の書簡からの抜書』（蘭文）を「バタヴィア芸術科学協会雑誌」に掲載。
○ヴュルツブルグ大学名誉哲学博士。

一八三四（天保五）**年**　三八歳

○大著『日本』の予約購読および研究資金援助を要請するため、ヨーロッパ各地を訪問する。
○サンクト・ペテルブルグで探検旅行家クルーゼンシュテルンに会う。
○一〇月三日（九・一）以後一ヵ月モスクワに滞在。
○ベルリンで自然研究者アレクサンダー・フォン・フンボルト、ベルリン大学地理学教授リッター、同大学動物学教授リヒテンシュタイン、同大学教授で探検旅行家のエーレンブルグ、パリ大学アジア語教授クラプロートなど学識者と会う。
○ロシア聖ウラジミール勲章勲四等を受ける。
○モスクワの帝立自然科学者学会会員、ハールレムのオランダ科学協会会員、ベルリンの地理学会名誉会員。

一八三五（天保六）**年**　三九歳

○一月初旬から一ヵ月ドレスデンに滞在。その後プラハに向かう。
○二月初旬ウィーンに滞在。
○四月ミュンヘンでミュンヘン大学森林学教授ヨーゼフ・ゲルハルド・ツッカリーニと会う。同教授は『一般植物彙報』(Allgemeine Botanische Zeitung) の

◇一月、ドイツ関税同盟。
◇二月、江戸大火。
◇三月、水野忠邦、老中となる。
◇七月、大阪大火。
◇一二月、ニーマン出島商館長に着任。
＊この年、ティツィング『日本王代一覧』（仏訳）刊行。・葛飾北斎『富嶽百景』初編刊行。・安藤広重『東海道五十三次』完結（一八三三～四）。

◇三月、尾張嘗百社、本草会を名古屋城南一行院に開く。
◇七月、幕府、長崎奉行に長崎交易の取締りを命ずる。
＊この年、柴田鳩翁『鳩翁道話』初編刊行。

中で『日本植物誌』発行のためシーボルトと協定した計画を発表。
○四月二一日（三・二四）バイエルン国王ルートヴィヒ一世に「国立民族学博物館設立に関する書簡」と「計画草案」を提出。
○五月一二日（四・一五）ワイマールに着く。以後旅行をせずヴュルツブルグの自宅に居住。
○五月一六日（四・一九）画家で図案家のヨーゼフ・シュメラーがシーボルトのクレヨン画を作成。
○一〇月二日（八・一二）ケルン行きの船中にいる。
○ウィーンの帝立農業協会会員。

一八三六（天保七）年　四〇歳

○八月二一日（七・一一）ラーペンブルフ一九番地の家を購入。
△一〇月一四日（九・五）最上徳内没する（享年八一歳）。
○楽譜『日本の旋律』（日本語・ラテン表記）シーボルト、キュフナー著をライデンにて出版。

◇七月、ロシア船、漂流民を護送して択捉島に来航。
＊この年、斎藤市左衛門編著『江戸名所図会』刊行。

一八三七（天保八）年　四一歳

○一月二八日（一二・二二）草稿『日本植物輸入協会会則』（蘭文）を執筆。
○居宅二階をライデン学生会ミネルヴァに賃貸、コレクションは二階に移される。
○七月一五日（六・一三）シーボルトは収集した民族学的コレクション、もと出島商館長フィッセルのコレクションと併せて民族学博物館の設立を国王に勧める。オランダ政府はシーボルトの意見書をもとに目録の上で四、七二三点にのぼるシーボルト・コレクションの受け入れと評価のための委員会を設立。
○一〇月、旅行記『一八二三年から一八二九年までの日本への航海』（仏文）を出版。

◇二月、大塩平八郎の乱。
◇三月、宇田川榕菴『舎密開宗』刊行開始。
◇六月、モリソン号事件。
＊この年、小関三英『那波列翁伝』刊行。

○『貿易用（シキミ）に関する植物学起源について、ドゥ・フリーゼ氏論文に回答』（独文）をライデンとライプニッツで出版。

一八三八（天保九）年　四二歳

○二月一日（一・七）シーボルト・コレクションは五八、五〇〇ギルダーで評価される。オランダ国王はその評価額から前金一二、〇〇〇ギルダーを差引いた残額四二、〇〇〇ギルダーを四カ年分割払いとすることを決定。
○七月一八日（五・二七）シーボルトは一切の条件に同意する旨言明する。博物館の設立案は見送られる。
△七月二九日（六・九）湊長安没する（享年五二歳？）。
○ヤッシのモルダウ地方の医師と自然研究者協会正会員。

◇一一月、グランディソン出島商館長に着任。
＊この年、緒方洪庵、大坂に適々塾（適塾）を開く。・渡辺崋山『慎機論』成る。・高野長英『戊戌夢物語』成る。

一八三九（天保一〇）年　四三歳

○二月二日（一二・一九）草稿『日本からオランダ、オーストリアへの植物輸入会社設立計画』（仏文）をウィーンにて執筆。
○四月二七日（三・八）ライデルドルプの土地測量図を取り寄せる。
○夏季はライデン、冬季はドイツに住むようになる。ヘレーネ・フォン・ガーゲルンに出会う。
△一二月八日（一一・三）岡研介没する（享年四〇歳）。
○コペンハーゲン国立博物館長トムゼンがライデンにいるシーボルトを訪ねる。
○ウィーンの帝立王立園芸学会選出会員。

◇五～一二月、蛮社の獄が起こり、渡辺崋山・高野長英ら処罰される。
＊この年、新宮涼庭、京都に順正書院を開く。

一八四〇（天保一一）年　四四歳

○九月植物学者J・ピエロ、オランダの園芸復活とシーボルトおよびライデン国立植物標本館館長C・L・ブルーメの植物学研究協力のため、バタヴィアに向かい、ジャワのバイテンゾルフ植物園に勤務。

◇五月、幕府、蘭書翻訳の流布を取り締まる。
◇七月、和蘭風説書でアヘン戦争の情報が入る。
＊この年、オランダ国王ウィレム一世、ウィレム二世に譲位。・アヘン戦争。（～四二年）。

○ライデルドルプ（現在のライデン市デ・コーイ地区）に土地を購入。日本・中国植物をオランダの気候に馴らした「気候馴化園」を設け、そこに邸宅〈ニッポン〉を建てさせる。
○ロシア提督クルーゼンステルンに献上した『原地図と日本人の天文学的観察による日本国の地図。九州・四国諸島と日本』ライデンから出版。
○アムステルダムの動物学協会名誉会員、ヴュルツブルグのウンターフランケンとアシャッフェンブルグ歴史協会名誉会員、ロンドン王立園芸協会会員、バイエルン科学アカデミー正会員。

一八四一（天保一二）年　四五歳

○三月二二日（一・三〇）オランダのライデルドルプの証明付き土地台帳の写しを受け取る。
○八月、J・ピエロ、ミッテルブルグ号で日本旅行に向かう途中、海難事故に遭い、マカオに入港。同地で病死（享年二九歳）。
○一二月、草稿『日本の書籍についての概観』（蘭文）執筆。
○ヘントの植物園管理部がシーボルトの植物八〇種類を返却。
○プロイセンの赤鷲勲章勲三等を受ける。

一八四二（天保一三）年　四六歳

○二月、J・C・テキストール、J・ピエロの後任として長崎出島商館の職員に任命される。
○一一月一七日（一〇・一五）国王からヨンクヘール（准男爵）の爵位を授与され、オランダの貴族に列せられる（一八〇一年の王国貴族令による）。
○ライデンの標本館館長C・L・ブルーメと実務にたけた園芸家ロッドバルトとともにライデルドルプに王立園芸奨励協会を設立。会長にはシーボルトとブルーメの二人が就任する。株式を募集して、種子や苗木の繁殖と販売を目的と

◇五月、高島秋帆、徳丸が原で洋式銃隊訓練を行う。
◇六月、中浜万次郎、アメリカ船に救われる。
◇一〇月、天文方で兵書の翻訳始まる。
◇一二月、幕府、株仲間の解散を令する。
＊この年、天保改革（老中水野忠邦～四三年）。

◇一一月、ビク出島商館長に着任。
◇一一月、佐久間象山『海防八策』を進上。
＊この年、幕府、九段に測量所を加設する。・蘭書翻訳の出版を町奉行の許可制とする。

する「王立協会園芸施設」を運営。施設は最初「ロッドバルト商会」の社名で創設され、その後「フォン・シーボルト商会」となる。一八四五年から日本や中国から植物を輸入した植物の販売目録を定期的に発行して通信販売を開始。以後、シーボルト没後の一八八二年まで継続され、通信販売によって大きな成果を上げる。

○ユトレヒトの農業と植物学会名誉会員、バーゼルの自然研究協会正会員。

○アムステルダムの文庫で二〇〇年以上顧みられなかったオランダ人マティス・クァストおよびアーベル・ヤンスゾーン・タスマンの航海日誌（一六三九年の「黄金と白銀諸島」発見のための航海）を見つける。この年から一八五二年まで『日本海域における発見史の研究』に没頭。

一八四三（天保一四）年　四七歳

○三月から六月テキストール、バタヴィアに滞在しバイテンゾルフ周辺の植物調査と茶栽培に関する各種土壌、天候の影響などを調査。

○四月、パリ国立図書館地理学部門管理部長エドム・フランソワ・ジョマールに民族学博物館の設立を勧める。彼の願望がパリの出版社から『植民地を有するか、もしくは世界の他の部分と貿易関係を有するヨーロッパ諸国において民族学博物館の効用とその設立の重要性に関する書簡』と題して発行。

○六月二六日（五・二九）テキストールがフリーゲート船アンナ・エリザ号で長崎に着く。シーボルトの依頼により二カ月間に精力的に活動し、出島植物園の管理と数百種類の日本植物・種子を収集。これを一一月初旬バタヴィアに戻る同船に積み込み発送する。

○七月二三日（六・二六）ライデルドルプのシーボルト所有土地登記簿写しを受け取る。

○一一月、植民省より日本政府に宛てて、国際状況についての親書を書くよう

◇三月、幕府、人返し令を発す。

◇五月、ロシア船、漂流民を護送して択捉島に来航。

◇六月、佐藤泰然、佐倉に順天堂を開く。

◇九月、幕府、上知令を発す。

依頼される。
○『日本植物誌の自然分科篇』第一部（雙子葉離弁花植物）を「王立バイエルン科学アカデミー、数学物理部門論文集」に掲載。翌年、第二部（雙子葉植物、合弁花・単花被花と単子葉植物）を同誌に掲載（第一部・第二部ともラテン文）。
○フランスのレジョン・ドゥ・ヌール勲章勲五等を受ける。
○ミュンヘンのバイエルン自然科学アカデミー外国会員。

一八四四（弘化元）**年**　四八歳

○二月テキストール、商館長ビッグの書記役として江戸参府に加わり、シーボルトから依頼の各地産業および商品の調査研究、収集に努める。
○二月一五日（一二・二七）日本へ開国勧告のオランダ国王親書を起草。
△四月一三日（二・二六）間宮林蔵没する（享年六九歳）。
○八月一五日（七・二）フリーゲート船パレムバン号長崎入港、ウィレム二世の特使コープス六日後に上陸。親書は商館長ピーテル・アルベルト・ビックにより長崎奉行に手渡される。
○『オランダ王立園芸奨励協会年報』（シーボルト、ブルーメ共編）出版（一八四四～四五年）、園芸奨励協会の活動状況を公表。
○『王立園芸奨励協会の種苗園で栽培された日本と中国から輸入された新旧の植物目録。一八二四年から一八四四年までの日本からの輸入についての歴史的説明』（蘭文）。『オランダ王立園芸奨励協会年報』（第一号）に収録。
○パリの王立園芸協会名誉会員・アントワープの王立動物学協会名誉会員。

一八四五（弘化二）**年**　四九歳

○一月テキストール、オランダに帰国（没年不詳）。
△一月一三日（一二・六）桂川甫賢没する（享年四八歳）。
○七月一〇日（六・六）ヘレーネ・フォン・ガーゲルンとベルリンで結婚。の

◇三月、フランス艦アルクメーヌ号那覇に来航。
◇五月、江戸城本丸が炎上。
＊この年、アメリカ遣日使節カッシング任命される。・箕作省吾『坤輿図識』成る。

◇一月、江戸大火。
◇三月、高野長英脱獄。
◇七月、イギリス船サラマンダ号長崎に来航。
◇七月、幕府、蘭書翻訳の出版を天方の許可とす

ちライデン付近のライデルドルプの邸宅〈ニッポン〉に住む。

○九月二七日（八・二六）王立園芸奨励協会第一回総会がライデンのブリード・ストラートで開催。シーボルトが議長をつとめ、自ら「王立園芸協会の起源と発展について」講演する。この年度中は王立園芸協会の理事会が月一回定期的に開かれる。

○一〇月二〇日（九・二〇）〜一一月五日（九・一五）ライデン市の貧民救済のための「日本品展覧会」をシーボルトの居宅ラーペンブルフ一九番地で開催。

○一一月一五日（一〇・一六）シーボルトの母アポロニアが没する（享年七七歳）。

○居宅一階を借用していたライデン学生会ミネルヴァは場所を移動。シーボルトはその場所をライデン大学教授レインワルトに賃貸。

○『日本の図書および写本目録。付録にハーグの王立博物館所蔵物の目録、シーボルト収集・ホフマン解説』（ラテン文）をライデンで出版（一二五部限定本）。

○アントワープの王立動物協会名誉会員、ブリュッセルの王立医学アカデミー会員。

○ウィーン帝立王立協会の金メダルを受ける。

る。

◇一一月、レフィスゾーン出島商館長に着任。

＊この年、幕府、浦賀に砲台を構築する。

一八四六（弘化三）年　五〇歳

○三月草稿『日本歴史に関する記述』（仏文）をハーグで執筆。

△八月一三日（六・二二）宇田川榕菴没する（享年四八歳）。

○八月一六日（六・二五）長男アレクサンダーがライデンで生まれる。

○九月一〇日（八・二〇）王立園芸奨励協会第二回総会がライデンのホテル「黄金のライオン」で開かれ、協会規定の立案・園芸施設の拡充計画・栽培植物試行の提案など協議。議長にシーボルト、書記にホフマンがつとめる。

◇五月、アメリカの東インド艦隊司令官ビッドル浦賀に入港して通商を求めるが、幕府は拒絶。

◇六月、フランス軍艦クレオパートル号長崎に来航。

◇八月、イギリス軍艦那覇に入港。

＊この年、福岡藩、肥前藩、長崎砲台の増設を幕府に進言する。

△一一月三日（九・一三）高良斎没する（享年四八歳）。
○『東西インド諸島報知』（仏文）シーボルトとドゥ・カルンペー共編をデン・ハーグにて出版。
○ハレとライプツィヒのドイツ東方学会正会員、ドルトレヒトの園芸および農業学会名誉会員、アントワープの王立ベルギー考古学アカデミー名誉会員。

一八四七（弘化四）年　五一歳

○ライン河畔ボッパルトの南端のフランシスコ派旧セント・マルティーン修道院を二万ターラーで購入して転居。プロイセンの国籍を取得。
○五月一〇日（三・二六）ラーペンブルフの家をレインワルト教授に売却。このためシーボルト・コレクションはパールデンステーフに移行。
○オランダの士官在勤二五年功労勲章、スウェーデンの北極星勲章勲爵士を受ける。

一八四八（嘉永元）年　五二歳

○一月二四日（一二・一九）オランダ陸軍名誉大佐に任ぜられる。
○九月二七日（八・一八）長女ヘレーネがボッパルトで生まれる。
○オーストリアのヨハン大公の海軍関係顧問。
○プラハ大学名誉哲学博士。

一八四九（嘉永二）年　五三歳

○五月オランダ領インド陸軍参謀部付きに転任。

一八五〇（嘉永三）年　五四歳

○九月二七日（八・一二）次女マティルダがボッパルドで生まれる。
△一二月三日（一〇・三〇）高野長英自殺する（享年四六歳）。
○『日本動物誌』の出版終わる。
○ミュンヘンの博物学会名誉会員。

◇六月、オランダ風説書がイギリス船の来日計画を報じる。
＊この年、福岡藩、反射炉を設置し、製錬所を開設。

◇二月、フランス二月革命。
◇三月、ドイツ・オーストリアで三月革命。
＊この年、オランダ商館医モーニッケ牛痘接種に成功。

＊この年、幕府が蘭書翻訳取締令を発する。

◇三月、出島商館長レフィスゾーン参府（最後の江戸参府）。
◇一〇月、佐賀藩、反射炉築造。
◇一一月、ローゼ出島商館長に着任。
＊この年、オランダ、風説書でアメリカ艦隊の来

一八五一（嘉永四）**年**　五五歳

○一一月草稿『条約の主要な点。日蘭通商条約案文解説』（蘭文）執筆。
○アメリカと折衝をもち、アメリカ船についての港の開港に関して助言。
○『旧時代と近代の発見を参照し、原地図と日本人の天文学的観察による大日本とその隣国および保護国、南千島を含む蝦夷・朝鮮・琉球諸島の地図海図の地図書。一七世紀の未発表のオランダの地図による中国の海岸と台湾島の海図付』をベルリン、ライデン、アムステルダム、ライプツィヒ、ニューヨークなどで発行。
○ルクセンブルグ大公国自然協会名誉会員。

航を幕府に予告する。
◇一月、太平天国の乱（〜六四年）。
◇一月、土佐の漂流民中浜万次郎らアメリカ船で琉球に上陸。
＊この年、アメリカ大統領フィルモア、遣日使節オーリックを任命。

一八五二（嘉永五）**年**　五六歳

○四月日蘭通商条約私案を植民大臣に提出、ウィレム三世に日本開国交渉を進言する。
○七月三一日（六・一五）次男ハインリッヒがボッパルトで生まれる。
△一一月一七日（一〇・六）楢林宗建没する（享年五〇歳）。
○楠本イネと石井宗謙との間に娘たか生まれる（シーボルトの孫）。
○『日本の海域の発見史、日本国とその隣国および保護国の地図海図の地図書の説明付き』（蘭文）アムステルダム・ライプツィヒ・ニューヨークなどで出版。
○かしわ王冠勲章準勲爵士（ルクセンブルグ／オランダ）・稜錐形ダイアモンド付セント・アンナ勲章二等（ロシア）を授与する。

◇一一月、商館長ドンケル・クルティウス着任。ペリー艦隊の渡来を告げ開国を進言する。
＊この年、フィルモア、オーリックを更迭してペリーを遣日特使に任命。

一八五三（嘉永六）**年**　五七歳

○一月ロシア宰相ネッセルローデの招きでサンクト・ペテルブルク再訪。ロシア東方問題について献策。草稿『ロシア宰相発日本国老中宛書簡草案』（独文）をサンクト・ペテルブルクで執筆。

◇六月、アメリカ使節ペリー浦賀に来航。
◇七月、ロシア使節プチャーチン長崎に来航する。
◇九月、幕府、大船建造の禁を解く。
◇一〇月、露土戦争起こり、翌年クリミア戦争に

○ペリー来日に顧問として同行を求めたが拒絶される。
○九月五日（八・三）ボッパルトの旧セント・マルティーン修道院を二万ターラーでプロイセン政府に売却する。
○一〇月六日（九・四）草稿『連合軍の名におけるウルップ島の占領について』（仏文）執筆。一二月一一日付「ケルン新聞」に掲載。
○年末に研究のため、大学図書館利用のため、あるいは学会との連絡を密にするため、ボンの九七二番地屋敷に転居。『日本』の執筆を続ける。のち、現在のボン大学構内にある公園一角に植物園を設けてサツマイモを栽培、食用としてプロシア王国政府に推薦。
○ロシアの聖ウラジミール勲章三等、デンマークのダーネブローク勲章準勲爵士、プロイセンの赤鷲勲章勲二等爵士を受ける。
○バタヴィアのオランダ領インド博物学協会正会員、サンクト・ペテルブルグの帝立自由経済学会会員。

一八五四（安政元）年　五八歳

○三月八日（二・一〇）三男マクシミリアンがボンで生まれる。
○六月二八日（六・四）草稿『日本研究概要』（独文）執筆。
○ボン大学はシーボルトを日本研究講座の教授として招聘したが、自らの研究活動に専念したいという理由で、その申し出を断る。
○『あらゆる国家の航海と海上貿易のために日本開国へのオランダとロシアの努力の文献による叙述』（蘭文）ボンにて出版。翌年、ロシア語訳がサンクト・ペテルブルグの『航海全集』に掲載。
○ボン所在、下ライン博物学および医学協会会員、サンクト・ペテルブルグのロシア地理学協会正会員。

発展（～五六年）
◇一二月、幕府、徳川斉昭の意見により、海防大号令を発す。
＊この年、蛮書和解御用に異国書翰横文和解御用を置く。

◇三月、ペリー再度浦賀に来航して日米和親条約を締結。
◇七月、幕府、箱館付近を直轄し、箱館奉行を置く。
◇七月、オランダ軍艦スンビン号長崎に来航。
◇八月、イギリス使節スターリング長崎に来航。日英和親条約を締結。
◇九月、プチャーチン、下田で日露和親条約を締結。
◇一一月、下田を襲った津波のため、プチャーチン乗艦のディアナ号大破沈没。

一八五五（安政二）**年**　五九歳
○三月五日（一・一七）草稿『政治上および貿易上の目的達成についてのプログラム』（蘭文）執筆。
○三月二一日（二・四）草稿『カンバン貿易について』（蘭文）執筆。
○四月九日（二・二三）草稿『日本における国家と貿易』（蘭文）ライデンにて執筆。
○一〇月二一日（九・一一）ドンケル・クルチゥス、シーボルトの再渡来禁止令解除を長崎奉行に交渉。二カ月後、願書提出。
○手稿・小冊子『国王陛下に対する上奏書』（蘭文）成る。
○『日本への薬学の導入と発展の史的概観』一八五四年一一月二四日の講演報告（独文）をプロイセンのラインラントとヴェストファーレンの「博物学協会の会報」に掲載。
○ヴュルテンベルクのヴュルテンベルク王冠勲章勲爵士。
○ライデンの園芸学奨励協会名誉会員。

◇二月、幕府、蝦夷地全土を直轄地とする。
◇六月、オランダ海軍伝習隊（第一次）長崎入港。
◇九月、オランダ軍艦スンビン号（観光丸）献上、長崎海軍伝習所開始。
◇一一月、日蘭和親条約締結。
◇一〇月、アロー号事件（〜六〇年）。
＊この年、桂川甫周補訂『和蘭字彙』刊行始まる。

一八五六（安政三）**年**　六〇歳
○小冊子『一八五六年。フォン・シーボルト施設のライデン気候馴化園で栽培された日本の植物と種子の目録と価格表』（仏文とラテン語）をライデンおよびボンで出版。

◇二月、幕府、洋学所を改め蕃書調所を設置。
◇一〇月、アメリカ総領事ハリス下田に着任。

一八五七（安政四）**年**　六一歳
○士官在勤三五年功労勲章を受ける。
○秋、シーボルトの追放令解除を一二月オランダ領事が本国へ連絡。

◇九月、幕府発注の軍艦ヤパン号（咸臨丸）長崎着。

一八五八（安政五）**年**　六二歳
○草稿『日本国のオランダ貿易会社の出島商館に関する草案』（蘭文）をライデンにて執筆。

◇五月、井伊直弼、大老就任。日米通商条約調印。
◇六月、徳川家茂、将軍となる。
◇七月、井伊直弼、蘭・露・英と修好通商条約締

○五月二二日（四・一〇）植民大臣に「日本貿易会社設立（長崎代理店）の計画案」を提案。全権代理人として長崎へ赴く意向があることを表明。
○一〇月中旬、草稿『植民地博物館構想に関する記述』（蘭文）執筆。
△一〇月二一日（八・三〇）岡泰安没する（享年六三歳）。
○『園芸学と植物学年報』（仏文）シーボルトとドゥ・フリーゼ編をライデンにて出版。

結。
◇九月、安政の大獄始まる。（～五九年）
◇一〇月、福沢諭吉、築地鉄砲洲に蘭学塾を開く。

（四）第二回来日と晩年（ヨーロッパ）の活動

一八五九（安政六）年　六三歳
○二月日蘭通商条約改正案を日本に持参せよとの命を受け、直ちに日本への旅の準備に入る。
○四月長男アレクサンダーと共に、ボンを出発。パリを経てマルセーユへ。シーボルトの留守中、彼のコレクションはライデン博物館長レーマンスが管理。
○四月六日（三・四）草稿『フィリップ・フランツ・フォン・シーボルト自筆遺書』（独文）を夫人宛にボンで執筆。
○四月一三日（三・一一）マルセーユでイギリス船タイガー号に乗船。その後、アレクサンドリア・スエズ・アデン・ポアンドカルを経由してシンガポールへ。シンガポール滞在時に、中国商人の家の庭で、センニンスギ数株を見る。シンガポールからバタヴィアに赴く。同地でフィレネーフェと再会。バイテンゾルフへ旅行。総督公邸と植物園を訪ねる。シンガポールに戻りロシア船ルーシー・ハリエット号で上海に向かう。
○七月二三日（六・二四）数週間上海に滞在。同地で草木や花や種子など一八

◇三月、幕府、長崎海軍伝習所を閉鎖。
◇五月、五か国通商条約発効、神奈川成仏寺、ついで長延寺、オランダ横浜領事館となり、江戸長応寺、オランダ使臣館となる。
◇五月、英駐日総領事オルコック着任。
◇九月、アメリカ人宣教師・医師ヘボン来日。
◇一〇月、オランダ生まれのアメリカ宣教師フルベッキ来日。
＊この年、出島オランダ商館閉鎖、領事館となる。・オランダ領事兼オランダ貿易会社代表ボードワン着任。・ダーウィン『種の起源』刊行。・ミル『自由論』刊行。

種を採集し目録を作成。
○雑記帳『シンガポールから上海の旅一八五九年』全四冊（独文・英文）を執筆。
○七月一七日（六・一二）シーボルト・コレクションはライデンのブレーススラートの建物内に移管され、「国立シーボルト日本博物館」として一般公開される。
○八月四日（七・六）イギリスの汽船で長崎に着く（三〇年ぶりの来日）。
○八月六日（七・八）商館長ドンケル・クルティウス宅へ。
○同日、長崎奉行岡部駿河守と謁見。
○八月八日（七・一〇）オランダ貿易会社顧問として出島に入る。
○出島の植物園は貿易促進のため全滅し、ほとんど跡形もないのに嘆く。
○八月一四日（七・一六）シーボルト本蓮寺内一乗院に移る。
○たき・イネ母子、二宮敬作と再会。
△八月三瀬周三門人となる。
○オランダ貿易会社、長崎で業務開始。江戸の長応寺に外交代表部を置く。
○ベルギーのレオポルド勲章上級勲爵士を受ける。
○アントワープの植物学会名誉会員、ハーグのインド協会名誉会員。

一八六〇（万延元）年　六四歳

○三月一二日（二・二〇）草稿『石炭供給に関するいくつかの質問』（蘭文）を長崎にて執筆。
○四月一日（三・一一）長崎奉行岡部駿河守に書簡を送り、保税倉庫の建設を献言。
○四月九日（三・一九）イギリス船「ヤンツー号」で上海から長崎に到着した香港のジョージ・スミス主教、シーボルトに逢い石版刷りの長崎市街の地図を

◇一月、日米通商条約批准交換のため、遣米使節出発、咸臨丸護衛のため随行。
◇三月、桜田門外の変（井伊大老殺される）。
◇三月、五品江戸回送令。
◇八月、皇女和宮の降嫁勅許を幕府に内達。
◇九月、イギリス公使オールコック、外国人として初めて富士山に登る。

見せてもらい、町の人口や寺院の数などの説明を受ける。
○七月二五日（六・八）草稿／リスト『種々の武器リスト』（蘭文）出島にて執筆。
○八月出島オランダ印刷所設置。
○夏、本蓮寺から鳴滝の旧宅を娘イネの名義で買い戻して移り住み、再び植物園を設ける。
○九月二〇日（八・六）岡部駿河守宛書簡を送る（対馬を外国に対して海軍基地として譲渡することは拒絶すべしとの内容）。
○一〇月一二日（八・二八）イギリス人園芸学者ロバート・フォーチュン、小帆船「マルモラ号」で長崎に到着（一週間ほど滞在）。滞在中にシーボルトの鳴滝を訪問。
○幕府において外交問題につきシーボルト招聘の議起こる。
○一一月長崎奉行岡部駿河守を経て、しばらく日本滞在を命ぜらる。
○一二月一六日（一一・七）ロシア東洋艦隊司令長官リハチョフ、シーボルトを訪問し、日本・蝦夷・サハリンの地図を見る。
○草稿『日本博物館展示品解説』（蘭文）長崎にて執筆。
○小冊子『王立シーボルト日本博物館ガイドブック』（蘭文）ハーグにて出版。
○パリの東洋およびアメリカ人権学会名誉会員。

一八六一（文久元）年　六五歳

○二月一三日（一・四）プロイセン全権公使オイレンブルグ伯爵、シーボルト宅を訪問。
○二月一九日（一・一〇）徳島藩医関寛斎、佐藤尚中と司馬凌海の二人と共に鳴滝のシーボルト宅を訪問。
○二月一八日（一・九）シーボルト、息子アレクサンダーに日本の地図を持た

◇一一月、オイレンブルク、日普修好通商条約を締結。
◇一二月、アメリカ公使館通訳ヒュースケン、麻布で殺害される。

◇二月、ロシア軍艦ポサードニック号対馬に来航、占領を目的に停泊許可を求める（対馬事件）。
◇三月、イタリア王国成立。
◇四月、アメリカ南北戦争起こる（〜六五年）。
◇七月、伊東玄朴、手術にクロロホルム麻酔を使用。

◇八月、ロシア軍艦ポサードニック号対馬を退去。
◇九月、オランダ海軍軍医ポンペの意見を入れて長崎に医学所を設立。
＊この年、アメリカ人医師ヘボン横浜宗興寺に施療所を開設。

せてリハチョフを訪問。
○二月二二日（一・一三）シーボルト、プロシア国使節として来日のオイレンブルグ伯を、停泊中のアルコナ号に訪問。同じく停泊中のロシア軍艦のリハチョフと会見、幕府から江戸に招待されたことを告げる。
○二月二四日（一・一五）プロイセン艦隊出港。同日シーボルト、イギリス船イングランド号で江戸出発予定が、同船のボイラー爆発事故により延期となる。
○三月一日（一・二二）長崎奉行岡部駿河守、リハチョフにシーボルトをロシア軍艦で横浜まで送り届けることを要請。
○三月三日（一・二四）リハチョフ、鳴滝の別荘にシーボルトを訪問。シーボルト、幕府の招待状をリハチョフに見せる。
○三月一一日（二・一）リハチョフ、シーボルトを訪問し、ロシア軍艦の利用要請を断る。
○四月会社の契約終了。
○四月一三日（三・四）シーボルト、息子アレクサンダー、三瀬周三や伊三郎・新太郎を伴いイギリス船スコットランド号より長崎を出航。江戸に向かう。
○四月一九日（三・一〇）横浜港に到着。
○四月二二日（三・一三）リハチョフ、上海からシーボルトに最初の書簡を送る。
○四月二三日（三・一四）神奈川奉行松平石見守康直と謁見。
○五月五日（三・二六）外国奉行小栗豊前守忠順に招かれる。
○五月一七日（四・八）ロシア軍艦ポサードニック号対馬停泊事件についてリハチョフに最初の書簡を送る。その中でアレクサンダーをロシア東洋艦隊士官候補生・日本語通訳として雇ってほしいと懇請。

○五月二八日（四・一九）外国奉行竹内下野守保徳、桑山左衛門尉元柔と謁見（遣欧使節団に関連して）。
○五月三〇日（四・二一）外国奉行に書簡を送り、遣欧使節の派遣に際し注意すべき事柄を建白。
○六月九日（五・二）シーボルト、リハチョフに二回目の書簡を送る。
○六月一八日（五・一一）江戸の赤羽根接遇所（現在の港区東麻布一丁目）に着く。外国方支配調役吉川圭三郎以下の役人・通訳ら出迎え、次いで外国奉行首席の新見伊勢守が来訪して飲食物を贈る。
○六月二七日（五・二〇）外国奉行鳥居越前守忠善、津田近江守正路が来訪し、日本の書生・医者・士官などに教授するよう依頼する。
○赤沢寛堂・池田多仲・市川斎宮・伊東玄朴・伊東貫斎・井上伸庵・大槻俊斎・大槻玄俊・小野寺丹元・大島惣左衛門・桂川甫周・加藤弘蔵・川本幸民・設楽莞爾・塩野谷久太郎・杉純道・杉山三八・須田泰嶺・高須松亭・竹内玄同・戸塚静海・戸塚静甫・野中玄英・林洞海・松本良甫・三宅艮斎・吉田収庵らが訪問し教授を受ける。
△六月三〇日（五・二三）石井宗謙没する（享年六五歳）。
○七月五日（五・二八）東禅寺事件（江戸高輪東禅寺のイギリス仮公使館襲撃事件）。
○七月六日（五・二九）東禅寺事件の負傷者を治療。外国奉行首席の新見伊勢守と謁見。アメリカ公使ハリスを訪問。オランダ総領事デ・ウィットとフランス公使ドゥ・ベルクールに書簡を送る。
○七月七日（五・三〇）イギリス公使オールコックを訪問。フランス公使ドゥ・ベルクールにも会い、東禅寺事件に関する意見を聞く。
○七月一〇日（六・三）外国掛老中の首席久世大和守・次席安藤対馬守・若年

寄酒井右京亮・外国奉行新見伊勢守・通訳の森山多吉郎らと会談、対話の中で東禅寺事件の処理・遣欧使節派遣・ロシア軍艦の対馬停泊などについて私見を述べる。
○七月一一日（六・四）シーボルト、リハチョフに三回目の書簡を送る。
○七月一六日（六・九）シーボルト東禅寺事件に関する論文作成のため、外国奉行に対して質問状を提出。
○七月一七日（六・一〇）東禅寺事件に関するシーボルトの質問状に対し、外国奉行から回答書届く。
○七月二〇日（六・一三）東禅寺事件に関する論文が久世大和守と安藤対馬守の両老中へ提出される。
○七月三一日（六・二四）外国奉行に対し、東禅寺事件処理に関する意見書と事件防止のため、諸藩に出す布告案提出。同日、草案『オランダ国王発幕府将軍宛警告書草案』（蘭文）を江戸赤羽根で執筆。
○草稿『民俗文化の歴史的発展と現在の国家体制の発生と発達』（独文）を江戸で執筆。
○草稿『神奈川奉行との謁見に関する記録抜粋』（蘭文）を執筆。
○草稿『自然科学、医学に関する一八六一年報』（蘭文）執筆。
○八月二三日（七・一八）外国奉行に書簡を送り、病気のため休暇を願い出る。
○八月二七日（七・二二）から九月一七日（八・一三）まで横浜で休養。
○九月一八日（八・一四）江戸に帰る。
○九月二六日（八・二二）シーボルト、リハチョフに四回目の書簡を送る。
○九月二八日（八・二四）シーボルト、リハチョフに五回目の書簡を送る。
○一〇月一三日（九・一〇）外国奉行水野筑後守来訪。幕府が江戸退去を要望している旨伝える（幕府顧問の解任）。アレクサンダー、イギリス公使館の通訳となる。
○一〇月三一日（九・二八）草稿『江戸の門人、高名な医師、学者に対する最後の挨拶』（蘭文）を江戸で執筆。
○一一月四日（一〇・二）桂川甫周来訪。日光で採集の植物一〇種ほど贈られる。
○一一月五日（一〇・一三）付「ケルン新聞」に、東禅寺事件に関する論文『歴史的政治的観点より見たる江戸の英国公使館への暗殺計画』（独文）を掲載。
○一一月九日（一〇・七）桂川甫周・戸塚静海その他の門人らが来訪。多くの植物乾燥標本が贈られる。
○一一月一七日（一〇・一五）江戸を退去して横浜に移る。
○一一月一九日（一〇・一七）オランダの植民大臣ラオドンが国王ウイレム三世にシーボルトの活動に対する疑念を表明。
○一二月一一〜一二日（一一・一〇〜一一）伊藤圭介がシーボルトと三三年ぶりに横浜で再会。
○一二月一二日（一一・一一）イギリスの画家ワーグマン来訪、シーボルトの肖像を描く。
○『日本からの公開状』（蘭文）を出島オランダ印刷所で出版。

◇一月、坂下門外の変。
◇六月、蕃書調所が改称され洋書調所となる。
◇七月、一橋慶喜将軍後見職となる。
◇八月、生麦事件。
◇九月、ドイツ、ビスマルク時代（〜九〇年）。
◇九月、オランダ留学生榎本武揚ら長崎を出発。
◇一〇月、参勤交代制度の緩和。

一八六二（文久二）年　六六歳
○一月五日（一二・六）草稿『幕府による江戸への招聘について』執筆。
○一月一〇日（一二・一一）アメリカ船セントルイス号に乗船して長崎に向かう。同船には江戸で収集のコレクションが積み込まれる。
○一月二二日（一二・二三）長崎に着く。
○四月七日（三・九）草稿『長崎近郊の鳴滝にある私の別荘について』（蘭文）を鳴滝の居宅で執筆。

○四月一〇日（三・一二）フランスの植物学者G・シモンが鳴滝を訪問。この頃、鳴滝の植物園はすでに一、二〇〇種近くの植物が移植・栽培される。
△四月一〇日（三・一二）二宮敬作没する（享年五八歳）。
○小冊子『日本に持参せる書籍目録』（仏文）を出島オランダ印刷所で発行。
○四月下旬長崎を去りバタヴィアへ。アレクサンダーはイギリス公使館通訳として残る。
○六月バタヴィア滞在。一八二五年と一八二八年に日本から送ったスギの数株をバイテンゾルフ植物園で再び見る機会に接する。
○一一月一四日（九・二三）バタヴィアを出発。帰国の途につく。

一八六三（文久三）年　六七歳

◇一月、リンカーン奴隷解放宣言。
◇五月、下関事件。
◇七月、薩英戦争。

○一月二六日（一二・七）草稿『オランダ外務大臣謁見に関する覚書き』（蘭文）執筆。
○一月一〇日（一一・二二）ボンの家族のもとに着く。
○二月九日（一二・二二）草稿『日本における力による条約締結までの諸国の動向に関する覚書き』（蘭文）をライデンにて執筆。
○二月二六日（一・九）オランダ領インド陸軍の参謀部付名誉少将に昇進。
○五月一七日（五・二）日本で集めたおよそ二、五〇〇点のコレクションを、アムステルダムの産業振興会の一室に陳列展示。小冊子『日本の学術芸術および産業に関する展示品観覧のための手引き』（蘭文）をアムステルダムで出版。コレクションの購入をオランダ政府にもちかけるが、政府は売値が高すぎるとして拒否。
○日本で収集した植物二八〇種以上をライデン気候馴化園に移植。その内の何種類かをライデン大学植物園にも植える。
○七月一日（五・一六）『日本における園芸状態とライデン気候馴化園に輸入さ

れ、栽培された有用植物の重要性についての報告書』（仏文）をライデン近郊の邸宅〈ニッポン〉で執筆。これをライデンおよびミュンヘンから出版。
△八月一日（六・一七）箕作阮甫没する（享年六四歳）。
○一〇月七日（八・二五）依願退職を承認され、一一月一日付でオランダ在職四〇年を称賛され年金四、〇〇〇ギルダーを支給される。

一八六四（元治元）年　六八歳

○四月一八日（三・一三）草稿『オランダ植民大臣閣下宛上奏書』（蘭文）執筆。
○バイエルン国王マキシミリアン二世がオランダ滞在中にライデン・ハーグ・アムステルダムの民族学博物館を視察。ライデンではシーボルトの博物館を訪問。シーボルト・コレクションに興味を示し購入を希望するが、数ヵ月後国王の死亡で実行に移すことできず。
○春、オランダの官職を辞してオランダを去り、メナーニア学生団の歓迎を受けてヴュルツブルグに移る。インゴルシュタットの屋敷に居住。
○五月四日（三・二九）家族と共にトイフェルストール横町の住宅へ移る。
○五月ヴュルツブルグからパリに行き、池田筑後守遣仏使節の対仏交渉を周旋し助言する。
○同月遣仏使節同行の三宅秀、マルセーユにてシーボルトに会い、シーボルト再来日時に父艮斎が貸した「鉱物標本」（二〇～三〇箱）の返却を求める。数年後、外務当局の手を経て僅かに三箱ほど戻る。
○八月一六日（七・一五）草稿『オランダ内務大臣宛公開状』をヴュルツブルグで執筆。
○アムステルダムで陳列展示のコレクションをヴュルツブルグに移す。同地の王立マックス・シューレ（一八五六年創立の高等学校）大講堂で「日本博物館」を開設。小冊子『日本博物館の概要と所見』（独文）を執筆。フランクフルトの

◇三月、フランスの日本駐在公使ロッシュ着任。
◇三月、天狗党の乱。
◇六月、池田屋事件。
◇七月、禁門の変・蛤御門の変。
◇七月、第一次長州征伐。
◇八月、四国艦隊下関砲撃事件。
◇八月、万国赤十字社設立。

ナウマン印刷所から一八六四年〜六六年頃出版。
○九月八日（八・八）マキシミリアン二世の後継者ルートヴィッヒ二世と会見。
シーボルト収集のコレクションをバイエルン王国への売却を提案したが実現せず。
○オランダのシーボルト・コレクションは、博物館長レーマンスの管理下でライデンのホーヘヴールトで展示される。〈国立民族学博物館と称す〉。
○夏、日本の内政不安が強くなるにつれ、問題の多い日本の政治情勢についてアウグスブルグの新聞「Allgemeine Zeitung（一般新聞）」に論文『日出る国日本の政治的視野における展望』を発表。
○シュヴァインフルトの万有学協会会員、サンクト・ペテルスブルグのロシア農業学会会員、パリの帝立気候馴化動物学協会名誉会員、アンジェルのメーンエロワール県のリンネ協会正会員、ヴュルツブルグのフランケン洲園芸協会名誉会員。

一八六五（慶応元）年　六九歳

○四月二三日（三・二八）草稿『日本商工学校設立計画』（仏文）執筆。
○九月初旬パリに旅行。日本政策について会談。
○九月七日（七・一八）草稿『柴田日向守来訪に関するメモ』（独文）執筆。
○同月パリで三度目の日本旅行を計画。旅行は一一月、遅くとも翌年一月開始予定で計画。
○一〇月ナポレオン三世に謁見。
○一一月六日（九・一八）草稿『国際日本商工振興協会設立計画』（仏文）パリにて執筆。
○一一月一六日（九・二八）草稿『国際日本商工振興協会』（仏文）パリにて執筆。

◇一月、大浦天主堂完成。
◇五月、英米仏蘭の四国、日本の内乱不干渉を決議。
◇九月、幕府、横須賀製鉄所を起工。
＊この年、幕府、スイスと条約批准書を交換・フランス公使征長意見を幕府に提出。

○一一月二六日（一〇・九）小冊子『日本国産業および商業開発のための国際的会社の企画』（仏文）パリにて印刷。
○一二月一二日（一〇・二五）会則『日本における商工業に関する国際協会会則』（仏文）印刷。
○一二月一三日（一〇・二六）案内書『国際日本商工振興協会』（仏文）および『日本商工学校設立基金概要』（仏文）印刷。
○フランスのレジョン・ドゥ・ヌール勲章勲四等を受ける。
○サウスケンシングトンの王立園芸協会名誉会員、ベルンのスイス園芸学会会員、ブリュッセルの王立リンネ協会会員、ヘントの王立農業および植物学協会会員、シュットゥッガルトのヴュルテンベルク花卉栽培および造園協会会員。

一八六六（慶応二）年　七〇歳

○春、パリに赴く。フランスの文豪アルフォンス・ドーデーに会い、自らの日本研究に関して語る。
○三月ヴュルツブルグの「日本博物館」をミュンヘンへ移転。
○四月ヴュルツブルグからミュンヘンに赴く。
○五月一九日（四・九）ミュンヘンの民族学資料管理責任者モーリッツ・ワグナーの仲介により、王宮庭園（ホーフガルテン）隣接の旧絵画館の部屋でシーボルト・コレクションの展示会を開く。バイエルン政府はコレクション購入の予定を約束していたが、シーボルト死後の一八七四年に実現する。
○小冊子『一八六六年·ライデン気候馴化園の日本植物目録』（仏文）をライデンとミュンヘンで出版。
○一〇月一八日（九・一〇）ミュンヘンで風邪をこじらせ敗血症を併発して死去。
○一〇月二一日（九・一三）ミュンヘンのタール教会通りの旧南墓地（三三地

◇一月、薩長連合なる。
◇五月、改税約書調印。
◇五月、大坂・江戸で打ちこわし。
◇一二月、第一五代将軍徳川慶喜就任。

区一三列五号）に埋葬。

（五）その後

一八六七（慶応三）**年**
○二月一五日（一・一一）アレクサンダーが幕府の遣欧使節に同行。
○九月二一日（八・二四）アレクサンダー、亡父フォン・シーボルトの別荘〝日本〟および〝気候馴化園〟に遣欧使節徳川昭武一行を招待する。

一八六八（慶応四）**年**
○わが国最初の新聞「万国新聞紙」三月下旬発行・第一一集（英国教師ペーリー編　毎得新報発、横浜出板）にシーボルトの死去と彼のコレクション売却に関する情報が早くも掲載。

一八六九（明治二）**年**
○五月二三日（四・一二）其扇（楠本たき）長崎で没する（享年六二歳）。

一八七〇（明治三）**年**
○アレクサンダー、イギリス公使館勤務を退職。日本政府雇いとなる。日墺修好通商航海条約締結の功によりオーストリアの男爵となる。
○『日本植物誌』の出版終わる。

一八七一（明治四）**年**

◇一月、幕府、パリの万国博覧会に参加。
◇一〇月、討幕の密勅・大政奉還上表・王政復古の大号令。

◇一月、戊辰戦争始まる（～六九年）。
◇三月、江戸開城・五か条の御誓文。
◇九月、明治改元。

◇一月、版籍奉還。
◇三月、東京遷都。
◇二～五月、箱館五稜郭の戦い
＊この年、東京にオランダ公使館を開設。

◇七月、普仏戦争始まる。
◇一〇月、工部省設置。

◇四月、ドイツ帝国成立。
◇七月、廃藩置県。
◇一〇月、岩倉具視らを欧米に派遣（～七三年）

一八七二（明治五）年

○アレクサンダーとハインリッヒの両名は、日本政府のウィーン万国博覧会参加の準備にあたる。

◇八月、学制頒布。

◇一二月、太陽暦採用（一二月三日から六年元旦）。

一八七三（明治六）年

○イネ、宮内省御用掛として明治天皇の子どもの出産に立ち会う。

○ウィーン万国博覧会開催。ウィーン市庭園局長は博覧会を契機にシーボルト記念碑設置を提案。

○バイエルン科学アカデミー総裁フォン・リーヴィッヒはシーボルト・コレクションの国有化のため精力的に尽力。

◇一月、徴兵令施行。

◇二月、キリスト教禁制の高札を撤去。

◇七月、地租改正条例。

一八七四（明治七）年

○鳴滝の建物（シーボルト旧宅）、台風により大破。

○バイエルン政府はミュンヘンのシーボルト・コレクションを五万ギルダーで購入。のちミュンヘン国立民族学博物館に所蔵され特別展などで紹介。

○オーストリア園芸協会会報「庭園の友」（一二月号）がシーボルトの業績を称える記事を掲載。

◇一月、民選議院設立建白書提出。

◇二月、佐賀の乱。

◇五月、台湾出兵。

一八七五（明治八）年

○イタリアの版画家エドアルド・キヨソーネ「シーボルト肖像」を描く。

◇五月、樺太・千島交換条約調印。新聞条例讒謗律の公布。

一八七六（明治九）年

○一〇月長崎村が鳴滝の敷地および建物を楠本イネから借用し、第五大学区第一中学区鳴滝小学校を設置。のち就学児童の減少と教員の相次ぐ更迭により廃校。

△一月二九日戸塚静海没する（享年七七歳）。

◇二月、日朝修好条規調印。

◇一〇月、神風連の乱。

一八七七（明治一〇）年

○三月一日ヘレーネ・フォン・シーボルト夫人（旧姓フォン・ガーゲルン）が

◇一月、イギリス領インド帝国成立（～一九四七年）。

ヴィスバーデンで没する（享年五七歳）。墓所はミュンヘンの夫の傍ら（左側）に埋葬される。
△三瀬周三没する（享年三八歳）。

◇二月、西南戦争。
◇八月、第一回内国勧業博覧会。
＊この年、モース大森貝塚を発掘。

一八七九（明治一二）**年**

○長崎公園に「施福多君記念碑」が建てられる。

◇一月、朝日新聞創刊。

一八八一（明治一四）**年**

○一八七三年提案のシーボルト記念碑が一八年後にウィーン帝立王立園芸協会敷地内に建てられる。

◇一〇月、国会開設の詔。
＊この年、明治一四年の政変。

一八八二（明治一五）**年**

○一〇月八日ヴュルツブルグにシーボルト胸像の記念碑が建てられ、除幕式が行なわれる。

◇五月、ドイツ・オーストリア・イタリア三国同盟。

一八八五（明治一八）**年**

○六月一一日アレクサンダー、ローマの日本公使館勤務後、長崎に立ち寄り鳴滝を訪ね、朽ちはてた家屋、庭園などを見て嘆く。僅かに昔馴染みの老木があるのに懐かしむ。
○この年（?）、オランダのライデルドルプにあるシーボルトの邸宅〈ニッポン〉を、B・ブラウニングが写真撮影。

◇一二月、大阪事件。太政官を廃し、内閣制度制定。
◇一二月、インド国民会議。

一八九一（明治二四）**年**

○ハインリッヒがオーストリア男爵となる。

◇五月、大津事件。
◇八月、露仏同盟。

一八九四（明治二七）**年**

○鳴滝のシーボルト居宅は老朽化により解体。

◇八月、日清戦争（～九五年）。

一八九六（明治二九）**年**

○ブランデンシュタイン家、ドイツのエルム郊外のブランデンシュタイン城へ移り住む。

◇四月、第一回オリンピック大会（アテネ）。
◇六月、三陸地方に大津波。
◇七月、日清通商航海条約調印。

○ライデルドルプの邸宅〈ニッポン〉は、シーボルト死後何人かの手を経て、この年ライデン市が購入し、周囲は大衆住宅となる。また、邸宅とともにあった気候馴化園の植物は一八九九年、アレクサンダーがドイツに移植し、ライデルドルプはシーボルト通り、デシマ通りの名を残すのみとなる。

○二月一七日ヴュルツブルグ・東京・横浜でシーボルト生誕百年記念会の祝典を開催。

一八九七（明治三〇）年

○三月「シーボルト先生宅跡之碑」が鳴滝のシーボルト宅跡に建てられる。

◇三月、金本位制確立。

＊この年、日蘭修好通商航海条約締結。

一九〇一（明治三四）年

△一月二〇日伊藤圭介没する（享年九八歳）。

◇二月、八幡製鉄所開業。

◇九月、北京議定書。

一九〇三（明治三六）年

○シーボルトの娘イネ、東京の麻布で没する（享年七六歳）。

◇一一月、平民社創立・平民新聞発行。

◇一二月、ライト兄弟、飛行機発明。

一九〇八（明治四一）年

○八月一一日ハインリッヒ、オーストリアのフロデンシュタイン城で没する（享年五六歳）。

◇一二月、ロンドン海軍会議。

一九一一（明治四四）年

○一月二三日アレクサンダー、ジェノヴァ近郊のペリで没する（享年六五歳）。

◇一〇月、辛亥革命。

一九一四（大正三）年〜一九一八（大正七）年

○ウィーンのシーボルト記念碑は第一次世界大戦中に荒らされ埋没。

◇一月、シーメンス事件。

◇七月、第一次世界大戦。

一九二二（大正一一）年

○鳴滝のシーボルト宅跡が国の史蹟名勝天然記念物の指定を受ける。

◇二月、ワシントン軍縮会議調印。

一九二三（大正一二）年

○長崎でシーボルト渡来百年記念事業計画される。

◇九月、関東大震災。

一九二四（大正一三）年

◇一月、第二次護憲運動。

○四月二七日シーボルト先生渡来百年記念式典がシーボルト宅跡で開催され、同所奥の竹林の中にシーボルト胸像（東京美術学校教授水谷鐵也製作）を建てる。その後、胸像は太平洋戦争中に武器製造のため供出され台座のみ残る。

◇五月、護憲三派、総選挙で圧勝（清浦内閣総辞職）。

一九二六（昭和元）年

◇一二月、大正天皇崩御。「昭和」と改元。

○一九二〇年代に大戦で埋没したウィーンのシーボルト記念碑を歌人斎藤茂吉が発見。記念碑は日本総領事が募金を募り修復。シェーンブルン宮殿の巨大温室（パルメンハウス）裏側一角に移建。

一九三二（昭和七）年

◇五月、五・一五事件。

○ライデンにシーボルト胸像の記念碑を建立。

一九三四（昭和九）年

◇三月、満州国、帝政となる。

○五月日本学会所蔵シーボルト文献が日独文化協会に将来せらる。

一九三五（昭和一〇）年

◇三月、岡田内閣、国体明徴声明を発表。

○四月二〇日～五月二日「シーボルト資料展覧会」（日独文化協会・日本医史学会・東京科学博物館主催）が東京科学博物館で開催される。

一九六二（昭和三七）年

◇五月、常磐線三河駅二重衝突事故。
◇五月、新産業都市建設促進法公布。

○「シーボルト先生胸像の再建並びにシーボルト宅跡の整備保存」を目的として、シーボルト先生史跡保存会が結成され、募金を募り、県立長崎図書館に残っていた石膏型を使って胸像を復元する。

○長崎大学の前にシーボルトの記念碑を建てる。

一九六三（昭和三八）年

◇一一月、ケネディ米大統領暗殺事件。

○三月一六日シーボルト胸像復元の除幕式を行ない、宅跡の二つの井戸の間に胸像を建立。

一九七〇（昭和四五）年

◇三月、日本万国博覧会、大阪で開幕。

○シーボルト没後百年を記念して長崎で記念行事を開催。

○鳴滝のシーボルト宅跡が特別史蹟名勝天然記念物および史蹟名勝天然記念物に指定される。史蹟に指定された土地の総面積は七、六四九平方メートルで、そのうち国有地は四、六〇四平方メートル、残りはまだ民有地であるという。

一九七三（昭和四八）**年**

○渡来百五十年記念シーボルト顕彰会を結成。記念行事が長崎で催され、出島薬園跡に記念碑を建立。

◇二月、外国為替相場の変動幅制限が停止され、円が変動相場制に移行。

一九七六（昭和五一）**年**

○シーボルト江戸参府一五〇年記念オランダ国立ライデン民族学博物館所蔵「シーボルト・コレクションを中心とした浮世絵展」大阪：近鉄百貨店上本町（三月一二日～一七日）・東京：リッカー美術館（三月二〇日～四月一一日）・小倉：小倉玉屋（四月一四日～一九日）・福岡：リッカー美術館分館・岡山：天満屋岡山店（五月一四日～二六日）・金沢：大和金沢店（六月一〇日～一三日）開催。

◇二月、ロッキード事件。

一九七八（昭和五三）**年**

○「シーボルト賞」がドイツ連邦共和国で制定。

◇八月、日中平和友好条約調印。

一九八〇（昭和五五）**年**

○鎖国の窓を開く：出島の絵師「川原慶賀展」西武美術館（四月一九日～五月二一日）開催。

◇五月、大平内閣の不信任案成立。

一九八六（昭和六一）**年**

○築造三五〇年「長崎・出島展」・東京会場：新宿・伊勢丹美術館（七月三一日～八月一九日）。大阪会場：梅田・大丸ミュージアム（一〇月二九日～一一月一〇日）開催。

○「シーボルトと三瀬諸淵展～近代国家の夜明け～」大洲市立博物館（一一月一日～翌年二月二五日）開かれる。

＊この年、チェルノブイリ原発で事故発生。・伊豆大島の三原山噴火。

一九八七（昭和六二）**年**
○「幕末の〝日本〟を伝えるシーボルトの絵師川原慶賀展」西武美術館（東京展：有楽町アート・フォーラム　一月二日～一月二〇日。関西展：つかしんホール・尼崎　一月二四日～二月一五日）開かれる。
＊この年、国鉄解体、ＪＲ発足。

一九八八（昭和六三）**年**
○日本・オランダ修好三百八十年記念を迎え、京都国立博物館・名古屋市博物館・東京国立博物館で「シーボルトと日本」特別展（三月二九日～七月三一日）を開催。
＊この年、リクルート事件。

一九八九（平成元）**年**
○一〇月一日長崎市「シーボルト記念館」開館。
◇一月、昭和天皇崩御。新年号「平成」と決定。

一九九〇（平成二）**年**
○「ヨーロッパに眠る日本の宝―シーボルト・コレクション展」長崎県立美術館（八月～一一月）開催。
＊この年、ソ連のゴルバチョフ、初の大統領に就任。

一九九五（平成七）**年**
○セント・ペテルブルグのコマロフ植物研究所所蔵「シーボルト旧蔵・日本植物図譜展」（二月二六日～三月一九日）小田急美術館（新宿店本館一一階）で初公開される。
○七月三日ヴュルツブルグに「シーボルト博物館」開館。
◇一月、阪神淡路大震災。
◇三月、地下鉄サリン事件。
＊この年、ボスニア紛争・チェチェン紛争。

一九九六（平成八）**年**
○シーボルト生誕二百周年記念を迎え、林原美術館（岡山）・江戸東京博物館（東京）・国立民族学博物館（大阪）で特別展「シーボルト父子のみた日本」（二月一〇日～一一月一九日）を開催。同じく長崎のシーボルト記念館・同市立博物館・愛媛県宇和町先哲記念館・同県保内町中央公民館・滋賀県大津市歴史博物館で特別展「シーボルト家の二百年展」（五月一日～一一月一〇日）、名古
＊この年、ＨＩＶ訴訟和解・病原性大腸菌Ｏ一五七広がる。

屋市東山植物園で「シーボルトと伊藤圭介展」（九月一九日～一〇月二〇日）、長崎大学医学部記念講堂で「シーボルト生誕二百年記念国際医学シンポジウム」（九月二六日～二九日）、長崎ハウステンボス美術館で特別展「医師シーボルトと長崎」（九月二九日～一一月五日）、堺市中核市移行記念・シーボルト生誕二百年記念特別展が堺市博物館で、「シーボルト、日本を旅する―外国人の見た日本の原風景―」（一〇月五日～一一月一〇日）、「〝花と鳥〟刺しゅう展」（長崎県立美術館一〇月二三日～二七日、麻布郵便局一一月一日～一五日）など開催。

○二月一六日シーボルト生誕二百年を記念して、郵便切手が日本とドイツの両国から発行。切手の意匠はシーボルトの肖像と彼がヨーロッパに紹介したとされるナツヅタが描かれる。

○七月二〇日滋賀県民間天文台「ダイニックアストロパーク天究館」発見の小惑星に「シーボルト」と命名。アメリカの国際天文台（ＩＡＵ）に登録。

一九九七（平成九）**年**

○平成九年度企画展「伊予の蘭学―近代科学の夜明け―」（七月一三日～八月三一日）愛媛県歴史文化博物館。

＊この年、香港、中国に返還。

二〇〇〇（平成一二）**年**

○日蘭交流四百周年記念行事を各地で開催。

○三月、シーボルトがオランダに持ちかえった日本植物のうち、ライデン大学付属植物園に生育の一三種一五本の子孫の中から、アケビ二本・フジ二本・ケヤキ一本・イロハモミジ一本・ナツヅタ一本の苗木五種七本が里帰りして出島植物園に移植する。

○ミュージアムパーク茨城県自然博物館第一八回企画展「シーボルトの愛した日本の自然―紫陽花・山椒魚・煙水晶―」（三月一八日～六月一八日）開催。

＊この年、沖縄サミット開催・韓国、北朝鮮首脳会議。

○長崎シーボルト記念館特別展「シーボルト旧蔵日本植物展～鳴滝に花開く植物図～」（三月一八日～四月二三日）、特別展「シーボルトの江戸参府展～シーボルト日本調査旅行～」（九月一二日～一〇月二二日）が開かれる。
○日蘭交流四〇〇周年記念「秘蔵　カピタンの江戸コレクション」―オランダ人の日本趣味―四月一九日～六月一五日　長崎会場：長崎市立博物館　展覧会名：「大出島展―ライデン・長崎江戸―異国文化の窓口」（一〇月三日～一二月三日）。　東京会場：江戸東京博物館　展覧会名：「秘蔵カピタンの江戸コレクション―オランダ人の日本趣味」（一〇月三〇日～一二月三日）。
○「蘭学万華鏡―江戸時代・信濃の科学技術展」長野県立歴史館（一〇月九日～一一月一四日）開催。
○長崎市立博物館「出島の科学」―日本の近代科学に果たしたオランダの貢献―（一〇月一八日～一一月二六日）開催。

◇九月、同時多発テロ発生。

二〇〇一（平成一三）年

○平成一三年度史跡シーボルト宅跡発掘調査（九月一〇日～一一月一五日・庭園内植木移植および復旧を含む）長崎市教育委員会。

二〇〇二（平成一四）年

○四月、佐倉市・佐倉日蘭協会共催の国際セミナーとくらしの植物苑観察会が開かれ、ライデン大学付属植物園からシーボルト・チルドレン（オランダでの呼び名）のうち、ツタ・フジ・イロハモミジ・アケビ・オニグルミの各一本六種が国立民俗学博物館へ寄贈され、同地の「くらしの植物苑」に移植。
○日本のボタニカル・アートの原点「シーボルト・コレクション日本植物図譜展」（福岡展四月一二日～五月一九日　主催：田川市美術館。岩手展六月一五日～七月二八日　主催：岩手県立美術館。千葉展八月一七日～九月二三日　主催：佐倉市立美術館。東京展一二月二六日～翌年一月一二日　小田急百貨店主催：（財）ＮＨＫサービスセンター）開催。
○平成一四年度史跡シーボルト宅跡発掘調査（七月三日～八月一三日）長崎市教育委員会。
○長崎シーボルト記念館特別展「江戸時代の測量と製図展」（一〇月四日～一一月三日）開かれる。
○津山洋学資料館　平成一四年度特別展「シーボルト最後の門人三瀬諸淵の生涯」（一〇月一九日～一一月一七日）開催。

【引用・参考文献】

フォン・ブランデンシュタイン家所蔵『シーボルト関係文書マイクロフィルム目録』（箱入り二冊）二〇〇一年　長崎市教育委員会・シーボルト記念館発行
『シーボルト資料展覧会出品目録』昭和一〇年四月二〇日―二九日　日独文化協会・日本医史学会・東京科学博物館主催
『シーボルト先生其生涯及功業』呉秀三著　吐鳳堂書店　大正一五年
『尾張郷土文化医科学史攷拾遺』吉川芳秋著　尾張郷土文化医科学史攷刊行会　昭和三〇年
『シーボルト研究』日独文化協会編　岩波書店　昭和一七年
『シーボルト「日本」』（全六巻・図録三巻）雄松堂書店　昭和五二年～五四年
『シーボルト「日本」の研究と解説』講談社　一九七七年
『シーボルト父子伝』ハンス・ケルナー著　竹内精一訳　創造社　昭和四九年
『江戸参府紀行』―ジーボルト　斎藤信訳　東洋文庫　平凡社　昭和四二年
『シーボルト参府旅行中の日記』斉藤信訳　思文閣出版　一九八三年
『ジーボルト最後の日本旅行』A・ジーボルト　斉藤信訳　東洋文庫　平凡社　一九八一年
『シーボルト評伝』シーボルト宅跡保存基金管理委員会　出島印刷所　昭和五九年
『シーボルトと鎖国・開国日本』宮崎道生著　思文閣出版　平成九年
『シーボルトのみたニッポン』シーボルト記念館　平成六年
梶輝行「蘭船コルネリウス・ハウトマン号とシーボルト事件―オランダ商館長メイランの日記に基づく考察を中心に―」（『鳴滝紀要』第六号　一九九六年　シーボルト生誕二〇〇年記念号　シーボルト記念館発行）
長尾正憲「シーボルト文久元年蘭文日記についての一考察」（『日蘭学会誌』第一〇巻第一号　一九八五年一〇月）
徳永宏「鳴滝塾の活動及び敷地と建物の変遷について」（『鳴滝紀要』第八号　一九九八年　シーボルト記念館発行）
山口隆男・加藤僖重著「水谷助六の植物図譜とシーボルト・土生玄碩」（『欲斎研究会だより』二〇〇一年 №九五　欲斎研究会）
『ウィーンの日本』―欧州に根づく異文化の軌跡―　ペーター・パンツァー著　佐久間穆彦訳　サイマル出版会　一九八九年
『阿蘭陀商館物語』宮永孝著　筑摩書房　一九八六年
『シーボルト日本の植物』P・F・B・フォン・シーボルト著　大場秀章監修・解説／瀬倉正克訳　八坂書房　一九九六年

『花の男シーボルト』大場秀章著　文春新書　文芸春秋　平成一三年
『シーボルトと宇田川榕菴』高橋輝和著　平凡社新書　二〇〇二年
『シーボルトと日本の博物学―甲殻類』山口隆男編　日本甲殻類学会　一九九三年
『シーボルトと日本の植物学』CALANUS　特別号Ⅰ、山口隆男著　熊本大学理学部附属合津臨海実験所　一九九七年
『シーボルトと日本の植物学（その二）』CALANUS　特別号Ⅱ、山口隆男・加藤僖重共著　熊本大学理学部附属合津臨海実験所　一九九八年
『史料・昇迪伊東祐直の手記』編者金子三郎　リーブ企画　平成一一年
『シーボルトの日本研究』石山禎一編著　吉川弘文館　平成九年
『シーボルト―日本の植物に賭けた生涯―』石山禎一著　里文出版　平成一二年
『文久元年の対露外交とシーボルト』保田孝一編著　岡山大学吉備洋学資料研究会　一九九五年
SIEBOLD'S FLORILEGIUM OF JAPANESE PLANTS .Florilegium Plantarum Japonicarum Sieboldii（シーボルト旧蔵日本植物図譜コレクション）和文解説篇　監修者木村陽二郎・大場秀章　丸善　平成六年
『シーボルトと日本―その生涯と仕事』アルレッテ・カウヴェンホーフェン、マティ・フォラー著　フォラーくに子訳　Hotei出版　二〇〇〇年
Christine Bartholomäus.Philipp Franz von Siebold (1796-1866) Japanforscher aus Würzburg Stadtarchiv Würzburg Neubaustrasse 12. Joseph-Greising-Saal Hinweise-Informationen-Nr. 13. Eine Auss-terllung des Stadtarchiv Würzburg mit Exponaten aus Würzburg und dem Familien-Archiv von Brandenstein.
W. J. J. Bijleveld. Von Siebold, Bijdragen tot zijne levensbeschrijving. Leiden, 1932.
ヒポクラテス日本特使『フィリップ・フランツ・フォン・シーボルトの功績』The mission of Hippocrates in Japan. The contribution of Philipp Franz von Siebold. ライデン大学医学史教授ハルメン・ビューケルス博士著、1997 Four Centuries of Netherlands-Japan Relations, Amsterdam.
Philipp Franz von Siebold(1796-1866) Ein Bayer als Mittler zwischen Japan und Europa.Heraus-gegeben von Michael Henker · Susanne Bäumler · Eva Maria Brockhoff Ilona von Máriássy · Kazuko Ono. Katalog zur Ausstellung in Vestibül der Bayerischen Staatskanzlei, München 17. September bis 17. Oktober 1993. Veröffentlichungen zur Bayerischen Geschichte und Kultur Nr.25 /

93.Herausgeben vom Haus der Bayerischen Geschichte.

『シーボルトの生誕を示す記録（洗礼録）』（ラテン語記載） Taufmartikel, Diozesanarchiv Martikelamt Würzburg, Mathias Ehrenfried-Haus, 1, VIII, 1792-1811, S.337.（ヴュルツブルグ司教区文書館所蔵）。

『シーボルトのヴュルツブルグ大学入学時の学籍簿』Matrikel der Würzburg, Eintrag Siebold 12. November 1815. 2. Bd. 2 Bl. 332.c/o Handschriftenabteilung im 3. Stock, der Universitätsbibliothek am Hubland 97074 Würzburg.（ヴュルツブルグ大学図書館所蔵）。

『シーボルト学生時代の教育課程（一八一五～一八二〇）』Ordnung der Verlesungen an der Königlich Universität Würzburg für das Winter-Semester 1815-1816.（ヴュルツブルグ大学図書館所蔵）。

東洋文庫所蔵「シーボルト資料目録」（Japaninstitut. Sieboldiana）：Adnotations miscellaneae plantas japonicas spectantes. ii. Ephemeriden. No. 3. Ueber Zustand der Botanik auf Japan.

同右所蔵。Botanices Fasc. no. 6. Miscellanea.

シーボルト自筆書簡下書き「動物学者シュレーゲル宛一八三五年一月四日ドレスデンにて」（独文：ライデン大学図書館所蔵）

「シーボルト直傳方治療方寫取同治療日記」（『洋学者稿本集』所収　天理図書館善本叢書　八木書店　昭和六一年

『シーボルト前後』―長崎医学史ノート―　中西啓著　長崎文献社　一九八九年

『日本暦西暦月日対照表』編者野島寿三郎　日外アソシエーツ　一九八七年

日本・オランダ修好三八〇年『シーボルトと日本』特別展覧会目録　朝日新聞社　一九八八年

『シーボルト父子のみた日本』生誕二〇〇年記念　掲載「シーボルト父子の足跡」編集ドイツ―日本研究所　ドイツ―日本研究所発行　一九九六年

シーボルト生誕二〇〇周年記念特別展『シーボルト家二百年展』シーボルト記念館　平成八年

中核市移行記念・シーボルト生誕二〇〇年記念特別展『シーボルト・日本を旅する―外国人の見た日本の原風景―』監修堺市博物館　シーボルト・カウンシル発行　一九九六年

日蘭交流四〇〇周年記念・第一二回特別展『シーボルト旧蔵日本植物資料展―鳴滝に花開く植物図―』シーボルト記念館　二〇〇〇年

平成一三年度史跡シーボルト宅跡発掘調査実績報告及び平成一四年度史蹟シーボルト宅跡調査概要

『桔梗』――三宅秀とその周辺――福田雅代編纂　岩波ブックセンター信山社制作　昭和六〇年
『日本博物誌年表』磯野直秀著　平凡社　二〇〇二年
『日本全史』ジャパン・クロニック　講談社　一九九一年
『近世日本とオランダ』金井圓著　放送大学教育振興会　一九九三年
『日本博物学史』上野益三著　平凡社　昭和四八年
『洋学史事典』日蘭学会編　雄松堂出版　昭和五九年

〈資料紹介〉

シーボルト研究関係文献目録

石山禎一編

凡例

本目録は以下の文献を参考に、これまで目録に記載されていなかったもの、およびその後発表された論文・単行本などを求めて付け加え作成した。なお、収録の範囲は明治以後今日（二〇〇三年前半）まで知り得るものは、できるだけ網羅するようつとめた。

（一）大久保利謙「日本に於けるシーボルト書目」（日獨文化協会編『シーボルト研究』岩波書店刊　昭和一七年　所収）
（二）「日本におけるケンペル及びシーボルト研究文献目録」（「エンゲルベルト・ケンペル（一六五一―一七一六）、フィリップ・フランツ・フォン・シーボルト（一七九六―一八六六）記念論文集」独逸東亜細亜研究協会刊　一九六六年所収）
（三）「シーボルト関係文献目録」（日蘭学会編「シーボルトと日本」『日本』復刻版刊行記念資料展目録　丸善　昭和五〇年　所収）
（四）緒方富雄、大森実、大久保利謙、沼田次郎「日本におけるシーボルト関係文献目録」（『シーボルト『日本』の研究と解説』講談社　一九七七年）
（五）二〇世紀文献要覧体系一七『洋学関係研究文献要覧』日蘭学会編集　箭内健次監修　一九八四年
（六）向井晃、石山禎一、梶輝行、沓沢宣賢「もっと詳しくシーボルトを知るために」（『黄昏のトクガワ・ジャパン』―シーボルト父子の見た日本―　ヨーゼフ・クライナー編　NHKブックス　日本放送出版協会　一九九八年
（七）『近世日本対外関係文献目録』中田易直編　刀水書房　一九九九年
（八）「日蘭学会誌」所収の「日蘭交渉及び蘭学関係文献目録」、「日蘭学会会誌総目録」・「洋学関係研究文献目録」など。

（九）『シーボルト研究』（法政大学）、『鳴滝紀要』（シーボルト記念館）など専らシーボルトを扱った年報類は単行本として分類した。

Ⅰ　著作（復刻本）

一九三二（昭和七）『Flora Japonica』Ph. F. v. Siebold, J. G. Zuccarini, F. A.. Guil.Miquel.　一冊　巻末に牧野富太郎の跋文がある。植物文献刊行会。

一九三三（〃　八）『Sinopsis plantarum oeconomicarum universi regni Japonici』P. F. von Siebold 一冊。巻末に小泉源一の「本書の来歴」がある。植物文献刊行会。

一九三四（〃　九）『Fauna Japonica』四冊（一、CRUSTACEA 甲殻類〈中沢毅一校訂〉中沢毅一「解説・新旧学名及び和名対照表」　二、PISCES 魚類〈田中茂穂校訂〉田中茂穂「シイボルトのフワウナ・ヤポニカ中の魚類部に就いて」　三、MAMMALLA 哺乳類〈黒田長礼・岡田弥一郎校訂〉岡田弥一郎「シーボルトの日本動物志に於ける日本産爬虫・両棲類の基礎的研究」、黒田長礼「シイボルトのフワウナ・ヤポニカ中の哺乳類部に就いて」　四、AVES 鳥類〈黒田長礼校訂〉黒田長礼「シイボルトのフワウナ・ヤポニカ中の鳥類部に就いて」）植物文献刊行会

一九三五（〃　一〇）『Zur Einführung in Philipp Franz von Siebold's “Fauna Japonica”』　一冊　江崎悌三　Fauna Japonica の付録として刊行されたもの。内容は（一）シーボルトと動物学、（二）Fauna Japonica の来歴、（三）Fauna Japonica の分冊の出版日付、（四）Fauna Japonica の編纂に関係した人々など記されている。植物文献刊行会（『江崎悌三著作集』第一巻　思索社　一九八四年に収録）

一九三六（〃　一一）シーボルト文献研究室編：入沢達吉（監修）『施福多先生文献聚影』　一一冊　一、キシウ産鯨に就いて　岡研介　二、日本古代史考　美馬順三　三、日本に於ける茶樹の栽培と茶の製法　高野長英　四、日本疾病志（草稿本）高良斎　五、日本疾病志（清書本）高良斎　六、勾玉考　伊藤圭介　七、灸法略説　石井宗謙・美馬順三・戸塚静海　八、製塩法に就いて　戸塚静海　九、蝦夷ヶ島言語補遺　最上徳内・桂川甫賢　一〇、書簡集（一三通）シー

ボルト、家族及び門人　一一、解題

一九三六（〃　一一）～一九四一（〃　一六）『シーボルト文献蒐録』　六冊　日獨文化協会・日本学会　一、シーボルト将来書籍目録（Catalogue de la bibliotheque, apportee au Japon par Mr. Ph. de Siebold. Dezima, 1862.）　二、シーボルト蒐集日本図書目録（Catalogus librorum et manuscripto-rum Japonicarum a Ph. Fr. de Siebold collectorum, Leyden, 1845　同書は一九八八年に科学書院で復刻）　三、日本博物志（初版本、シーボルト書入れ本）（De Historiae naturalis in Japonia statu, Batavia, 1824. 同（再版本）（De Historiae naturalis in Japonia statu, Würzburg, 1826）（江崎悌三解説）　四、原稿（茶樹の栽培と茶の製法、日本古代史）（緒方富雄、箭内健次解説）　五、地図　六、シーボルト関係書翰集（大鳥蘭三郎訳）

一九三八（〃　一三）『Einige Worte über den Zustand der Botanik auf Japan in einem Schreiben an den Praesidenten der Akademie usw』 Ph.Fr.von Siebold.　一冊　植物文献刊行会

一九三八（〃　一三）『Hydrangeae Genus in Actis Academiae Caesariae publicat.』　一冊（中井猛之進解説）植物文献刊行会

一九六五（〃　四〇）『Ph.Fr.v.Siebold "Nippon" Archiv zur Beschreibung von Japan. Auswahl und Nachwort von Ralph-Raimer Wuthenow. Japanische Gesellschaft. E. V. Tokyo, 1965』　一冊　日独協会

一九七五（〃　五〇）『Fauna Japonica』 CRUSTACEA, MAMMALIA, AVES, REPTILIA, PISCES および解説（酒井恒、山階芳麿、黒田長礼、岡田弥一郎、阿部宗明）六冊　講談社

一九七五（〃　五〇）『NIPPON』 Text I（NIPPON I—IV）、Text II（NIPPON V—VII）、Tafel I（NIPPON I—II）、Tafel II（NIPPON III—VII）、Ergänzungs（Text u. Tafel）およびシーボルト『日本』　解説（邦文）、付図（日本地図）六冊　講談社

一九七六（〃　五一）『Flora Japonica』 Plate I、Plate II、Text および論文・解説（邦文）（本田正次「解説に寄せて」、木村陽二郎「シーボルトと植物学」、北村四郎「シーボルトと民族植物学」、北村四郎・本田正次・岡田喜一「解説」、北村四郎「オランダ園芸振興会社に栽培された日本および中国植物目録」、北村四郎「日本植物誌の出版年代」など）四冊　講談社

一九八八（〃　六三）Ph・シーボルト著『シーボルト収集

図書目録』 科学書院（一九三六年、日獨文化協会・日本学会刊の復刻本）

II 著作（邦訳本）

一九二八（昭和 三）シーボルト著 呉秀三訳『シーボルト江戸参府紀行』 異国叢書 駿南社 （復刻 雄松堂書店 一九六六、『江戸参府紀行』ジーボルト著 斎藤信訳 東洋文庫八七 平凡社 一九六七）

一九二九（〃 四）シーボルト著 呉秀三訳『シーボルト日本交通貿易史』 異国叢書 駿南社 （復刻 雄松堂書店 一九六六）

一九三一（〃 六）小沢敏夫訳註『シーボルトの最終日本紀行』 駿南社 （復刻 A・ジーボルト著 斎藤信訳『ジーボルト最後の日本旅行』 東洋文庫三九八 平凡社 一九八一）

一九六一（〃 三六）岩生成一編『外国人の見た日本』（シーボルト最終日本紀行〈抄訳〉 一、呉秀三「封建日本の強化」 二、岡田榮生「歴史の瞬間、赤羽根接遇所」）二冊 筑摩書房

一九六二（〃 三七）呉 秀三「シーボルト江戸参府紀行（抄訳）」『外国人の見た日本』（第一章封建日本の強化）一冊 筑摩書房

一九六六（〃 四一）長崎県史編纂委員会編「シーボルト江戸参府紀行」、「シーボルト最終日本紀行」（抄訳）『長崎県史・史料編』三 吉川弘文館

一九六七（〃 四二）ジーボルト著・斎藤信訳『ジーボルト江戸参府紀行』 東洋文庫 平凡社

一九七七（〃 五二）シーボルト著 岩生成一監修 斎藤信図録監修 石山禎一・尾崎賢治・加藤九祚・金本正之・斎藤信・末木扶美士・妹尾守男・中井晶夫・八城圀衛翻訳『シーボルト「日本」—日本とその隣国・保護国、蝦夷・南千島列島および自己観察による』（解説：第一巻 中井晶夫「シーボルトの日本への旅」、第二巻 斎藤信「江戸参府にって」、第三巻 金本正之「シーボルトの日本観」、第四巻 石山禎一「『茶』について」、第五巻（解説なし） 第六巻 末木扶美士「『仏像図彙』解説、斎藤信「シーボルト『日本』の最終刊行年とその全体構想について」）本文六巻・図録三巻の全九巻 雄松堂書店

一九八三（〃 五八）斎藤信訳『参府旅行中の日記』（ジーボルト著、F・M・トラウツ編）思文閣

一九八四（〃 五九）本田正次ほか編『シーボルト日本植物図譜—原色精密シーボルト・フロラ・ヤポニカ』

講談社

一九八四（〃　五九）山階芳麿監修・解説『シーボルト日本鳥類図譜』　聖文社発売　文有発行

一九九二（平成四）木村陽二郎・大場秀章『日本植物誌―シーボルト「フローラ・ヤポニカ」』　博物図譜ライブラリー　八坂書房

一九九六（〃　八）P・F・B・フォン・シーボルト著　大場秀章監修・解説『日本植物誌：シーボルト〈フローラ・ヤポニカ〉』八坂書房

III　伝記（単行本）

一八九六（明治二九）呉　秀三『シーボルト』吐鳳堂・英蘭堂

一九二六（大正一五）呉　秀三『シーボルト先生其生涯及功業』吐鳳堂　（復刻　名著刊行会　一九七九年。本文甲編復刻　東洋文庫　平凡社　岩生成一解説　一九六七―六八年　独文：一九九六　Shûzô Kure, Philipp Franz von Siebold Leben und Werk. Deutsche, wesentlich vermehr und ergänzte Ausgabe, bearbeitet von Friedrich M. Trauz. Herausgegeben von Hartmut Walravens. Monographien aus dem Deutschen Institut für Japanstudien der Philipp-Franz-von-Siebold-Stiftung. Band 17/2 1996.）

一九五三（昭和二八）松山思水『日本近代文化の開拓者フォン・シーボルト』（信友文庫新偉人伝記）信友社

一九六〇（〃　三五）板沢武雄『シーボルト』人物叢書　吉川弘文館（復刻　新装版　日本歴史学会編集　吉川弘文館　一九八八年）

一九六七（〃　四二）―六八（〃四三）呉秀三著・岩生成一解説『シーボルト先生―その生涯及び功業』三冊　東洋文庫　平凡社

一九七四（〃　四九）ハンス・ケルナー著　竹内精一訳『シーボルト父子伝』創造社

一九九三（平成五）ヴォルフガング・ゲンショレク著　真岩啓子訳『評伝シーボルト―日出づる国に魅せられて』講談社

一九九九（〃　一一）クリスティーネ・バルトーロメウス著　外村中訳『フィリップ・フランツ・フォン・シーボルト（一七九六―一八六六）ヴュルツブルグ出身の日本研究』Vellag Ferdinand Schoningh.

二〇〇〇（〃　一二）アルレッテ・カウヴェンホーヘン、マティ・フォラー共著『シーボルトと日本　その生

涯と仕事』ライデン Hotei Publishing 発行（八木書店発売）

二〇〇〇（〃　一二）石山禎一『シーボルト』―日本植物に賭けた生涯―　里文選書　里文出版

Ⅳ　シーボルトを対象にした単行本

一九二四（大正一三）シーボルト先生渡来百年記念会編『シーボルト先生渡来百年記念論文集』（武藤長蔵「シーボルト先生略年譜」、呉秀三「医学者としてのシーボルト」、「シーボルト博士より日本学生に送りし書翰」（訳文）、伊東尾四郎「シーボルトと福岡藩人」、ドクトル・フェンストラ・コイペル「欧州に於けるシーボルト先生」、「欧州に於ける先生の日本開国運動」、「先生の著書」、田中長三郎「シーボルト採集日本産柑橘標本に就きて」、村上直次郎「シーボルト渡来の目的と日本に於ける交友」、武藤長蔵「我国最初の商業学校創立計画者としてのシーボルト先生」、白井光太郎「シーボルト先生の大阪芝居見物」、永山時英筆記「シーボルト先生孫女山脇タカ子刀自談」）

一九三五（昭和一〇）日独文化協会編刊『日独文化講演集九―シーボルト記念号』（武藤長蔵「日欧交通史に関する文献としてのシーボルトの著述」、黒田源次「シーボルトの文久元年の日記に就いて」、金田一京助「シーボルトとアイヌ語学」、本田正次「シーボルトと植物分類学」、板沢武雄「欧州における日本学建設者としてのシーボルト」）

一九三六（〃　一一）「シーボルト先生渡来百年記念會記念目録」シーボルト先生渡来百年記念會　藤木博英社（長崎）

一九三八（〃　一三）日独文化協会編『シーボルト研究』（新村出「言語学史上におけるシーボルト先生」、入沢達吉「大全早引節用集」、黒田源次「鳴滝塾」、大久保利謙・大鳥蘭三郎・緒方富雄・箭内健次「門人がシーボルトに提供したる蘭語論文の研究」、板沢武雄「シーボルトの第一回渡来の使命と彼の日本研究―特に日蘭貿易の検討について」、黒田源次「シーボルト先生のアイヌ語研究」、芦田伊人・箭内健次「シーボルト作成の地図」、大鳥蘭三郎「シーボルトと日本に於ける西洋医学」、小野嘉明「シーボルトと動物学」、小川鼎三「シーボルトと本邦の鯨」、古川晴男「日本学会所蔵筆者不明の昆虫類の和名・独名・学名対照表に就いて」、本田正次「Plantae Sieboldianae, a reviewed enumeration of the Japanese plants collected and described by Dr Ph Fr von Siebold」、大久保利謙編「日本に於けるシーボルト書目」）岩波書店（一九四二年第二版発行。書目の部に増補。復刻　名著刊行会一九七九）

一九四二（〃　一六）大鳥蘭三郎訳『シーボルト関係書翰集』シーボルトより―シーボルトへ　財団法人日獨文化協会編輯　郁文堂書店

一九四八（〃　二三）羽仁説子『シーボルトの娘たち』創生社（復刻　新日本出版社　一九九二年）

一九六三（〃　三八）中田安『随筆シーボルトの頃』金剛社

一九六五（〃　四〇）藤森成吉『シイボルト夜話』東京前進座演出部

一九六六（〃　四一）独逸東亜細亜研究会編刊『エンゲルベルト・ケンペル（一六五一～一七一六）、フィリップ・フランツ・フォン・シーボルト（一七九六～一八六六）記念論文集』（中西啓「シーボルトの町」、岩崎吉一「シーボルトと川原慶賀」、ヴーテノー、ラルフ=ライナー著・飯吉光夫訳「シーボルトの日本発見」、緒方富雄「シーボルトの日本にあたえた影響」、緒方富雄・沼田次郎「日本におけるケンペル及びシーボルト研究文献目録」）

一九六六（〃　四一）中西　啓『二人の日本研究家―ケンペル没後二百五十年およびシーボルト没後百年を記念して』ケンペル・シーボルト記念顕彰会刊（長崎）

一九六七（〃　四二）田中助一『熊谷五右衛門義比とシーボルト―特に日本最古のピアノについて』財団法人熊谷美術館

一九六七（〃　四二）日本国際医学協会編刊『ケンパー・ジーボルト追憶会』

一九七〇（〃　四五）ホルサイス・H・L・B、酒井恒共著『シーボルトと日本動物誌』―日本動物史の黎明―（PART I は英文目次のため省略。ここではPART IIの邦文目次のみを掲載すると以下の通り。緒論、章一、一八二〇年以前の西欧における日本動物相に対する知識　章二、フランツ・フォン・シーボルトとビュルゲル　章三、フォン・シーボルトとビュルゲルの日本動物学への貢献　章四、フォン・シーボルトの日本動物誌　章五、シーボルト日本動物誌甲殻類篇の種属名の検討　章六、川原慶賀によって画かれた日本産甲殻類の図。）一冊　学術図書出版会

一九七二（〃　四七）「医家芸術」一六―一一：日本医家芸術クラブ編『「シーボルト」の本質を探る』（鍋島直玄「シーボルト研究の文献資料について」、緒方富雄

「『シーボルトの本質を探る・座談会』」、石橋長英「シーボルトとドイツ」、仙波嘉清「シーボルトと愛媛」、阿智波五郎「シーボルトと京都」、北村精一「シーボルトと長崎」、「日本人の描いたシーボルト画像」、藤森岳夫「父藤森成吉と『シイボルト』夜話」、矢数道明「シーボルトと本間棗軒のこと」、田中助一「シイボルト著『日本の旋律集』について」）

一九七三（〃 四八）緒方富雄『シーボルトと蘭学者たち』 日蘭協会編刊

一九七四（〃 四九）第七四回日本医史学会総会編『渡来百五十年記念シーボルト顕彰会誌』（緒方富雄「シーボルトと門人—渡来百五十年記念シーボルト顕彰記念会特別講演」、小川鼎三「シーボルトの処方—とくにオクリカンクリなどのこと」、兼重護「画家の眼を開いたシーボルト」、田中助一「シーボルトと長州」、中野操「シーボルトの治療法」、沼田次郎「蘭学史におけるシーボルトの役割」、山形敞一「医師としてのシーボルト」、福島義一「日本眼科医学史上のシーボルト」）日本医史学雑誌 二〇—一 一冊 渡来百五十年記念シーボルト顕彰会

一九七四（〃 四九）久米康生『近代日本の光源—鳴滝塾の悲劇と展開』 木耳社

一九七五（〃 五〇）石橋長英著刊『シーボルト先生肖像贈呈式』

一九七五（〃 五〇）中西 啓『長崎のオランダ医たち』（Ⅵ シーボルト）岩波新書 岩波書店（復刻 特装版 一九九三年）

一九七七（〃 五二）緒方富雄・岩生成一・大久保利謙・斎藤信・箭内健次監修『シーボルト「日本」の研究と解説』（緒方富雄「シーボルトとNIPPON 概説」、藤田喜六「NIPPON の書誌学的検討」、箭内健次「シーボルト『日本誌』編纂過程」、藤田喜六「シーボルト蒐集日本図書目録 大英博物館・大英図書館所蔵「フォン・シーボルト・コレクション」」、石山洋「日本の数理地理および自然地理 日本国の発見・名称・位置・大きさおよび区分」、中村孝志「シーボルトの日本渡来まで」、箭内健次「日本海域発見史」、箭内健次・沓沢宣賢「地図について」、井尻益朗「武器・武術及び兵法」、斎藤信「一八二六年の『江戸参府紀行』」、金本正之「日本史 天地開闢神話 日本上古史 神武天皇に始まる天皇王朝の創剏」、斎藤忠「勾玉に関する記述」、末木扶美士「日本の宗教」、石山禎一「日本における茶樹の栽培と茶の製法」、永積洋子「日本の貿易」、浜田敦「近隣諸国に関する情報 朝鮮」、

加藤九祚「蝦夷、クリル列島、カラフトおよびアムール地方に関する情報」、田村すゞ子「アイヌ語」、喜舎場一隆「琉球諸島に関する記述」、緒方富雄・大森実・大久保利謙・沼田次郎「日本におけるシーボルト関係文献目録」、大森実編「シーボルト関係年表」、斎藤信「INDEX FÜR PERSONEN=UND ORTSNAMEN〔人名・地名索引〕」講談社学術局・臨川書店出版部編 講談社

一九七七（〃 五二）布施昌一『シーボルトの日本探検―この「人間と歴史」の風景』木耳社

一九七七（〃 五二）上原 久『高橋景保の研究』 講談社

一九七八（〃 五三）楢崎宗重編『秘蔵浮世絵―オランダ国立ライデン民族学博物館シーボルト・コレクション』三冊 講談社

一九七八（〃 五三）吉村 昭『ふぉん・しいほるとのむすめ』（小説）〈上・下〉毎日新聞社

一九七九（〃 五四）岩生成一編『近世の洋学と海外交渉』（石山禎一「シーボルトと日本産茶樹―とくに植物学的記述を中心に」、沼田次郎「西ドイツに現存するシーボルト関係文献について」）巌南堂書店

一九八一（〃 五六）木村陽二郎『シーボルトと日本の植物―東西文化交流の源泉』恒和選書 恒和出版

一九八一（〃 五六）Toshinari Kanokogi,Gregor Paul., 'PHILIPP FRANZ VON SIEBOLD TAGEBUCH. Text und Kommentar' (BULLETIN OF THE INSTITUTE OF CONSTITUTIONAL MEDICINE KUMAMOTO UNIVERSITY) Band 31.

一九八二（〃 五七）法政大学フォン・シーボルト研究会会誌『シーボルト研究』（芥川龍男「ライデン大学日本学韓国学センター所蔵の『蝦夷ヶ島言語』について」、大森 実「シーボルト研究の現状と新資料について」、永積洋子「植物学者としてのシーボルト」）創刊号 法政大学

一九八二（〃 五七）金子厚男『シーボルトの絵師―埋れていた三人の画業』青潮社

一九八三（〃 五八）法政大学フォン・シーボルト研究会誌『シーボルト研究』（谷沢尚一「最上徳内からシーボルトに贈られた樹木標本の名詞について―『もしお草』と『蝦夷ヶ島言語との関連を中心に―』、大森実「伊藤圭介からシーボルトへ贈られた腊葉標本について―特に四一一～六二七番の腊葉標本について（Ⅰ）」、資料 沖田真弓美、大森実「ジーボルト『江戸参府紀行』（斎藤信訳）人名索引」」二号 法政大学

一九八四（〃　五九）竹田道子『銀のさじ―シーボルトのむすめ物語』金の星社

一九八四（〃　五九）吉田昭治『連座―シーボルト事件と馬場為八郎』無明舎出版（秋田）

一九八四（〃　五九）文教大学短期大学部歴史研究会編『シーボルトと蘭癖―オランダ文化にとりつかれた人々―』

一九八五（〃　六〇）法政大学フォン・シーボルト研究会会誌『シーボルト研究』（箭内健次「一九三四～五年、シーボルト文献の来た頃―昭和初期シーボルト研究の回顧―」、沼田次郎「シーボルト門人湊長安・美馬順三に関する若干の史料―出島商館部ロムホフの種痘実験をめぐって―」、大森　実「伊藤圭介から贈られた腊葉標本について（Ⅱ）―特に一番から二七二番の腊葉群について」、久我光雲「シーボルトと日本の犬」、宮永孝「オランダにおける徳川昭武―シーボルトの別荘「日本」訪問―」、佐々木利和「シーボルト旧蔵『樺太風俗図』」、Eberhard FRIESE「Von Siebold's Role in European Orientalism and Siebold Studies in Europe Past and Present」、史料「伊藤圭介からシーボルトに贈られた腊葉標本中の四一一番～六二七番の腊葉群に見られる圭介自身による記事」）三・四合併号　Ph. Fr von Siebold 研究論集

一九八七（〃　六二）山口隆男編『フォン・シーボルトと日本の自然史（博物学）研究I、オランダに保存されている知られざるシーボルト収集動物標本類について』熊本大学

一九八八（〃　六三）布施昌一『シーボルトの日本史』木耳社

一九八九（平成元）久米康生『シーボルトと鳴滝塾―悲劇の展開』木耳社

一九八九（〃　元）中西　啓『シーボルト前後―長崎医学史ノート』長崎文献社

一九八九（〃　元）水間直二『シーボルト事件と富山』桂書房（富山）

一九八九（〃　元）シーボルト記念館編『シーボルト記念館資料目録』長崎市教育委員会

一九九〇（〃　二）法政大学フォン・シーボルト研究会会誌『シーボルト研究』（竹内精一「外国のSiebold研究と私のドイツにおける体験と研究」、中村輝子・大森実「Rijksherbarium 所蔵シーボルト収集日本植物腊葉コレクション中の Asarum 属植物について」、

久米康生「シーボルトと和紙」、ハンス・A・デットメル「ボッフムにおけるフォン・シーボルト　コレクションに関する若干の考察」）六・七号合併号　法政大学

一九九一（〃　三）シーボルト記念館『鳴滝紀要』創刊号（C・フォン・ブランデンシュタイン・ツェッペリン「ブランデンシュタイン城の〈三人のシーボルト〉の遺産」、片桐一男「オランダ商館長とシーボルトの江戸参府」、石山禎一「Ph・Fr・フォン・シーボルト晩年の書翰（一）」、宮坂正英「シーボルト日誌〈小瀬戸への調査の旅（草稿）〉について」、ウド・バイラス、宮坂正英「ブランデンシュタイン家文書資料」、ヨーゼフ・クライナー「ハインリッヒ・フォン・シーボルト」、関口忠志「関口家ハインリッヒ資料研究（一）」、福井英俊「楠本・米山家資料にみる楠本いねの足跡」シーボルト記念館刊

一九九一（〃　三）片桐一男、望月洋子『シーボルト、ヘボン』国立教育会館編（教養講座シリーズ五八　日本の近代化をになった外国人）ぎょうせい

一九九二（〃　四）シーボルト記念館『鳴滝紀要』第二号（ヴェルナー・デッテルバッハ著　宮坂正英訳「フィリップ・フランツ・フォン・ジーボルトの幼年時代及び青年時代」、山田重人「シーボルトと長崎の植物」、石山禎一「Ph・Fr・フォン・シーボルト晩年の書翰（二）」、沓沢宣賢「武田氏旧蔵『高橋一件』について—他のシーボルト事件関係史料との比較を中心に」、福井英俊「ブランデンシュタイン＝ツェッペリン家資料にみる『日本』出版の過程と其扇・いね宛シーボルト書簡」、関口忠志「関口家ハインリッヒ資料研究（二）」シーボルト記念館刊

一九九二（〃　四）秦　新二『文政十一年のスパイ合戦—検証・謎のシーボルト事件』文芸春秋社

一九九二（〃　四）羽仁説子『シーボルトの娘たち』羽仁説子の女性シリーズ　三　新日本出版社

一九九二（〃　四）法政大学第十一回国際シンポジウム『PH.FR.VON.シーボルトと日本の近代化』（第一部、シーボルト父子と日本の近代化—人文科学の立場から—　E・フリーゼ「科学者および科学協会に対するフォン・シーボルトの関係—十九世紀における科学政策に対する一寄与—」、A・シュワーデ「シーボルト父子の日本の政治・外交活動に対する功業」。特別講演　H・ケルナー「シーボルトの日本近代化およびヨーロッパにおける日本紹介に対する貢献」、片桐一男「オランダ商館長とシーボルトの江戸参府」、伊藤

玄三「ハインリッヒ・シーボルトの『考古説略』について」、増島宏「シーボルト（PHILIPP FRANZ）の日本観」、大森実「シーボルト父子の文化的影響」、G・K・グッドマン「日本洋学史におけるフォン・シーボルトの活動とその意義」、斎藤信「シーボルトの日本研究における参府旅行の意義」。第二部、シーボルトと日本の近代化―自然科学の立場から― 吉田忠「日本におけるシーボルトの科学研究」、石田純郎「シーボルトの受けた医学教育」、中西啓「シーボルトの臨床医学教育―日本医学の近代化をめぐって―」、パネル・ディスカションⅠ「シーボルトの総合的理解の試み」―その日本にもたらしたもの―、H・ボイケルス「フォン・シーボルトの医学的背景」、C・カルクマン「フォン・シーボルトのオランダ植物学に対する貢献」、L・B・ホルトハイス「動物学者としてのPh Fr von Siebold」、山口隆男「オランダ国立自然史博物館所蔵の知られざるシーボルト収集動物標本および未刊に終ったファウナ・ヤポニカ第六巻について」（協同研究者：三矢泰彦・菊池泰二）、木村陽二郎「日本植物学におけるシーボルト」、パネル・ディスカッションⅡ「シーボルトの総合的理解の試み―そのヨーロッパにもたらしたもの―」）

一九九三（〃 五）山口隆男編『シーボルトと日本の博物学 甲殻類』日本甲殻類学会

一九九三（〃 五）シーボルト記念館『鳴滝紀要』第三号（エバハルト・フリーゼ「Ph・Fr・フォン・シーボルトが委嘱された日本での課題と遺された文書からの答え」、兼重護「シーボルトの絵師川原慶賀―その国内現存の作品について」、梶輝行「文政九年シーボルトの江戸長期滞在計画について」、宮坂正英「ブランデンシュタイン家に見られるシーボルト事件に関する日記について」、関口忠志「関口家ハインリッヒ資料研究（三）」シーボルト記念館刊

一九九三（〃 五）平山郁夫・小林忠編『秘蔵日本美術大観』九（ライデン国立民族学博物館）講談社

一九九三（〃 五）陰里鐵郎『川原慶賀と長崎派』（「日本の美術」第三二九号）至文堂

一九九四（〃 六）『SIEBOLD'S FLORILEGIUM OF JAPANESE PLANTS：Florilegium Plantarum Japonicarum Sieboldii』シーボルト旧蔵「日本植物図譜」コレクション 第一巻（二冊）カラー図譜（原寸大）三四一図 第二巻（一冊）モノクローム版（縮尺）一〇四一図及び解説 『別冊和文解説篇』（ウイリアム・T・スターン著 大場秀章、秋山忍訳

「フィリップ・フランツ・フォン・シーボルトの経歴」、木村陽二郎「シーボルトの『フロラ　ヤポニカ』と『フロレギウム』」、グルボフ・キルピチニコフ著　秋山忍訳「ロシアにあるシーボルトの植物図譜と植物標本」、保田孝一「シーボルトとロシア：発見された書簡集から」、大場秀章「コマロフ植物研究所所蔵シーボルト植物画コレクション目録：序論」一冊　丸善

一九九四（〃　六）山口隆男「日本の鳥類研究におけるシーボルトの貢献」CALANUS　No.11　熊本大学理学部附属合津臨海実験所報

一九九四（〃　六）シーボルト記念館刊『シーボルトのみたニッポン』（日本生命財団の出版補助）

一九九四（〃　六）シーボルト記念館『鳴滝紀要』第四号（梶輝行、新井宏子訳「十九世紀日本人の風俗習慣―近年日本を訪れたオランダ人とドイツ人―フィリップ・フランツ・フォン・シーボルト博士の見聞に基づく―」、ウド・バイラス著　宮坂正英訳「フィリップ・フランツ・フォン・シーボルト第二の日本コレクション」、宮坂正英「シーボルトとロシアの対日開国政策（一）―ブランデンシュタイン家文書報告―」、徳永宏「資料紹介　シーボルト記念館楠本家文庫所収　英文書簡について」、付録：五貫淳「ドイツ・オランダにおけるシーボルト及び出島商館関係資料の調査にあたって」、福井英俊「ブランデンシュタイン家資料にみる『日本』出版の過程と其扇・いね宛シーボルト書簡（第二号掲載）の英訳」）シーボルト記念館刊

一九九四（〃　六）KLMオランダ航空　ウインドミル編集部編『日蘭交流の歴史を歩く』Ⅲ　シーボルトとケンペル（ヨーゼフ・クライナー『日本誌』）、福井英俊「シーボルト記念館」、宮坂正英「シーボルトの子供たち」、片桐一男「シーボルトとオランダ通詞」、兼重護「シーボルトの絵師川原慶賀」、山口隆男「動物標本コレクション」、久米康生「西欧に運ばれた和紙」）NTT出版

一九九五（〃　七）保田孝一編著　高橋輝和、倉地克直、木之下忠敬共訳『文久元年の対露外交とシーボルト』岡山大学吉備洋学資料研究会

一九九五（〃　七）シーボルト記念館『鳴滝紀要』第五号（大谷恒彦「シーボルト事件の背景と間宮林蔵　私論「林蔵は密告していない」」、梶輝行、新井宏子訳「十九世紀日本人の風俗習慣―近年日本を訪れたオランダ人とドイツ人フィリップ・フランツ・フォン・シーボルト博士の見聞に基づく―（二）」、宮坂正英、石川光庸、

ベルント・ノイマン共著「シーボルトとロシアの対日開国政策（二）―ブランデンシュタイン家文書報告―」シーボルト記念館刊

一九九六（〃　八）片野澄恵『蘭方女医者事始　シーボルト・イネ』（小説）星雲社

一九九六（〃　八）シーボルト記念館『鳴滝紀要』第六号　シーボルト生誕二百周年記念号（向井晃「シーボルト父子略年譜稿」、ハルメン・ボイケルス「医者としてのフィリップ・フランツ・フォン・シーボルト」、石山禎一訳「シーボルト著　民族学博物館の効用とその設立の重要性に関する覚え書き―フランス王立図書館部長ジョマールに宛てた書簡」、山口隆男「シーボルトと日本の動物学」、沓沢宣賢「シーボルト渡来百年記念祭に関する一考察―外務省外交資料館所蔵史料を中心に―」、梶輝行「蘭船コルネリス・ハウとマン号とシーボルト事件―オランダ商館長メイランの日記に基づく考察を中心に―」、塚原東吾「科学史の側面から再検討したフィリップ・フランツ・フォン・シーボルトの科学的活動―植民地科学、ベーコニアン科学、フンボルティアン科学とシーボルトの科学的活動との関係についての試論―」、資料紹介：徳永宏「シーボルト一件通報書」付録：五貫淳「シーボルト生誕二百周年の歩み―シーボルトと長崎―」、シーボルト記念館所蔵「フィリップ・フランツ・フォン・シーボルト関係資料一覧」シーボルト記念館刊

一九九七（〃　九）石山禎一『シーボルトの日本研究』吉川弘文館

一九九七（〃　九）岩田祐作『シーボルト家を支えた楠本家の墓地に眠る人たち』一式印刷（長崎）

一九九七（〃　九）大森　実『知られざるシーボルト―日本植物標本をめぐって―』光風社出版

一九九七（〃　九）シーボルト記念館『鳴滝紀要』第七号（近藤正樹「ミニチュア民族誌―シーボルトがくれたアイデア―」、小林淳一「シーボルトと川原慶賀―『人物画帳』をめぐって―」、梶輝行「シーボルト Ph. Fr. von Siebold の日本追放解除に関する一考察」、宮坂正英、石川光庸、ベルント・ノイマン共著「シーボルトとロシアの対日開国政策（三）―ブランデンシュタイン家文書調査報告―」シーボルト記念館刊

一九九七（〃　九）箭内健次、宮崎道生編『シーボルトと日本の開国　近代化』（箭内健次「『シーボルト文献研究室』と一年有半」、栗原福也「フォン・シーボルト来日の課題と背景」、船越昭生「シーボルト第一次来日の際に蒐集した地図」、石山禎一「シーボルトの動

植物学に関する一考察―特にヨーロッパに眠る新資料を中心にして―」、保田孝一「ロシアの日本開国交渉とシーボルト」、宮坂正英「シーボルトとペリーのアメリカ日本遠征艦隊―ブランデンシュタイン家文書を中心に―」、沓沢宣賢「第二次来日時におけるシーボルトの外交活動」、宮崎道生「シーボルトの日本開国・近代化への貢献」続群書類従完成会

一九九七（〃 九）宮崎道生『シーボルトと鎖国・開国日本』思文閣出版

一九九七（〃 九）ハルメン・ビューケルス博士著『ヒポクラテス日本特使 フィリップ・フランツ・フォン シーボルトの功績』日蘭関係の四世紀 NV Organon-Oss, The Netherlands 発行

一九九七（〃 九）山口隆男『シーボルトと日本の植物学』 CALANUS 特別号I №.一二 熊本大学理学部附属合津臨海実験所報

一九九七（〃 九）山口隆男『川原慶賀と日本の自然史研究―I シーボルト、ビュルゲルと「ファウナ・ヤポニカ魚類編」』 CALANUS 特別号I №.一二 熊本大学理学部附属合津臨海実験所報

一九九八（〃 一〇）山口隆男編『シーボルトと日本の植物学（その二）』 CALANUS 特別号II（山口隆男・加藤僖重「フローラ・ヤポニカ」において紹介された植物の標本類 その一、「最上徳内がシーボルトに贈呈した樹木材の標本」）熊本大学理学部附属合津臨海実験所報

一九九八（〃 一〇）シーボルト記念館『鳴滝紀要』第八号（三芳昌文「三瀬周三考」、松崎亜砂子「シーボルト・コレクションにみる麦わら細工」、宮坂正英、石川光庸、ベルント・ノイマン「シーボルトの和歌研究―ブランデンシュタイン家文書調査報告―」、徳永宏「鳴滝塾の活動及び建物の変遷について」シーボルト記念館刊

一九九八（〃 一〇）ヨーゼフ・クライナー編著『黄昏のトクガワ・ジャパン』 シーボルト父子の見た日本（第I部 シーボルトその生涯と業績 ヨーゼフ・クライナー「三人のシーボルト」、ペーター・パンツァー「国際人としてのシーボルト」、ウィレム・ファン・グーリック「外交官シーボルト―幕末とシーボルトの役割」、第II部 シーボルト父子の日本コレクション マティ・フォラー「ライデンのシーボルト・コレクション」、ブルーノ・J・リッフェルト「ミュンヘンのシーボルト・コレクション」、ヨハネス・ヴィーニンガー「ヴィーンのシーボルト・コレクション」、

宮坂正英「古城に眠るシーボルト文書―フォン・ブランデンシュタイン＝ツェッペリン家文庫の成立と特色」、玉英・燕蘭雲　ユーイン・ブラウン「大英図書館に伝わるシーボルトの遺産」、石山禎一「シーボルトが集めた日本の産物―ライデンとミュンヘンのシーボルト・コレクション」、第Ⅲ部　さまざまな〝日本〟河野元昭「シーボルト・コレクションの美術史的意義」、北原進「江戸本郷丸山の本妙寺開山像―ハインリッヒ・コレクション「日蓮宗高僧像」をめぐって」、近藤正樹「幻の博物学標本作者たち」、熊倉功夫「シーボルトと茶」、小林淳一「川原慶賀筆『人物画帳』―シーボルトの「まなざし」とともに」、向井晃、石山禎一、梶輝行、沓沢宣賢「もっと詳しくシーボルトを知るために」）ＮＨＫブックス　一八四二　日本放送出版協会

一九九九（〃　一一）シーボルト記念館『鳴滝紀要』第九号（中西啓「シーボルト事件判決時の法的根拠」、片桐一男「江戸参府におけるカピタンの遺恨と阿蘭陀通詞」、武石全慈、佐々木浩、山口隆男「オランダ国立自然史博物館に収蔵されているシーボルト収集の鳥類」、宮坂正英「ブランデンシュタイン家文書より発見された楠本タキ、イネ母子に関する断簡について」、永松実「伊東昇迪『悉勃児都處治聞見録』とシーボルト著『江戸参府紀行』の治療に関する記事について」）、シーボルト記念館刊

一九九九（〃　一一）季刊「日本思想史」No.五五　特集―シーボルト　責任編集　宮崎道生（宮崎道生「シーボルトの日本文化観・国民性論」、末木扶美土「シーボルト／ホフマンと日本宗教」、山口隆男「シーボルトと日本の自然史研究」、石山禎一「シーボルトの日本工芸品・家具製品観」、鈴木康子「シーボルトの貿易論とその評価」、沓沢宣賢「シーボルト研究史概観―我が国および外国における研究の跡を顧みながら」）ぺりかん社

一九九九（〃　一一）金子三郎編『史料　昇迪伊東祐直の手記』リーブ企画（鎌倉）

二〇〇〇（〃　一二）岩田祐作『出島生まれのおイネさん』（出島物語異聞）日蘭交流四〇〇周年記念出版　長崎文献社

二〇〇〇（〃　一二）シーボルト記念館『鳴滝紀要』第一〇号（宮坂正英「私信にみられるオランダ領東インド渡航以前のシーボルトの動向について―ブランデンシュタイン家文書調査報告」、石山禎一、金箱裕美子訳「資料紹介：シーボルト再渡来時の『日本植物観とラ

イデン気候馴化園』シーボルト記念館刊

二〇〇一（〃 一三）シーボルト記念館『鳴滝紀要』第一一号（ハルメン・ボイケルス、相川忠臣、中西啓「外科資料蘭文断簡 その一 外科問答」、片桐一男「広東出し船一件諸書留」について、宮坂正英、ベルント・ノイマン、石川光庸「フォン・ブランデンシュタイン家所蔵 一八二三年シーボルト関係書簡の翻刻ならびに翻訳（一）」、山崎幸治「シーボルトのアイヌ・コレクション―ライデン国立民族学博物館所蔵品を中心に―」シーボルト記念館刊

二〇〇一（〃 一三）大場秀章『花の男シーボルト』文春新書 文芸春秋

二〇〇一（〃 一三）山口隆男『シーボルトと甲殻類「蟹蝦類写真」』CALANUS 特別号Ⅲ 熊本大学理学部合津臨海実験所報

二〇〇一（〃 一三）長崎市教育委員会・シーボルト記念館刊『フォン・ブランデンシュタイン家 シーボルト関係マイクロフィルム目録』二冊（箱入り）

二〇〇二（〃 一四）高橋輝和『シーボルトと宇田川榕菴』平凡社新書 平凡社

二〇〇二（〃 一四）シーボルト記念館『鳴滝紀要』第一二号（吉田忠「天文学関係蘭文断間について（上）」、米田該典「シーボルト記念館所蔵の点眼筐の調査報告―伊東昇迪がシーボルトから贈られた点眼筐―」、宮坂正英、ベルント・ノイマン、石川光庸「フォン・ブランデンシュタイン家所蔵 一八二三年シーボルト関係書簡の翻刻ならびに翻訳（二）」、立田雅彦、徳永宏「シーボルトと日本の楽器―シーボルト著『日本』所収「楽器」を中心に―」シーボルト記念館刊

二〇〇三（〃 一五）シーボルト記念館『鳴滝紀要』第一三号（片桐一男「江戸番通詞逗留中勤方書留」について、吉田忠「天文学関係蘭文断簡について（下）」、ハルメン・ボイケルス、相川忠臣「外科資料蘭文断簡 その二 本木正栄の医書」、石田千尋「シーボルト記念館所蔵泉屋文書〈オランダ船貿易関係資料〉について」、宮坂正英、石川光庸、ベルント・ノイマン「フォン・ブランデンシュタイン家所蔵、一八二三年シーボルト関係書簡の翻刻ならびに翻訳（三）」、石山禎一、徳永宏「資料紹介：フォン・ブランデンシュタイン家所蔵シーボルト関係文書〈長崎近郊の鳴滝にある私の住宅〉」シーボルト記念館刊

二〇〇三（〃 一五）兼重護『シーボルトと町絵師慶賀』日本画家が出会った西欧 長崎新聞新書〇〇八 長崎新聞社

二〇〇三（〃　一五）山口隆男『シーボルトとビュルゲル収集の甲殻類と魚類の標本』CALANUS　特別号Ⅳ　熊本大学沿岸域環境科学教育センター・合津マリンステーション

二〇〇三（〃　一五）山口隆男『シーボルトならびに関連した人々が収集した植物標本類』CALANUS　特別号Ⅴ　熊本大学沿岸域環境科学教育センター・合津マリンステーション

Ⅴ　シーボルト関係の展覧会目録および資料

一九二四（大正一三）シーボルト先生渡来百年記念会編『シーボルト先生渡来百年記念展覧会出品目録』

一九三五（昭和一〇）日独文化協会・日本医史学会・東京科学博物館編・刊『シーボルト資料展覧会出品目録』

一九六六（〃　四一）ケンペル没後二五〇年・シーボルト没後一〇〇年記念『ケンペル・シーボルト資料展示会目録』ケンペル・シーボルト記念顕彰会、長崎県立美術館、長崎市立博物館編・刊

一九七三（〃　四八）『渡来一五〇年記念　シーボルト顕彰会誌』シーボルト顕彰会（鈴木登「シーボルト渡来百年の憶い出」東洋文庫蔵　シーボルト資料目録）

一九七四（〃　四九）「『解体新書』刊行二〇〇年記念　シーボルト開塾一五〇年記念　近代日本のあけぼの」大阪市立博物館

一九七五（〃　五〇）『シーボルトと日本――「日本」復刻版刊行記念資料展目録』（L・ファン・ドルプ「シーボルト資料展によせて」、「本展出品目」、「参考出品写真」、「シーボルトを周る人々のなかから」、「本展示パネル一覧」、「シーボルト関係文献目録」、「シーボルトと門人」日蘭学会編刊

一九七六（〃　五一）シーボルト・コレクションを中心とした『浮世絵展』図録（〈論文〉Dr・W・R・バン＝グリーク「オランダ国立ライデン民族学博物館日本部門と浮世絵コレクションの歴史」、緒方富雄「シーボルトと日本文化」を含む）シーボルト江戸参府一五〇年記念　主催：オランダ国立ライデン民族学博物館、日本浮世絵協会、財団法人日蘭学会ほか　日本浮世絵協会編

一九八〇（〃　五五）『鎖国の窓を開く：出島の絵師川原慶賀展』図録（〈論文〉陰里鐵郎「川原慶賀について」、W・R・ファン・グーリック「フォン・シーボルトとそのコレクション」西武百貨店／日本経済新聞社

一九八六（〃　六一）名古屋市立東山植物園主催『ライデ

ン大学植物園展資料』（海外植物園紹介シリーズ　№二）

一九八六（〃　六一）築造三五〇周年『長崎・出島展』図録（〈論文〉ウィレム・ファン・グーリック「日本美術のなかのオランダ人」、大森実「シーボルト時代のオランダ商館長と出島」を含む）

一九八七（〃　六二）『幕末の〝日本〟を伝えるシーボルトの絵師川原慶賀展』図録（〈論文〉ウィレム・ファン・グーリック「ライデン国立民族学博物館『日本部門』の歴史」、兼重護「川原慶賀・人と作品」）　西武百貨店

一九八八（〃　六三）日本・オランダ修好三八〇年記念『シーボルトと日本』図録　朝日新聞社刊

一九八九（平成元）シーボルト記念館：第一回特別展『川原慶賀展』（ライデン国立民族学博物館蔵）展示目録

一九八九（〃　元）『高野長英記念館展示録』　水沢市立高野長英記念館刊

一九九〇（〃　二）シーボルト・カウンシル編「ヨーロッパに眠る日本の宝展」図録（〈解説〉下川達弥「シーボルト蒐集日本美術工芸資料の特色」）文芸春秋・シーボルト・カウンシル

一九九〇（〃　二）シーボルト記念館：第二回特別展『間宮林蔵展』展示目録

一九九一（〃　三）シーボルト記念館：第三回特別展『楠本いね展』展示目録

一九九二（〃　四）シーボルト記念館：第四回特別展『シーボルトと日蘭交流史の遺産展』展示目録

一九九三（〃　五）シーボルト記念館：第五回特別展『シーボルト門弟展』展示目録

一九九四（〃　六）シーボルト記念館：第六回特別展『伊藤圭介展』展示目録

一九九五（〃　七）シーボルト記念館：第七回特別展『シーボルトとアイヌ展』展示目録

一九九五（〃　七）大場秀章・東京大学総合研究資料館監修『シーボルト旧蔵　日本植物図譜展』図録（〈論文〉大場秀章「シーボルトとシーボルト・コレクション」）小田急美術館

一九九六（〃　八）堺市博物館監修『シーボルト、日本を旅する―外国人の見た日本の原風景―』展図録　シーボルト・カウンシル刊（ケン・フォス「時と空間を越えて―フィリップ・フランツ・フォン・シーボルト、日本を旅する―」、角山　榮「シーボルトの「旅」における時計と地図」）

一九九六（〃　八）『シーボルト父子のみた日本』生誕二

〇〇年記念企画展図録（〈論文〉ヨーゼフ・クライナー「三人の「日本のシーボルト」の生涯と業績」、マティフォラー「ライデン国立民族学博物館におけるシーボルト・コレクションについて」、ブルーノ・J・リヒッフェルト「ミュンヘン国立民族学博物館所蔵の二番目のシーボルト・コレクション」、ヨハネス・ヴィーニンガー「ウィーンにおけるハインリッヒ・フォン・シーボルトのコレクション」、河野元昭「シーボルト・コレクションの美術史的意義」、佐々木秀彦「シーボルトの日本研究―集める・調べる・見せる―」、北原進「シーボルトの見た日本の地域産業」、小林淳一「川原慶賀筆「人物画帳」について」、近藤正樹「幻の博物学標本作者たち」、松崎亜砂子「シーボルトのみた日本のおみやげもの」、熊倉功「シーボルトと茶」など含む）編集ドイツ―日本研究所

一九九六（〃　八）シーボルト記念館：シーボルト生誕二〇〇周年記念特別展　第八回『シーボルト家の二百年展』図録（〈論文〉宮坂正英「シーボルトの誕生―その社会的背景をめぐって―」、ウド・バイラス「ブランデンシュタイン＝ツェッペリン家―ブランデンシュタイン城所有一〇〇年の歩み―」含む）

一九九六（〃　八）シーボルト生誕二百周年記念誌『おイネへの追憶』宇和シーボルト協会（宇和町先哲記念館事務所内）

一九九七（〃　九）シーボルト記念館：第九回特別展『三瀬周三展』展示目録

一九九七（〃　九）『伊予の蘭学―近代科学の夜明け』図録（〈論文〉吉田忠「蘭学史における伊予」、その他資料翻刻を含む）愛媛県歴史文化博物館

一九九八（〃　一〇）シーボルト記念館：第一〇回特別展『オランダ渡りのお薬展―甦るシーボルトの処方箋―』図録（〈論文〉田中隆「シーボルトの治療薬について」、富永義則「シーボルトの処方箋を調剤して」、塚原東吾「日本最初の近代的薬剤師ハインリッヒ・ビュルガーについて」含む）

一九九九（〃　一一）シーボルト記念館：第一一回特別展『シーボルトと宇田川榕菴展―響き合う東西の秀才たち―』図録（〈論文〉幸田正孝「シーボルトと江戸の医師・宇田川榕菴らとの交流―榕菴のノート類から見た―」含む）

二〇〇〇（〃　一二）ミュージアムパーク茨城県自然博物館・第一八回企画展『シーボルトの愛した日本の自然―紫陽花・山椒魚・煙水晶―』図録（〈解説〉「オタクサを愛した異邦人」「シーボルトを魅了した日本の

植物」「シーボルトは日本の動物に何を見たか」「シーボルトが求めた日本の石」「シーボルトの医学」「シーボルトと科学者」「歴史あるライデンの博物館」など）編集ミュージアムパーク茨城県自然博物館

二〇〇〇（〃　一二）シーボルト記念館：日蘭交流四〇〇周年記念・第一二回特別展『シーボルト旧蔵日本植物資料展―鳴滝に花開く植物図―』図録（〈論文〉石山禎一「絵師川原慶賀とドゥ・フィレネーフェの植物画―シーボルトの『日本植物誌』との関係について―」、石山禎一訳「シーボルトの岩屋山周辺調査の記録」、加藤僖重「東京都立大学牧野標本館所蔵の「シーボルトコレクション」について」、宮坂正英「フォン・ブランデンシュタイン家所蔵「シーボルト日本植物誌」関係印刷物とメダルについて」を含む）

二〇〇〇（〃　一二）『オランダにわたった大工道具』展図録（〈論文〉「第二章オランダ商館員と江戸参府旅行ブロムホフ・フィッセル・シーボルト」）国立歴史民俗博物館

二〇〇〇（〃　一二）長野県立歴史館編『蘭学万華鏡―江戸時代信濃の科学技術』展図録（シーボルト験方録を含む）　長野県立歴史館

二〇〇〇（〃　一二）日蘭交流四〇〇周年記念展覧会：『出島の科学』（―日本の近代科学に果たしたオランダの貢献―）図録（〈解説〉第二章一九世紀における医学、博物学と薬学の発展「第一節医学の発展：シーボルトと医学、シーボルトと娘楠本イネとシーボルトの弟子たち」「第二節博物学の発展：アジサイ・お滝さん・シーボルト、日本の春―フジ（藤）とヤマフジ（山藤）―川原慶賀は写生図を得意とした―ほか」「第三節薬学の発展：近代薬学の到来期、日本最初の近代的薬剤師ビュルガー」など含む）　長崎市立博物館

二〇〇〇（〃　一二）相模原市立博物館『「花を描き、花を知る」―植物画の魅力―展』図録（〈論文〉秋山幸也「本草学から植物学へ」、石山禎一「シーボルトの日本植物研究と出島出入絵師、川原慶賀の植物画」を含む）

二〇〇〇（〃　一二）シーボルト記念館：日蘭交流四〇〇周年記念・第一三回特別展『シーボルトの江戸参府展』図録（〈論文〉片桐一男「オランダ商館長とシーボルトの江戸参府」、小幡和男、久松正樹、高橋淳「シーボルトの江戸参府と日本の自然史研究」、宮坂正英「ブランデンシュタイン家文書中に含まれるシーボルト江戸参府旅行に関する資料について」、石山禎一

「一八二六年江戸参府旅行の途上、クロノメーターによる緯度および経度の観測値」（シーボルト自筆：ブランデンシュタイン＝ツェッペリン家所蔵文書より）を含む

二〇〇〇（〃　一二）日蘭交流四〇〇周年記念『秘蔵カピタンの江戸コレクション―オランダ人の日本趣味―』図録〈論文〉山口隆男「オランダのライデンに所蔵されている日本の動物、植物に関するコレクション」、宮坂正英「シーボルトの日本動植物調査と町絵師登与助」、小林淳一「欧米をかけめぐった川原慶賀の絵」など）長崎市立博物館編集・発行

二〇〇〇（〃　一二）大場秀章編集『シーボルト日本植物コレクション』東京大学総合研究博物館

二〇〇一（〃　一三）シーボルト記念館：第一四回特別展『シーボルトと楽器展』展示目録

二〇〇二（〃　一四）シーボルト・コレクション『日本植物図譜展』図録　〈解説〉「シーボルト・コレクション、『日本植物誌』とリンネ時代の植物画」、「植物画制作の若干の特徴」、「桂川甫賢、伝統的スタイルの植物画」、「水谷助六、拓本技法を用いた植物画」、「川原慶賀、世界的レベルの植物画芸術」、「清水東谷、科学性と芸術性の美しい融合」など）監修：タマラ・チェルナーヤ、編集協力：高橋輝和　アート・ライフ刊

二〇〇二（〃　一四）シーボルト記念館：第一五回特別展『江戸時代の測量と製図展』展示目録

二〇〇二（〃　一四）津山洋学資料館　平成一四年度特別展『シーボルト最後の門人三瀬諸淵の生涯』展示目録

Ⅵ　シーボルトを論及した雑誌論文および関係文献

一八九四（明治二七）丘浅次郎「Bibliographia Faunae Japonicae」動物学雑誌　六―七四

一八九四（〃　二七）呉　秀三「シーボルト翁の伝」中外医事新報　三三一―三三三

一八九六（〃　二九）伊藤圭介「シーボルトの話」名家談叢　九

一八九六（〃　二九）伊藤圭介「シーボルト氏一百年誕生節記念会」動物学雑誌　八―八九

一八九六（〃　二九）「故シーボルト氏一百年誕生節記念会」中外医事新報　三八二、三八三

一八九六（〃　二九）「東亜協会に於けるシーボルト第百回誕生記念会」中外医事新報　三八三

一八九六（〃　二九）「上野精養軒に於けるシーボルト百

年誕生会にてのベルツ氏の演説」中外医事新報三八七

一八九七（〃　三〇）森　鴎外『観潮楼偶記』かげ草　春陽堂

一八九七（〃　三〇）渡辺修二郎　欧人ノ日本観察「ケンフル」「チュンベルグ」「チチング」「シーボルト」等　外交通商史談　東陽堂

一八九八（〃　三一）中川清次郎「外船ノ来航及シーボルトノ獄」西力東漸史　春陽堂

一九〇二（〃　三五）善　休「シーボルト」学の燈　六　六

一九一二（大正元）土屋元作「一〇　シーボルトの渡来、五　シーボルトの功績」（新学の先駆　第三編蘭学黄金時代　第五編新学の発達）博文館

一九一二（〃　元）『欧米人の極東研究』大日本文明協会編　同協会（第二期　第一編）

一九一四（〃　三）村上直次郎『日蘭三百年の親交』（第二章鎖国時代唯一の連鎖　シーボルト）富山房

一九一六（〃　五）伊東　榮『伊東玄朴傳』玄文社（復刻昭和五三年　八潮書店刊）

一九一七（〃　六）K・D生「シーボルトの生涯及著作」学の燈　二一—五

一九一八（〃　七）牧野富太郎「シーボルトハ世人ガ思フ程、植物ノ大学者デハナイ」植物学研究雑誌　二—一

一九一九（〃　八）伊藤篤太郎「伊藤圭介翁と翁に関するシーボルトの遺稿—アレキサンデル・フォン・シーボルト男爵より寄贈の貴重なる科学的史料」現代之科学　七—一

一九一九（〃　八）小川剣三郎「シーボルト先生伝」実験眼科雑誌　一三

一九一九（〃　八）小川剣三郎「シーボルトに関する逸話（眼科史料）」実験眼科雑誌　一七

一九二〇（〃　九）三好学「シーボルトノ宅趾トしいぼるどのき」史蹟名勝天然記念物調査報告九（天然記念物報告〔長崎大分鹿児島三県下ノ植物ニ関スルモノ〕）

一九二一（〃　一〇）小川剣三郎「シーボルト医の極意（眼科史料）」実験眼科雑誌　四二

一九二一（〃　一〇）小川剣三郎「シーボルトと整骨家（眼科史料）」実験眼科雑誌　四二

一九二二（〃　一一）伊藤尾四郎「黒田侯とシーボルト」筑紫史談　二三

一九二三（〃　一二）高於菟三「シーボルト先生と其著書」国学院雑誌　三〇—七

一九二三（〃　一二）長崎県史蹟名勝天然記念物調査委員

会「シーボルト宅趾」史蹟名勝天然記念物調査報告二

一九二三（〃　一二）増田廉吉「シーボルトの旧居―彼は日本の凡てを愛し日本のすべてに親しんだ」週刊朝日　三―三

一九二四（〃　一三）大庭　耀「蘭館医シーボルトと遊女其扇」中央公論　三九―六

一九二四（〃　一三）呉　秀三「シーボルトは如何にして日本を研究せしや」史学　三―四

一九二四（〃　一三）呉　秀三「所謂シーボルト事件」史学雑誌　三五―六～八、一〇

一九二四（〃　一三）高於菟三「鳴滝塾舎の址を観る」日本及日本人　五六

一九二四（〃　一三）武藤長蔵「我国商業教育史とシーボルト」国民経済雑誌　三五―五（『対外交通史論』東洋経済新報社　一九四三　に収録）

一九二六（昭和元）呉　秀三「シーボルトと万有科学上の日本」科学知識　六―一〇

一九二六（〃　元）不光子「シーボルトと地図」武蔵野　八―六

一九二六（〃　元）長崎市役所（編・刊）「和蘭の日本貿易復興策とシーボルトの渡来」長崎と海外文化（第二期第一〇章）上編

一九二六（〃　元）本山桂川「シーボルトと其扇」『長崎丸山噺』坂本書店編刊

一九二七（〃　二）新村　出「シーボルト先生と江戸の蘭友」文芸春秋　五―一（『琅玕記』改造社　一九三〇、『新村出選集二』養徳社一九四五、『新村出全集一二』筑摩書房一九七一に収録）

一九二七（〃　二）新村　出「シーボルト氏の楠公墳墓に詣でし記事に就いて」兵庫史談　二〇

一九二七（〃　二）小川剣三郎「シーボルトに再渡来を禁ず（眼科史料）」実験眼科雑誌　七七

一九二七（〃　二）沢田武太郎「おたくさOtakusaトハ果シテシーボルト来朝時代ニ於テあじさいニ対スル和名ナリシカ」植物研究雑誌　四（二）

一九二七（〃　二）増田廉吉「長崎南蛮唐紅毛史蹟」第一輯（シーボルト・吉利支丹ほか）　長崎史蹟探究会　一九二七、一九二九

一九二八（〃　三）大庭　耀「シーボルトの疑獄、シーボルトと日本芝居、蘭館医シーボルトと遊女其扇」長崎随筆　郷土研究社

一九二八（〃　三）徳富猪一郎「シーボルト事件」『近世日本国民史』（第一五章）文政天保時代　民友社

一九二八（〃 三）「シーボルト宅趾」長崎県の指定史蹟名勝天然記念物 長崎県

一九二八（〃 三）長井石峰「シーボルト先生（イ）三十年前のシーボルト、（ロ）第一回の疑獄」蘭学の大家三瀬諸淵先生 不偏閣（愛媛）

一九二八（〃 三）三好浩太郎「日本生物学界の恩人シーボルト先生」科学画報 一〇―四

一九三〇（〃 五）小沢敏夫「シーボルトの長崎滞在、自安政六年至文久元年」長崎談叢 六

一九三一（〃 六）幸田成友「シーボルト『日本』の複製及びその補遺につき」学燈 三五―七（『和蘭雑話』第一書房 一九三四、『幸田成友著作集 四』中央公論社 一九七二 に収録）

一九三一（〃 六）幸田成友「シーボルト一家の手紙」中央公論 四六―一一（『和蘭夜話』同文館 一九三一、『幸田成友著作集 四』中央公論社 一九七二 に収録）

一九三一（〃 六）丸山国雄「条約締結以前に渡来せし独逸人エンゲルベルト・ケンペル、シーボルト」初期日独通交小史 日独文化協会 冨山房

一九三二（〃 七）小川政修「シーボルトの墓銘に就いて」中外医事新報 一一八三

一九三二（〃 七）林 源吉「町絵師慶賀」長崎談叢 一一

一九三二（〃 七）緒方富雄「高良斎先生自筆蘭文文書の紹介、殊に蘭文「日本疾病志」について」中外医事新報 一一七九

一九三二（〃 七）緒方富雄・高壮吉「高良斎先生蘭文「天狗爪石略記」について」中外医事新報 一一八七

一九三二（〃 七）G.Kuroda und H.v.Schulz.,Brief aus Philipp Franz von Siebold's Nachloss im Japan Institute' YAMATO ZEITSCHRIFT DER DEUTSCH-JAPANISCHEN GESELSCHAFT 1~3/4.

一九三三（〃 八）今井貫一「シーボルトの参観せる大阪の銅吹所」上方 三五、井華 一三二

一九三三（〃 八）永見徳太郎「シーボルトと愛人の手紙」人情地理 一―一

一九三三（〃 八）武藤長蔵「シーボルト大著「日本」に掲ぐる温泉嶽の絵は谷文晁画く所の雲仙岳に拠りしものなる事の考証」長崎談叢 一三

一九三三（〃 八）関場不二彦「フィリップ・フランツ・フォン・シイボルトが医学上の貢献追加概略」西医学東漸史余譚

一九三三（〃 八）徳富猪一郎「一〇七 シーボルト再来、

一〇八　日本政権の顧問としてのシーボルト、一〇九　シーボルト再び日本を去る」『近世日本国民史』開国初期編（第一九章）

一九三四（〃　八）石田幹之助「西洋人の眼に映じたる日本」フィリップ・フランツ・フォン・シーボルト（戦前の『岩波講座　日本歴史』）岩波書店

一九三四（〃　九）大久保利謙「シーボルトの〔日本研究〕」歴史教育　一〇—一

一九三四（〃　九）国友　鼎「シーボルトと日本鯢魚（大山椒魚）」長崎談叢　一五

一九三四（〃　九）幸田成友「シーボルトの「日本」複製及びその補遺につき」『和蘭雑話』第一書房

一九三四（〃　九）中村定八「寄合町諸事書上帳に現はれたるシーボルト先生とお滝さん」長崎談叢　一五

一九三四（〃　九）馬場　誠「シーボルトの輸入品に関する史料等に就いて」社会経済史学　四—八

一九三五（〃　一〇）安土堂主人「『シーボルト』と『ジーボルト』ステッキ談片」学燈　三九—五

一八三五（〃　一〇）板沢武雄「我文化史上に於けるシーボルトの地位」日本医事新報　六六〇

一九三五（〃　一〇）今宮　新「プロシア古文書に於いて見たる二三の文書に就いて」史学一四—一（同氏『東西史稿』　一九四四　に収録）

一九三五（〃　一〇）入沢達吉「シーボルトとその事蹟を偲ぶ」東京医事新報　二九二七

一九三五（〃　一〇）入沢達吉「シーボルトと其文献資料」行動　三—四

一九三五（〃　一〇）入沢達吉「フィリップ・フランツ・フォン・シーボルトの事蹟」中外医事新報　一二一八

一九三五（〃　一〇）入沢達吉「欧州医学の日本渡来に就いて—シーボルトを中心にして」実験治療　一四六、一四七　（『随筆楓荻集』　岩波書店　に収録）

一九三五（〃　一〇）入沢達吉「幕末の医学界とシーボルトの事蹟」産婆の友　一四—一〇

一九三五（〃　一〇）入沢達吉「シーボルトの文献」日本医事新報　六六〇

一九三五（〃　一〇）岩谷信造「シーボルトに絡る日本測量地図売渡秘密事件」歴史公論　四—六

一九三五（〃　一〇）江崎悌三「シーボルトと動物学との交渉」日本医事新報　六六〇（『江崎悌三著作集』第一巻　思索社　昭和五九年　に収録）

一九三五（〃　一〇）大久保利謙「将来せられたるシーボルト文献」歴史学研究　一六

一九三五（〃　一〇）大久保利謙「シーボルト先生」科学知識　一五―四、日本医事新報　六六〇
一九三五（〃　一〇）大久保利謙「シーボルト先生とその門人」伝記　二―四
一九三五（〃　一〇）大鳥蘭三郎「シーボルトと日本の医学」科学知識　一五―四、日本医事新報　六六〇
一九三五（〃　一〇）小野嘉明「シーボルトと日本の動物」科学知識　一五―四、日本医事新報　六六〇
一九三五（〃　一〇）川手敏郎「シーボルト先生と科学」科学画報　二四―五
一九三五（〃　一〇）北村喜八「シーボルトと長崎夜話」（小説）現代　一六―五
一九三五（〃　一〇）黒田源次「シーボルト先生と其門人」長崎談叢　一六、一七
一九三五（〃　一〇）佐藤恒二「シーボルトと関係のもの二、三」日本医事新報　六六〇
一九三五（〃　一〇）下瀬謙太郎「シーボルト胸像カナ文字銘の筆者について」日本医事新報　六五八
一九三五（〃　一〇）下瀬謙太郎「シーボルトの漢字名」日本医事新報　六六〇
一九三五（〃　一〇）下瀬謙太郎「シーボルトの漢字名の多いことから」学士会月報　五六七
一九三五（〃　一〇）下村富士男「シーボルトに関する珍資料」歴史公論　四―五
一九三五（〃　一〇）鳥栖刀伊亮「シーボルト余談」同仁九―四
一九三五（〃　一〇）中村重嘉「シーボルト資料展覧会を巡って」長崎談叢　一六
一九三五（〃　一〇）林　道倫「シーボルト先生の処方箋」中外医事新報　一二二二
一九三五（〃　一〇）林　道倫「シーボルト先生の蘭語処方箋」実験治療　一五九
一九三五（〃　一〇）不光子「シーボルトと地図」武蔵野　二二―五
一九三五（〃　一〇）本田正次「シーボルトと日本植物」科学知識　一五―四、日本医事新報　六六〇
一九三五（〃　一〇）三延俊一「黒川良安の手紙、シーボルトの処方書及び其の他」日本医事新報　六八四
一九三五（〃　一〇）三好浩太郎「日本生物学界の恩人シーボルト先生」科学画報　一〇―四
一九三五（〃　一〇）武蔵野町人「シーボルトと長崎遊女其扇」伝記　二―四
一九三五（〃　一〇）武藤長蔵「シーボルトに就いての三点」日本医事新報　六六〇

一九三五（〃　一〇）森　銑三「シーボルトと本間玄調（補遺）」伝記　二―四、六

一九三五（〃　一〇）「シーボルト資料展覧会に関する記事」中外医事新報　一二二六、一二二八～一二二九、一二三三

一九三五（〃　一〇）両川生「シーボルト資料展覧会を観る」東京医事新報　二九二七

一九三五（〃　一〇）横山健堂「シーボルトの日本研究と岡研介及び最上徳内」伝記　二―四

一九三五（〃　一〇）「科学」五―一〇・特集シーボルトと日本の科学（大鳥蘭三郎「Siebold と日本医学の関係」、本田正次「シーボルトの建てた日本植物の新属」、小野嘉明「何が Siebold をして、日本動物学に貢献せしめたか」、板沢武雄「日本科学史上に於けるシーボルトの地位」、伊藤篤太郎「文政年代に於ける東西文化の偉大な交換者 Ph.Fr.von Siebold」）

一九三六（〃　一一）江崎悌三「シーボルトと動物学」日本学術協会報告　一一―三（『江崎悌三著作集』第一巻　思索社　昭和五九年　に収録）

一九三六（〃　一一）大久保利謙「重豪公とシーボルト」南国史叢　一

一九三六（〃　一一）小沢　滋「珈琲とシーボルト」中外医事新報　一二三八

一九三六（〃　一一）大久保利謙・緒方富雄・大鳥蘭三郎・箭内健次「シーボルトと門人との交渉」（シーボルト資料調査報告）中外医事新報　一二二九～一二三二

一九三六（〃　一一）緒方富雄「シーボルトの著作の原稿と門人の寄与」日本医事新報　七四三

一九三六（〃　一一）貴司山治「洋学年代記」（脚本）文学案内　二―五（初演四月於築地小劇場新築地劇団上演）

一九三六（〃　一一）谷川徹三「二人のシーボルト」思想　一六七

一九三六（〃　一一）エフ・エム・トラウツ「シーボルト先生追憶 Siebold―Erinnerungen」史林　二一―二

一九三六（〃　一一）藤森成吉「シイボルト夜話」（脚本）日本評論　一一―一（初演三月於浪速座前進座上演、のち「科学追放記」と増補改題上演）

一九三六（〃　一一）皆川新作「最上徳内と関係ある主なる人物」伝記　三―九

一九三七（〃　一二）今宮　新「アレキサンダー・フォン・シーボルト」史学　一五―二

一九三七（〃　一二）江崎悌三「名古屋の昆虫学回顧―日本昆虫学史資料―」昆虫研究　一―一（『江崎悌三著作集』　第一巻　思索社　昭和五九年　に収録）
一九三七（〃　一二）大久保利謙「シーボルトの見たる日本及日本人」歴史　一
一九三七（〃　一二）江崎悌三「日本昆虫学史資料―名古屋の昆虫学回顧―」昆虫研究　一―一
一九三七（〃　一二）小沢敏夫「シーボルトの子孫に就て（史学会大会記事）」史学雑誌　四八―七
一九三七（〃　一二）沢　弌「シーボルト事件雑話」日本医事新報　七五四
一九三七（〃　一二）寺島柾史「シーボルトと高橋景保」『日本科学発達史』（第四章　純正科学の擡頭）啓文社
一九三七（〃　一二）羽仁説子「シーボルト先生の娘たち」婦人の友　三一―九
一九三七（〃　一二）藤森成吉「シーボルトを主題とした作品」科学ペン　二―一一
一九三七（〃　一二）山岸光宣「幕末の独逸学」図書館雑誌　三一―一
一九三七（〃　一二）山岸光宣「明治以前の独逸学」中外医事新報　一二四八
一九三七（〃　一二）シーボルトと日本文化：「科学ペン」二―一〇（大鳥蘭三郎「シーボルトとその門人」、入沢達吉「シーボルトの事ども」、中村重嘉「シーボルト随想」、増田廉吉「シーボルト先生と長崎地種」、富士川游「シーボルト断片」、武藤長蔵「外交家としてのシーボルト先生の一面」
一九三八（〃　一三）岩崎克己「シーボルトの成吉思汗即源義経説―その後世への影響」中外医事新報　一二五二、一二五三
一九三八（〃　一三）大鳥蘭三郎「シーボルト、ポンペ、ボードヰンの筆蹟に就いて」中外医事新報　一二五四
一九三八（〃　一三）大鳥蘭三郎「シーボルトが将来せる医科器械に就いて」医科器械学雑誌　一六―五
一九三八（〃　一三）白井光太郎「シーボルト先生の大阪芝居見学」黒船　一五―九
一九三八（〃　一三）鈴木義一「シーボルトと産科鉗子」今日の臨床　三―七
一九三八（〃　一三）前川清二「シーボルト播州加古川に立寄る事」明治文化　一一―四
一九三八（〃　一三）三宅　秀「シーボルト先生の写真と其想出」黒船　一五―七

一九三八（〃　一三）吉川芳秋「伊藤圭介とシーボルト」関西医界時報　三三五

一九三八（〃　一三）和田篤憲「日本の旅とその交通施設に関するシーボルトの見聞」交通文化　四

一九三八（〃　一三）―「書影巡礼二九―シーボルト著『千字文』」日本古書通信　九八

一九三九（〃　一四）高於菟三「薬品応手録に就いて」中外医事新報　一二七一

一九三九（〃　一四）高於菟三、高壮吉『高良斎、附シーボルト書翰』

一九三九（〃　一四）富永　貢「日本外科史上に於けるシーボルトの位置」大阪日赤医学　三―三

一九三九（〃　一四）米山　種「故山脇多賀子寄書留」（非売品）小澤印刷所

一九三九（〃　一四）山岸光宣「日本に於ける獨逸語研究の沿革」獨逸文学　三―三　東京帝国大学　獨逸文學會編　有朋堂

一九四〇（〃　一五）板沢武雄「科学的に日本を研究したシーボルト」（『昔の南洋と日本』附録）日本放送出版協会（ラジオ新書一九三九・四・二〇　ＪＯＡＫから放送）

一九四〇（〃　一五）大久保利謙「シーボルトと我学界」（我国に於けるシーボルト研究発達小史）中外医事新報　一二七九、一二八〇

一九四〇（〃　一五）大久保利謙「松木雲徳」伝記　七―一〇

一九四〇（〃　一五）高須芳次郎「シーボルトとツンベルグ」科学知識　二〇―六

一九四〇（〃　一五）富永　貢「日本外科医学史上に於けるシーボルトの位置」医海時報　二三六五～二三六九

一九四〇（〃　一五）中野　操「シーボルトの漢字名」治療及び処方　二四二

一九四〇（〃　一五）藤森成吉「三瀬周三」（小説）科学ペン　五

一九四〇（〃　一五）伊藤至郎「シーボルトの周囲―教育『日本科学史』第九章　徳川時代の科学

一九四一（〃　一六）安土堂主人「補遺」「シーボルト」と「ジーボルト」学燈　三九―五

一九四一（〃　一六）板沢武雄「新撰洋学年表の蘭訳―函館戦争で悲壮の最期を遂げたシーボルトの孫」歴史地理　七七―五

一九四一（〃　一六）大鳥蘭三郎「シーボルトに宛てた門人の手紙」日本医事新報　九八六

一九四一（〃　一六）奥山儀八郎「シーボルト先生のスパイ事件」黒船　一八―七、八
一九四一（〃　一六）田中助一「杉山宗立と井本文恭（シーボルト研究補遺）」科学史研究　一
一九四一（〃　一六）馬場　誠「長崎特に出島の文化的価値」長崎談叢　二八
一九四一（〃　一六）古川晴男「〈シーボルト研究〉への補遺」科学史研究　一―一
一九四一（〃　一六）丸山国雄『日独交渉史話』日本放送出版協会
一九四二（〃　一七）大鳥蘭三郎「シーボルト関係書翰集を中心として」医事公論　一九三五
一九四二（〃　一七）奥山儀八郎「シーボルト先生のスパイ事件」治療医学　五三〇、五三一
一九四二（〃　一七）古賀十二郎「シーボルトの文政初期渡来・シーボルト再渡・シーボルトの愛児楠本イネ及び門人三瀬周三」『西洋医術伝来史』日新書院
一九四二（〃　一七）富成喜馬平「純正科学成立期　シーボルトの来朝より幕末まで」『日本科学史要』弘文堂刊
一九四二（〃　一七）山岸光宣「シーボルト献納本」書物展望　一二―四
一九四二（〃　一七）湧島文雄「シーボルトと産科」助産之栞　四七
一九四二（〃　一七）一九四一年一〇月一八日長崎に於けるSiebold記念祭（独文）」Ungern-Sternberg：Acta Medica Nagasakiensia　三―二
一九四三（〃　一八）皆川新作「シーボルトとの関係」（北邊の先覚者『最上徳内』）（復刻　平成五年　最上徳内顕彰会　電通出版）
一九四三（〃　一八）増田廉吉「シーボルト先生と植物採集、ドーデの見たシーボルト先生」『鎖国の窓』朝日新聞社
一九四三（〃　一八）武藤長蔵「西暦千八百六十二年（我文久二年）長崎出嶋の和蘭印刷所刊行Ph・F・v・シーボルト氏蔵書目録」対外交通史論　東洋経済新報社
一九四四（〃　一九）赤松金芳「シーボルトの船室に積み込まれた薬物と同船によりもたらされた書籍」日本医史学雑誌　一三三八
一九四四（〃　一九）原　平三「シーボルト事件と和蘭通詞猪俣源三郎」日本医史学雑誌　一三三二、一三三四
一九四四（〃　一九）『ジーボルト論攷』第一冊（F・

M・トラウツ「フィリップ・フランツ・フォン・ジーボルト—日本研究家、文化政策者—」、馬場誠「長崎に於けるジーボルト研究」、エルヴィン・ヤーン「フィリップ・フランツ・フォン・ジーボルト」）獨逸文化研究所　ジーボルト委員会

一九四四（〃　一九）新村　出「言語学史上におけるシーボルト先生」『新村出選集　三』養徳社（『新村出全集三』筑摩書房　一九七二　に収録）

一九四六（〃　二一）貴司山治『洋学年代記』弘文社

一九四七（〃　二二）松山毅一「シーボルト（一八二六）」ヨーロッパ人の瀬戸内海往来記　後編（オランダ商館員の往来）中央出版社

一九四八（〃　二三）大久保利謙「シーボルト先生とその門人」伝記　二—四

一九四八（〃　二三）佐々木幸「シーボルトのことなど」科学知識　二八—八

一九四九（〃　二四）清水藤太郎「シーボルトの来朝」『日本薬学史』（第一章概説薬物の時代相）南山堂

一九四九（〃　二四）中野　操「種痘伝来とシーボルトの貢献」（講演）日本医師会雑誌　二三、週刊医学通信　一八一

一九五〇（〃　二五）緒方富雄「シーボルトと門人との交渉」『蘭学のころ』岩波書店

一九五〇（〃　二五）中野　操「種痘伝来とシーボルト」現代の歯学　二—二

一九五〇（〃　二五）牧　建二『西洋人の見た日本史』弘文堂

一九五一（〃　二六）—「書影巡礼—シーボルト『日本』の露訳本」日本古書通信　一六—四

一九五二（〃　二七）杉靖三郎「シーボルト夜話」新薬と治療　五、七〜一二、一四〜一七

一九五二（〃　二七）中野　操「新宮凉庭とシーボルト」綜合臨床　一—一〇

一九五二（〃　二八）沼田次郎「ある日のシーボルト」日本歴史　四四

一九五三（〃　二八）田中助一「シーボルトと防長杉山宗立がシーボルトに提出した論文『海塩の製造法』の考証」防長医学史　下　防長医学史刊行後援会

一九五四（〃　二九）西川義方「Siebold と紫陽花」Medical Digest　一四

一九五四（〃　二九）吉村淳水「シーボルト—日本に於ける最初の研究」学燈　五一—一〇

一九五五（〃　三〇）秋岡武次郎「シーボルト作の日本図」日本地図史　河出書房

一九五五（〃　三〇）泉　末吉「シーボルトの子孫」日本医事新報　一六四七
一九五五（〃　三〇）高月鉄男「シーボルトの子孫」日本医事新報　一六三九
一九五五（〃　三〇）弥吉光長訳「シーボルトの手紙―日本関係出版書について」上野図書館紀要　二
一九五五（〃　三〇）吉川芳秋「水谷豊文翁とシーボルトの関係」『尾張郷土文化医科学史攷』尾張郷土文化医科学史攷刊行会
一九五五（〃　三〇）吉川芳秋「シーボルトと横浜にて再見、呉秀三博士とシーボルトの研究、シーボルトと会見した尾張の学者」尾張郷土文化医科学史攷拾遺　尾張郷土文化医科学史攷刊行会
一九五六（〃　三一）岩井仙吉「小山健三とシーボルト」パンキング　九九
一九五七（〃　三二）小沢敏夫「シーボルトの子孫に就て」史学雑誌　四八―七
一九五八（〃　三三）高瀬重雄「H・P・フォン・シーボルトとその考古説略」越中史壇　一四
一九五九（〃　三四）上野益三「シーボルトの江戸参府旅行の動物学史的意義」人文学報（京大）六（『博物学史論集』八坂書房　昭和五九年　に収録）
一九五九（〃　三四）正木慶文「臨床医家としてのシーボルト」長崎談叢　三九
一九六〇（〃　三五）上野益三「一九世紀前半における西洋動物学の影響」（シーボルトの経歴と来日、シーボルトの江戸参府旅行、シーボルトの日本産動物の研究〈イ、日本滞在中の研究　ロ、日本滞在中指導した門人の研究　ハ、帰国後の研究（日本動物誌の編述）〉『明治前日本生物学史　一巻』（日本学士院編）日本学術振興会（復刻　野間科学医学研究資料館・臨川書店　一九八〇）
一九六〇（〃　三五）佐藤文比古「蘭館医シーボルトと其使用薬品」明薬会誌　三九
一九六〇（〃　三五）沼田次郎「シーボルトと文化文政期の蘭学」『洋学伝来の歴史』至文堂
一九六一（〃　三六）赤羽壮造「シーボルト・高橋景保と間宮林蔵」日本歴史　一五九
一九六一（〃　三六）洞　富雄「シーボルトはロシアのスパイか」日本歴史　一五四
一九六二（〃　三七）大鳥蘭三郎「蘭館日誌に見らるるいわゆるシーボルト関係記事について」日本医史学雑誌九―三、四
一九六二（〃　三七）中西　啓『シーボルト評伝』シーボ

ルト宅跡保存基金管理委員会　出島印刷所刊
一九六二（〃　三七）樋口秀雄「外国関係―シーボルト事件」江戸の犯科帳　人物往来社
一九六二（〃　三七）外山三郎「数種の長崎植物について」長崎市立博物館館報　三
一九六三（〃　三八）小沢敏夫「シーボルトとシオドン」蘭学資料研究会研究報告　四五　長崎談叢四一
一九六三（〃　三八）外山三郎「出島三学者とシーボルト」長崎談叢　四一
一九六三（〃　三八）中山　安『随筆　シーボルトの頃』金剛社
一九六三（〃　三八）『史料撰集』県立長崎図書館（開館五〇周年記念出版）
一九六四（〃　三九）岡田章雄「シーボルトとの劇的袂別」長崎談叢　四二
一九六四（〃　三九）小川鼎三「シーボルト」医学のあゆみ　五〇―九
一九六四（〃　三九）小沢敏夫「鳴滝のシーボルト」日本歴史　一七二
一九六四（〃　三九）ケルスト、ゲオルグ「フィリップ・フランツ・フォン・シーボルト―その政治的活動をめぐって―上、下―」国際文化　一二三、一二四
一九六四（〃　三九）田中助一「シーボルトと熊谷五右衛門」日本医史学雑誌　一〇―二～四
一九六四（〃　三九）中野　操「未知のシーボルト関係史料」日本医史学雑誌　一一―一
一九六四（〃　三九）高橋磌一「洋学の興隆と反封建的世界観」（第三章政治的抑圧と洋学者の苦闘　シーボルト事件）岩波講座『日本歴史』近世　五
一九六四（〃　三九）堀内剛二『近代科学思想の系譜』（第四章封建制下の洋学　シーボルト事件）日本歴史新書　至文堂
一九六五（〃　四〇）大久保利謙「シーボルト夜話」『日本科学技術史体系』第九回配本付録・科学史手帳九　第一法規出版
一九六五（〃　四〇）中泉行正「シーボルト事件―土生玄磧、高橋作左衛門等に対する申渡書」臨床眼科　一九―八
一九六五（〃　四〇）中村　拓「御朱印船渡海図」（第一二章　九州周辺の海域に於ける近代航海家の再発見と地名の混乱一、Krusenstern の“Meacsima”（甑島）と Siebold の評　二、Krusenstern, Siebold 等以前の女島　三、Siebold の女島の記事のその誤り）日本学術振興会

一九六六（〃　四一）池田哲郎「シーボルト渡来とその日本文化に及ぼした影響」福島大学教育学部論集　一八―一

一九六六（〃　四一）石橋長英「ケンパー、シーボルトを偲ぶ」日本医事新報　二三二六

一九六六（〃　四一）石山　洋「シーボルトがグロビウスに贈った本」（稀本あれこれ―三二―）国立国会図書館月報　五九―一二

一九六六（〃　四一）古賀十二郎『長崎洋学史』上巻（第三章　本草　Dr.von Sieboldの日本博物の研究）長崎文献社

一九六六（〃　四一）中野　操「シーボルトの治療日記」日本医事新報　二一九三、二一九四

一九六六（〃　四一）樋口秀雄「東京国立博物館とシーボルト将来文庫」日本古書通信　三一―四

一九六六（〃　四一）「萬國新聞紙　第十一集　慶應四年三月下旬」幕末明治新聞全集（木村毅編）第二巻世界文庫

一九六七（〃　四二）小野忠重「シーボルトとその周辺の画家たち」―東西美術交流三〇〇年展をきに」みづえ七五四

一九六七（〃　四二）小林芳人「ドイツ国におけるシーボルト百年忌式典に参列して」日本医師会雑誌　五七―一

一九六七（〃　四二）古賀十二郎『長崎洋学史』下巻（第七章西洋医術　シーボルトの渡来、第八章　本邦における牛痘法　シーボルトと種痘術の普及、第九章梅毒の研究及び検梅　シーボルト、其他来舶紅毛人の梅毒研究）長崎文献社

一九六七（〃　四二）斎藤　信「シーボルトの見た日本人の服装など」被服文化　一〇五

一九六七（〃　四二）佐藤昌介「対外関係の危機と洋学シーボルト事件」（体系日本史叢書一九『科学史』杉本勲編）山川出版社

一九六七（〃　四二）解説書「一八四〇年シーボルト著日本図ならびに一八一一年アロースミス著日本図」大日本測量株式会社

一九六八（〃　四三）今泉源吉『蘭学の家桂川の人々』続編　凌雲時代（二）〈シーボルトとの親交〉（第一款シーボルト来朝、第二款シーボルトの江戸参府、第三款シーボルトの『蝦夷語辞典』、第四款衣類の質入、第五款甫賢訳『花彙』）篠崎書林

一九六八（〃　四三）猪熊泰三「資料紹介　川原慶賀と新収資料慶賀写真草について」科学技術文献サービス

№一三

一九六八（〃　四三）古賀十二郎『長崎洋学史』続編（第一章博物学襍稿　Dr. Philipp Franz von Siebold の日本博物の研究、シーボルトの鉱物誌）長崎文献社

一九六八（〃　四三）斎藤　信「Siebold の『一八二六年江戸参府旅行中の日記』について」蘭学資料研究会報告　二〇八

一九六八（〃　四三）斎藤　信「シーボルトの日本発見」批評　一九（秋）

一九六八（〃　四三）重藤威夫「シーボルト〈一〉近代医学の導入と日本研究の基礎〈二〉シーボルト事件〈三〉ここに不滅の功績」『長崎居留地』講談社現代新書　講談社

一九六八（〃　四三）根本曽代子「薬学草創に寄せる外人像」薬史学雑誌　三—一

一九六八（〃　四三）吉川芳秋「シーボルトと門下の平井海蔵」週刊医学通信　二三三—九一六

一九六八（〃　四三）山本四郎「シーボルトと凉庭」（『新宮凉庭伝』第三章京都における凉庭）ミネルヴァ書房

一九六八（〃　四三）長瀧重信「消息：シーボルト生誕二〇〇年記念国際医学シンポジウム」日本医史学雑誌　四三—一

一九六九（〃　四四）石山禎一「シーボルトと神奈川県の植物」教育月報（神奈川県教育委員会）六月号

一九六九（〃　四四）今泉源吉『蘭学の家桂川の人々』最終編（第二章明治維新まで　第三節再来のシーボルトと会見　第一款維新の下地、第二款甫賢、再来のシーボルトに会見、第三款シーボルトの贈与品、第四款シーボルト筆の追悼文と扇面）篠崎書林

一九六九（〃　四四）片桐一男「呉秀三著『シーボルト先生—その生涯及び功業』一、二、三」（書評）日本歴史　二五一

一九六九（〃　四四）菊池重郎「シーボルトの墓」蘭学資料研究会研究報告　二二九

一九六九（〃　四四）竹内精一「板沢武雄先生著シーボルト伝について」日本歴史　二五四

一九六九（〃　四四）中村　拓「欧米人に知られたる江戸時代の実測日本地図」地学雑誌　七八—一

一九六九（〃　四四）洞　富雄「間宮海峡発見とシーボルト」（『日本庶民生活史料集成』編集のしおり　第四巻）

一九六九（〃　四四）安井　広「平井海蔵、シーボルトの高弟」蘭学資料研究会研究報告　二二三

一九六九（〃　四四）吉田光邦「悲劇の科学者たち—シー

ボルト事件とその門下」『江戸の科学者たち』現代教養文庫　社会思想社

一九六九（〃　四四）ロバート・フォーチュン著　三宅馨訳『江戸と北京』（第一章日本上陸　長崎遊覧　シーボルトの居宅）廣川書店

一九七〇（〃　四五）石川澄雄「シーボルトと日本婦人」日本歴史　二六九

一九七〇（〃　四五）石原　明「シーボルトと石坂宗哲」（第一二回大会発表要旨）蘭学資料研究会研究報告　二三七

一九七〇（〃　四五）石山禎一「von Sieboldと日本植物—特にEupteleae属について」科学史研究　九六

一九七〇（〃　四五）石山禎一「Dr.Heinrich Bürger の生涯」法政史学　二二

一九七〇（〃　四五）石川澄雄「歴史手帳　シーボルトと日本婦人」日本歴史　二六九

一九七〇（〃　四五）大鳥蘭三郎「『施福多先生文献聚影』について」蘭学資料研究会研究報告　二四〇

一九七〇（〃　四五）小川鼎三「シーボルトの来朝」『医学の歴史』中公新書　中央公論社

一九七〇（〃　四五）岡部真理子「美しいおばあさまシーボルトの曾孫米山種さん」婦人の友　六四—九

一九七〇（〃　四五）木村陽二郎「シーボルトと日本の植物、アジサイ〝オタクサ論争〟にちなんで」科学朝日　三〇—九

一九七〇（〃　四五）八木佐吉「シーボルト『日本』こぼれ話」学燈　六七—七

一九七〇（〃　四五）沼田次郎「ハインリッヒ・ビュルガーの伝記—ファンステーニス夫人の論文について—」蘭学資料研究会研究報告　二三三

一九七一（〃　四六）石川澄雄「人物探訪　おいねとシーボルト」歴史と地理　七二、七三

一九七一（〃　四六）Yoshikazu Ishiyama., A Brief Chronology of Dr. Heinrich Bürger. Japanese Studies in the History of Science No.9 1970

一九七一（〃　四六）猪熊泰三「お滝花と其扇の木—あるシーボルト資料にちなんで」学燈　六八—七

一九七一（〃　四六）兼重　護「シーボルトと川原慶賀」長崎談叢　五二

一九七一（〃　四六）木原　均「箱根植物研究小史」箱根の樹木と自然（木原均編）箱根樹木園

一九七一（〃　四六）滝川政二郎「シーボルトの墓」史迹と美術　四一—二、四

一九七一（〃　四六）土橋守正「シーボルトのことども」

（巻頭言）逓信医学　一三―一二

一九七一（〃　四六）沼田次郎「ケンペルとシーボルトの故地を訪ねて」日本歴史　二七四

一九七一（〃　四六）原田伴彦「Ⅸ　西洋の科学―近代の胎動　シーボルトと鳴滝　シーボルトとスパイ事件ほか」『長崎（歴史の旅への招待）』中公新書　中央公論社

一九七一（〃　四六）松村　明「シーボルト蒐集の日本書籍―とくに蘭学関係のものについて」『蘭学と日本文化』（緒方富雄編）東京大学出版会

一九七一（〃　四六）森　銑三『森銑三著作集』（第五巻本間玄調）中央公論社

一九七一（〃　四六）湯浅光朝『解説　科学文化史年表』（第六表日本近世科学史〈四〉シーボルトの来朝と純正科学の移植）中央公論社

一九七一（〃　四六）『明治前日本人類学・先史学史』中篇　外国人が書いた蝦夷に関する記録（第二章蝦夷地に行き調査した外国人の蝦夷記事　第一節ジロラモ・デ・アンジェリス　第三項ウキッセン、シーボルト、ストラーレンベルグその他の学者の引用せる第二蝦夷国報告書について）日本学士院編　日本学術振興会

一九七二（〃　四七）井上悌雄「シーボルト作の日本風民謡楽譜」蘭学資料研究会研究報告　二五九

一九七二（〃　四七）大矢真一「にしひがし科学史散歩一二―シーボルト」自然　二七―一二

一九七二（〃　四七）大鳥蘭三郎「シーボルト―日本近代科学発展の恩人」江戸の洋学者たち　緒方富雄編　新人物往来社

一九七二（〃　四七）竹内胖夫「シーボルトが寄港した塩飽島造船所」新香川　三一～三五

一九七二（〃　四七）『幸田成友著作集』第四巻（「シーボルト一家の手紙」、「シーボルトの『日本』複製及びその補遺に就いて」）中央公論社

一九七二（〃　四七）平石義男「長崎御用時計師とシーボルト」長崎県地方史だより　創刊号　西日本文化　八二、八三

一九七二（〃　四七）藤森成吉『近代日本の先駆者たち』―幕末の洋学―（Ⅱ シーボルト事件）新日本新書一四八　新日本出版社

一九七三（〃　四八）高橋磌一「近代医学の父シーボルト―日本史発掘一九」日本及日本人　一五一八

一九七三（〃　四八）津田慶二「シーボルトと宮の宿」熱田風土記　七

一九七三（〃 四八）中西 啓「長崎医学史ノート 二二—医学者としてのシーボルト」長崎県医師会会報 三三六

一九七三（〃 四八）中山 沃「備前地方蘭医学史—石井宗謙とシーボルトの遺児イネ」医海時報 五四六

一九七三（〃 四八）上野益三「西洋博物学者の来日—C、シーボルト」『日本博物学史』平凡社

一九七三（〃 四八）司馬遼太郎・緒方富雄「シーボルト」日本史探訪 七 角川書店

一九七三（〃 四八）洞 富雄「樺太探検とシーボルト事件」「シーボルトはロシアのスパイか」北方領土の歴史の将来 新樹社

一九七三（〃 四八）宮崎道生「白石著書のヨーロッパへの流伝—フランツ・フォン・シーボルトと白石著書」『新井白石の洋学と海外知識』吉川弘文館

一九七四（〃 四九）石山禎一「シーボルトの日本植物学上の記録」生物学史研究 二五

一九七四（〃 四九）上野益三「博物学史散歩 その九—日本に渡来した西洋博物学のふるさと—」植物と文化 一〇 八坂書房

一九七四（〃 四九）御江久夫「シーボルト事件に於ける散瞳薬」宇部短期大学学術報告 一一

一九七四（〃 四九）大矢真一『日本科学史散歩 シーボルト』自然選書 中央公論社

一九七四（〃 四九）兼重 護「画家の眼を開いたシーボルト」日本医史学雑誌 二〇—一

一九七四（〃 四九）木村陽二郎「ツュンベリーの日本植物誌—ケンペル、ツュンベリー、シーボルト」『日本自然誌の成立—蘭学と本草学』自然選書 中央公論社

一九七四（〃 四九）藤野恒三郎「シーボルト」近代医学の歩み 講談社

一九七四（〃 四九）船橋聖一『紅毛醫人風聞』（小説）河出書房新社

一九七四（〃 四九）矢部一郎「一資料から見た科学者シーボルト」日本医史学雑誌二〇—三

一九七四（〃 四九）山形敞一「医師としてのシーボルト」日本医史学雑誌 二〇—一

一九七五（〃 五〇）石山禎一「シーボルトと日本の植物—とくに出島蘭館日雇熊吉の標本について—」医海時報 六三八

一九七五（〃 五〇）石山禎一「シーボルトと日本植物—モトスケランの植物図絵を中心に—」植物と文化 一三 八坂書房

一九七五（〃　五〇）井上悌雄「『シーボルトのかっぽれ』は九連環（明清楽）」（第一七回大会発表要旨）蘭学資料研究会研究報告　二九八

一九七五（〃　五〇）上野益三「ハインリッヒ・ビュルゲル―日本におけるSieboldの協力者」遺伝　二九―七

一九七五（〃　五〇）大井次三郎「日本植物調査研究史」（改定増補新版『日本植物誌』顕花篇）至文堂

一九七五（〃　五〇）影山　昇「シーボルトと二宮敬作」『伊予の蘭学』青葉図書（愛媛）

一九七五（〃　五〇）斎藤　信「シーボルトの『江戸参府紀行』について」蘭学資料研究会研究報告　三〇一

一九七五（〃　五〇）酒井　恒「シーボルトと日本科学の黎明」有隣　九一　有隣堂

一九七五（〃　五〇）佐々木利和「シーボルト旧蔵『樺太風俗図』について」Museum　二八九

一九七五（〃　五〇）鈴木　明「シーボルトの書簡」参考書誌研究　一一

一九七五（〃　五〇）鶴見俊輔『高野長英　西方の人』朝日新聞社

一九七五（〃　五〇）洞　富雄「シーボルト『日本』第七部　蝦夷・カラフト関係図版解説」シーボルト『日本』図版解説　講談社

一九七五（〃　五〇）福島義一「シーボルト事件と土生玄碩将軍家紋服贈与について」日本医史学雑誌　二一―四

一九七五（〃　五〇）福島義一「シーボルト事件における将軍家紋服の謎」古医学月報　二月号

一九七五（〃　五〇）森永種夫「シーボルトとポンペ―その生徒たち」太陽　一四五

一九七五（〃　五〇）埼玉県吉見町編纂委員会編「シーボルト・モールスの來村」吉見百穴―吉見史史料編吉見町役場

一九七六（〃　五一）石山禎一「シーボルトと出島蘭館日雇熊吉―とくに二、三の日本植物標本を中心に」科学史研究　一一七

一九七六（〃　五一）岩井憲幸「ゴシケービチ・橘耕斎『和魯通信言比考』とシーボルト『日本動物誌』―基礎的研究のための一資料」ロシヤ語ロシヤ文学研究　八

一九七六（〃　五一）岩井憲章・杉本つとむ閲「シーボルト『日本植物誌』と『和魯通言比考』」植物と文化　一五　八坂書房

一九七六（〃　五一）木村　毅「蔵書雑談―シーボルトの関係書」日本古書通信　四一―一、二

一九七六（〃　五一）木村陽二郎「シーボルトと川原慶賀植物図の関連」（第一八回大会発表要旨）蘭学資料研究会研究報告　三〇九

一九七六（〃　五一）沢西良子・今英章「内外主要図書館におけるP.F.J.v..Siebold 著作の所在一覧稿」参考書誌研究　一三

一九七六（〃　五一）藤田喜六「大英博物館・同図書館所蔵『シーボルト蒐集和漢書』」蘭学資料研究会研究報告　三〇九

一九七六（〃　五一）福島義一「シーボルトが江戸で実験した散瞳薬の本態について」古医学月報　七月号

一九七六（〃　五一）ロジャ、メイチン「シーボルトの自筆書翰」（一八六四年六月一四日、池田筑後守宛）Cosmica 地域研究　六

一九七七（〃　五二）海野一隆「シーボルトの翻訳『日本辺界略図』の諸本」（第一九回大会研究発表要旨）蘭学資料研究会研究報告　三二四

一九七七（〃　五二）岡田芳明「シーボルト『ニッポン』の盲暦について」（第一九回大会研究発表要旨）蘭学資料研究会研究報告　三二四

一九七七（〃　五二）木村陽二郎「シーボルトのフロラヤポニカ」科学医学資料研究　四二

一九七七（〃　五二）沓沢宣賢「シーボルト『日本』の書誌学的考察—初版と再版の比較を中心として」湘南史学　三　東海大学大学院日本史学友会

一九七七（〃　五二）斎藤　信「シーボルト『日本』の図版について」（第一九回大会研究発表要旨）蘭学資料研究会研究報告　三二四

一九七七（〃　五二）斎藤　信「Siebold のカナ書き表記について」医譚（復）四九

一九七七（〃　五二）斎藤　信「シーボルトの『江戸参府旅行中の日記』」科学医学資料研究　四〇

一九七七（〃　五二）沼田次郎「特別講演要旨：西ドイツにおけるシーボルト関係文献を中心に」（第一九回大会研究発表要旨）蘭学資料研究会研究報告　三二四

一九七七（〃　五二）福島義一「申渡書からみたシーボルト事件の再検討」—中野操先生の傘寿を奉賀しての小文を捧ぐ—　医譚（復）四九

一九七七（〃　五二）福島義一「日本眼科学会から観た長崎—特にシーボルトを中心として」日本眼科学会雑誌　八一—一一

一九七七（〃　五二）藤田喜六「シーボルト『日本』の書誌学的検討を終って」科学医学資料研究　四〇

一九七七（〃　五二）吉川芳秋「独人蘭医シーボルトをめ

ぐる尾張周辺の人々」（医史資料）現代医学　二五―二

一九七七（〃　五二）吉町義雄「シーボルトと国語」、「施福多「日本文庫及日本文学研究提要」北狄和語考笠間書院

一九七七（〃　五二）深潟　久『長崎幕末維新史』上（第四章鳴滝の人々　第五章おたくさ系譜）親和銀行済美会刊

一九七八（〃　五三）石山禎一「シーボルトの茶樹研究」（一）～（三）茶道誌　淡交　四～六月号

一九七八（〃　五三）杉浦明平「布施昌一『シーボルトの日本探検』讃仰型を超える歴史的リアリズム」朝日ジャーナル　二〇―二四

一九七八（〃　五三）高橋　功「かわった医師たち七―シーボルト」心　三一―四

一九七八（〃　五三）高橋磌一「シーボルトあれこれ」天地　一―五

一九七八（〃　五三）土井正民「わが国一九世紀における近代地学思想の伝播とその萌芽」広島大学地学研究報告　二一

一九七九（〃　五四）海野一隆「シーボルトと『日本辺界略図』」『日本洋学史研究　五』（有坂隆道編）創元社

一九七九（〃　五四）斎藤　信「シーボルト『日本』の最終刊行年とその全体構想について」シーボルト『日本』第六巻　雄松堂書店

一九七九（〃　五四）関口忠志「シーボルト（弟）」歴史読本　二四―一五

一九七九（〃　五四）林　良重「シーボルトの墓」蟻塔二五―一

一九七九（〃　五四）中野　操「長崎派＝シーボルトの門人たち」（『大坂蘭学史話』）思文閣

一九七九（〃　五四）船越昭生「シーボルト資料カラフト図に関する若干の検討」奈良女子大学地理学研究報告Ⅰ

一九七九（〃　五四）松林文作「一八二三年（文政六）Dr Philipp Franz von Siebold 来朝す」（『新長崎植物誌』）昭和堂印刷（長崎）

一九八〇（〃　五五）赤木昭夫「シーボルトと植物園」『蘭学の時代』中公新書　中央公論社

一九八〇（〃　五五）石山禎一「植物図鑑を利用して　シーボルトと日本植物」学校図書館　三五六

一九八〇（〃　五五）上野益三「一九世紀前半における西洋動物学の影響　一、シーボルトの経歴と来日　二、シーボルト江戸参府旅行　三、シーボルトの日本産

動物の研究」『明治前日本生物学史　第一巻』日本学士院編　井上書店・臨川書店

一九八〇（〃　五五）大森　実「シーボルト関係の資料をもとめて」法政　七―八　法政大学

一九八〇（〃　五五）沓沢宣賢「ライデンに於けるシーボルト蒐集地図について」東海大学文学部紀要　三三

一九八〇（〃　五五）小泉芳敏「史料紹介　シーボルト事件について」水戸史学　一三

一九八〇（〃　五五）戸塚武比古「矢勃児督処方録について」蘭学資料研究会研究報告　三三三

一九八〇（〃　五五）中川昭三「ビュルヘルの鉱水分析について」長崎県衛生公害研究所報　二二

一九八〇（〃　五五）野田宇太郎「長崎のおたきさん花」明治村通信　一一一―六

一九八〇（〃　五五）矢野正明ほか「驚くべきシーボルトの収集エネルギー―オランダ紀行　その二　日蘭交流の跡を訪ねて」（グラビア）アサヒグラフ　二九九一

一九八〇（〃　五五）J・クライナー「もう一人のシーボルト―日本考古学・民族文化起源論の学史から―」思想　六七二　岩波書店

一九八一（〃　五六）上原　久「シーボルト事件余禄『天文暦学諸学書簡集』を編して」科学医学資料研究　九〇

一九八一（〃　五六）小都勇二「シーボルト事件と土生玄碩」芸備地方史研究　一三〇

一九八一（〃　五六）沓沢宣賢「シーボルト父子と日本」歴史情報　九　歴史情報研究会

一九八一（〃　五六）小松伸六「ミュンヘン物語　慶応二年ミュンヘン―シーボルト、ドーデ、鴎外」文学界　三五―七

一九八一（〃　五六）田辺由太郎「シーボルト・コレクション（文献）の現状―オランダ・イギリス・フランス―」参考書誌研究　二二

一九八一（〃　五六）土渕正一郎「蘭学始末記」（特別研究）歴史読本　二六―六

一九八一（〃　五六）松林文作「一八二三年（文政六）Dr Philipp Franz von Siebold来朝す（長崎洋学史）」長崎植物の歴史『新長崎植物誌』改定版　長崎出版文化協会

一九八一（〃　五六）山本武臣「シーボルトをめぐるアジサイ」『アジサイの話』八坂書房

一九八二（〃　五七）大森　実「フォン・シーボルト研究会の活動について」法政　三一三　法政大学

一九八二（〃　五七）大久保利謙「昭和十年代初頭のシーボルト・ブーム」歴史科学　一五　青木書店（復刻大久保利謙著『佐幕論議』収録　吉川弘文館　昭和六一年）

一九八二（〃　五七）住谷一彦「中欧の図書館・美術館・博物館日本コレクション・シンポジウム―歴史と現状」図書　七　岩波書店

一九八二（〃　五七）永積洋子「ドイツ人シーボルトとオランダの学界」思想　六九七

一九八二（〃　五七）中村哲郎『西洋人の歌舞伎発見』劇書房

一九八二（〃　五七）難波田徹「シーボルトが持ち帰った瓦経版―『瓦経片の世界』その後」同朋　四九

一九八二（〃　五七）堀　成之「日本のピアノ文化史二―シーボルト」音楽の世界　二一―一〇

一九八二（〃　五七）箭内健次「シーボルト研究史における呉先生」日本医史学雑誌　二八―四

一九八二（〃　五七）吉川芳秋「独人蘭医師―ボルトをめぐる尾張周辺の人々」現代医学　二五―二

一九八二（〃　五七）呉　秀三「シーボルト伝」『呉秀三著作集　一』（医史学会編）思文閣出版

一九八二（〃　五七）杉靖三郎「シーボルト夜話」『杉靖三郎著作選四―日本科学の伝統』春秋社

一九八二（〃　五七）伏見　功「シーボルトの目に映った富士」富岳歴覧―外国人の見た富士山　現代旅行研究所

一九八二（〃　五七）福島義一『阿波の蘭学者―西洋文化を伝えた人たち―』　徳島県出版文化協会

一九八二（〃　五七）弥吉光長「シーボルトの手紙―日本関係出版書について」弥吉光長著作集五―書誌と図書評論　日外アソシエーツ

一九八二（〃　五七）ヨーゼフ・クライナー「ヨーロッパの博物館に所蔵される日本民俗学関係コレクション」月刊文化財　二二　№二三二

一九八三（〃　五八）石井賢治「糸荷廻船とシーボルト」七洋　二四五

一九八三（〃　五八）金森誠也「外国人の見た鎖国時代の「海と日本人」―ケンペル、ヅーフ、シーボルトらの印象記」港運　八（八五）

一九八三（〃　五八）木村直司「シーボルトとゲーテ」ソフィア　三二―二　上智大学

一九八三（〃　五八）沓沢宣賢「シーボルトと日本の医学―『矢以勃児杜験方録』をめぐっての一考察―」日蘭学会会誌　一五

一九八三（〃　五八）熊沢夕輝子「シーボルトの著作リスト」第四一回資料紹介展　学習院大学図書館
一九八三（〃　五八）関　俊彦「ハインリッヒ・シーボルトと日本」歴史と人物　一四一
一九八三（〃　五八）宗田一「シーボルトの修学証書」ノイエ・インフォーマ　一―八三
一九八三（〃　五八）宗田一「シーボルトから学んだ医術」ノイエ・インフォーマ　三―八三
一九八三（〃　五八）宗田一「シーボルト事件をめぐって」ノイエ・インフォーマ　四―八三
一九八三（〃　五八）竹内精一「一八二三年シーボルトが欧州とバタフィアから舶載させ、一八二五年長崎で受取った書籍とその後の運命」日蘭学会会誌　一五
一九八三（〃　五八）戸塚武比古「失勃児督処方録」日本医史学会雑誌　二九―三
一九八三（〃　五八）藤岡武男「シーボルトと茂吉―斎藤茂吉をめぐる人々」あるご　八
一九八三（〃　五八）平山久敏「小瀬戸浦とシーボルト」長崎市小瀬戸町史跡
一九八四（〃　五九）芥川竜男「シーボルトの蒐集した伐株山の楠木化石」玖珠郡史談　一二
一九八四（〃　五九）伊藤　実「シーボルトと熊茶屋―関口日記に見る熊茶屋の顛末」郷土つるみ　一一
一九八四（〃　五九）上野益三「ビュルゲルの肖像画」『博物学史論集』八坂書房
一九八四（〃　五九）大森　実「シーボルトと日本植物」（上）（下）学燈　八一―一、二
一九八四（〃　五九）Minoru Omori,Some Matter in the Study of von Siebold from the Past to the Present and New Materials Found in Relation to Siebold and His Work. HISTORIA SCIENTIARUM. No.27
一九八四（〃　五九）鹿子木敏範「ヨーロッパにおけるシーボルト新資料」科学医学資料研究　一一八
一九八四（〃　五九）沓沢宣賢「シーボルト第二次来日時の外交的活動について」東海大学文学部紀要　四一
一九八四（〃　五九）佐原　真「シーボルト父子とモールスと―日本考古学の出発」月刊文化財　二五〇
一九八四（〃　五九）志柿　亨「シーボルト―彼の功業と協力者たち」『シーボルト鳥類図譜』解説　聖文社発売　文有発行
一九八四（〃　五九）人物探訪『日本の歴史―一七―異郷の人々』（アダムス、オールコック、カロン、ケンペル、ゴロウニン、ゴンチャローフ、シドッチ、シーボルトほか）暁教育図書

一九八四（〃　五九）関俊彦・関川雅子訳「ハインリッヒ・シーボルトの英文日本考古学書の翻訳「先史・原始時代の日本—H・V・シーボルト著『日本考古学』」書誌学月報　一三

一九八四（〃　五九）武内　博「国外追放にあったシーボルトはどうなったか？」歴史読本　二九—八

一九八四（〃　五九）戸塚武比古「シーボルト処方箋」（資料含む）日本医史学雑誌　二九—三

一九八四（〃　五九）秦　新二「フォン・シーボルトの〃カメラ〃となった男—江戸のイラストレーター・川原慶賀」グランディ（GRUNDY）二—六　徳間書店

一九八五（〃　六〇）青木歳幸「シーボルト治療方と蘭医宮原良碩—史料紹介と北信地方医界覚書」信濃　三七—一一

一九八五（〃　六〇）石山禎一訳「史料紹介『一八六四年ヴュルツブルグからの公開状』—オランダの内務大臣宛に書かれた日本植物収集に関する書翰（Ph・Fr・フォン・シーボルトの遺稿）」生物学史研究　四五、四六

一九八五（〃　六〇）石山禎一「資料紹介　あるシーボルトの書翰」日蘭学会通信　二九

一九八五（〃　六〇）石山禎一、江間久美子訳「一八六六年、ライデン気候馴化園の日本植物目録」（その一）、（その二）日蘭学会会誌　一〇（一）、一〇（二）

一九八五（〃　六〇）大沢真澄、塚原東吾「Ph・Fr・フォン・シーボルトの日本産鉱物・岩石及び和漢薬などの調査」化学史学会一九八五年度年会講演要旨　シンポジウム五　化学史学会

一九八五（〃　六〇）河合光輝「華岡青洲とシーボルト」福井県医師会だより　二七七

一九八五（〃　六〇）関　俊彦「ハインリッヒ・シーボルトと日本考古学」『考古学の先覚者たち』（森浩一編）中央公論社

一九八五（〃　六〇）長尾政憲「シーボルト文久元年蘭文日記についての一考察—福沢諭吉の渡欧との関連として」日蘭学会会誌　一九

一九八五（〃　六〇）福田雅代編纂『桔梗—三宅秀とその周辺』（三宅秀　講演記録「維新史料編纂会講話会三宅秀君講話速記」）岩波ブックセンター信山社

一九八五（〃　六〇）K・W・ラドケ、梅棹忠夫対談「シーボルト以来の日蘭研究」月刊みんぱく　八月号　国立民族学博物館編集

一九八五（〃　六〇）F・フォス（ライデン大学名誉教授）「講演：オランダにおける日本研究」YOUSHODO

FORUM '85「日欧文化の出会い」東京
一九八六（〃 六二）石田純郎「アナフラクトイド紫斑病とフォン・シーボルト」日本医事新報 第三二五〇号
一九八六（〃 六二）石山禎一「先覚者の足跡：京都蘭学の巨星・小森桃塢」医の道 五月号 医療情報電送センター出版事業部
一九八六（〃 六二）大森 実「PH.FR.VON.シーボルトと日本の近代化を終えて」法政 一三―一〇 法政大学
一九八六（〃 六二）Minoru Omori., Von Siebold as a botanist. In: Museum voor Volkenkunde Rotterdam (ed.) In the wake of Liefde. 1986.
一九八六（〃 六二）沓沢宣賢「一八六三年ヨーロッパ帰国後のシーボルトの外交的活動について―アルゲマイネ・ツァイトゥング連載の論文を中心に」東海大学文明研究所紀要 六
一九八六（〃 六二）沓沢宣賢「一八六一年東禅寺事件に関する一資料」湘南史学 七・八
一九八六（〃 六二）H・ケルナー「シーボルトの日本の近代化およびヨーロッパにおける日本紹介に対する貢献」（国際シンポジウム講演）法政 一三―一〇 法政大学
一九八六（〃 六二）佐藤昌介「解題『シーボルト直傳方治療方寫取』と『シーボルト治療日記』」『洋学者稿本集』天理図書館善本叢書和書之部編集委員会 八木書店
一九八六（〃 六二）宗田 一「シーボルト（医学近代化と外人たち一～八）」臨床医学一二―四
一九八六（〃 六二）永積洋子「通商の国から通信の国へ」日本歴史 四五七
一九八六（〃 六二）松岡洸司「出島三五〇年に向けて―ツンベルク・ズーフ・シーボルト―」ソフィア 三五―二
一九八七（〃 六二）石田純郎「シーボルトの受けた科学教育」日本科学史学会第三四回年会 研究発表講演要旨集
一九八七（〃 六二）石山禎一訳「J・ホフマン、H・シュルテス共著『日本及び中国植物の土名録』（一）・（二）科学医学資料研究 一五八、一六〇
一九八七（〃 六二）上野益三「フォン・シーボルトの日本産動物の研究」『日本動物学史』八坂書房
一九八七（〃 六二）大沢真澄「シーボルト収集の日本産鉱物・岩石および薬物類標本」日蘭学会通信 三六

一九八七（〃　六二）大沢真澄、塚原東吾「Ph.Fr.von Siebold収集の日本産鉱物・岩石および和漢薬などの調査」日本科学史学会第三四回年会講演要旨　日本科学史学会

一九八七（〃　六二）大森　実『シーボルトと日本植物』（①シーボルトゆかりの地・ライデン　②東西文化のかけ橋—鳴滝塾　③シーボルトの日本植物収集　④ヨーロッパにおける日本植物の研究と紹介）日本の生物　一—一〜四　文一総合出版

一九八七（〃　六二）緒方富雄「シーボルトの"NIPPON"にある出島図」けんさ　一七—三

一九八七（〃　六二）片桐一男「シーボルトの京都滞在と荷蘭館」洋学史研究　四

一九八七（〃　六二）久我光雲「新発見、シーボルトの連れ帰った江戸の狩犬」アニマ　一七二

一九八七（〃　六二）久米康生「シーボルトと和紙」百万塔　六八

一九八七（〃　六二）椎名仙卓「ヘンリー・フォン・シーボルトの博物館論」（博物館事始め一八）博物館研究　二三三

一九八七（〃　六二）山口隆男「シーボルト・コレクションの新発見」ウインドミル一一九　KLM機内誌

一九八七（〃　六二）吉村　昭「伝記と陰の部分」図書　三　岩波書店

一九八七（〃　六二）「シーボルトと三瀬諸淵展—近代国家の夜明け—」パンフレット大洲市立博物館

一九八八（〃　六三）石山禎一「伊藤圭介著『シーボルトへ所贈腊葉目録』手稿本　上」洋学史研究　五

一九八八（〃　六三）石山禎一「ライデン国立腊葉館の歴史とシーボルト・コレクション—特にシーボルトの自筆書翰『一八六四年ヴュルツブルグからの公開状』を中心に」『鎖国日本と国際交流』下（箭内健次編）吉川弘文館

一九八八（〃　六三）石田純郎編著『蘭学の背景』（第二章シーボルトの医学的背景　第六章オランダの化学薬学の学統と幕末日本の科学　第八章オオサンショウウオとオランダ医たち　第九章日本における西洋医育システムの受容）思文閣出版

一九八八（〃　六三）石田純郎『江戸のオランダ医』（二・西洋科学の伝来　シーボルトの受けた教育・日本でのシーボルト）三省堂選書　三省堂

一九八八（〃　六三）大森　実「歴史手帳　ライデンのシーボルト展」日本歴史　四八一

一九八八（〃　六三）梶　輝行「英語圏に於けるシーボル

ト『日本』の影響—"Manner and Customs of the Japanese in the Nineteenth Century"の書誌学的検討を中心に」日蘭学会会誌二四、二五

一九八八(〃 六三)フリッツ・フォス「シーボルト雑話」法政大学フォン・シーボルト研究会誌 五 法政大学

一九八八(〃 六三)加藤僖重「ライデン大学に所蔵されている伊藤圭介腊葉帖にあるシダ標本について」日本シダの会会報 二(七三)一—六

一九八八(〃 六三)加藤僖重「「蝦夷地出産草木」に含まれているシダ標本」日本シダの会会報 二(七五/七六)一—四

一九八八(〃 六三)狩野博幸「蟹虫画帖」『シーボルトと日本』(日本・オランダ修好三八〇年記念、シーボルトと日本展 解説書)朝日新聞社

一九八八(〃 六三)沓沢宣賢「東禅寺事件にみるシーボルトの外交的活動について『ケルニイシェ・ツァイトゥング』掲載記事の成立事情と内容を中心に」『鎖国日本と国際交流』下(箭内健次編)吉川弘文館

一九八八(〃 六三)沓沢宣賢「外国人列伝③ 日本に異文化を運んできたフィリップ・フランツ・フォン・シーボルト」コミュニケーション(COMMUNICATION)一四

一九八八(〃 六三)宮崎道生「シーボルトと日本」国史学 一三五

一九八八(〃 六三)宮崎道生「シーボルト・コレクションの探訪調査—ルール大学所蔵コレクションを中心として」国学院大学紀要 二六

一九八八(〃 六三)向井 晃「船載洋書目録の考察—シーボルト再渡来時の将来蔵書目録」『鎖国日本と国際交流』下(箭内健次編)吉川弘文館

一九八八(〃 六三)箭内健次「シーボルトは開国の恩人か」統計 三九—六

一九八九(〃 六三)石山禎一「伊藤圭介著『シーボルトへ所贈腊葉目録 手稿本 下』」洋学史研究 六

一九八九(〃 六三)「萬國新聞紙 毎得新報發 横濱出板 慶應四年三月下旬 プロシア國の記事」北根豊編〈編年複製版〉日本初期新聞全集 一三 ぺりかん社

一九八九(平成元)梶 輝行「シーボルト『日本』の翻訳版"prospectus"による考察を中心に」洋学史研究 六

一九八九(〃 元)沓沢宣賢「シーボルト関係史料について—『ヤーパン・インスティチュート』所蔵までの経

緯を中心に」東海大学文明研究所紀要　九

一九八九（〃　元）大森　実「シーボルトと〝かえでの葉〟―ライデン国立腊葉所蔵のタカオカエデの葉の標本集について」『近代西洋文明との出会い―黎明期の西南雄藩』（杉本勲編）思文閣

一九八九（〃　元）小倉和夫「作法と形式の国―シーボルトと日本の葛藤―」東西文化摩擦―欧米vs日本の一五類型―　中央公論社

一九八九（〃　元）永島福太郎「H・v・シーボルトの『考古説略』」青陵　七〇

一九八九（〃　元）Togo TUKAHARA and MASAMI OSAWA., On the Siebold Collection of crude druss and related materials from Japan. Bulletin of Tokyo Gakugei University Sect. IV Mathematics and Natural Science Vol.41

一九八九（〃　元）ペーター・パンツアー著　佐久間穆訳「十九世紀最高の日本研究者シーボルト」ウイーンの日本―欧州に根づく異文化の軌跡―　サイマル出版会

一九八九（〃　元）野中杏一郎編『医の歳月―野中眼科二百年史―』（第二章〝菅の目医者〟の名声を博した二代・杏庵）野中杏一郎刊

一九八九（〃　元）細谷新治「シーボルトの作った統計表を求めて―日本統計事始の一駒―」Library and Information Science 27

一九八九（〃　元）宮崎道生「ルール大学蔵シーボルト・コレクション中の日本関係文献解説」国学院大学大学院紀要文学研究科　二〇

一九九〇（〃　二）塚原東吾「西ドイツルール大学（ボッフム）に現存するシーボルト関係文書中の日本の地質学的調査・研究について」日蘭学会会誌　一五―一

一九九〇（〃　二）上田恭一郎「シーボルトの標本と日本の昆虫学」インセクタリウム　第三一三、三一四、三一五号

一九九〇（〃　二）中村　昭「資料：蘭方口伝（シーボルト験方録）」日本医史学雑誌　三六―三

一九九一（〃　三）加藤僖重「シーボルト生誕百年祭に参加した人達」獨協大学教養諸学研究　二六

一九九一（〃　三）川崎房五郎「シーボルト事件」杉並郷土史会会報　一〇九

一九九一（〃　三）木村陽二郎「レニングラードにあった幻のシーボルト・コレクション」科学朝日　五一―一一

一九九一（〃　三）児島　豊「畑宿の寄木細工に驚嘆（フ

イリップ・フランツ・フォン・シーボルト)」箱根と外国人　箱根叢書　神奈川新聞社かなしん出版

一九九一(〃　三)司馬遼太郎『オランダ紀行』街道をゆく三五(シーボルトの栃の実)朝日新聞社

一九九一(〃　三)『高野長英の手紙』　水沢市立高野長英記念館

一九九一(〃　三)ドベルグ美那子「ムリエ蔵書目録と初期フランス日本学」『日本洋学史の研究』X(有坂隆道編)〈創元学術双書〉創元社

一九九一(〃　三)二宮直一『二宮敬作とその周囲』教育委員会文庫一　保内町教育委員会(愛媛)

一九九一(〃　三)福井英俊「楠本いねの足跡」(文明開化の花開いた町　宇和町「イネと敬作　その時代展」展示目録)宇和町商工観光課・愛媛新聞社開発部

一九九一(〃　三)宮崎道生「ヨーロッパにおけるシーボルト・コレクション」国学院大学大学院紀要文学研究科　二三

一九九一(〃　三)宮崎正夫「シーボルトの処方箋」薬史学雑誌　二六―一

一九九一(〃　三)NHK歴史誕生取材班「歴史誕生」九(樺山紘一構成「発表されなかった江戸城本丸図―シーボルト事件」、樺山紘一「シーボルトをめぐる世界」)角川書店

一九九二(〃　四)石山禎一「シーボルトと日本の植物」小原流「挿花」五月号(特集　シーボルト)財団法人小原流刊

一九九二(〃　四)大村敏郎「医学史ミニ博物館(七三)シーボルトとその弟子」医学のあゆみ　一六一―八

一九九二(〃　四)木村陽二郎「(研究例会要旨)ペテルスブルグのシーボルトコレクション」洋学史通信　二

一九九二(〃　四)小杉恵子「パリ国立図書館における一八～一九世紀収集目録稿―ティチング・シーボルト・ストゥルレル・コレクションを中心として―」日蘭学会会誌　一七―一

一九九二(〃　四)中西　啓『ニッポン医家列伝』ピー・アンド・シー(福岡)

一九九二(〃　四)原　平三『幕末洋学史の研究』　新人物往来社

一九九二(〃　四)宮崎正夫「シーボルトの作った目薬」日本薬学会第一一二年会(講演ハイライト)日本薬学会広報委員会

一九九二(〃　四)宮崎道生「最上徳内とシーボルト」国史学　一四七　国学院大学国史学会

一九九三（〃　五）石山禎一「シーボルト関係の新資料についての一考察」『洋学 1』　洋学史研究年報　一九九二　八坂書房

一九九三（〃　五）石山禎一「シーボルトの民族学博物館設立に関する計画草案―バイエルン国王ルートヴィッヒ一世に提案の書簡―」科学医学資料研究　二三〇

一九九三（〃　五）石山禎一「シーボルトの日本女性観」神奈川県立高P連会報　八二

一九九三（〃　五）石原　侑「シーボルト事件の疑問　当時の日本人は地図を外国人に渡すことが重大な国益を損じることと思ったであろうか」古地図研究　第一巻（全六巻・別巻二）〈月刊「古地図研究」の合本復刻〉

一九九三（〃　五）沓沢宣賢「（研究例会要旨）シーボルト関係文献について」洋学史通信　四

一九九三（〃　五）中井晶夫「シーボルト著『日本』にあらわれたシーボルトの日本観」季刊　悠久　五二（特集　西洋人の捉えた日本像の源流）

一九九三（〃　五）増川宏一「シーボルトの蒐集した双六」ウインドミル　七三　KLM航空機内誌

一九九三（〃　五）門多正志編『宇和の人物伝』　宇和郷土文化保存会、宇和教育委員会（愛媛）

一九九三（〃　五）劉　寒吉「シーボルトの渡来と追放」長崎歴史散歩（唐紅毛ロマン）創元社

一九九三（〃　五）KLM航空機内誌「ウインドミル」特集　シーボルトの謎（「ニッポンに賭けたシーボルトの生涯」、宮坂正英「シーボルトの子供たち」、片桐一男「シーボルトとオランダ通詞」、宮坂正英「ヨーロッパに眠るシーボルト・コレクション」、福井英俊「シーボルト記念館」、「シーボルトの足跡を訪ねる」）ココオフィス・プールルーム編集　六九号

一九九四（〃　六）石山禎一「日本の医学とシーボルト」神奈川県学校保健連合会会報　二六

一九九四（〃　六）沓沢宣賢「ハーグ国立公文書館所蔵のシーボルト関係史料について」文明　東海大学文明研究所

一九九四（〃　六）中山　沃「シーボルト―西洋医学の普及に寄与、日本の文化を世界に紹介―」維新の道　七二

一九九四（〃　六）宮坂正英「ブラン伝シュタイン家文書に見られるシーボルトと桂川甫賢、宇田川榕菴との交流に関する記述史料について」化学史研究　二一―一

一九九四（〃　六）宮崎正夫「シーボルトの散瞳点眼薬」

薬史学雑誌　二九—二

一九九四（〃 六）村上恒夫「シーボルトの故郷を訪ねる」温古復刊　一六・一七

一九九四（〃 六）〈アート〉サライ美術館「発見、シーボルトの植物図絵コレクション」（「出島の天才絵師が残した江戸時代のリアルな自然」（丸善刊『日本植物図譜』より）サライ　六—一〇　小学館

一九九四（〃 六）Tukahara Togo., The Dutch Commitment in its Search for Asian Mineral Resource and the Introduction of Geological Science as a Consequence, Internatinal Symposium. The transfer Science and Tech.

一九九五（〃 七）洞　富雄『幕末維新の異文化交流』—外圧をよみとく—（第一編幕末維新と北辺—異境の探検地から—シーボルトと最上徳内の約束、シーボルト露探問題）有隣堂

一九九五（〃 七）永井潤子「再評価されるシーボルトの幅広い業績」未来　三五一　未来社

一九九五（〃 七）中村　昭「シーボルトの臨床医学—「蘭方口伝（シーボルト験方録）」再検討」日本医史学雑誌　四一—一

一九九五（〃 七）大沢真澄「雲仙火山とシーボルトをめぐって」日蘭学会通信　六九

一九九五（〃 七）加藤僖重「牧野標本館所蔵のシーボルト・コレクション中にある日本人作成標本」（一）獨協大学教養諸学研究　三〇—一

一九九五（〃 七）宮崎正夫「シーボルト処方集（一）」薬史学雑誌　三〇—一

一九九五（〃 七）宮崎道生「シーボルトと日本の開国」国史学　一五八　国史学会

一九九六（〃 八）池上　悟「英国所在の日本考古学資料—マンローおよびシーボルトコレクション中の須恵器—」立正大学文学部論叢　一〇三

一九九六（〃 八）石山禎一「シーボルトと日本の医学」（抄）神奈川医学会雑誌　二四—一

一九九六（〃 八）石山　洋「シーボルトがケンペル／ツュンベリー顕彰碑を建立した理由」（上・下）日本古書通信　六一—二、三

一九九六（〃 八）磯崎康彦「シーボルトの江戸参府に随行した川原慶賀」福島大学教育学部論集社会科学部門　六〇

一九九六（〃 八）片桐一男「江戸・京・大坂オランダ宿の主人　シーボルトを語る」よむカステラ　第二号　松翁軒発行

一九九六（〃 八）大滝紀雄「シーボルト生誕二〇〇年に想う」神奈川県保険医新聞 一三三三

一九九六（〃 八）加藤僖重「牧野標本館所蔵のシーボルト・コレクション中にある日本人作成標本（二）―伊藤圭介が作成した標本―」獨協大学教養諸学研究 三〇―二

一九九六（〃 八）加藤僖重「牧野標本館所蔵のシーボルト・コレクション中にある日本人作成標本（三）獨協大学教養諸学研究 三一―一

一九九六（〃 八）加藤僖重「牧野標本館所蔵のシーボルト・コレクション中にあったビュルガーの標本」獨協国際交流年報 九

一九九六（〃 八）小林淳一「シーボルト父子のみた日本展」（補遺）江戸東京博物館News 一五

一九九六（〃 八）笹原亮二「生活の色と柄―国立民族学博物館「シーボルト父子の見た日本」展を巡って―」神奈川大学民具マンスリー 二九―四

一九九六（〃 八）中村 剛「文政一一年（一八二八年）ズイーボルトが熊谷五右衛門義比に贈ったスクェアピアノ（一）」山口芸術短期大学研究紀要 二八

一九九六（〃 八）姫野順一「啓蒙思想と「日本社会」の発見―ケンペル、ティチング、シーボルト―」『海外情報と九州―出島・西南雄編』九州大学出版会

一九九六（〃 八）船越昭生「こだまする地図―ライデン大学図書館蔵シーボルト・コレクションの一図から―」京都女子大学史窗 五三

一九九六（〃 八）古川 明「シーボルト生誕二〇〇年」杉並区医師会雑誌 二

一九九六（〃 八）三浦豊彦「シーボルト父子の見た日本」生誕二〇〇年記念企画展（九〇年代の訪問五六）労働の科学 五一―九

一九九六（〃 八）宮坂正英「シーボルトの実像に迫る遺品と資料―生誕二〇〇年に寄せて―」ウインドミル 八五 KLMオランダ航空機内誌

一九九六（〃 八）宮崎正夫「シーボルトの処方集（二）」薬史学雑誌 三〇―二

一九九六（〃 八）宮崎正夫「シーボルトの処方箋」日蘭学会通信 七四

一九九六（〃 八）宮崎道生「シーボルトと鎖国日本」（上）（下）国学院雑誌九七―六・七

一九九六（〃 八）望月洋子「（なつかしき日本）「千年の美」に感動したシーボルトの日本紀行」新潮 四五、一四―一二

一九九七（〃 九）『洋学5』洋学史学会研究年報 一

九九六（シンポジウム「シーボルト生誕二〇〇年記念—長崎とシーボルトの諸問題—」中西啓「シーボルト事件を巡って」、兼重　護「シーボルトとその絵師川原慶賀」、宮坂正英「シーボルトと学域—ブランデンシュタイン家所蔵シーボルト発オランダ領東インド総督ファン・デア・カペレン宛書簡下書の検討を中心に—」、沓沢宣賢「第二次来日時の活動について—長崎・横浜・江戸の外交活動を中心に—」、山口隆男「ライデンにある川原慶賀の自然史画」）八坂書房

一九九七（〃 九）梶　輝行「シーボルト事件の虚実」長崎県地方史だより　四九　長崎県地方史研究会会報

一九九七（〃 九）中村　剛「文政一一年（一八二八年）ズィーボルトが熊谷五右衛門義比に贈ったスクエアピアノ（二）」山口芸術短期大学研究紀要　二九

一九九七（〃 九）加藤僖重「オランダ国立植物標本館に所蔵されている水谷助六作製の標本について」獨協大学教養諸学研究三一—二

一九九七（〃 九）加藤僖重「牧野標本館にあるシーボルト作成のシダ標本」日本シダの会会報三（一〇）二七—三五

一九九七（〃 九）白石仁章「エッセイ　ヴュルツブルグとシーボルト—第七回日本資料専門家欧州協会（EAJRS）年次総会参加記—」外交史料館報　第一一号　外務省外交史料館

一九九七（〃 九）濱中淑彦「シーボルトと鰻」愛知医報　一四八八

一九九七（〃 九）山崎幹夫「シーボルトの薬と現代医品のはざま」学燈　Vol.九四　No.七

一九九八（〃 一〇）石山禎一「史料紹介：フィリップ・フランツ・フォン・シーボルト著『一八二四年から一八四四年までに日本からの植物の輸入についての歴史的説明』（一）（二）」科学医学資料研究　二八五、二八六

一九九八（〃 一〇）石山禎一「シーボルト再渡来時における「日本植物」の観察とその概況」日本の近代化の研究（一九九六—一九九七年度共同研究報告書）東海大学文明研究所

一九九八（〃 一〇）片桐一男著『阿蘭陀宿海老屋の研究』（I 研究篇・II 史料篇）思文閣出版

一九九八（〃 一〇）加藤僖重「ライデン国立植物標本館および牧野標本館に所蔵されている『花彙』関連の標本について（二）」獨協大学諸学研究　二—一

一九九八（〃 一〇）加藤僖重「平井海蔵作成の標本帖」獨協大学諸学研究　一—二

一九九八（〃 一〇）加藤僖重「ライデン大学植物園を訪ねる」野草 四二一

一九九八（〃 一〇）加藤僖重「シーボルトとフォーチュン」野草 二四三

一九九八（〃 一〇）加藤僖重「ライデン大学にある日本人が初めて採集した植物基準標本について」獨協大学教養諸学研究 一三三

一九九八（〃 一〇）桂 ゆりえ「故フランツ・フォン・シーボルト氏のライデン気候馴化園で栽培された植物の目録と市価 一八六七年」の序 科学医学資料研究 二九一

一九九八（〃 一〇）沓沢宣賢「シーボルト その人と生涯—医師・日本研究者・外交的活動家としての足跡をふりかえりながら」若き日本と世界 支倉常長から榎本移民団まで 東海大学外国語教育センター編 東海大学出版会

一九九八（〃 一〇）沓沢宣賢「アレクサンダー・フォン・シーボルト略年譜」日本の近代化の研究（一九九六—一九九七年度共同研究報告書）東海大学文明研究所

一九九八（〃 一〇）沓沢宣賢「ヨーロッパ帰国後のシーボルトの外交活動について—池田使節団への建言と「アルゲマイネ・ツァイトゥング」連載の論文を中心に—」森山恒雄教授退官記念論文集『地域史研究と歴史教育』

一九九八（〃 一〇）S.Takenosita, F.Vos, W. R. V. Gulik, C. Narita, Y. Nagamachi et al., Discovered Document of Von Siebold Part II,The List of Confiscated Articles from the "Von Siebold Incident" THE KITAKANTO MEDICAL JOURNAL Vol. 48 No.1 January, No.4 July, No.6 November 1998.

一九九八（〃 一〇）宮崎道生「シーボルトの見た鎖国日本」教養論集 創刊号 関東学院女子短期大学

一九九八（〃 一〇）向井 晃「シーボルト「日本研究」の情報源—収集図書類を主に—」日本の近代化の研究（一九九六—一九九七年度共同研究報告書）東海大学文明研究所

一九九八（〃 一〇）「日本地図を奪え！オランダ発秘密指令／追跡・シーボルト事件」『堂々日本史』（NHK取材班編）一七 KTC中央出版

一九九八（〃 一〇）『洋学 6』洋学史学会研究年報 一九九七〈資料〉栗原福也「オランダ領東インドとフォン・シーボルト（一）」、石山禎一、桂ゆりえ「フィリップ・フランツ・ドゥ・シーボルト、カール・ルートヴィッヒ・ブルーメ共編『オランダにおける王立園芸奨励協会年報　第一号』（ライデン、H・W・ヘイゼンバーク社、一八四四年）の部分訳　〈その一〉」、加藤僖重「牧野標本館にあるシーボルトコレクション〈その一〉―伊藤圭介作成の標本―」

一九九九（〃　一一）青木宏一郎『江戸時代の自然』―外国人が見た日本の植物と風景―（第三章シーボルトの見た十九世紀の自然）都市文化社

一九九九（〃　一一）大沢真澄「シーボルトとガウランド―日本考古学の紹介者」日本文化財科学会　第六一回大会発表要旨

一九九九（〃　一一）『マテシス・ウニウェルサリス』一―一（加藤僖重、和田浩志、山本明「オランダ国立植物標本館所蔵のシーボルトコレクション中にあるシダ標本　一」、和田浩志「シーボルトが日本で集めた種子・果実について」）獨協大学外国語学部言語文化学科紀要

一九九九（〃　一一）加藤僖重「牧野標本館所蔵のシーボルトコレクション」横須賀市博研報（自然）sci. Rept. Yokosuka City Mus.,(46): 23-32. Mar. 1999.

一九九九（〃　一一）栗原福也「フォン・シーボルトとオランダ商館長デ・ステュルレル」洋学研究一滴　第七号　津山洋学館

一九九九（〃　一一）岸本恵美『ヴァチカン図書館蔵「葡日辞書」解説』（シーボルト父子との関係）京都大学文学部国語学国文学研究室編　京都大学

一九九九（〃　一一）奥村武「福岡の先賢医師三三、シーボルトの鳴滝塾や緒方洪庵の適塾よりも早く博多にあった蘭方医阪巻塾」福岡県医報　一二八一

一九九九（〃　一一）佐藤茂美・池添博彦「アレクサンダー・フォン・シーボルト『日本紀行』の食文化考」帯広大谷短大紀要　三六

一九九九（〃　一一）中西啓「シーボルトと日本」（特集：洋学の九州）Fukuoka Style　福博綜合印刷発行　星雲社

一九九九（〃　一一）中野栄美「シーボルト事件―P・H・シーボルトと高橋景保を中心に―」国士舘大学文学部国史学専攻

一九九九（〃　一一）永井芳和「養生の町江戸とシーボルト」鍼灸　OSAKA　一五―一

一九九九（〃　一一）仲川正子「ライデン大学図書館の日本の蔵書」日本古書通信　八三五

一九九九（〃　一一）山崎幹夫『薬と日本人』（「シーボルトからの一四〇年」現代医療の中の薬学）歴史文化ラ

イブラリー六七　吉川弘文館

一九九九（〃　一二）中村圭子「解題：シーボルト家とフランス」仏蘭西学研究二九　日本仏学史学会

一九九九（〃　一二）小林淳一『海を渡った生き人形』ペリー以前以後の日米交流（第三章「アメリカに渡ったシーボルト情報」）朝日選書六三三　朝日新聞社

一九九九（〃　一二）雑誌「サライ」新緑特大号　特集海外のプラントハンターが追い求めた　花咲く都江戸の植物（「生きた植物を初めて持ち帰ったシーボルト」）五月六日号　№九　小学館

一九九九（〃　一二）『洋学７』　洋学史学会研究年報一九九八〈資料〉栗原福也「オランダ領東インドとフォン・シーボルト（二）」、石山禎一、桂ゆりえ「フィリップ・フランツ・ドゥ・シーボルト、カール・ルートヴィッヒ・ブルーメ共編『オランダにおける王立園芸奨励協会年報　第一号』（ライデン、H・W・ヘイゼンバーク社、一八四四年）部分訳〈その二〉」、加藤僖重「牧野標本館にあるシーボルトコレクション〈その二〉―長崎奉行所の目付であった茂伝之進宅に植えられていたネズの標本―」）

一九九九（〃　一二）廣瀬肇「古典あれこれ―シーボルトをめぐって―」JOHNS　一五―一

一九九九（〃　一二）八木正自「シーボルト著『日本』成立の周辺」①〜③　日本古書通信　八三四〜八三六

二〇〇〇（〃　一二）石山禎一「オランダに渡った日本の植物」小原流「挿花」六月号　（財）小原流刊

二〇〇〇（〃　一二）加藤僖重「牧野標本館所蔵のシーボルトコレクション中にあったボゴール植物園およびゲント植物園で植栽されていた植物の標本」獨協大学国際交流センター　一三

二〇〇〇（〃　一二）久松正樹「オランダ国立自然史博物館“Naturalis”―シーボルトが収集した江戸後期の昆虫標本―」おとしぶみ　№二〇

二〇〇〇（〃　一二）『マテシス・ウニウェルサリス』二―一（加藤僖重、和田浩志、山本明「オランダ国立植物標本館所蔵のシーボルトコレクション中にあるシダ標本（二）」、和田浩志「シーボルトが日本で集めた種子・果実について（二）」）獨協大学外国語学部言語文化学科紀要

二〇〇〇（〃　一二）長崎文化機関誌発行委員会編集『長崎文化』第五七号　西暦二〇〇〇年ながさき阿蘭陀年―記念号（宮坂正英「シーボルト断想―観察メモにみる「まなざし」の問題を中心に」、山口青史「シーボルト」、西村勇「シーボルトのピアノ」）長崎国際文

化協会

二〇〇〇（〃　一二）『洋学 8』　洋学史学会研究年報一九九九〈研究ノート〉加藤僖重「牧野標本館にあるシーボルトコレクション（その三）―シーボルトが蒐集した日本産カンアオイ属植物について―」〈資料〉石山禎一「オランダ王立園芸奨励協会の種苗園で栽培された、日本と中国から輸入された新旧の植物一覧表―ライデンにあるフォン・シーボルト商会―」、平成十年度　大会〈会長講演〉栗原福也「フォン・シーボルトの日本調査報告書」）

二〇〇〇（〃　一二）長崎大学薬学部編『出島のくすり』（「第一章近代薬学の到来期　一、出島三学者〈ケンペル、ツュンベリー、シーボルト〉　二、日本最初の近代的薬剤師ビュルガー―」資料一、シーボルトの処方箋　二、『薬品応手録』に収載された薬品）九州大学出版会

二〇〇〇（〃　一二）吉良枝郎『日本の西洋医学の生い立ち―南蛮人渡来から明治維新まで―』（第七章「シーボルト―再建オランダの代表として」、第八章「シーボルト事件後の日本の蘭学」）築地書館

二〇〇〇（〃　一二）栗原福也「出島からバタヴィアへ―フォン・シーボルトの日本調査報告書一八二三・二四年」東京大学史料編纂所研究紀要　第一〇号

二〇〇〇（〃　一二）宮崎道生「欧米人の近世・近代日本観」伝統研究　第八号

二〇〇〇（〃　一二）中本静暁「シーボルトのカペレン海峡」地域文化研究　Vol.一五

二〇〇一（〃　一三）石山禎一「ウイーンにあるシーボルトの記念碑」科学医学資料研究　三一七

二〇〇一（〃　一三）小幡和男「宇田川榕菴がシーボルトに贈ったアキタブキの拓本」・「ライデン国立植物標本館から寄贈されたシーボルトの標本」茨城県自然博物館研究報告　第四号

二〇〇一（〃　一三）加藤僖重「オランダ王立植物標本館にあった岡研介作成フノリ属標本」洋学　9　洋学史学会研究年報　二〇〇〇

二〇〇一（〃　一三）川嶌眞人「シーボルトと中津」（川嶌眞人『エッセイ集　蘭学の里・中津』）近代文芸社

二〇〇一（〃　一三）沓沢宣賢「シーボルトと日本研究」（第八章）知の近代を読み解く（加藤泰・金子勲・元田州彦編著）東海大学出版会

二〇〇一（〃　一三）原平三著『幕末洋学史の研究』一九九二　新人物往来社　別冊付録（私家版）　シーボルト事件と和蘭通詞猪俣源三郎・原平三洋学研究メモ

二〇〇一（〃　一三）森岡美子『世界史の中の出島』―日欧通交史上長崎の果たした役割―　長崎文献社

二〇〇一（〃　一三）脇田安大「植物をめぐる異国文化の出逢い」長崎文化　五九（特集　長崎異国情緒）長崎国際文化協会

二〇〇一（〃　一三）高橋輝和「シーボルト『日本植物誌』仏語解説の独語原稿―三六オオツワブキ―」岡山大学文学部紀要　第三五号

二〇〇一（〃　一三）高橋輝和「シーボルト旧蔵の宇田川榕菴筆『本草写真』」岡山大学文学部紀要　第三六号

二〇〇一（〃　一三）中西弘樹「シーボルトが採集したハマボウの標本記載について」長崎県生物学雑誌　№五三、二〇〇一

二〇〇一（〃　一三）保田孝一「利用者の立場からロシアの文書館のあり方を語る」（ロシア所存日本関係史料をめぐるシンポジウム報告）　東京大学史料編纂所紀要　第一一号

二〇〇一（〃　一三）宮地正人「ロシア国立海軍文書館所蔵一八六〇～六一年長崎関係史料について」（ロシア所存日本関係史料をめぐるシンポジウム報告）東京大学史料編纂所紀要　第一一号

二〇〇一（〃　一三）『マテシス・ウニウェルサリス』二―二（加藤僖重、和田浩志、山本明「オランダ国立植物標本館所蔵のシーボルトコレクション中にあるシダ標本（三）」。「同書」三―一（飯島一彦「オランダ国立植物標本館所蔵『華彙』に添付された大河内存真のシーボルト宛書簡について」、加藤僖重、和田浩志、山本明「オランダ国立植物標本館所蔵のシーボルトコレクション中にあるシダ標本（四）」、和田浩志「シーボルトが日本で集めた種子・果実について（四）」獨協大学外国語学部　言語文化学科紀要

二〇〇一（〃　一三）山口隆男、加藤僖重「水谷助六の植物図譜とシーボルト・土生玄碩」欽斎研究会だより　№九五　欽斎研究会

二〇〇一（〃　一三）山口隆男「シーボルトと圭介」（「江戸から明治の自然科学を描いた人―伊藤圭介没後一〇〇年記念シンポジウム」）名古屋大学附属図書館

二〇〇一（〃　一三）平成一三年度史跡シーボルト宅跡発掘調査（九月一〇日～一一月一五日・庭園内植木移植および復旧を含む）長崎市教育委員会

二〇〇一（〃　一三）『医療点眼瓶の変遷』監修大阪大学名誉教授理学博士芝哲夫（Ⅲ　シーボルト点眼瓶）参天製薬株式会社史料室

二〇〇二（〃　一四）石山禎一「シーボルト自筆ノート

『大名一覧』に関する一考察」科学医学資料研究　三三二

二〇〇二（〃　一四）石山禎一「シーボルト自筆『一八二六年江戸参府途上、クロノメーターによる緯度・軽度の観測値』について」『日蘭交流史　その人・物・情報』（片桐一男編）思文閣

二〇〇二（〃　一四）石山禎一「研究ノート　シーボルトの書簡―ヨーロッパにある動植物の自筆書簡―」生物学史研究　№七〇　日本科学史学会生物学史分科会

二〇〇二（〃　一四）生熊　文「ベイレフェルトのシーボルト伝」日蘭学会通信　一〇二

二〇〇二（〃　一四）梶　輝行「江戸時代後期のオランダ商館長江戸参府に関する研究」泉石　六　古河歴史博物館紀要

二〇〇二（〃　一四）加藤僖重「牧野標本館所蔵のシーボルトコレクション中の美馬順三が作製した標本」『洋学一〇』　洋学史学会研究年報　二〇〇一

二〇〇二（〃　一四）勝盛典子「一九世紀の輸出漆器―青貝屋における阿蘭陀商売の端緒から終焉まで―」（「商館長ステュルレルとシーボルトの時代」）近世輸出工芸品の保存と修復　Ⅱ　東京文化財研究所刊

二〇〇二（〃　一四）中西弘樹「ハマボウ（アオイ科）の記載の歴史およびその語源について」長崎大学教育学部紀要　自然科学　第六七号　六月

二〇〇二（〃　一四）平成一四年度史跡シーボルト宅跡発掘調査概要（七月三日～八月一三日）長崎市教育委員会

二〇〇二（〃　一四）『マテシス・ウニウェルサリス』三―二（加藤僖重、和田浩志、山本明「オランダ国立植物標本館所蔵のシーボルトコレクション中にあるシダ標本（五）」、和田浩志「シーボルトが日本で集めた種子・果実について（五）」獨協大学外国語学部言語文化学科紀要

二〇〇二（〃　一四）週刊TIME TRAVEL　江戸Ⅲ⑦再現日本史（「再現ドキュメント・日本が動いた日・文政一二年（一八二九）九月二五日　衝撃の「日本図」流出事件　シーボルト、国外追放！」講談社

二〇〇二（〃　一四）「江戸時代人物画帳」シーボルトが見た各階層の日本人の服装（『週刊朝日百科　Ⅰ　日本の歴史』朝日新聞社、六月二〇日発行以降毎号掲載）

二〇〇二（〃　一四）『マテシウス・ウニウェルサリス』四―一（和田浩司「シーボルトが日本で集めた種子・果実について（六）」獨協大学外国学部言語文化学科紀要

二〇〇二（〃　一四）金窪敏知「シーボルト事件とクロノメーター秘話」国際交流（特集―地図をめぐる国際交流―）九六　国際交流基金刊　第一法規発売

二〇〇三（〃　一五）『マテシウス・ウェルサリス』四―二（和田浩司「シーボルトが日本で集めた種子・果実について（七）」獨協大学外国学部言語文化学科紀要

二〇〇三（〃　一五）決定版『図説・幕末志士一九九』歴史群像シリーズ特別編集（徳永宏「楠本いね」、前川和彦「高野長英」、岩下哲典「長崎に鳴滝塾を開設したドイツ人医師シーボルト」）学習研究社

Ⅶ　諸外国におけるシーボルト関係の文献

1860 : Leemans C., Korte handeileiding bij het bezigtigen van het Rijks Japansch Museum von Siebold, Leiden 1860.

1864 : M.M.J.Hoffmann et H.Schultes., Noms Indigénes d'um choix de Plantes du Japon et de la Chine, D'eterminés d'aprés les échantillons de l'herbier de Pay-Bas à Leyde, E.J.Brill 1864.

1866-67 : F.A.Guil Miquel. in universitate rehenotraiectina Botanices., Prolusio Florae Japonicae. MUSEI BOTANICI LUGDUNO-BATAVI DIRECTOR Accedunt Tabulae II. Amstelodami MDCCCLXVI-MDCCCLXVII.

1868-69 : F. A. Guil. Miquel., ANNALES MUSEI BOTANICI LUGDUNO-BATABI. Vol.1-4.　MDCCCLXVIII-MDCCCLXIX.（同書は一九八八年に科学書院で復刻）

1870 : F.A.Guil.Miquel:Catalogus Musei Botanici Lugduno-Batavi.FLORA JAPONICA.prostat Hagae Comitis, Apud Martinum Nijhoff. MDCCCLXX.

1923 : Bijleveld,W.J.J. , Verloren glorie. Jhr. Dr. Ph. F. B. von Siebold en zijne buitenplaats Nippon. Leiden, 1923.

1932 : Bijleveld, W. J. J., Von Siebold, Bijdragen toto zijne levensbeschyjving, Leiden 1932.

1937 : Kooiman H.K.en Verema H. J., De Catalogi van Von Siebold en De Introductie van Planten uit Japan. Overdruk uit het twaalfde jaarboek der Nederlandsche Dendrologische Vereiging 1937.

1962 : Steenis-Kruseman,J.M.van.,Heinrich Bürger (?1806-1858), Explorer in Japan and Sumatra. Contribution to the history of botany and exploration in Malaysia. 8. Blumea,11: 1962.

1966 : PHILIPP FRANZ VON SIEBOLD, Gedenkschrift

zur 100. Wiederkehr seines Todestages am 18.Oktober 1966.herausgegeben von der Deutsch-Japanischen Gesellschaft in Bayern e. V. MAX HUEBER VERLAG MÜNCHEN.

1967 : Körner H.,Die Würzburger Siebold. Eine Gelehrtenfamilie des 18. und 19. Jahrhunderts. (Lebensdarstellungen deutschen Naturforscher, hrsg. Deutsche Akademie der Naturforscher Leopoldina Nr.13), Johann Ambrosius Barth.Leipzig 1967.

1969 : Dr.Max Joseph Hufnagel., Berühumte Tote im Südlichen Friedhof zu München. 500 Zeugen des Münchner kulturellen,geistigen und politischen Lebens im 19. Jahrhundert.Manz Verlag München 1969.

1970 : Stockhausen J.von.,Der Mann in der Mondsichel. Aus dem Leben des Philipp Franz von Siebold. Deutsche Verlag-Anstalt.Stuttgart.1970.

1973 : Terence Barrow, Ph.D., Manner and Customs of the Japanese in the Nineteeth Century from the accounts of Dutch residents in Japan and from the Germann work of Dr.Philipp Franz von Siebold. Published by the Charles E. Tuttle Company,Inc. of Rutland, Vermont & Tokyo, Japan. 1973.

1973 : J. MacLean, D.Sc., Natural Science in Japan. I. Before 1830. Annals of Science, Vol. 30, No. 3, September, 1973.

1975 : J.MacLean D.Sc., The enrichment of the Royal Cabinet of Rarities at 's-Gravenhage with Japanese ethnographical specimens from 1815 to 1848. Japanese studies in the history of science, No. 14 (1975).

1975 : J.MacLean D.Sc.,National Science in Japan from 1828 to 1849.JANUS. Revue internationale de l'histoire des sciences, de la médecine de la pharmacie et de la technique, 1975.

1975 : YU-YING BROWN.,THE VON SIEBOLD COLLECTION FROM TOKUGAWA JAPAN, "THE BRITISHLIBRARY JOURNAL" VOLUME 1,1975. VOLUME 1976./ LONDON.

1978 : PHILIPP FRANZ VON SIEBOLD, A Contribution to the Study the Historical Relation between Japan and the Netherlands. The Netherlands Association for Japanese Studies, c/o Center for Japanese

Studies, Leiden University 1978.

1978 : J.MacLean D.Sc.,Von Siebold and the importation of Japanese Studies in the History of Science, No.17 (1978).

1979 : C.Kalkman and P.Smit.,RIJKSHERBARIUM 1829-1979（「BLUMEA」—Vol.25.No.1,1979）

1979 : TCHAF.voorjaar 1979, 150 jaar Rijksherbarium.

1981 : Pieter Baas.,On Some Wood Collection of Historical Interest.IAWA Buletin n.s.,Vol.2(1) 1981.

1981 : Josef Kreiner., JAPAN-SAMMLUNGEN IN MUSEEN MITTELEUROPAS-GESCHITE, Anbau und gegenwärtige Probleme "Bonner Zeitschrift für Japanologie" Band 3/Bonn 1981.

1982 : Karstens W. K. H. en Herman Kleibrink., DE LEIDSE HORTUS.een botanische erfenis.1982. Uitgeverij Waanders b.v.,Zwoll.

1983 : Eberhard Friese., Philipp Franz von Siebold als früher Exponent der Ostasienwissenscha-ften. Ein Beitrag zur Orientalismusdiskussion und zur Geschichte der europäisch-japanisch-en Begegnung. Nr. 15. Studienverlag Dr. N. Brockmeyer Bochum 1983.

1984 : ACTA SIEBOLDIANA I. Eine Japan-Karte aus der Edo-Zeit Beschreibung des Manuskrip-tes,von Hans Adalbert Dettmer., 1984. OTTO HARRASSOWITZ · WIESBADEN.

1984 : Josef Kreiner.,Deutschland-Japan Historische Kontakte "Studium Universale" Band 3/Bonn 1984,Bouvier Verlag Herbert Grundmann.

1986 : ACTASIEBOLDIANA II.Siebold-Bibliographie Schriften über Philipp Franz von Siebold 1824-1984. von Viktoria Eschbach-Szabo und Hans-Alexander Kneider., 1986. OTTO HARRASSOWITS · WIESBADEN.

1987 : Halmer Stahncke.,Die diplomatischen Beziehunaen zwischen Deutschland und Japan 1854-1866 "Studien zur modern Geschichte" 33/Wiesbaden 1987,Franz Steiner Verlag.

1989 : Stadtarchiv Würzburg. Neubaustrasse 12. Joseph-Greising-Saal Hinweise-Informationen Nr. 13 März 1989. Christine Bartholomäus, Philipp Franz von Siebold (1796-1866) Japanforscher aus Würzburg. Eine Ausstellung des Statarchiv Würzburg mit Exponaten aus Würzburg und den Familienarchiv von Brandenstein.

1989 : K.VOS, ASSIGNMENT JAPAN.VON SIEBOLD PIONEER AND COLLECTOR. EUROPA - LIA89 日本 JAPAN. SDU The Hague 1989.

1989 : ACTA SIEBOLDIANA III. Die Sieboldiana-Sammlund der Ruhr-Universität Bochum., Beschrieben von Vera Schmidt., 1989. OTTO HARRASSOWITZ · WIESBADEN.

1990 : Dr L.A.Tjon Sie Fat,Dr G.J.M.van Vliet. Philipp von Siebold. Zijn Japanse flora en fauna. H. J. W. Becht-Haarlem.

1991 : ACTA SIEBOLDIANA IV. Briefe aus dem Familienarchiv von Brandenstein. Der Kreis um Alexander und Heinrich von Siebold., Herausgegeben von Arcadio Schwade. 1991. OTTO HARRASSOWITZ · WIESBADEN.

1993 : Philipp Franz von Siebold(1796-1866) Ein Bayer als Mittler zwischen Japan und Europa. Herausgegeben von Michael Henker · Susanne Bäumler · Eva Maria Brockhoff Iiona von Má-Riássy · Kazuko Ono. Katalog zur Ausstellung im Vestibül der Bayerischen Staatskanzlei, München 17. September bis 17. Oktober 1993.

1993 : Wolfgang Genschorek.,Im Land der aufgehenden Sonne-Das Leben des Japanforschers Phlipp Franz von Siebold / 1993 FALKEN VERLAG.

1995 : Auf den Spuren Siebolds in Würzburg und Japan. Katalog zur Eröffnungssausstellung des Siebold-Museums Würzburg 3.7.-2.10.1995.

1995 : ACTA SIEBOLDIANA V. Gedichtwettstreit der Berufe., Eine japansche Bildrolle aus der Sieboldiana-Sammlung der Ruhr-Universität Bochum. Edition, Übersetzung und Kommentar, Herausgegeben und bearbeitet von Roland Schneider, Christine Mitomi und Klaus Vollmer Unter Mitarbeit von Masako Satô. 1995. Harrassowitz Verlag · Wiesbaden.

1996 : Josef Kleiner(Hg).,Die Japansammlungen Philipp Franz und Heinrich von Siebold Belaleitheft zum Katalog der Siebold-Aussteillung 1996. PHILIPP-FRANZ-VON-SIEBOLD-STIFTU-NG DEUTSCHES INSTITUT FÜR JAPANSTUDIEN MISCELLANEA Nr.12.

1997 : Das alte Japan.Spuren und Objekte der Siebold-Reisen.Herausgegeben von Peter Noever. Prestel-Verlag, München · New York 1997.

1997：ACTA SIEBOLDIANA VI. Dokumente zur Siebold-Ausstellung 1935. Bearbeit von Kim Braun,Wolfram Müller-Yokota und Vera Schmidt. Siebol-Bibliographie: Schriften von Philipp Franz von Siebold. Von Viktoria Eschbach-Szabo. 1997, Harrassowitz Verlag・Wiesbaden.

1998：Beukers, H., The mission of Hoppocrates in Japan. Philipp Franz von Siebold in his role as medical doctor.Amsterdam / Leiden,1996.

1999：Christine Bartholomus.,Philipp Franz von Siebold'(1796-1866) Japanforscher aus Würzburg / Würzburg 1999, Verlag Ferdinand Schönigh.

1999：ACTA SIEBOLDIANA VII. Alexander von Siebold. DieTagebücher Herausgegeben von Vera Schmidt A 1866-1892 / Herrassowitz Verlag.

1999：ACTA SIEBOLDIANA VII.Alexander von Siebold. Die Tagebücher Herausgegeben von Vera Schmidt B 1893-1911 / Herrassowitz Verlag.

1999：ACTA SIEBOLDIANA VII.Alexander von Siebold. DieTagebücher Herausgegeben von Vera Schmidt C Anmerkungen und Register / Harrasowitz Verlag.

2000：ACTA SIEBOLDIANA IX. Korrespondenz Alexander von Siebolds in den Archiven des Japanischen Aussenministeriums und der Tôkyo-Universität 1859-1895 Herausgegeben von Vera Schmidt / Harrassowitz Verlag.

2000：A.Thiede,Y.Hiki.G.Keil(Eds)., Philipp Franz von Siebold and His Era Prereduisites,Developments Consedeunces and Perdectives / Berlin Hiderbera New York 200 Spriaervellag.

2002：ACTA SIEBOLDIANA VII.Ein nachgelasses Manuskript P. F. von Siebolds zu "Nippon" Abteiluna VII. Das Mogami Tokunai zugeschiebene / Harrasswitz Verlag.

2002：趙建民「西博尓徳的日本研究及其国際影响」復旦学報（社会科学版）No.4　上海（Zhao Jian-min.,Von Siebold' Study of Japan and Its International Influeence)

執筆者紹介（五〇音順）

飯島一彦（いいじま・かずひこ）

1955年生まれ。獨協大学外国語学部言語文化学科教授

「口承文芸と茶の湯－『宗安小歌集』のことなど」『茶道学大系　第九巻　茶と文芸』2001年（淡交社）、「知の場所」『獨協国際交流年報』第14号　2001年12月（獨協大学国際交流センター）、「昭和初期山形県新庄の娼妓の恋文」『マテシス・ウニウェルサリス』第3巻第2号　2002年3月（獨協大学外国語学部言語文化学科）

池内一三（いけうち・かずみ）

1934年生まれ。元長崎市立梅香崎中学校長

石山禎一（いしやま・よしかず）

1936年生まれ。東海大学文明研究所講師

『シーボルトの日本研究』1997年（吉川弘文館）、『シーボルト「日本」』（共訳、全9巻）1977年（雄松堂書店）、『シーボルト－日本植物に賭けた生涯』2000年（里文出版）

大沢眞澄（おおさわ・ますみ）

1932年生まれ。昭和女子大学人間文化学部歴史文化学科教授、東京学芸大学名誉教授

「文化財の化学の発展」化学と教育　40巻：6-9　1992年（日本化学会 化学教育協議会）、「日本・ベトナム出土のベトナム焼締陶器の自然科学的研究」（共著）『近世日越交流史 日本町・陶磁器』（桜井・菊池編）333-363　2002年（柏書房）

大場秀章（おおば・ひであき）

1943年生まれ。東京大学総合研究博物館教授

『江戸の植物学』1997年（東京大学出版会）、『The Himalayan Plants（Vols.1, 2, 3）』1988～99年（東京大学出版会）、『植物学と植物画』1996年（八坂書房）

小幡和男（おばた・かずお）

1956年生まれ。ミュージアムパーク茨城県自然博物館首席学芸員

「菅生活の植生の現況と遷移」森林文化研究　第17巻：133－143　1996年（（財）森林文化協会）、「たかが押し葉というなかれ」森に学ぶ101のヒント：120－121　2002年（（社）日本林業技術協会）

加藤僖重（かとう・のぶしげ）

1941年生まれ。獨協大学外国語学部言語文化学科教授、東京都立大学牧野標本館客員研究教授、野外植物研究会会員

『日本の樹木』1994年（成美堂出版）、『樹木』1985年（日本交通公社）、『江東区の野草』『続江東区の野草』『続続江東区の野草』（共著）1984～91年（江東区役所広報課）

沓沢宣賢（くつざわ・のぶかた）
1951年生まれ。東海大学総合教育センター教授
「東禅寺事件にみるシーボルトの外交的活動について－「ケルニイシェ・ツァイトゥング」掲載記事の成立事情と内容を中心として－」『鎖国日本と国際交流』下　1988年（吉川弘文館）、「第二次来日時におけるシーボルトの外交活動」『シーボルトと日本の開国近代化』1997年（続群書類従完成会）、「The Activities of philipp　Franz von Siebold, During His Second Stay in Japan」(Springer Verlag『Philipp Franz von Siebold and His Era』) 2000.

小林淳一（こばやし・じゅんいち）
1952年生まれ。江戸東京博物館学芸員
『海を渡った生き人形－ペリー以前以後の日米交流』朝日選書633　1999年（朝日新聞社）、「川原慶賀筆『人物画帳』－シーボルトの〈まなざし〉とともに」ヨーゼフ・クライナー編『黄昏のトクガワ・ジャパン』1998年（日本放送出版協会）

久松正樹（ひさまつ・まさき）
1962年生まれ。ミュージアムパーク茨城県自然博物館資料課主任学芸主事
「昆虫分野における日韓交流」昆虫と自然　38 (4)：18-21　2003年（ニュー・サイエンス社）、「利尻島におけるシブヤスジドロバチの巣の構造」利尻研究（21）：39-43　2002年（利尻町立博物館）、「シーボルトの江戸参府と日本の自然誌研究」（共著）『シーボルトの江戸参府展』図録　pp.57-64　2000年（シーボルト記念館）

向井　晃（むかい・あきら）
1925年生まれ。東海大学名誉教授
『和蘭風説書集成』(2巻)(共編、校注) 1977、1979年（吉川弘文館）、「幕末期御雇外国人の概観」法政史学　33　1981年（法政大学史学会）、「舶載洋書目録の考察－シーボルト再渡来時の将来蔵書目録－」『鎖国日本と国際交流』(下巻、共著) 1988年（吉川弘文館）

山口隆男（やまぐち・たかお）
1937年生まれ。熊本大学沿岸域環境科学教育研究センター教授を平成15年3月定年退職
「シーボルト収集の動物標本類を調査して」学術月報　45 (4)：25-31　1992年（学術振興会）、「シーボルトと日本の動物学」鳴滝紀要　6　104-126　1996年（シーボルト記念館）

和田浩志（わだ・ひろし）
1954年生まれ。獨協大学外国語学部講師、東京理科大学薬学部助手、野外植物研究会会員
『薬草』1985年（日本交通公社）、『秋の花』（共著）1985年（日本交通公社）、『小学館の図鑑NEO 植物』（共著）2002年（小学館）

初出一覧

シーボルトと日本医学
　「日蘭学会会誌」第15号　1983年10月（(財) 日蘭学会）

シーボルトと日本の自然史研究
　季刊「日本思想史」特集－シーボルト No.55　1999年（ぺりかん社）

シーボルトと彼の日本植物研究
　「シーボルトと日本植物コレクション」2000年（東京大学総合研究博物館）

切り取られた標本
　「獨協大学教養諸学研究」Ⅰ No.1, No.2　1997、1998年（獨協大学外国語学部言語文化学科）

出島の植物園と鳴滝の薬園
　新稿

シーボルト収集の日本産鉱物・岩石および薬物類標本ならびに考古資料
　「日蘭学会通信」第36号　1987年1月（(財) 日蘭学会）を増補

宇田川榕菴がシーボルトに贈ったアキタブキの拓本
　「茨城県自然博物館研究報告」第4号　2001年3月（ミュージアムパーク茨城県自然博物館）

『華彙』に貼付された書き付け
　「マテシス・ウニウェルサリス」第3巻第1号　2001年12月、第4巻第1号　2002年11月（獨協大学外国語学部言語文化学科）の2稿を増訂

シーボルトが日本で集めた種子・果実について
　「獨協大学諸学研究」第2巻第2号　1998年（獨協大学外国語学部）

シーボルトが収集した昆虫標本
　「おとしぶみ」20：51-57　2000年（つくば昆虫談話会）

一八五〇年代米国の新聞にみられる日本記事
　「東京都江戸東京博物館研究報告」第4号　1999年（東京都江戸東京博物館）

シーボルト「日本研究」の情報源
　「日本の近代化の研究」1996－1997年共同研究報告書　1998年（東海大学文明研究所）を増訂

執筆者紹介・初出一覧

(資料篇)
ドイツとオランダに散在するシーボルトの自筆書簡
　　「生物学史研究」No.70　2002年12月(日本化学史学会生物学史分科会)

長崎近郊千々山への調査旅行〈シーボルト自筆草稿〉
　　新稿

シーボルトの医学関係史・資料について
　　新稿

シーボルト収集の和書
　　新稿

シーボルト生涯・業績および関係年表
　　新稿

シーボルト研究関係文献目録
　　新稿

出島の植物園と鳴滝の薬園

池　内　一　三

Ⅰ　出島の植物園について

1823年、長崎出島に赴任したシーボルトはそれまで放置されていた植物園を復興し、さらに出島の広さの約1/8（約12，000m²）ほどまで規模を拡大していった[(1)]。

もちろん、シーボルトが積極的に出島の植物園を復興、拡大することが出来たのは当時のオランダ政府および東インド政庁、とくに総督のカペルレンから「オランダの国益にかなう日本の産物を調査・収集し、バタヴィヤ（バイテンゾルフ）を経由してオランダ本国へ輸送すること」という指示がなされており、日本の産物の調査、収集に必要な費用が承認されていたからである[(2)]。

1)

この出島の植物園には一体どのような植物が栽培されていたのだろうか。

栽培されていた植物に関しては、以下（1)、(2）の書簡と植物リストからおよその様子を推定できる。

(1）1827年6月30日バタヴィヤ東インド評議会の決議文（ヨーロッパの栽培に適した植物を日本から送ること）に対して同年12月1日シーボルトから総督へ宛てた書簡中に「苗木と種子の報告書」および「出島植物園の苗木の目録第Ⅱ表[(3)]」がある。

この報告書と目録を見ると、総計235種（不明種3種を含む）で、栽培品種および重複種29種を除くと206種が学名で記載されている。シーボルトが正確に同定出来ない種については日本で当時使われていた俗名をローマ字で表記し、その後にJaponと記述している。また、その中の5種（俗名は記述している）は属の決定が出来ないでいる。1824年に「300種以上の種類が栽培されている」という東インド政庁オランダ総督あてのシーボルトの報告と1827年の報告とではあまり種数に変化がなく、だいたい300種近くの植物が出島の植物園には栽培されていたと考えられる。

(2）1828年シーボルトが帰国時に作成した資料[(4)]、いわゆるシーボルトリストの終わり近くに「1828年野外の植物園に種からまかれた日本産の植物」と表題が付けられた資料が残されている。この部分だけは学名が記されておらず、カタカナで当時の植物名が記されている。記したのは伊藤圭介だと言われている。

植物名の下に時折「良云う」と書かれていることから高良斎も植物園の植物のリスト作りに助勢していたことが分かる。

内容は4部からなり、1部は植物名がはっきりしているもの、2部は不明な植物、3部は水谷助六からもらった珍しい植物で学名（ほとんど属名）を付し、その下に植物名を記し、4部はシーボルト特有の表記の学名のみで記述している。たとえばSarutoriiwara,H,MZ no 8 のようである。そこには17種記載されているが、そのno（ナンバー）も1，2，3，4，7，12，14，22，23，24を欠いている。したがって4部はシーボルトにとって不明の種か変種または品種であったと考えられる。

シーボルトが1828年リストに記載した種数は計385種で重複する種57種を差し引いて328種（不明種16種を含む）の植物が数えられる。

1827年リストと1828年リストを加えてみると、重複する種が20種類あり、合計514種（不明種19種）となる。この514種の植物が1827年～1828年の2年間にわたって出島の植物園に栽培されていたと考えられる。

2）

「オランダの国益にかなう植物」という立場から出島植物園にはどのような有用性を持った植物が栽培されていたのだろうか。1827年および1828年リストを用いて以下の分類で分析を試みた。

1　有用性という立場から用途を次のように区分してみた。

A. 薬用、B. 食用、C. 繊維、D. 園芸（鑑賞・花壇・庭木・造林・街路樹）

E. 染料、F. 有毒、G. 燃料、H. 木材（建材・容器材・農耕具・諸工芸品）

I. 製紙、K. 漆器用塗料、L. その他（香辛料、油料、調味料、精糖料など）

2　植物の形状を喬木を（H：喬）、灌木を（L：灌）、草本類を（G：草）、つる性植物を（V：つる）、球根・塊根植物を（C：球・塊）、シダ植物を（P：シダ）、裸子植物を（Y：裸子）と表記した。

3　1種で多くの用途を持つものが多いので1種1用途に限らなかった。（合計692種）

以上の調査のために参考とした資料は参考文献(5)～(41)のとおりである。

この分類に基づき有用性と植物の形状との関連を調べた結果は次の表のとおりである。

表1. **植栽されていた植物の有用性と植物の特長**

	喬木	灌木	草本	ツル性	球・塊	裸子	シダ	計
A（薬用）	28	40	103	23	19	5	1	219 42.7%
B（食用）	15	15	32	11	7	1	0	81 15.8%
C（繊維）	0	1	3	1	0	0	0	5 1.0%
D（園芸）	62	74	113	23	22	12	3	309 59.6%
E（染料）	6	2	2	0	1	0	0	11 2.1%
F（有毒）	5	7	4	2	6	0	0	24 4.7%
G（燃料）	3	0	0	0	0	0	0	3 0.6%
H（木材）	10	1	0	2	0	8	0	21 4.1%
K（漆材）	1	0	1	0	0	0	0	2 0.4%
L（その他）	7	1	4	1	1	3	0	17 3.3%

692
（植物数514種）

表1から明らかなように、栽培されていた514種中、鑑賞あるいは花壇用、庭園用、造林用、街路樹用などの園芸用植物が309種（約60％）を占め、次いで薬用植物219種（約43％）、食用植物81種（約16％）が断然多い。

このことからシーボルトはオランダの国益にかなう有用な植物としてこれら3つの植物群に注目していたことが明らかである。

シーボルトは鳴滝塾から城の古趾に向かう途中のやや開けた土地のことを「鳴滝の薬園」とも呼んでいる。この地に薬草を栽培し、塾生の学習用やシーボルト自身の施術に用いていたという。[42][43]おそらく出島植物園に植えた219種の薬草は同時期、鳴滝の薬園にも植えられていたと考えるのが妥当である。

3)

薬用植物、食用植物および園芸用植物にどのような種類があり、またそれら

の植物にどのような有用性があるのだろうか。以下、詳しく見てみたい。

和名の右肩に付した*は栽培植物（中国あるいはインド、欧州などからの渡来植物を含む）で、和名が**太字**の種はシーボルト自身あるいはシーボルトとツッカリーニが当時（1823年～1850年代）命名していた植物である。

（1）薬用植物として植栽された種（A）219種　約43％

（喬）　ネムノキ、ウルシ*、**ウメ**、ツバキ、**ダイダイ**、**ブシュカン**、カキ、イチジク、**タブノキ**、ビワ、ネズミモチ、ヌルデ、キリ、ムクロジ、ツノハシバミ、シュロ、サイカチ、クロツパラ、**カラスザンショウ**、トウセンダン、**キハダ**、ニガキ、**ノグルミ**、エンジュ、**バクチノキ**、**オオバヤシャブシ**など28種

（灌）　マルキンカン*、**ニシキギ**、カラタチバナ、**クロモジ**、カラタチ*、ヤツデ、チャノキ、ロウバイ*、**サンザシ***、**ウツギ**、マルメロ*、マサキ、ナワシログミ、アキグミ、クチナシ、**アマチャ**、キンシバイ*、**マグワ***、ニワトコ、サンショウ、カワヤナギ、クロウメモドキ、クマヤナギ、カラクワ（ムクゲ）、ドクウツギ、コクサギ、ウコギ、フジモドキなど40種

（草）　タバコ、ヤマトリカブト、ハナミョウガ、**ウド**、カワラヨモギ、オトコヨモギ、ヤマヨモギ、セッコク、テンモンドウ*、トロロアオイ*、サトウキビ、バショウ*、オミナヘシ、キキョウ、クマザサ、ツワブキ、タケニグサ、**ホザキイカリソウ***、ケシ*、コウライセンニンソウ*、メハジキ、タイセイ*、オウレン*、カサモチ*、センゴシツ*、ニンジン*、ゴモンマメ*、ノダケ、フタバアオイ、ヅダヤクシュ、**イワタバコ**、ナベナ、ミズナ、チモ、ワレモコウなど103種

（つる）　オオバウマノスズクサ、ノウゼンカズラ、クズ、ツヅラフジ、ヤブガラシ、センニンソウ、ヤマフジ、ムベ、ゴヨウアケビ、フジマメ*、ノイバラ、マクワウリ、シキントウ*、マタタビ、サルトリイバラ、クララ、キジョランなど23種

（球・塊）　ウコン*、ハマユウ、ヤマノイモ、カノコユリ、ジャノヒゲ、ヤブラン、ヤブカンゾウ、シャクヤク*、ナルコユリ、ハルウコン*、シロウコン*、ハシリドコロなど19種

（裸）　スギ、ソテツ、**ネズ**、**イチイ**、**カヤ**など5種

（羊）　シシヒトツバ1種

出島植物園の薬園としての規模を示すために西山御薬園の薬草種との比較を試みてみよう。

シーボルトは1827年6月に西山御薬園を訪問している。ここでシーボルト自身が調査して107種を記載している[(46)]。この中から薬用にあまり使用しない植物13種、属名のみ記載された9属のうち出島植物園で栽培中の同属の植物を含んでいない5属（種）、学名不明の種3種計21（属）種を差し引いた86種に出島植物園の薬用植物がどれだけ該当するかチェックしてみた。

1）出島植物園の薬用植物で西山御薬園にも栽培されていた植物　56種

1.シャガ（肝炎、喉痛）、2.ウメ*（解熱、鎮咳）、3.ヤブラン（滋養強壮、鎮咳）、4.サンザシ*（健胃、消化）、5.キンシバイ*（解毒、利尿）、6.トウセンダン（駆虫・鎮痛）、7.エンジュ（止血、高血圧）、8.ツノハシバミ（強壮、病後）、9.シデコブシ（鎮静、鎮痛）、10.Cornus属（サンシュユの代用？）、オオミズキ（疲労回復、頭痛）、11.エゴノキ*（香料）、12.イソノキ（？）、13.**ブシュカン***（健胃、去痰）14.ニシキギ（閉経、腹痛）、15.カワラヨモギ（利尿、利胆）、16.バショウ*（止渇、利尿）、17.クマツヅラ（解毒、消炎）、18.Chrysanthemum属しゅんぎく（？）、19.ギョリュウ（？）、20.クチナシ（止血、消炎）、21.カキ（高血圧、動脈硬化）、22.ハクチョウゲ*（？）、23.Cissus属 ノブドウの代用か？ ヤブガラシ（はれ物、打撲）、24.テンモンドウ*（咳、利尿）、25.サイヨウシャジン（鎮咳、去痰）、26.Polygonum属イヌタデ・ネバリタデ（回虫駆除、下痢止め）、27. Aristorogia属 オオバノウマノスズクサ（胸、腹痛み止め、毒蛇咬傷）、28. Asclepias属 オオトウワタ（嘔吐・悪心）、29.Euphorbia属 シマニシキソウ（利尿、湿疹）、30.オニグルミの代用？ ノグルミ（動脈硬化）、31.Sium属 サワゼリ（？）、32.ビワ*（健胃、消炎）、33.サンショウ（健胃、鎮痛）、34.ムクロジ（気管支、咽頭カタル）、35.ムクゲ*（胃腸カタル）36. Juniperus属 ネズ（精油が発汗、利尿）、37.キキョウ（鎮咳、解熱）、38.フッキソウ（？）、39.ヤブカンゾウ（解熱、利尿）、40.Sium属 セントウソウ（？）、41.オトコヨモギ（利尿、利胆）、42.サルトリイバラ（解毒、消炎）、43.ユスラウメ（？）、44.クロモジ（去痰、脚気）、45.フジモドキ*（利尿、去痰）、46.Veronica属の代用？ トウテイラン、47.ワレモコウ（止血、下痢止め）、48.ヤマヨモギ （利尿、利胆）、49.Rosa属ノイバラ、ハマナス（下痢止め）、50.キリ（痔疾、はれ物）、51.サザンカ（種子の脂肪を油に）、52.**ホザキイカリソウ***（強精、強壮）、53.Aralia属 タラノキ、ウド（健胃、利尿）、54.チモ（ハナスゲ）*（鎮静、解熱）、55.Croton属 ナンキンハゼ、シラキ（？）、56.イボタノキ属の代用か？ サイゴクイボタ（強壮、止血）

さらに同じ文献の中の「日本の公認薬用植物……おそらく幕府が作成していた」のリスト[47]と対比してみた。

2）シーボルトが作成した「日本の公認薬用植物（幕府作成？）」リストに含まれている種で（1）を除いて出島植物園にはあって、西山御薬園にない薬用植物　29種

1.ジャノヒゲ（強壮、鎮痛）、2.サイカチ（去痰、利尿）、3.コクサギ（解熱・歯痛）、4.**マグワ***（？）、5.クネンボ（健胃、風邪）、6.カラタチ（健胃）、7.オオバコの代用？ エゾオオバコ（鎮咳、去痰）、8.アサガオ（利尿、緩下）、9.ノイバラ（利尿・下痢）、10.マクワウリ（催吐、利尿）、11.ヤマトリカブト（強心、利尿）、12.アケビ（消炎、利尿）、13.シシウドの代用？ アシタバ（高血圧予防）、14.キハダ（止瀉、健胃）、15.ツワブキ（健胃、下痢）、16.Allium sativumの代用？ タケビル（？）、17.ア

ズキ（利尿、脚気）、18.スギ（止痛、消炎）、19.チョウセンニンジンの代用？ ニンジン（強壮、健胃）、20.ニワトコ（利尿､消炎）、21.カンゾウの代用？ ウラルカンゾウ（甘味料、鎮痙）、22.ボウフウの代用？ カワラボウフウ（鎮咳、利尿）、23.テンナンショウの代用？ マムシグサ（はれ物、リュウマチ）、24.バイモ（鎮咳、去痰）、25.アイ（消炎、解毒）、26.ヤマノイモ（滋養強壮、止瀉）、27.クズ（発汗、解熱）、28.ガジュツ（利胆、胆石）、29.フタバアオイ（鎮咳）

3）中国、インド、欧州などから運ばれてきた外来種で西山御薬園にはない種　33種

1.**ダイダイ***（健胃、橙皮チンキ）、2.ボタン*（虫垂炎、月経不順）、3.シャクヤク*（胃痙攣、腹痛）、4.ケシ*（鎮痛、麻酔）、5.コウライセンニンソウ*（鎮痛、筋肉痛）、6.タイセイ*（解熱、解毒）、7.カサモチ*（頭痛、腹痛）、8.センゴシツ*（リュウマチ）、9.ゴモンマメ*（利尿、消炎）、10.カシュウイモ*（止血、種痛）、11.イチジク*（緩下、咽頭痛）、12.レンギョウ*（排膿、利尿）、13.トロロアオイ*（利尿、催乳）、14.フユアオイ*（緩下、利尿）、15.タチアオイ*（緩下、利尿）、16.イチビ*（利尿、緩下）、17.ハラン*（利尿、強心）、18.シキントウ*（胃痛、リュウマチ）、19.ウコギ*（鎮痛、強壮）、20.オランダビユ*（皮膚病、増血）、21.クララ*（健胃、解熱）、22.ウルシ*（駆虫、咳止め）、23.ブドウ*（低血圧、不眠）、24.ノウゼンカズラ*（月経不順、打撲）、25.ロウバイ*（降圧、解熱）、26.マルメロ*（咳止め、渇き押さえ）、27.ウコン*（利胆､健胃）、28.ハルウコン*（解熱、健胃）、29.チョウセンアザミ*（利尿、強壮）、30.マルキンカン*（風邪、せき止め）、31..サトウキビ*（止瀉、便秘）、32.フジマメ*（健胃、解毒）、33.オウレン（健胃、消炎）

当時、出島植物園に栽培されていた薬草の種数は幕府直轄の薬草園である西山御薬園に栽培されていた薬草の種数を遙かに越えており、日本においては充実した薬草園であったと言える。それだけに著名な薬草が入手できないときは同属の種を入手して薬効の有無を試したり、西山御薬園にない外来種を移入、栽培したりするなど、シーボルトの並々ならぬ努力が読みとれる。

さらに、1827年頃から出島植物園には中国渡来の代表的な薬草いわゆる漢方薬材となる植物が多数植えられていることから、シーボルトは長崎に滞在中すでに漢方薬に深い関心を持ち、栽培・研究し、自身も施術に使用していたことが裏付けられる。

ところで出島植物園に植えられていた薬草の中で、イソノキはシーボルトにソノギ（おたきさん）が送った木として有名である。[48] シーボルトはこの植物におたきさんの名を付けてRhamnus Sonoogi Jap. ソノキと命名していた。[49]（オランダに帰国後、学会に公表したときにはRhamnus crenata S.･Z. イソノキと命

名を変更)[50]。自分が発見、命名した植物を観察するためか、あるいはイソノキの属するクロウメモドキ属（Rhamnus属）の多くが下剤として用いられるので、イソノキもその効用を試すために栽培していたものかと思われる。(現在の薬草図鑑では薬草としてはあげられていない)。

さらに出島植物園にハシリドコロが栽培されているのに驚かされた。この植物については次のような話が伝えられている。

> 将軍の侍医で眼科医として有名であった土生玄石が1824年に上京したシーボルトから開瞳剤（ハシリドコロ）について聞き出そうとしたがなかなか教えてもらえず、伝授の見かえりに自分が着ていた葵の紋服を差し出し、ようやくシーボルトから聞き出す事ができたという。葵の紋服の贈呈・授受が後年、シーボルトにも玄石にも悲劇の元になった[51]。

「ハシリドコロは出島植物園には植えられていなかった」という説もあるがその多くは「江戸参府」の記述によるもので、参府4年後の1828年に伊藤圭介が記述していることからハシリドコロは出島の植物園に植えられていたと筆者は考えている。当園に植えられていたことからシーボルトが眼科の手術にこの植物を用いていたとみられる。

(2) 食用として植栽された種（B）81種　15％

はじめに述べておきたいのは、1827年リストは「ヨーロッパの栽培に適した日本の植物を送ること」というバタヴィヤ東インド評議会の決議に沿った「苗木と種子の報告書」および「出島植物園の苗木の目録」からなっている。

そのため、前半部の「苗木と種子の報告書」では果樹あるいは野菜の苗が多い。

また、果樹だけでなく、オオムギ、イネ、アワ、アズキ、アイ、ソバ、ダイズ、コムギなどの穀物の種子およびチャノキ、タバコなどの嗜好品の種子さらにスギの種子が多量に送られている。シーボルトは報告書の欄外に注意として「様々な種子は、植物を入れた箱に、日本ですでに播いてある。……」と記している。

じつは、1824年にもシーボルトはチャノキの種子をバタヴィヤに送ったが日本とバタヴィヤの温度差の関係で発芽せず輸送に失敗している[52]。

その後、シーボルトは弟子の高野長英らの研究[53]をもとに「粘土や砂粘土に水を含ませ種を播いてバタヴィヤに送る」ことで輸送に成功した。この資料に記載されていることからも、チャノキの種子は明らかに播種された後、バタヴィヤへ送られたことが分かる。チャノキの種子だけでなく、他の植物の種子も同

様の方法で送られたと見られる。

そうであれば上記の穀類の種子は食料としてでなく、バタヴィヤ（インドネシア）やヨーロッパの適地で多量の苗を栽培し、得られた大量の穀物をインドネシアやヨーロッパで販売しようとする目的で輸送されていたことは明瞭である。[54]

もちろんこのような穀物の種子は報告書から見て植物園で栽培された植物から収穫されたものでなく、日本各地で買い集められたものである。また、苗木についても東インド政庁からの指示に従って必要に応じてシーボルトの弟子たちが日本各地で買い集め[55]、一時的に出島植物園に仮植えして、出港を待った種類もかなりあったことは明らかである。

（喬）カキ、**ウメ***、クリ、**エノキ**、クネンボ（マミカン）、**ザボン***、**ダイダイ***、**ブシュカン***、ビワ*、**ノグルミ**、スダジイ、イチジク、イヌビワ（テンリンチ）など15種

（灌）マルメロ*、カイドウ*、ナワシログミ、アキグミ、マルキンカン、クヌギ、ナガバキイチゴ、シャシャンボ、ウコギ*など15種

（草）サトウキビ*、フユイチゴ、ツワブキ、ヤブカンゾウ、クサイチゴ、シコクビエ、フユアオイ、シュンギク、タカナ、ダイコン、イヌビエ、**ウド**、ダイズ、タバコ、イネ、アワ、アズキ、ソバ、アイ、コムギなどの種子など32種

（つる）ブドウ*、サンカクヅル、ムベ、**ミツバアケビ**、ゴヨウアケビ、イタビカズラ（ヒゴニタ）、ホドイモ、**マタタビ**、**サルナシ**、マクワウリ、アオウリなど11種

（球・塊根）ウバユリ、カブ*、ツクネイモ、ヤマノイモ、ホドイモ*など7種

（裸）カヤ1種

シーボルトは自著の中で戦乱で荒廃したヨーロッパの食糧確保に必要な救荒植物に言及し、食用になる植物に非常に関心を持っていることが分かる。[56]その点から云うと救荒植物としてシコクビエやホドイモが出島植物園に植栽されていることに注目したい。しかし、関心を示している割に栽培されている救荒植物の種数は少ない。

また、食用の穀類も出島植物園には栽培されていない。植物園の広さも関係していて、必要な種子（穀物）を買い付けてバタヴィヤに送るほうがてっとりばやかったのであろう。上の食用植物を見ると果樹特にミカン類や野菜や食用になる実を付ける樹木が多い。おそらくヨーロッパの風土に合うかどうか試験的に植えていたものと思われる。

(3) 鑑賞用、あるいは庭園用の植物として植栽された種

(D) 309種　約60％

これを用途別にみると

○美しい花木（高木、灌木を含む）として135種

ツバキ科のヤブツバキ、サザンカ、**ナツツバキ**、バラ科の**サトザクラ**、**イトザクラ**、**ウメ**、ユスラウメ*、ニワウメ、モッコウバラ*、ノイバラ、ハマナス、カイドウ(リンゴ)*、ヤマブキ、シモツケ、**ユキヤナギ***、ユキノシタ科の**アマチャ**、**ガクアジサイ**、**ベニガク**、**ウツギ**、マルバウツギ、スイカズラ科のハコネウツギ、**ツクシヤブウツギ**、**コツクバネウツギ**、サンゴジュ、オトギリソウ科のキンシバイ*、モクセイ科のレンギョウ*、オウバイ*、ニシキギ科のマサキ、**ツルマサキ**、ニシキギ、マンサク科の**トサミズキ**、**マンサク**、ツツジ科の**ホツツジ**、ヨウラクツツジ、ゴヨウツツジ、バイカツツジ、ハコネコメツツジ、アカネ科のハクチョウゲ、クチナシ、ロウバイ科のロウバイ*、ゴマノハグサ科の**キリ属**（キリ）*、アオイ科のムクゲ*などが目につく。

おそらく、上にあげた植物群は来日したシーボルトの目を一際惹いたことと思われる。

しかし、この時期の出島植物園にはツバキやサクラやアジサイやツツジ、ハナショウブ、ユリなどの園芸品種たとえば八重、斑入りなどの品種が植えられていないことに気づく。

○庭園木として

ホルトノキ*、シイノキ、ヒリュウガシ、ブナ、ウバメガシ（イマメ）、オガタマノキ、エンジュ、**チシャノキ**、**ハクウンボク**、**アサガラ属**（**アサガラ**）、**カツラ属**（**カツラ**）、**エゴノキ***、**サツマフジ***、オオカメノキ、**コバンノキ**、**ウリカエデ**、**チドリノキ**、**イスノキ属**（**イスノキ**）

○庭園の低木、下草として

マンリョウ科のカラタチバナ、キク科のツワブキ、**オオツワブキ**

○気品があり、芳香を漂わす種が多いラン科の植物として

ラン科のスルガラン、シュンラン、セッコク、ボウラン、フウラン、コアツモリソウ、シュスラン、スズムシラン

○花壇を彩る鑑賞用草花（球、塊根、ツル性植物を含む）として158種

ユリ科のコバギボウシ、**スジギボウシ**、**タマノカンザシ**、ヤブカンゾウ、オニユリ、カノコユリ、ヒメユリ、テッポウユリ、**ヤブラン**、アヤメ科のシャガ、アヤメ、ヒガンバナ科のスイセン、ショウキズイセン、キンポウゲ科のボタン*、シャクヤク*、クレマチス（八重のテッセン）、ボタンズル、センニンソウ、オダマキ、**レンゲショウマ**、**シラネアオイ**（ヤマボタン）、キキョウ科のキキョウ、サイヨウシャジン、ツリガネソウ、タニギキョウ、シソ科のラショウモンカズラ、アキチョウジ、ゴマノハグサ科の**スズカケソウ**、イワタバコ科の**イワタバコ属**（**イワタバコ**）、ハナシノブ科のハナシノブ、アオイ科のボンテンカ*、フユアオイ、ゴジカ、マメ科のムレスズメ、フジカンゾウ、ミヤコグサ（エボシナ）、センダイハギ、ユキノシタ科のイワボ

タン(ミヤマネコノメソウ)、クロクモソウ、メギ科の**ホザキイカリソウ***、ナデシコ科のセキチク、カラナデシコ、**センノウ**、サツマナデシコ、ハマナデシコ、シナノキ科の**カラスノゴマ属**（カラスノゴマ)、ツゲ科の**フッキソウ**、キク科のハンゴンソウ、エゾギク、タマブキ、**コウモリソウ**、サワギク

などが栽培されている。ただ、大輪のキク類が選ばれていない。

○庭園の植えこみ、林の造成に用いる広葉樹として13種

クス科のアブラチャン、**タブノキ**、**シロダモ**、**シロモジ**、**クロモジ**、モチノキ科のイヌツゲ、タラヨウ、グミ科のナワシログミ、ニシキギ科のマサキ、**ツルマサキ**、ウコギ科のヤツデ、カクレミノ、ヤシ科のシュロ

裸子植物12種

スギ科の**コウヤマキ属**（**コウヤマキ**)、コウヨウザン*、イヌマキ科のイヌマキ、イチイ科の**イチイ**、イヌガヤ科の**イヌガヤ属**、チョウセンマキ、ヒノキ科の**アスナロ**、**ネズ**、ヒバ、コノテガシワ、ソテツ科のソテツ

等は帰国後もヨーロッパの庭園用や裸地の緑化、畑の防風林用に適するとしてシーボルトが植栽することをすすめている[(57)]。

○庭園のグランドカバーとして13種

ツゲ科の**フッキソウ**、ユリ科のジャノヒゲ

園芸用植物の中でとりわけ強く印象に残る植物がある。その一つはセンノウで、本種についてシーボルトは『日本植物誌[(58)]』の中で「テュンベリーがアメリカセンノウと記載しているが間違いであること、日本では鑑賞用として珍重するがかなり稀にしか見られない」と記している。現在もセンノウとかリクニスセンノウとかいう名で市販されている種はそのほとんどがマツモトセンノウである。絶滅が危惧されて久しかったが、1995年（平成7年）長谷川綾子氏の長年にわたる探索の努力が実を結んで、島根県松江市に残存していることが分かった。1997年、東京大学教授大場秀章氏の同定を受けて、間違いなく「リクニス　センノウ」であることが確認された。以後、長谷川氏は岡山県美作や宮崎県都城でもセンノウの生存を確認している[(59)]。

この種は3倍体のため結実せず、種子では繁殖しないので挿し苗で増やす以外にない。したがって幕末から第二次世界大戦を通して今日まで残存し、あらためて再発見されたセンノウはシーボルトが当時出島植物園で触れていたセンノウのクローンだということになる。実に感慨深い。

もう一つはアサガラで、日本人は本種をあまり庭園樹としては珍重しないが、シーボルトがとりわけ可愛がった弟子の美馬順三が肥後地方の山中で初めて採取した植物である。シーボルトは『日本植物誌』のアサガラの項に「この植物は肥後の山で美馬順三が発見したこと、この重要な人物は1825年コレラで死

亡した」[60]と記している。また、ミツバアケビも美馬順三が肥後熊本の金峰山から採集してきたもので、これらの植物が出島の植物園に植えられていたことから愛弟子を悼むシーボルトの気持ちが読み取れる。

(4) 研究用に栽培された種　320種　約62％

調べていくうちに有用性の面からはさほど有用でもない植物もかなり栽培されていることに気づいたので次のような面からさらに531種の栽培植物を分類してみた。

・R1　用途不明のため用途を調べるため栽培した種
・R2　分布範囲が限定されている属・あるいは同属中の種数が少ない種
・R3　シーボルトが新種として命名していた種・あるいは同定できずに栽培観察中の種
・R4　外来品種で有用な種
・R5　同属が有用性に富む種など

R2に該当する属とその属中の種については『日本植物誌』大井次三郎著によった。R3の中にはシーボルト自身が新種と判断し、その植物名に自身の名を冠した植物と日本滞在中、同定に自信が持てず日本の俗名をローマ字風に記載し、後ろにJaponと付していた植物を含めた。もちろん、シーボルトの死後、シーボルトの資料を用いて種の命名が行われた種（特にミケルの名が付いている種）もR3に含めた。それはシーボルトが不明種として同園に栽培し、研究、記録していた資料から多くが命名されたからである。[44][45]不明の種もこの中に入るのであろうが、ここでは省いている。

表2　**各種研究用に栽培されたと思われる種数**

R　数	R1　9	R2　110	R3　180	R4　14	R5　7	計　320
%	2%	20%	34%	3%	1%	62%

以上からみてシーボルトは種々の研究目的のため320種（62％）ほどの植物を出島の植物園で栽培していたことが明らかである。

A　**観察・記録するため植栽していたと思われる種**（R1）9種

ワタゲカマツカ、スズメノチャヒキ、トダシバ、ウリクサ、タニハギ、アワゴケ、ミズタガラシ、オオヤマハコベなど

B-1　**分布範囲が限定されている属**（R2）110種〈**太字**はシーボルト命名の属(種)〉

①日本だけに分布する属　12属（12種）

コウヤマキ属（**コウヤマキ**）、**アスナロ属**（**アスナロ**）、**ホツツジ属**（**ホツツジ**）、

コクサギ属（コクサギ）、**トサミズキ属**（**トサミズキ**）、**シラネアオイ属**（**シラネアオイ**）、**レンゲショウマ属**（**レンゲショウマ**）、セントウソウ属（**セントウソウ**）、イナモリソウ属（**イナモリソウ**）、フウラン属（フウラン）、テンニンソウ属（テンニンソウ）、スギ属（スギ）

②東亜（日）、北米（米）などに分布する属（種）　19属（21種）

ナツツバキ属（ナツツバキ、ヒメシャラ）、マンサク属（マンサク）、モクレン属（シデコブシ）、**イスノキ属**（イスノキ）、ヨウラクツツジ属（ヨウラクツツジ）、タコノアシ属（タコノアシ）、サンカヨウ属（サンカヨウ）、ズイナ属（ズイナ）、チャルメルソウ属（チャルメルソウ）、サイカチ属（サイカチ）、フジキ属（フジキ）、フッキソウ属（**フッキソウ**）、フジ属（フジ、**ヤマフジ**）、ハナシノブ属（ハナシノブ）、トガサワラ属（トガサワラ）、カヤ属（カヤ）、ラショウモンカズラ属（ラショウモンカズラ）

アジア北、中部の高山と北米に分布　ウルップソウ属（ウルップソウ）

東亜、北米、ヒマラヤに分布　ヅダヤクシュ属（ヅダヤクシュ）

③東亜、インド、北米などに分布する属（種）　2属（3種）

アジサイ属（ガクアジサイ、アマチャ）、ホドイモ属（ホドイモ）、

④東亜、（北）インド、マレーなどに分布する属（種）3属（3種）

ギンリョウソウ属（ギンリョウソウ）、ヤナギイチゴ属（ヤナギイチゴ）、シュウブンソウ属（シュウブンソウ）

⑤東亜、ベンガルなどに分布する属（種）

アリドウシ属（ジュズネノキ）

⑥東南亜に分布する属（種）

ミヤマトベラ属（ミヤマトベラ）

⑦東亜に少数種分布する属（種）　25属（27種）

ツヅラフジ属（ツヅラフジ）、キキョウ属（キキョウ）、ザイフリボク属（ワタゲカマツカ）、**カラスノゴマ属**（**カラスノゴマ**）、ガガイモ属（ガガイモ）、ツワブキ属（オオツワブキ、ツワブキ）、**ゴンズイ属**（ゴンズイ）、ヤツデ属（ヤツデ）、キンバイソウ属（キンバイソウ）、ヤグルマソウ属（ヤグルマソウ）、**イワガラミ属**（**イワガラミ**）、アケビ属（ミツバアケビ、ゴヨウアケビ）、キセワタ属（キセワタ）、**アサガラ属**（**アサガラ**）、ノギラン属（ノギラン）、キハダ属（キハダ）、カツラ属（カツラ）、カガリビソウ属（カガリビソウ）、カテンソウ属（カテンソウ）、ガガイモ属（ガガイモ）、アゼトウナ属（ホソバワダン）、シモバシラ属（シモバシラ）、オモト属（オモト）、ムベ属（ムベ）、**キリ属**（キリ）

⑧北半球に分布

○北半球寒帯、亜寒帯に分布する属（種）4属（4種）

ツガザクラ属（ツガザクラ）、スノキ属（コケモモ）、スギナモ属（スギナモ）、ガンコウラン属（南米高山にも分布）（ガンコウラン）

○北半球温帯、亜寒帯に分布する属　3属（3種）
ウメバチソウ属（シラヒゲソウ）、シラカンバ属（ダケカンバ）、ツツジ属（シロヤシオ）

○温帯に分布する属（種）3属（3種）
イチイ属（イチイ）、ナンバンハコベ属（ナンバンハコベ）、ミツバウツギ属（ミツバウツギ）

○暖帯、亜熱帯に分布する属（種）1属（1種）
ヤブラン属（ヤブラン）

⑨東亜、ヒマラヤに分布する属（種）4属（4種）
フサザクラ属（**フサザクラ**）、**イヌガヤ属**（チョウセンマキ）、タニギキョウ属（タニギキョウ）、ナンバンギセル属（ナンバンギセル）

⑩東亜、ヒマラヤ、少数メキシコに分布する属（種）1属（1種）
ウツギ属（マルバウツギ）

⑪日本、インドシナに分布する属（種）1属（1種）
イワタバコ属（イワタバコ）、

⑫北半球、南米に分布する属（種）1属（2種）
ネコノメソウ属（ネコノメソウ、イワボタン）

⑬日本、中国に分布する属（種）2属（3種）
シロモジ属（アブラチャン、シロモジ）、マルバノキ属（ベニマンサク）

⑭アジア、南米に分布する属（種）1属（1種）
カナビキソウ属（カナビキソウ）

B-2　**国内で種として分布範囲が限られている植物**（いわゆる珍しい種）

「分布範囲が限られている」という意味が人によって多様であるので、高山地帯、あるいは特定の海岸部かあるいは北海道、本州、四国、九州の1～2島に限る種だけに限定して記述しておく。

1.キク科　タカネヨモギ（本州高山帯）、オオツワブキ（九州自生）
3.アカネ科　ハクチョウゲ（琉球自生）、ギョクシンカ（九州、琉球）
4.ゴマノハグサ科　ウルップソウ（本州中部高山、千島）、スズカケソウ（本州美濃希に自生）
5.ナス科　ハシリドコロ（本州、四国山地）
6.シソ科　トウテイラン（本州近畿北部）
8.ハナシノブ科　ハナシノブ（九州山地）
9.フジウツギ科　フジウツギ（本州、四国山地）
10.モチノキ科　サイコクイボタ（九州山地）
11.ツツジ科　コケモモ（北海道、本州、四国、九州高山）、ツガザクラ（本州中部以西、四国高地）、ホツツジ（北海道、本州、四国山地）、シロヤシオ（本州、四国山地）、

ハコネコメツツジ（本州相模、武蔵、伊豆山地）

12.セリ科　ドクゼリ（北海道、本州近畿以東）、ハクサンサイコ（北海道日高、本州中部以北）、アシタバ（本州関東、伊豆海岸）

15.ガンコウラン科　ガンコウラン（北海道、本州中部高山）

16.ドクウツギ科　ドクウツギ（本州近畿以東河畔）

18.フウロソウ科　ヒメフウロ（本州近江、伊吹山、四国）、グンナイフウロ（北海道、本州中北部山地）

19.マメ科　フジキ（本州中西部、四国山地）

20.バラ科　テンノウメ（琉）、シモツケソウ（本州中部、関東）

21.マンサク科　マルバノキ（本州中部、安芸、四国希産）、トサミズキ（四国山地希産）

22.ユキノシタ科、ヤグルマソウ（北海道、本州山地）、クロクモソウ（本州、四国、九州高山）、ウチワダイモンジソウ（本州、四国、九州山地流水）、イワボタン（本州関東以西、四国、九州）、チャルメルソウ（本州関東以西、九州）、シラヒゲソウ（本州中西部、四国、九州山地）、ヤブサンザシ（本州中部以西、四国、九州希）、

24.アブラナ科　クジラグサ（本州中部希産）、ヤマガラシ（北海道、本州北、中部深山）

25.メギ科　サンカヨウ（本州中北部、四国、九州高山）

26.キンポウゲ科　レンゲショウマ（本州中部深山）、キンバイソウ（本州羽前～近江の山地渓畔）、シラネアオイ（北海道、本州北中部深山）

28.カバノキ科　サイハダカンバ（北海道、本州中部以北）

29.ラン科　コアツモリソウ（本州、四国）

30.ユリ科　ミズギボウシ（本州中西部湿地）、カノコユリ（四国、九州自生）、バイケイソウ（北海道、本州北中部山地湿原）、コバイモ（本州伊豆、駿河、越中、越後）、キンコウカ（北海道幌向、本州北中部湿原）

31.スギ科　コウヤマキ（本州岩代、中部、四国、九州）

32.マツ科　トガサワラ（本州紀伊、大和、四国深山）

33.イチイ科　イチイ（北海道、本州北中部、四国亜高山）

多くの珍しい植物が植えられていることからも同一種か変種か、あるいは分布範囲はどうかなど疑問を持って観察研究の対象としていたことが分かる。

C　**シーボルトが自分の名を付して新種として用いていた種**（105種）、
あるいは同定できずに日本名を付して栽培観察中の種（75種）。計180種

180種中、現在もシーボルトの命名になっている種44種のみ以下にあげる。

ウリカエデ・ウメ・ツルコウゾ・サンザシ・ミツマタ・ニシキギ・マンサク・ハマボウ・イヌハギ・サイコクイボタ・バショウ・フッキソウ・コウヤマキ・ヤマビワ・イソノキ・ヤブサンザシ・ユキヤナギ・ネズ・ツルアジサイ・センノウ・チド

リノキ・イヌハギ・ヒメシャラ・ハクウンボク・タマブキ・リョウブ・ハイノキ・アズサ・シロハイ・アサガラ・ジュズネノキ・クマヤナギ・カラスサンショウ・アワブキ・イワタバコ・**ノグルミ属**（**ノグルミ**）・**カツラ属**（**カツラ**）・マタタビ・ノササゲ・**イスノキ属**（**イスノキ**）・**フサザクラ属**（**フサザクラ**）・**レンゲショウマ**・フジモドキ・**シラネアオイ**　44種

出島植物園に栽培されていた植物の中で1827～1828年ごろシーボルトが命名記載した植物は180種で記載総数484種の約1/3を占めている。ちなみにシーボルトの命名した種で現在も有効な学名をもつ種数は137種に過ぎない。当園にはそのうち44種が植栽されている。

黎明期の日本において大きい足跡を残したシーボルトにしては意外に少ない種数で、その理由は主に2つに絞られそうである。

i　シーボルトの非常に慎重な性格が、新種の公表をためらわせたこと。

ii　シーボルトの新種・新属の記載年が下に示された暦年に限定されていて、新種公表の機会が非常に少ないこと。

1830：「Synopsis　Plantarum　Oeconomicarium」（日本帝国経済植物一覧）

1835：「Flora JaponicaVol.1」（日本植物誌第1巻）注（本田は1841と記載もある）

1843：「Plantarum, quas Japonica Collegit Dr.Ph.Fr. de Siebold genera noval」ツッカリーニ共著（シーボルト博士日本採集新属植物）

1845・1846：「Florae japonicae familiae naturales」ツッカリーニ共著（日本植物誌分類大綱）

1870：「Flora JaponicaVol.2」ミケル完成（日本植物誌第2巻）

シーボルトがテュンベリーやブルーメのように新種発見にこだわっていれば、帰国後、多くの機会を捉えて新種の形態的特徴を記載して公表していたに違いない。

しかし、帰国後、シーボルトは大著「日本植物誌」と「日本」の刊行費用の捻出および園芸植物販売会社設立、経営の資金繰りに奔走し、新種を発表する時機を失した。あわせてシーボルト自身の慎重な性格が新種の公表をためらわせた。その間隙を縫うようにして多くの研究者がすでにシーボルトが採集・研究していた種を新種として命名し、学会に発表したため多くの新種がシーボルトの功績として認められなくなったことは非常に残念である。

シーボルトが新属として発表し、現在も認められている属は27属である[61]。出島植物園に栽培されている植物の中でシーボルト命名の属はノグルミ属、シラネアオイ属、レンゲショウマ属、イワガラミ属、カツラ属、カラスノゴマ属、

フサザクラ属、トサミズキ属、イスノキ属、ゴンズイ属、アサガラ属、ホツツジ属、キリ属、イワタバコ属、イヌガヤ属、コウヤマキ属、アスナロ属の17属があり、シーボルトが命名した属の63％に当たる。これらの属名を設定する基礎になる観察・研究をシーボルトはこの植物園で行っていたことが分かる。

シーボルトは1827年のクリスマス前に敬愛するネース・フォン・エーゼンベック教授宛てに報告書を送っているがその中に「日本の植物が北米の植物と類似、共通点を有すること」に言及している。(62) シーボルトが植物の隔離分布に興味・関心を抱いて調べていたことは前出の東亜、北米あるいは東亜、インド、北米、米分布の属19属（21種）もの植物が当園に栽培されていたことからも頷ける。

ところで1924年に総督宛の書簡でシーボルトが「……1000種近くの生きた植物を集めた……」というのはやや誇張があるとされている。(63)

シーボルトが東インド会社から注文を受け、出島植物園にない苗木や苗はシーボルトの弟子たち特に高良斎、二宮敬作、美馬順三らが日本各地から集めたことが知られている。(64) 集めた植物は出島の植物園や周辺の植木商の畑に仮り植えされ、植木商の手で栽培されていた。したがって仮り植えされた植物と出島の植物園に常時植えられている500種近い種との総数が1000種近かったと考えるのが妥当でシーボルトの報告した種数は必ずしも誇張とは言えないと筆者は考えている。

4)

出島植物園に栽培されていた植物はその後どうなったのであろうか。出島植物園に植えられていた312種（不明種を除く）のうち、1867年までにヨーロッパに輸入された種は僅かに52種に過ぎず、約1/6の種しか輸入されていない。しかも輸入できた1/6の種のうち、50％は1851年以後にはじめて輸入できた種ばかりである。当時の輸入がいかに困難であったかを物語ると同時に残り5/6の植物は種の決定、分布範囲の研究等では大いに役に立ったが、ヨーロッパで販売するだけの有用性には乏しかったのではなかろうか。

シーボルト来日の初期の目的はオランダを利する日本の産物の調査、収集、発送にあったが、いつのまにか各種研究特に植物の研究が中心になっていたことが以上の資料から推察できる。

政庁から支出されていた多額の植物園維持費及び植物購入費も1827年には

支出を打ち切る決議が出され[65]、シーボルトは自分で費用を捻出し、研究を続けている。帰国を決意した理由の1つに調査、収集費用の削減があることは確かである。

しかも折角あつめた植物園の植物も1828年9月18日の巨大台風で壊滅状態になってしまい、植物園は再び荒れ果ててしまった。後年、モーニケによりやや復元されたものの完全な復元はなされなかった。30年後に再来日したシーボルトの目にはどのように映ったであろうか。

Ⅱ　鳴滝の薬園について

シーボルトが1823年から1829年まで出島に滞在していた頃の鳴滝の薬園については、はじめの章に述べたとおりである。

1859年に再来日したシーボルトは翌年（1860年）の夏頃、鳴滝の旧宅を買い戻して移り住んだ。その後、帰国を余儀なくされた1862年4月までの約1年と8ヶ月間のうちに再び鳴滝の地に植物園を設けている。

フランスの植物学者G.シモンがシーボルトの鳴滝邸を訪問したのはシーボルトが日本を去る直前のことであった。シモンはこのときすでに、鳴滝の植物園には1,200種近くの植物が栽培されていたとシーボルト宛の書簡に記している[66]。

石山氏および金箱氏共訳「シーボルト最渡来時の『日本植物観とライデン気候順化園』」中の『日本と中国の植物販売目録および市価一覧』のはじめに「……1860年から1862年に輸入した植物には＊印がつけてある……」とシーボルトが注を入れている[67]。＊印のついた282種はシーボルト再来日の頃、鳴滝の植物園で栽培されていたと考えられる。

したがって、282種の植物についてその有用性から分析してみると、鳴滝植物園の特長の一端が窺い知れると思い、分析を試みた。

分析の方法はⅠ章と全く同じであるからここでは省略する。

しかし、このリストを一瞥するだけでも園芸品種が多数オランダへ輸送されていることが分かる。たとえばヤツデは薬用植物でもあるが今回は葉が波状の品種や網状の品種および斑入りの品種が選ばれており、明らかに薬用の目的ではなく観賞用として選ばれたことが明白である。そこで複数の園芸品種からなる種は園芸用植物（D）と判断し、他の有用性を省いた。

表3 1860～1862年に鳴滝に栽培されていた植物の分類

有用性	A	B	C	D	E	F	G	H	I	K	L
種　数	62	18	1	242	3	4	1	14	1	0	8
%	22	6.5	0.4	87	1	1.4	0.4	5	0.4	0	3

表3から見て、園芸用植物の多さが際だっている。2番目に薬用植物が約1/4を占め、食用植物は10％以下である。建材用植物Hは園芸用植物Dの中の造林用植物にも含まれているのでこの中で触れることにする。

残念ながら研究用の植物Rはこのリストからはほとんど見出せない。

紙面の都合上、本章では、薬用植物と園芸用植物に限って記述することにする。

(1) **薬用植物として植栽された種**（A） 63種　22％

ハリギリ：去痰、出血、打撲
ケクロモジ：去痰、脚気
クスノキ：樟脳油
マルバニクケイ：精油、リュウマチ
ヤブニクケイ：精油、リュウマチ
カラタチ：健胃、利尿、消化
ダイダイ：風邪、鎮静
マルキンカン：風邪、咳止め
クネンボ：疲労回復
キンカン：風邪、咳止め
アオツヅラフジ：解熱、利尿
サンシュユ：降圧、利尿、滋養
レンギョウ：強心、利尿
コクチナシ：黄疸、止血、消炎
サイカチ：去痰、利尿
ハナイカダ：リュウマチ、痔、血便
ヒメオトギリ：はれ物、止血、うがい
ビヨウヤナギ：肝臓
シキミ：昇圧、痙攣
イチジク：緩下、咽頭痛
Acornus sp.：ショウブの1種
オニグルミ：動脈硬化、鎮咳
テリハニンドウ：解熱、利尿
クズ：発汗、解熱
トベラ：皮膚病、通経
ネコヤナギ：解熱、鎮痛
サルトリイバラ：解毒、消炎
キブシ：利尿、五倍子の代用
エビヅル：止渇、利尿
キカラスウリ：解熱、消腫、去痰
ムベ：駆虫、強心
キンミズヒキ：口内炎、下痢、止瀉
ミツバテンナンショウ：鎮静、去痰
オケラ：健胃、整腸
ウコン：利胆、健胃
ハナミョウガ：健胃、腹痛
タケニグサ：殺菌、殺虫
クリンソウ：鎮咳、去痰
ハンゲショウ：はれ物、皮膚炎
アキカラマツ：健胃、解熱
各種ユリ根（ジャノヒゲの仲間）：利尿、軟化剤
マムシグサ：有毒植物　　など

シーボルトは漢方医学にかなり研究を深めていたことを第1章に述べたが、帰国後、1863年に出版した「シーボルト再渡来時の『日本植物観とライデン気

候順化園』」の中に「……和漢医学界で定着している評判を追って公認させるつもりで栽培している……」と記し、28種の薬草（木）とその薬効を記載している。[68] 鳴滝の薬園にはうち12種が栽培されている。あげられた植物12種は前頁の表中、**ゴシック**で示した。

シーボルトが例示した28種のうち、ノダケ、カラタチ、アブラチャン、コクサギ、サンショウ、サンキライ、トリカブト、ウマノスズクサ、クサスギカズラ、シャクヤク、タデの仲間、ヨモギの仲間等11種の薬草についてはⅠ章の中ですでに記述している。

したがって、次の5種**ヤマブキソウ、マダイオウ、ビャクブ、タチビャクブ、イケマ**の輸入年についてみると、この5種は1828年頃の出島にも1862年頃の鳴滝にも栽培されておらず、別の年次にオランダに輸入されている。（ノダケは1827／28年次栽培されてはいるが輸入年不明、ヤマブキソウは1851・52年、マダイオウは1830年S.HG、ビャクブは1777・1845年KM、タチビャクブは1851・52年、イケマは1851・52年に輸入されている）

(2) **食用として植栽された種**（B）　29種　10％

（喬）ウメ5品種、ダイダイ、クネンボ（マミカン）、イチジク、オニグルミ
（灌）マルキンカン、ナガキンカン、ナツグミ、ナワシログミ
（草）ナワシロイチゴ、キンミズヒキ
（つる）サンカクヅル、エビヅル、マタタビ、ムベ
（球・塊）サトイモ、ツクネイモ2品種、各種ユリの球根、ミズニラ
（裸）イヌマキなど

主として柑橘類とサトイモ、ツクネイモ、ユリの球根などで食用植物の栽培は鳴滝では少ない。

(3) **鑑賞用、あるいは庭園用の植物として植栽された種**（D）242種　87％

これを用途別にみると

○　美しい花木（高木、灌木を含む）として、

モクレン科　ホホノキ、トチノキ科　トチノキ

ツバキ科　ヤブツバキの品種1種（オランダ女王）、サザンカの品種（油を有する）、ナツツバキ（花白色）、ヒメシャラ、サカキ（斑入り葉）

バラ科　シナミザクラの品種2種（バラ色八重・白色八重）、エドヒガンの品種2種（バラ色・深紅色）、ウメ品種4種（バラ色八重・黄金色・深紅色半八重・帯白色大花）、ナナカマド（日本産の多様な変種）、シャリンバイとその品種3種（白色のあせない大花・金色の斑点がある・銀白色の斑点がある）ユスラウメ*、ハマナス（白色一重）、ヤマブキの品種2種（銀白色斑入り・枝に金色の斑入り）、シモツケ（白

色花)、ユキヤナギ*、ノイバラ
ユキノシタ科　アマチャ、ガクアジサイ、ベニガク、シチダンカ、タマアジサイ、アジサイ、コアジサイ、ヤマアジサイ、ウツギ　、マルバウツギ、コガクウツギ、
スイカズラ科　ハコネウツギの品種2種（高木性・高木性斑入り）、ツクシヤブウツギの品種（喬木性）、サンゴジュ、タニウツギの品種2種（赤色花・雪のような色の花）ヤブウツギの品種（暗血紅色）、ガマズミ、コバノガマズミ、ヤブデマリと1品種（斑入り葉）
オトギリソウ科　ビヨウヤナギ
モクセイ科　レンギョウ*
ニシキギ科　マサキの品種（三色の葉・大きな葉・金色の葉）、ツルマサキの品種5種（ひげ根を有する・彩色した葉・淡緑色の葉・バラ色斑入り・銀白色斑入り）
マンサク科　トサミズキの変種、マンサクとその1品種
ツツジ科　シロドウダン、ベニドウダン、ツクシシャクナゲ
アカネ科　ハクチョウゲの品種2種（銀白色斑入り花・黄金色斑入り花）、コクチナシなどが目につく。

○　庭園木として

カエデ科　ヒナウチワカエデの品種5種（羽状赤色の葉・羽状緑色の葉・羽状バラ色斑入り・掌状赤色の葉・鋭浅裂血紅色の葉）、ハウチワカエデとその品種2種（葉柄緑色・葉柄バラ色）、イロハモミジとその変種と2品種（肉紅色・網状）、オオモミジの変種（縮緬状の葉）2種と4品種（赤色縁取りの葉・血紅色・銀白色縁取り・斑入り）、エンコウカエデの2品種（典型的な品種・肉紅色）、ウリハダカエデの園芸品種
マメ科　ネムノキ
クス科　マルバニクケイ、ヤブニクケイ、シロダモの変種と2品種（実が黄色斑入り・実が赤色）、クスノキ（幅広い葉・長い葉）
リョウブ科　リョウブ、ムクロジ科　ムクロジの1品種（果実が白色）
モクセイ科　ネズミモチ、ヒイラギの4品種（黄色の斑入りの葉・網目状・多様な葉・銀白色斑入りの葉）
ツバキ科　モッコクと1品種（斑入り葉）
ウコギ科　ヤツデの3品種（波状・網状・斑入り）、カクレミノ
ミズキ科　アオキの7品種（矮小雄木・彩色のある雌木・普通の斑紋のある雄木・斑点のある葉・斑のある雌木・細葉黄金色斑点・斑紋がなく大きい葉）
メギ科　ナンテンの2品種（薄い葉・白色の果実）
イヌマキ科　ナギ、イヌマキ（斑入り葉）、ラカンマキとその品種（果実が青みを帯びる）
イヌガヤ科　イヌガヤ、チョウセンマキ（銀白色の葉）
スギ科　コウヤマキと1品種（斑入り葉）
ヒノキ科　アスナロと1品種（斑入り葉）、ヒムロの変種と2品種（斑入り・金色）、

ハイビャクシン（斑入り葉）、ヒノキの矮性種

○　庭園の低木、下草として

マンリョウ科　ヤブコウジの品種3種（彩色のある葉・斑入り葉・黄金色の葉、カラタチバナ

キク科　ツワブキの品種3種（銀白色の葉・彩色のある葉・金色の斑点のある）

○　気品があり、芳香を漂わす植物として

ラン科 シランの1品種（白みがかった縁取り）

○　鑑賞用草花として

ユリ科　スジギボウシの1品種（銀白色の縦すじの葉）、Hosta1品種、ハガクレギボウシ、テッポウユリの1品種（白色の縁取りのある）、スカシユリの4品種（暗血紅色の大きい葉・金色の斑点のある葉・血紅色の葉・花冠のある）、オモトの4品種（鶏冠状・鎌状・縞模様のある・幅の広い斑点のある）

アヤメ科　ノハナショウブの品種4種（グレル・ハニス女史の名の付いた・日本・イダ・エルンスト・モーリッツ・ドウ・アルンド氏の名の付いた）

キンポウゲ科　アキカラマツ、モミジカラマツ、カラマツソウ、レンゲショウマ

ツゲ科　フッキソウとその1品種（銀白色の斑入り）、サクラソウ科のクリンソウ

ベンケイソウ科　ツメレンゲ（彩色した）、ミセバヤ（中央に斑が入る）、ムラサキベンケイソウ（産地が違う）2種

ナデシコ科　センノウ、ガンピと2品種（赤色花で帯紫色の葉・バラ色の花）

ショウガ科のウコン、ハナミョウガ　などが栽培されている。

○　森林の造成に用いる樹木として

クス科　アブラチャン、シロダモ、クス

マツ科　モミ、アカマツ、クロマツ

イヌマキ科　イヌマキ、ラカンマキ

ヒノキ科　ヒノキ、アスナロ、ヒムロ

スギ科　コウヤマキ

イヌガヤ科　チョウセンマキ

○　ツル性の植物として

ウコギ科　キヅタ

モクレン科　サネカズラ

スイカズラ科　テリハニンドウ

ユキノシタ科　ツルデマリの3品種（バラ色の花・淡青色の優秀な女王の花・白色花で放射状総状、斑入り）

マメ科　フジ（ノダフジ）の1品種（大きい房状の花）

アケビ科　ムベ

マタタビ科　マタタビ

1827・1828年に出島で栽培されていた植物と比べて一番違うところは、鳴

滝の薬園に栽培されていた植物の多くが園芸用植物であり、かつその多くが変種か園芸品種であることである。

ちなみに花木、庭園樹、森林造成用樹などの総数は172種で71％、観賞用の草花（球根、塊根も含む）が55種で23％、ツル性の植物が15種で6％であるから、この時期のシーボルトが花壇や庭園あるいは森林に栽培する観賞用草本や樹木（高木や灌木）の変種や品種の輸入にいかに注意を払っていたかが分かる。

輸入された種類で例示すると、ウメでは花の色や大きさ、八重、半八重、一重の組み合わせで4品種を、ツルマサキでは葉の色、斑入りの有無、ひげ根の有無によって5品種を、またハコネウツギでは樹木の高さ、葉の斑入りの有無で2品種を、庭園樹のヒナウチワカエデでは葉の色、葉の形、葉の切れ込みの程度、葉柄の色などで5品種をというように多様な品種を選別・栽培している。

このように園芸用植物と薬用植物に偏った選別を行った理由をシーボルトが帰国してからの動きの中から探ると次の点に絞られそうである。

(1)　当時のヨーロッパでは大衆の間に日本および中国の美しい鑑賞用植物とくにその園芸品種に対する関心と需要が高まったこと。

(2)　シーボルトが再来日する10年ほど前からシーボルトが経営するシーボルト商会（日、中産の有用植物販売・育成事業）はようやく経営が軌道に乗り、顧客の要望に応えるためにも顧客が好む多種多様な園芸品種が必要であったこと。

(3)　日本からバタヴィヤを経由してオランダに植物を輸送する手段が確立したこと。

1829年以後1846年までの17年間に日本や中国から輸入・栽培された植物種数は287種（品種）で、1851年から52年の2年間で輸入された種数は日本産269種と中国産18種計287種であるから、輸入種数を比較してみると1851年以後、如何に短期間で多種類の有用植物を輸入できたかが理解出来る。

筆者はその理由をウォードの箱（ワーディアンケース）の全面的使用にあると見ている。(シーボルトは1850年まではイギリスに倣ってウオードの箱を使用して、苦い目にあったため、ウオードの箱を使用するのを渋っていた)

くわえてこの時期、オランダ政府にシーボルトが回答している[(69)]ように

①　日本の商人が非常に有能で、必要な植物の購入希望リストさえ示せばほとんど希望に添ったものが集められたこと

②　集めた植物のチェックとオランダへ発送の手はずを整える出島の商館員

（公務員）がいさえすれば、ほぼ希望の植物を入手・発送出来るようになったこと

③　船会社（オランダ貿易会社）と商館（オランダ領東インド政庁）およびシーボルト商会との連絡・送達が迅速になったこと

④　ウォードの箱の管理が船員でも十分出来るようになったこと

このことは次のことからもよく分かる。

マクリーン氏によると「1829年から1844年11月までにオランダに運ばれた日本の植物は733種3,000点以上で、選別された種子は400種」でそのうち「生き延びてオランダに到着したのはほんの僅か231種であった。種子はもっと効率が悪く発芽して育ったのは運んだ種子数の3％（13種）に過ぎなかった。総費用は14,000フローリンで、輸入した植物1本あたりの費用は約60フローリン要したことになる」と試算している。[70]

それが1851年次には287種の購入価格が140フローリンで済んだ[71]ということはほぼ1/100ほどの値段で植物の買い入れが出来たということになる。

日本で買い入れ、鳴滝に移植・栽培した植物は1850年代になると、1830、及び1840年代のように航海途中で枯れる心配がなくなり、しかも早く、安くシーボルト商会に輸送出来るようになっている。そのため、高価で販売できる変化に富んだ多くの観賞用植物、森林造成用植物を鳴滝で選別、栽培していたことが読みとれる。

以上のことから、再来日中のシーボルトには第一次来日の時のように植物学研究者、医学者、オランダの国益にかなう日本の産物の調査官といった姿を最早、感じ取ることが出来ない。

さて、Ⅱ章の主題を鳴滝の薬園としたが、第一次来日の時の鳴滝はそういえたが、第二次の来日の時は、栽培している種から考えて鳴滝は薬園と呼ぶより、鳴滝植物園と総称するのが良いように思える。

また、シモン氏が「……鳴滝の地に1,200種近い品種を一堂に集め……」とする書簡をシーボルトに送っているが、鳴滝の地に1,200種近くの品種が植えられていたと考えるよりも、前に述べたように、当時、鳴滝近隣に点在する植木屋などの畑に分けて植えられていた品種も含めて1,200種近かったと考えるのが妥当であろう。息子のアレックスの回想[72]からみてもそう結論できる。

参考文献

1)『シーボルト（人物叢書)』板沢武雄　吉川弘文館　1993　p60
2)『シーボルトと日本の開国、近代化』箭内健次・宮崎道生編　続群書類従完成会 1997　栗原福也「フォン・シーボルトの来日の課題と背景」P47－P69
3)「植物学者としてのシーボルト」永積洋子　「シーボルト研究」創刊号　法政大学フォンシーボルト研究会誌　1982　P42～
4)「Ⅲ Autographs Flora Japonica 1.Botany C.Fasc 3　3 Plantarum japonicarum nomina indigena」Siebold（Ⅲ自筆類　日本植物志（1）植物学　C.第3分冊　日本植物地方名称）東洋文庫蔵　シーボルト資料目録　1936
5)『植物和漢異名辞林』杉本唯三　第一書房　1929
6)『Noms Indigenes MM.J.Hoffmann et H.Schultes』　1864
7)『長崎県植物誌』外山三郎　県理科教育協会　1957
8)『原色牧野植物大図鑑』牧野富太郎　北隆館　1997
9)『牧野新日本植物図鑑』牧野富太郎　北隆館　1989
10)『増補版牧野日本植物図鑑』牧野富太郎　北隆館　1957
11)『原色牧野和漢薬草大図鑑』牧野富太郎　北隆館　1998
12)『樹木大図説Ⅰ、Ⅱ、Ⅲ』上原敬二　有明書房　1972
13)『草木図説目録』田中芳男　博文館　1874
14)『草木図説』飯沼慾斎　北村四郎編註　1977
15)『日本植物誌』大井次三郎　至文堂　1959
16)『漢字植物名索引』松崎留男　大日本図書　1985
17)『物品識名』水谷豊文　文政乙酉年（1825）
18)『植物名彙』矢田部良吉・松村任三　丸善　1884
19)『花彙』上下　小野蘭山・島田充房　八坂書房　1977
20)『長崎植物の歴史』松林文作　長崎出版文化協会　1981
21)『東亜植物総覧』Carl Johann Maximowicz　1866～1893
22)『Flora Japonica』Thunberg　1794
23)『日本種子植物分類大綱』本田正次　恒星社厚生閣　1955
24)『原色園芸植物図鑑（Ⅰ～Ⅴ)』塚本洋太郎　保育社　1978～1979
25)『寺崎日本植物図譜』平凡社　1977
26)『原色日本帰化植物図鑑』長田武正　保育社　1981
27) 朝日百科『世界の植物』全12巻　朝日新聞　1978
28)「Prolusio FLORA JAPONICAE No.1・2」Miquel
29)「Plantae Sieboldianae 」Masazi Honda　日独文化講演集　シーボルト記念号　第9輯 日独文化協会　1935
30)『FLORA　JAPONICA』シーボルト著（本田正次、北村四郎、木村陽二郎、岡田喜一解説）講談社　1976
31) 同上中の北村四郎「オランダ園芸振興会社に栽培された日本及び中国植物目録」① 1844年分　p23～p39

32）同上②　1845年分　p65～68
33）「Alphabetische lyst」（日本植物目録）D.Burger　1834.出島にて刊行
34）「シーボルトへ所贈腊葉目録（手稿本）」上下　石山禎一　青山学院大洋学史研究会 1988
35）『泰西本草名疏』伊藤圭介　上・下・付録　花繞屋蔵板　文政12年（1829）
36）「Siebold Florilegium of Japanese Plants-Florilegium plantarum Japonicum Siebold-」「シーボルト図鑑」丸善　1994
37）「シーボルド採集日本産柑橘標本に就きて」田中長三郎（『シーボルト先生渡来百年記念論文集』）シーボルト先生渡来百年記念会　1924
38）「シーボルト旧蔵日本植物図譜展」目録　シーボルト記念館　2000
39）「シーボルト・コレクション日本植物図譜展」目録　タマラ　チェルナーヤ　2002
40）『日本の植物』シーボルト　大場秀章監修、解説／瀬倉正克訳　八坂書房　1996
41）「CALANUS－シーボルトと日本の植物」山口隆男　熊本大学理学部所報　1997
42）『長崎のオランダ医たち』中西啓　岩波新書　1993　P110
43）「鳴滝塾敷地の旧蔵者と地積」中西啓　鳴滝紀要　第6号　1996　P43～
44）前出3）内のp48～54「1827年バタヴィア農業委員会に送った苗木と種子の報告書」
45）前出4）
46）「Ⅲ. Autographs Flora Japonica 1. Botany E.Fasc6」Siebold（Ⅲ自筆類　日本植物志（1）植物学　E.第6分冊　雑纂）東洋文庫蔵　シーボルト資料目録　1936
47）同上
48）「お滝花と其扇の木」猪熊泰三　学鐙　68巻7号　1971
49）前出4）
50）前出41）
51）『シーボルトと日本の植物－東西文化交流の源泉』木村陽二郎　恒和出版　1981 P143
52）『知られざるシーボルト』日本植物標本をめぐって　大森実　光風社　1997　P168
53）「日本における茶樹栽培と茶の製法」高野長英　東洋文庫蔵シーボルト資料目録 1936
54）前出52）
55）前出3）P42～（1824年11月24日総督に宛てた手紙から）
56）「シーボルト再渡来時の『日本植物観とライデン気候馴化園』」石山禎一・金箱裕美子　鳴滝紀要　第10号　1982　P38～41
57）同上　P34・P35
58）前出40）　P100
59）「出雲のセンノウ（島根県（宮廻家）センノウ）畑のセンノウ・雑草採集記録」長谷川綾子　2001.7
60）前出58）P96
61）「シーボルトと日本植物」本田正次　日本医事新報660　1935
62）『評伝シーボルト－日出づる国に魅せられて』ヴォルフガング　ゲンショウ　1993

講談社　P139
63）前出3）P42～（1824年11月24日総督に宛てた手紙から）
64）「史料　昇廸伊東祐直の手記」（寄陽日簿のうち西遊雑記）編者金子三郎
65）前出3）「1827年6月27日バタヴィヤ東インド評議会決議文」
66）前出56）P74
67）同上　P49
68）同上　P42～43
69）「Von Siebold and the Importation of Japanese Plants into Europe via the Netherlands」
J.Mac Lean Japanese Studies in the History of Science No.17（1978）P73～P74
70）同上　P74
および前出41）P336
71）前出41）P74
72）「シーボルトの長崎滞在－自安政六年至文久元年」小沢敏夫　長崎談叢6　1931　P30

1827・1828 出島植物園植物リスト

番号	旧学名	新学名	和名	用途
1	Cupressus japonica D.Don.	Cryptomeria japonica D.Don.	すぎ 種子と苗木Y	日本固有種＊1 A（止痛・脚気・消炎） D4 H1 L（油） R2
2	Diospyros kaki Th.	Diospyros kaki Th.	かき 苗木H	A（高血圧・動脈硬化・しもやけ） B1 D2 H
3	Chamaerops excelsa Th.	Trachycarpus wagnerianus Becc.	しゅろ 苗木H	東亜・印＊4（南九州） A（止血・高血圧予防・利尿） D2
4	Rhus Vernix P.S.	Rhus verniciflua Stokes 中、印原産	うるし 苗木H	A（駆虫・通経・咳き止め） F（かぶれ） K（生漆・木蠟）
5	Rhus Succedaneum P.S.	Rhus Succedanea L.	はぜのき（りゅうきゅうはぜ） 種子・苗木 H	熱、亜熱帯150＊1（本、四、九・琉、台、中、印） F（かぶれ） L（ローソク）
6	Vitis vinifera L.	Vitis amurensis Rupr. アジア西部原産・中国渡来	ぶどう 苗木V	A（低血圧・不眠・冷え性） L（飲料）
7	Hordeum remastichon ac vulgase	Hordeum hexastichon L.	おおむぎ 種子G	A（健胃・乳汁促進・気管支炎） B1
8	Nicotiana chinensis	Nicotiana Tabacum L.	たばこ 種子G薩摩産	南米A（殺虫剤・喘息・水虫） L（喫煙）
9	SectA Variet Curta ni locis siccioribus	Oriza sativa L.	いね 種子G（栽培腫で陸稲α）	熱帯A（止渇・止瀉・下剤） B1 L（油・飲料）
10	Panicum italicum Seringe Varietes 5	Panicum italicum L. var.	あわ 種子G 変種	B
11	Phaseolus atsuki Japon	Phaseolus angularis Weight	あずき 種子G	熱A（利尿・脚気・緩下） B1
12	Polygonum chinense	Polygonum tinctorium Lour	あい 種子G	A（消炎・解毒・解熱・止血・扁桃腺炎） E
13	Polygonum fagopyrum P.S.	Polygonum fagopyrum L.	そば 種子G	中亜A（腫れ物・止血） B1
14	Sooya japonica S.	Glycine hispida Max.	だいず（しろまめ） 種子G	A（肥満予防・解毒） B1 R3
15	Thea chinensis L. van Nagasaki	Camellia sinensis L.	ちゃのき 種子L長崎産	（九州野生化） A（疲労回復・利尿・強心） L（飲料） D2 D2
16	Triticum vulgare Seringe	Triticum vulgare Vill	こむぎ 種子G	A（除熱・止渇・止血） B1
17	Acer uriba japan	Acer crataegifolium S.・Z.	うりかえで（しらはしのき） L	北半球100＊2（本、四、九山地） D1・2 R3
18	Aconitum japonicum Th.	Aconitum Japonicum Th.	やまとりかぶと G	北半球温・亜寒200 A（強心・利尿・鎮痛・麻痺・腹痛） D1 F
19	Actaea japonica Th.	Actaea asiatica Hara	るいようしょうま（いぬしょうま） G	北半球数種＊2（北、本、四、九深山・中、満、朝、ウスリー） D1
20	Aegle sepiaria DC.P.	Citrus trifoliata Rafin. 中国中部暖・温帯分布	からたち（きこく） L	A（健胃・消化・下痢・利尿） D2・日本栽植
21	Chamaeropsi Biro S.	Livistonia chinensis R.Br.	びろう H	熱亜・濠10＊5（四、九海岸希産・琉、台） D2 R2 R3
22	"Amaryllis Flora, luteo te Liukiu"	Lycoris aurea Herb.	しょうきずいせん（しょうきらん） 花黄色 国内種で栽培 C	A（半身不随・関節炎） D1 R3

23	Aquilegia siberica DC.	Aquilegia flabellata S.・Z.	おだまきG	東亜 D1 ミヤマオダマキの変種 var. pumila
24	Aralia edulis S.	Aralia cordata Th.	うどG	東亜、南亜、マレー、濠、北米30＊2 A（風邪・頭痛） B1 D1・2 R3
25	Aralia japonica Th.	Fatsia japonica Dne.Pl.	やつでL	東亜数種＊1 A（去痰・リュウマチ）D2 F R2
26	Aralia Mitsde S.	Dendropanax trifidus Makino	かくれみのL	東亜・マレー・中南米＊1 D2 F（かぶれ） R3
27	Aristolochia Kaempferi P.S.	Aristolochia Kaempferi Wild.	おおばうまのすずくさV	全世界熱帯、亜熱帯300＊1 A（胸、腹、喉痛・毒蛇の咬傷） D1
28	Armeniaca Mume S.Flor plen alb	Prunus Mume S.・Z. 中国原産栽植	うめ・はこなりうめなどウメの品種 八重の白花H	A（解熱、鎮咳） B D R3
29	Arnica japonica Th.	Ligularia japonica Lessing	はんかいそうG	東亜数10＊2（本、四、九の山林・朝、中、台） D1
30	Artemisia capillaris Th.	Artemisia capillaris Th.	かわらよもぎG	北半球200＊2 A（利尿・利胆・黄疸）
31	Artemisia chinensis P.S.	Artemisia sinaensis Yabe	たかねよもぎG	＊2（本州の高山帯） D1 R2
32	"Artemisia ibukijomoki, japon"	Artemisia vulgaris var. vulgatissima Bess.	やまよもぎG	＊2（北海道、本州山地・樺太・南千島）A（もぐさ） R3
33	Artemisia japonica Th.	Artemisia japonica Th.	おとこよもぎG	＊2（北海道から九・朝、中、満、琉、中、比） A（発熱・咳・マラリア）
34	Asparagus japonicus Th.	Asparagus lucidus Lindle. 栽植	てんもんどう（くさすぎかずら）G	旧世界乾燥地300種A（鎮咳・利尿・滋養強壮）D1
35	Sasa Kumasasa Jap.	Sasa albo-marginata Makino・Shibata	くまざさG	日本、朝、樺太、千島多種＊1（本中国地方、四、九）A（胃痛） R3
36	Bignonia glandiflora Th.	Campsis chinensis Voss. 中国原産	のうぜんかづらV	北米・東亜A（月経不順・打撲・ 利尿） D1・2
37	Bladhia crenata Th.	Ardisia crenata Sims	まんりょう（からたちばな） L	亜、米熱帯、少数濠250＊1 A（駆虫・鎮痛・消炎）・D1・2
38	"Boehmeria Janagiitsigo,Japon"	Debregeasia edulis Wedl.	やなぎいちごL	印、マレー、東亜数種＊1（本南部、四、九・琉、台、中） B1 R2 R3
39	Broussonetia Kaempferi S.・Z.	Broussonetia Kaempferi S.	つるこうぞ（かじのきいちご） V	東亜、東南亜少数＊1（四、九） C R2 R3
40	Bryonia japonica Th.	Sinomenium acutum Rehd.・Wils.	つづらふじV	東亜に1種＊1 A（鎮痛・利尿・神経痛・リュウマチ） R2
41	Callicarpa japonica Th.	Callicarpa japonica Th.	むらさきしきぶ（やまごま） L	熱、暖40＊1（北、本、四、九の山地・琉・台・朝） A（止血・痔）D1・2
42	Calycanthus praecox P.S.	Meratia praecox Rehd.Wils.	ろうばいL	A（降圧・解熱・鎮咳・火傷） D1・2
43	Camellia japonica L.	Camellia japonica L.	やぶつばき（つばき） H	東亜、南亜100＊1A（軟膏・整髪油・夜尿・強壮） D1・2
44	Camellia Sasankwa Th.	Camellia sasanqua Th. 栽植	さざんかH	＊1（九州の山地・琉、中）D1・2L（脂肪種子） L（脂肪種子）
45	Campanula grauca Th.	Platycodon grandiflorum A.DC.	ききょうG	東亜1＊2（北、本、四、九山地・朝、北支、満） A（鎮咳・解熱） D1 R2
46	Campanula tetraphylla Th.	Adenophora triphylla A.DC.	さいようしゃじん（つりがねにんじんの母種） G	欧亜50＊2（九州・中、琉、台） D1A（鎮咳・去痰・強壮） D1
47	Castanea vesca Gart. Castanea stricta S.・Z.	Castanea crenata S.・Z.	くり（ちゅうくり）・（山栗）・（しばぐり） H	北半球温帯10＊2（北西南部、本、四、九・中、朝） B1 D4 R3

48	Celtis orientalis Th.	Celtis sinensis Pers.var.japonica Nakai	えのき H	温帯、熱帯70＊2（本、四、九・朝、中） B1 D2 H1
49	Cerasus Donarium S.Flor.plen.albis	Prunus lannesiana E.H.Wilson var.Lannesiana	さとざくら（ぎょいこう・ぼたんざくら） H八重の白花	D1・2 R3 オオシマザクラの改良種
50	Cerasus itosakura S.	Prunus subhirtella Miq.form pendula（Max.） Tanaka	いとざくら（しだれざくら） H 一重のすみれ色	D1・2 R3　寺院に栽培
51	Cissus heterophijllus Th.	Cayratia japonica Th.	やぶからし V	東亜、南亜10数種＊1　A（腫物・ただれ・打撲）
52	Citrus daidai S.	Citrus Aurantium L.var. daidai Makino	だいだい H	A（健胃・橙皮チンキ・香水） B3 R3 中国から渡来
53	Citrus japonica Th.	Fortunella japonica Swingl. 18世紀渡来・植栽	まるきんかん L	中国 A（風邪・咳止め） B3
54	Citrus nobilis DC.Varietas	Citrus Aurantium L.var. kunep Makino・Nemoto	くねんぼ（まみかん）・（おおしまみかん）の変種H	B3 印度原産・栽植
55	Citrus sabon S.	Citrus grandis Osbeck. 印度シナ原産・植栽	ざぼん（じゃがたらざぼん）・（ぶんたん）・（文旦） H	B3 R3
56	Citrus sarcodactylis S.	Citrus Medica var. sarcodactylis Swing.	ぶしゅかん H	印度原産 A（健胃・去痰・鎮咳） B3 R3
57	Clematis apiifolia DC.	Clematis apiifolia DC.	ぼたんそう(ぼたんづる) V	全世界数10＊2（本、四、九・朝、中） D1 R5
58	Clematis florida Th.	Clematis florida Th.	てっせん（八重） V	A（利尿・整腸・鎮痛・リュウマチ） D1
59	Clematis japonica Th.	Clematis japonica Th.	はんしょうづる V	全世界数10＊2（本、四、九・朝、中） D1
60	Clematis paniculata Th.	Clematis terniflora DC.	せんにんそう V	全世界数10＊2（北、本、四、九・朝、中） A（扁桃腺炎） D1
61	Clerodendron Kaempferi S.	Clerodendron japonicum Sweet　暖国原産・栽植	とうぎり（ひぎり） L	D1 R3
62	Clayera Kaempferiana DC.	Cleyera japonica Th.	さかき H	東亜・南亜・中南米数種＊1 D1・2 R2
63	Conicera liukiumaki（Liukiu・Japon）	Cunninghamia lanceolata Hook　中国から渡来	こうようざん（りゅうきゅうすぎ） Y	中国 D1・2 H1 R3
64	Cornus alba Th.	Vibrunum japonicum Spreng.	はくさんぼく L	温、暖帯、南米120＊4（本州の長門、九州・台） D1・2
65	Crataegus glabra Th.	Photinia glabra Maxim.	かなめもち H	東亜40＊1（本東海道以西、四、九） D2
66	Crataegus sansasi Japon e China	Crataegus cuneata S.・Z. 中国から古く渡来・栽植	さんざし（おおさんざし） L	A（健胃・消化・整腸） D1・2 R3
67	Crataegus Villosa Th.	Pourthiaea villosa Decne.	おおかまつか（わたげかまつか） H	東亜暖、温帯僅か数種＊2（本、四、九丘陵地） R1・R2
68	Crinum americanum L.E.	Crinum asiaticum L.var. japonicum Baker	はまゆう C	熱・亜熱帯130＊4 A（害虫の解毒・捻挫 F（嘔吐・下痢・痙攣）
69	Croton sebiferum P.S.	Saphium sebiferum Roxb. 台湾原産	なんきんはぜ H	熱帯 D1・2 L（種子油料）

70	Curcuma longa R.S. (e china)	Curcuma longa L.	うこん C	A（利胆・健胃） D1 E L（添加物） 熱亜原産印・中国南部栽培
71	Cydonia sinensis L.E. (e china)	Cydonia oblonga Mill トルキスタン原産・栽植	まるめろ L	イラン・トルキスタン A（咳や乾き） B1（果樹）
72	Daphne papyrifera S.	Edgeworthia papyrifera S.Z. 中国原産・製紙用植栽	みつまた L	D1・2 I （製紙） R3
73	Deutzia scabra Th.	Deutzia Sieboldiana Max.var. Dippeliana C.K.Schn.	まるばうつぎLr	東亜、ヒマラヤ・メキシコ極少数*2 R2 D1・2
74	Deutzia laevis S.	Deutzia scabra Th.	うつぎ Lr	*2（北、本、四、九・中） A（利尿剤） D1・2 R3
75	Dioscorea japonica Th.	Dioscorea japonica Th.	やまのいも C	熱・亜熱多600東亜・北米・欧*1 A（滋養強壮・止瀉） B1
76	Dioscorea opposita Th.	Dioscorea Batatas Decne.f. Tsukune Makino	つくねいも C	B1 栽培
77	Dioscorea sativa Th.	Dioscorea bulbifera L.forma domestica Makino・Nemoto	かしゅういも（ほどいも）・（きくばどころ） C	A（止血・腫痛・咬傷） B1（塊根） 中国原産・栽培
78	Dolichos hirsutus Th.	Pueraria lobata Ohwi	くず V	熱亜*1（北、本、四、九・朝、中） A（発汗・解熱・肩こり） D1・2 H5
79	Dolichos polystachyos L.	Wistaria brachybotrys S.・Z.	やまふじV	北米、東亜数種A（口内炎・歯肉炎・ 扁桃腺炎） D1・2 R2
80	Dolichos polystachyos L. Variet cult	Wistaria floribunda DC. 往々、栽植	ふじ（のだふじ） V	北米、東亜数種 D1・2 R2
81	Doraena japonica Th.	Maesa japonica Moritzi	いづせんりょう L	旧世界の熱帯・琉球A（頭痛・めまい） D1・2
82	Elaeagnus glabra Th.	Elaeagnus glabra Th..	つるぐみ V	南欧・北米・東亜*2（本関東以西、四、九山） B1
83	Elaeagnus latisalia Th.	Elaeagnus umbellata Th.	あきぐみ L	北米、東亜、欧、マレー45*2 A（滋養強壮・止血・利尿） B1 D1・2
84	Elaeagnus pungens Th.	Elaeagnus pungens Th.	なわしろぐみ L	*1 A（下痢・渇き・咳・止血） B1 D1・2
85	Epidendrum ensifolium Th.	Cymbidium ensifolium Swartz 栽植	するがらん G	印・マレー・東亜・濠70 D1
86	Epidendrum jamaran	Cymbidium goeringii Reichb.	しゅんらん（ほくり）・（ほくろ） G	マダガ、印、マレー、東亜、濠70*1（北、本、四、九・中） D1
87	Epidendrum moniliform Th.	Dendrobium moniliform Sw.	せきこく G	熱亜・東亜・濠1000*1 A（解熱・消炎・強壮、健胃） D1
88	Epidendrum Striatum Th.	Calanthe striata R.Brown	たかねえびね G	亜熱200*2・*1（北西南部、本、四、九） D1
89	Epidendrum Teres Th.	Luisia teres Blume	ぼうらん G	印・マレー・東亜40*1（本伊勢、紀伊、四、九） D1
90	Erianthus japonicus R.S.	Miscanthus japonicus And.	ときはすすき G	印・東亜20*1（本安房、東海道以西、四、九・琉、台、太平洋諸島） K（藁屋根材）
91	Eurya japonica Th.	Eurya japonica Th.	ひさかき L	東亜・南亜・中米100 *1（本、四、九・朝、中、台、印） D2
92	Evonymus japonicus Th.	Euonymus japonicus Th.	まさき L	北、中米、亜150*1 A（強壮・強精・鎮痛） D1・2
93	Evonymus japonicus S.Variet	Euonymus fortunei H.M.	つるまさき? L	*2（北、本、四、九山地・朝） A（止血・消炎・吐血・打撲） D1・2 R3
94	Evonymus Thumbergii Bl.	Euonymus alatus S.	にしきぎ L	A（経閉・腹痛・殺虫） D1・2 R3

95	Ficus erecta Th.	Ficus erecta Th.f.sieboldii Corner	ほそばいぬびわ L	熱、亜熱多数＊1（本、四、九、琉、台） B1 D2
96	Ficus hirta P.S.	Ficus Carica L. 小アジア原産・栽培	いちじく H	A（緩下・咽頭痛・皮膚腫瘍） B
97	Forsythia suspensa Vahl.	Forsythia suspensa Vahl. 中国原産・広く欧まで栽植	れんぎょう（きだちれんぎょう）・（木本連翹） L	A（排膿・利尿・緩下・高血圧） D1・2
98	Fraxinus virginiana Gart.	Fraxinus sp.	とねりこ属 H	? R3
99	Gardenia florida Y.Th.Fl.	Gardenia jasminoides forma grandiflora Makino	くちなし L	熱・亜熱100＊1 A（止血・消炎・鎮静） D1 E
100	Globba japonica Th.	Alpinia japonica Miq.	はなみょうが G	旧熱帯に150＊1 A（健胃・腹痛・リューマチ）
101	Hamamelis mansak Japon	Hamamelis japonica S.・Z.	まんさく H	東亜・北米少数＊2（北、本、四、九） D2 R2 R3
102	Hedysarum caudatum Th.	Desmodium caudatum DC.	みそなおし G	熱帯180＊1 A（吐血・潰瘍・殺虫）
103	Hemerocallis cordata Th.	Lilium cordatum Koidz.	うばゆり C	北半球温帯70＊1（本関東以西、四、九） B1（鱗茎から澱粉）
104	Hemerocallis cucullata S.	Hosta plantaginea Asch.var. japonica Kikuti・Maek.	たまのかんざし G	D1 R3 栽植
105	Hemerocallis flora（fulva） Th.	Hemerocallis fulva L.var.Kwanso Regel	やぶかんぞう（わすれぐさ） C	欧亜20＊2（北、本、四、九） A（解熱・利尿・むくみ） B1（若芽） D1
106	Hemerocallis fusca Th.	Hemerocallis sp.	?	? R3
107	Hemerocallis japonica Th.	Hosta albo-marginata Ohwi.	こばぎぼうし C	東亜に40＊2（本東北、関東、中部、四、九） D1
108	Hemerocallis lanceolata S.	Hosta longissima var. brevifolia F.Maekawa	みずぎぼうし（さじぎぼうし）・（はぼそぎぼうし） C	東亜40＊2（本州中・西部湿地） D1 R3
109	Hemerocallis undulata S.	Hosta undulata Bailey 栽植	すじぎぼうし（ぎぼうしと未分化か） C	東亜40＊2（本、四、九） D1 R3
110	Hibiscus Hamabo S.	Hibiscus Hamabo S.・Z.	はまぼう H	熱帯200＊1（本相模以西、四、九・琉、斉州島） D1・2 R3
111	Hibiscus manihot Th.（L.）（D.C.）	Hibiscus manihot L. 中国原産・栽培	とろろあおい G	A（利尿・催乳・緩下・口内炎） I（のり）
112	Hydrangea Azisai S.	Hydrangea macrophylla Seringe var.macrophylla	がくあじさい L	東亜、印、北米数10 D1・2 R2 R3
113	Hydrangea japonica S.	Hydrangea macrophylla Ser.var.macrophylla f. japonica Ohwi	べにがく（がくそう） L	D1・2 R3 栽植
114	Hydrangea Thunbergii S.	Hydrangea macrophylla Ser.var.Thunbergii M.	あまちゃ L	東亜、印、北米数10 A（甘味料・糖尿病） D2 R2 R3 栽植
115	Hypericum patulum Th.	Hypericum patulum Th. 中国原産・栽植	きんしばい L	A（解毒・利尿・肝炎） D1
116	Jasminum praecox S.	Jasminum nudiflorum Lindl. 中国から渡来	おうばい（なつおうばい） 中国から導入 L	D1・2 R3
117	Ilex elliptica S.	Ilex crenata Th.	いぬつげ H	暖帯300＊2（北、本、四、九山地） D2 R3

118	Ilex latifolia Th.(S.・Z.)	Ilex latifolia Th.	たらよう　H	＊1（本近畿南部以西、四、九） D2 R3
119	Iris ayame Japon	Iris sanguinea Hornem.	あやめC	温帯150＊2 A（腎臓・腹痛・皮膚病） D1 R3
120	Iris japonica Th.	Iris japonica Th.	しゃがC	＊2（本、四、九・中） A（肝炎、喉痛、根は腹痛、扁桃腺炎） D1
121	Kadsura japonica Th.	Kadsura japonica Dunal （南五味子）	さねかずら（びなんかずら） V	亜熱・東亜10＊1 A（鎮咳・強壮・滋養・整髪） D1・2 F（昏睡）
122	Kerria japonica DC.	Kerria japonica DC 自生または栽植	やまぶきL	東亜に1種＊2（北、本、四、九山地自生・中国） D1・2
123	Laurus indica Th. Fl.	Machilus Thunbergii S.・Z.	たぶのきH	東南亜、中、日60＊1 A（吐瀉・足腫） D2 H1
124	Laurocerasus japonicus S.	Prunus Buergeriana Miq.	いぬざくらH	北半球温、暖200＊2（本、四、九山地） R3
125	Lespedeza tomentosa S.	Lespedeza tomentosa S.	いぬはぎL	北米、東亜60＊1（本州、九州・朝、中、台、琉、印） R3
126	Ligustrum ibota S.	Ligustrum ibota S.	さいこくいぼたのきL	欧・亜・濠50＊2（九州山地） D1・2 A（強壮、止血、利尿） R3
127	Ligustrum japonicum Th.	Ligustrum japonicum Th. 各地に栽植	ねずみもち H	欧亜暖、温帯50＊2 A（強心・利尿・緩下・強壮） D1・2
128	Lilium Lancifolium Th.	Lilium speciosum Th. 栽培	かのこゆりC	温帯70＊1（四、九自生） A（鎮咳・利尿・鎮静） D1
129	Lilium longiflorum Th.	Lilium longiflorum Th.	てっぽうゆり（りゅうきゅうゆり）・（ためともゆり） C	＊4（九州屋久島希産・琉球） D1
130	Lilium ponponicum Th.	Lilium callosum S.Z.	のひめゆり（すげゆり） C	＊2（本、四、九・満、中、朝、アムール、琉、台） D1
131	Lilium tigrinum Gawl.	Lilium lancifolium Th.	おにゆり（のゆり） C	＊2（北、本、四、九・朝、満、中） D1
132	Limdorum talcatum Th.	Neofinetia talcata Hu.	ふうらんG	日本特産固有種1種＊1 D1 R2
133	Litsaea glauca S.	Neolitsea sericea Koidz.	しろだもH	日、中、マレー印60＊1（本、四、九・中、朝、台） D2 R3
134	Lycium japonicum Th.	Serissa japonica Th.	はくちょうげと変種L 植栽	東亜・ヒマラヤに30（琉、台、中、印に自生） D1・2
135	Magnolia sini Japon	Magnolia stellata Max. 古く、中国から渡来	しでこぶしHa	北米、東亜温、暖帯35 D1・2 R2 R3
136	Mahonia japonica DC..	Mahonia japonica Th. 貞享年間導入	ひいらぎなんてんLr	中国 D1
137	Mespilus japonica Th.	Eriobotrys japonica Lind. 中国南部原産・栽植	びわHr	A（健胃・消炎・下痢ÅE 利尿） B3 D1・2
138	Mimosa arborea Th.	Albizzia Julibrissin Durazz.	ねむのきHa	旧熱50＊1（本、四、九・南亜） A（鎮痛・利尿・駆虫・強壮） D1・2
139	Morus alba S.	Morus bombics Kpoidz. 栽植	まぐわ（とうぐわ）・（そう） La	A（降圧・利尿・解熱・ 鎮咳） R3
140	“Musa bassyo,Japon Liukiu”	Musa Basjoo S. 中国南部、東南亜原産	ばしょうG琉球産	A（止渇・利尿・解毒） D1・2 C（繊維） R3 植栽
141	Narzissus Tazetta Th.	Narcissus Tazetta L.var. chinensis Roem.	すいせん八重の品種C	F（嘔吐・痙攣・呼吸不整） D1 日・中栽培
142	Nerium divaricatum Th.	Trachelospermum asiaticum	ていかかずらV	暖帯、亜熱帯10数種＊1 A（解熱） D1・2 F（運動抑制）

143	Orontium japonicum Th.	Rhodea japonica Roth	おもと C	東亜に2種F（嘔吐・麻痺・頭痛） D1 R2
144	Pachysandra japonica S.	Pachysandra terminalis S.・Z.（北米東部と共通の属）	ふっきそう G	東亜、北米5 D1 R2 R3グランドカバーに
145	Passiflora coerulea P.S.	Passiflora coerulea L. 南米原産・栽培	とけいそう V	南米 D1・2 R4
146	Patrinia rupestris S.	Patrinia scabiosaefolia Fisch.	おみなえし G	中亜・東亜15 A（腹痛・下痢・肝炎） D1 R3
147	Patrinia villosa S.	Patrinia villosa Juss.	おとこへし G	＊2（北、本、四、九山地・、琉、中、中） A（下痢・虫垂炎） D1 R3
148	Phallaris arundinacea Th.	Phallaris arundinacea L.var. picta L.	くさよし（しまかや） G	世界に数種＊2（北、本、四、九・温帯一般） R2
149	Pinus verticillata S.	Sciadopitys verticullata S.・Z.	こうやまき（ほんまき） Y	日本固有種1種＊2（本岩代、中部、四、九） D2 H1 R2 R3
150	Polonia albiflora DC.	Paeonia lactiflora Pall. 東シベリア、満、朝 原産・栽培	しゃくやく C	A（胃痙攣・頭痛・腹痛・婦人病） D1・2
151	Polonia moutan DC.	Paeonia suffruticosa Andr. 中国西北部原産・栽培	ぼたん C	D1・2
152	Pollia japonica Th.	Pollia japonica Th.	やぶみょうが G	東亜・南亜・熱ア10数種＊1（本関東以西、四、九・琉） D1
153	Prunus japonica Th.	Prunus japonica Th. 栽植	にわうめ L	A（利尿・止痛・） D1・2
154	Prunus tomentosa Th.	Prunus glandlosa Th.	ゆすらうめ（にわざくら） Lr	D1・2 中、朝、満、ヒマラヤ原産・栽培
155	Pyrus baccata Th.	Malus Halliana Koehne 中国原産・栽培	かいどう（りんご） L	D1・2 B
156	Quercus jamabiwa S.	Meliosma rigida S.・Z.	やまびわ H	東亜、南亜、熱アメ50＊1（本東海道、南畿、四、九） D2 R3
157	Quercus serrata Th.	Quercus acutissima Car.	くぬぎ H	北半球温、暖、亜熱200＊2（本、四、九・中、朝） B1 D2
158	Rajania hexaphylla Th.	Stauntonia hezaphylla Dec.	むべ V	東亜数種＊1 A（駆虫・強心・利尿） H2（つる） B1（種子油） D1・2 R2
159	Rajania pentaphylla Th.	Akebia pentaphylla Makino	ごようあけび V	東亜数種＊2（北、本、四、九） A（消炎・利尿・排膿） D1・2 B1 R2
160	Rajania triphylla S.	Akebia trifoliata Koidzumi	みつばあけび V	東亜に数種＊A（消炎・排膿・腎炎） B1（種子油） D1・2 R2 R3
161	Rhamnus sonoogi S.	Rhamnus crenata S.・Z.	いそのき H	北半球100余＊2（本、四、九山地） D2 R3
162	Rhus Javanicum Th.	Rhus chinensis Mill.	ぬるで（ふしのき）・（くろはぜ） H	熱、亜熱150＊1 A （止瀉・止血・鎮咳・去痰） E F（虫こぶ）
163	Ribes yabusannsasi Japon	Ribes fasciculatum S.・Z.	やぶさんざし L	北半球、南米150＊1（本中部以西、四、九希産・朝、中） D2 R3
164	Rosa viola S. rarissima plantae china	Rosa Banksiae R.Br. 中国原産、享保年間渡来	もっこうばら V シナからの希少植物	D1・2 R3
165	Rubus idaeus Th.	Rubus hirsutus Th.	くさいちご G	北半球数百＊2（本、四、九・朝、中） B1

166	Rubus incisus Th.	Rubus microphyllus L.	にがいちご（くまいちご）・（かじいちご） G	＊2（本、四、九・中国） D2
167	Rubus palmatus Th.	Rubus palmatus Th.	ながばもみじいちご（ながばきいちご） L	＊2（本、四、九山地） B1 D2
168	Saccharum sinense Roxb.	Miscanthus sinensis And. 1716～36年間琉球渡来	さとうきびG	A（止瀉・去痰・便秘） B1 L（製糖料） Z
169	Salix integra Th.	Salix Integra Th.	いぬこりやなぎL	北半球温、亜寒300＊2（本州、九州）？
170	Sambucus canadensis	Sambucus canadensis L. 栽植品か	あめりかにわとこL	R4
171	Sambucus pubescens RS.	Sambucus Sieboldiana Blume	にわとこL	世界温帯、熱帯20＊2 A（利尿・鎮痛・消炎） D2
172	Sapindus Mukurosi DC.	Sapindus Mukorossi Gaert.（中国と日本）	むくろじH	熱帯15 ＊1 A（気管支・咽頭カタル） D1・2
173	Sasafras officinalis S.	Parabenzoin trilobum Nakai	しろもじ L	日、中2 ＊1（本中部以西、四、九・中） D2 A R2 R3
174	Sassafras Thunbergii S.	Lindera umbellata Th.	くろもじL	暖、温帯100、北米僅少A（去痰・脚気） D2 H（楊枝） R2 R3
175	Skimia japonica Th.	Skimia japonica Th.	みやましきみL	ヒマラヤ・東亜10＊1（本関東以西、四、九） A（殺虫） D2
176	Slateria japonica L.C.	Ophiopogon japonicus K.G.	じゃのひげC	印、東亜に10＊2（北、本、四、九・中、朝） A（強壮・鎮痛・去痰） D1
177	Slateria Jaburan S. Ophiopogon spicatus Ker.var. Jap.	Liriope platyphyllaWang.・Tang.	やぶらんC	東亜の暖・亜熱帯数種＊1 A（強壮・鎮痛・去痰） D1 R2 R3
178	Spiraea callosa Th.	Spiraea japonica L.	しもつけL	温、亜寒帯100＊2（北、本、四、九・朝、中） D1・2
179	Spiraea palmata Th.	Filipendula maltijuga Max.	しもつけそうG	温、亜寒帯10＊2（本中部、関東） A（解熱・利尿・水腫） D1
180	Spiraea Thunbergii S.	Spiraea Thunbergii S. 中国原産・広く栽植	ゆきやなぎL	D1・2 R3
181	Staphylea heterophyll Th.S.	Staphylea Bumalda DC.	みつばうつぎH	北半球温帯8＊2（北、本、四、九丘陵・朝、中） B1（若葉） R2
182	Stypax Japonicum S.	Euscaphus japonica Kanitz.	ごんずいL	東亜に1種＊1（本関東以西、四、九） D2 R2 R3
183	Taxus baccata L.E. es JezoTaxus canadensis L.E.	Taxus cuspidata S.・Z.	いちい Y 蝦夷から	北半温8＊2 A（通経・利尿・糖尿） D2 H1 R2
184	Taxus macrophylla Th.	Podocarpus macrophylla Lamb.	いぬまきY	熱、亜熱帯60～70＊1 D1・2 H1
185	)Taxus nucifera Th.	Torreya nucifera S.・Z.	かや Y	北米・東亜7～8 ＊2A（駆虫・夜尿） B（胚珠） H1 L（油） R2
186	Taxus tsyozenmaki jap.	Cephalotaxus Harringtonia K.Koch.	ちょうせんまき…いぬがやの園芸種Y	東亜、ヒマラヤ5 D1・2 L（油料） R2 R4
187	Tamarix chinensis Lour R.S. e China	Tamarix juniperina Bunge. 寛保年間に渡来	ぎょりゅう Y 中国から	中国 D2 R4
188	Thuya dolabrata Th.	Thujopsis dolabrata S.・Z.	あすなろ（ひば） Y	日本特産1＊2（本北、中部、四、九） D1・2 H1・4 R2
189	Tussilago cucullatum S.	Farfugium japonicum var.giganteum（S.Z.） Kitam.	おおつわぶきG	東亜数種＊1（九州自生） A（健胃・下痢・魚肉中毒） B1 D1 R2 R3

190	Tussilago japonica Th.	Farfugium japonicum Kitam.	つわぶき（たく吾）G	東亜数種＊1 A（健胃・下痢・魚肉中毒） B1 D1 R2
191	Urena morifolia DC.	Urena lobata var.sinuata Hochr.	ぼんてんか G.	熱＊4（四、九南部屋久種子） D1
192	Urtica fissa S.	Urtica sp.or Boehmeria sp.	Urtica か Boehmeriaの仲間G	R3
193	Urtica spicata Th.	Boehmeria spicata Th.	こあかそ L	熱帯100＊1（本、四、九・中）C
194	Viburnum Kanboku jap.	Viburnum Sargenti Koehne.	かんぼく L	北半球温、暖、南米120＊3 D1・2 R3
195	Vitis flexuosa Th.	Vitis flexuosa Th.	さんかくづる（ぎょうじゃのみず） V	北半球温帯60＊1（本、四、九・奄美、朝、中） B1
196	Diervilla grndiflora S.・Z.	Weigela coraeensis Th.	はこねうつぎ L	東亜10数種＊2（北、本、四、九の海岸） D1・2 R3
197	Zanthoxylum Kosui Jap.・Chin.	zanthoxylum piperitum DC.	さんしょう（はじかみ）L	熱、亜熱150＊2・＊1（北、本、四、九） A（健胃・鎮痛・駆虫） D2 R3
198	Genus dub Nro2 Mamesui	Pyrus Calleryana Dec.var. dimorphophylla Koidz.	まめなし H	欧・亜・ア数十＊2（本州希産・中、朝） R2 R3
199	Genus dub Nro4 Tenninsou	Comanthosphace stellipila var.sublanceolata Ohwi	てんにんそう G	日本1種＊2（北、本、四、九山地） D1 R2 R3
200	Genus dub Nro4 Munesunoki	Juniperus rigida S.・Z.	ねず Y	北半球50＊2 A（精油は発汗・利尿） D2 R3
201	Genus dub Nro5 Tsurutemari	Hydrangea petolaris S.・Z.	ごとうづる（つるあじさい） V	東亜、印の暖、温帯、北米数十＊2 D2 R3
202	Macleya cordata R.Br.	Macleya cordata R.Br.	たけにぐさ（ゆうだちがさ） G	東亜2＊1（本、四、九・中、台）A（殺菌・殺虫） D1 F
203	Epilobium akabana jap.	Epilobium pyrricholophum Hara	あかばなG	温、寒帯160＊1（北、本、四、九・朝、中） B1 R3
204	Camisso	Plantago camtschatica Camisso	えぞおおばこG	全200＊3（北、本、九の海岸・樺太、千島、オホーツク）A
205	Papaver somniferum Th. fl.	Papaver somniferum L.	けし G 栽培	欧州原産・栽培A（鎮痛・麻酔・鎮咳） F（麻痺性中毒）
206	Trollius asiaticus var. Ledebourii Max.	Trollius hondoensis Nakai	きんばいそう 10G	北半球温帯10数種（本羽前から近江までの山地渓畔） D1
207	Dianthus superbus R.S.	Dianthus superbus L.	なでしこ G	欧、亜、アフリカ北部、北米100＊2 D1 A（降圧・利尿）
208	Ipomoea triloba Th.	Ipomoea Rederacea Jacq.var. Nil Makino	きばなあさがお V栽培	A（利尿・峻下） D1
209	Clematis sp.	Clematis manchurica Rupr.（威霊仙）	ちょうせんいれいせん（こうらいせんにんそう?） G栽培	A（鎮痛・筋痛） R4
210	Lychnis chalcedonica Th.fl.	Lychnis Senno S.・Z.	せんのう G栽培	D1（鑑賞） R3
211	?	?	ひめぜり	?
212	?	?	ためともかずら	?
213	Oecymum punctatum Th.fl.	Leonurus sibiricus L.	めはじき（めぼうき）・（やくもそう） G	欧、亜10余＊1 A（調経・利尿・止血） D1
214	Valeriana officinalis	Valeriana fauriei Briquet1	かのこそう（はるおみなえし）・（はるなめし） G	北半球・南米200＊2 A（鎮痛・降圧）

215	Papaver rhoeas Th.	Papaver rhoeas L.	びじそう（ひなげし）・（びじんそう） G栽培	A（鎮咳・催眠）
216	Brassica juncea Czern.・Coss.	Brassica juncea Czern.・Coss.	たかな（おらんだな）・（ちりめんな）・（さんねんな） G栽培	B1（食用）
217	Tetragoniajaponica Th.	Tetragonia tetragonoides Kuntze.	つるな（はまな） G	南欧・東亜数種＊1 A（健胃・解毒） R2
218	Isatis daisai（taisei）jap.	Isatis indigotica Fortune.	たいせい（大藍） G栽培	A（解熱・解毒） R4
219	Saponaria vaccaria Pers.	Vaccaria pyramidata Medik.	どうかおん（どうかんそう） G	欧・北支に普通 A（催乳・通経・止血・鎮痛）
220	Euphorbia hirta L.	Euphorbia hirta L.	しまにしきそう（びようそう・（ひようそう） G	世界1600＊1（本近畿以西、四、九・琉球・台・中） A（利尿・湿疹）
221	Dianthus chinensis L.	Dianthus chinensis L.var. semperflorens Makino	さつまなでしこ（いせなでしこ） G栽培	D1
222	Hangonsoo	Senecio palmatus Pall.	はんごんそう G栽培	D1 R3
223	Chrysanthemum coronarium Th.	Chrysanthemum coronarium L.var.spatiosum Bailey	しゅんぎく（ふちじろしゅんぎく） G栽培	B1・D1
224	Dianthus chinensis R.S.	Dianthus chinensis L.	せきちく（はまなでしこ） G	D1
225	Bombax pentandrum L.	Ceiba pentandra Gaertn.	ぱんや（インドわたのき）・（カポックノキ） 10	D1
226	Gymnandropsis gymnandra Briq.	Gymnandropsis gymnandra Briq.	ふうちょうそう（ようかくそう）G栽培	D1
227	?	Allium sp.	たけびる	?
228	Geranium eroduim	Geraneum Robertianum L.	しおやきそう（ひめふうろ） G	温帯650＊2 D1 A（リュウマチ・風邪・はれ物） B1
229	-----	Glycyrrhiza uralensis Fisch.?	ウラルかんぞう?（かんぞうだまし）G栽培	A甘味料・鎮痙・去痰・解毒） R4
230	-----	Angelica shikokiana Makino var.tenuisecta Makino	かわぜんご（かわぜんこ） G	A（Angelica属シシウド属） R5
231	Cucumis flexuosa L.	Cucumis Melo L.var. Conomon Makino	あおうり（せんしょうか）・（せんしか） V栽培	B1（果実食用）
232	Sisymbrium sophia L.	Descurainia Sophia Prantl.	くじらぐさ G	北半・南米の温帯40＊2 A（緩下・利尿・鎮咳）
233	Coptis brachypetala S.・Z.	Coptis japonica Makino	おうれん G栽培	A（健胃・消炎） R3
234	Koohon	Nothosmyrnium japonicum Miq.	（かさもち（こうほん） G栽培	中国A（頭痛・腹痛・歯痛） R3
235	Verbena officinalis Th.	Verbena officinalis Th.	くまつづら G	米、旧世界120＊1（本、四、九・琉球・台・中、欧亜） A（消炎・止血）
236	Salix gymnolepis Lev.・Van.	Salix Gilgiana Seemen	かわやなぎ（みずやなぎ） La	北半球温、亜寒帯300＊2（北、本、四・朝） A（利尿・鎮痛）
237	Pentapetes phoenicia Th.fl.	Pentapetes phoenicia L.	ごじか G	印原産 D1（鑑賞）

238	Geranium Reini Fr.Sav.	Geranium eriostemon Fisch var.Reini Max.	ぐんないふうろG	＊2（北・本中、北山地） A（下痢止め）
239	Cicuta nipponica Fr.・Sav.	Cicuta virosa L.	どくぜり（おにぜり）・（おおぜり?） G	北半球数種＊3＊2 A（皮膚病、神経痛の鎮痛剤） F（中毒） R2
240	Acer carpinifolium S.・Z.	Acer carpinifolium S.・Z.	ちどりのき（だんかん）・（やましば） H	北半球100（本、四、九山地） D1・2 R3
241	Sium decumbens Th.	Chamaele decumbens Makino	せんとうそう（ほそばくさにんじん） 10G	日本特産＊2（北、本、四、九林内） R2
242	Erigeron scandens ?	Rhynchospermum verticillatum Reinw.	しゅうぶんそう G	印・マレー・東亜に1種＊1（本、四、九の山林・南鮮、琉、台、印） R2
243	Crucifera	Barbarea vulgaris R.Br.	はまな（やまがらし） G	温・亜寒数種＊3（北・本北、中部深山または高山） B1（食用） R2
244	Veronica tooteiran jap.	Veronica ornata Monjuschko	とうていらん G	北半球温帯300＊3（本州近畿北部） D1（鑑賞） R3
245	Angelica Miqueliana Max.	Ostericum sieboldii Nakai var.japonicum K.Koch.	やまぜり G	東欧から東亜10種以上＊2 A（Angelica属シシウド属） R5
246	Amorpha Sophora angustifolia S.・Z. Amorpha fructicosa S.	Sophora flavescens Aiton	くらら（くさえんじゅ）・（苦参） V	熱、暖帯20＊1・＊2 A（健胃・鎮痛・解熱・駆虫） R3
247	Himehigotai	Saussurea pulchella Fisch.・DC.	ひめひごたい G	亜、欧、北米150＊2 D1（鑑賞） R3
248	Convallaria multiflora Th.	Convallaria majalis L.var. Keiskei Makino	なるこゆり（ながふのおうせい） C栽培	北半球温帯40＊2（北、本、四、九・朝） A（強精・強壮） D1
249	Gossypium herbaceum Th.	Gossypium herbaceum L.	とうじんふとんわた（なんきんわた） G栽培	A（催乳・精油） C（綿、綿布）
250	Malva verticillata L.	Malva verticillata L.	ふゆあおい（おかのり）・（はたけな） G栽培	A（利尿・催乳） B1（食用）
251	Polemonium coeruleum L.	Polemonium kiusianum Kitamura	はなしのぶ（くさしのぶ） G	北米20＊2（九州山地） D1 R2
252	Bupleurum multinerve D.C.Avar.minor Ledeb.	Bupleurum nipponicum Koso-Poliansky	はくさんさいこ（とうごくさいこ） G	世界90＊3（北日高、本中部以北高山） A（Angelica属シシウド属） R5
253	Dianthus chinensis L.	Dianthus chinensis L.	せきちく（なんきんせきいく）・（からなでしこ） G栽培	D1（鑑賞）
254	Saxifraga Fortunei Hooker var.incisolobata Engl.	Saxifraga Fortunei Hooker var.obtusocuneata Nakai	うちわぐさ（うちわだいもんじそう） G	温、寒帯300＊2（本、四、九山中流水） A（中耳炎・利尿） D1
255	?	?	いずなでしこ	D1？
256	Indigofera tinctoria Th.	Indigofera decora Lindl.	こまつなぎ（にわふじ） L	熱帯350＊1（本州、九州原野・中支） A（解毒・鎮痛）
257	Lespedezia tomentosum S.	Lespedezia tomentosum S.	いぬはぎ（こまはぎ） 10G	北米、東亜温帯60＊2 R3
258	Andromeda jooraktsudsusi jap.	Menziesia pentandra Max.	ようらくつつじ L	北米、日本10＊2（九州山地） D1・2 R2 R3
259	Corylus rostrata var. Sieboldiana Max.	Corylus sieboldiana Blume	つのはしばみ H	北半球20＊2（北、本、四、九・朝） A（強壮・病後） D2

260	Stewartia monadelpha S.・Z.	Stewartia monadelpha S.・Z.	ひめしゃら（さるごま）H	東亜、北米8＊2（本関東以西、近畿南部、四、九） D2 R2 R3
261	Lespedezia heterocarpon	Lespedeza bicolor forma microphylla Miq.	はぎ（やまはぎ）の類 L	北米、東亜温帯60＊1（本州、九州海岸・満、朝、シベリア） D2
262	Dolichos lablab Th.	Dolichos Lablab L.	ふじまめ V栽培	A（健胃・解毒・下痢・嘔吐）
263	Croton Siraki S.	Sapium japonicum Pax.	しらき H	旧世界熱帯100＊2（本、四、九・朝、中、琉） L（精油灯り用） R3
264	Koelreuteria paniculata Laxm.（chin.）	Koelreuteria paniculata Laxm.	せんだんばのぼだいじゅ（もくげんじゅ）H	東亜数種＊2（本州越前、周防に自生） D1・2 E（染料） H（数珠材）
265	Elsholtzia cristata Willd	Elsholtzia ciliata Hylander	なぎなたこうじゅ G	亜・欧の温暖、北ア20＊2 A（風邪・腹痛・利尿） D1
266	Polygonum inutade jap.	Polygonum longisetum De Bruyn.	ねまりたで（いぬたでの1種）G	世界200北半球に多い＊2 A（回虫駆除・下痢・腹痛） R3
267	Trichosanthes hootsuki jap.	Melothria japonica Max.	すずめうり（すずうり）・（つるほうずき）V	暖帯85＊1（本、四、九・斉州島） D1（鑑賞） R3
268	Physalio ciliata S.・Z.	Physalio angulata L.	せんなりほうづき（はたけほうづき）G植栽	A（解熱・利尿） R3
269	Eleusine Cynosurus Coracan L.	Eleusine Caracan Gaertn.	ほそばのおおぎゃくしょく（しこくびえ）G	B1（救荒植物） 古来中国から渡来
270	Cyathula officinalis Kuan	Cyathula officinalis Kuan	せんごしつ（キアツラ・オフィキナリス）G栽培	A（リウマチ） R4 中国四川省、雲南、貴州分布
271	Clinopodium kisewata jap.	Leonurus macranthus Max.	きせわた G	欧・亜に10＊2 A（利尿・調経・婦人病） D1 R2 R3
272	Vitex ovata Th.	Vitex rotundifolia L.	はまぼうず（はまごう）G	熱帯・少数東亜＊1 A（風邪による頭痛・関節炎・解熱） D1・2 R2
273	Polygonum filiforme Th.	Polygonum filiforme Th.	みずひき（赤）G	日本・北米＊2・＊1（北、本、四、九） D1
274	Aster chinensis L.	Callistephus chinensis Nees	えぞぎく（さつまぎく）・（えどぎく）G栽培	D1（鑑賞）
275	Styrax hakunbok S.	Styrax obassia S.Z.	はくうんぼく H	北半球暖帯100＊2（北、本、四、九山地・朝、中、満） D1・2 R3
276	Vinca rosea L.	Lochnera rosea Reichenb.	はげいとう（にちにちばな）G 栽培	A（胃潰瘍・便秘） D1（鑑賞）
277	Lycimachia lubinioides S.・Z.	Lysimachia mauritiana Lamarck	はまぼっす G	主に温帯110＊1 台、琉、印） D1 Lysimachia属栽培 R3 R5
278	Amaranthus japonicus α	Amaranthus blitum L.	のびゆ（むらさきいぬびゆ）G	世界50＊2（北、本、九・欧州原産?） A（赤痢・虫毒・蛇の咬傷）
279	Euonymus sawadatsu S.	Euonymus melananthus Fr.・Sav.	さわだつ（さうたづ）L	北、中米、欧、亜150＊2（本、四、九深山） D2（庭木） R3
280	Chenopodium album L.	Chenopodium album L.	しろざ（はましろざ）G	温帯80＊2（北、本、四、九・旧世界） B1 A（虫刺され）
281	Cycas revoluta Th.	Cycas revoluta Th.	そてつ Y 琉球では野生・九州、本州では栽培	A（鎮咳・健胃） D2
282	Ficus japonica Bl.	Ficus erecta Th.	いぬびわ（てんりんち）・（もっこうぼく）・（いたぶ）La	熱、亜熱多数＊1（本、四、九） B1（食用）

283	Urtica bifida Th.	Boehmeria biloba Wedd.	らせいたそう（びろうとそう）・（あついた）G	熱帯100 ＊1北南、本州海岸海浜植物、形状特異 R1
284	Cucumis melo L.	Cucumis Melo var.makuwa Makino	まくわうり（かてい）・（かしうり）V 栽培	A（催吐剤・利尿） B1
285	Abutilon Kiriasa I.K.	Abutilon Avicennae Gaertn.	いちび（きりあさ）G栽培	A（利尿・緩下） R3 印度原産・栽培1.5m
286	Raphanus sativus Mill.	Raphanus sativus L.forma	おてん（オラン?）だいこん（すずな）・（だいこんの品種） G栽培	B1（食用）
287	Daucus carotta L.	Daucus Carota L.var.sativa DC.	にんじん（なにんじん）G栽培	A（根強壮・強心・健胃 種子利尿）
288	-----	Arisaema japonicum Bl.	まむしぐさ（やまごんにゃく）C	南米・濠を除く熱・暖・温150＊2 D1 F（有毒植物）
289	Bambusa variegata S.・Miq.	Isachne globosa O.Kuntze	ちござさ G	熱暖帯50＊1（北、本、四、九・中、濠、東南亜） D2 R3
290	Viola	Viola bravistipulata W.Beck.	おおばきすみれ（きのすみれ）G	温帯400＊3（北、本近畿北、伯耆大山の高山） D1
291	Trichomanes strigosum Th.	Microlepia satrigosa Presl.	いしかぐま P	D2（下草）
292	Aspidium tripteron Kunze	Polystichum tripteron Presl	しもくしだ（じゅうもんじしだ）P	D2（下草）
293	Bromus japonicus Th.	Bromus japonicus Th.	なつのちゃひきぐさ（すずめのちゃひき）G	温帯、亜寒帯広く分布＊2（北、本、四、九・温帯一般） R1
294	Soitam No.5	Curcuma aromatica Salisb.	きょうおう（はるうこん）C栽培	A（解熱・健胃） R4
295	Soitam No.7(Amomum cordamomum)	Curcuma zedoaria Rose	がじゅつ（しろ）・（くろうこん）C栽培	A（利胆・胆石） R4
296	Arundo Jositake	Arundo Donax L.	うどののよし（だんちく）G	旧世界の暖・熱帯極数種＊1（本関東以西、四、九・朝、満、中、印） D2 R2 R3
297	Evonymus Zsurihana	Euonymus oxyphyllus Miq.	つりばな H	北、中米、欧、亜150＊2（北、本、四、九・南千島、朝）D1・2 R3
298	Ilex Siraki S.	Ilex macropoda Miq.	あおはだ（さわみつぎ）・（しろき）H	暖帯300＊2（北、本、四、九山地・朝、中） G（薪炭） R3
299	Diervilla floribunda S.・Z.	Weigela japonica Th.	つくしやぶうつぎ（さわうつぎ）L	東亜10数種＊2（本中国地方、四、九） D1・2 R3
300	Atropa（Scopolia）japonica Max.	Scopolia japonica Max.	はしりどころ C	欧・亜＊2（本州、四国山地） A（胃酸過多・胃痛） F（狂騒）
301	Asarum Kamabuni M.Z.	Asarum caulescens Max.	かもあおい（ふたばあおい）G	温、暖帯100＊2（本、四、九深山） A（鎮咳） R3
302	Aeschynomene Fusikansoo	Desmodium Oldhamii Oliver	ふじかんぞう?（ふじかえそう）・（ぬすびとのあし）G	熱帯100＊2 D2（鑑賞用潅木） R3
303	Aster scaber Th. Biotia discolor Max. Doellingeria scabra DC.	Aster scaber Th.	しらやまぎく（しらそうぎく） G	?

304	Retinispora plumosa Carr.	Chamaecyparis pisifera Endl. var.plumosa Beissn	しのぶひばの類Y	D2（庭木）
305	Prenanthes integra Th.	Crepidiastrum lanceolatum Nakai	ほそばわだん（はまごぼう）10G	東亜に10＊1（本、四、九海岸・南鮮、硫、台、印） R2
306	Oldenlandia hirsuta L.	Hedyotis Lindleyana Hook. var.hirsuta Hara	はしかぐさの1種G	熱、暖200＊1（本、四、九林地・中、マレーシア、印）
307	Thuja pendula S.Z.	Thuja orientalis L.cv. flagelliformis Jae.	側柏（いとすぎ）・（いとひば）・（このてがしわの栽培種）Y栽培	D2（庭木） R3
308	?	?	未詳の木	?
309	Quercus hiryookasi jap.	Quercus glauca Th.var.lacera Matsum.	ひりゅうがし（ひりょうがし）H 栽培	D2 H1 R3
310	Agrostis ciliata Th.	Arundinella hirta C.Tanaka	とだしば（ばれんしば）G	亜・米の熱帯50＊2（北、本、四、九・ウスリー、満、中） R1
311	Glycine afuimame jap.	Phaseolus lunatus L.（南米渡来）	あおいまめ（ごもんまめ）G栽培	A（利尿・消炎） R4
312	Imperata eulalioides Miq.	Miscanthus sacchariflorus Benth.	おぎ?（ひめよし）G	印、東亜など20＊1（北、本、四、九・朝、中、ウスリー、満）R 3
313	Serratula	Synurus sp.	やまぼくちの1種G	東シベリア、東亜、蒙古＊2 L（冠毛を火口に利用） B1（若葉）
314	Polypodium lingua Sw.	Cyclophorus lingua Desv.	ししひとつば（ひとつばの園芸品）P	A（消炎・止血）
315	Tussilago tamafuki jap.	Cacalia farfaraefolia S.・Z. var.bulbifera Kitam.	たまぶきG	アジア、アメリカ50＊3（北、本関東以北） D1 R2 R3
316	Hibiscus syriacus Lin.	Hibiscus syriacus Lin.	むくげ（からくわ）L栽培	A（胃腸カタル） D2
317	Gastroidia elata Bl.	Gastroidia elata Bl.	おにのやがら（ぬすびとのあし）C	ア・印・濠・東亜25＊1＊2（北・本・中、台） A（頭痛・めまい・関節炎）
318	Ligularia Schmidtii auct.jap.	Ligularia angusta Kitam.	やまたばこG	欧・亜数10＊2（本関東、中部山地） D R3
319	Clethra barbinerve S.・Z.	Clethra barbinervis S.・Z.	りょうぶ Ha	米、東亜、マデイラ群島30＊2（北、本、四、九・朝） D2 G R3
320	Mitella japonica Miq.	Mitella stylosa H.Boiss.	ちゃるめるそうG	東亜と米20（本関東以西、九渓側） D1 R2 R3
321	Symplocos myrtacea S.・Z.	Symplocos myrtacea S.・Z.	はいのき H	亜、濠、米暖、亜熱300＊1 E（染料） R3
322	Ilex imame	Quercus phillyraeoides Gray	うばめがし（いまめ）H	温、暖、亜熱200＊1（本関東以西、四、九沿海） D1・2 R3 D1・2 R3
323	Veratrum grandiflorum Loesen.	Veratrum album L.var. grandiflorum Max.	ばいけいそうC	北半球温帯50（北・本北、中部山地湿原） A（でき物） F（根茎）
324	Acer Maximowiczianum Miq.	Acer nikoense Max.	めぐすりのき（ちょうじゃのき）H	温帯100＊2（本、四、九山地） A（目薬・肝臓疾患） R3
325	Benzoin erythrocarpum Rehder	Lindera erhthrocarpa Makino	かなくぎのき（ぬかがら）10Hr	東亜・南亜・熱米に50（本、四、九・朝） H（釘材）
326	Magnolia compressa Max.	Michelia compressa Sarg.	おがたまのき H	熱・温亜10＊1（本関南、東海道、南畿、四、九）D1・2

327	Panicum crus corvi L.	Echinochloa Crus-galli P. Beauv.	いぬびえ（すいがい）・（みずびえ）G	暖帯10数＊2（本、四、九・中） B1
328	Pawllownia imperialis S.・Z.	Pawllownia tomentosa Steud.	くばとう（きり） H	東亜に7種　D1・2　H1　R2　R3
329	Aspidistra elatior M.Dec.	Aspidistra elatior Blume 中国原産・栽培	はらん G栽培	中国原産 A（利尿・強心・去痰）　D1
330	Vaccinium jesoensis Miq.	Vaccinium Vitis-Idaea L.	こけももL	北半球少数が極地～熱帯高＊3（北、本、四、九高山） A（利尿・防腐） B1（ジャム） D1　R2
331	Chaerophyllum scabrum Th.	Peucedanum terebinthaceum Fisch.・Turcz. 属、薬用多し	かわらぼうふう（やまにんじん） G	温帯、アフリカ160＊2　R5　Peucedanum属は多く薬用（鎮咳・鎮静）
332	Phyllodoce amabilis Staff	Phyllodoce nipponica Makino	つがざくら（とかさくら） L	北半球寒・亜寒高山数種＊3（本中部以西、四国高山岩上） D1　R2
333	Metaplexis chinensis Dec.	Metaplexis japonica Makino	ががいも（とんぼのめ） G	東亜少数＊2（北～九山野） A（強壮・止血） C（綿の代用） D1　R2
334	Tripetaleia paniculata S.・Z.	Tripetaleia paniculataS.・Z.	ほつつじ（まつのきはだほつつじ） L	日本特産2種＊2（北、本及び四国?山地） D1・2 R2
335	Betula carpifolia S.・Z.	Betula grossa S.・Z.	あづさ（みつら）・（みずめ）・（よぐそみねばり） Ha	温、亜寒帯40＊2（本、四、九山地） L（弓材）　R3
336	Chamaesaracha japonica Fr.Sav.	Physaliastrum japonicum Honda	いかほうすき（いがほうづき） G	本邦数種？＊1（北、本、四、九・朝、満、中）
337	Capraria crustacea L.	Lindernia crustacea F. Mueller	うりくさG	暖、温帯＊1（北、本、四、九・南鮮、琉、台、印） R1
338	Mimulus nepalensis Benth. forma japonica Miq.	Mimulus inflatus Nakai	みぞほうづき（みつほうつき） G	世界の温帯特に南米、北米に多し60　R3
339	Angelica Keiskei Miq.	Angelica Keiskei Koidz.	あしたばG	温帯50＊1（本州関東、伊豆海岸） A（利尿・緩下・高血圧） E　R3
340	Vaccinium Oldhami Miq.	Vaccinium Oldhami Miq. 属として植栽多し	なつはぜL	極地から熱帯高山150＊2（北、本、四、九） D1・2 B1 D1・2　R3
341	Tiarella polyphylla D.Don.	Tiarella polyphylla D.Don.	づだやくしゅ G	ヒマラヤ・東亜1、北米数種＊1（北、本、四・中、台） A（咳止め・喘息）
342	Penthorum sedoides var. chinense Max.	Penthorum chinensis Pursh	さわしおん（たこのあし） G	北米・東亜1（本関東以西、四、九泥湿地） R2
343	Silene baccifera L.	Cucubalus baccifer L. var. japonicus Miq.	なんばんはこべG	温帯1（北、本、四、九・朝、満、樺太、南千島） D1　R2
344	Vicia vanosa var.capitata Fr.・Sav.	Vicia nipponica Matsum.	よつばはぎ（たたはぎ）・（たにはぎ） G	温、寒帯150＊2（北、本、四、九・朝、中） R1
345	-----	Pseudotsuga japonica Beissn.	とがさわら（まとがき）・（まとが）・（さわらとが） Y	東亜・北米4＊2（本紀伊、大和、四国深山） H1　R2
346	Gymnandra Gmelini Cham.・Schltdl.	Lagotis glauca Gaertner	うるっぷそう（はまれんげ） G	亜北、中部高山、北米10＊3　R2
347	Apios Fortunei Max.	Apios Fortunei Max.	ほどいもC 栽培根が塊状で食用（北米東部と共通の属）	北米、印、東亜僅数種＊2（北、本、四、九・中） B1（救荒植物）　R2

348	Schizophragma hydrangeoides S.・Z.	Schizophragma hydrangeoides S.・Z.	いわがらみ V	東亜僅数種（北、本、四、九・朝） R2
349	Sassafras praecox S.	Parabenzoin praecox Nakai	あぶらちゃん（むらだち） H	日本、中2＊1（本、四、九山地）A（樟脳） D2 L（精油料） R2
350	Campanula circaeoides Fr. Schm.	Peracarpa carnosa Hook. var. circaeoides Makino	たにききょう（たにぎきょう） G	ヒマラヤ・東亜1＊2 D1
351	-----	Lonicera Morrwii A. Gray	ひゃうたんぼく（きんぎんぼく）2種 L	北半球、中米、マレーシア、北ァ180＊2 F（嘔吐・下痢） D2 R3
352	Symplocos lancifolia S.・Z.	Bobua lancifolia S.・Z.	しろはい H	亜、濠、米暖、亜熱300＊1（本近畿以西、四、九・琉） D2 R3
353	Elaeocarpus matase	Elaeocarpus japonica S.・Z.	こばんもち（ずき）・（またせ）・（じゅみ） H	南亜・マレー・濠60＊1（本近畿南部以西、四、九・琉、台）D1 R3
354	Hippuris vulgaris L.	Hippuris vulgaris L.	すぎなも（すぎも紫花） G	北半球の亜寒帯＊3（北、本尾瀬以北池沼） R2
355	Pterostyrax corymbosa S.・Z.	Pterostyrax corymbosa S.・Z	あさがら H	東亜4＊2（本近畿以西、四、九） D1・2 R2 R3
356	Procris umbellata S.・Z.	Elastostema umbellatum Bl. var. majus Max.	うわばみそう（みつぶき） G	ァ、亜の熱帯60＊2 A（下痢・リュウマチ・黄疸・でき物） B1 R3
357	Stellaria monosperma Hamilt. var. japonica Max.	Stellaria paniculigera Makino	おおやまはこべ G	全100（北、本関東以西、四、九山中） R1
358	Populus sawasiba I.K.	Carpinus erosa Bl.	さわしば（くろくち） H	北半球20（北、本、四、九・中、朝） R3
359	Sophora platycarpa Max.	Cladrastis platycarpa Makino	やまえんじゅ（ふじき） H	東亜・北米温数種＊2（本中西部、四山地）D1・2 R2
360	Nasturtium aquaticum L.	Nasturtium offcinale R.Br	おらんだがらし（みずとうがらし）・（みずからし） G	ただ1種（欧・亜。北米帰化） B1 A（消化・駆虫・解熱）
361	Chomelia corymbosa	Tarenna Gyokusinkwa Ohwi	ぎょくしんかL	熱亜・熱ア・濠40＊4（九・琉球・台） D2
362	Rosa rugosa Th.	Rosa rugosa Th.	はまなす（はまなし） L	温、亜寒100＊2（北・東北、北陸、山陰・東亜温、亜寒） A（下痢）D1
363	Andromeda adenothrix Miq.	Gaultheria adenothrix Max.	あかもの（いわはぜ） L	南半・東亜・北米100＊2＊3 A（鎮痛・消炎・神経痛） B1 D1・2 R3
364	Trochostigma arguta S.・Z.	Actinidia arguta Planch.・Miq.	さるなし（しらくち） V	東亜・印・マレー25＊2（北、本、四、九・中、朝、千島、樺）B1 R3
365	Cornus sanguinea S.・Z.	Cornus controversa Hemsley	みずき（さわみずき） H	北半球温帯40＊2（北、本、四、九山地） D1・2 R3
366	Tournefoortia Argusi DC.	Messerschmidia sibirica L.	すなひきそう（すなびきそう） G	欧、亜、大洋州、南米3＊1（北、本、四、九海岸）
367	Agalma octophyllum Seeman	Schefflera octophylla Harms	ふかのき（ほかのき） H	旧熱帯＊4（九日向、大隅、薩摩種子屋久・琉、台、中、印支） D2
368	Pimpinella calycina Max.	Spuriopimpinella calycina Kitagawa	かのつめそう（だけぜり） G	東亜、東シベリア10＊2（北、本、四、九山地） R5Pimpinella属
369	Rhododendron quinquefolium Bisset・Moore	Rhododendron quinquefolium Bisset・Moore	しろやしお（くるまつつじ）・（ごようつつじ） L	北半、寒、温、熱帯高山 ＊2（本州、四国山地） D1・2 R2
370	Callitriche japonica Engelm	Callitriche japonica Engelm	あわこけ G	全世界30＊1（本関東以西、四、九・琉、台） R1
371	Domnacanthus major S.・Z.	Domnacanthus major S.・Z.	じゅずねのきL	東亜、ベンガル数種 ＊2 D1 R2 R3
372	Lubrata akitoosi	Isodon longitubus Kudo	あきちょうじ（きりつぼ） G	亜、ァ40＊1（本近畿以西、四、九） D1 R3

373	Angelica decursiva Fr.・Sav	Peucedanum decursivum Max.	のだけ（さいき）G	北半球・温・ア60＊2 A（鎮咳・去痰・喘息）
374	Ligustrum reticulatum Bl.	Syringa reticulata Hara	えご（はしどい）H	北半球暖帯に100＊1 A（去痰） D1・2 F L（香料）
375	Palura ciliata Nakai Symplocos crataegoides auct. japon	Symplocos chinensis Druce forma pilosa Ohwi	さわふたぎ（ゆきのき）・（やにぎ）・（にしごり）L	亜、濠、米暖、亜熱300＊1 E
376	Marsdenia tomentosa Morr. DC.	Marsdenia tomentosa Morr. DC.	きじょらん V	暖・亜熱70＊1（本関東以西暖地、四、九・琉） A（強壮・強精） D1
377	Diphylleia cymosa Michv. var. Grayi Max.	Diphylleia Grai Fr.・Schm.	さんかよう（山荷葉） C	北米、東亜3（本中、北部、四、九高山）A（疼痛・打撲・月経痛）R2
378	Saxifraga fusca auct japon	Saxifraga fusca Max. var. Kikubuki Ohwi	くろくもそう（きくぶき）・（いわぶき） G	温、寒帯300＊3（本中、北部、四、九高山） D2 R3
379	Cordia thrsiflora S.・Z.	Ehretia ovarifolia Haask	ちしゃのき H	熱・暖50＊1（本中国、四、九・琉、中） D2 R3
380	Keiskea japonica Miq.	Keiskea japonica Miq.	ゆきよせそう（しもばしら） G	東亜極少数＊2（本関東以西、四、九） D1 R2 R3
381	Bistorta tenuicaulis	Polygonum tenuicaule Bisset・Moore	はるとらのお（いろはそう） G	世界200＊2・＊1（本、四、九） D1
382	Oldenlandia diffusa Roxb.	Hedyotis diffusa Willd.	ふたばむぐら（むぐら） G	アジア南200＊1（本、四、九・朝、中、台、琉、印） A（咳・扁桃腺炎）
383	Berchemia racemosa S.・Z.	Berchemia racemosa S.・Z.	くまやなぎ L	東亜・北米東ァ10数種＊2（本、四、九） A（健胃・整腸・口内炎） R3
384	Rhamnus japonica Max. Crataegus ?	Rhamnus japonica Max.	くろうめもどき L	北半球100余＊2（北、本、四、九） A（便秘・殺菌・水腫・疥癬）
385	Fagara horrida Th.	Gleditsia japonica Miq.	さいかち（さいかし） H	亜・北米・の温・暖帯数不明 A（去痰・利尿・消炎） D1・2 R2
386	Melia Toosendan S.・Z.	Melia azedarach var. toosendan Makino	とうせんだん Ha 栽植	A（駆虫・鎮痛） D2 R3
387	Rubus moluccanus Th.fl. Rubus Buergeri Miq.	Rubus Buergeri Miq.	ふゆいちご G	北半球数百＊1 A（強壮・結核・胃痛・黄疸） B1
388	Clematis minor D.C.	Ampelopsis leeoides Planch.	うどかずら（たにもだま）V	北米、中亜、東亜20＊1（本紀伊、大和、中国西、四、九・琉、台）
389	Rosa Camellia S.	Stewartia pseudo-camellia Max.（北米東部と共通の属）	なつつばき（しゃら） H	東亜、北米8＊2（本、四、九山地） D1・2 H R2 R3
390	Vaccinium Buergeri Miq.	Vaccinium bracteatum Th.	しゃしゃんぼ（うすいちご） Lr	北半球少数が熱帯高150＊ B1 D1・2
391	Zanthoxylum ailanthoides S.・Z.	Zanthoxylum ailanthoides S.・Z.	からすさんしょう（やまさんしょう）H	温帯東亜・北米＊1（本、四、九） A（健胃・鎮痛・駆虫） R3
392	-----	Kadsura longipedunculata Finet.・Gagn.	しきんとう（カズラ・ロンギペドウンクラータ）V	A（胃痛・骨折・リュウマチ） R4 中国から栽培
393	Betula Maximowictziana Regel	Betula Maximowictziana Regel	さいはだかんば（うだい）H	温、亜寒帯40＊3（北・本中部以北山地・南千島） G（たいまつ）

394	-----	?	たにみず？たまみずき？	-----
395	Reina rcemosa Fr.・Sav.	Reina japonica Oliver	ずいなG	東亜・米に10＊2（本近畿南部、四、九） B1（若葉） R2
396	Meliosma myrianth S.・Z.	Meliosma myrianth S.・Z	あわぶき（すかがら） H	東亜・南亜・熱米に50（本、四、九・朝） R3
397	Viburnum lantanoides Miq.	Viburnum furcatum Bl.	おおかめのき（むしかり）きそむしかり・木曽産 H	温、暖帯、南米120＊2 D1・2 R3
398	Corchoropsis crenata S.・Z.	Corchoropsis tomentosa Makino	からすのごま G	東亜数種（本関東以西、四、九・中）D1？ R2 R3
399	Poplus suavolens auct japon	Poplus Maximowiczii A. Henry	でろ（どろのき） H	北半球温帯30＊2（北、本北、中部山地）A（麻痺・解熱・降圧） R3
400	Cicca flexuosus S.・Z.	Phyllanthus flexuosa（S.・Z.） Muller	こばんのき H	熱・亜熱帯500＊1（本近畿以西、四、九・中） D2 R3
401	Aletris luteo-viridis Franch.	Metanarthecium luteo-viride Max.	のぎらん G	東亜に1～2（北、本、四、九・） A（強心・利尿） D1 R2
402	Zanthoxylum Kibada S.・Z.	Phellodendron amurense Ruprecht	きはだ H	東亜数種＊2（北、本、四、九山地・朝、中支） A（止瀉・健胃） R2 R3
403	Orobanche coelulescens Stephan	Orobanche coelulescens Stephan	はまうつぼ G 寄生草本	北半100＊1＊2（北、本、四、九海岸・台、中、琉）A（強壮・補精）
404	Serpicula verticillata L.	Hydrilla verticillata Casp. var. Roxburghii	くろも G	欧・南亜・東亜・濠2＊1（北、本、四、九・欧、亜熱、濠） R2
405	Conandron ramondioides S.・Z.	Conandron ramondioides S.・Z.	いわたばこ G	日本・印支に2＊2（本、四、九・琉、台） A（慢性胃炎） D1 R2 R3
406	Euchresta japonica Benth.・Oliver	Euchresta japonica Benth.・Oliver	みやまとべら L	東南亜極数種（本関東以西、四、九） A（扁桃腺炎） D2 R2
407	Thesium decurrens Bl.	Thesium chinense Turcz.	かなびきそう G	亜、南米少数、亜、地中海200南米・南ア＊2（本、四、九・朝、中、琉） R2
408	Lysimachia Keiskeana Miq.	Lysimachia acroadenia Max.	みやまたごぼう（良云う） G	北半球温帯110＊2（本、四、九山中・朝斉州島） D1 R3
409	Picrasma japonicum A. Gray	Picrasma quassioides Benn.	にがき H	温・亜熱8（四、九自生、広く栽植・琉、台） A（健胃・下痢・駆虫）
410	Pseudopyxis longituba Fr. Sav.	Pseudopyxis depressa Miq.	いなもりそう G	日本特産2＊1（本中南部、四、九） D1 R2
411	Meliosma tenuiflora Miq.	Meliosma tenuis Max.	みやまははそ（みやまはうそ） L（水谷より来る）	東亜、南亜、熱帯米50＊2 コナラと葉が類似する R3
412	Cacalia farfaraefolia S.・Z.	Cacalia hastata L.var.orientalis Kitam.	こうもりそう（大なるもの） G	亜、米50 ＊2（本州、九州山地） D1 R3
413	-----	Vallisneria asiatica Miki	せきしょうも（いとも）・（へらも） G	熱・暖帯数種（北、本、四、九・東亜、仏印） R2
414	Osteomeles subrotunda K. Koch.	Osteomeles subrotunda K. Koch.	いそざんしょう（てんのうめ） L	琉球 D1・2 R2
415	Chrysosplenium nipponicum Fr.・Sav.	Chrysosplenium Grayanum Max.	ねこのめそう G	北半球、南米数十 日本に多し D1 R2

416	Chrysosplenium discolor Fr.・Sav.	Chrysosplenium macrostemon Max.	いわぼたん（みやまねこのめそう）（小なるもの）G	北半球、南米数十 日本に多し（本関東以西、四、九）D1 R2
417	-----	Lotus corniculatus L. var. japonicus Regel	みやこぐさ（えぼしな）G	温・暖150（北、本、四、九・琉）D1
418	Platycarya strobilacea S.・Z.	Platycarya strobilacea S.・Z.	のぐるみ H	東亜1＊2 A（動脈硬化症・鎮咳）B1 E（染料）R3
419	Cardamine lyrata Bunge	Cardamine lyrata Bunge	みづたがらし G	温帯100＊2（本中、西部以西、四、九・朝、北支、東シベリア）R1 タネツケバナ類似
420	Trochostigna volubilisS.・Z.	Actinidia repanda S.・Z.	またたび V	（北、本、四、九・樺、南千島）A（強壮・健胃）B1（塩漬け実）D1 R3
421	Cedrela sinensis A.Juss.	Toona sinensis Roem. 中国渡来・栽植	ちゃんちんH	中国原産 D2
422	Paederota axillaris S.・Z.	Botryopleuron villosulum Makino	すずかけそうの類（毛なし余不知）G	ヒマラヤ、中、台、日10＊1（本州美濃稀に自生）多くは栽植 D1 R3
423	Disanthus cercidifolius Max.	Disanthus cercidifolius Max.	まるばのき（べにまんさく）H	中国・日本2＊1（本州中部、安芸、四国希産）D2 R2
424	Nauclea(?) rhynchophylla Miq.	Uncaria rhynchophylla Miq.	かぎかずらV	熱亜・東亜・亜・南米30＊1（本州安房以西、四、九）D1・2 R3
425	-----	Monotropastrum humile Hara	ぎんりょうそう（ゆうれいくさ）G	東亜・北印数種＊2 A（強壮・強精・鎮咳）R2
426	Viburnum Awabuki	Viburnum Awabuki K. Koch.	さんごじゅ H	北半球・アンデス120＊2（本関南以西、四、九・南鮮、琉）D2 R3
427	Salomonia strictaS.・Z.	Salomonia oblongifolia D.C.	ひなのかんざしG	熱帯・濠10＊1（本、四、九・台南鮮）A（咳止め・去痰）D1 R2 R3
428	Abelia biflora Turcz.	Abelia spathulata S.・Z. 中国原産	こつくばねうつぎ（つくばねうつぎ）L	ヒマラヤ、東亜、中米30＊2（本、四、九の山林）D1・2
429	Sophora japonica L.	Sophora japonica L.	えんじゅ（まめふじ）・（きふじ）H	A（止血・高血圧・利尿）E B4 D2
430	Caragana Chamlagu Lam.	Caragana Chamlagu Lam.	むれすずめG	中国 D1.2
431	Lobelia? Kagaribisoo fl. I. K.	Monochasma japonicum Makino	くちなしぐさ（かがりびそう）G	東亜に数種（本、四国、九州）R2 R3
432	Nanocnide japonica Bl.	Nanocnide japonica Bl.	かてんそうG	東亜3（本、四、九・台、中）R2
433	Dumasia truncata S.・Z.	Dumasia truncata S.・Z.	のささげ（きつねささげ）V	北米・印・東亜極少数（本州、九州）B1 R2 R3
434	Azalea Baikatsudsusi I.K.	Rhododendron semibarbatum Max.	ばいかつつじL	寒、温、熱帯高山600＊2（本、四、九山地）D1・2 R3
435	Rhododendron Tsuciophyllum Max.	Rhododendron Tanakae Ohwi	はこねこめつつじ（ちょうじつつじ）L	＊2（本州相模、武蔵、伊豆山地）D1・2
436	Fritillaria japonica Miq.	Fritillaria Koidzumiana Ohwi	こばいもC	北半球60＊2（本州伊豆、駿河、越中、越後）D1 R3
437	Geranium sieboldi Max.	Geranium japonicum Fr.・Sv.	たちふうろG	温帯一般、熱帯高山250＊2（本州、九州・朝、満、アムール）D1

438	Ranunculus ternatus Th.	Ranunculus extorris Hance	こきんぽうげ（まるこのは）・（ひきのかさ） G	温、亜寒帯、高山400＊1（本、四、九・琉球・台・中） D1
439	Dianthus japonica Th.	Dianthus japonica Th.	はまなでしこ（いわなでしこ） G	欧、亜、ァ北、北米西100＊1（本、四、九、北にも?・琉、中） D1
440	Peramium veltinum (Max.)	Goodyera veltina Max.	しゅすらんG	欧、亜、北米、マレー100＊2（本中部以西、四、九・朝） D1
441	Campanula punctata Lamarck.	Campanula punctata Lamarck.	ほたるぶくろ（つりがねそう）甲州アベ峠産） G	地中海、西亜250＊2（北、本、四、九山地・朝、中、満） D1
442	Cynara Scolymus L.	Cynara Scolymus L.	ちょうせんあざみ（アーティチョーク） G 栽培	地中海 A（利尿・強壮） B1（総苞） D1
443	Liparis liliifolia auct japon	Liparis Makinoana Schlechter	すずむしらん（すずむしそう） G	熱帯に多し、欧、北米300＊2（北、本、四、九） D1
444	Viola semilunaris W.Becker	Viola verecunda A.Gray var. semilunaris Max.	あきすみれ（あぎすみれ） G	温、熱帯400＊2（北、本、四、九・朝） D1
445	Agrimonia viscidula Bunge	Agrimonia pilosa Ledeb.	爪香草（きんみずひき） G agrimoniaの記載あり	北半球、南米10数＊1（北、本、四、九） A（口内炎・下痢） B1 D1
446	Davallia pilosella Hook.	Microlepia pilosella Moore.	らんちゅうしだ（いぬしだの一種） P	D2
447	Rosa multiflora Th.（chin.） Rosa noibara Rosa polyantha S.・Z.	Rosa multiflora Th.	のいばら（いばら） G	温、亜寒帯100＊2（北、本、四、九） A（利尿・下痢） D1・2 R3
448	Narthecium asiaticum Max.	Narthecium asiaticum Max.	きんこうか G	北半球温に4（北幌向・本北、中部湿原） D1
449	Ficus itabikatsura	Ficus nipponica Fr.・Sav	ひごにた（ひごづた？）・（いたびかずら） V	熱、亜熱数百＊1（本、四、九・琉、台、支、南鮮） B1 R3
450	Empetrum nigrum L.	Empetrum nigrum L. var. japonicum K. Koch.	がんこうらんG	北半・亜寒・南米高山5 B1（果実） R2
451	Thermopsis fabacea Dec.	Thermopsis lupinoides Link	せんだいはぎG	ヒマラヤ・シベリア・東亜・北米＊2 D1 R2
452	Senecio nikoensis Miq.	Senecio nikoensis Miq.	ぼろぎく（さわぎく） G	世界広く ＊2＊3（北、本、四、九深山） D1 R3
453	Omphalodes Krameri Fr.・Sav.	Omphalodes Krameri Fr.・Sav.	るりそうG	欧、北ア、亜温帯20＊2（北、本） D1
454	Althaea rosea Cav.	Althaea rosea Cav.	たちあおいG 栽培	中国原産 A（利尿・催乳・緩下・口内炎） I（のり）
455	Astilbe podophylla Fr.	“Rodgersia podophylla A. G, ray”	やぐるまそうG	東亜に数種（北・本山地・朝） D2 R2
456	Coriaria japonica A.Gray	Coriaria japonica A.Gray	どくうつぎ（おうれんじゅ）・（いちろべころし） L	温帯に8種 A（抗眼薬・麻酔中毒の拮抗） F（悪心・嘔吐）
457	Aeginetia japonica S.・Z.	Aeginetia indica L.var.gracilis Nakai	なんばんぎせる（おらんだぎせる） G 寄生植物	西ヒマラヤ・南亜少数種＊1（北、本、四、九・琉、印、マレー） D1 R2 R3
458	Psoralea corylifolia L.	Psoralea corylifolia L.	おらんだびゆ（補骨脂）・（反故紙） G栽培	印度原産中国四川省、安徽省分布A（皮膚病・増血） R4
459	Corylopsis Spicata S.・Z.	Corylopsis Spicata S.・Z.	とさみずきH	日本特産（四国山地希産） D2 各地栽植 R2
460	Anemarrhena asphodeloides Bunge	Anemarrhena asphodeloides Bunge	ちも（はなすげ）・（からすすげ） G栽培	中国原産・栽植 A（鎮静・解熱・利尿） R4

461	Tribulus terrestris L.	Tribulus terrestris L.	はまびしG 本邦に1属1種	熱・亜熱帯160＊1（本関東、以西、四、九海岸） A（利尿・消炎） R2
462	Marlea macropylla S.・Z.	Alangium plantanifol. Hars. var. macrophyllumWang.	うりのきL	東亜・南支・濠・ア20＊1（北、本、四、九・朝、満） D2 R3
463	Cypripedium cardiophyllum Fr.・Sav.	Cypripedium debile Reichb.	こあつもりそう（こあわもりそう）G	北半球温帯に40（本州、四国） D1
464	Lysimachia sikokiana Miq.	Lysimachia sikokiana Miq.	もろこしぐさ（やまくねんぼ）G	温帯110＊1（本安房、伊豆以西、四、九）A（健胃・歯痛） D1 R3
465	Distylium racemosum S.・Z.	Distylium racemosum S.・Z.	いすのき（ひょんのき）L	東亜・北米少数＊2（北、本、四、九） R2 R3
466	Betula Ermani Chamisso	Betula incisa Koidz.	だけかんば（くろかんば）H	北半温、亜寒帯40＊3（北、本中部以北、四高山） R2
467	?	?	くるまもち（良云う）	?
468	Euptelea Polyandra S.・Z.	Euptelea Polyandra S.・Z.	ふさざくら（たにぐわ）H	東亜・ヒマラヤに3＊2（本、四、九山地） D2 R2 R3
469	Glaux hamana	Mollugo stricta L.	ざくろそうG	熱帯に15（本、四、九中、印、マレーシア） D1 R3
470	Arenaria lateriflora L.	Moehringia lateriflora Fenzl	おおやまふすま（ひめたがそでそう）G	北半球に20（北、本、四、九・温帯一般） D1
471	Lysimachia candida var. samolina R.Knuth	Lysimachia leucantha Miq.	みずとらのお（さわとらのお）G	＊1（本、四、九水辺・希産・朝） D1
472	Buddleja insignis	Buddleja japonica Hemsl	ふじうつぎL	亜、米、南ア熱、亜熱帯100＊2 F（嘔吐・腹痛・呼吸困難） D1
473	Maclura gerontogaea S.・Z.	Cudrania cochinchinensis C. var. gerontogea Ohashi	かかつがゆ？（待再考）L	熱帯亜極数種＊1（本近畿南部、中国、四、九） B1（果実） R2 R3
474	Anemonopsis macrophylla S.	Anemonopsis macrophylla S.・Z.	れんげしょうまG	日本特産1（本州中部深山） D1 R2 R3
475	Celastrus Orixa	Orixa japonica Th.	こくさぎ(むかでこの類）L	日本特産 A（解熱・歯痛・リュウマチ・でき物）
476	Prunus macrophylla S.・Z.	Prunus Zippeliana Miq.	ばくちのき（びらんじ）H	温、暖帯200＊1 A（喘息・去痰・呼吸困難） F R3
477	Vincetoxicum amplexicaule S.・Z.	Cynanchum amplexicaule Hemsl.	ろくおんそう G	暖、亜熱100＊1（四、九・朝、満、中、蒙古）A（解熱・利尿） D1 R3
478	Parnassia nummularia Max.	Parnassia foliosa Hook. var. nummularia T.Ito	しらひげそう？（しけひげそう）G	北半球の温亜寒1＊20（本中、西部、四、九山地） D1 R2
479	Sanguisorba canadensis L.	Sanguisorba officinalis L.	われもこう（たうちそう）・（地楡）G	温、亜寒帯10数＊2 A（止血、下痢止め、湿疹） D1
480	DasApium seri jap.	Oenanthe javanica DC.	せり（くれのおも） G	北半、南ア30 A（去痰・利尿・緩下） R3
481	Capsella bursa-pastoris Moench.	Capsella bursa-pastoris Medik.	なずな（ねこのしゃみせん） G	北半球極少数＊2（北、本、四、九・温帯） A（腹痛・子宮出血） R2
482	Gnaphalium multiceps Wall.	Gnaphalium affine D.Don	ははこぐさ（こぎょう）G	全＊1（北、本；四、九・朝、中、琉、台、印）A（咳止め・腎炎） D1
483	Eritrichium japonicum Miq.	Trigonotis peduncularis Benth.	ほとけのざ（たびらこ）・（かわらけな）・（きゅうりぐさ）G	南亜・東亜・マレー30＊2 A（手足のしびれ・利尿） D1 B1 R3

484	Lapsana apogonoides Max.	Lapsana apogonoides Max.	ほとけのざ（たびらこ）G	欧亜の温、ア40＊1＊2（本、四、九・朝、中、台、琉、欧亜） D1 B1
485	Brassica Rapa L.	Brassica campestris L. subsp. Rapa Hook. fil. et Anders. 古く中国渡来	かぶ（すずしろ）・（かぶら） C栽培	B1
486	Laurus dugunoki jap. Elaeocarpus japonicus S.	Elaeocarpus sylvestris var. ellipticus Hara	ほるとのき（ほるとがるしーのき）・（づくのき） L	南亜、マレー、濠、太平洋諸島60＊1 D2 R3
487	-----	Daphne pseudo-mezereum A. Gray	おにしばり（なつぼうず） L	欧、亜50＊2（本、四、九山地） I（製紙） F
488	Fagus Sieboldi var. undulata Bl.	Fagus crenata Bl.	ぶな（いつきぶなのき） H	温帯10＊2（本、四、九温帯林） D2 H1
489	Orchidea tonbosoo	Perularia ussuriensis Schltr.	とんぼそう（とんぼらん） G	東亜、北米8＊2（北、本、四、九） D1 R2 R3
490	Aralia pentaphylla Th.	Acanthopanax Sieboldianus Makino	うこぎ（土当帰ドトウキ） L	A（鎮痛・強壮・腹痛） B1 中国から渡来・野生化
491	?	?	ともぎ	?
492	?	?	よつばほうづき	?
493	Quercus cuspidate Th. var. latifolia	Castanopsis sieboldii (Miq.) Yamazaki	すだじい（しーのき） H	東亜、東南亜30、北米西1＊2（本関東以西、四、九） B1 D2 H
494	Alnus firma S.Z.	Alnus Sieboldiana Matsumura	おおばやしゃぶし（おおばりきりょう）・（はりのき） H	北半球、南米30＊1（本関東以西、紀伊沿海） A E R3
495	Umbilicus erubescens Max.	Orostachys erubescens Ohwi	つめれんげ（おおばのつめれんげ） G	アジア東部10＊2（本関東以西、四、九・朝、東亜） D1
496	Daphne Genkwa S.・Z.	Daphne Genkwa S.・Z.	ふじもどき（さつまふじ） L栽培	A（利尿・去痰・鎮咳） D1・2 F R3 中国原産・庭園樹として植栽
497	Glechoma urticifolia Miq.	Meehania urticifolia Makino	らしょうもんかずらG	北米、東亜極少数＊2（本、四、九林中） D1 R2
498	Myrsine nerifolia S.・Z. Doraena soohagi Eugenia hisinoki	Rapanaea neriifolia Mez	たいみんたちばな（たいみんがし）・（ひちのき） H	亜熱・暖140＊1（本安房以西、四、九・琉球・台・中） D2 R3
499	?	?	くろがねかずら	?
500	?	?	みやまかずら（みやまうずら？）	?
501	Rhodea japonica Roth.	Rohdea japonica Roth.	べにおもと（オモトの品種） C 栽培	D1
502	-----	?	いのこしば	?
503	?	?	M.Z.No.5 えぞにたない L	?
504	Gratiola saginoides var. violacea Max.?	Gratiola violacea Max.	M.Z.6 さわとんがらし（さわとうがらし） G	温、暖帯25＊1（本、四、九湿地・朝、満、琉） R3
505	Smilax japonica S.?	Smilax china L.	M.Z.8 さるとりいばら V	熱帯に多く、東亜、北米300＊1 A（解毒・消炎・利尿） D2 R3

506	Menispermum japonicum Th.?	Stephania japonica Max.	M.Z.10 はすのはかづら（いぬかづら）V	熱帯に35種 A（降圧・嘔吐・抗菌/利尿・鎮痛） R3
507	Krascheninnikova heterophylla Miq.?	Pseudostellaria heterantha Pax.	M.Z.No.17 わちかびそう（わちがいそう）・（わだそう）G	東亜10＊2（本関東以西、四、九・中、印） A（強壮・鎮静） D1 R3
508	Lactuca repens Max. (A.Gray)?	Ixeris repens A.Gray	M.Z.No.18 はまにがな（はまいちょう）G	東亜20＊1（北海道、本、四、九の海岸砂地・琉、朝） R3
509	Dipsacus japonicus Miq.	Dipsacus japonicus Miq.	M.Z.No.18 なべな G	地中海・亜・北ア60 ＊2 A（血行・腰痛・妊婦健康）
510	Glaucidium palmatum S.・Z.	Glaucidium palmatum S.・Z.	M.Z.No.19 しらねあおい（やまふよう）G	日本特産1種（北・本北中部深山） D1・2 R2 R3
511	Ruellia kitsunenomago jap. Justicia japonica Th. Rostellularia procumbens Nees	Justicia procumbens L. var. leucantha Honda	M.Z.No20 きつねのまご（おとめそう）G	熱に250＊2 A（鎮静・解熱・神経痛） D1 R3
512	Najas indica Chamiss. Najas major All.?	Najas marina L.	M.Z.No.21 いばらも（えばらも）G	全世界1属（北、本、四、九・全世界） R3
513	Cercidiphyllum japonicum S.・Z.	Cercidiphyllum japonicum S.・Z.	かつら H	東亜に2〜3＊2（北、本、四、九・中国に変種） D2 H R2 R3
514	Aceranthus sagittatum S.・Z. Epimedium sinense Th.・S.	Epimedium sagittatum(S.・Z.)Max.	ほざきのいかりそう（しろのせんよう）G 中国から導入、薬草	中国で希産 A（強精・強壮・降圧） D1 R3

切り取られた標本

—オランダ国立植物標本館の『平井海蔵標本帖』と『Herbarium Jedoensis Medici』—

加　藤　僖　重

はじめに

オランダ医シーボルトは文政六（1823）年～文政一二（1829）年および安政六（1859）年～文久二（1862）年の二回、日本に長期滞在しているが、シーボルトが自然、とりわけ植物に強い関心があり、滞在中に自分自身が、あるいは知人が作成した膨大な植物標本を蒐集しそれらを丹念に整理していたことは、専門家は別として一般にはあまり知られていない。

シーボルトコレクションと呼ばれるこの標本は現在、ヨーロッパ各地の標本館に保管されているが、その質量ともに誇っているのはオランダ国ライデン市にあるオランダ国立植物標本館（Natinaal Herbarium Nederland　図1）でおよそ２万点ある。日本でもほとんど知られていないが、東京都立大学理学部付置機関で牧野富太郎博士の遺された膨大な標本を所蔵している牧野標本館（図2）にも1963年､ロシアのセント・ピータースバーグ市のコマロフ植物研究所より寄贈された2,500点余りの標本がある。

このオランダ国立植物標本館の彼のコレクションは、これまでにも多くの日本人研究者が調査をしているが、まだ完了するにはいたっていない。シーボルトコレクションはつい２年ほど前までは世界各地から集められた二百数十万点の一般標本に混ざって収蔵されていたので、その中からシーボルトコレクションを取り出すには大変な苦労を要したが、最近は主任コレクションマネージャーのタイセ氏（J. Thijsse）が中心となって一般標本から選び出されて、一室（D003号室）に集められているので、今後の調査はし易くなり、研究もはかどると思われる。

しかし、これらの標本とは別に、標本館自体が当初から特に重要と考え、一般標本室から分離して特別室C113号室に保管している標本帖がある。この特別室には世界各地からもたらされたオランダの国宝とも言うべき様々な標本が収められているが、その中にはよく知られている伊藤圭介作成の「伊藤圭介腊葉帖」や江戸時代の有名な探検家最上徳内作成のほぼ葉書大の大きさに切りそろえた「材の標本」もある。さらにあまり知られていないが､「平井海蔵標本帖」､「Herbarium Jedoensis Medici」もこの部屋に保管されている。

「伊藤圭介腊葉帖」や最上徳内の各種の「材の標本」は、すでに多くの研究者によって扱われているので、ここでは「平井海蔵標本帖」､「Herbarium Jedoensis Medici」を紹介したい。

図1
オランダ国立植物標本館

図2
牧野標本館

図3
「平井海蔵標本帖」
全四冊

1.「平井海蔵標本帖」

平井海蔵についてはシーボルトの『江戸参府紀行』に「………江戸出身の身分の高い医師湊長安、安房出身の若い美馬順三、さらに三河から来た平井海蔵、岡研介その他、あちこちの国々から来た医師や学者がいた。………」と記されているが、他の人達がよく知られているのに比して、どんな人物かわかっていない。きちんとした根拠がないままに、通説としては「文化6（1809）年?～明治16（1883）年　蘭学（シーボルト門下)、………早くして長崎遊学を志し15歳のころ長崎に赴きシーボルトの鳴滝塾に学んだ。江戸の湊長安、阿波の美馬順三らと学び、三河の平井海蔵の名がシーボルト研究書に散見される。帰国した後家督を継いだが、長崎からの帰途シーボルト事件の波及を恐れ紀州和歌山に退いて、留学中に蒐集した蘭書をすべて焼却したと伝えられる。晩年は長崎留学のことについてはほとんど語ることもなかったために、彼の蘭学の学習状況や業績は埋没して現在に至っている。………西尾の唯法寺に葬る」　『日本洋学史人名辞典』（1994年　柏書房）がある。

「平井海蔵標本帖」は4冊からなっており（図3)、各冊とも表紙は濃紺色で縦28cm、横24cmで、開くと標本が和名のイロハ順にしたがって貼られている。1冊目は44ページで150点の標本、2冊目は50ページで170点の標本、3冊目は50ページで195点の標本、4冊目は49ページで184点の標本が貼られている。

貼られている標本の数は標本の大きさが様々なので、ページによって異なるが、ほとんどの標本の脇に細長い短冊型の付箋がついていて、それに和名、漢名、短い説明文が墨筆され、さらに朱で漢数字が加筆されている。さらにシーボルトが横に標本の脇に小さな字で学名（主として属名）と通し番号（アラビア数字）をペンで記している。

この付箋には「小野先生……」､「小野、……」と記されたものもある（図4）が、これは当時の植物学の第一人者であった小野蘭山先生から植物名を教わったことを示している。すなわちこれは標本ごとの同定ラベルなのである。

かつて水野瑞夫・遠藤正治氏が「日本の生物」の1988年6月号に、幕末の尾張にあった博物学同好会の嘗百社の主催者であった水谷豊文作成の標本の写真を載せているが、興味深いことはその標本にも同様の付箋が添えられていた。しかも「小野蘭山翁鑒定さく葉」と大書されたページもある。これは水谷助六（豊文）も小野蘭山から種名を教えてもらったことを示している。

筆者はかつてこの「平井海蔵標本帖」は当時の博物学の水準を判断する資料

としての価値は高いと考えて、全標本のリストを作成し報告したことがあるが(表－1)、残念ながら「伊藤圭介腊葉帖」に較べると、標本の完成度は低く、また保存が悪かったせいか、標本がひどく破損していたり、剥がれていたり、中には切り取られてなくなってしまった標本もある。

筆者は1995年以来、東京都立大学理学部付属研究機関の牧野標本館やライデンの国立植物標本館が所蔵しているシーボルトコレクションを調査しているが、上記の切り取られて無くなっている標本が、ひょっとしたら両標本館のシーボルトコレクション中にあるのでは、と考えて調査に行く度にそれとなく気をつけていた。

標本帖から切り取られていた標本は一冊目の通し番号95（ト八に相当、以下同様)、105（チ二）の2点、二冊目の152（ワ壹)、172（カ十九)、188（カ三十五、カ三十六)、192（カ三十八)、193（カ四十)、200（ヨ二)、266（ム四)、286（ウ十二)、291（ウ十七)、297（ノ六)、310（ク五)、319（ク十四）の13点、三冊目の381（コ七)、383（コ十)、384（コ十一）の3点、四冊目の516, 523, 551（シ、十一)、555（シ十九)、560, 572（ヒ五)、662, 678, 687の9点、合計27点であるが（表－2参照)、予想通り牧野標本館で以下の6点を、さらにオランダ国立植物標本館でも12点を見つけることができたが、頁数が限られているので、ここでは牧野標本館所蔵の6点を中心に報告する。

1 通し番号95番　ト八　トハヱグワヱSagittaria aginashi Mak.（図5）

これは牧野標本館所蔵のシーボルトコレクション中の、XXIII番の箱中のGenus Zosteraと記されたカバー内にあったアギナシ（牧野標本館番号 S2112）の葉の標本である。なぜ淡水産のアギナシが海産のZostera（アマモ）属のカバー内に入っていたかの理由は不明である。

標本には小さな付箋が貼付されており、それにはトハヱグワヱと墨筆されていた。さらに大きな付箋も添えられており、その表には「水田中ニ生シヤト／花葉共ヲモダカト相見ヘ申スナリ／沢潟ト違□□□□□□」と墨筆され、裏面にはト八と朱筆され、さらに「慈姑ノ一種トバヘグワイナリ申シ候／葉ハ二分位ノモノナリ」と墨筆されていた。

細長く切り取られた台紙、貼付されている付箋の形式、記されている筆跡などから、この標本はライデンの国立植物標本館所蔵の「平井海蔵標本帖」から切り取られたものであることが分かる。そこで国立植物標本館において調べとところ、たしかに第一冊の通し番号95の部分が細長く切り取られていた。

標本番号は同じページに貼付された他の標本に貼付されている付箋のイロハ

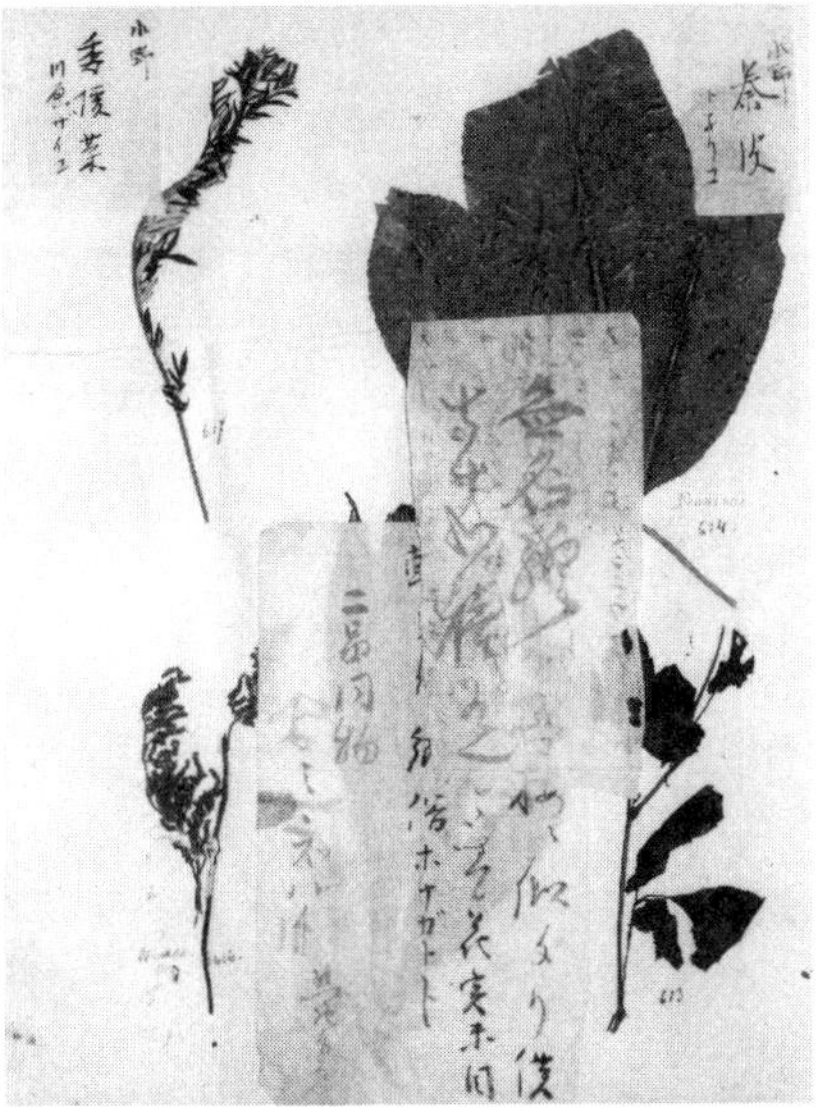

図4　標本に「小野、………」と墨筆された付箋のあるページ

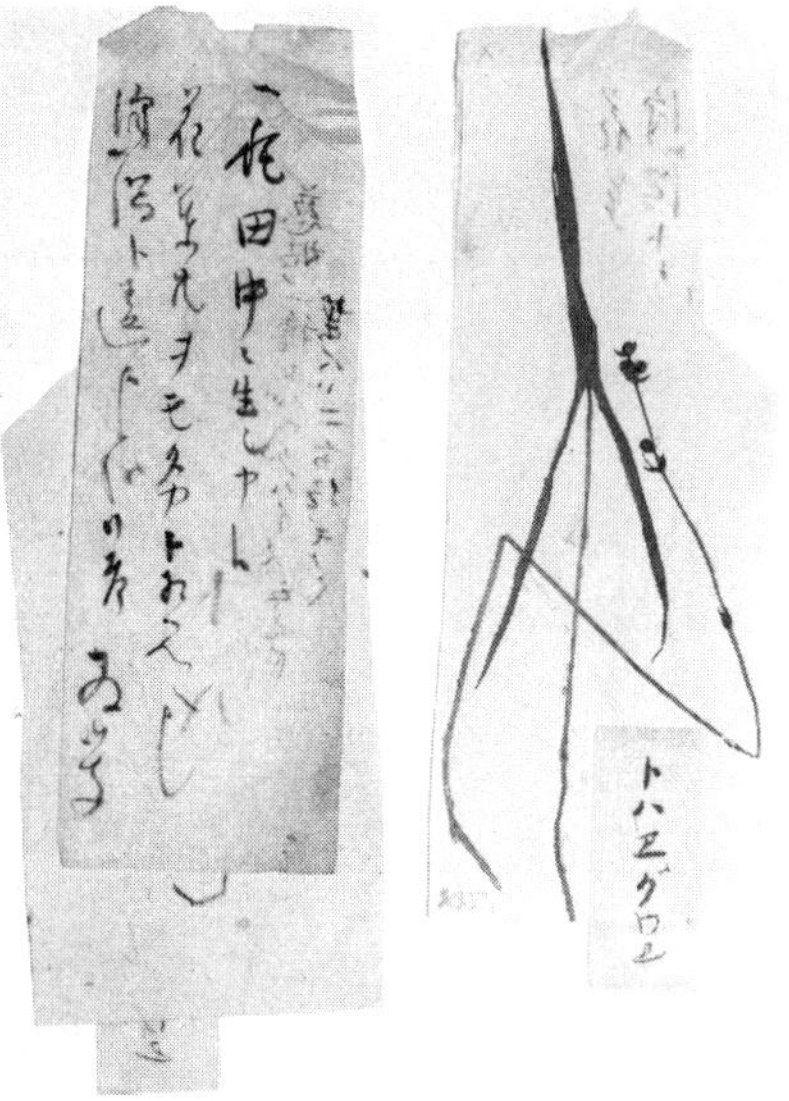

図5　通し番号95番　ト八　トハヱグワヱ
Sagittaria aginashi Mak.

図6　通し番号105　チ二　タケニグサ
Macleaya cordata R. Br.

図7　通し番号147　ヲ廿五　ヲヽカヤツリ
Cyperus

順の番号からト七およびト八であるはずであるが、アラビア数字の通し番号は95だけである。ト七に相当する標本は見つかっていない。

2 通し番号105　チ二　タケニグサMacleaya cordata R. Br.（図6）

これは牧野標本館所蔵のシーボルトコレクション中の、II番の箱中のGenus Macleya（Macleayaの間違い）と記されたカバー内に入っていた（牧野標本館番号 S0181）。葉2枚と花序1本の標本が二つ折りの和紙に挟まれており、2枚の付箋が添えられていた。その1枚には“博落廻　チャンバオリ”と墨筆、さらにチ二と朱筆され、他の1枚には“ササヤキ艸／博落廻／チャンパ”と墨筆されていた。付箋の筆跡、朱筆された番号（チ二）から「平井海蔵標本帖」から切り取られたものと判断し、調べてみたところ、標本帖第一冊の通し番号105（チ二に相当）が確かに切り取られていることが判明した。

3 通し番号147　ヲ廿五　ヲヽカヤツリ　Cyperus（図7）

これは牧野標本館所蔵のシーボルトコレクション中の第XXV箱にあった。このXXV番の箱にはイネ科やカヤツリグサ科が収められているが、Genus Cyperus（カヤツリグサ属）内には様々な種類が貼られている台紙が1枚ある（牧野標本館番号 S2549）。これはシーボルトが自分自身の勉強のために作成したものであるが、多数の標本の一つに、「大カヤツリ／□ゲノ類／………/ヲ廿五（朱筆）」墨書された付箋が添えられたものは「平井海蔵標本帖」第一冊、通し番号147を切り取ったものであった。

ヲヽカヤツリと記されているが、チャガヤツリ（C. amuricus Maxim.）であった。

4 通し番号188番　カ三十五 カメイバラ Smilax trinervula Miq.（写真8）

これは「平井海蔵標本帖」の第2冊から切り取られたサルマメ（Smilax trinervula Miq.）で、牧野標本館所蔵のコレクション第XXIV箱のGenus Smilaxと記されたカバー内にあった（牧野標本館番号S0518）。付箋には“カメイバラ鐵刷子”と墨筆され、カ三十五と朱筆されていた。これも通し番号188である。

5 通し番号573　ヒ七　ヒシヅル　Trapa incisa S. et Z.（写真9）

貼付された付箋に“菱　ヒシヅル”と墨筆され、ヒ七と朱筆されているこの標本は牧野標本館所蔵の、コレクション第IX番の箱のGenus Trapaと記された

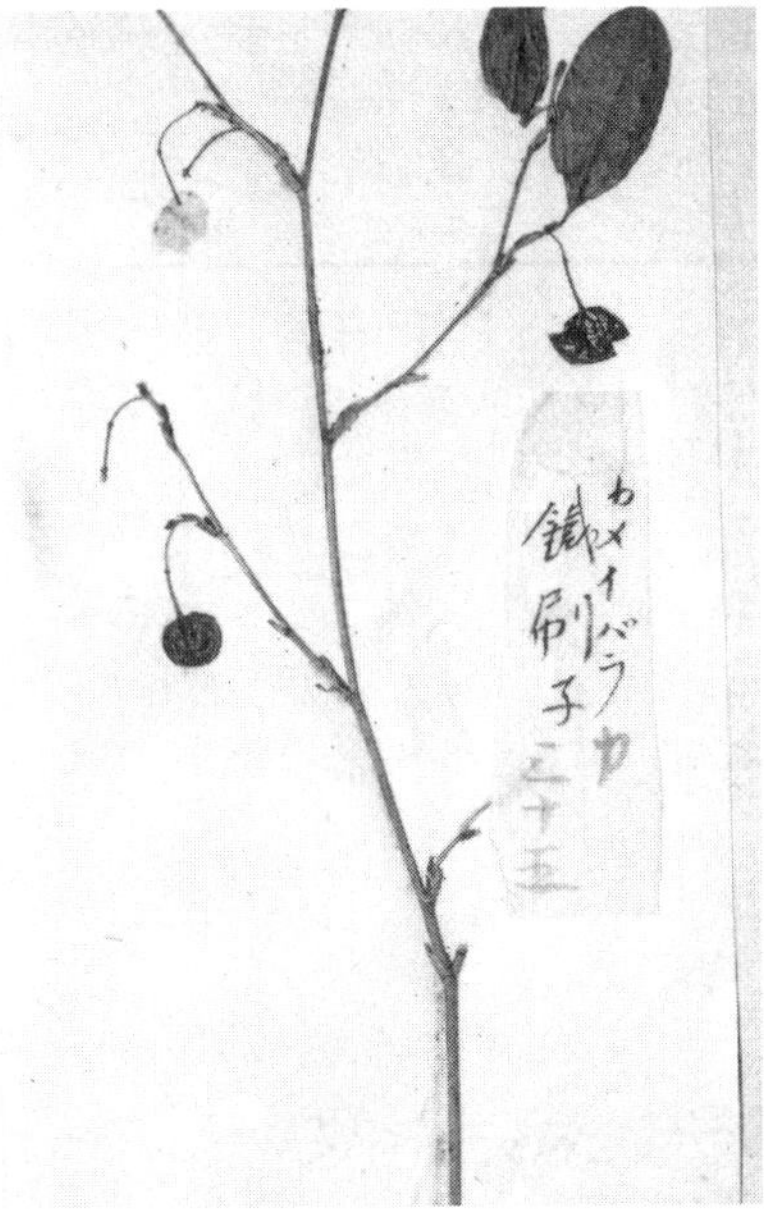

図8 通し番号188番　カ三十五 カメイバラ
Smilax trinervula Miq.

図10 通し番号383　コ十　コガク
Hydrangea paniculata Sieb.

図9 通し番号573　ヒ七　ヒシヅル　Trapa incisa S. et Z.

カバー内にあった（牧野標本館番号 S2112）。この標本の下、台紙上にTrapa spec. 3aと小さく記されている。書き手はシーボルトである。これはシーボルトがヒシ属（Trapa）の特別の種と考え、とりあえず、ヒシ類の3a番と記し、後で調べようと考えたに違いない。

6 通し番号383　コ十　コガク Hydrangea paniculata Sieb.（写真 10）

これはノリウツギの標本で「平井海蔵標本帖」の通し番号383を切り取ったもので、牧野標本館所蔵のコレクション第IX箱のGenus Hydrangeaと記されたカバー内に収められていた（牧野標本館番号 S0829）。付箋にはコガクと墨筆され、コ十と朱筆されていたが、コガクは同属ではあるが、別種のヤマアジサイ（Hydrangea serrata Seringe）のことである。

牧野標本館のシーボルトコレクション中に見つけたのは以上であるが、オランダ国立植物標本館にも「平井海蔵標本帖」から切り取られた以下のような標本があったことを付記しておく。

表－1　「平井海蔵標本帖」より切り取られ標本オランダ国立植物標本館一般標本庫内に収められている標本

（注）表－1、2では標本の通し番号のつけ方や順番等に乱れがあったり、植物の誤記が見られるが、すべて原文通りに記した。

通し番号	標本帖番号	標本帖の和名・学名（筆者の同定した名前）	標本館の標本 HERB.LUGD. BAT.No.
192	カ三十八	カタヒバ*Selaginella ornithopodioides* （カタヒバ S. Involvens）	908,343- 137
193	カ四十	川原トクサ*Equisetum elongatum* （イヌドクサ E. ramosissimum）	908,347- 175
266	ム四	ムカデ艸 *Lomaria niponica* （シシガシラ Blechnum spicant）	908,328- 125
286	ウ十二	ウリノ木 *Marlea platanifolium* Sieb. et Zucc. （ウリノキ Marlea ）	908,169- 313
152	ワ壹	ワラビ *Pteridium aquilinum* （ワラビ P. aquillinum ）	908,316- 907
188	カ三十五	イワガネソウ*Coniogramme japonica* （イワガネソウ C. japonica）	908,329-1133
291	ウ十七	ウコギ （ウコギ Aralia sp. ）	908,331- 640
310	ク五	黒狗背 *Davallia strigosa* （コバノイシカグマ Microlepia strigosa）	908,301- 147
381	コ七	コシダ *Dicranopteris dichotoma* Thunb. （コシダ D. pedata ）	908,323- 951
551	シノ十一	格注草 *Dicranopteris dichotoma* Thunb. （コシダ Dicranopteris dichotoma）	908,323- 951
555	シ十九	シャミゼンヅル*Lygodium japonicum* （カニクサ L . japonicum）	908,295- 136
572	ヒ五	ヒメワラビ *Hypolepis punctata* （イワヒメワラビ H. punctata）	908,337- 328

表－2　オランダ国立植物標本館所蔵「平井海蔵標本帖」の標本リスト

番号	和番号	学名 （　）内は筆者による学名	和名 （　）内は筆者による和名	＜注＞
Vol.1				
P.1				
1	イノ壱	(Distylium racemosum)	イス（イスノキ）	
2	イノ弐	*Schizocodon soldanelloides* S. & Z.	岩カヽミ（イワカガミ）	
p.2				
3	イノ三	Umbellif. (Libanotis coreana)	息吹防風(イブキボウフウ)	
4	イノ四	*Prunus inumame* J.	(サクラ類)	＜Jは和名の意 標本剥離＞
5	イノ五	*Cerasus inusakura* J. (Prunus buergeriana)	イヌサクラ	＜Jは和名の意＞
P.3				
6	イノ六	*Ligustrum Ibota* S.& Z. (L. obtusifolium)	イボタ	
7	イノ七	Draba muralig inn. (D. nemorosa)	イヌナズナ	
8	イノ八	Achyranthes (A. fauriei var. japonica)	イノコヅチ	
9	イノ九	*Carex* (C. stenantha)	イハスゲ（イワスゲ）	
10	イノ十	*Epimedium ikariso* Sieb. (E. grandiflorum var.thunbergianum)	イカリソウ	
P.3				
11	イ十一	*Epimedium* (E. grandiflorum var. thunbergianum)	イカリ艸	
12	イ十二	*Artemisia* sp.	(ヨモギ類)	
P.4				
13	イ十三	*Rosa*	イハラショビ（バラ類）	
14	イ十四	*Butteneria* (Abutilon sp.)	イチヒ（イチビ）	
15	イ十五	(Artemisia apiacea)	インチン（カワラヨモギ）	
P.5				
16	イ十六	*Stachys* (S. riederi var. intermedia)	イヌゴマ	
17	イ十七	*Solanum* (S. nigrum)	イヌホウヅキ	
18	イ十八	*Indigofera* (I. decora)	岩フジ（ニワフジ）	
P.6				
19	イ十九	*Indigofera* (I. decora)	イワフジ(ニワフジ)	
20	イ廿	*Celastrus* (Frangula crenata)	イソノキ	
P.7				
21	イ廿壱	*Bambusa* (Shibataea kumasaca)	イヨサヽ（オカメザサ）	

22　イ廿二　*Ilex crenata*　イヌツゲ

P.8

23　イ廿三　*Nasturticum* (Rorippa indica)　イヌカラシ

24　イ廿四　*Gongronema* (Cynanchum caudatum)　イケマ

25　イ廿五　(Mosla punctulata)　イヌコウジュ

26　イ廿六　*Bistora* (B. major var. japonica)　イブキトラノオ

27　イ廿七　*Clinopodium* (C. chinense ssp.grandiflorum var.parviflorum)　イヌコウジュ（クルマバナ）

28　イ廿八　(Murdannia keisak)　イボクサ

P.9

29　イ廿九　*Lespedeza* (L. tomentosa)　イヌハギ

30　イ三十　*Composita* (Ligularia fischeri)　イブキタカラコウ（オタカラコウ）

31　イ三拾三　*Rhamnus crenatus* S. & Z. (Frangula crenata)　イソノ木

32　イ三十二　*Conandron ramondaioides* S & Z (C. ramondioides)　岩タハコ（イワタバコ）

P.10

33　イ三十三　*Draba* (D.nemorosa)　イヌナヅナ

34　イ三十四　*Zanthoxyllon* (Fagara manchurica)　イヌザンショ

35　イ三五　*Amaranthus* (Euxolus lividus)　イヌヒユ

P.11

36　イ三六　(Carex fernaldiana)　イトスケ

37　イ三十七　*Polygonum* (P. longiseta)　イヌタデ

38　イ三八　*Solanum* (S. nigrum)　イヌホウツキ

P.12

39　イ三九　*Elshortzia* (Mosla dianthera)　一種ノイヌ香蒿（ヒメシソ）

40　イ四十　Zanthoxyllum(Fagara manchurica)　イヌサンショ

P.13

41　ハノ一　*Panax ricinifolius* S & Z(Kalopanax pictus)　ハリギリ　＜葉表面＞

42　*Panax ricinifolius* S & Z(K. pictus)　ハリギリ　＜葉裏面＞

43　ハ貳　*Anthisiria* (Sanguisorba officinalis var.carnea)　ハレモコウ（ワレモコウ）

P.14

44　ハ四　*Gentiana Thunbergii* Grieb.　ハルリンドウ

45　ハ三　*Tilia salicina* (Populus sieboldi)　ハコヤナギ

46　ハ六　(Weigela coraeensis)　ハコ子ウツギ

47　ハ五　*Lespedeza* (L. bicolor)　萩（ヤマハギ）

P.15

48	ハ八	*Ptarmica* (Achillea sibirica)	ハゴロモ（ノコギリソウ）
49	ハ拾	*Rhus succedanea* Lin.	ハゼノ一種 （ハゼ）
50	ハ七	? (Eurya japonica)	ハリラモチ（ヒサカキ）
51	ハ九	*Rhus* (R. succedanea)	ハゼウルシ（ハゼノキ）
P.16			
52	ハ十一	*Turritis* (Arabis glabra)	ハタザホ
53	ハ十二	*Lycinum* (Serrisa japonica)	ハクチョウゲ（ハクチョウゲ）
P.17			
54	ハ拾三	*Vaccinium* (Leucothoe grayana)	ハナヒリノ木
55	ハ拾四	(Tetragona tetragonoides)	ハマチサ（ツルナ）
P.18			
56	十六	(Chrysanthemum coronarium)	春菊（シュンギク）
57	ハ十五	*Lespedeza*	ハギノ一種
P.19			
58	ハ十八	*Pisum* (Lathyrus maritimus)	浜エンドウ
59	ハ十七	*Saururus* ? (S. chinensis)	ハンゲシャウ艸（ハンゲショウ）
P.20			
60	ニ弐	(Apiaceae)	胡蘿蔔
61	ニ壱	(Cynanchum sp.)	ニシキラン（カモメヅル類）
62	ハ四	*Euonymus alatus*	ニシキ、<ハはニの書き間違い>
63	ニ三	*Sambucus* (S. sieboldiana)	ニワトコ
P.21			
64	ニ六	*Prenanthes* (Ixeris dentata)	ニガナ
65	ニ五	*Polygonum* (P. aviculare)	ニワヤナギ（ミチヤナギ）
66	ニ七	(Hydrangea paniculata)	ニベノ木（ノリウツギ）
67	ニノ九	*Euonymus alatus*	ニシキ（ニシキギ）
68	ニ八	*Micropteria* (Ulmus propiqua)	ニレ（ハルニレ）
P.22			
69	ホ一	Gnaphalium (G. affine)	ホウコクサ（チチコグサ）
70	ホ二	*Quercus dentata*	ホウハカシハ（カシワ）
71	ホ三	(Taraxacum sp.)	風尾草（タンポポ類）
P.23			
72	ホ五	*Bupleurum* (B.longeradiatum ssp.sachalinense)	ホタルソウ（ホタルサイコ）
73	ホ四	*Rubus*	木イチゴ
74	ホ七	*Lamium* (L. amplexicaule)	ホトケノサ
75	ホ六	*Clematis* (C. apiifolia)	ボタンツル
76	ホ九	(?)	□狩防風

77	ホ八	*Clematis stans*	（クサボタン）
78	ホ十	*Patrinia* (P. scabiosaefolia)	漢種防風（オミナエシ）
P.24			
79	ホ十一	*Clematis* (C. apiifolia)	ホタンツル
80	ホ十二	*Bambusa*	ホソバ竹
P.25			
81			＜標本剥離＞
82	ホ十四	*Filix* (Crypsinus hastatus)	ホシグサ（ミツデウラボシ）
83	ホ十六	*Bambusa* (B. multiplex var. elegans)	鳳尾竹(ホウオウチク)
84	ホ十五	(Campanula punctata)	ホタルフクロ
P.26			
85	へ一	*Aroidea*? (Arisaema sp.)	へビノダイハチ(マムシグサ類)
86	へ三	*Paederia* (P. scandens var. mairei)	へクソカツラ
87	へ二	*Sedum* (S. erythrostictum)	ベンケイ（ベンケイソウ）
P.27			
88	へ四	*Berberis* (B. sieboldi)	へビノボラズ
P.28			
89	ト一	*Sterculia* var., *Aleurites* (Firmiana platanifolia form. tomentosa)	唐桐（アオギリ）
P.29			
90	ト二	Beta (Cardiocrinum cordatum)	トウチサ？（ウバユリ）
91	ト四	*Lysimachia* (L. clethroides)	トラノヲ（オカトラノオ）
92	ト三	*Fraxinus* (F. languinosa var. serrata)	ト子リコ（コバノトネリコ）
P.30			
93	ト六	(Angelica pubescens)	（シシウド）
94	ト五	(Bidens biternata)	トビツキ（センダングサの果実）
95	ト七		＜標本切除＞
	ト八		＜標本切除＞
P.31			
96	ト九	*Pteris* (P. multifida)	トリアシ（イノモトソウ）
97	ト十一	*Sium* (S. ninsi)	トキ人参、ムカゴ人参
98	ト十	(Lysimachia clethroides)	トラノヲ
99	ト十二	*Castanea* (Aesculus turbinata)	橡、トンクリ（トチノキ）
100	ト十四	*Apium* (Angelica acutiloba)	当帰（トウキ）
101	ト十三	*Lycopodium serratum* Th	ドウケゴケ（トウゲシバ）
102	ト十五	*Aster*	トキハギク（？）
P.32			
103	ト十六	*Aesculus* (A. turbinata)	天師栗　トチ
104	ト十七	*Wisteria* (Milletia japonica)	ドヨウフジノミ(ナツフジ)

P.33			
105	チ二	*Bocconia*	＜標本切除されていたが、発見　本文参照＞
106	チ一	(?)	金療草（？）
107	チ四	*Styrax* (S. japonicus)	チシャノキ（エゴノキ）
108	チ三	*Nerium* (N. indicum)	大夾（キョウチクトウ）
P.34			
109	チ六	*Hydrocotyle*	チドメ（チドメグサ類）
110	チ五	(Compositae)	千垂菊（キク類）
111	チ七	Cyperac. *Luzula* (L. capitata)	紫地揚梅（スズメノヤリ）
112	チ八	(Sasa kurilensis)	チマキ笹
113	チ九	(Avena sativa)	燕麦（マカラスムギ）
P.35			
114	リ一	*gentiana* (G. scabra var. buergeri)	リンドウ
115	リ三	*Composita* (Chrysanthemum makinoi)	リウノウギク
116	リ二	*Andromeda* (Clethra barvinervis)	リヨフ（リョウブ）
P.36			
117	ヌ二	*Leguminisa* (Desmodium racemosum)	ヌスビトハギ
118	ヌ一	*Rhus semiatatus* (R. javanica)	ヌルデ
119	ヌ三	? (Desmodium oldhami)	ヌスビトノアシ(フジカンゾウ)
P.37			
120	ル一	? H. M. (Ruta graveolens)	ルウタ（ヘンルウダ）
121	ル二	*Veronica* (V. subsessilis)	ルリトラノヲ
P.38			
122	ヲ一	(Dianthus)	王不留行(ナデシコ類)
123	ヲ□□	gram. (Eleusine indica)	オヒチワ
124	ヲ二	*Cocculus* (Sinomenium acutum)	ツヅラフジ
P.39			
125	ヲ四	*Evonymus* (E. sieboldiana)	ヲトコマユミ（マユミ）
126	ヲ三	(Jasminum nudiflorum)	黄梅、迎春桜（オウバイ）
127	ヲ七		ヲキノツメ（？）
128	ヲ六	(Youngia japonica)	オニタヒラコ
129	無番号	*Paederia* (P. scandens)	ヘクソカツラ
P.40			
130	ヲ九	(Pulsatilla cernua)	オキナグサ
131	ヲ八	(Phteirospermum japonicum)	小シオガマ
132	ヲ十一	*Brassica oleracea*	ヲランタナ（キャベツ）
133	ヲ十	*Xanthium* (X. strumarium)	ヲナモミ
P.41			
134	ヲ十二	?	ヲニ□□ヒ（？）

135	ヲ十三	(Aster tartarus)	ヲニノシクサ（シオン）
136	ヲ十四	*Dioscorea* (D. tokoro)	ヲニトコロ
P.42			
137	ヲ十六	*Plantago* (P. asiatica)	（オオバコ）
138		Buellia	ヲギノツメ（？）
139	ヲ十七	cyp.	ヲサスゲ（？）
140		*artemisia* (A. japonica)	ヲトコヨモギ
P.43			
141	ヲ十九	(?)	キレハイザヽ（？）
142	ヲ廿一	*Apium* (Nasturtium officinale)	オランダガラシ
143	ヲ二十	*Aquilegia* (A. flabellata)	ヲダマキ
144	ヲ廿一	*alsine* (Stellaria monosperma var. japonica)	オウヤマハコベ
145	ヲ廿二	*Hypericum* (H. erectum)	オトギリ艸
146	ヲ廿四	*cocculus* (Sinomenium actum)	大ツヅラフジ
147	ヲ廿六	*Berberis*	ヲヘビボラズ（メギ類）
	ヲ廿五		＜標本切除＞
P.44			
148	ヲ廿七	*Lilium* (L. lancifolium)	ヲニユリ
149	ヲ廿八	(Inula britannica ssp.japonica)	ヲクルマ
150	ヲ廿九	*Inula Helenium* Lin. (I. helenium)	ヲ車（オオクルマ）

....

Vol.2			
P. 1			
151	ワ二	*Anihisziria* (Sanguisorba officinalis var. carnea)	ワレモコウ
152			＜標本切除＞
153	ワ三	(Hemerocallis)	ワスレグサ（カンゾウ類）
P.2			
154	カ一	*Salix* (S. gilgiana)	川ヤナギ
155		*Juncus* (J. leschenaultii)	カウガイグサ（コウガイゼキショウ）
P.3			
156	カ三	(Pourthiaea villosa)	カマツカ
157	カ五	(Boraginaceae?)	カレリヒソウ(ムラサキ科？)
158	カ四	*Cassia uniflora*	カワラケツメイ
P.4			
159	カ七	(Pertya robusta)	カシワヨウノハグマ（カシワバハグマ）
160	カ六	(？)	カラシモツケ(？)
161	カ九	(Boehmeria nivea)	カラムシ
162			＜標本剥離＞
P.5			

163	カ十	*Erianthus* (Miscanthus tinctorius)	カリヤス
164	カ十二	(Photinia glabra)	カナメ（カナメモチ）
165	カ十一	(Salix gilgiana)	カワヤナギ
166	カ十四	(Themeda japonica)	カルカヤ
167	カ十三	(Primula kisoana)	カッコ草（カッコウソウ）
P.6			
168	カ十六	(Broussonetia papyrifera)	カジノ木
169	カ十五	(Dioscorea bulbifera cv. domestica)	何首烏（カシュウイモ）
170	カ十八	(Viburnum dilatatum)	ガマズミ
171	カ十七	(Brassica juncea)	カラシナ
P.7			
172			<標本切除>
173	○		カギツル（カギカズラ）<標本剥離>
174	カ廿一	(Aconitum sp.)	カフトキク（トリカブト類）
175	カ二十	*Cercidiphyl.* (Cercidiphyllum japonicum)	カツラ
P.8			
176	カ廿二	(Agastache rugosa)	カワミドリ
177	カ廿三	(Artemisia capillacea)	カワラヨモギ
P.9			
178	カ廿四	(Pasania edulis)	マテバシイ
179	カ廿五	(Reineckia carnea)	観音草（キチジョウソウ）
180	カ廿六	(Anaphalis margaritacea)	カワラボウコ
P.10			
181	カ廿八	(Campanula punctata ssp. hondoensis)	ホタル花(ホタルブクロ)
182	カ廿七	(Broussonetia kazinoki)	カヂ
183	カ廿九	*Cyp. Cyperis*	カヤツリ(カヤツリグサ類)
P.11			
184	カ三十一	(Lyonia neziki)	カシヲスミ（ネジキ）
185	カ三拾番	*Thesium* (T. chinense)	カナビキ
187	カ三十二	(Viburnum dilatatum)	ガマズミ
P.12			
188	カ三十四		＜標本切除されていたが、発見　本文参照＞
	カ三十五		＜標本切除されていたが、発見　本文参照＞
P.13			
189	カ三十七	(Lyonia neziki)	カシヲズミ（ネジキ）
190	カ三十六	(？)	カトトヲシ（？）
191	カ三十九	(Rubus sp.)	カン木（キイチゴ類）
192			＜標本切除＞
P.14			

193			＜標本切除＞
194	カ四十一	(Corchoropsis tomentosa)	カラスノゴマ
195	カ四十二	(Eragrostis ferruginea)	カゼクサ
P.15			
196	カ四十四	(Trichotomum cucumeroides)	カラスウリ
197	カ四十三	(Ampelopsis ?)	ガ子ブ□□（ノブドウ）
198	カ四十六	(Thesium chinense)	カナビキ（カナビキソウ）
199	カ四十五	(Carpesium divaricatum)	ガンクビソウ
P.16			
200			＜標本切除＞
201	ヨ壱	(Kalimeris yomena)	ヨメナ
202	タ三	(Crotalaria sessilifolia)	タノキマメ（タヌキマメ）
203	タ二	(Serratula coronata ssp. insularis)	タマホウキ（タムラソウ）
P.17			
204	タ五	(?)	タンゴイタヾキ
205	タ四	(Ilex latifolia)	（タラヨウ）
206	タ七	(Polygonum longiseta)	（イヌタデ）
207	タ六	(Vicia unijuga)	タニワタシ(ナンテンハギ)
P.18			
208	タ九	(Weigela hortensis)	タニウツギ
209	タ十一	gram. (Diarrhena japonica)	タツノヒゲ
210	タ十	(Eclipta prostrata)	タカサブロウ
211	タ十三	(Zanthoxylum planispinum)	冬サンショ
212	タ十二	(Ranunculus sceleratus)	タガラシ
P.19			
213	タ十五	(Tabacum nicotiana)	タバコ
214	タ十四	(Potentilla fragarioides var.major)	大葉ノカワラサイコ（キジムシロ）
215	タ十七	(Ludwigia epilobioides)	タゴホウ（チョウジタデ）
216	タ十六	(Ludwigia epilobioides)	タゴボウ（チョウジタデ）
P.20			
217	タ十九	(Aralia elata)	タラ
218	タ十八	(Trigonotis peduncularis)	タビラコ
219	タ廿一	Araliaceae *Zurau innovans* (Evodiopanax innovans)	タカノツメ（イモノキ）
220	タ廿	(Ranunculus sceleratus)	タガラシ
P.21			
221	タ廿二	(Geum japonicum)	ダイコンソウ
222	タ廿三	(Serratula coronata var. insularis)	タムラソウ
P.22			

223	タ廿四	(Vicia unijuga)	タニワタシ(ナンテンハギ)
224	タ廿五	(Adenocaulon himalaicum)	タカラコウ（ノブキ）
P.23			
225	ソ一	(Thuja orientalis)	側柏（コノテガシワ）
226	レ一	(Litchi chinensis)	レイシ
227	ソ二	(Sambucus chinensis)	ソクズ
P.24			
228	ツ二	(Sinomenium acutum)	ツヅラフシ
229	ツ一	(Castanopsis cuspidata ssp.thunbergii)	ツブノ木（ツブラジイ）
230	ツ四	(Empatiens textori)	ツリフネ草
231	ツ三	(Trigonospermum japonicum)	ツルリンドウ
P.25			
232	ツ六	(Adenophora triphylla var. japonica)	ツリガ子人参
233	ツ五	(Clematis stans)	ツリガ子ソウ(クサボタン)
234	ツ八	*Acer* (Kalopanax pictus)	ツタモミチ（ハリギリ）
235	ツ七	*Silene* (Adenophora triphylla var. japonica)	ツリガニンジン
P.26			
236	九	(Celastrus orbiculatus)	ツルムメモ(ツルウメモドキ)
237	十	(Celastrus orbiculatus)	ツルウメモドキ
238	十一	Hydrocotyle aquatica (Centella asiatica)	ツボクサ
P.27			
239	ツ十二	(Abelia serrata)	小ツクバネ
240	ツ十三	*Pertya scandens*	小ツクバネノ木(コウヤボウキ)
241	ツ十四	(？)	ヅ木ギ（？）
P.28			
242	子一	(Iris lactea ssp. chinensis)	子しアヤメ（ネジアヤメ）
243	子二	(Sporobolus fertilis)	子ツミノヲ（ネズミノオ）
244	子三	(Albizia julibrissin)	子ム（ネムノキ）
P.29			
245	ナ二	(Sorbus commixta)	ナナカマド
246	ナ一	(Podocarpus nagi)	ナギ
247	ナ四	*Rhus* (R. parvifolius)	ナワシロイチゴ
248	ナ三	(Draba nemorosa)	ナヅナ（イヌナズナ）
P.30			
249	ナ六	(Cyclobalanopsis myrsinaefolia)	ナガシ（シラカシ）
250	ナ五	(Rubus laevigata)	ナニワイハラ
251	ナ八	(Ainsliaea apiculata)	なしモトギ(キッコウハグマ)
252	ナ七	(Elsholtzia ciliata)	ナギナタカウシュ
P.31			

253	ナ十	(Stewartia pseudocamellia)	ナツハキ（ナツツバキ）
254	ナ九	(Rubus laevigata)	ナニワイハラ
255	ナ十一	(Salvia lutescens var. intermedia)	夏ノ田村草（ナツノタムラソウ）
256	ナ十一	(Salvia lutescens var. intermedia)	夏ノ田村草（ナツノタムラソウ）
P.32			
257	ナ十三	(Vaccinium oldhami)	ナツハゼ
258	ナ十四	*Elaeagnus* (E. pungens)	ナワシログミ
259	ナ十二	(Filipendula purpurea f. albiflora)	ナツユキ（ナツユキソウ）
260	ナ十五	*Bambusa* (B. sp.)	ナンキン竹
P.33			
261	ラ一	(Meehania urticifolia)	ラショウモン□□□(ラショウモンカズラ)
262	ラ二		茶草
P.34			
263	ム一	(Callicarpa japonica)	ムラサキシキブ
264	ム三	(Hibiscus syriacus)	ムクゲ
265	ム二	(Zerkova serrata)	ケヤキ
P.35			
266			＜標本切除＞
267	ム五	(Sapindus mukurossi)	ムクロシ（ムクロジ）
P.36			
268	ム七	*Medicago* (M. hispida)	ウマコヤシ
269	ム六	(Ranunculus japonicus)	ウマノアシガタ
270	ム九	(Corydalis incisa)	ムラサキケマン
271	ム八	(Aristolochia debilis)	ムマノスズ(ウマノスズクサ)
P.37			
272	ム十	(Ilex crenata)	イヌツゲ
273			＜標本剥離＞
274			＜標本剥離＞
P.38			
275	ウ二	(Aralia sieboldianus)	ウコギ
276	ウノ一	(Quercus phillyraoides)	ウバメガシ
277	ウ四	(Lindera obtusiloba)	ウコンハナ（ダンコウバイ）
278	ウ三	(Senecio pieroti)	ウグサ、狗舌艸（サワオグルマ）
P.39			
279	ウ六	*Heracleum* (H. nipponicum)	ウドタラシ（ハナウド）
280	ウ五	(Prunella vulgaris ssp. asiatica)	ウツホクサ（ウツボグサ）

281	ウ七	(Prunella vulgaris ssp. asiatica)	ウツホクサ（ウツボグサ）
282	ウ八	(Vaccinium hirtum)	ウスノ木（ウムノキ）
P.40			
283	ウ九	(Parabenzoin trilobum)	ウコンバナ（シロモジ）
284	ウ十	(Vaccinium hirtum)	ウスノキ
285	ウ十一	(Deutzia crenata)	ウツギ
P.41			
286			＜標本切除されていたが発見　本文参照＞
287	ウ十三	(Deutzia crenata)	ウツギ
P.42			
288	ウ十五	(Persicaria thunbergii)	ウシノシタイ（ミゾソバ）
289	ウ十四	(Myricacalia Makineana?)	ウラシロ（オオモミジガサ？）
290	ウ十六	(Myricacalia Makineana?)	ウラシロ（オオモミジガサ？）
P.43			
291			＜頁ごと切除＞
P.44			
292	ノ二	(Vicia sativa ssp. angustifolia)	ノヱントウ(カラスノエンドウ)
293	ノ一	(Lathyrus quinquenervius)	ノヱント（レンリソウ）
294	△	(Stellaria alsine var. undulata)	のみのふすま
295	ノ四	(Sonchus oleraceus)	ノゲシ
296	ノ三	(Aster trinervius ssp. ovatus)	ノギク（ノコンギク）
P.45			
297			＜標本剥離＞
298	ノ五	(Boehmeria tricuspis)	ノアサ（アカソ）
299	ノ六	(Gymnaster savatieri ssp. pygmaeus)	ノシュンキク（ミヤマヨメナ）
300	ノ八	(Chenopodium album var. centrorubrum)	アカザ（アカザ）
301	ノ七	(Vicia hirsuta)	ノヱンドウ（スズメノエンドウ）
P.46			
302	ノ九	(Alliummacrostemon)	ノニラ（ノビル）
303	ノ十	(Daucus carota)	ノニンジン（野性化したニンジン）
304	ク二	(Artemisia annua)	クソニンジン
305	ク一	(Fatoua villosa)	ク和（クワクサ）
P.47			
306	□□	(Digitaria timorensis ?)	□□□（コメヒシバ？）
307	ク三	(Pueralia triloba)	クズノミ（クズ）
308	ク四	(Lycinum chinense)	杓把（クコ）
309	ク六	(？)	クワトウラン（？）
310			＜標本剥離＞

P.48			
311	ク七	(Lindera umbellata)	クロモジ
312	ク八	(Aeschynomene indica)	クサネム
313	ク九	(Ilex rotunda)	クロガネモチ
P.49			
314	ク十	Juncus tuberosusTh.	クロクワヱ
------	-------	(Thea sinensis)	ニガ茶（チャ）
315	ク十一	(Pilea hamaoi)	クチハショコ（ミズ）
316	ク十二	(Veronicastrum sibiricum var. japonicum)	クカイサウ
P.50			
317	ク十三	(Chelidonium majus ssp. asiaticum)	クサノヲ（クサノオウ）
318	ク十五	(Berchemia racemosa)	クマヤナギ
319		The specimen was cut out,and is missing.	

Vol.3			
P.1			
320	ク十七	*Rubus* (R. hirsutus)	クサイチゴ
321	ク十六	*Thalictrum*	クサカラマツ草
322	ク十九	cyp. (Cyperus sp.)	クグ苗ノ一種
323	ク十八	*Fragaria* (Duchesnea chrysanhta)	クチナワイチゴ（ヘビイチゴ）
P.2			
324	ヤ二	*Prenanthes* (Youngia denticulata)	ヤクシ艸
325	ヤ一	aralia (Fatsia japonica)	ヤツデ
326	ヤ三	Comp. (Heteroppapus hispidus)	ヤマジノキク
327	ヤ四	Compos. (Heteroppapus hispidus)	ヤマジノキク
P.3			
328	ヤ五	*Eupatorium* (Aster ageratoides ssp. amplexifolius)	ヤマシロギク
329	ヤ七	(	ヤマナスビ（？）
330	ヤ六	*Salix* (S. bakko)	ヤマネコヤナギ
331	ヤ八	(Selaginella remotifolia)	ヤウラクゴケ、アタマゴケ（クラマゴケ）
P.4			
332	ヤ十	comp. (Erigeron canadensis)	（ヤナヨモキ）
333			＜標本剥離＞
334	ヤ十二	*Evonymus* ?	山ニシキヾ
335	ヤ十一	(Osmorhiza aristata)	ヤブニンジン
P.5			
336	ヤ十四	*Viburnum* (V. plicatum)	山デマリ（ヤブデマリ）

337	ヤ十三	*Callicarpa* (C. mollis)	ヤブムラサキ
338	ヤ拾五	cyp. (Carex sp.)	山スゲ（スゲ類）
P.6			
339	ヤ十七	*Morus* sncc. Sp. crisc.	ヤニクワ、拓
340		Myrisne	
341	ヤ十九	*Lespedeza* (Kummerovia striata)	ヤハズクサ
342	ヤ十八	(Picrasma quassioides var. glabrescens)	山ニカキ（ニガキ）
P.7			
343	ヤ廿一	*Prenanthes* (Youngia denticulata)	ヤクシ艸
344	ヤ廿	(Omphalodes japonica)	山ウクイス（ヤマルリソウ）
345	ヤ廿二	*Ocynum* (Isodon inflexus)	ヤマハッカ
P.8			
346	ヤ廿四	(Camellia sasanqua)	細葉山茶（サザンカ）
347	ヤ廿三	(Schisandra repanda)	マツフサ（マツブサ）
348	ヤ廿六	*Hydrangea* (H. serrata)	ヤマアシサヱ(ヤマアジサイ)
349	ヤ廿五	*Ocynum* (Isodon inflexus)	ヤマハッカ
P.9			
350	ヤ廿九	*Sedum*	マン子ングサ
351	ヤ廿七	Umb.	ヤマニンシン
352	ヤ廿八	*Callicarpa* spec.	大葉ノ山ムラサキ
P.10			
353	マ二	*Evonymus* (E. japonicus)	マサキ
354	マ一	*Cydonia* (C. oblonga)	マルメロ
355	マ四	*Cucurbitaiea* (Actinostemma lobata)	ゴキツル
356	マ五	*Stachyurus* (S. praecox)	豆フジ
357	マ三	*Evonymus* (E. sieboldiana)	マユミ
P.11			
358	ケ二	(Astragalus sinicus)	ゲンゲ
359	ケノ一	*Geranium* (G. thunbergii)	ゲンノショウコ
360	ケ三	*Cinnamomum*	桂（ニッケイ類）
P.12			
361	フ一	Gram. (?)	フナハラ（？）
362	フ二		フナソナギ
363	フ四	(Hedera rhombea)	フユヅタ
364	フ三	*Ilex* (I. integra cv.)	フリウモチ
P.13			
365	フ六	*Ilex* (Ilex sp.)	冬青ノルイ（モチノキ類）
366	フ五	(Chloranthus serratus)	フタリシズカ
367			＜標本剥離＞

切り取られた標本（加藤）

P.14			
368	フ九	*Cynanchum* (Myriophyllum verticillatum)	フサモ
369	フ八		フタワラ（？）
370			＜標本剥離＞
371			＜標本剥離＞
P.15			
372	フ十二	(Eupatorium sp.)	フジバカマ？
373	フ十三	*Chloranthus* (C. serratus)	フタリシズカ
P.16			
374	コノ二	*Urtica* (?)	（？）
375	コノ一	*Gnaphalium* (G. affine)	ゴキョ（ハハコグサ）
376	コノ四	*Acer* (A. rufinerve)	コンジノ木(ウリハダカエデ)
377	コ三	*Quercus* (Q. serrata)	コナラ
P.17			
378	コ六	*Daphne* (D. odora)	コショウノキ
379	コ五	(Quercus serrata)	コナラ
380	コ八	(Viola verecunda)	コマノツメ(ニヨイスミレ)
381			＜標本剥離＞
P.18			
382	コ九	*Acer* (A. rufinerve)	コンジノ木(ウリハダカエデ)
383	コ十		＜標本切除＞
384	コ十一		＜標本切除＞
P.19			
385	コ十二	*Celastrus* (Orixa japonica)	コクサギ
386	コ十一	(Arthraxon hispidus)	コブナグサノ一種
387			＜標本剥離＞
388	コ十三	(Orixa japonica)	コクサギ
P.20			
389	コ十六	(Euphrasia sp.)	コゴメ花（コゴメグサ）
390	コ十五	*Quercus* (Q. serrata)	コナラ
391	コ十八	*Damnacanthus* (D. indicus)	コカリトマウス（アリドオシ）
392	コ十七		コシキブクロ（？）
P.21			
393	十九	*Aster*(A. trinervius ssp.ovatus var.hortensis)	コンキク(コンギク)
394	コ二十	(Picris hieracioides ssp.japonica)	コウソリナ(コウゾリナ)
395			（　？　）
396	コ二十一	(Picris hieracioides ssp.japonica)	コウゾリナ
P.22			
397	コ廿三	(Euphrasia sp.)	イブキノコゴメ花(コゴメグサ類)

398	コ二十六	(Pittosporum illicioides)	コヤスノ木
399	コ廿五	*Acer* (A. rufinerve)	コンジノ木(ウリハダカエデ)
400	コ廿四	(Pertya scandens)	コウヤボヲケ(コウヤボウキ)
401	コ廿七	(Picris hieracioides ssp.japonica)	コウゾリナ
P.23			
402	コ廿九	(Carex kobomugi)	弘法ムギ
403	コ二十八	*Acer* (A. rufinerve)	コンジノ木(ウリハダカエデ)
404	コ三十一	*Broussonetia* (B. kazinoki)	コウゾ
405	コ三十	(Pertya scandens)	コウヤホウキ
P.24			
406			<標本剥離>
407	コ三十四	(Juncus leschenaultii)	コウガイ草(コウガイゼキショウ)
408			ハゼバナ（?）
409	コ三十五	Gram.	
P.25			
410		*Indigofera* (I. pseudotintoria)	コマツナギ
411	コ三十六		小薊（?）
412	コ三十九	(Aster glehni)	ゴマナ
413	コ三十八	*Comp.* (Pertya scandens)	コウヤボウケ(コウヤボウキ)
P.26			
414	ヱ二		円笹雀舌（?）
415	ヱ一	(Pisum sativum)	ヱンドウノマメ
416	ヱ三	(Vitis ficifolia)	ヱビツル
417	ヱ五	*Celtis* (Aphanthe aspera)	エノキ草（ムクノキ）
418	ヱ四	Gram. (Setaria viridis)	エノコロクサ
P.27			
419	ヱ六	*Andromeda* (Pieris japonica)	ヱセビ（アセビ）
420	ヱ七	*Celtis* (C. sinensis)	ヱノキ
P.28			
421		*Cissus* (Ampelopsis seraciaefolia)	ビャクレン
422	テ一	*Daphnidium* (Lindera obtusiloba)	天台烏薬
423	テ四	(Trachelospermum asiaticum var. intermedium)	テイカ丶ヅラ
424	テ三	*Cynanchum* (?)	白微（?）
P.29			
425	テ六	*Malouetia* (Trachelospermum asiaticum var. intermedium)	テイカカヅラ
426	テ五	*Clematis* (Clematis sp.)	鉄線蓮ノ類
427	ア二	*Pyrethrum* (Astilbe japonica)	アワモリ草(アワモリショウマ)
428			<標本剥離>

429	ア一	*Thujopsis* (T. dolabrata)	アスナロ
P.30			
430	ア五		（？）
431	ア四	(Solidago virgaurea ssp.asiatica)	秋ノキリン艸
432	ア三	(Azolla imbricata)	アカウキクサ
433	ア七	*Urtica* (Boehmeria tricuspis)	アカソ
434	ア六	(Pieris japonica)	アセボ
435	ア八	*Lythrum* (Epilonium pyrricholophum)	アカバナ
P.31			
436	ア十	(Astilbe thunbergii)	アカ升麻
437	ア九	(Chrysanthemum indicum)	アブラキク(シマカンギク)
438	ア十二	*Canabis* (Cannabis sativa)	アサ
439	ア十一	(Swertia bimaculata)	アケボノソウ
440	ア十三	*Cucurbita* (Gynostemma pentaphyllum)	アマチャ(アマチャヅル)
P.32			
441	ア十四	(Scirpus wichural form. conconata)	アブラガヤ
442	ア十五		秋ノチャ□クサ（？）
P.33			
443	ア十六	(Salvia japonica)	秋ノタムラソウ
444	ア十七	(Cirsium sp.)	秋アサミ
P.34			
445	ア十八	*Polygonatum* (P. odoratum var. pluriflorum)	アマドコロ
446		*Distechocarpus* (Carpinus japonica)	クマシデ
P.35			
447	サ二	*Gentiana* (G. sp.)	ササリントウ
448	サ壱	(?)	（？）
449	サ三	(Calanthe sp.)	サ、ヱヒ子（エビネ類）
450	サ四	*Cissus* (Vitis flexuosa)	サンカク艸(サンカクヅル)
451	サ五	*Lychnis*? *Silene firmus*	サツマニンジン（？）
P.36			
452	サ六	*Lychnis hirta* (?)	サルタヒコ（？）
453	サ八	*Spilgeheria* (Boehmeria biloba)	サハセミ（ラセイタ艸）
454	サ七	(Ainsliaea apiculata)	サジクサ(キッコウハグマ)
P.37			
455	サ九	Comp. (Cirsium yezoense)	サワアザミ
456	サ十一	Gram. (Arthraxon hispidus)	コブナグサ
		(Lophatherum gracile)	ササクサ
457	サ十	*Kadsura* (K. japonica)	サ子カヅラ

P.38			
458	サ十三	(Eupatorium lindleyanum)	サワフジバカマ(サワヒヨドリ)
459	サ十二	*Polygonum* (P. conspicua)	サクラタデ
460	サ十四	*Mazus* (M. miquelii form. albiflorus)	サギコケ
461	十五	(Scilla sciloides)	サンダイカサ（ツルボ）
462	サ十六	(Eupatorium lindleyanum)	サワヒヨドリ
463		(Bidens biternata)	センダングサ
P.39			
464	△	(Symplocarpus renifolius)	サセンサウ（ザゼンソウ）
465	サ十七	(Cleyera japonica)	サカキ
466	サ十八	(Cleyera japonica)	サカキ
467	サ廿	(Scilla sciloides)	サンダイカサ（ツルボ）
468	サ十九	(Cleyera japonica)	サカキ
P.40			
469	キ一	(Justicia procumbens var. leucantha form. japonica)	キツネノマゴ
470	キ二	(Norysca patula)	金糸梅（キンシバイ）
471	キ四	*Rubus* (R. parvifolius)	キイチゴ(ナワシロイチゴ)
472	キ三	*Anemone* (A. hupensis var. japonica)	キツネ菊、秋牡丹(シュウメイギク)
P.41			
473	キ五	*Celastrus* (C. orbiculatus)	キヒヨドリショゴ(ツルウメモドキ)
474	キ六	(Rhus sp.)	（ウルシ類）
475	○九	(Asparagus schoserioides)	キシカクシ（キジカクシ）
476	キ八	*Pol. filiforme* (Tovara filiformis)	ミツヒキ
477	キ七	*Tamarix* (T. juniperina)	キヨリウ（ギョリュウ）
P.42			
478	キ十	*agrimonia* (A. pilosa)	キンミズヒキ
479		(Cyrtomium fortunei)	（ヤブソテツ）
480		(Acacia sp.)	金銀蓮花（アカシア類）
481	キ十一	(Acacia sp.)	アカシ（アカシア類）
482	キ十三	Comp. (Hemistepta lyrata)	キツ子アザミ
483	キ十二	*Polygonum* (Fagopyrum tartarium)	キウメン艸（ニガソバ）
P.43			
484	キ十五	*Rumex* (R. japonicus)	キシキシ（ギシギシ）
485	キ十四	*Thalictrum* (T. simplex)	黄カラマツ（ノカラマツ）
486	キ十六	*Ruwia* (Justicia japonica)	キツ子ノマコ
487	キ十七	(Spuriopimpinella calycina)	キブ子グサ（ダケゼリ）
488	キ十八	(Curculigo orchioides)	キンハイサヽ(キンバイザサ)

P.44			
489	キ廿	Comp. (Hemistepta lyrata)	キツ子アザミ
490	キ十九	Umbellif. (?)	差任（？）
491	キ廿一	*Rubus* (?)	（キイチゴ類）
P.45			
492	メ一	(Digitaria adscendens)	メヒジワ（メヒシバ）
493		Umbell. (Peucedanum terebinthaceum)	山ニンジン
494	メ三	(Mentha pulegium)	メクサ（メグサハッカ）
P.46			
495	メ四	*Alnus* (A. serratoides)	メハリノキ(カワラハンノキ)
496	メ六	*Hydrangea* (H. serrata)	コガク（ヤマアジサイ）
497	メ五	(Saxifraga stolonifera)	雪ノ下（ユキノシタ）
P.47			
498	メ七	(Justicia japonica)	（キツネノマゴ）・
499	メ八	*Lespedeza* (L. cuneata)	メトハキ（メドハギ）
P.48			
500	ミノ一	*Pennisetum* (Melica onoei)	ミチシバ
501		(Melica onoei)	ミチシバ
502	ミ三	*Callitriche* (C. verna)	水ハコベ
503	ミ二	(Edgeworthia chrysantha)	ミツマタ
504	ミ四	*Aeschinomene* (Desmodium caudatum)	ミソクサ(ミソナオシ)
P.49			
505	ミノ六	(Cerastium caespitosum)	ミミナグサ
506	ミノ五	(Lotus corniculatus var. japonicus)	ミヤコ花（ミヤコグサ）・
507		(Sparganium sp.)	ミクリ、ミソスケ(ミクリ類)
508	ミノ八	*Lythrum* (L. salicaria ssp. anceps)	ミゾハギ（ミソハギ）
509	ミ九	*Polygonum* (Tovara filiformis)	ミツヒキ（ミズヒキ）
P.50			
510	ミノ十一	(Ottelia alismoides var. japonica)	水ソバコ（ミズオオバコ）
511	ミノ十	*Rhododendron* (R. sp.)	ミツマタツツジ(ミツバツツジ類)
512	ミノ十三	(Polygonum thunbergii)	ミゾソバ
513	ミノ十二	*Benzoin* (Lindera triloba)	ムラダチ（シロモジ）

Vol.4			
P.1			
514	一	(Aster scaber)	シラヤマギク
515	二	*Ophiopogon* (Liriope platyphylla)	ヤブラン
P.2			
516			＜頁ごと切除＞

P.3			
517			＜標本剥離＞
518	七	(Senecio pieroti Miq.)	ウクサ（サワオグルマ）
519			＜標本剥離＞
P.4			
520		*Parnassia* (P. palustris var. multiseta)	ウメバチソウ
521	十		トチナ（？）
P.5			
522		*Paederia* (P. scandens var. mairei)	ヘクソカヅラ
523			＜標本切除＞
P.6			
524	十三	(Artemisia apiacea)	カワラ人参
525	十四	*Iris* (Acorus calamus)	ショフ（ショウブ）
526	十五	(Mentha sp.)	細葉薄荷（ハッカ類）
P.7			
527	十六	(Artemisia apicaea)	カワラニンジン
528	十七	(Polygonum sagittata)	シソクサ、ウシクサ(ウナギツカミ類)
529		*Lespedeza* (L. cuneata)	メドハギ
P.8			
530		(Rhynchosia volubilis)	タンキリマメ
531		*Chenopodium* (C. acuminatum ssp. virgatum)	川原アカザ
P.9			
532	廿一	*Acer* (A. palmatum)	ツタモミチ(イタヤカエデ)
533	二十二	(Lycopus sp.)	サルダヒコ
P.10			
534	廿四	*Atractylodes* (A. japonica)	ヲケラ
535	二十三	*Vitis* (V. ficifolia)	エビツル
536	廿五	(Sagittaria aginashi)	クワヱ、アキナシ(アギナシ)
P.11			
537	ミノ十五	(Pilea petiolaris)	ミヤマノミツ(ミヤマミズ)
538	ミノ十四	*Rhododendron* (R. dilatatum)	ミツバツツジ
539		Cyp. (Carex dispalata)	ミノスゲ（カサスゲ）
540	シノ一	*Buergeria* (Magnolia stellata)	シデコブシ
541	シノ二ばん	(Aster scaber)	シラヤマギク
P.12			
542	シ三	*Iris* (I. japonica)	シャガ
543	シノ四	*Coix* (C. lacryma-jobi)	シュヅダマ（ジュズダマ）
544	シノ六	(Aristolochia debilis)	シカモッコウ(ウマノスズクサ)
545	シ五	Croton (Sapium japonicum)	シラキ

P.13			
546	シ八	*Spiraea* (S. japonica)	シモツケ
547	シノ七	(Aralia pubescens)	シシウト（シシウド）
548	シノ九	*Smilax* (S. riparia var. ussuriensis)	シオデ
549	シノ十	*Lythrum* (L. salicaria var. anceps)	白花ノミソハギ
P.14			
550	シ十二	*Trochostigma* (Actinidia arguta)	シラクチカヅラ（サルナシ）
551			＜標本切除＞
552	シ十四	(Cimicifuga japonica)	升麻（イヌショウマ）
553	シノ十三	Gram. (Zoysia japonica)	シバ
P.15			
554	シ十五	*Lysimachia* (L. clethroides)	シロハギ（オカトラノオ）
555			＜標本剥離＞
556	シ十八	*Negundo* (Acer cissifolium)	ミツテモミチ（ミツデカエデ）
557	シ十七	(Aster sp.)	シナノギク（？）
P.16			
558	シ廿	*Metanarthecium* (Chionographis japonica)	シライト
559	シ二三		シ、トビ（？）
560	シ廿一		＜標本切除＞
561	シノ廿二	(Gleceria acutiflora ssp. japonica)	ミノ米（ムツオレ）
P.17			
562	ミノ廿三	Cyp. (Fimbristylis ?)	ミノゴメ（テンツキ類？）
563	ミノ廿五	Gram. (?)	ジシハリ（？）
564	シ廿七	*Metanarthecium indicum* Th (Chionographis japonica)	シライト（シライトソウ）
565	シ廿六	(Carpinus sp.)	シデノ木（シデ類）
P.18			
566	ヒノ二	*Eurya* (E. japonica)	ヒサカキ
567	ヒノ一	*Broussonetia* (B. kazinoki)	ヒメコウソ
568		*Alopecurus* (A. aequalis)	雀ノテッポウ
569	ヒ四	*Amaranthus*	ノヒユ（ヒユ類）
570	ヒノ三	*Artemisia* (A. Feddei)	ヒメヨモキ（ヒメヨモギ）
P.19			
571	ヒ六	*Cirsium* (C. nipponicum)	ヒメアザミ（ナンブアザミ）
572			＜標本切除＞
573	ヒ七		ヒシヅル（？）
574	ヒ八	*Siphonostegia* (S. chinensis)	ヒキヨモギ
575	ヒ九	(Distylium racemosum)	ヒョノキ（イスノキ）
P.20			

576	ヒ十一	*Gallium* (Asperula trifida)	ヒメモグラ(ウスユキムグラ)
577	ヒ十	*Eupatorium* (E. chinense var. simplicifolium)	ヒヨドリバナ
578	ヒ十二	*Kadsura* (K. japonica)	ビナンそう(ビナンカズラ)
579	ヒ十三	*Ipomoea* (Calystegia japonica)	ヒルカヲ（ヒルガオ）
580	ヒ十四	*Solanum* lyratum Th	ヒヨドリジョコ（ヒヨドリジョウゴ）
P.21			
581	ヒ十五	(Isodon japonicus)	引きを腰（ヒキオコシ）
582	ヒ十六		（？）
583	ヒ十七	*Polygala* (P. japonica)	ヒメハギ
584	ヒ十九	(Carex oxuandra)	ヒメスゲ
585	ヒ十八	*Sarothra* (S. japonica)	ヒメヲトキリ(ヒメオトギリ)
P.22			
586	モ三	(?)	（？）
587	モ二	*Juniperus* (J. rigida)	モエノキ（ネズ）
588	モ一	(Osmanthus fragrans var. aurantiacus)	モクセイ（キンモクセイ）
589	モ四	*Ilex* (I. integra)	モチ（モチノキ）
590	モ五	*Spiranthes* (S. sinensis var. amoena)	モチヅリ（ネジバナ）
591	セ一	(Acorus calamus)	セウブ（ショウブ）
P.23			
592	セ三	(Trachelospermum asiaticum var. intermedium)	セキダカズラ（テイカカヅラ）
593	セ二	(Clematis ternifolia var. robusta)	仙人ソウ（センニンソウ）
594	セ四	*Swertia* (S. japonica)	センブリ
595	セノ五	(Dystaenia ibukiensis)	セリモドキ
596	セ七	(Pulsatilla cernua)	セカイソウ（オキナグサ）
597	セ六	*Bidens* (B. biternata)	センダンクサ
P.24			
598	セノ八	(Trachelospermum asiaticum var. intermedium)	セキタカツラ(テイカカヅラ)
599	スノ壱	(Vincetoxicum japonicum)	ス、メノヲコケ
600	スノ三	(Hippuris vulgaris L.)	スキモ（スギナモ）
601	ス二	(Convallaria majalis var. keiskei)	スヾラン
P.25			
602	ス五	(?)	スリハチ草（？）
603	ス四	(Poa annua)	ス、メノカタヒラ
604		(Melothria japonica)	ス、メ瓜
605	ス六	(Spuriopimpinella calycina)	タケゼリ（カノツメソウ）
606	ス七	cyp.(Carex sp.)	スケ（スゲ類）

P.26			
607	ス九	*Bryonopsis* (Melothria japonica)	スズメウリ
608	ス八	*Parapyrola* (P. aiatica)	岩ナシ
609	ス十一	*Equisetum* (E. arvense)	スキナ（スギナ）
610	ス十二	*Oxalis* (O. corniculata)	スイモノグサ（カタバミ）
611	ス十	(Stellaria alsine var. undulata)	スズメノシタ(ノミノフスマ)
P.27			
612		(Lindera obtusiloba)	ダンコウバイ
P.28			
613		(?)	（？）
614		*Fraxinus* (F. japonica)	トネリコ
615		(Dicalyx glauca)	ミミズバイ
616		(Dicalyx glauca)	ミミズバイ
617		(Potentilla chinensis)	川原サイコ
P.29			
618		(Elatostema umbellatum var. majus)	クチナワジョウゴ(ウワバミソウ)
619		*Lamium* (L. album var. barbatum)	ヲドリコ艸(オドリコソウ)
620		(Prunus bungo ?)	イヌ桜（ブンゴウメ？）
621		*Distegocarpus* (Carpinus japonica)	クマシデ
622		*Dysophylla* (D. Yatabeana)	ミズトラノオ
P.30			
623		*Polygonatum* (P. odoratum var. pluriflorum)	アマドコロ
624		(Serratula coronata ssp. insularis)	玉ボウキ（タムラソウ）
625		*Amaranthus* (A. mangostanus)	ヒユ
626		(?)	（？）
627		*Oxalis* (O. acetosella)	ヱイ山カタバミ（コミヤマカタバミ）
628		(Arthraxon hispidus)	コブナ艸（コブナグサ）
P.31			
629		(?)	（？）
630		(Oxalis?)	（カタバミ類？）
631		*Polygonum* (P. cuspidatum)	イヌイタドリ（イタドリ）
632		Corydalis (C. decumbens)	ヒメウズ(ジロボウエンゴサク)
633		(?)	（？）
634		(?)	（？）
P.32			
635		*Quercus* (Q. phillyraeoides)	コナラズ（ウバメガシ）
636		(Cornus macrophylla)	クマノミズキ
637		(?)	（？）

638	*Distegocarpus* (Carpinus japonica)	クマシデ
639	(Disporum sessile)	寶鐸艸（ホウチャクソウ）
P.33		
640	(?)	（？）
641	(?)	（？）
642	*Ilex integra* (ill leaf)	ワクラモチ（病気のモチ）
643	(?)	シケミザバ（？）
644	(?)	（？）
P.34		
645	(Berchemia racemosa)	クマ柳（クマヤナギ）
646	(Euonymus sieboldiana)	（マユミ）
647	(Comanthosphace japonica)	テンニン艸
648	*Rajania* (Akebia quinata)	野不瓜（アケビ）
P.35		
649	*Cocculus orbiculatus* (Sinomenium acutum)	（ツズラフジ）
650	*Euscaphis* (E. japonica)	ゴンズイ
651	*Boehmeria* (B. tricuspis)	アカソウ（アカソ）
652	*Aster* (A. spathufolius Maxim.)	ダルマ菊
P.36		
653	*Vaccinium* (Lyonia neziki)	子ジノ木（ネジキ）
654	(?)	（？）
655	(?)	（？）
656	(Viburnum plicatum f. tomentosum)	ヤブデマリ
P.37		
657	(Cyperaceae)	（カヤツリグサ科）
658	(?)	（？）
659	*Micro*....... (Ulmus sieboldii)	秋ニレ
660	(?)	（？）
661	*Ulmus sibirica* (Z. serrata)	（ケヤキ）
P.38		
662		＜標本切除＞
663	*Globba* (Pollia japonica)	ヤブミョウガ
P.39		
664	*Tofieldia* (T. nuda)	花ゼキショウ
665	(Bistorta tenuicaulis)	春トラノ尾
666	*Rhus* spec. (R. succedanea)	ハゼウルシ
P.40		
667	*Lespedeza* (L. pilosa)	子コハギ
668	(Salix nigrum)	（ヤマネコヤナギ）

669	(Atractylodes japonica)	シラハシノ木（オケラ）
670	(Heteropappus hispidus)	山路ノギク
P.41		
671	(Rhus javanica)	ヌルデ
672	*Koelreuteria* (K. paniculata)	モクゲンジ
673	*Tilia* (T. japonica)	シナノキ
674	(Mentha puctata)	イヌボウジュ（イヌコウジュ）
P.42		
675	(Cyperaceae)	（カヤツリグサ科）
676	*Rubus* (R. buergeri)	（フユイチゴ）
677	(?)	タカノ葉艸（？）
678		＜標本切除＞
P.43		
679	*Bocconia* (Macleaya cordata)	ササヤキサウ（タケニグサ）
680	umb. (Bupleurum sp.)	升葉柴胡（ミシマサイコ類）
P.44		
681	(Chelonopsis moschata)	ジャコウソウ
682	*Magnolia* (M. liliflora)	紫モクレン
P.45		
683		雀舌（？）　＜標本剥離＞
684	*Brassica* (B. sp.)	ヲランダ菜（？）
685		＜標本剥離＞
686	*Eriocaulon sieboldianum* Zucc.	ホシクサ
687		＜標本切除＞
P.46		
688	(Coptis japonica)	黄連（オウレン）
689		（？）
690	*Eupatorium* (E. Lindleyanum)	（サワヒヨドリ）
691	*Acer crataegifolium*	シラハシ（ウリカエデ）
P.47		
692	Cyp. (C. amuricus)	チャガヤツリ
693	*Lycium* (Serrisa japonica)	白ハクチョウ（ハクチョウゲ）
694	*Agrimonia* (A. pilosa var. japonica)	キンミズヒキ
695	(Arachis hypogaea)	落花生（ナンキンマメ）
P.48		
696	(Ophiopogon japonicus)	蛇のひげ（ジャノヒゲ）
697	*Cynanchum* (Vincetoxicum sublanceolatum)	
		コバノカモメズル
698	*Mazus* (M. miruelii)	はぜ（サギゴケ）

699	*Campanumoea* (C. maximowiczii)	(ツルギキョウ)
700	*Sinapis* (S. arvensis)	タガラシ（ノハラガラシ)
701	*Cirsium* (C. spicatum)	ヲトコアザミ(ヤマアザミ)
P.49		
702	(Panax sp.?)	カノコソウ(トチバニンジン？)
703	Tricyrtis	(ホトトギス類)
704	Commelina (C. communis)	ハナガラ、アオバナ(ツユクサ)

2. Herbarium Jedoensis Medici

シーボルトが江戸に滞在していたのは文政九年三月四日(1826-04-10)より同年四月十二日(1826-05-18)である。その間、シーボルトは実にさまざまな分野の人に会っているが、その中には桂川甫賢（通称Wilhelmus Botanicus, 幕府医官、1797-1844)、栗本瑞見（幕府医官、1756-1834)、宇田川榕庵（1798-1846)、大槻玄沢（蘭医、1757-1827）らの医者もいる。おそらくその中の誰かから貰ったと考えられる植物標本帖（HERBARIUM MEDICI JEDOENSIS、図 11）がオランダの国立植物標本館の特別室(C113)にある。

この標本帖については、すでに何人もの研究者がその存在を発表しているが、この標本帖の重要性を説明しているのは熊本大学の山口隆男博士だけのようである。先生は1997年にまとめられた大論「シーボルトと日本の植物学」の中で、シーボルトの協力者であったミケル(Fridriech Anton Wilhelm Miquel, 1811-1871)が新種として命名している十一番のLathraea japonica Miq. (ヤマウツボ)、シーボルトが命名した二十三番のCorydalis Jezoensis Sieb. (エゾエンゴサク)、六十五番のConvallaria (Majalis) S & Z (スズラン)の標本(タイプ標本＝新種と認定して発表に利用した最初の標本)など 7枚の写真を使ってこの標本帖を紹介されている。さらにシーボルト自身が作成したこの標本帖の植物リストも写真を使って紹介されている。しかしこの標本帖に貼付されている植物名全ての紹介はされていない。「伊藤圭介腊葉帖」は石山禎一先生、大森実先生始め幾人もの方々が詳細なリストを出されているが、この標本帖の標本リストは未だ誰も作成していないようであるので、本報告では全標本の同定を目指した。

この標本帖は2冊からなり、1冊目には160点、2冊目には110点の標本が貼付されている。各標本には枠に囲まれた漢数字の通し番号が与えられている(図 12, 13)。シーボルトは各標本を丹念に調べ、学名を書き入れているが、質の劣る標本が多く、保存が良くなかったせいか剥離しているものもかなりあり、同定するのに迷うものも多い。さらには切除されているものもある。確信の持てないものもあったが、出来る限り同定をおこない、リストにした（表－3および表－4)。

このHerbarium Jedoensis Mediciからも「平井海蔵標本帖」の場合と同じようにシーボルトが切り取ってしまっている標本がある。

第一冊より切り取られている標本は12点（貳番、十番、二十五番、三十三番、三十五番、三十九番、四十九番、五十二番、八十五番、九拾番、百二十一

図11
Herbarium Jedoensis Medici
二冊

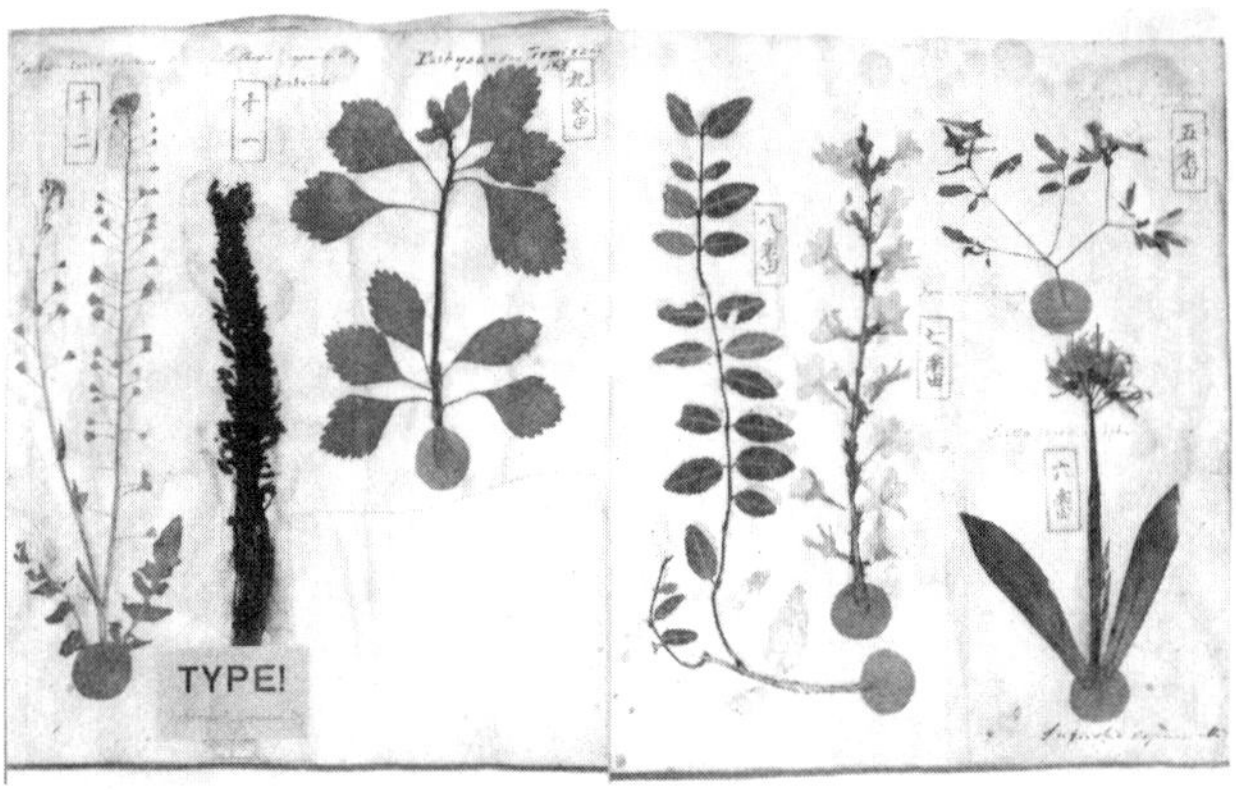

図12
十番が切り取られている。タイプ標本のヤマウツボ（十一番）

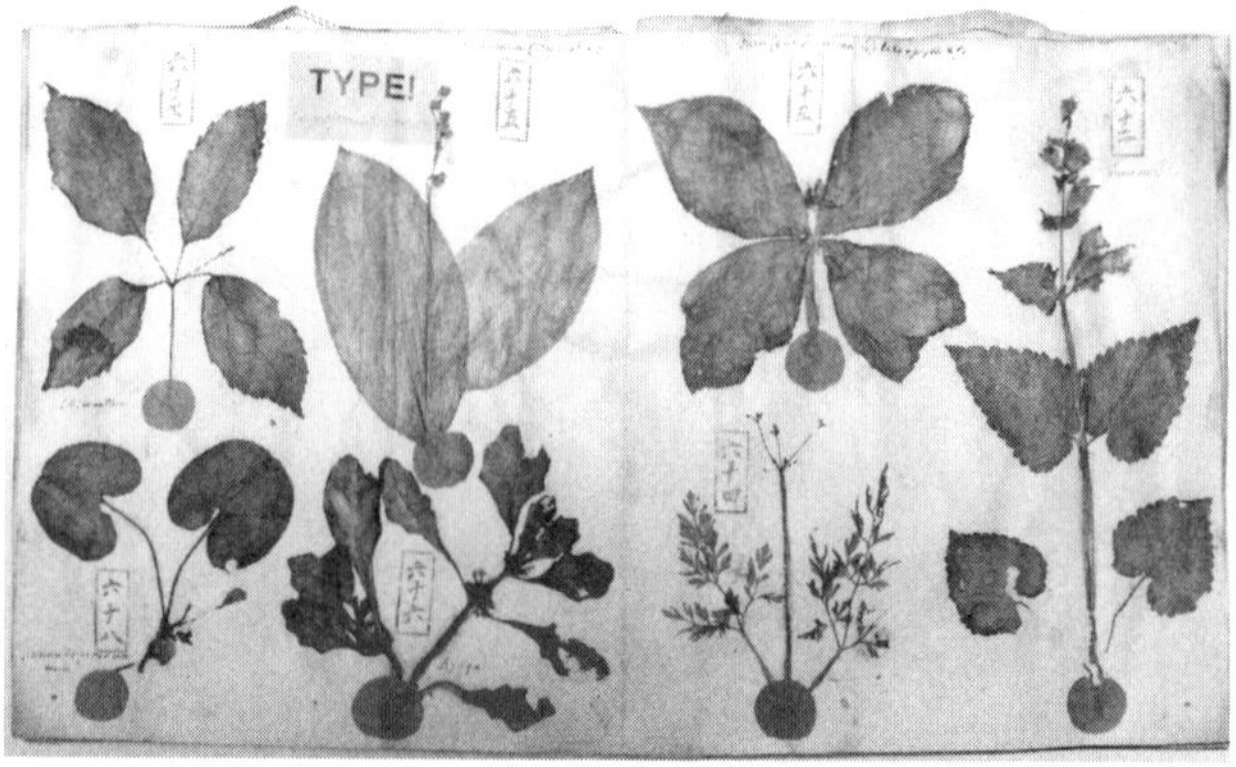

図13
タイプ標本のスズラン（六十五番）が貼付されているページ

番、百四十三番）、第二冊より切り取られていた標本数は3点（十七番、三十六番、九十九番）ある。これらの切り取り標本は牧野標本館のシーボルトコレクション中にはなかったが、オランダ国立植物標本館の一般標本庫内で、そのいくつかを見つけ出した。

調査は未だ終了していないが、2003年1月現在で第一冊の標本中に、貳番のEquisetum arvense (スギナ、標本番号HERB.LUGD.BAT.No.908,346 - 51、コード番号<L 0246547>)、二十五番のAnemone cernua（シャグマザイコ、ヲキナグサ、標本番号 HERB.LUGD.BAT.No908,183-868）、三十三番のKerria japonica （ヤマブキ、標本番号HERB.LUGD.BAT.No908,192 - 1316),三十五番のSelaginella involvens Spring（イワヒバ、標本番号HERB.LUGD.BAT.No908,344 - 508）、五十二番のPolystichum falcatum Diels (ヤマヤブソテツ、標本番号HERB.LUGD.BAT.No 922,167 - 1267)、九拾番のAspidium lobatum Sw. var. angulatum（オクマワラビ、標本番号HERB.LUGD.BAT.No. 908, 32 - 161 <コード番号L 0175647>）の6点の標本である。なお九拾番には、Dryopteris uniformis (Makino) Makinoオクマワラビと Polystichum polyblepharum (Roem. ex Kurze) Preslイノデの二種類が混ざって貼付されていた。

残念ながら、第二冊からの切り取り標本はまだ見つけるにいたっていないが、今後も調査を継続して探したい。

なお、この標本帖には学名のみ記されていた。和名は便宜的に小生がつけたものである。

表ー3 HERBARIUM MEDICI JEDOENSIS （Ⅰ）に貼付されている標本

リスト作成にあたっては判りやすくするためにもともとあった漢数字番号の前に、通し番号（算用数字）、シーボルトが書き込んだ学名、さらに筆者が同定した和名も記した。従って、学名と和名は必ずしも一致していない場合もある。

		シーボルト同定の学名	筆者同定の和名
P. 1			
1	壹　番	*Adonis* sibirica	フクジュソウ
2	貳　番	切除されていたが、発見	スギナ
3	三　番	*Narcisus tazetta*	スイセン
4	四　番	*Erythronium Dentocanis*	カタクリ
P. 2			
5	五　番	*Corydalis ambigua* Ch & Sunt	
6	六　番	*Scilla japonica* Thb.	ショウジョウバカマ
7	七　番	*Jasminum praecox* Sieb.	
8	八　番		テイカカズラ
P. 3			
9	九　番	*Pachysandra terminata* S & Z	フッキソウ
10	十　番	（切除）	
11	十一	*Lathroa ? japonica* Miq. Orobanche	ヤマウツボTYPE標本
12	十二	*Capsella pursa-pastoris* M.	ナズナ
P .4			
13	十三	*Stellaria*	オランダミミナグサ
14	十四	*Anemone parviflora* Mich ?	ニリンソウ
P. 5			
15	十五		アブラナ科
16	十六	*Draba hirta* L.	イヌナズナ
P. 6			
17	十七	*Corydalis incisa* Par.	ムラサキケマン
18	十八	*Lithospermum erythrrhizon* S & Z	ムラサキ
19	十九	*Viola Patrinii*	シロバナスミレ
20	二拾	（標本悪く同定困難）	イネ科
21	二十一	*Myosotis, Entrchion*	ハナイバナ
P. 7			
22	二十二	*Fragaria strilis* Thb. Flor.	ミツバツチグリ
23	二十三	*Corydalis Jezoensis* Sieb.	エゾエンゴサクTYPE標本
24	二十四	*Viola dissecta*	エイザンスミレ

25	二十五	（切除されていたが、発見）	ヲキナグサ
P. 8			
26	二十六		フキ（ふきのとう）
27	二十七	*Hardosia, Petasites japonica*	フキ（フキノトウ）
28	二十八	*Trillium*	エンレイソウ
29	二十九		シュンラン
P. 9			
30	三十	*Lamium barbatum* S & Z	オドリコソウ
31	三十一	*Thlaspi arvense*	グンバイナズナ
32	三十二		？
P. 10			
33	三十三	（切除されていたが、発見）	ヤマブキ
34	三十四	*Myosotis*	ルリソウ
35	三十五	（切除されていたが、発見）	イワヒバ
36	三十六	*Gentiana Thunbergii* Griseb.	ハルリンドウ
37	三十七	Potentilla	オヘビイチゴ
P.11			
38	三十八		スズメノヤリ
39	三十九	（切除）	
40	四十	*Caltha*	エンコウソウ
41	四十一	*Anudria dimorpha*	センボンヤリ
P.12			
42	四十二	*Rubus palmatus* Th.	コゴメウツギ
43	四十三	*Daphne jesoensis* Masn.	エゾナニワズ
44	四十四	*Astragalus loloides* Lam.	ゲンゲ
45	四十五		タネツケバナ
P.13			
46	四十六	*Viola carina* L.	タチツボスミレ
47	四十七	*Polygala japonica* Houtt.	ヒメハギ
48	四十八	*Ajuga remota*	ジュウニヒトエ
49	四十九	（切除）	
P.14			
50	五十	*Aquilegia flabellate* S & Z	ヤマオダマキ　TYPE標本
51	五十一	*Bladhia japonica*	ヤブコウジ
52	五十二	切除されていたが、発見	ヤマヤブソテツ
53	五十三		セキショウ
P.15			
54	五十四		スゲ(Carex)類
55	五十五		スゲ(Carex)類

56	五十六	*Primula contusoides* L.	サクラソウ
57	五十七	*Rhodotypos kerrioides* S & Z	ヤマブキソウ
58	五十八	*Evorum tetraspermum*	スズメノヤリ
P.16			
59	五十九	*Vicia*	カラスノエンドウ
60	六拾	*Hedera* H des L	キヅタ
61	六十一	*Smilacina racemosa* , -- *japonica* A. Gr.	ユキザサ
62	六十二.	*Lamium*	オドリコソウ
63	六十三	*Paris (quadrifolium) tetraphylla*	ツクバネソウ
64	六十四		セントウソウ
P.17			
65	六十五	*Convallaria (Majalis)* S & Z	スズランTYPE標本
66	六十六	*Ajuga*	キランソウ
67	六十七	*Onloranthus*	カシワバハグマ
68	六十八	*Asarum intermedium* Myer	カンアオイ
P.18			
69	六十九		ハタザオ
70	七拾	*Rubus molucunus* Th. Flor.	クマイチゴ
71	七十一	(標本悪し)	スゲ(Carex)類
P.19			
72	七十二	*Osmorrhiza*	ヤブニンジン
73	七十三	*Lamium amplexicaule*	ホトケノザ
74	七十四		カナウツギ
75	七十五		カノツメソウ
P.20			
76	七十六	*Juncus biformis*	イグサ
77	七十七	*Convoluulus soldanella* Th. Flor.	ハマヒルガオ
78	七十八	*Heterotropa*	ウスバサイシン
79	七十九	*Cochlearia Wasabi* Jap,	ワサビ
		Cardamine n. sp	(シーボルトは新種と考えている)
80	八拾	(標本悪し)	スゲ(Carex)類
P.21			
81	八十一	*Euphorbia Sieboldiana* M & De	ナツトウダイ
82	八十二	*Sanicula Canadensis* Th. flor	ミツバ
83	八十三	*Lindernia japonica* Th.	トキワハゼ
84	八十四	(標本悪し)	タンポポ亜科
P.22			
85	八十五	(切除)	
86	八十六	*Chrysosplenium ovalifolium*	ネコノメソウ

87	八十七	*Rubus zrnphyllus* Thb.	ナワシロイチゴ
P.23			
88	八十八	*Convallaria majus* L.	スズラン
89	八十九		オニノゲシ
90	九拾	切除されていたが、発見	オクマワラビ、イノデ
P.24			
91	九拾一	*Osmorrhiza* ?	ヤブジラミ
92	九十二		キンラン
93	九十三		タンポポ類
P.25			
94	九十四	*Arisaema ringes*	ムサシアブミ
95	九十五	*Euphorbia*	トウダイグサ
96	九十六	*Procris umbellate* S & Z	ウワバミソウ
97	九十七		アゼナ
P.26			
98	九十八	*Fritillaria rothenica* Wichlr.	バイモ
99	九十九	*Smilacina bifolia* Desf.	マイヅルソウ
100	百番	*Potentilla*	キンポウゲ？
101	百一	*Caltha*	エンコウソウ
P.27			
102	百二	*Cacalia aconitifolia*	ヤブレガサ
103	百三		ダイコン
104	百四	*Cacalia*	コウモリソウ？
105	百五	*Ranunculus japonicus* Thb.	ケキツネノボタン
P.28			
106	百六	*Festuca*	イネ科
107	百七	*Disporum*	チゴユリ
108	百八	*Urtica*	ヤブマオ
109	百九		ネギ（花）
110	百十		？
P.29			
111	百十一		キク科
112	百十二	*Vicia*	ハマエンドウ
113	百十三	*Pachyrhizus*	クズ
P.30			
114	百十四	*Aesculus*	トチバニンジン
115	百十五	*Ranunculus* Maxim.?	キツネノボタン
116	百十六	*Thermopsis fabaca*	センダイハギ
P.31			

117	百十七	*Senecio subensiformis*	サワオグルマ
118	百十八	*Ranunculus*	ケキツネノボタン
119	百十九		オニタビラコ
120	百二十		アヤメ類
121	百二十一	切除	
122	百二十二	*Lathyrus*	レンリソウ
123	百二十三		カワニガナ
124	百廿四	*Ranunculus japonicus*	ウマノアシガタ
P.32			
125	百廿五	*Hydrastis jezoensis*	シラネアオイTYPE標本
126	百廿六	*Smilax*	サルトリイバラ
127	百廿七	*Rumex*	スイバ
128	百廿八	*Gnapahalium confusum* DC.	ハハコグサ
P.33			
129	百廿九		ニガナ
130	百三十	*Stellaria*	ハコベ
131	百三一		ニガナ
132	百三二		ハタザオ？
133	百三三	*Iris japonica*	シャガ
P.34			
134	百三四	*Polygonum*	アマドコロ
135	百三五	*Spiraea, Aruncus, Astilbe*	ヤマブキショウマ
136	百三六	*Rosa*	ノイバラ
137	百三七	*Acorus Calamus* L.	ショウブ
138	百三八	*Euphorbia*	ナツトウダイ
139	百三九	*Akebia*	アケビ
140	百四十	*Akebia lobata*	ミツバアケビ
141	百四十一		エゾノコウボウムギ
P.35			
142	百四十二		イヌナズナ
143	百四十三	（切除）	
144	百四十四	*Lysimachia japonica* Th?	ナガエコナスビ
145	百四十五	*Lotus corniculatus*	ミヤコグサ
P.36			
146	百四十六	*Fagopyrum tazetarium*	ソバ
147	百四十七	*Coptis asplenifolia* Salisb.	セリバオウレン
148	百四十八	*Asarum canadense* L.	カンアオイ類
149	百四十九	（剥離）	？
150	百五十	（剥離）	？

151	百五十一	*Zostera*	アマモ
P.37			
152	百五十二		ハナウド
153	百五十三	*Viola*	アオイスミレ
154	百五十四	*Rumex acetosella*	スイバ
155	百五十五	*Stellaria*	ナンバンハコベ
P.38			
156	百五十六	*Macleaya cordata*	タケニグサ
157	百五十七	*Thlaspi Bursa* Paslorius	マメグンバイナズナ
158	百五十八	*Campanula circaeoides*	タニギキョウ
159	百五十九	*Dendrobium japonicum*	セッコク
160	百六拾	*Hemerocallis Dumortieri*	ゼンテイカ

表4 HERBARIUM MEDICI JEDOENSIS（II）に貼付されている標本

		シーボルト同定の学名	筆者同定の和名
P. 1			
1	壹番	*Iris*	アヤメ
2	貳番	*Iris*	ヒメシャガ
3	三番		キツネアザミ
4	四番	*Iris*	アヤメ類
P. 2			
5	五番	*Allium*	ネギ類
6	六番	*Doellingia scabra* Nees	オナモミ
7	七番		?
8	八番	*Arisaema Japonicum*	テンナンショウ
P. 3			
9	九番		フカノツメ
10	拾番	*Disporum*	ヤマトキソウ
11	十一	*Indigofera Iwafusi* Sieb.	イワフジ
12	十二	*Menyanthes trifolia*	センダイハギ
P. 4			
13	十三	*Carex*	スゲ類
14	十四	*Phaceblanthus tubiflorus* S & Z	ギンリョウソウ
15	十五	*Papaver Rhoeas* L.	ヒナゲシ
16	十六	*Pycnostelma chinense* Bge	スズサイコ
P. 5			

17	十七	(切除)	
18	十八	(破損している葉の標本)	シシウド?
19	十九	(標本剥離)	
P. 6			
20	二十	*Chelidonium japonicum*	ヤマブキソウ
21	二十一	*Polygala japonica* Th.	ヒメハギ
22	二十二	*Rosa rugosa* Th.	ハマナス
23	二十三	*Nuphar japonicum* DC.	コウホネ
P. 7			
24	二十四	*Helenium* ?	タンゴギク
25	二十五		ウキヤガラ
26	二十六	*Aanacyclus? Pyrethrum ambiguum* Sieb.	キク属 (虫害ひどく、同定困難)
27	二十七	(虫害ひどく、同定不能)	
P. 8			
28	二十八	*Daucus carota* (虫害ひどい)	ニンジン
29	二十九		?
30	三十	*Sarothamnus scoparius* Wimm.	エニシダ
31	三十一	*Gratiola japonica* Miq.	オオアブノメ
32	三十二	*Saxifraga sarmen*	ユキノシタ
P. 9			
33	三十三	*Cirsium*	トゲアザミ
34	三十四	*Cacalia*	モミジガサ
35	三十五	*Chloranthus*	ヒトリシズカ
P.10			
36	三十六	(切除)	
37	三十七	(虫害ひどい)	シャガ
38	三十八	*Orobanche amnophylla?* (虫害)	ヤセウツボ
39	三十九	*Lespedeza pilosa* S & Z	ネコハギ
40	四拾	*Ardisia* (標本剥離)	
P.11			
41	四十一	*Spiraea palmata* Th.	オニシモツケ
42	四十二		オオバヌスビトハギ
43	四十三	*Orobus japonica* Sieb.	ナンテンハギ
P.12			
44	四十四	Polygonum sieboldii Reinw.	イタドリ
45	四十五	Funkia	ギボウシ類
46	四十六		ノアザミ
47	四十七	Dracocephalum arguense Fisch.	ムシャリンドウ

P.13

48	四十八	Salvia japonica	アキノタムラソウ
49	四十九	Lonicera brachypoda DC.	スイカズラ
50	五拾	Vincetoxicum atratum S & Z	ハシリドコロ

P.14

51	五十一	Veronica anagallis L.	カワジシャ
52	五十二	Doelligeria scaabra Ness	オナモミ　（六番と同種）
53	五十三		?
54	五十四		ノゲシ
55	五十五		?
56	五十六		シダレヤナギ
57	五十七		オオバコ

P.15

58	五十八	*Arisaema*	マムシグサの幼葉
59	五十九	*Gnaphalium japonicum* ?	チチコグサ
60	六拾	*Cacalia*	?
61	六十一	*Cacalia vespertitio* Sieb.	ヨブスマソウ（要スペル検討）

P.16

62	六十二	*Vitis yezoensis*	
63	六十三	*Smilax*	サルトリイバラ
64	六十四	*Hoteia japonica*	アワモリショウマ
65	六十五	*Melissa clinopodium* Benth.	クルマバナ

P.17

66	六十六		オオバクサフジ
67	六十七	*Aristolochia debilis* S & Z	ウマノスズクサ
68	六十八	*Funkia undulata* Sieb.	スジギボウシ
69	六十九	*Rumex*	ギシギシ

P.18

70	七拾		?
71	七十一	*Archemora*	カワラボウフウ
72	七十二	*Prunella vulgaris* L.	ウツボグサ
73	七十三	*Polygonum aviculare* L.	ミチヤナギ

P.19

74	七十四		?
75	七十五	*Humulus japonica* S & Z	カナムグラ
76	七十六		?
77	七十七	*Imperata Thunbergii*	チガヤ
78	七十八		コブナグサ
79	七十九		ホウチャクソウ

80	八拾		クサレダマ
81	八十一	*Dioscorea netrophylla* Sieb.	キクバドコロ
P.20			
82	八十二	*Synthium*	オトギリソウ
83	八十三	*Melissa clinopodium* Benth.	クルマバナ
84	八十四	*Nymphaea*	ヒツジグサ
85	八十五		オオヤマボクチ
P.21			
86	八十六	*Lychnis Senno* S & Z	センノウ
87	八十七	*Solanum* ?	テリミノイヌホウズキ
88	八十八		?
89	八十九	*Potentilla nivea* L.	カワラサイコ(P. chinensis)
P.22			
90	九拾		ヨツバハギ
91	九十一		タケニグサ
92	九十二	*Dioscorea opposita* Th.	ヤマノイモ
93	九十三	*Euphorbia Lathyris*	ノウルシ
P.23			
94	九十四	*Polygonum chinense* L.	ツルソバ
95	九十五	*Veronica sibirica* L. ?	クガイソウ
96	九十六	*Pisum*	エンドウ
97	九十七		ヨウシュヤマゴボウ
P.24			
98	九十八	*Nepeta*	ミソガワソウ
99	九十九	切除	
100	百番	*Dioscorea sativa*	オニドコロ
101	百一	*Crotalaria crinita*	タヌキマメ
P.25			
102	百二	*Lespedeza*	ヤハズソウ
103	百三		?
104	百四		ハンゴンソウ
105	百五		ダイモンジソウ
P.26			
106	百六	*Lilium*	ヒメユリ
107	百七		?
108	百八	*Plantago maxima* Ait., *P. minima* L.	オオバコ
109	百九	*Siphonostegia chinensis* Benth.	ヒキヨモギ
P.27			
110	百拾	*Artemisia capillars* Th.	カワラヨモギ

以上、「平井海蔵標本帖」および Herbarium Jedoensis Medici から切り取られた標本を簡単に紹介したが、シーボルトは上記の標本帖に限らず、実に様々な標本や関係書籍の特定ページをも切り取っている。残念ながら不可能であったが、現在のように写真やコピーがあったなら、当然彼は多数の標本の写真を撮り、必要な文献や書類をコピーしたに違いない。であればこそ、シーボルトの切り取った標本類を精査することによって、当時、彼が何にもっとも興味を覚え、何を研究調査をしようとしていたかが、わかるのではなかろうか。

参考文献

石山禎一：「シーボルトと日本植物」植物と文化 13:79-90　1975年
板沢武雄：『シーボルト』（人物叢書）吉川弘文館　1960年
上野益三：『日本博物学史』平凡社　1973年
加藤僖重：「ライデン大学植物園を訪ねる」野草 421:9-11　1988年
加藤僖重：「「蝦夷地出産草木」に含まれているシダ標本」日本シダの会会報 2 (73):1-4　1988年
加藤僖重：「平井海蔵作成の標本帖」獨協大学諸学研究 1 (2) :120-168　1998年
加藤僖重：「平井海蔵作成の標本帖 (2)」獨協大学諸学研究 2 (2) :165-176　1999年
加藤僖重：「牧野標本館所蔵のシーボルトコレクション」横須賀市博研報（自然）46:23-32　1999年
加藤僖重：「東京都立大学牧野標本館所蔵の「シーボルトコレクション」について」『シーボルト旧蔵日本植物資料展 鳴滝に花開く植物図』:19-29　シーボルト記念館　2000年
シーボルト著　斎藤信訳：『江戸参府紀行』（東洋文庫 87）平凡社　1967年
シーボルト著　加藤九祚ほか訳：『日本』雄松堂　1979年
清水建美：「欧州でみた日本植物史 II」長野県植物研究会誌 10:130-137　1977年
仲井晶夫・斎藤信訳：シーボルト『日本』雄松堂　1978年
水野瑞夫・遠藤正治：「嘗百社の成立」日本の生物 2 (6) :14-17　1988年
山口隆男：「シーボルトと日本の植物学」カラヌス　熊本大学合津臨海実験所所報 特別号 1:1-410　1997年

新・シーボルト研究 I 自然科学・医学篇

2003年5月23日　初版第1刷発行 ©

編者	石山禎一
	沓沢宣賢
	宮坂正英
	向井晃
発行者	八坂立人
印刷・製本	モリモト印刷(株)

発行所　(株)八坂書房
〒101-0064 東京都千代田区猿楽町1-4-11
TEL.03-3293-7975　FAX.03-3293-7977
郵便振替口座　00150-8-33915

ISBN 4-89694-729-0

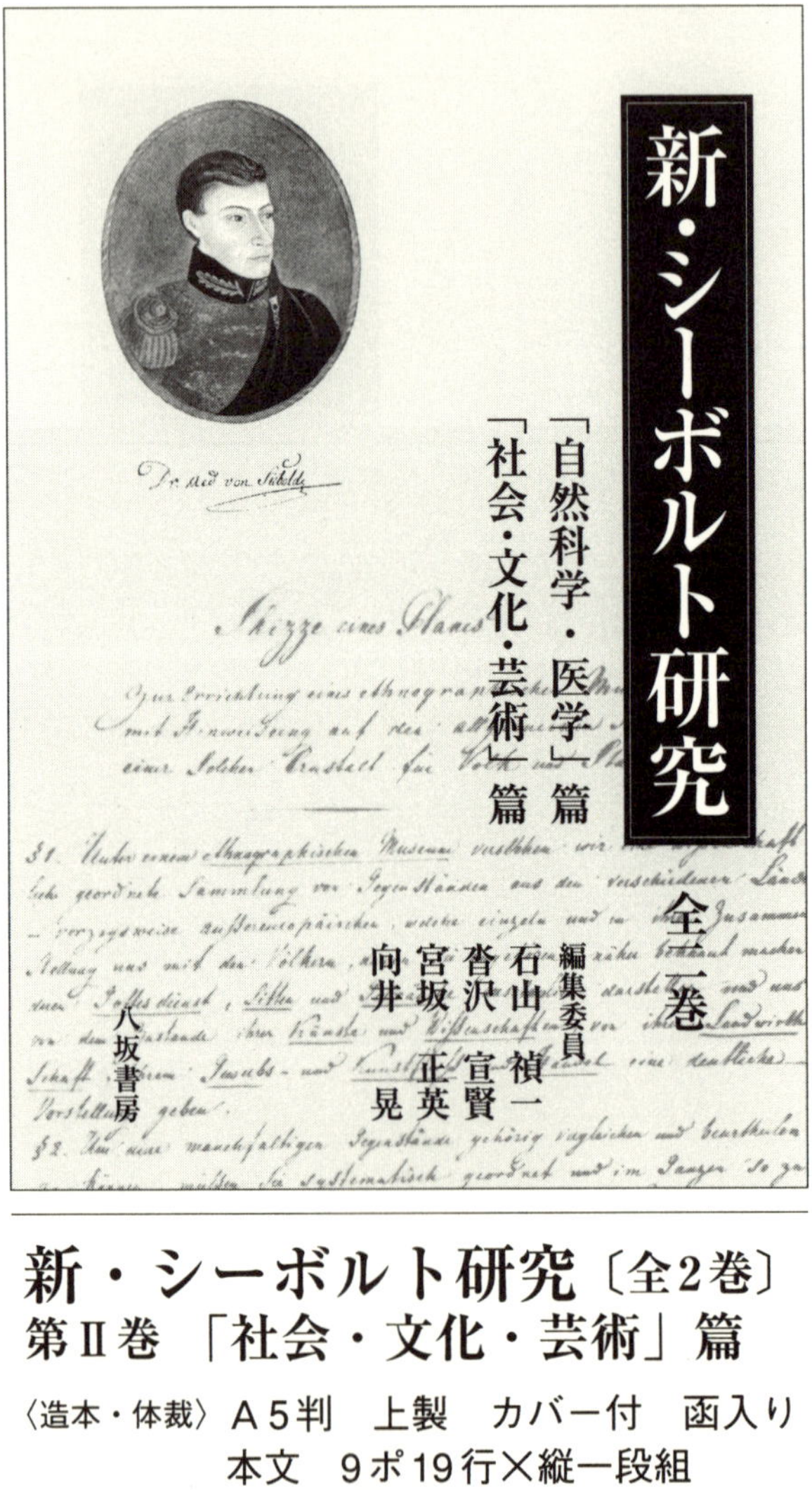

新・シーボルト研究〔全2巻〕

第Ⅱ巻「社会・文化・芸術」篇

〈造本・体裁〉　Ａ５判　上製　カバー付　函入り
本文　９ポ19行×縦一段組
（一部横組・８ポ二段組）
頁数　544ページ前後
予価　9,800円（税別）
配本予定　2003年7月